新曲线 New Curves | 用心雕刻每一本……
http://site.douban.com/110283/
http://weibo.com/nccpub

用心字里行间　雕刻名著经典

第 10 版

教育心理学

理论与实践

【美】罗伯特·斯莱文 著

吕红梅 姚梅林 等译

人民邮电出版社

北 京

图书在版编目（CIP）数据

教育心理学：第 10 版 /（美）斯莱文著；吕红梅，姚梅林等译．
-- 北京：人民邮电出版社，2016.7（2022.2 重印）
ISBN 978-7-115-37389-2

I. ①教… II. ①斯… ②吕… ③姚… III. ①教育心理学 IV. ① G44

中国版本图书馆 CIP 数据核字（2016）第 099019 号

Educational Psychology: theory and practice, Tenth Edition, by Robert E. Slavin

Authorized translation from the English language edition, entitled EDUCATIONAL PSYCHOLOGY: THEORY AND PRACTICE, 10E, 9780137034352 by SLAVIN, ROBERT E., published by Pearson Education, Inc, publishing as Allyn & Bacon, Copyright © 2012 by Pearson Education, Inc.

教育心理学：理论与实践（第 10 版）

◆ 著　　［美］罗伯特·斯莱文
　译　　吕红梅　姚梅林 等
　策　划　刘　力　陆　瑜
　责任编辑　刘冰云　裴　萌
　装帧设计　陶建胜

◆ 人民邮电出版社出版发行　北京市丰台区成寿寺路 11 号
　邮编　100164　电子邮件　315@ptpress.com.cn
　网址　http://www.ptpress.com.cn
　电话（编辑部）010-84931398　（市场部）010-84937152
　三河市少明印务有限公司印刷
　新华书店经销

◆ 开本：850 × 1092　1/16
　印张：33
　字数：820 千字　2016 年 8 月第 1 版　2022 年 2 月第 9 次印刷
　著作权合同登记号　图字：01-2012-7667

定价：98.00 元

本书如有印装质量问题，请与本社联系　电话：（010）84937152

内容提要

美国著名教育心理学家、约翰•霍普金斯大学罗伯特•斯莱文教授撰写的《教育心理学：理论与实践》（第10版）是一部堪称典范的心理学教材，在内容体系的构架、事例的科学性、实用性以及可读性等方面广受赞誉。

本书不仅介绍了教育心理学领域内的主要理论、基本概念、基本规律与方法，而且通过大量的真实案例将理论与实践明确地联系起来，教会读者如何将教育心理学的理论知识迁移到现实的课堂教学中，成长为一名"有意识的教师"。作者秉承了理论知识与实用策略并举、多元教学理念与方法并存的特色，每一章都以一幕场景开始，阐释该章强调的实践问题，之后的"理论应用于实践"和"有意识的教师"专栏则提供了进一步的具体策略，以供教师用来改善学生的学习。

第10版对全书进行了修订，增补了新实例，精炼了语言，删除了过时的或无关紧要的内容，补充了教育心理学近十年来的新进展及656篇新的参考文献。本书既可作为高等院校教育心理学课程的教材或参考书，供心理学、教育学专业的教师、学生及研究者使用，也适合各类教育工作者参考阅读。

作者简介

Robert E. Slavin

罗伯特·斯莱文（Robert E. Slavin）是美国约翰·霍普金斯大学教育研究与改革中心主任、英国约克大学有效教育研究中心主任以及“让所有人都成功”基金会主席。他于1975年在约翰·霍普金斯大学获社会关系学博士学位，迄今撰写了200余篇关于合作学习、能力分组、学校和班级组织、废除种族歧视、纳入主流、研究评论以及实证改革等方面的论文和书中章节。斯莱文博士的著作（包括与他人合著）多达20部，包括《合作学习》《学校和班级组织》《针对高危学生的有效方案》《预防早期的学业失败》《200万儿童：让所有人都成功》《拉丁裔学生的有效项目》《问责制时代的教育研究》。1985年，斯莱文博士因应用项目研究而荣获了美国教育研究会（AERA）颁发的雷蒙德·卡特尔早期职业奖；1988年，他在美国教育研究会主办的学术期刊上获得了帕尔默·约翰逊最佳论文奖；1994年获得查尔斯·达纳奖，1998年获得美国国家教育委员会颁发的詹姆斯·布赖恩特·科南特奖，2000年获得州首席教育官员联合会颁发的杰出贡献奖；2008年他在美国教育研究会主办的杂志上再次获得帕尔默·约翰逊最佳论文奖，2009年获得AERA研究综述奖。

简要目录

详细目录

第1章

教育心理学：教学的基础　1

第 4 章

第6章

学习的信息加工理论和认知理论 135

第 7 章

有效的教学 173

第 8 章

教学的学生中心与建构主义取向 206

第 9 章

分组、个别化教学与技术 236

第 10 章

激发学生的学习动机 271

第 11 章

有效的学习环境 298

第 12 章

特殊学习者 335

第 13 章

评估学生的学习 375

第 14 章

标准化测验和问责 420

译者序

自2004年受北京新曲线出版咨询有限公司委托翻译罗伯特•斯莱文撰写的《教育心理学：理论与实践》(第7版）一书以来，我们就一直关注着这本书的更新与完善。其间我们曾拜访过斯莱文教授，就该书的翻译及对中国读者的可能影响等进行过深入的交谈。之后新曲线公司又引进了第8版，我们承担了双语版的翻译工作。令人欣喜的是，现在我们又有机会给读者们引介该书的第10版。感谢新曲线公司独具慧眼，为中国读者精选了一本经得起时间检验同时又与时俱进的优质教材。

从第1版到目前的第10版，斯莱文教授始终如一地主张教育心理学的基础知识与实用策略的并重、多元教学理念与方法的兼容并存。他认为，有效的教学既不是一些雕虫小技，也不是一套抽象的原则；相反，它是把理解透彻的原理明智地应用于实践，满足实践需要。无论教师持有何种哲学理念，他们都应精通多种教育教学方法，并有意识地加以使用，而不能盲目跟风或非此即彼地简单套用。这些特点虽然我们曾在前面几版的序言中已有论及，但这里再次强调，仍有必要。

与前几版相比，第10版更新了大量文献，在有关章节补充了教育心理学及相关领域的最新研究成果，为读者提供了极为丰富的资料。比如，斯莱文非常强调教师应着眼于未来人才的培养，应关注如何帮助学生不仅在今日的标准下取得成功，并且也在明日的社会中取得成功。为此，在书中的有关章节补充了21世纪的技能等内容。此外，有关小学阶段的语言和读写能力的发展及双语教育、神经科学领域的研究成果及其对教育教学的启示、校园中的欺凌问题、自闭症儿童的教育、增值性评估等新增内容都在相关的章节进行了详尽阐述，对于诸如学习理论、学习动机、有效学习环境等的经典主题也进行了必要的拓展。

第10版在内容的编排及呈现方式上更加科学化，不仅增补了更为生动形象的卡通漫画以增强可读性及趣味性，而且通过多个栏目的导航，如21世纪的学习、个人反思、网络链接、理论运用于实践、有意识的教师等，加之贯穿各章始终的规范有序的体例，都为读者提供了深度学习的支架，有助于读者建构良好的知识结构并学以致用。

有幸仔细研读并字斟句酌地翻译斯莱文教授的著作，也是忙忙碌碌的工作之余的一种享受，而大家一起切磋、修改译稿的过程也让这一翻译活动的意义倍增。直接参与此版翻译工作的主要人员有姚梅林、吕红梅、宗小骊、马虹、崔冠宇、赵芳等。北京新曲线出版咨询有限公司的裴萌先生、刘冰云先生、王伟平先生、刘力先生对译稿进行了逐字逐句的审读、修改，并查阅相关资料予以佐证，其敬业精神令人钦佩，其辛苦付出让人感激！另外，美国俄克拉荷马大学的汤宇恬女士帮助查阅了相关文献并澄清了两个关键概念，在此一并致谢！

鉴于我们的学识与见识，翻译中难免有不当之处，敬请广大读者批评指正。

吕红梅　姚梅林

2016 年 4 月 20 日

第10版中文版序言

《教育心理学：理论与实践》第10版的中文版将为中国的教育者、学者和未来的教育者提供对其伟大事业大有裨益的资源。此版突显两大特色：**实践取向与言之有据**。**实践取向**指的是关注以什么方法解决教师在日常课程中遇到的实际问题：如何激励学生、如何评价学生的功课以及给学生提供有用的反馈，如何适应学生的个体差异，如何讲出激动人心的课以引领学生实现重要的学习目的。为了让这些实践取向原则跃然纸上，全书所举实例俯拾皆是。每章都以一幕场景开始，这些场景阐释了该章强调的实践问题。之后，"理论应用于实践"和"有意识的教师"专栏提供了进一步的具体策略，以供教师用来改善学生的学习。每一章也都借用丰富事例来诠释关键思想。我的目的是，确保正在读这本书的教育者或未来的教育者在脑海中形成清晰的概念：有效的教学是什么样子，怎样解决教学中常见的实践问题。诚然，理论也有其重要地位，它把具体的现象与对策联结在一起。不过，我必须承认，对我本人而言，一两个简明易懂的例子足以匹敌十多页纸的理论。

本书的第二个特色是**言之有据**。书中几乎每一项陈述都引用了能查到的最有说服力、最新的证据作为支持。理想情况下，证据取自实验研究，即一组教师使用某种方法或方案，而另一组继续使用常规方法或方案。之后，对比两组教师所教学生的学习情况。不过在很多情况下缺乏通过实验研究而获得的证据，为此我则把教师使用的特定策略与学生学习之间的相关性研究证据加以总结概括。

近年来教育研究的数量与质量快速提升，尤其是在实验研究方面。研究为教师及其他教育者提供了课堂中有效做法的确凿信息。

对教育界的学者而言，本书是对世界各地的学前、小学、中学教育研究的综述。书中有相当一部分文献来源是各种研究综述或实践总结，从中也可查询到原始研究。每次撰写新版时，我都努力紧跟这个日新月异的领域的最新研究。如想了解更为新近的研究概要，请访问我的"最佳证据百科全书"：www.bestevidence.org。

我希望，中文版的每位读者都会觉得这本书有用，并能包容其中"美国式"的内容或视角，因为它们出现在一个美国人给一群美国读者所写的书里是无法避免的。访问过世界各地包括中国的学校之后，我坚信学生、教师和课堂的共同之处多于相异之处。而在差异最大的方面，例如对政策的讨论，我建议读者找出有用的内容，对余下的大可视而不见。

中国的未来就把握在这本书的读者们手中。我很荣幸能为你作为一名教育者的自身发展尽绵薄之力。

R.E.S

前 言

我着手撰写《教育心理学：理论与实践》时目的很明确：为明日之教师提供必要的基础知识和实用策略，使其成为有效的教育者。在我看来，已出版的大部分教科书无外乎两类：乏味的和肤浅的。乏味的教科书虽讲述了大量研究，但陈述冗长而晦涩，缺乏课堂气息，对实践鲜有指导作用。肤浅的教科书虽轻松活泼、易于阅读，但对研究中出现的困惑或智力难题很少涉及。这些书提供了各种"尝试"建议，但并不考虑是否有证据表明这些策略真的有效。

我写这本书的目标是：

- 介绍全面而最前沿的信息。就如高度关注研究的专著一样；但又具有可读性、实用性；事例丰富，对关键内容有清晰的图示。
- 为实践活动提供直接源于课堂研究的各种建议（结合常识）。因此我相信，只要你尝试我所提供的建议，它就有可能奏效。
- 通过大量的真实案例将理论与实践明确地联系起来，帮助你把教育心理学中学到的知识迁移到自己的教学中去。尽管我从20世纪70年代中期就开始从事教育研究，但我发现，直到有人给我列举了令人信服的课堂实例，我才真正地理解了教育中的理论或概念。我认为大部分同行（当然还有师范生）肯定也有同感。正因如此，"*例如*"这类词语在本书中出现了几百次。
- 对读者要有吸引力。因此，本书的写作方式努力做到让你在阅读它时有身临其境的感觉，似乎能听到学生的话语，闻到学校食堂午餐的香味。

这些目标是我从第 1 版至目前的第 10 版中始终强调的。每次再版时，我都会对全书进行修订，增补新实例，精炼语言，删除过时的或无关紧要的内容。本版我竭尽全力介绍最新的进展，所以引用了2 000多篇参考文献，其中55%是2000年以后的，还补充了 656 篇以上新的参考文献。尽管一些读者不太关注参考文献，但我希望读者能够知道哪些研究支持我所提出的主张，以及到何处去寻找更多的信息。

近几年来，教育心理学及教育实践都发生了极大变化，在此版本中，我试图反映这些变化。若干年前，直接教学法和与此有关的教师有效性的研究在教育心理学占主导地位。随后，建构主义方法、档案袋评估、表现性评估以及其他人本主义的教学策略又重新受到重视。现在，"问责制"则成为关注的焦点，这就要求教师比以往更加注重对结果的计划，有目的地教学，这种质量要求就是我在此版本中强调的"*有意识的教学*"。在本书的较早版本中，我曾说过，不应该完全抛弃发现学习和人本主义的方法，尽管当时直接教学法很盛行。在后续版本中，我的呼吁恰好相反：不应该完全抛弃直接教学法，尽管以学生为中心的主动教学和建构主义的教学方法很盛行。我仍将继续倡导这种平衡的教学取向。不管教师的教育理念取向如何，有经验的教师很清楚，他们必须精通多种方法，并且深思熟虑地使用这些方法。

第 10 版介绍了多个主题的最新研究以及实践应用。纵观全书，它充分体现了使教育心理学和教学脱胎换骨的“认知革命”。下页所附图表是本书结构的概念图。

鉴于近些年来教育的发展，尤其是 2001 年通过了“不让一个孩子掉队”的法律，以及奥巴马政府对教育标准及问责制的持续关注，没有人能否认教师的重要性，教师的行为对学生的成就会产生深远影响。为了使这种影响产生积极效应，教师在将心理学的重要原理应用于实际教育和教学活动中时，必须深入理解这些原理，同时对如何应用这些原理也应该有清醒的认识。有意识的教师会经常反思自身的教学实践，在对教学实践影响学生的清晰认识基础上，做出教育决策。有效的教学既不是一些雕虫小技，也不是一套抽象的原则；相反，它是把透彻理解的原理明智地应用于实践，以满足实践的需要。我希望本书能帮助你培养心智技能及实践技能，而这些都是你从事教育这一世界上最重要的工作所必需的。

新增和扩充的内容

本书中新增和扩充的内容如下：

- 21世纪的技能（第1章以及全书“21世纪的学习”专栏）
- 小学阶段语言和读写能力的发展（第2章）
- 双语教育的新研究（第4章）
- 神经科学领域的新兴研究（第6章）
- 学习策略的内容扩充（第6章）
- 合作学习的研究（第8章）
- 针对阅读困难学生展开的辅导和小组矫正的新研究（第9章）
- 有关差异教学的更多内容（第9章）
- 技术应用方面的新内容（第9章）
- 有关欺凌和班级管理的新内容（第11章）
- 干预反应的扩展内容（第12章）
- 个别化教育方案（IEP）的扩展内容（第12章）
- 自闭症谱系障碍的扩展内容（第12章）
- 增效评估的附加内容（第14章）
- 对英语学习者的测验调整的新信息（第14章）
- 656篇新的参考文献，其中55%是2000年及以后的新文献

本书编排

本书围绕三个基本主题来编排：学生、教和学（见概念图）。每章都论述了有关的重要理论，并列举大量实例来说明如何将这些理论应用到课堂教学中。

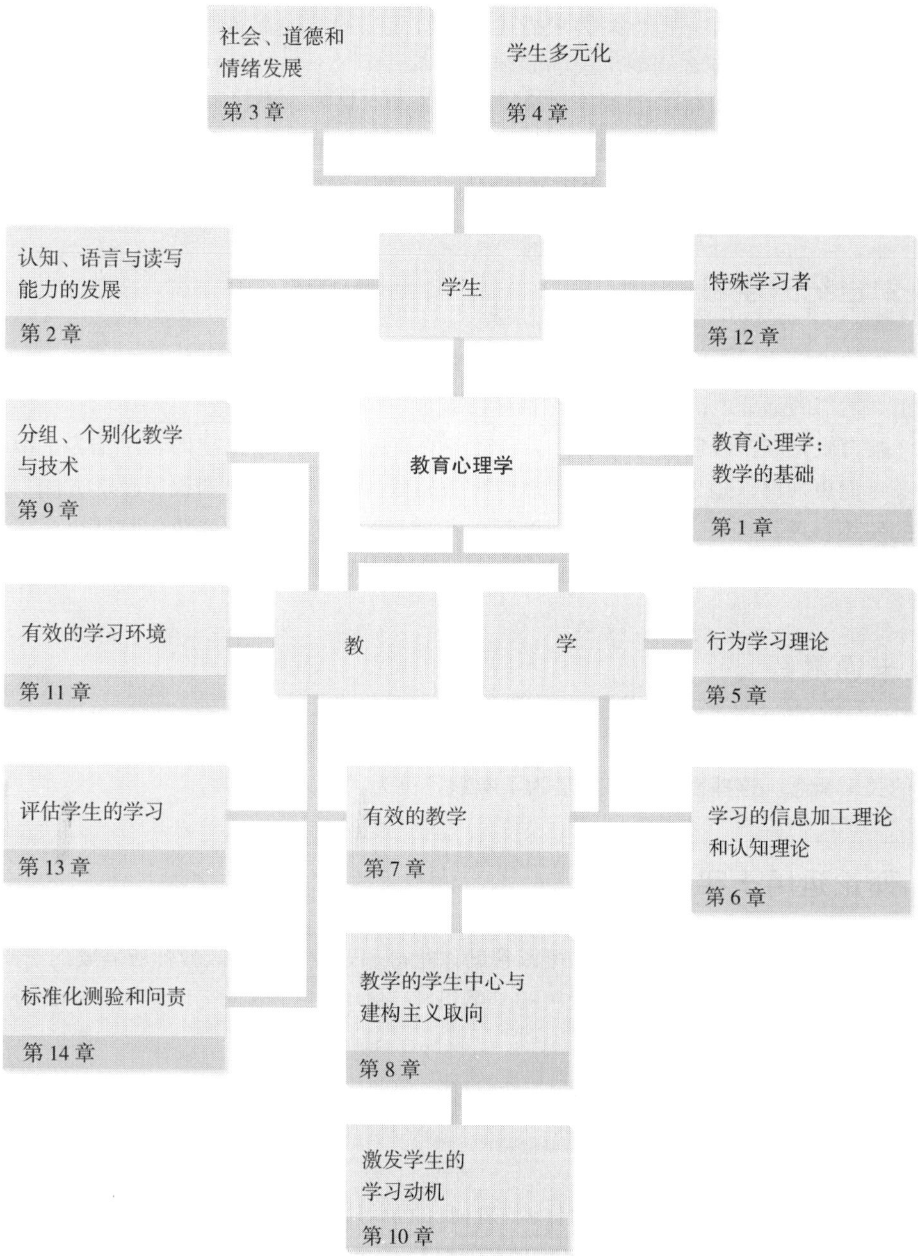

本书强调明智地运用理论和研究成果，以改善教学。书中有关教学的章节约占全书的三分之一，而其他章节也都涉及理论与研究实践的意义。本书尽可能地介绍那些经过实践检验被证明为有效的具体方案和策略，而不是一味建议你进行尝试。

本书特色

运用你的经验

每一章开篇都有一个小案例来描述教师所面临的某种真实情境。在整个章节的论述中，我都会提及案例中出现的问题。此外，在几个相关的特色栏目中还可对案例进行回应，例如在每个案例之后的“运用你的经验”部分。这些栏目设有批判性和创造性的思考题以及合作学习活动，让你可以思考案例中出现的问题，激活先前知识，并对章节将要探讨的观点展开思考。

21世纪的学习

全书贯穿着一个新的专栏，介绍了与每章主题有关的 21 世纪的学习信息。此外，在正文适当的部分也论述了 21 世纪的学习技能。

教育政策和实践通常落后于社会和经济的变化。强调 21 世纪的学习是为了帮助教育者们更加深入地思考，怎样使他们所做的每一项决策——课程、教学方法、技术的使用、评估等等，不仅能够帮助学生在今日的标准下取得成功，而且也在将来取得成功。

卡通漫画

我的同事 James Bravo 为这本书专门创作了一系列卡通漫画，以阐明教育心理学中的关键概念。这些漫画不仅仅是为了幽默，也为了促人反思。

理论运用于实践

每一章的“理论运用于实践”可以帮助你获得和开发成为有效教师所需要的工具。这些部分提供了可以在课堂上运用的具体策略。本版的“理论运用于实践”部分增加了许多新理论。

引导学习

每一章都提供了专栏以帮助你调节自身的学习，比如：各章开头引导你阅读的“本章提纲”和“学习成果”、页边的术语解释和交叉引用的“链接”注释、帮助你回顾所读内容的“本章概要”以及关键术语列表。

教师资格

本版有多种工具帮助你将所学内容运用到资格认证考试上。在每一章你都可以识别和练习你获得的知识和技能。

- “资格认证指南”列出了可能出现在资格考试中的内容，以帮助你评估自己的学习并为资格考试做准备。
- 页边有一个特殊图标列举了与INTASC标准相关的内容，这些标准与Praxis考试紧密对应，而许多州的教师资格考试都是以Praxis考试为模板的。
- 每章末尾的“自我评估：资格认证练习”的设计在内容和题型上都与州教师资格认证考试类似。

网络链接

正文中的“网络链接”列出了一些有用的网站，以提供与每一章论述的主题相关的更多信息。由于对教育者有用的网站在迅速增加，故这一版本介绍了许多新的网站。

有意识的教师

优秀教师所具有的一个共同特点是意向性，即出于某种原因而有目的地做事的能力。有意识的教师会一直思考究竟应该让学生达到什么样的学习结果，而自己所做的每项决策又是如何促使学生获得这些结果的。每一章的重要专栏“有意识的教师”有利于你形成和应用一系列策略来体现意向性。该部分将会帮助你内化一系列问题，有意识地制订计划、实施教学并调整教学实践。在每一章可根据该章内容从全新的角度来思考、回答以下的问题；而且你在各个年级水平和所有的科目中都能发现新的事例来佐证你的回答。有意识的教师关注这些问题：

1. 我希望学生在课程结束后能了解什么、能做什么？这对于实现课程目标、使学生成为有能力的个体的需求有何作用？
2. 在我的教学中应该考虑学生所具有的哪些知识、技能、需求和兴趣？
3. 我在学科内容、学生发展、学习、动机以及有效教学策略等方面所掌握的哪些内容有利于实现教学目标？
4. 哪些教学材料、技术、辅助手段和其他教学资源有助于实现我的教学目标？
5. 我怎样评价学生实现目标的程度？
6. 如果个别学生或全班没有迈上成功之路，我该怎么办？我的补救计划是什么？

“有意识的教师”专栏将帮助你将各种知识经验结合起来，比如将你不断增长的教育心理学的理论知识、与学生互动的经验以及创造性结合起来，做出有意识的教学决策，以帮助学生成为热心而有效的学习者。

致 谢

在这一版本中，我得益于我的同事 Susan Davis 的娴熟协助，尤其是她帮助我重写了第 9 章的“技术”部分、“网络链接”材料，更新了第 12 章特殊教育的内容，还有很多。我的同事 Bette Chambers 撰写了“资格认证指南”，对网站进行了调查核实，并充实了正文各处的内容。Steve Ross 和 Deborah Lowther 审核了新的“技术”部分。其他一些特别审稿人也对具体的章节内容给予了有益的反馈：Ball State University 的 Jean Ulman 和 Emporia State University 的 Jim Persinger 对第 12 章（特殊学习者）、第 13 章（评估学生的学习）、第 14 章（标准化测验和问责）进行了审读。我也要感谢以下补充材料的作者：Lindenwood University 的 Emilie Johnson（教师资源手册和我的教育实验室学习计划），Northeastern State University 的 Rachel Green 和 Barbara Fuller，St. Francis College 的 Richard Giaquinto（幻灯片演示）以及 University of North Florida 的 Suzanne Schellenberg（普瑞克西斯附录）。

我还要感谢这一版本的审稿人：Medaille College 的 Felica A.B. Hanesworth，Appalachian State University 的 Pam Kidder-Ashley，University of Nevada，Las Vegas 的 E. Michael Nussbaum，John Carroll University 的 John L. Rausch 博士，California State University，Northridge 的 Carrie Rothstein-Fisch，Pennsylvania State University 的 Robert J. Stevens 以及 Southern Illinois University 的 Roger Webb。

我还要感谢我的许多同事以及参与特别调查的人们对这一版本的贡献。审稿人的评价提供了宝贵的信息，帮助我修正和扩充了文本。下面的这些贡献者的工作使得本书的专栏及补充材料都更为完善。

Wallace Alexander, Thomas College
Patrick Allen, Graduate College of Union University
Ted Batson, Indiana Wesleyan University
Richard Battaglia, California Lutheran University
Elizabeth Anne Belford Horan, Methodist College
Sandra Billings, Fairfield University
Silas Born, Bethany Lutheran College
Curtis Brant, Baldwin-Wallace College
Camille Branton, Delta State University
Joy Brown, University of North Alabama
Doris Burgert, Wichita State University
Renee Cambiano, Northeastern State University
William Camp, Luzerne County Community College
Ann Caton, Rockford College
Kay Chick, Pennsylvania State University–Altoona
Martha Cook, Malone College
Faye Day, Bethel College
Christiane DeBauge, Indiana University
Donna Duellberg, Wayland Baptist University
Nick Elksnin, The Citadel
Joan Evensen, Towson University
Susan Frusher, Northeastern State University
Donna Gardner, William Jewell College
Michele Gill, University of Central Florida
Jennifer Gross Lara, Anne Arundel Community College
Raphael Guillory, Eastern Washington University
Jan Hayes, Middle Tennessee State University
James Hedgebeth, Elizabeth City State University
Mark Hopkin, Wiley College
John Hummel, Valdosta State University
Margaret Hurd, Anne Arundel Community College
Daniel Hursh, West Virginia University
Kathryn Hutchinson, St. Thomas Aquinas College
Karen Huxtable-Jester, University of Texas at Dallas
Gretchen Jefferson, Eastern Washington University
Carolyn Jeffries, CSU Northridge
W.Y. Johnson, Wright State University
Jeffrey Kaplan, University of Central Florida
Jack Kaufman, Bluefield State College
Robert Landry, Winston-Salem State University
Dorothea Lerman, Louisiana State University
Jupian J. Leung, University of Wisconsin–Oshkosh

E. Gail Everett, Bob Jones University
R. Joel Farrell, Faulkner University
Betty Magjuka, Gloucester County College
Laurell Malone, North Carolina Central University
Lloyd McCraney, Towson University
Melanie J. McGill, Stephen F. Austin State University
Lienne Medford, Clemson University
Janet Medina, McDaniel College
DeAnn Miller-Boschert, North Dakota State University
Greg Morris, Grand Rapids Community College
Pamela Nesselrodt, Dickinson College
Joe Nichols, Indiana University–Purdue University Fort Wayne
Kathryn Parr, University of Florida
Jonathan Plucker, Indiana University
Linda Robertello, Iona College
Paul Rufino, Gloucester County College
Lisa Ruiz-Lee, University of Nevada, Las Vegas
Carol Scatena, Lewis University
Tom Scheft, North Carolina Central University
Judith Levine, Farmingdale State University
Judith Luckett, University of Central Florida
Diane Serafin, Luzerne County Community College–Shamokin
Joshua S. Smith, University of Albany
Donald Snead, Middle Tennessee State University
Louise Soares, University of New Haven
Theresa Sullivan Stewart, University of Illinois at Springfield
Larry Templeton, Ferris State University
Leo Theriot, Central Bible College
Melaine Timko, National University
Diana Treahy, Point Loma Nazarene University
Kathleen Waldron-Soler, Eastern Washington University
George Watson, Marshall University
Roberta Wiener, Pace University
Betty Wood, University of Arkansas at Little Rock
Priscilla Wright, Colorado Christian University
Ronald Zigler, Pennsylvania State University–Abington
Wilkins-O'Riley Zinn, Southern Oregon University

我也非常感谢为先前版本做出贡献的人们，如：Thomas Andre、Curtis Bonk、Mary Jane Caffey、Sandra Damico、Melissa Dark、Stacie Goffin、Gordon Greenwood、Chuck Greiner、Carole Grove、Andrea Guillaume、Millie Harris、Johanna Keirns、Judy Lewandowski、Elizabeth Sterling、Kathryn Wentzel 和 William Zangwill。

我还要感谢培生副总裁、总编 Paul Smith 和执行主编 Shannon Steed 以及总裁 Nancy Forsyth；感谢编辑制作团队 Omegatype Typography 以及帮助完成这一版本的培生教育团队：制作编辑 Annette Joseph、市场经理 Joanna Sabella、封面负责人 Linda Knowles、编辑助理 Matthew Buchholz。我感谢“让所有人都成功”基金会的 Sharon Fox 和 Susan Davis 在录入、更新参考文献、校对、提出一般的有益建议等各方面所做出的贡献；感谢天才艺术家 James Bravo，书中的漫画均出自他之手。

我写作本书的同时，得到来自美国教育部教育科学研究院（IES）的部分资助，基金编号为 R305A040082。但是，我持有的任何观点仅代表我个人的主张，与 IES 的立场或政策无关。

R.E.S.

1

教育心理学：教学的基础

本章提纲

怎样才是称职的教师

- 了解学科有用(但教学技能也有用)
- 掌握教学技能
- 有效教学可以传授吗
- 有意识的教师
- 21 世纪所需的技能

研究在教育心理学中有何作用

- 教育心理学的研究目的
- 教育心理学研究对教师的作用
- 作为决策的教学
- 研究 + 常识 = 有效教学
- 有效教学方案的研究
- 研究对教育实践的作用

教育心理学的研究方法有哪些

- 实验法
- 相关研究
- 描述性研究
- 行动研究

如何成为一名有意识的教师

- 教师资格认证
- 资格认证之外

学习成果

学习本章后，你应当能够：

- 识别有效教师的特征
- 解释教育研究在指导课堂实践中的作用
- 解释教育心理学的各种研究方法及其基本原理
- 探讨如何成为一名有意识的教师

埃伦·马西斯困惑不解。她是一名新教师，虽然一直努力地教三年级的学生进行创造性写作，但教学总是不尽如人意。学生写的内容很少，而且也缺乏想象力，错误连篇。比如，她最近布置了一篇《我的暑假》的作文，其中有一个学生全篇只是在写“暑假里我新养了一条狗，我们去游泳，我被蜜蜂叮了”之类的句子。

埃伦觉得学生们可能尚未具备写作的基本能力，因此在布置下次作文之前，可能需要几个月训练诸如大小写、标点符号以及惯用法等基本的写作技能。但有一天，埃伦注意到张贴在利厄老师的教室外的几篇作文。利厄所教的三年级学生与埃伦所教的相差无几，但他们的写作水平真的令人难以置信！学生们就各种令人耳目一新的主题写了好几页生动有趣的内容。那天下班时，埃伦在走道遇见利厄。她问道：“你是怎样使学生写出如此棒的作文的？”

利厄说，她首先让学生写他们自己关注的主题，然后逐步地引入“微型课”来帮助学生更好地写作。她解释了自己的教学方法。她让学生进行小组合作，彼此相互帮助一起写作文。之后学生们互相评判、修改作文草稿，直至最后成稿。

利厄提议说：“我会告诉你的。我把我的下节作文课安排在你备课期间，届时你来看看我们做些什么。”

埃伦同意了。当利厄上作文课时，埃伦走进了利厄的课堂，她被眼前的情景震住了。孩子们并没有正襟危坐，而是或坐在地板上，或坐在桌子旁，或者一起以小组的形式进行写作。许多人都在与同伴交谈着。利厄逐个与孩子交谈。埃伦从一个学生背后看到她在写她的宠物，另一个学生在写有关忍者的惊悚故事，还有一个学生在写一场梦。一名美籍墨西哥孩子在写她的二年级教师学说西班牙语的有趣故事。甚至还有一个学生正在写一篇关于她的暑假的精彩故事！

下班后，埃伦找利厄谈，她有许多的疑问：“你是怎样让学生进行那种形式的写作的？你如何在谈话和作文活动间找到平衡？你是怎么学会这样做的？”

“我确实参加了一系列关于写作教学的研讨会，”利厄说，“但如果你仔细思考，其实我所做的一切都符合最基本的教育心理学规律。”

埃伦很吃惊：“教育心理学？我的大学教育心理学课得了A，但我并没有看到教育心理学与你的写作教学有什么关系。”

“好吧，让我们分析一下，”利厄说，“首先，我应用了从教育心理学中学到的许多动机策略，比如，今年我刚开始进行写作教学时，我读了几篇其他班级学生写的新奇有趣的故事，从而激起他们的好奇心。通过让他们写自己想写的事情以及举行‘写作庆祝会’，他们在会上给全班学生读自己的作文，赢得了赞许和好评，从而激发了学生们的写作热情。我的教育心理学教授经常谈到要适应学生的需要，我也是这样做的。我与学生交谈，帮助他们处理所遇到的具体问题。我先在教育心理学课程中了解了合作学习，后来我又参加了有关合作学习的研讨会。我利用合作学习小组让学生彼此给予及时反馈，让他们相互示范有效的写作方法，互勉共进。小组合作可以让大家都专心于写作任务，同时也可完成许多常规的课堂活动，这也解决了我的课堂管理问题。我记得在教育心理学中还学到有关评价的问题，我使用了非常灵活的评价方式。每个学生作文的最终成绩都是 A，但只有当它达到很高的标准时才能得 A，这可能需要多次改稿。我应用所学的儿童发展知识，天天都做。比如，鼓励儿童写对自己重要的事情，以适应其发展水平和文化风格——如果恐龙或电子游戏对儿童非常重要，或者圣诞节时儿童因自己是穆斯林或犹太教徒而感到不自在时，这些都是他们应该写的事情。"

埃伦很有感触，她与利厄安排了几次相互观摩的活动，以交流所见所想。最后，埃伦班上学生的写作水平几乎与利厄班上的学生比肩。但对埃伦而言，尤为重要的是形成了这样一种观念，即教育心理学在平时的教学中确实非常有用。她拿出了以前的教育心理学教科书，发现当时在教育心理学课上觉着有些理论化的、抽象的概念，实际上十分有助于自己对教学问题的思考。

运用你的经验

创造性思维　根据利厄对写作教学的解释，请与同伴一起讨论教育心理学是什么，你这学期将学习什么。开展头脑风暴进行讨论，指导原则是：（1）你生成的观点越多越好；（2）借鉴他人的观点，并将各种观点结合起来；（3）现在对这些观点不进行评价。在这一学期中，经常回顾、评价这些观点，也可以补充新的观点。

教育心理学（educational psychology）是什么？学术定义或许是这样的，即教育心理学是对学习者、学习以及教学的研究（Reynolds & Miller，2003）。然而，对于那些身为或希望成为教师的学生而言，教育心理学远不止这些。它是累积起来的知识、智慧以及凭感觉积累的理论，每个教师都应该掌握，以有效地解决日常教学中的问题。教育心理学不能告诉教师做什么，但可以给教师提供做出正确决策的原则，并使教师以规范的语言来讨论其经验与观点。请考虑一下埃伦•马西斯与利厄•华盛顿的例子。任何教育心理学教科书都不可能确切地告诉教师如何教会三年级某班的学生进行创造性的写作，但是，利厄应用教育心理学的概念来考虑如何进行写作教学，接下来如何解释和解决她遇到的问题，如何给埃伦解释她所做的事情。教育心理学家们对学生的特性、有效教学方法等进行了研究，探明了学习的原理，提供了有关的信息。教育者需凭这些信息或方法来批判性地思考他们的教学技能，以做出适用于自己学生的教学决策（Alexander，2004）。

怎样才是称职的教师？

怎样才算是个称职的教师？温和、幽默和拥有关心他人的能力？有计划、勤奋努力和自律？那么领导才能、热忱、热爱学习的感召力以及言语表达能力呢？大部分人都会同意所有的这些品质都是成为称职的教师所必需的（参见 Wayne & Youngs，2003）。确实如此，但仅有这些品质还是不够的。

教育心理学

关于学习和教学的研究。

这位专家教师具有哪些有效教学的特征？哪些行为可以证明她是一位优秀教师？

了解学科有用（但教学技能也有用）

有这样一个古老的笑话：

问题：你需要知道什么才能够去教一匹马？

答案：比马知道得多。

这个笑话强调成为教师的首要条件就是拥有学习者所不具有的某些知识或技能；教师必须对他们要教授的学科有所了解。但是如果你打算去教马（或儿童），你很快就会发现，尽管学科知识是必要的，但还不够。牧马人对一匹马会如何行动以及能够做什么可能很了解，但如果他不具有某些技能使那些未经驯化的、受惊的或不友善的野马变成良驹，就可能摔得筋断骨折，这场训练将会以失败而告终。儿童比马聪明得多，和善一些，但教导儿童与驯马有共同之处：了解如何传授信息和技能至少与了解信息和技能本身同等重要。我们都见过这样的教师（不幸的是，大部分是大学教授），他们在自己的专业领域里才华横溢，知识渊博，但他们不会教学。埃伦•马西斯或许与利厄•华盛顿一样知道优秀的作文该是个什么样，但就如何让三年级的学生学会写作而言，埃伦还需要学很多。

INTASC 标准 1
学科课程知识

对有效的教学而言，学科内容知识不需要教师成为“活”的百科全书。海量的学科知识随处可查，但有效的教师不仅要了解学科知识，还要能够将知识传递给学生。杰出的高中数学教师哈伊梅•埃斯卡兰特在给洛杉矶某西班牙语区的学生讲授正数与负数概念时是这样来解释的：当你挖个洞时，你可以把挖出来的土堆称为 +1，洞称为 −1。当你把土填回到洞中时会得到什么数？零。将正数与负数这类抽象的概念与学生的实际经验联系起来，埃斯卡兰特的这种能力即是一个例证，表明传授知识的能力绝非限于简单地了解知识而已。

掌握教学技能

教师希望学生掌握的学习内容与学生实际的学习之间的联系称为教学或**教学法**（pedagogy）。有效的教学绝非是一个具有较多知识的人将其知识传递给另一个人那么简单。如果讲述就是教学，那么也就不需要这本书了。相反，有效的教学需要应用许多策略。

假定葆拉•雷要给背景各异的四年级学生讲授统计课程。为此，她需要做许多事情：她必须保证课堂是有秩序的，并且学生知道他们应该做什么。她必须了解学生是否先具备某些技能，比如学生应先掌握加法和除法才能计算平均数。如果有人尚做不到，葆拉就必须寻找某种方式来传授这些技能。她必须使学生参与活动以理解统计知识，如让学生掷骰子、玩纸牌，或从实验中收集数据。她还必须应用教学策略来帮助学生记忆所教的内容。所教授的课程还必须考虑到四年级学生的心智与社会性等方面的特性，以及本班学生的心智、社会与文化等方面的特性。葆拉还必须保证学生对所学的课程感兴趣，有学习统计的动机。为了了解学生是否掌握授课内容，

教学法
关于学习和教学的研究在教学过程中的运用。

她可以提问、进行小测验，或让学生做实验并对实验结果进行解释，以证明其是否已经理解。当这些考评结果表明学生的学习存在某些问题时，她必须采取适当的措施予以应对。统计课程的教学结束后，她应该时常地引导学生进行复习，以保证学生牢记、掌握。

激励学生、管理课堂纪律、评估先前知识、有效地表达观点、考虑学生的各种特性、评估学习结果、复习相关内容等，所有这些活动都是校内外的各级各类教育所必须做到的。无论是训练宇航员还是教授阅读，这些活动都同样重要。但是，如何完成这些活动，又因学生的年龄、教学目标以及其他因素的不同而有很大差异。

要成为一个优秀的教师，就必须具有完成有效教学所需的各种活动能力（Burden & Byrd，2003；Kennedy，2006）。温和、热忱、关爱（Cornelius-White，2007；Eisner，2006）、学科内容知识、理解学生是如何学习的（Wiggins & McTighe，2006），这些确实都很重要，但成功地实施所有教学活动方能做到有效教学（Shulman，2000）。

链接

关于有效教学的更多论述，请参见第7章。本章“有意识的教师”部分也对有效教学策略进行了阐述。

有效教学可以传授吗

有人认为优秀教师是与生俱来的，他们似乎具有魔力，一种常人难以企及的魅力。从 20 世纪 70 年代初以来，研究者开始探讨有“魔力”的教师所具有的特定行为与技能（Borman & Kimball，2005）。优秀教师所做的事情没有一件是其他教师做不了的——只是在了解有效教学的原则以及如何应用这些原则方面存在差异而已。举个简单的例子，在高中历史课上，坐在教室后面的两个学生在交头接耳，但并不是讨论教师正在讲的《巴黎条约》。教师一边继续讲课，一边慢慢地朝他们走过去，但没有盯着他们。这时两个学生不再交头接耳，而是开始注意教师的讲课。如果你不知道你应当留意什么，就可能会忽略一次简短但关键的师生交流，并认为教师只不过是在应用某种窍门来维持学生的注意力而已。但事实上，教师在使用任何人都可以学会的一条课堂管理原则：上课时要保持学习势头，使用最简单但起作用的干预方式来处理行为问题，把问题解决在萌芽状态。当哈伊梅用挖洞的例子来说明正数与负数的概念时，他也在应用几项重要的教育心理学原理：应用多种事例使抽象概念具体化，将教学内容与学生的已有经验相联系，陈述法则，举例，然后再次陈述法则。

INTASC 标准 5
课堂管理和动机

“如果我拿得到我的教育心理学书就好了……”

有效教学可以传授吗？毫无疑问，答案是肯定的。有效教学必须通过观摩和练习来领会，但有效教学的原则是教师首先需要了解的，然后才能应用于课堂中。有效教学的主要成分可用图 1.1 加以简要说明。

有意识的教师

成为年度最佳教师有固定的步骤，而有效教学并不存在这样的固定模式。教学包括计划与准备，之后是每时每刻做出的各种决策。当然有一种属性似乎是优秀教师所特有的：**意向性**（intentionality）。意向性指因某个原因而有目的地做一些事情。有意识的教师会不断地思考希望学生达到的目标，思考自己所做的每一项决策对学生达到这些目标的作用。有意识的教师明白，最大限度的学习不是偶然发生的。当然，儿童的学习的确经常缺乏计划，甚至许多儿童从杂乱无序的课程中也能学到一些东西。但为了完全发挥学生的能力，让他们全力以赴，帮助他们实现概念上的飞跃，

意向性

有目的地做事；有意识的教师会根据学生需要达到的目标，来规划自己的教学活动。

图 1.1 有效教学的成分

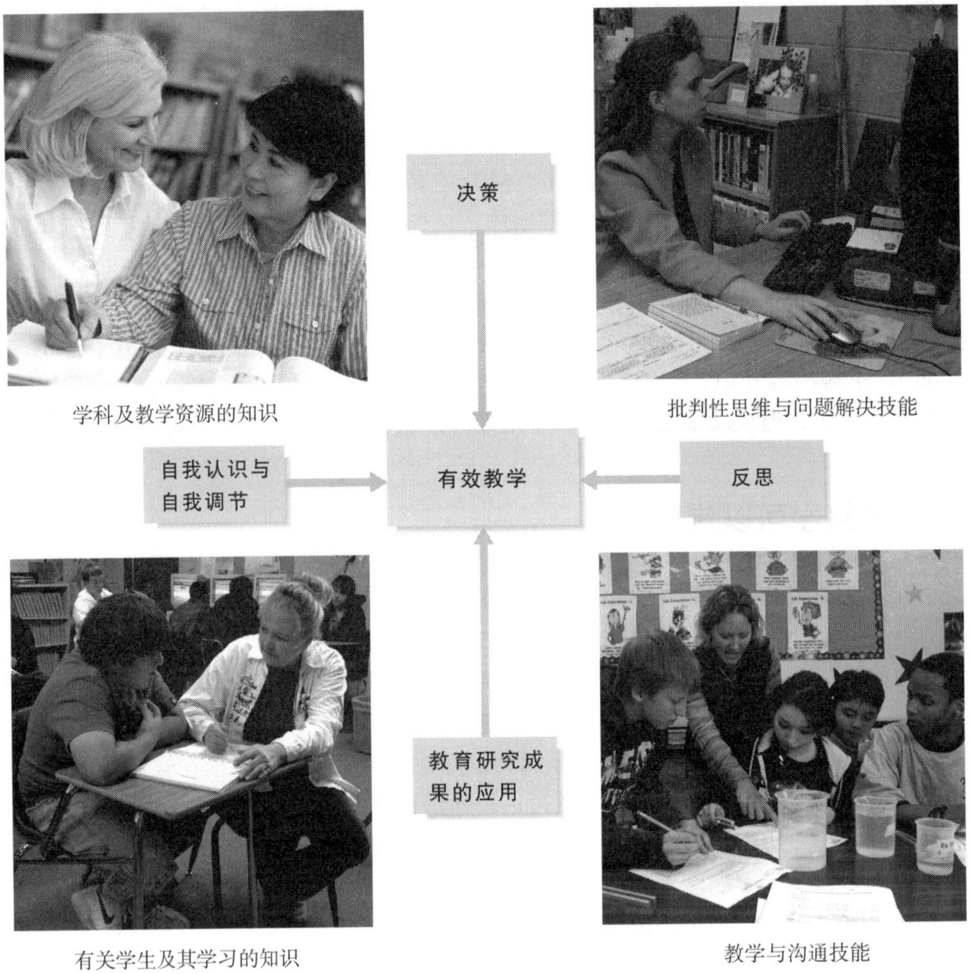

组织和保存新的知识，那么教师应该有目的、深思熟虑、灵活机动，不能忽视他们为任一学生设立的目标。一句话，教师应该是*有意识的*。

教师做事情总应该有个理由，这个观点似乎不言自明，在原则上也确无疑问。在实践中，教师很难一贯地确保所有的学生都参与导向重要目标的活动（Kennedy，2008）。教师经由反思，才能意识到自己常陷入误区，使用一些只是在消耗时间的策略，而未进行有重要意义的教学活动。比如，一位各方面表现都出色的三年级教师曾经给一个阅读小组布置这样的作业：给学生两张写有单词的纸，每个单词都写在方格里。要求儿童从一张纸上剪下方格，然后将这些方格贴在另一张纸中相应的同义词上。当贴对了所有的单词时，贴上的方格的边线将构成一只猫的轮廓，然后学生再给它涂色。一旦学生贴对了几个方格后，这个图案就很清晰了，所以学生无需关注单词本身就可以将剩余的方格贴上去。在将近一个小时的宝贵的课堂时间里，这些儿童快乐地剪贴、涂色——这些活动对三年级的学生实际上并非亟须优先发展的技能。当然，教师可能会辩解说，活动的目的就是让儿童学习或练习同义词，但事实上这一活动并不可能提高儿童的该项技能。与此类似，许多教师都会让某个儿童在黑板上费力地解题，而班级中的其他同学则在下面无所事事。许多中学教师花费大部分的课堂时间来讲评家庭作业和课堂作业，结果讲新课的时间所剩无几。同样，这些教师在其他方面可能很出色，但他们有时却忽视了试图要达到的目标以及怎样达到目标。

有意识的教师经常反躬自问，他们和学生试图要达到什么目标。课程的每一部分与学生的已有知识、技能和需要相适应吗？每一项活动或作业与要达到的重要目标有明确的联系吗？是否明智而有效地利用了每分钟的课堂教学时间？有意识的教师努力帮助学生在复习时间掌握同义词时，应该给学生提供机会，让他们两两配对来掌握一组同义词，以独立完成小测验。有意识的教师让学生在黑板上做题时，应该让所有的学生都来解决该问题，这样大家就可以一起比较答案和策略。有意识的教师应该尽快给出家庭作业的答案以便学生进行自我检查，让答对的举手，然后仅对大部分学生做错的题目进行复习或重新教学，留出时间讲新课。有意识的教师应用丰富多彩的教学方法、活动、作业以及各种材料来保证学生达到所有类别的认知目标，从知识到应用再到创造；同时，还保证儿童能够达成重要的情感目标，如对学习的热爱、对他人的尊重以及个人的责任感，等等。有意识的教师经常反思自己的实际做法及其效果。

要成为一名有意识的教师，需要对学生有哪些了解？如何帮助学生获得成功？

研究发现，预测教师对学生影响程度的最有效的一个指标就是教师对自己教学行为所导致变化的看法，这种看法称为**教师效能感**（teacher efficacy）（Henson，2002；Tschannen-Moran & Woolfolk Hoy，2001）。教师效能感对有意识的教师而言是一个极为关键的因素。如果教师认为学生的成功与否完全取决于天赋、家庭环境或者教师无法控制的其他因素，那么这些教师的教学表现就很可能不同于那些认为自己的努力对学生的成功至关重要的教师。效能感较强的有意识教师更倾向于付出持续的努力，知难而进，竭尽全力地使每个学生都成功（Bandura，1997）。有意识的教师通过各种方式来获得效能感，比如，不断地评估自己的教学成效（Schmoker，1999）；如果最初的教学效果不理想，则不断尝试新的教学策略；不断地从同事、书籍、杂志、研习班以及其他各种资源中获得信息，以丰富和巩固教学技能（Corbett，Wilson，& Williams，2005）。集体效能感对学生的学业成就具有极其显著的影响（Goddard，Hoy，& Hoy，2000）。学校所有教师或者某一学科组的所有教师作为一个教师团队，也可以通过各种方式来获得集体效能感，如一起工作，考察教学过程与教学结果，追寻职业发展，彼此互助并进（参见 Borko，2004；Sachs，2000；York-Barr，Sommerness，& Hur，2008）。

本书最重要的宗旨就是在研究、理论和实际教学技巧等方面为明日之教师打下坚实的知识基础，这些都是成为有意识的、有效能的教师所必须了解的。若要计划并实施有效的讲课、讨论、研究课题或其他形式的学习活动，教师就需要学习丰富的知识。除了熟知他们的学科之外，还应该理解学生的发展水平及其需要，理解学习、记忆、问题解决技能以及创造性的培养方法。教师应该知道如何确立目标、组织活动以帮助学生达到这些目标，知道怎样评估学生趋向目标的进步。教师应该知道如何调动学生的学习动机，如何有效地利用课堂时间，如何针对学生的个别差异进行反馈与指导。有意识的教师会不断地尝试各种策略来解决教学问题，观察策略使用的结果，以考察这些策略的效果（Duck，2000）。他们会关注有效教学的研究，并将

教师效能感

教师对自己的努力在多大程度上决定了学生成就的信念或看法。

研究结果运用到自己的日常教学当中（Fleischman，2006）。正如本章开头所讲的利厄•华盛顿老师一样，有意识的教师经常将教育心理学原理、个人的实践经验以及创造性等有机地结合起来，做出教学决策，帮助学生成为热爱学习的有效学习者。

本书注重教育心理学及相关研究的一些核心观点，同时还列举了许多实例来说明如何将这些观点应用于实际。本书强调的是那些经评估被证明为有效的各种教学方法，而不局限于理论或建议。本书试图帮助读者培养对教学的**批判性思维**（critical thinking）技能：即对教育实践和研究中的诸多矛盾与困境进行符合逻辑的系统探讨。任何一本书都不能为教学提供所有的正确答案，但本书致力于提出恰当的问题，呈现可行的各种备选做法，还有相关概念以及支持性研究。

许多研究考察了优秀教师与普通教师之间、有效的教师与欠佳的教师之间的差异。这些研究的一个主要论点是：优秀教师是批判性的思考者（Hogan，Rabinowitz，& Craven，2003；Mosenthal，Lipson，Torncello，Russ，& Mekkelsen，2004；Shulman，2000）。有意识的教师能不断地提升、检验自己的教学实践，阅读资料、参会探讨以了解新思想，并根据学生的反应来指导自己的教学决策。有种经典的说法：有些教师有 20 年的教学工作经验，而另一些教师只有重复 20 次的 1 年教学经验。那些逐年进步的教师是这样一类人：他们不断地吸纳新思想，批判性地审视自己的教学活动。或许本书最重要的目标就是让教师开始形成明智的反思习惯，以成为明日的专家。

21世纪所需的技能

在我成长的年代，人们认为 21 世纪与 20 世纪是完全不同的。例如，动画片《摩登家庭》（*The Jetsons*）给我们勾画了这样一幅场景：汽车在空中行驶，家家户户都使用机器人，还有各种令人惊叹的先进技术。其他更为严谨的未来学家所勾画的场景也都大同小异。相比而言，虽然实际的 21 世纪比想象中的有些平淡，但科学技术的发展以及全球化极大地改变了经济和社会的核心特征。尤其是经济安全（无论对于个人还是国家）越来越依赖于创新、创造力和规划设计。随着传统“体力”工作的消失，在取而代之的“脑力”工作中，与他人合作的能力、采用多种方法解决问题的能力、对快速变化的灵活应对等，都是成功的关键因素。

所有这些变化都对教育产生了深远的影响。教育者需要更加重视技能、态度和更类似于新兴工种的方法。无疑，学生需要运用现代技术的丰富经验，但仅有这些是不够的。他们同时还需要大量的团队工作、问题解决、批判性阅读与创造性思维等经验。具有讽刺意味的是，这些经验恰恰是约翰•杜威等倡导的进步教育哲学的核心，它起源于 20 世纪初（Rotherham & Willingham，2009）。只不过不同的是，这些不再是可有可无的选项，因为它们恰好对应今天的需求。而且，从行政办公室到车间，这些技能现在是每个人都必须掌握的。

遵循以上思路，美国成立了研究 21 世纪所需技能的合作团队，其目的是根据当代需要，制订促进对学生学习结果的界定与支持等方面的政策（参见 P. Johnson，2009；Partnership for 21st Century Skills，2009）。该合作团队总结了美国各级各类教育部门的建议，从四个方面提出了 21 世纪所需技能的整体框架：

批判性思维
通过对问题、证据及其解决方案进行合乎逻辑地、系统地检验，以此来对结论进行评价。

1. 核心学科和21世纪主题（如语文、数学、科学、全球意识、金融知识）（参见 Cutshall，2009；Hersh，2009；Trefil & O’Brien-Trefil，2009；Zhao，2009）

2. 学习和创新能力（如创造性、批判性思维、问题解决）（参见Azzam，2009；Graseck，2009）。
3. 信息、媒体和科技能力（参见Barab，Gresalfi & Arici，2009；Ferriter，2009a，b；Sprenger，2009）
4. 生活和生涯技能（如主动性和自我导向）（参见Gerdes & Ljung，2009）本书各章都有新增专栏讲述21世纪学习的信息，与本章主题相关。此外，本书正文也在恰当之处对21世纪的技能进行了相应的论述。

教育政策和教育实践通常滞后于社会与经济的变动。强调 21 世纪所需技能有助于教师更为深入地思考课程、教学方法、技术运用，评价等每项决策如何帮助学生获得成功。这不仅指帮助学生达到今日之成功标准，也包括立足于未来世界。

研究在教育心理学中有何作用?

有意识的、具有批判性思维的教师是带着教育心理学研究的知识进入课堂的。年复一年，教育心理学家不断发现或完善学习与教学原理，这对一线教师非常有用。其中有些原理有证据支持，已成常识，有些则让人耳目一新。教育心理学家面临的一个问题是：几乎每个人在教育心理学上都有自己的观点。大部分成人都在学校里就读许多年，目睹着教师的所作所为，再学习一些有关人类特性的知识——乍看之下，每个人都是业余的教育心理学家。因此，专业的教育心理学家经常受到指责，认为他们只是研究一些众所周知的常识而已（参见 Ball & Forzani，2007）。

然而，我们在痛苦的教训中好不容易才明白了一点：众所周知的常识并非总是正确的。比如，大部分人都认为，如果根据学生的能力来分班，则班级中能力相对接近可以使教师的教学更好地适应学生的具体需要，进而提高学生的成绩。然而，这一观点被证明是错误的。许多教师认为，惩罚学生的错误行为将有助于改善学生的行为。确实许多学生因受到惩罚，其行为表现有所好转；但对另外一些学生而言，惩罚则是对不良行为的一种奖励，实际上助长了不良行为。有些“众所周知”的观点实际上是彼此矛盾的，比如，大部分人都同意这样的观点，即学生听教师讲比自学的效果要好。这一观点支持教师中心的直接教学策略，即教师把班级作为一个整体来进行主动的教学。另一方面，大部分人也同意这样的观点，即学生经常需要那些能够满足其个别化需要的教学。这一观点也是正确的，它却要求教师将其时间分配在不同的个体身上，或者至少分配在有不同需要的小组上，结果是某些学生要独立地学习，而另一些学生能够得到教师的关注。如果学校能够为每个学生都配有指导教师，那就不会存在这样的矛盾，直接教学与个别化教学可以共存。而在现实中，每个班级通常有二十多名学生，结果，较多的直接教学（首要目标）几乎总是意味着较少的个别化教学（次要目标）。有意识的教师的任务就是根据学生的具体需要及情境特征来平衡这些矛盾目标。

链接
有关能力分组的更多讨论，参见第9章。

链接
关于有效应对学生错误行为的更多讨论，参见第5章。

教育心理学的研究目的

教育心理学的研究目的就是应用客观的研究方法来检验有关学习影响因素的各种观点，探讨众所周知的以及不太为人所知的问题（Levin，O' Donnell，&

Kratochwill，2003；McComb & Scott-Little，2003）。研究的结果则表现为各种原理、规律和理论等。**原理**（principle，有时也译作原则）主要用于解释因素之间的关系，如不同的评分系统对学生学习动机的影响。规律就是被充分证明，并广泛适用于多种情境中的原理。**理论**（theory）则是用于解释学习、行为等广泛领域的一组有关联的原理和规律。没有理论，则所发现的事实和原理就像画布上散乱的斑斑点点，理论可以将这些事实与原理联系起来，给我们呈现一幅完整的图片。但是，对于同样的事实和原理，不同的理论家可能有不同的解释。正如其他学科一样，教育心理学的进展是缓慢而曲折的。某项单一的研究很难取得突破，但随着时间的推移，相关主题的研究证据积累起来，理论家们也得以完善和扩展其理论。

教育心理学研究对教师的作用

教师最重要的知识也许是在实习、见习或在第一年的教学中学到的（Darling-Hammond，Gendler，& Wise，1990）。但是，教师每天要做出许多决策，不管教师是否明确地意识到，每条决策都依托于某种理论。这些理论的合理性、准确性以及实用性等最终决定了教师是否成功。比如，某一教师根据奖励出勤将提高出勤率这一理论，对出勤最高的学生给予奖励。另一教师根据出勤低的学生最需要诱因奖励这一理论，对出勤有最大改善的学生给予奖励。第三个教师不对出勤进行任何的奖励，而是通过教授更有趣的内容来努力提高学生的出勤率。哪个教师的做法更容易成功？这在很大程度上取决于每个教师的一项能力，即了解塑造其课堂特性的各个因素的独特组合，进而应用最恰当的理论。

作为决策的教学

教育心理学研究的目的就是检验各种理论以指导教师和其他教育人员的活动。这里举个例子说明常见情境中教师如何应用教育心理学。

哈里斯先生教八年级的社会课程。他在处理汤姆经常表现出的不良行为时遇到了麻烦。今天上课时，汤姆叠了个纸飞机，他趁哈里斯先生转过身去的时候，把飞机扔向空中，引得全班同学哄笑。

哈里斯先生应该怎么办？

作为有意识的教师，哈里斯先生考虑了解决该问题的一系列方法，每种方法都基于不同的理论，即汤姆为什么表现出不良行为，有哪些措施可以矫正他的行为？

哈里斯先生可能会采取某些措施，每种措施的理论依据如下（见下页）。

这些都是应对不良行为的常见措施，但究竟哪种理论（以及相应的措施）是正确的呢？

问题的关键是：当汤姆表现出捣乱行为时，同学们在哄笑。同学的哄笑反应是一条线索，表明汤姆在寻求他们的关注。如果哈里斯先生训斥汤姆，这可能提高同学眼中汤姆的地位，进而会奖励他的捣乱行为。如果某个学生试图以捣乱行为来引起教师的关注，则忽视该行为可能是一个不错的方法，但这个例子显示汤姆寻求的是同学的关注。让汤姆去办公室确实可以让他失去同学的关注，这或许有一定作用。但如果汤姆正想方设法地离开教室而逃避学习，那又怎么办？如果他因得到同学的认可而趾高气扬地挑战权威，那又怎么办？让全班同学为每个学生的行为负责，这很可能使汤姆失去同学的支持，促使他改进行为。但有些学生可能会认为，因其他

行为	理论
1. 训斥汤姆。	1. 训斥是惩罚的一种形式，汤姆为避免惩罚而规范自己的行为。
2. 忽视汤姆。	2. 关注可能是对汤姆的一种奖励，忽视则意味着剥夺对他的奖励。
3. 让汤姆去办公室。	3. 被带到办公室是一种惩罚，这也剥夺了来自同学的（表面如此）支持。
4. 告诉全班同学每个人都有责任维持一个良好的学习环境，如果任何人有捣乱行为，则全班减少5分钟的休息时间。	4. 汤姆的捣乱行为是为了博得同学们的关注。如果全班同学因他的行为而不能休息，则同学们将会使他收敛。
5. 向全班同学解释汤姆的行为干扰了正常的教学，他的行为破坏了开学初全班同学制订的课堂规则。	5. 汤姆在班级中的行为表现以及同学对他这种行为的反应与班级行为标准相冲突。教师通过提醒全班同学去关注自己的需要（学习课程）以及开学初制订的课堂规则，可以使汤姆明白全班同学不会真正地支持他的行为。

原理
因素之间关系的解释，如不同的评分系统对学生学习动机的影响。

理论
对特定现象进行解释，或使之产生联系的一组原理。

同学的不良行为而使自己受到惩罚，这是不公平的。如果全班同学确实很看重学业成绩以及良好行为，则最后一种措施，即提醒全班同学（以及汤姆）关注班级自身的学习兴趣以及常规的行为规范，这或许也会奏效。

哈里斯先生必须做的决策与教育和心理学的研究有直接关系。有关心理发展的研究表明，随着学生进入青春期，同辈群体对他们而言变得极为重要，他们经常以破坏或无视规则的方式来确立自己的独立性，摆脱成人的控制。行为学习理论的基础研究表明，当某种行为反复出现时，一定有某种奖励在强化该行为。如果要消除这一行为，首先就必须确定奖励究竟是什么，并取消奖励。该研究也提示哈里斯先生可以考虑使用惩罚（如训斥）来阻止不良行为的发生。有关具体课堂管理策略的研究也发现了一些有效的方法，既包括怎样避免像汤姆这样的学生产生捣乱行为，也包括一旦真的出现该行为，又如何处理这类行为。最后，对规则的制订以及课堂纪律的研究表明，学生参与规则的制订有助于让每个学生确信：全班都很看重学科学习成就以及良好的行为，这样的认识有助于使每个学生都遵守规则。

INTASC 标准 9
职业承诺与责任

哈里斯如果具备这些知识，就可以选择一定的应对方式来处理汤姆的捣乱行为，而这又基于对如下问题的理解：汤姆为什么这样做，可以利用哪些方式来解决这一问题。他的决策可能对，也可能错，但由于他知道了能够解释汤姆行为的几种不同的理论，他将能够观察到所采用的策略效果如何，如果不起作用，则可以再尝试其他方法。这些研究并未给哈里斯先生提供具体的方法，而是要求他依据自己的经验和判断来确定具体的方法。但是，这些研究确实让哈里斯先生了解了有关人类行为的一

教师们每天都面临着各种各样的难题，有些是突发事件。教师要能够快速而恰当地做出决策及反应。怎样才能成为一名有意识的教师？

些基本概念，这有助于他理解汤姆的动机，了解解决这类问题的一系列的有效方法。应用研究成果来指导自己的教学决策，这也是哈里斯先生增强教师效能感的一条途径。

理论应用于实践

作为决策的教学

如果不存在教育问题，教师就不必充当专业人士的角色了。专业与非专业人士的区别部分表现在专业人士必须做出影响其工作进程的决策。

教育者必须就下列问题做出决策：（1）如何识别问题与争议；（2）如何从多种不同的视角来审视情境；（3）如何汲取相关的专业知识来形成行动方案；（4）如何采取最恰当的行动方式；（5）如何评判行动结果。

奥哈拉女士教授社会课程，班上有一名叫沙尼卡的学生，大部分时间沙尼卡都相当安静，甚至有些退缩。以往的成绩表明她的学科学习能力较强，但仅凭随意的观察很难了解这一点。奥哈拉问自己如下一些问题：

1. 在这种情形下我觉察到了什么问题？沙尼卡厌倦吗？疲劳吗？不感兴趣吗？害羞吗？因为我或其他人做了某事或没有做某事而抑制了她的参与？我应该想到教育心理学的哪些理论？
2. 我不清楚沙尼卡对上这门课有何感受。她感到受排挤吗？她对学科学习上心吗？她在意我和其他人对她参与不够的看法吗？为什么？什么样的动机理论可以帮助我做出决策？
3. 我从理论、研究以及实践中了解到的哪些信息可以指导我的措施，使沙尼卡更直接地参与课堂活动？
4. 在这种情形下，我应该做些什么以提高沙尼卡的参与度？
5. 我怎样才能知道自己是否成功地解决了沙尼卡的问题？

链接

有关多元文化论的更多讨论，参见第4章。

如果奥哈拉女士能够提出这些问题并试图回答，当然并不局限于沙尼卡的个案，那么她将会从所做的工作中更好地了解自己的工作。哲学家约翰·杜威曾讲过，教师面临的问题是促使其进行反思性探究的天然刺激。有意识的教师接受挑战，并建设性地思考问题。

研究 + 常识 = 有效教学

正如哈里斯先生这个案例所显示的那样，没有什么理论、研究或书籍可以告诉教师在特定的情境下该做什么。正确的决策依赖于许多因素，如问题产生的背景，教师头脑中的目标等等，这些都是基于教育者的常识来进行评定的。比如，数学教学的研究通常发现，快节奏的教学可以提高学生的成绩（Good，Grouws，& Ebmeier，1983）。当然，教师也可以合理地放慢教学速度，在非常关键的概念上多花些时间，或者让学生自己去发现数学原理。通常情况下，直接教给学生技能或信息比让学生自己去发现要更为有效（即花费时间少），但如果教师希望学生对某一主题有更深的理解，或想知道让学生发现信息、解决问题的方法，则有关教学速度的研究结论就暂不适用。

问题的实质是，虽然教育心理学的研究结论有时可直接应用于课堂教学，但最好将原理与大量的常识结合起来，与为达到何种目标而将什么内容教给什么人的清晰认识结合起来。

有效教学方案的研究

教育心理学研究不仅能为有效的教学原则提供证据，而且也能为具体的教学方案或教学实践的有效性提供证据（Fleischman，2006）。比如，在本章开头的案例中，利厄·华盛顿运用了创造性写作的教学方法。创造性写作教学方法曾受到多方面的检验（Harris & Graham，1996a），换句话说，有大量的证据表明，接受创造性写作教学的儿童比接受传统写作教学的儿童在写作方面有更好的表现。从具体学科的教学方法到整个学校课程的改革策略，数十种广泛使用的教学方案经研究证明是有效的（参见 Dynarski，2008/2009；Ellis，2001b；Gunter，Estes，& Schwab，2003；Slavin，Cheung，Groff，& Lake，2008；Slavin & Lake，2008；Slavin，Lake，Chambers，et al.，2009；Slavin，Lake，& Groff，2009）。有意识的教师应该关注与自己所教学科以及年级的教学方案有关的研究，应该寻找职业发展的机会，掌握一些经研究证明可以有效促进儿童发展的方法。

网络链接

想了解更多适合教育者阅读的有效教学方案研究，请访问 www.bestevidenc.org 和 www.ies.ed.gov/ncee/wwc。

研究对教育实践的作用

教育心理学研究对教师实际工作的影响甚微，这是很多研究者和教育者都为之叹息的（参见 Kennedy，2008）。确实，教育研究远不像医学研究那样对实践工作的影响那么大（Riehl，2006）。但不容置疑的是，教育研究实际上对教育实践有着深刻的间接影响（Hattie & Marsh，1996），即使有教师未意识到这一点。教育研究影响着教育政策、职业发展方案的制订以及教学材料的选编。比如，“田纳西班级规模研究”（Finn，Pannozzo，& Achilles，2003）发现，班级规模大小对低年级学生的学习成绩有重要影响，这一研究结论直接影响了各州和联邦政府缩小班级规模的方案（Wasley，2002）。最近有关儿童阅读最适宜的时间起点研究（National Reading Panel，2000）显著地影响着阅读课程、教学以及教师职业培训。对高中开设职业专科课程的作用的研究（Kemple，1997）也导致了此类教学方案的显著增加。

“根据班级规模大小的研究，我们并不是在分班，而是在帮助同学们获得更好的教育！”

对教育者来讲，最重要的是明智地汲取研究成果，而不是将所有的研究或每一个研究者的意见都奉为真理（Fleischman，2006）。下面一部分简要描述对教育者有用的发现。

理论应用于实践

怎样成为教育心理学研究成果的明智实践者?

INTASC 标准 9
职业承诺与责任

假定你在新车销售市场准备买车。在花掉辛辛苦苦挣来的钱之前，你或许会全面地了解各种消费者研究评估报告中的结果。你可能想了解各种不同车型的撞击测试结果，哪种车型油耗最小，或者特定车型的折旧价等等。在进行这项较大的消费之前，你总是希望明智地决策。假如你以前遇到过类似的情形，你或许还记得你所进行的调查研究有助于你明智地做出决策。

既然你打算以教学为职业，你就需要在自己的决策中采用类似的消费者取向。作为教师，你每天都需要做出许多决策。你购车的决策受到可靠的研究结果以及常识等各种因素的共同影响，而你的教学决策也遵循同样的模式。教与学很容易受到各种因素影响，非常复杂，因此你对相关研究知识的了解有助于你做出明智的选择。

对简单的公式“研究 + 常识 = 有效教学”的了解有助于你更明智地汲取教育心理学研究成果吗？下面的一些建议可以让你将该公式应用于实践中。

做个相关研究的实践者。你不可能应用那些你不了解的信息，这是不言自明的。作为专业人士，你有责任获得并追踪与自己工作相关的研究信息。教科书会是理想的资源；此外，你还应该熟悉相关领域的专业杂志。你应该浏览以下的杂志，上面刊登的研究报告通常可以直接应用于实际课堂教学：《教育心理学家》（*Educational Psychologist*），《教育心理学杂志》（*Journal of Educational Psychology*），《美国教育研究杂志》（*American Educational Research Journal*）。此外，还可以参阅《年刊：教育心理学》（*Annual Editions: Educational Psychology*），它是每年各类专业期刊文章的选编。此外，也不要忽视与其他教师面对面的交流或互联网交流。埃伦·马西斯与利厄·华盛顿的例子有力地证明了合作有助于扩展、充实研究知识这一事实。

资格认证指南

要通过专业资格考试，你需要展示你知道如何获得专业文献、参与专业化组织以及其他改善教学的专业发展活动。

做个有意识的教师。虽然我们不可能像看菜谱一样，确定先进的教学方式有什么成分，但不难做出有意识教师应有的行为。有意识的教师是深思熟虑的，正像哈里斯先生一样，他们综合考虑有关课堂情境的多种观点。当采取行动时，他们有明确的意图，并思考为什么这样做。有意识的教师在采取行动后经常进行反思，评价其行为以确定是否达到了预期结果。你在高中或许学过“科学方法”，有意识的教师在教学中就使用这类方法。他们根据观察结果和已有经验来提出对当前情况的假设，搜集检验这一假设的有关资料，有效地组织和分析资料，基于这些资料得出正确的结论，并根据结论采取一系列的措施。对许多有经验的教师而言，这一过程是自动的、内化的。当系统地执行这一过程时，这些实践活动可以进一步证实研究结论和有关理论，进而充实和完善教师的专业知识基础。

分享你的经验。当你把知道的研究与专业常识结合起来时，你将发现自己在进行着更为有效的实践活动。当你和学生取得成功时，请让更多的人分享你的经验。传播无止境。除了在专业期刊、行业新闻等传统媒体上发表文章外，不要忽视全校示范课、在各级专业会议上发表论文、向学校管理层呈递报告等其他方式的重要性。此外，互联网也方便教师对自己工作进行持续讨论。

教育心理学的研究方法有哪些？

我们怎样知道自己对教育心理学的了解有多少？正如任何科学领域一样，知识可以来源于许多方面，有时研究者研究自然情境下的学校、教师和学生，有时也设置特殊情境，比如进行**实验处理**（treatment），以考察这些实验处理对一个或多个**变量**（variable）（任何具有一个以上值的事物，如年龄、性别、成就水平或态度等）的影响。并不存在最好或最有用的研究方法，任何方法对适合它的问题都有用。教育研究者用于了解学校、教师、学生以及教学的基本方法主要有：实验法、相关研究以及描述性研究（见 Henig，2008/2009；Mertler & Charles，2011；Slavin，2008b）。

实验处理
一个实验所设置的特殊情境。

变量
具有一个以上值的事物。

实验法

在**实验**（experiment）法中，研究者采取特定的实验处理，并分析这些实验处理的效果。在一个经典的实验中，莱珀等人（Lepper，Greene，& Nisbett，1973）让儿童用有触角的指示器来画画。实验组（接受实验处理）儿童绘画后能得到奖品（“好画家奖”），控制组儿童则没有奖品。实验结束时，让所有的儿童自由选择各种活动，其中包括用有触角的指示器绘画。那些曾得到奖品的儿童继续绘画的频次只有那些没得到奖品的儿童的一半。这一结果被解释为：奖励个体去做他们已经喜欢上的事情，会导致个体在无奖励时做此事的兴趣降低。

莱珀等人的研究体现了实验法的几个重要特性。首先，儿童被随机地分配到有奖品或无奖品组。比如，将写有儿童名字的纸条放在帽子里，随机地抽取并分到“奖品组”或“无奖品组”。**随机分配**（random assignment）保证了两个组在实验之前本质上是对等的，这种对等非常关键，因为如果不能保证实验前两个组是对等的，我们也就无法说清楚行为的差异是否由奖励引起。

第二个特性就是除了实验处理本身（奖励）外，所有的事件对于有奖品和无奖品两个组都应该保持相同。儿童在相同的房间里活动，使用相同的材料，参与实验的成人也是相同的。分发奖品的研究者也要用相同的时间来观看无奖品组儿童的绘画。对于两个组而言，只存在着奖励的差异，其目的就是要保证两组之间的差异只能是因实验处理而不是其他因素导致。

实验室实验　莱珀等人（1973）的实验是**实验室实验**（laboratory experiment）的一个例证。即使实验是在学校的某个房间里进行的，研究者也可以创设完全人工化的、结构化的场景，这种场景只会保持较短的时间。实验室实验的优点在于实验者可以对研究涉及的有关因素进行严格的控制，这类研究有很高的**内部效度**（internal validity），即我们可以非常肯定地将实验中出现的各种差异归结为实验处理本身（而不是其他因素）。实验室实验的局限性主要表现在人为性太强和过于简化，致使研究结论难以推广到现实情境中。比如，莱珀等人的实验后来又被多次重复，用来支持这样的理论：奖励降低了个体在没有奖励时从事活动的兴趣。一些人批评课堂中分数、彩星等奖励的使用，这一观点成为他们的根据。然而，后来在实际课堂中使用真实奖品的一些研究却大多未能发现以上类似的结果（参见Cameron & Pierce，1994）。这并非意味着莱珀等人的研究是错误的，而是说明实验室实验得出的理论不一定适用于现实生活中的所有情境，还需要在现实情境中加以验证。

实验
检验实验处理效果的程序。

随机分配
各组随机接受实验处理，以确保不同组之间的对等。

实验室实验
实验条件严格控制的实验。

内部效度
实验结果可归因为实验处理而不是其他因素的程度。

随机现场实验 教育研究中常用的另一种实验是**随机现场实验**（randomized field experiment），即在现实课堂的真实环境中对教学进程或其他实践措施进行较长时间的考查（Levin et al.，2003；Mosteller & Boruch，2002）。比如，平内尔等研究者（Pinnell，Lyons，DeFord，Bryk，& Seltzer，1994）比较了四种针对阅读困难的一年级学生的教学方法。其中一种方法是阅读恢复法，即一个指导教师对一个阅读困难的一年级学生进行大量的阅读训练。在10个学校中，每个学校都分别选取阅读成绩最差的10名学生，然后随机将其中的4名学生分到采用阅读恢复法的**实验组**（experimental group），其余6名被分到**控制组**（control group），控制组的学生继续接受常规的阅读教学以及补救性阅读帮助。

4 个月后所有的儿童接受测验。结果表明，阅读恢复组的儿童在 4 种测验上的成绩显著高于控制组的儿童。8 个月之后他们又接受测验，阅读恢复组儿童的成绩仍然显著高于控制组。

现在来对比一下平内尔及其同事（1994）的随机现场实验与莱珀及其同事（1973）的实验室实验的异同。二者都使用了随机分配以保证实验开始前实验组和控制组本质相同。二者都试图保证实验组和控制组在除了实验处理以外的所有因素上都是相同的，但平内尔等人的实验研究（由于现场研究的本质）不太能够达到这一要求。比如，实验班和控制班由不同的教师来教学。由于许多教师的参与，或许该因素可以被平衡掉，但仍存在着这样的事实，即现场实验对变量的控制远不如实验室实验严格（参见 Pressley & Harris，1994）。另一方面，平内尔及其同事的研究是在实际课堂情境中进行的较长时间的实验，这意味着该实验比莱珀等人的实验具有更高的**外部效度**（external validity）（真实效度），也就是说，平内尔等人的研究对阅读困难的一年级学生的教学具有直接的指导作用。

无论是实验室实验还是随机现场实验，对教育心理学这门学科都具有重要作用。实验室实验对于研究者建构和检验理论是至关重要的，而随机现场实验则是对实际教学方案或教学改进的灵敏检验。比如，利厄·华盛顿所使用的写作过程方法曾与传统的方法做过多次比较评估，发现该方法具有很好的效果（Harris，Graham，& Pressley，2001）。这一结论并不能保证这种方法可以适用于所有情境，但它确实可以有效地指导教师依据这种方法改善写作教学。

最近，美国教育部开始力荐将研究作为教育实践的基础。例如，在 2001 年推行的“不让一个孩子掉队”方案中，“根据科学研究”这个说法在涉及由联邦资助运行的项目中出现了 110 次。在这种情况下，“科学研究”主要指研究中的实验组和控制组是随机分配的（参见 U.S. Department of Education，2003），尽管通过匹配来分组并进行比较的完善设计同样被重视。这些政策，以及为随机分组实验提供的新资金，都提高了随机实验的吸引力。未来将会出现更多的随机研究，并且这些研究会对教育政策和实践产生重要影响（参见 Mosteller & Boruch，2002；Slavin，2003）。

在实际教育情境中，随机现场实验是很难实施的，因为很少有教师愿意被随机分配到某个组。为此，现场实验经常利用匹配的方法，即应用某种教学方法的教师或学校与应用另一种教学方法的教师或学校与控制组进行匹配。比如，考尔德伦等研究者（Calderón，Hertz-Lazarowitz，& Slavin，1998）在得克萨斯州埃尔帕索的几所小学进行了“双语合作整合阅读与写作”（BCIRC）的教学实验。采用 BCIRC 教学方案的三所小学学生的先前学习成绩、家庭的社会经济状况以及其他因素都与没有采用该教学方案的其他学校（控制组）的学生相当。进行前测后，对两类学校都进行两年的跟踪调查。结果发现，采用 BCIRC 教学方案的学校，其学生的阅读成绩

随机现场实验
在真实情境下进行的实验，参加实验的个体随机接受不同的实验处理或实验程序。

实验组
在实验中接受实验处理的组。

控制组
在实验中，不接受特定实验处理的组。

外部效度
实验结果可以应用到真实生活情境中的程度。

高于控制组的学生。

虽然匹配这种方法比随机分配更实用，但在解释实验结果时要谨慎，毕竟一个组采用了某种方法而另一个组没有采用，可能有别的原因。实验组的教师是否有更高的动机？是否有更多的可利用资源？另一方面，他们是否更渴望尝试新的教学方法？在使用匹配方法时，应该考虑到这些干扰因素并尽量予以排除（Mertler & Charles，2011）。

个案实验　教育研究中有时使用的一类实验方法是**个案实验**（single-case experiment）（参见Franklin，Allison & Gorman，1997；Neuman & McCormick，1995）。此类实验典型的研究形式是，对个别学生的行为观察若干天，然后对该学生实施某种特殊的方案，观察在实施新方案的过程中学生的行为变化，最后终止新的方案。如果实施方案时学生的行为有所改善，而终止方案时行为的改善也随之消失，则说明该方案影响着学生的行为。有时“个案”可以是接受同一实验处理的几个学生、全班或一所学校。

个案实验的一个例子是巴里什等人（Barrish，Sauders & Wolf，1969）所做的经典研究。在该研究中，四年级的一个班级是个案。如果在阅读和数学课上只要有一个学生说话或离座（未经允许），则观察者就把发生这些情况的时间百分比记录下来。10 天后，开始实行特殊方案。把全班分成两个大组，无论什么时候，只要该组中的任何一个学生有不符合要求的行为，则该组将被记录一次。每天课程快要结束时，记录次数少的那个组可以有 30 分钟的自由活动时间；如两组的记录都不超过 5 次则均可自由活动。

该研究的结果见图 1.2。在“好表现竞赛”开始之前（基线水平），在数学课上 96% 的时间都至少有 1 名学生在说话，82% 的时间至少有 1 名学生在未经允许的情况下离座。在数学课上进行此竞赛时，全班学生的行为发生了戏剧性的改变。当竞赛终止时，学生的行为又变得不好；但当重新开始竞赛时，行为再次有所改善。值得注意的是，当把这个实验程序引入到阅读课上时，学生的行为也有所改善。学生在数学和阅读课上的行为改变这一事实让我们更为确信，“好表现竞赛”是有效的。

个案实验的主要局限性是它只能用于那些研究结果可以被多次测量的情形。因此，大部分的个案研究都涉及可观察的行为，如说话或离开座位，这些行为每天都可以被测量到，或每天测量多次。

个案实验
通过比较一个个体或一组个体在接受实验处理之前、之中、之后的行为变化，以考察实验处理效果的研究。

相关研究

教育心理学中最常用的研究方法或许就是**相关研究**（correlational study）。在实验法中，研究者特意改变一种变量来考察该变量对其他变量的影响。相关研究则不同，研究者考察各个变量的自然状态以检测它们之间是否相关。各个变量之间可以具有正相关、负相关或无相关。**正相关**（positive correlation）的一个例子是阅读成绩与数学成绩的关系，一般而言，阅读成绩比较优秀的人，其数学成绩也比较优秀。当然，也有些学生阅读成绩不错，而数学成绩则不行，反之亦然。但一般来说，某一学科的技能与其他学科的技能之间具有正相关：某个变量取值高时，另一变量的取值也很可能高。**负相关**（negative correlation）的一个例子是缺勤与学习成绩的关系。学生缺勤的次数越多，其学习成绩很可能越差。当某一个变量的值很高时，另一变量的值可能很低。若考察**无相关的变量**（uncorrelated variables），则变量之间不存在关系。

相关研究
对自然情况下的变化之间的关系进行研究。

正相关
一个变量的高水平对应另一个变量的高水平。

负相关
一个变量的高水平对应另一个变量的低水平。

无相关的变量
无相关的变量：在一个变量的不同水平与另一个变量的不同水平之间没有关系。

图 1.2 成功的个案实验结果

从这些图中可以明显地看出在四年级数学和阅读课上对良好行为进行奖励所产生的结果。在引入“好表现竞赛”程序之前的基线期中，不合要求的行为发生频率很高，但在实验期间，此类行为减少。如实验前对阅读课的第 13 次观察的结果是：在观察期间，学生几乎始终是离开座位的。然而，当实验进行时，在阅读课上的第 53 次观察期间，有学生离开座位的时间几乎为零。在个案实验中，若要考察实验处理对那些可以反复测量的行为的影响，则以上述图表的方式可以表明实验处理的有效性。

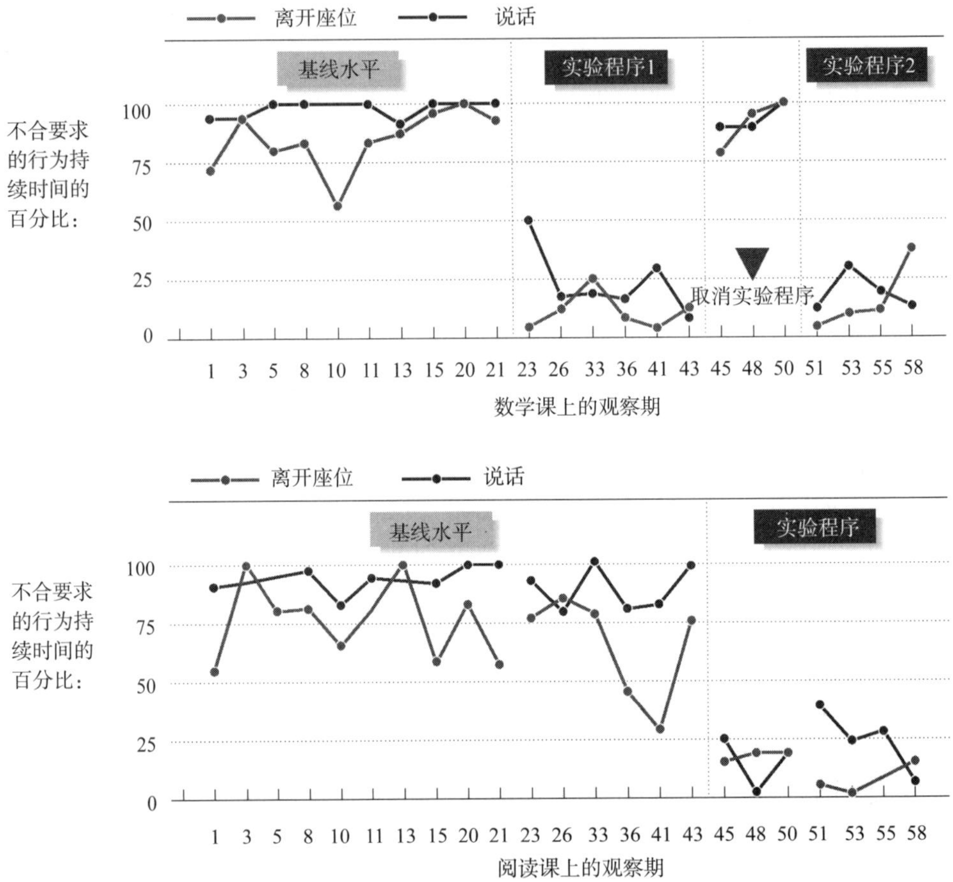

资料来源：H.H.Barrish, M.Saunders, & M.M.Wolf, "Good Behavior Game: Effects of Individual Contingencies for Group Consequences on Disruptive Behavior in a Classroom", *Journal of Applied Behavior Analysis*, *2*, 1969, pp.19-124）

比如，纽约的帕基普西市学生的学习成绩与俄勒冈的波特兰市学生的动机水平之间可能完全没有关系。

相关研究的一个经典例子是拉荷德恩（Lahaderne，1968）所做的实验，她考察了学生课堂注意水平与他们的学业成绩和智商（IQ）的关系。她对 6 年级的 4 个班中的 125 名学生进行观察，了解学生能注意多长时间（如听老师讲课和做作业的时间），然后将学生的注意水平与他们在阅读、数学、语言等课程上的成绩、IQ 成绩以及对学校的态度等进行相关统计。相关研究的优点在于可以使研究者在自然的、非人为的情境下考察变量之间的关系。许多重要的课题只能通过相关研究来完成，比如，

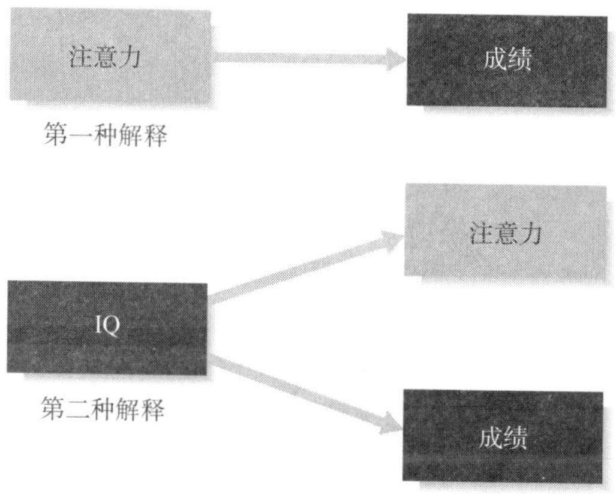

图 1.3　对注意力、成绩与IQ之间关系的可能解释

相关研究可以表明各个变量之间是有关系的，但这类研究不能证明产生这种关系的因果机制。比如在拉荷德恩（Lahaderne，1968）的研究中，是学生的注意力导致好的成绩（第一种解释），还是第三个变量 IQ 决定了注意力和学习成绩（第二种解释）？这两种解释都部分正确。

如果我们要考察性别与数学成绩之间的关系，我们就很难随机地指定学生当男生或女生！同样，相关研究还可以使研究者同时考察许多变量之间的交互关系。

相关研究方法的主要缺点是：虽然该类研究可以告诉我们两个变量之间有关系，但并没有告诉我们关系是什么导致的。拉荷德恩的注意力、成绩、IQ 相关研究也引发了这样的问题：是学生的注意力导致了好的成绩吗？抑或能力强、成绩好的学生只是比其他学生注意力更集中？相关研究并不能够全面地回答这些问题。但是，研究者确实可以利用统计方法来确定因果机制。拉荷德恩的实验可以阐明在 IQ 相等的学生中，注意力与学习成绩之间是否具有相关。比如，有两个智力水平中等的学生，注意力更集中的那个学生是否取得更好的成绩？如果不是，那么我们可以得到这样的结论，即注意力与成绩之间的关系只是因为 IQ 高的学生比其他学生的注意力更集中，故能取得更好的成绩，而不是因为注意力对成绩有什么影响。

图 1.3 对注意力、成绩以及 IQ 之间的相关给出了两种可能的解释。在第一种解释中，注意力决定成绩。在第二种解释中，注意和成绩被认为是由第三个变量 IQ 决定的。哪种解释是对的？对这种关系所进行的其他研究表明，这两种解释都部分正确，即使排除 IQ 的影响，学生的注意力与成绩也是有关系的。

研究者（Lubienski and Lubienski，2006）进行了另一例相关研究。研究者用全美教育进展评估（NAEP）数据来考察是公立学校还是私立学校更能提高学生的阅读和数学成绩。表面上看，私立学校学生的测验分数更高，但以统计方法控制学生族裔、家庭经济状况及其他背景变量后，研究者发现公立学校学生的得分至少和私立学校学生相当。

描述性研究

实验研究和相关研究都试图寻找变量之间的关系，但有些教育心理学研究只是试图描述感兴趣的教育现象。例如，美国国家儿童健康和人类发展研究所（NICHD）对全美 780 个三年级课堂进行了一项观察研究（Early Child Care Research Network，2005），对儿童所体验到的课堂环境巨大差异进行了描述。研究发现，三年级课堂的主要时间侧重基本技能，只有很少的时间用于高级技能，但在时间的分配上还存在巨大的差异。另一个例子中，莫森塔尔及其同事（Mosenthal et al.，2004）对佛蒙特州阅读成绩一直突出的 6 所学校进行了观察和描述，发现这些学校中的教师都是非常专注的，会不断地对自己的教学进行评估。**描述性研究**（descriptive research）的

描述性研究
为了确认、收集某一主题的特定信息而进行的研究。

一种类型是调查或访谈，另一种类型是人种学研究。人种学方法涉及对某一社会环境（如课堂或学校）进行一段较长时间的观察。人种学研究的一个例子是在芝加哥一所高中进行的为期一年的研究（Anagnostopoulos，2006）。研究者对教师、学生进行了观察、访谈，以获得他们对一项新政策（学生必须通过一项测验，才能够升入下一个年级）的反应。研究发现，教师和学生在心里将留级生分为两类："确实应降级者"和"像样的学生"。他们认为的"确实应降级者"是应该留级的"坏孩子"，而"像样的学生"是不应该留级的。与那些把结果浓缩为客观而冷酷的数字研究方法相比，许多描述性研究对学校和课堂中发生的事情进行了更为全面的陈述与分析。描述性研究通常不具有相关研究或实验研究的科学客观性，但其细节和解释的丰富性可以弥补这一不足（Creswell，2002；Northcutt & McCoy，2004；Rossman & Rallis，2003）。

发展心理学家普遍应用描述性研究来揭示不同年龄阶段儿童的发展特征。发展心理学中最重要的描述性研究是瑞士心理学家皮亚杰所做的（Piaget，1952b）。他从对自己孩子的详细观察开始，根据观察所得结果，提出了从婴儿到青春期的认知发展理论（Wadsworth，2004）。

行动研究

行动研究（action research）是描述性研究的一种具体形式，由教育者在自己的课堂中或学校里开展（A. P. Johnson，2009；Mills，2007；Stringer，2008）。在行动研究中，教师或校长尝试采用一种新的教学方法或学校组织管理策略，搜集这种方法或策略实施效果的有关信息并与他人交流。由于教育者本人参与实验，所以行动研究缺乏其他研究的客观性。但行动研究能带来一线教师或管理者的深度见解，这是局外人做的研究所不能比拟的。

INTASC 标准 9
职业承诺与责任

如何成为一名有意识的教师？

想想你所遇到的最好、最有意识的教师，他们通常非常自信、有爱心、具有很高的教学技能和对学科的热情。他们最初学习教育心理学时，却可能像你今天一样，对如何做教师感到恐惧、不确定和茫然。但他们坚持学习，最终成为你难忘的优秀教师。你同样可以做到。

教师资格认证

在成为一名有意识的教师之前，你需要先通过资格认证。每个州、市、郡都有自己的要求。虽然也有其他认证途径，不过在美国大多数地方你至少需要大学四年本科毕业，并选修特定学科。你还需要丰富的教学经验。在多数州，拥有这些还不够，你还需要通过教师资格认证考试，或称执照测验。大多数州的要求都以图 1.4 列出的十项有效教学原理为基础。不论这些测验是由州际新教师评估与支持协会（INTASC），还是由教育考试服务机构（ETS）或者其他州的教育部门开发（参见 Darling-Hammond，2008），INTASC 提出的这十项教学原理，构成了多数教师资格

行动研究
教育者在自己的课堂或学校开展的研究。

图 1.4　INTASC开发的新任教师资格与发展标准

1. **学科内容知识**。教师理解所教学科的核心概念、探究方法和整体框架，能够提供学习经验以使上述学科知识对学生产生意义。
2. **人类发展和学习的知识**。教师理解孩子是如何学习和发展的，能够为支持学生智力、社会化及人格发展提供学习机会。
3. **根据个体需要调整教学**。教师理解学生在学习方式上存在很大差异，能够为有不同需求的学生创造不同的教学机会。
4. **多种教学策略**。教师运用多种教学策略，促进学生批判性思维、问题解决能力以及学业技能的发展。
5. **课堂动机与管理**。教师根据对个体与群体动机、行为的了解，创造一种学习氛围，促进积极的社会互动、主动的学习参与以及自我激励。
6. **交流技能**。教师运用有效言语、非言语和多媒体交流知识，在课堂上形成一种积极探究、合作、支持性互动的氛围。
7. **教学计划技能**。教师根据有关主题课程、学生、周边环境和课程目标知识，制订教学计划。
8. **学生学习的评价**。教师理解并运用正式和非正式的评价策略，评估并确保学生智力、社会性和身体的持续发展。
9. **专业化的投入和责任**。教师作为具有反思能力的实践者，不断评估自己的选择和行为对他人的影响（包括学生、家长以及其他专业人士），积极寻求专业自我发展机会。
10. **合作**。教师能够与学校同事、家长以及社区机构建立良好关系，为学生的学习和成长提供支持。

资料来源：Council of Chief State School Officers. (1992).

测验的基础。

INTASC 自主开发了**教学知识测试**（TTK）。这个测试评估的是新任教师关于儿童发展、教与学的理论、评价、语言获得的知识，学生的已有经验在学习过程中的作用，以及其他有关教学的重要基础知识技能。一些州已经开始使用这个测试。可以访问州立学校校长协会（CCSSO）网站 www.ccsso.org/intasc，获得有关 TTK 的更多信息。

教育考试服务机构开发的新任教师的实践系列专业测评（The Praxis Series™ Professional Assessments for Beginning Teachers），是各州最常采用的教师资格认定测试。实践系列对应教师发展的重要阶段分为三个部分：系列一，参加教师培训项目前学术技能测评；系列二，获教师入职资格前的学科知识测评；系列三，任教一年教师的课堂表现测评。当教师完成准备性培训时，需要进行系列二的测评。系列二根据不同年级段（幼儿园到六年级，五年级到九年级，七年级到十二年级）所需的教育心理学内容，对教与学的原理（PLT）相应设计了三项测验。每项测评包括四个领域：作为学习者的学生，教学和评价，沟通技能以及教师职业水准。

每个 PLT 测评会呈现四种情境，每种情境下有相应的三道简答题。同时还会有 24 道多项选择题，一共 36 道题。有关实践考试系列的详细信息可以在网站 www.ets.og/praxis 上查询。在这个网站上，你可以先参见测验概览网页，包括测评的主要框架，例题及最佳答案的解释，通过测评的策略等。同时还可以看到每个州的要求，以确定各个州使用哪项实践考试（如果使用的话）。请注意，可能会有个别大学使用实践考试系列，但其所在州并不使用的情况。

每个使用实践考试系列的州、市、院校都会设定自己的通过标准。每个州所设定的各个测验的通过分数可以在网站上或你的分数报告的小册子里找到。

很多州，包括加利福尼亚州、得克萨斯州、佛罗里达州、纽约州，都已经开发了或者正在开发自己的教师资格认证测验。这些测验所包括的内容多与实践学与教的原理测验相似。

本书有很多建议针对教师资格认证测验常考的主题。各章节中标注为资格认证指南的旁注，会强调各州教师资格测验（包括实践学与教的原理测验）中经常会出现的知识点。

资格认证之外

获得教师资格证书是成为一名有意识教师的必要条件，但非充分条件。从教学实习开始，到找到第一份教职，你可以通过多种方式来创设机会或利用各种机会来培养有意识的教师所需具备的技能。

寻求督导 那些经验丰富、有意识的教师是你最好的资源（Nieto，2009）。不仅因为他们非常高效，而且因为他们能够理解并描述自己做的事（幸运的话，他们也能够帮助你做到这些）。与学校经验丰富的教师进行交谈，观察他们是如何教学的，请他们观察你的教学并提出建议，就像本章开头部分的案例中埃伦•马西斯那样。许多学校都会在新教师入职的头几年提供指导。即使你的学校没有提供这样的指导，你也可以为自己寻找这样有经验的、能帮助你的督导者。

寻求职业发展 各学区、各大学、各州的教育部门以及其他一些机构会为教师提供各种类型、多种主题的职业发展工作坊，要抓住每一个机会参与这些工作坊。最佳的专业发展包括接受某种形式的教练辅导或者追踪随访，即请熟悉某种方法或方案的人到你的班级来，观察你是如何实施教学方案的，并提供相应的反馈（参见Darling-Hammond & Richardson，2009；Hirsh & Hord，2008；Neufield & Roper，2003）。与同校的教师一起参加工作坊，大家有机会分享成功经验、讨论面临的挑战，这种方式也非常有效（参见Calderón，1999）。

资格认证指南

教师资格认证考试包括教师职业水准部分。其中一个重要的方面是能够阅读、理解有关当前教学实践的观点与争论的各种研究报告。

交流教学 与你的同事、以前的同学、从事教学工作的朋友，甚至是那些不教书的朋友进行交谈，分享你在教学中的成功、失败和疑问。如果教学只涉及你和你的学生，那么它会成为一种令人孤独的体验。抓住每一个交流想法的机会，从有同理心的同事那里获得支持（Nieto，2009）。还可以参加读书俱乐部，来讨论有关教学的一些文章、书籍（Hoerr，2009）。

专业出版物和协会 有意识的教师会进行大量的阅读。你所在的学校也许订阅了面向教师的杂志，或者你自己也可以订阅。例如，《教师杂志》（*Teacher Magazine*）、《从理论到实践》（*Theory Into Practice*）、《学习》（*Learning*）、《幼儿》（*Young Children*）、《卡潘》（*Phi Delta Kappan*）、《教育领导力》（*Educational Leadership*）等。还有一些学科类的杂志如《阅读教师》（*Reading Teacher*）和《数学教师》（*Mathematics Teacher*）等。

另外，可以查询你所教的学科领域或感兴趣的相关领域的专业协会。全美性的教师协会，如美国教师联合会（AFT）和全美教育协会（NEA）等，都有很多出版物和各种工作坊，还提供其他很多资源，你从中会获益颇多。你所在州的教育部门、地区教育实验室或者学区办公机构都有一些可用资源。下面是一些有用的网站：

美国教育研究协会：www.aera.net
美国教师联合会：www.aft.org
加拿大教育研究协会：www.cea-ace.ca
特殊儿童委员会：www.cec.sped.org
国际阅读协会：www.reading.org
全美双语教育协会：www.nabe.org
全美幼儿教育协会：www.naeyc.org

网络链接

当你对教学的激情已让朋友和同事们力不从心时，不妨求助于网络上的虚拟同事。下面仅罗列一部分以教师为导向的网址及博客，它们提供了机会与平台来分享建议、观点及观察所得（Ferriter，2009a，b）。

Blogger（www.blogger.com）
Edublogs（www.edublogs.com）
Education world（www.education-world.com）
The Knowledge Loom（www.knowledgeloom.org）
K-12 Professional Circle（www.nces.ed.gov/practitioner/teachers.asp）
Typepad（www.typepad.com）
The Vent（www.proteacher.com）

有的网站是面向小学教师的（www.wmtps.org/techini/bestsite/bestsite.html），有的是面向中学教师的（www.middleweb.com/10TeachingSites.html），还有些是分主题面向不同学科教师的（www.assortedstuff.com/top101/?page_id=2）。中学科学课教师可以访问 www.sldirectory.com/teachf/scied.html。课堂中使用先进技术的教师还可以访问网络学习社区（http://learnweb.harvard.edu/ent/home）。

资格认证指南

实践考试系列Ⅱ的教师职业水准部分以及其他教师资格考试都有可能要求你熟知某个教学领域的一些专业杂志名称（如，*Journal of Educational Psychology*，*Educational Leadership*，*Phi Delta Kappan*）。

全美黑人学校教育者协会：www.nabse.org
全美社会研究协会：www.ncss.org
全美英语教师委员会：www.ncte.org
全美数学教师委员会：www.nctm.org
全美教育协会：www.nea.org
全美文学研究所：www.nifl.gov
全美中学协会：www.nmsa.org
全美科学教师协会：www.nsta.org

资格认证指南

教师资格认证考试可能会要求你了解哪些专业协会能够组织相关会议、发行相关出版物、提供与其他教师对话的机会等（如，美国教育研究协会，美国教师联合会，全美教育协会等）。

本章概要

怎样才是称职的教师？

称职的教师了解自己所教学科的课程，掌握教学技能。他们温和、热忱，具有关爱之心，能够完成有效教学所涉及的所有活动。他们是有意识的教师，他们在做出决策以及教学时应用教育心理学的基本原理，他们能够将教育心理学的研究与常识结合起来。

研究在教育心理学中有何作用？

教育心理学是对学习者、学习以及教学的系统研究。教育心理学的研究主要关注信息、技能、价值观和态度等在课堂师生之间沟通过程中的作用，关注心理学基本原理如何应用于教学实践。这些研究影响着教育政策的制订、教师职业发展项目以及教学材料的选用。

教育心理学的研究方法有哪些？

实验研究包括考察某些特定的教育项目或实验处理的有效性。实验之前将被试随机分配到各个组，这有助于确保各个组是对等的，实验结果是有效的。接受实验处理的实验组与不接受实验处理的控制组要匹配。实验室实验是高度结构化的，持续时间比较短，所涉及的变量都被严格地控制。随机现场实验的结构化程度则较低，在真实情境中长时间进行，并不对所有的变量都加以控制。个案实验是在实验处理前后的一段特定时间里对一个或一组学生进行观察。相关研究主要考察变量之间是否具有关系。变量之间可以具有正相关、负相关或无相关。相关研究提供有关变量的信息，而不操纵变量或设置人为的情境。但是，相关研究并不能够说明变量之间关系产生的原因。描述性研究运用调查、访谈或观察等方式来描述社会环境中的行为。

如何成为一名有意识的教师？

在成为一名有意识的教师之前，你首先要取得教师的资格。每个州都有自己的关于教育程度、教学实习以及资格考试等方面的要求，其中主要包括教学知识测试、实践考试系列等。你可以通过寻求督导、职业发展、与同事和朋友交流经验来发展自己作为有意识教师的技能。

关键术语

回顾本章中的以下关键术语：

教育心理学
教学法
意向性
教师效能感
批判性思维
原理
理论
实验处理
变量
实验
随机分配
实验室实验
内部效度
随机现场实验
实验组
控制组
外部效度
个案实验
相关研究
正相关
负相关
无相关的变量
描述性研究
行动研究

自我评估：资格认证练习

指导语：本章开头的案例中所涉及的评价指标是各州的资格认证考试的常见考点。请重读开头的案例，回答下列问题：

1. 在本章的第一段，埃伦·马西斯不清楚为什么她的学生没有创造性和想象力。根据教育心理学家的研究，埃伦最有可能缺乏下面的哪种素质？
   a. 课堂管理技能
   b. 学科知识
   c. 意向性
   d. 常识

2. 利厄·华盛顿与埃伦·马西斯谈论如何让学生写出有趣的作文。下面哪种描述概括了利厄的写作教学方法？
   a. 所选择的教学方法、学习活动和教学材料适合于学生，具有动机激发作用
   b. 让能力相当的学生一起学习，这样教师能够调整教学以满足不同能力组的学生的不同需要
   c. 在从事写作活动时，把教师看做教学活动的中心
   d. 个别化是教学的首要目标，直接教学是次要目标

3. 根据专长发展的有关研究，有哪些特征可以将专家教师与新手教师区分开来？
   a. 由于新手教师的学科内容知识不如专家教师丰富，所以更倾向于依赖通用的教学法
   b. 由于专家教师的思维活动较复杂，所以比新手教师有更多的短时记忆加工活动
   c. 新手教师需要不断地提升和检查自己的教学实践活动，而专家教师使用“最佳实践”教学法
   d. 专家教师是批判性思维者

4. 人们经常指责教育心理学家研究一些众所周知的常识问题。但教育心理学家们很清楚，众所周知的常识未必是正确的。下面除一个选项外，其余都是人们熟知但未必正确的。请找出有研究支持的那个正确选项。
   a. 根据学生的能力水平进行分班可以提高学生的成绩
   b. 训斥学生的错误行为可以改善其行为
   c. 整班教学比个别化教学更有效
   d. 有意识的教师能够根据不同学生以及不同情境的需要来平衡一些难兼顾的目标

5. 利厄·华盛顿与埃伦·马西斯讨论了她所使用的很多教学策略。我们很容易发现，利厄把教学视为决策过程。她能够识别出各种问题及可能的争论；能从多个角度来分析情境；能根据专业知识来形成活动方案，并且能：
   a. 选择最恰当的活动方式，评判活动效果
   b. 选择与她个人的教学观相一致的教学策略
   c. 征询专家教师和领导的意见，寻求对活动计划的支持
   d. 让学生根据他们自己的兴趣与需要来做出教学决策

6. 研究的结果通常表现为原理、规律和理论。利厄·华盛顿在与埃伦·马西斯谈论如何教学生写作文时，讲到了许多教育心理学的原理和理论。首先，请描述埃伦·马西斯在教学活动中所遇到的困难（如，给所有的学生布置相同的题目），然后描述她可以应用哪些原理和理论使学生参与有趣、有意义的课堂活动。

7. 教育心理学的研究目的就是应用客观的方法来探讨教与学的问题。研究方法主要包括实验法、相关研究、描述性研究与行动研究。思考一个要研究的问题，然后描述如何应用上述方法来回答这个问题。

8. 有意识的教师会留心职业学习和发展所需的资源。他们根据学生的需要不断调整自己的教学。假设你要教授的是英语水平有限的学生，举出四个寻找相关信息从而帮助你教学的方法。

本章提纲

儿童的认知是如何发展的

- 发展的不同方面
- 发展的各种争论

皮亚杰是如何看待认知发展的

- 发展是如何产生的
- 皮亚杰的发展阶段论

今天如何看待皮亚杰的研究

- 对皮亚杰理论的批评和修正
- 新皮亚杰主义的发展观

维果斯基是如何看待认知发展的

- 发展是如何产生的

语言和读写能力是如何发展的

- 学前阶段语言和读写能力的发展
- 中小学阶段语言和读写能力的发展

2

认知、语言与读写能力的发展

学习成果

学习本章后，你应当能够：

- 描述皮亚杰和维果斯基关于人类发展的理论
- 列出在课堂中用于提高幼儿读写能力发展水平的方法
- 列出中小学阶段语言和读写能力发展的阶段

帕翠莎·温对自己所教的三年级班级感到非常自豪。她的学生在州统考中所有的科目上都表现优异，尤其是在她最喜欢的科学科目上。所以她决定给学生们一个非常喜欢的、更具挑战性的任务。"同学们，"帕翠莎·温宣布，"你们在科学科目上的表现都非常棒，我非常高兴！今天，我会给你们一个需要小组合作才能解决的问题。这个问题会挑战你们的智慧，但我知道你们能够解决它。"

"在每个桌子上都有一个单摆、几个砝码、一个秒表。你可以变换单摆上砝码的重量、绳子的长度、你推动砝码开始摆动的力量，还有其他你想变换的任何方面。我的问题是：什么因素决定了单摆在一分钟内摆动的次数？"

学生立刻兴奋地着手尝试。他们试着将砝码的重量增加或减少、摆动的力量加大或减少、绳子增长或减短。每个小组都有一个计时员，写下每种条件下单摆一分钟摆动的次数。学生们相互讨论着："是重量！""是推力！""是绳子！"各个小组都非常努力，但似乎有些茫然无序。没有一个组得出正确答案（只有绳子的长度是决定因素）。

帕翠莎对此感到意外。学生们的科学知识很丰富，努力尝试，并进行了小组合作，然而他们却没有解决问题。

运用你的经验

批判性思维 你认为帕翠莎·温班上的学生为什么没有能够解决单摆问题？就教师在教学中为什么要考虑学生的发展阶段这个问题而言，上述案例对你有何启示？

在孩子最初的 18 年生命中，经历了一系列惊人的变化。其中许多变化是显而易见的——长大了，更聪明了，人际能力更强了，等等。然而，还有许多方面的发展并不那么明显。每个儿童的发展方式和速度都是不同的；发展受到人的生物特征、文化、父母的教养方式、教育以及其他因素的影响。每位教师都需要了解儿童是怎样发育、发展的，以便更好地理解儿童怎样学习、教师怎样有效地教学（Comer, 2005）。

INTASC 标准 2
人类发展与学习的知识

儿童的认知是如何发展的？

发展
一生中有序而持久的成长、适应和改变。

发展（development）指一生中人们的成长、适应和变化过程，主要包括个性发展、社会情绪发展、认知发展（思维）以及语言发展。本章首先介绍两种被广泛认可的认知发展理论：皮亚杰和维果斯基的发展理论（参见 Bee & Boyd，2010；Berk，2009；Feldman，2010；Keenan & Evans，2010）。

发展的不同方面

儿童不是小大人。儿童的思维方式、看待周围世界的方式都与成人不同。有效教学的首要前提就是教师必须了解学生怎样思考以及怎样看待周围世界。有效的教学策略必须考虑学生的年龄和发展阶段。一个聪颖的三年级学生好像能掌握任何数学知识，但实际上他的认知还不成熟，不具备代数学习所要求的抽象思维。在开头的案例中，帕翠莎•温女士班上的同学都很聪明、动机很强，然而解决单摆问题所需要的思维方式直到青春期才会出现，此为经典例子。青春期的大多数学生能够合乎逻辑地思考此类问题，并且采取合理有序的方法逐步趋近问题答案。

发展的各种争论

几十年来，发展心理学家们在两个核心问题上一直争论不休：一是发展在多大程度上受到后天经验的影响，二是发展是否存在阶段性。

先天和后天之争（先称作“天性和教养之争”） 发展在出生之前就由遗传和生物因素预先决定，还是由后天经验和其他的环境因素决定？目前，许多发展心理学家（比如，Bee & Boyd，2010；Berk，2009；Cook & Cook，2007）认为，先天因素和后天因素共同影响着发展，生物学因素在发展的某些方面起决定作用，如身体的发展；而环境因素则在其他方面起决定作用，比如道德的发展。

连续和不连续之争 第二个争论围绕着发展变化是怎样发生的而展开。其中**连续发展理论**（continuous theory of development）认为，随着技能的发展以及在与照料者和环境互动中获得各种经验，儿童以平稳推进的方式发展着。连续发展理论更强调环境而非遗传在发展中的决定作用。

另一种观点则认为，儿童的成长必须经过一系列可预测的固定发展阶段。按照这种观点，当儿童发展到一个新的阶段时，变化几乎是突然发生的。该观点认为，虽然不同儿童的发展速度是不同的，但所有的儿童都是以相同的顺序来获得各种技能。儿童在每个阶段所获得的能力并非在上一阶段基础上简单地“增加而性质不变”；相反，在每个阶段，儿童都发展出性质各异的理解力、能力和信念。虽然在某个时期同一个儿童或许同时表现出数个阶段的行为特征，但是跳过某一阶段是不可能的（DeVries，2008；Zigler & Gilman，1998）。与连续发展理论不同，发展的阶段性理论或**不连续发展理论**（discontinuous theory of development）在解释随着时间的推移而发生的变化时，更注重先天因素而非环境的影响。环境因素或许能够影响发展的速度，但各个发展阶段间的顺序基本上是固定的。根据这种观点，帕翠莎•温班上的 9 岁儿童无论学到多少知识都无法解决单摆问题。因为他们尚未达到能同时思考多种因素来解决问题的思维发展阶段。

持阶段理论的心理学家，如皮亚杰和维果斯基，都认为存在着可识别、可描述的不同发展阶段。然而，二人的理论在阶段数以及具体细节方面都存在着明显的不

连续发展理论

人类从出生到成年遵循一种平缓的、渐进的发展模式。

不连续发展理论

人类的发展受到遗传因素影响，按照固定的顺序形成明确、可预测的发展阶段。

同（参见 DeVries，2008）。

皮亚杰是如何看待认知发展的？

皮亚杰 1896 年出生于瑞士，他是心理学历史上最具影响力的发展心理学家（见 Flavell，1996；Wadsworth，2004）。他获得生物学博士之后，对心理学产生了兴趣，并基于对自己三个孩子的仔细观察，形成了他的早期理论体系。皮亚杰认为自己是把生物学的原则和方法运用到人类发展的研究中，他将生物学中的许多术语直接引入到心理学中。

皮亚杰探索了心理能力为何以及如何随时间的推移而发生变化。皮亚杰认为，发展在很大程度上依赖于儿童对周围环境的操纵以及与周围环境的积极互动。皮亚杰认为知识来源于行动（见 DeVries，2008；Wadsworth，2004）。皮亚杰的**认知发展**（cognitive development）理论指出，儿童的智力或称认知能力的发展经历了四个不同的阶段，而新能力和新的信息加工方式的出现是每个阶段的主要特征。后期研究对皮亚杰理论中的一些细节提出了质疑。特别重要的一点是，现在已知在一定的环境下，皮亚杰所描述的认知变化要出现得更早。但不管怎样，皮亚杰的工作为理解儿童的发展提供了重要的基础。

发展是如何产生的

认知发展
通过渐进而有序的变化，心智过程变得更加复杂和精细。

图式
指导行为的心智模式。

图式　皮亚杰认为，所有的儿童天生都具有与周围环境互动并理解周围环境的本能倾向。年幼儿童表现出的行为或思维模式，即**图式**（schemes），年长的儿童和成人也应用这类图式来应对现实世界中的事物。我们运用图式来探索周围的世界并采取行动，每个图式都以固定的方式来应对所有客体和事件。当婴儿遇到一个新的客体

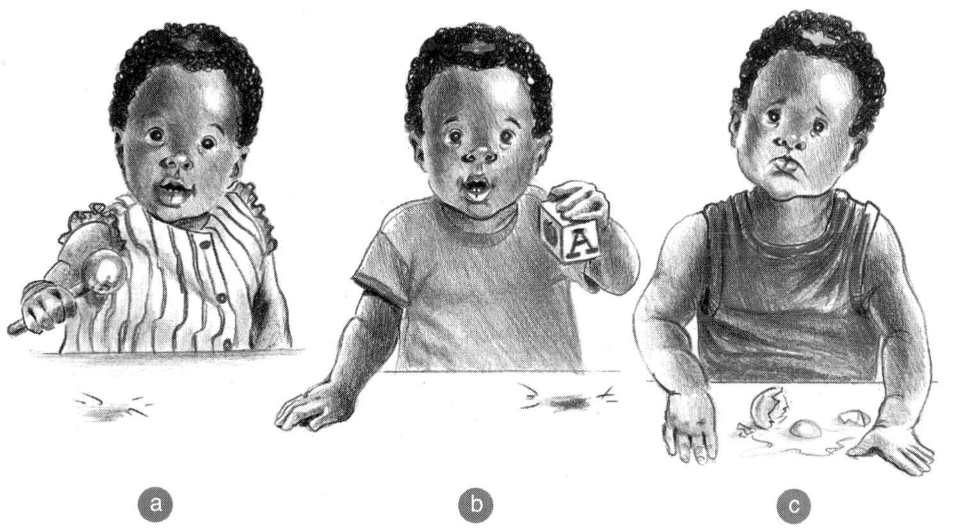

a 敲击是婴儿在探索世界时比较喜欢的一种图式。

b 当儿童把新事物整合到已有图式中时，就产生了同化。

c 当一个新事物不适合已有的图式时，就产生了顺应。

图 2.1　图式

婴儿运用称之为图式的行为模式来了解周围的世界。

时，他们怎样全面地了解它呢？根据皮亚杰的理论，儿童会运用他们已建立的图式去探究，比如，敲击物体时是发出响亮还是柔和的声音；尝起来是什么味道；能否供给奶水；落地时是否发出砰的一声（见图2.1）。

同化和顺应 根据皮亚杰的观点，**适应**（adaptation）就是通过同化和顺应的方式来调整图式，以对环境做出反应的过程。**同化**（assimilation）就是根据已有图式来理解新客体或事件的过程。如果你给婴儿一些以前从未见过但类似已熟悉物品的小物品，那么他们很可能会抓、咬或者敲击这些物品。换句话说，他们试图用已有的图式来了解这些未知的东西（见图2.1b）。同样地，一名高中生或许有这样一种学习图式：把知识写在卡片上，记住卡片上的内容。之后，她试图将这种图式用于学习诸如经济学的较难概念，在这种情形下，这种图式或许是无效的。

链接

想了解更多与信息加工和记忆有关的图式理论（与图式相关的一个主题），请参见第6章。

网络链接

要了解更多有关皮亚杰的生活与工作的内容，请访问 www.oikos.org/Piagethom.htm 和 http://webspace.ship.edu/cgboer/piaget.html。要了解将皮亚杰的理论应用于课堂的信息，可以访问 www.le.ac.uk/education/resources/SocSci/piaget.html。皮亚杰学会的网站是 www.piaget.org。

资格认证指南

资格认证考试的案例分析题有可能要求你根据皮亚杰的认知发展阶段理论来辨析教学行为的恰当性。

有时，当已有的方式在探究世界的过程中不能奏效时，儿童或许会根据新信息或新经验来修改已有的图式，这个过程叫**顺应**（accommodation）。例如，假定某儿童具有敲击小物品的图式。如果给他一个鸡蛋，他肯定也会以同样的方式去敲击鸡蛋（如图 2.1c）。然而，儿童的敲击图式究竟发生了什么样的变化，这一点表现得并不明显。由于敲击鸡蛋后产生了意想不到的结果（即鸡蛋破碎），这个儿童或许会改变已有的图式。他以后或许会重击某些物体而轻触另一些物体。仅通过记忆学习的那位高中生也可能会尝试用不同的策略来学习经济学，比如与朋友一起讨论较难理解的概念。

无论是敲击鸡蛋的儿童，还是死记硬背的学生，都会遇到这样的情形：已有的图式不能完美应对眼前的问题。用皮亚杰的理论来解释，这产生了一种不平衡状态，即已有的经验和现在遇到的问题之间产生了不平衡。人们会很自然地试图减少这种不平衡，方式是关注导致不平衡的刺激，之后建立新的图式或者调整旧的图式，直至达到一种新的平衡。这种恢复平衡的过程叫做**平衡作用**（equilibration）。按照皮亚杰的观点，学习依赖于这个过程。只有平衡被破坏时，儿童才有机会学习和发展。最终，儿童表现出具有质变的思考世界的新方式，由此升入一个新的发展阶段。皮亚杰认为，亲身体验以及对环境的操纵是产生发展性变化的关键所在。然而，他也相信，同伴相互间的社会作用，尤其是争论和讨论，有助于厘清思维，使其更加合乎逻辑。研究强调，让学生置身于与他们已有的世界观相矛盾的活动事件或资料中，是提升其认知发展的重要方式。

皮亚杰的发展理论体现了**建构主义**（constructivism）的思想。建构主义把认知发展视为儿童通过亲身经验和互动，主动地建构意义系统以及对现实理解的过程（见 Berk，2006；Cook & Cook，2007；Wadsworth，2004）。按照这种观点，儿童通过对新信息的不断同化和顺应来主动地建构知识。

适应

在对环境做出反应时，通过同化和顺应来调整图式的过程。

同化

利用已有图式理解新经验。

顺应

调整已有图式适应新环境。

平衡作用

在现有认识与新经验之间重新建立平衡。

建构主义

强调学习者在建立对现实理解中的主动作用的认知发展观点。

皮亚杰的发展阶段论

皮亚杰将儿童和青少年的认知发展划分为四个阶段：感知运动阶段、前运算阶段、具体运算阶段和形式运算阶段。他认为所有的儿童都会依次经历这四个阶段。虽然儿童经历这几个阶段的发展速度可能不尽相同，但是都不可能跳过某一发展阶段。同一个个体或许能同时进行不同阶段的活动，这在从一个阶段进入到一个新阶段的转折时期表现得尤为明显。表 2.1 概述了皮亚杰关于儿童和青少年经历四个阶段时的大致年龄以及每个阶段的主要表现。

> **资格认证指南**
> 大部分的教师资格认证考试都要求你必须了解建构主义学习观，即强调学习者在达到理解的过程中主动加工的重要作用。

感知运动阶段（出生~2岁） 最早的一个阶段叫**感知运动阶段**（sensorimotor），因为这个阶段的婴儿或年幼儿童通过他们的感官和动作技能来探索周围世界。在感知运动阶段，儿童发生了戏剧性的变化。最初，所有的婴儿都有本能的**反射**（reflexes）行为。接触新生儿的嘴唇会引起吮吸；把你的手放在婴儿的手掌中会引起抓握；这些行为以及其他一些行为都是本能的，是儿童建立最初图式的基础。

婴儿不久就学会运用这些反射行为创造出更有趣、更有目的性的行为模式。最初，这种学习是偶然进行的，以后则表现为更有目的的尝试 - 错误努力。在皮亚杰看来，感知运动阶段结束时，儿童解决问题的方式从最初的试误式发展为更有计划性。他们第一次能够对客体和事件进行心理上的表征。此时，我们所谓的“思维”出现了。这是一个关键性的进步，它意味着儿童能够深入思考和规划其行为了。例如，一个两岁的儿童在厨房里看母亲准备晚餐。如果他知道折叠凳放在哪里，他或许会要求把它撑起来，以便能站在上面更好地看到台子上的东西，也有机会尝上一小口。他不是无意中发现这种方法的；相反，他考虑了这个问题，发现可以用折叠凳来解决。在头脑中尝试这种方法之后，才加以实践（Trawick-Smith，2010）。

> **感知运动阶段**
> 婴儿通过自己的感觉和运动技能来了解周围环境的一个阶段。

> **反射**
> 对刺激做出的本能的、自动化的反应（如，在遇到强光时会眨眼）。

感知运动阶段的另一项发展标志是**客体永久性**（object permanence）。皮亚杰认为，儿童必须认识到客体作为物质是恒定的，即使它不在眼前也仍存在。例如，如果你用毛巾把婴儿的奶瓶盖起来，婴儿不会把毛巾移开，而是认为瓶子没了。两岁时，儿童知道即使客体不在眼前，它们仍然存在。一旦儿童意识到不在眼前的客体仍然存在，他们就开始在头脑中用符号来表征这些事物，从而能思考这些事物（Cohen &

> **客体永久性**
> 能够理解即使客体不在眼前，该客体也仍然存在。

表 2.1 皮亚杰的认知发展阶段

根据皮亚杰的观点，人们从出生到成年，其认知发展依次经历四个阶段。新的心智能力的出现是每个新阶段到来的标志，而这些新的心智能力使得人们能够以更为复杂的方式来理解世界。

阶段	大致年龄	主要表现
感知运动阶段	出生到2岁	“客体永久性”概念的形成，逐渐从反射性行为发展到目标指向行为。
前运算阶段	2岁到7岁	发展了运用符号来表征周围世界客体的能力，思维仍有自我中心和集中化倾向。
具体运算阶段	7岁到11岁	逻辑思维能力有所提高。新能力包括可逆性运算的使用。思维开始去集中化，问题解决的自我中心倾向减弱，但还不能进行抽象思维。
形式运算阶段	11岁到成年	可以进行抽象思维和纯符号思维，能够应用系统化的实验来解决问题。

Cashon，2003）。

前运算阶段（2岁~7岁） 在**前运算阶段**（preoperational stage），儿童有更强的能力思考事物，并能运用符号表征事物（Massey，2008）。他们的言语和概念以惊人的速度发展。然而，他们的思维仍相当原始。皮亚杰的一项最早也是最重要的发现是：年幼儿童不能理解**守恒**（conservation）原理。例如，你当着处于前运算阶段的儿童的面，把牛奶从一个高而窄的容器中倒入一个低而宽的容器中，儿童会认为高杯子中的牛奶更多（见图2.2）。类似地，同一阶段的儿童可能认为切成四片的三明治比整块的更多些。即使给他们展示两排积木的数目是相同的，他们也会认为松散摆放的一行积木比紧凑摆放的一行积木数目更多。

这位儿童对皮亚杰守恒任务有可能做出怎样的回答？她处于哪个发展阶段？作为教师，你如何帮助年幼儿童发现因集中化和不可逆性而产生的错误？

在前运算阶段，儿童的思维所具有的几个特征可以解释在守恒任务上出现的错误。一个特征是**集中化**（centration）：仅注意情境中的某一个方面。图2.2展示的例子中，儿童可能会认为倒入较宽容器中的牛

图2.2 守恒任务

这是研究液体容量守恒的典型程序。

资料来源：Robert V. Kail and Rita Wicks-Nelson, Developmental Psychology (5th ed), p. 190.© 1993 Pearson Education, Inc. Reproduced by permission of Pearson Education, Inc.

前运算阶段
儿童学会在头脑中表征事物的阶段。

守恒
知道在其他属性（如长度）发生变化的情况下，物体的某种属性（如重量）保持不变。

集中化
只注意到事物或情境的某一方面。

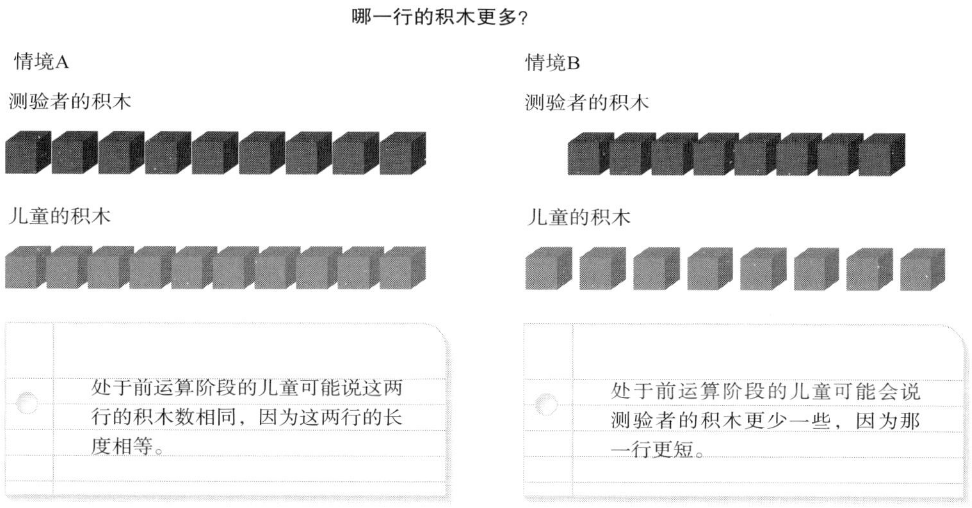

资料来源：Barry Wadsworth, *Piaget for the Classroom Teacher*, 1978, p. 225, published by Longman Publishing Group. Adapted by permission of the author.

图 2.3　集中化

集中化即只注意到情境中的某一个方面。该特征可以解释年幼儿童产生的某些知觉错误。

奶变少了，这是因为他们仅注意到容器的高度而忽视宽度。在图 2.3 中，儿童只注意到积木行的长度，而忽视其密度（即积木的真实数目）。

可逆性（reversibility）是指改变思维方向从而回到起始点的一种能力，这是前运算阶段儿童思维发展的另一个特征。例如，作为成人，我们知道如果 7+5=12，那么 12−5=7。如果我们将 5 件东西加入到 7 件东西中，然后再拿走 5 件（与我们刚才所做的相反），那么仍然剩下 7 件。如果前运算阶段的儿童这样思维，那么他们就能在头脑中逆转倒牛奶的过程，能够意识到如果牛奶被重新倒回那个高的容器中容量是不变的。

处于前运算阶段的儿童，其思维的另一个特征是只注重状态。在上述的牛奶问题中，牛奶从一个容器倒进另一个容器。学前儿童忽视了倾倒这个过程，仅仅注意到起始状态（高玻璃容器中的牛奶）和结束状态（浅盘中的牛奶）。“（儿童）就好像正在看一系列静止的图片，而不像成人那样看到的是连续的电影”（Phillips，1975）。与成人不同，年幼的学前儿童所形成的概念会随情境而改变，而且也不总是合乎逻辑。两岁的儿童一会儿把绒布玩具动物看成是无生命的，一会儿又看成是有生命的，我们对此又如何解释呢？不过，最终儿童的概念将变得更加稳定，更为清晰。儿童变得越来越关注自己的概念与他人的概念的一致性。但是，他们仍然缺乏将一个概念与另一个概念协调起来的能力。

最后，前运算阶段的儿童在思维方面还具有**自我中心**（egocentric）的特征。这个阶段的儿童认为别人眼中的世界与他们看到的完全一样。例如，皮亚杰和英海尔德（Piaget & Inhelder，1956）让儿童坐在三座山模型的一边，要求他们描述坐在对面的一个玩具娃娃所看到的三座山的形状。六七岁以下的儿童所描述的玩具娃娃看到的形状与他们自己看到的一样，虽然对成人来说，事实显然不是这样的。前运算阶段的儿童无法理解别人的视角，他们通常完全以自己为参照来解释事情。米尔恩（A. A. Milne）所写的《小熊维尼》（*Winnie-the-Pooh*）中的一段话即反映了年幼儿童的这种自我中心主义。小熊维尼坐在森林中，听到嗡嗡的声音。

可逆性
能够进行认知操作，并改变思维方向以便回到起始点的一种能力。

自我中心
认为别人眼中的世界与自己看到的相同。

那阵嗡嗡的声音表示有东西。要是没有什么东西，你就不可能听到那种嗡嗡、嗡嗡的声音。如果有嗡嗡的声音，就一定是什么东西在发出那种声音。我知道这个世界上惟一能够发出嗡嗡声音的，就只有蜜蜂了……然后他又想了很长时间，对自己说："我知道，对蜜蜂来说，它惟一的目的就是酿蜜……"然后他站起来，又对自己说："酿蜜的惟一目的就是为了给我吃。"

具体运算阶段（7岁~11岁） 在心智能力方面，虽然具体运算阶段的小学儿童比前运算阶段的学前儿童有非常明显的提升，但是他们仍不能像成人那样思维（Davis，2008）。他们深深地沉浸在表观世界中，难以进行抽象思维。弗拉韦尔（Flavell，1985，p. 103）将处于具体运算阶段的儿童描述为：采用"一种缺乏想象的、具体的以及注重实用的解决问题的方法，这种方法一直离不开他们眼前的可觉察、可推理的现实世界。小学儿童不是理论家。"**具体运算阶段**（concrete operational stage）这个术语反映了这种缺乏想象的思维。处于该阶段的儿童能够形成概念、发现关系、解决问题，但是所有这些都必须与他们熟悉的客体和情境相关联。

在小学阶段，儿童的认知能力发生了很大的变化。小学阶段的儿童对守恒问题不再感到困难，因为他们已经获得了可逆性。例如，他们能够认识到浅而宽的容器中的牛奶与高而窄的容器中的牛奶一样多；因为如果将牛奶重新倒入高而窄的容器中，它一定会达到原来的高度。前运算阶段与具体运算阶段的基本差异还表现在：前运算阶段的年幼儿童对外显表象进行反应，而处于具体运算阶段的年长儿童对**内隐实质**（inferred reality）进行反应。弗拉韦尔（Flavell，1986）用实验证实了这种观点。他先让儿童看一辆红色玩具汽车，然后当着儿童的面，将汽车置于滤镜之下，使之看起来好像是黑色的。当问及汽车的颜色时，3岁儿童的回答是"黑的"，而6岁儿童的回答则是"红的"。处于具体运算阶段的年长儿童能够对内隐实质做出反应，以其实际意义为背景来看待事物；学前儿童所了解的只是他们眼睛所看到的，几乎没有能力去推断所看到的事物背后的真正意义。

在具体运算阶段，儿童要学习的一项重要任务是**序列化**（seriation），即按照一定的逻辑顺序排列事物，例如按照从小到大的顺序排列木棍。为了完成这类任务，他们必须能够根据某一标准或维度（此例中为长度）对物体进行排序或者归类。一旦儿童获得了这种能力，他们就能掌握一种相关的技能，即**传递性**（transitivity）。这种能力是指在了解两个物体与第三个物体之间的关系后，据此推断两个物体之间的关系。例如，你告诉前运算阶段的儿童：汤姆比贝基高，贝基又比弗雷德高。那么，他们不能得出汤姆比弗雷德高的结论，尚未达到具体运算阶段的儿童还不能进行此类逻辑推理。在具体运算阶段，学龄儿童有能力进行两种需要可逆性思维的心理转换：一种是逆运算（＋A的逆运算是－A），另一种是互换性（A＜B与B＞A是可互换的）。到具体运算阶段末期，儿童具有心智能力学习加减乘除运算，按照大小顺序排列数字，根据任意多条标准将事物分类。只要事物是具体可见的，儿童就能够进行"如果……会发生什么"的思考。例如，"如果我先拉弹簧再放开它，那么将会发生什么情况呢？"儿童对时间和空间的理解足以让他画出从家里到学校的地图，他们也能形成对过去事件的认识。

小学阶段的儿童也正在从自我中心的思维发展为去自我中心或者客观思维的方向发展。去自我中心思维使得儿童能够了解到他人具有与自己不同的感知。例如，他们能够理解其他儿童会觉得云彩像另外的物体；能够了解到事件是由物理定律控制的，比如万有引力定律。所有的这些改变并非同时发生，而是在整个具体运算阶段逐渐发展起来的。

具体运算阶段
儿童获得了逻辑推理的能力，具有可逆性，但只有在遇到熟悉情境的时候，才能运用这些能力。

内隐实质
在相关信息的背景中刺激的意义。

序列化
根据某一方面，如大小、重量、体积等，将事物排序。

传递性
在认知发展的具体运算阶段获得的一种能力，个体能够在头脑中对事物进行分类和比较。

INTASC 标准 2
人类发展与学习的知识

形式运算阶段（11岁~成人）在青春期开始前后，儿童的思维开始发展到形式运算阶段。形式思维是成人思维的主要特点（Horn，Drill，Hochberg，Heinze，& Frank，2008；Packard & Babineau，2008）。青春前期的儿童开始具有抽象思维，能够了解各种可能性，而不受眼前具体情形的限制。这种能力的发展一直持续到成年。随着**形式运算阶段**（formal operational stage）的到来，个体应对潜在或假设情境的能力也开始出现；这时，形式与内容相互分离了。

英海尔德和皮亚杰（Inhelder & Piaget，1958）的研究发现，处于具体运算阶段的小学生与处于形式运算阶段的青少年以非常不同的方式来操作一项任务——即帕翠莎•温让她的三年级学生完成的单摆问题。给儿童和青少年一个末端拴有砝码的绳子构成的单摆。他们可以改变绳子的长度、砝码的重量以及推动单摆的高度和力量。要解决的问题是：找出影响单摆的摆动频率（每分钟摆动次数）的因素。只有绳子的长度影响单摆摆动的频率：绳子越短，单摆摆动的速度越快。实验如图 2.4 所示。进入形式运算阶段的青少年能以非常系统的方式来操作该实验，一次只改变一个因素（比如，保持绳子的长度不变，尝试不同重量的砝码）。在英海尔德和皮亚杰的实验中，一个 15 岁的儿童先选用 100 克的砝码、一根长绳子和一根中长绳子进行试验；之后又用 20 克的砝码、一根长绳子和一根短绳子进行试验；最后用一个 200 克的砝码、一根长绳子和一根短绳子进行试验。由此他得出结论："绳子的长度影响单摆运动的快慢，而砝码的重量不起任何作用"（Inhelder & Piaget，1958，p. 75）。相比而言，一个 10 岁的儿童（一般处于具体运算阶段）却以一种较混乱的方式来进行实验，同时变化多个因素，并固守着固有的观念。比如有个男孩在做实验时，同时改变砝码的重量和推力这两种因素；之后又同时改变砝码重量、推力和绳子的长度；然后又同时改变推力、砝码重量以及推动单摆的高度；等等。他起初得到的结论是："砝码重量和推力的变化引起单摆运动速度的变化，绳子的长短肯定不起作用。"

"你怎么知道绳子与频率没有任何关系？"

"因为它是同一根绳子。"

他在最后几次试验中始终没有改变绳子的长度；此前他曾同时改变绳子的长度和推力，这就很难清楚解释复杂的试验结果（改写自 Inhelder and Piaget，1958，p. 71）。

形式运算阶段
个体能够运用假设情境进行抽象思维和逻辑推理的认知发展阶段。

传递性问题也说明了形式思维对认知能力的提高。回想一下处于具体运算阶段的儿童，当告诉他们汤姆比贝基高、贝基又比弗雷德高时，他们能够认识到汤姆比

图 2.4　问题解决能力测验

单摆问题中使用了一根长短可变化的绳子和一系列不同重量的砝码。在确定什么因素决定单摆摆动的频率时，具体运算阶段的儿童在解决该问题时不如形式运算阶段的青少年那样具有系统性。（答案：只有绳子的长度影响单摆运动的频率。）

弗雷德高。然而，如果措辞改为："贝基比汤姆矮，但比弗雷德高。三人中谁最高？"那么，只有进入形式运算阶段的儿童才能够解决该问题。处于具体运算阶段的年幼儿童在处理"比……高"和"比……矮"关系的组合时不知所措。处于形式运算阶段的青少年或许也被该问题中的不同关系所迷惑，但是他们能够想象贝基、汤姆以及弗雷德之间身高的不同关系，确定每种关系的正确性，直到得到正确答案。这个例子也表明达到形式运算阶段的青春前期和青春期的个体具有另一种能力：他们能够监控或者反思自己的思维。

从现有的信息中生成抽象的关系、然后将这些抽象的关系彼此比较，这是完成许多任务所必需的一种基本技能。而通过完成这些任务，青少年的能力也有所提高。皮亚杰（Piaget，1952a）描述了这样一项任务：给学生 10 条谚语以及与之意思相同的一组陈述句，要求学生将每条谚语与意思相同的对应陈述句匹配。具体运算阶段的学生能理解任务要求，并进行选择、匹配。然而，由于他们通常不能理解谚语描述的是一条普遍原则，所以答案常常是不正确的。例如，要求他们去解释"覆水难收"（Don' t cry over spilled milk）这个句子时，学生或许解释为：一旦牛奶撒了，没什么东西值得哭。他们或许无法了解这条谚语泛指的含义。他们多将这句话与牛奶撒了的具体情境相联系，而无法理解这条谚语的含义是"不要纠结于无法改变的过去"。而青少年和成人在解决这类任务时很少产生困难。

链接

若要了解更多的关于自己的思维或元认知的信息，可参见第6章。

假设的情形 皮亚杰和其他研究者认为青春期早期就具备另外一种能力：对没有经历过的场景和情形进行推理。为了辩论或讨论，青少年能够接受任意的人为情形、未证明存在的情形，甚至明显与事实相反的情形。青少年并不受限于他们自身的实际经验，所以他们能够将逻辑推理应用于任意一组给定的条件。辩手在正式的辩论中对假设情形进行推理的能力就是例证。辩手在辩论时，不管他们个人具有怎样的情感或经验，都必须做好准备去为某个论点辩护，而他们辩护的成功与否是根据其论证和逻辑的一致性来判断的。比如，要求四年级和九年级的学生提供论点来支持这种主张：学校应该每周上6天课，每年上48周课。通过比较两个年级的学生的不同反应，可以生动地证明在暂时抛开自己原先观点的能力方面，儿童和青少年是明显不同的。青少年比儿童更可能搁置自己的观点，找到理由证明为什么上更多天的课有益。抽象思维、检验假设以及形成不受现实世界制约的概念，这些能力都构成了形式运算思维，它们在更难技能的学习过程中起到至关重要的作用。比如，学习代数和抽象几何时要运用形式运算思维；理解自然科学、社会科学以及其他科目中较难的概念时也是如此。

资格认证指南

资格认证考试的案例分析题有可能要求你设计一节与青少年发展阶段相适应的集体课程。

形式运算阶段的思维特征通常出现于 11 岁到 15 岁之间，但也有许多个体从未达到这个阶段（Niaz，1997；Packard & Babineau，2008）。人们倾向于在某些情形中运用形式运算思维，但在另外一些情形中却不用。这种现象在成人中也是存在的。

今天如何看待皮亚杰的研究？

皮亚杰的理论对人类发展的研究具有革命性意义，至今在许多方面仍独领风骚。然而，最近的一些研究对皮亚杰理论中的一些基本原则提出了质疑，现代的一些发展理论对他的许多观点进行了修正（见 Feldman，2010；Mercer，2010）。

对皮亚杰理论的批评和修正

皮亚杰理论的一个重要原则是发展先于学习。皮亚杰认为，发展阶段大体上是固定的，诸如守恒这样的概念并不能提前教给学生。然而，很多个案研究发现，可以将皮亚杰的守恒之类的任务教给更小的儿童。例如，一些研究者发现，如果将皮亚杰所用的任务简化，那么年幼儿童在达到解决该类任务的阶段之前，也能够成功地完成任务（Gelman，2000；Kuhn，2006；Larivée，Normandeau，& Parent，2000；Siegler，1998）。博登（Boden，1980）发现，随着指导语复杂程度的变化，儿童解决同一个形式运算任务的成功率也在 19% 到 98% 之间变化。在简单、真实的情形中，儿童也能设身处地地考虑他人的观点（Siegler，2006）。此外，研究表明，婴儿在某些方面表现出客体永久性的时间要比皮亚杰预期的早很多（Baillargeon，2002）。

这些研究结果表明：儿童所具有的能力超出了皮亚杰最初的认定，尤其表现在实践知识方面（Feldman，2010）。皮亚杰（Piaget，1964）对此的解释是：儿童只有处于下一个阶段的年龄边缘时才能表现出这种能力。然而事实表明，即使儿童远小于自发地完成皮亚杰认知任务的年龄阶段，通过学习也可以完成这些任务。

另一方面，有人批评皮亚杰"阶段"理论的核心。许多研究者认为实际上不存在一类宽泛的发展阶段能影响所有类型的认知任务；相反，他们认为儿童的技能在不同的任务中是以不同的方式发展的，并且他们的学习经验（包括在学校或其他地方所接受的直接教学）对发展进程有显著的影响（见 Gelman，2000；Siegler，2006）。尤其有力的证据是，通过教学，儿童可以很好地完成皮亚杰测查形式运算的任务，比如图 2.4 所示的单摆任务。很明显，学习经验对发展是有影响的。例如，研究者（De Lisi & Staudt，1980）发现，大学生可能在与他们的专业课有关的任务上表现出形式运算推理能力，但在其他任务上未必能表现出来。观察智力正常的成人学习航行：在开始系统地学习怎样根据风向和航向调整船舵和帆（属于形式运算阶段的思维）之前，他最初可能会表现出许多具体运算水平的行为，并以混乱的顺序来尝试做各种事情。

理论应用于实践

皮亚杰理论对教育的启示

皮亚杰的理论对教育理论和教育实践产生了重要影响（Case，1998；DeVries，2008；Driscoll & Nagel，2008）。首先，这些理论使人们关注**适配发展的教育**（developmentally appropriate education）：在环境、课程、材料和教学等方面都与学生的身体条件、认知能力以及社会和情感需求相适应的一种教育。第 8 章的建构主义的学习模型也受到该理论的影响。伯克（Berk，2009）概括了皮亚杰理论对教学的几点重要启示：

1. **不仅关注儿童思维的结果，还要关注其思维的过程。**教师除了检查儿童答案的正误之外，还必须了解儿童得出答案的过程。学习经验要以儿童当前的认知技能水平为基础；教师只有了解了儿童得出某一特定结论所使用的方法，才有可能给儿童提供适宜的学习机会。

INTASC 标准 3
因需施教

INTASC 标准 2
人类发展与学习的知识

适配发展的教育
根据儿童目前的发展阶段（而不只是根据年龄）调整教学。

2. **认识儿童的自发、积极参与在学习活动中所起的关键作用。**在按照皮亚杰理论进行教学的课堂中，不主张给学生呈现现成的知识，而要鼓励儿童自发地与环境互动，自主地发现知识。因此，教师不要进行说教式的教学，相反，要提供各种活动，让儿童在活动中与现实世界直接互动。

3. **不对儿童进行成人化的思维训练。**皮亚杰把“我们怎样才能加速发展”这个问题称为“美国人的问题”。皮亚杰曾访问过许多国家，他认为美国的心理学家和教育学家似乎对“运用什么技术才能加速儿童各个阶段的发展”这一问题最感兴趣。以皮亚杰理论为指导原则的教育方案也接受了皮亚杰的信条：过早地让儿童接受教学比不教更有害；因为这很容易导致儿童肤浅地接受成人行事方法，而不能达到真正的认知理解。

4. **承认发展进程的个体差异。**皮亚杰理论认为，所有的儿童按照相同的发展顺序通过各个阶段，但发展速度不尽相同。因此，教师必须尽力为单个儿童和小组安排教学活动，而不是安排全班活动。此外，由于存在着个体差异，因此评价儿童的学业进步时应当考虑每个儿童之前的发展状况，而不要以其他儿童的成绩作为常模来衡量。

新皮亚杰主义的发展观

链接
若想获得更多关于自主学习的信息，请参见第8章。

新皮亚杰主义理论是对皮亚杰理论的修正，试图克服皮亚杰理论的某些局限，解决批评者指出的某些问题。具体而言，新皮亚杰主义证明儿童特定阶段的操作能力很大程度上依赖于所操作的具体任务（Massey，2008）；训练以及包括社会相互作用在内的后天经验能够加速儿童的发展（Birney，Citron-Pousiy，Lutz，& Sternberg，2005；Case，1998；Flavell，2004；Siegler，1998）；文化对发展有重要影响（Gelman & Brenneman，1994；Rogoff & Chavajay，1995）。

新皮亚杰主义者用特定的任务类型而不是笼统的发展阶段来解释认知的发展。例如，不同的任务都可以视为具体运算思维的指标，而这些任务出现的年龄悬殊（Cohen & Cashon，2003；Halford & Andrews，2006）。同时，新皮亚杰主义者描述了皮亚杰的形式运算阶段之后的阶段。例如，阿林（Arlin，1990）提出了“发现问题”阶段，成人在此阶段能够辨别出哪些是需要解决的重要问题。新皮亚杰主义者还提出了“辩证思维”，即能够看到现实生活的问题往往没有一种惟一正确的解决方法（Sternberg，2008）。

维果斯基是如何看待认知发展的？

INTASC标准4
多元教学策略

链接
若要了解更多的有关信息加工的信息，请参见第6章。

列夫·谢苗诺维奇·维果斯基（Lev Semionovich Vygotsky）是俄国的一位心理学家，逝世于1934年。虽然皮亚杰和维果斯基从未谋过面，但他们处于同一时代，并且都了解对方的早期工作（DeVries，2008）。直到20世纪70年代，维果斯基的工作才传播到西方，他的理论在北美的影响力逐渐增强。目前维果斯基的理论是发展心理学中的一支强大力量，他早在60多年前对皮亚杰观点的许多批评今天仍令人瞩目（见Daniels，2001；Glassman，2001；John-Steiner & Mahn，2003）。

维果斯基的研究主要基于以下两种观点。首先，他认为只有在儿童所经历的历史和文化背景下来理解儿童的发展才有意义。其次，他认为发展依赖于随着个体成长而形成的**符号系统**（sign systems）。这种符号是文化所创造的，用于帮助人们思考、交流以及解决问题，比如某种文化的语言、书写系统或者计算系统等都属于符号。与皮亚杰不同，维果斯基认为个体的认知发展显著受他人输入的信息影响。然而，像皮亚杰一样，维果斯基也认为所有的儿童都以一种不变的阶段次序获得符号系统。

符号系统
文化历史所创造的、用于帮助人们思考、交流以及解决问题的符号。

发展是如何产生的

回想一下皮亚杰的发展理论。他主张发展先于学习，换言之，在进行某种类型的学习之前，个体必须先建立起某种特定的认知结构。维果斯基的理论则认为学习先于发展。在维果斯基看来，学习涉及符号的获得，这种符号是通过教育以及从他人那里得来的信息而获得的。发展意味着儿童将这些符号加以内化，从而在没有他人帮助时自己也能够思考并解决问题。这种能力叫**自我调节**（self-regulation）。

自我调节
没有他人的帮助，自己思考和解决问题的能力。

自言自语
儿童的自我对话，指导自己的思维和行为，最终能够内化为不出声的内部言语。

要形成自我调节和独立思考的能力，第一步是要认识到动作和声音都是有意义的。例如，婴儿了解到：朝某物伸手的过程被别人解释为他想要此物。就语言习得而言，儿童先要学习建立特定的声音和意义之间的联系。形成自我调节和独立思考能力的第二步就是练习。婴儿练习能够获得注意的手势；学前期的儿童通过与他人交谈来掌握语言。最后一步就是在没有他人帮助时，自己运用符号进行思考和解决问题。此时，儿童可以进行自我调节，符号系统已经内化。

“抱歉，斯考特小姐，这个问题超出了我的最近发展区。”

自言自语　维果斯基认为，儿童吸收他人的言语，之后用这些言语来帮助自己解决问题。**自言自语**（private speech）现象在年幼儿童身上很普遍，他们频繁地与自己说话，面临困难的任务时尤为明显（Corkum，Humphries，Mullane，& Therialt，2008；Flavell，2004）。之后，自言自语转变为不出声的默默言语，但仍很重要。研究发现，大量地使用自言自语的儿童更能有效地学习复杂的任务（Al-Namlah，Fernyhough & Meins，2006；Emerson & Miyake，2003；Schneider，2002）。

最近发展区　维果斯基认为，儿童首先需要掌握文化交流系统，然后学习运用这些系统管理自己的思维过程，由此推动认知的发展，习得运用思维控制自己行为的能力。维果斯基最重要的贡献就在于强调学习的社会文化性（Karpov & Haywood，1998；Roth & Lee，2007；Vygotsky，1978）。他认为儿童在**最近发展区**（zone of proximal development）内解决问题时，学习就发生了。最近发展区内的任务是指儿童不能单独完成，但是在成人或者更有能力的同伴帮助下才能完成的任务。也就是说，最近发展区的任务是儿童尚未学会，但在特定时候能够学会的任务。一些教育者用“可教时刻”（teachable moment）来描述这种情形，即某个儿童或者某组儿童正处于接受某种概念的最佳准备状态。维果斯基进一步认为，在个体具有更高一级的心理机能之前，这种机能通常存在于个体之间的交流与合作中。

链接
若想获得更多有关搭建支架与合作学习的内容，请参见第8章。

最近发展区
刚好超出个体的现有水平的一个更高的发展水平。

提供脚手架　源自维果斯基的社会学习观的一个重要概念是**提供脚手架**（scaffolding，也译作搭建支架）（Wood，Bruner & Ross，1976），即由更有能力的同伴或者成人提供帮助。提供脚手架通常意味着在儿童学习的早期阶段给他们提供大量的支持，然后再减少这种支持，让儿童在具备相应能力后尽快学会独立承担学习的责任。父母教儿童玩新游戏或者教他们系鞋带时，经常运用这种方法（Rogoff，2003）。与提供脚手架有关的一个概念是认知学徒期，它涉及示范、辅导、提供

提供脚手架
为学习和问题解决提供支持，包括提示、提醒、鼓励、分解问题、提供例子，或者是其他任何可以帮助学生成长为一个独立的学习者的做法。

脚手架以及评价方案的整个过程，这种过程典型地体现在大多数一对一的教学中（John-Steiner & Mahn，2003；Rogoff，2003）。例如，马克·吐温在《密西西比河上的生活》一书中，描绘了自己怎样通过别人的传授而成为一名汽船引航员。最初有经验的引航员指导他通过河流的每一个拐弯处，然后逐渐地让他自己想办法去做每一件事情。只有当船将要搁浅时，那位有经验的引航员才施手援助。

合作学习 合作学习策略指学生相互帮助、共同学习，维果斯基的理论为这类策略的使用提供了支持（Slavin，2009；Webb，2008）。同伴之间的认知加工通常在对方的最近发展区内，因而可以向对方示范水平稍高的思维。另外，合作学习能让同伴了解对方的内部言语，从而更好地理解对方的推理过程。也就是说，学生可以从相互的“出声思考”中受益，尤其是在同伴引导他们解决问题的过程中。

父亲在孩子的学习发展中如何扮演一个不可或缺的角色？提供脚手架和认知学徒期之间有何相似？

a 已经学会的任务

b 处于最近发展区的辅助性学习

图 2.5 基于维果斯基理论的教学模型

在（a）中，儿童正在操作已经学会的任务；在（b）中，与儿童互动的教师或同伴正在帮助儿童学习操作新的可习得任务，使其进入新的最近发展区（在学习者能力范围内，但还未学过的任务）。

网络链接

若想了解更多有关维果斯基的理论在教育实践中的应用，请访问 http://mathforum.org/mathed/vygotsky.html。了解维果斯基的观点在教师教育课堂中的价值，请访问 www.subr.edu/coeducation/ejournal/Additional Files/Casement Vygotskys Place in our Teacher Education Classroom.pdf。了解维果斯基的相关资源还可以访问 www.kolar.org/vygotsky。

资格认证指南

在教师资格考试中可能会出现与维果斯基理论有关的问题。你需要知道最近发展区是指刚好在学生现有机能水平之上的发展水平，以及为什么最近发展区对教师和学生来说都很重要。

理论应用于实践

维果斯基理论在课堂中的应用

INTASC 标准 2
人类发展与学习的知识

INTASC 标准 4
多元教学策略

维果斯基的教育理论在课堂实践中有两个重要的启示。最近发展区的概念表明只有在最近发展区之内进行教学活动，才有可能产生学习。过难或过易的教学内容对学习都没有贡献（见图 2.5）。同时，根据维果斯基的教学方法，教学必须重视提供脚手架，学生在自己的学习中逐渐承担越来越多的责任（Daniels，2001）。最后，与一组能力不同的同伴合作学习能让学生受益。由能力更强的同伴进行辅导，正如解决复杂任务同伴互动一样，都可以在最近发展区内有效促进学生的发展（Roth & Lee，2007）。

你可以运用维果斯基最近发展区的观点，按照下列方式组织课堂活动：

- 所设计的教学应该能够给每个儿童或每组儿童提供在最近发展区内进行练习的机会。例如，帮助儿童完成课前摸底测评的各种提示或线索都可以作为教学活动的基础。
- 提供脚手架可以在不同水平上提供提示和帮助（John-Steiner & Mahn，2003）。在支架式教学中，成人并没有简化任务,但是“通过教师的逐渐减少的干预”，学习活动变得简单了。
- 可以设计一些合作学习活动，让能力不同的儿童互助学习（Slavin，2009；Webb，2008）。

提供脚手架是与最近发展区的概念直接联系的。例如，给儿童呈现硬币，使之代表某个单词中的每个字母的发音（例如，三枚硬币分别代表了单词“man”中的三个字母的发音）。为了让儿童掌握这个单词，可以要求他们在桌上放一枚硬币来代表该单词一个字母的发音。直到最后，在不使用硬币的情况下，儿童也能识别发音。给儿童提供硬币时，实际上也就是给儿童提供了一种脚手架，使他们从借助于他人力量来完成任务发展到自己独立完成任务（Spector，1992）。在高中的实验科学课上，教师可以给学生提供这样一个脚手架：实验前，就如何进行实验对学生详细地进行指导；之后给学生一个实验大纲，让学生按照大纲组织实验；最后，要求他们完全独立进行实验。

语言和读写能力是如何发展的？

可以说，语言和读写能力是教育者最关注的方面。掌握了大量词汇、能够很好

INTASC标准2
人类发展与学习的知识

地听、说、读、写的儿童更有可能在学校以及校外获得成功。虽然语言和读写能力的发展是教学的一个主要目标，但在所有文化情境下，随时间推移的发展都呈现一些特征模式，这些发展模式不是教学的直接结果。

学前阶段语言和读写能力的发展

尽管语言习得能力的发展速度存在着个体差异，但是儿童语言能力发展的顺序非常相似。大约1岁时，儿童开始说出单字句，比如“再见”（bye-bye）和“妈妈”（Mommy）等，这些单词通常代表了对儿童具有重要意义的事物。在出生后的第二年，儿童开始将单词组成双词句，如“更多牛奶”（More milk）。在学前期，儿童掌握了更多口语规则的知识，同时词汇量也在增加。当他们入学时，已经掌握了大部分的语法规则，词汇量多达几千个。

资格认证指南

在教师资格考试中，你应该知道幼儿将语法规则过度推广是正常的，无须纠正。

口头语言 口头语言的发展不仅要学习词汇，而且还要学习构词法和句法结构（Gleason & Ratner，2009；Hoff，2003）。例如，进入幼儿园之前，儿童要学习复数构成的规则。伯科（Berko，1985）给学前儿童展示一幅虚构的小鸟图片，并说这只鸟叫“Wug”，然后给儿童呈现两幅一样的图片，说：“现在又多了一只，一共有两只。那么现在有两只_______。”孩子们轻松地回答：“Wugs”，这表明他们能将一般的复数构词规则应用于新的情境中。与此类似，儿童也能学会给动词加“-ed”和“-ing”。

INTASC标准3
因需施教

有趣的是，儿童常会学习不规则动词的正确形式（例如“He broke the chair”），然后他们又基于一般的构词法，以错误的单词形式来代替正确的单词（“He breaked [或 broked] the chair”）。一个4岁的儿童说：“I flew my kite！”紧接着想了一会儿，做出了重大修改，振振有词地说：“I flowed my kite！”这些错误是语言发展过程中的正常现象，无须刻意加以纠正。

这些儿童在进入幼儿园时，有可能掌握了什么样的语言习得知识和技能？作为一名教师，在正规读写教学中你可以使用哪些方法促进他们掌握知识与技能？

与学习构词法一样，儿童也学习句法规则。他们最初说出的句子通常只包含两个单词，比如，“要奶（want milk）”，“看鸟（see birdie）”，“杰西外面（Jessie outside）”。但是，他们很快就学会说出更复杂的句子，并且通过改变语调来表达疑问，如“狗去哪儿？（Where doggie go?）”，或强调如“要饼干（Want cookie!）”。3岁的儿童通常能表达相当复杂的想法，即使他们的句子里仍然缺少“a”“the”和“did”等虚词。

学前儿童经常用语言做游戏，或者尝试变换语言模式或规则（Garvey，1990）。这类尝试通常包括改变发音、改变语言模式及其意思。恼怒的家长对3岁的孩子说：“You're impossible！”（你真让人受不了！）孩子却回答说：“No，I'm impopsicle”（不，我是冰棍！）。这个孩子还说他刚出生的小弟弟本杰明（Benjamin）是个大男人（man），因为弟弟是“Benja-man”。儿童经常重新排列单词的发音以此来发明新的单词、韵律和滑稽的句子。手指游戏、无意义的韵律以及苏斯博士（Dr. Seuss）故事书的流行都表明儿童是非常喜欢做语言游戏的。

家长与儿童交谈的数量和质量显著地影响着儿童口头语言的发展。哈特和里斯利（Hart & Risley，1995）的研究发现，中产阶层的家长与孩子的交谈远远超过工薪阶层的家长，而且两类孩子的词汇量也相距甚远。与家长的社会经济地位所起的作用一样，家长说话的次数也是非常重要的，如果低收入家庭的家长能够增加同孩子对话的次数，那么他们的孩子也同样能够掌握大量的词汇。

阅读　在小学低年级学会阅读是所有发展任务中最重要的。因为所有的学科都需要阅读基础，同时也因为在我们的社会中，学业成功经常与阅读密不可分。儿童通常具有复杂的语言技能，对阅读起到了关键作用。假如读书给儿童听，那么他们学习阅读的过程也会开始得比较早（Giorgis & Glazer，2009）。对学前儿童所具有的与阅读有关的知识技能即**读写萌发**（emergent literacy）的研究发现（Byrnes，2008；Morrow，2009；National Institute for Literacy，2008；Pressley，2003），儿童进入学校时已经具有大量的阅读知识，这有助于他们在正规的阅读教学中取得成功。例如，年幼儿童经常接触到有关“视觉文字”的概念，比如书面文字是从左往右排列的，单词之间留有空隙是有意义的，而且看书时要从前向后进行。许多学前儿童通过对每页中的图片进行解释，可以从头到尾地把一本书“读”完。他们能够理解故事情节，通常还可以预测简单故事中将要发生的事情。儿童能够识别熟悉的商店和产品的标识。例如，即使很小的儿童通常也都知道M代表麦当劳（McDonald's）。如果儿童在家就听他人读书给自己听或者学习字母，那么他们在阅读学习的起始阶段会较有优势（Hood，Conlon，& Andrews，2008）。但如果就读的幼儿园比较重视课堂上的书籍阅读和讨论，那么所有的儿童都能获得视觉文字、情节以及其他的前阅读概念（Whitehurst et al.，1999）。同样，可以训练儿童学会辨别单词中的特定发音（这种技能叫*语音意识*），这将有助于他们以后的阅读学习（Anthony & Lonigan，2004；Byrne，Fielding-Barnsley & Ashley，2000；Cavanaugh，Kim，Wanzek，& Vaughn，2004；National Institute for Literacy，2008）。

写作　儿童的写作遵循一定的发展顺序（McCarthey，2008；Morrow，2009）。起初只是胡乱涂画并随意地分散在页面各处，这表明儿童并没有完全理解单词的边界，而且在书写字母时也不能将它们整齐地置于一条假想的线上。儿童根据单词的发音并将这种发音与他们知道的字母联系起来，以此将听到的声音推想为单词。在试图将听到的单词表达出来时，他们通常是根据字母的名称而不是字母在单词中的发音来拼写；短元音很容易被忽略掉，因为它们与字母本身的发音没有直接的联系（Snow，Burns，& Griffin，1998）。例如，一个幼儿园的小朋友在恐龙（dinosaur）的图片上写着“DNSR”。

读写萌发
在学校的正式阅读教学之前，儿童从图书或其他印刷品中获得的与阅读有关的知识技能。

理论应用于实践

促进年幼儿童读写能力的发展

教育上的启示主要来自于对儿童读写能力发展的两方面研究结果：一是家长和教师促进儿童口语能力发展的行为；二是没有接受正式课堂教学的儿童是如何学习阅读的。广为

推荐的教育建议主要包括：读书给儿童听；在儿童活动场所摆放书籍以及其他读物；提供各种写作用品；鼓励儿童进行读写练习；积极回应儿童提出的有关字母、单词和拼写等方面的问题（Florez，2008；Hood et al.，2008；Morrow，2009；National Institute for Literacy，2008；Rust，2008）。

教师在课堂上使用大量的道具，如在游戏区放置电话本，设置办公空间。可以在教室留出一块地方用做写作中心，并提供有文字处理程序的计算机、字母形状的磁贴、黑板、铅笔、蜡笔、记号笔和纸张。

教师可以利用多种方式鼓励儿童进行读写活动，比如让儿童组成小组进行阅读；或者让辅导者给单个儿童读故事；或者让儿童自己选择要读的书。这种亲历的阅读体验使得儿童学会自己翻页，学会停下来看看插图或提问，或者跟着成人朗读。

《三只小猪》（*The Three Little Pigs*）和《吞食苍蝇的老妇人》（*There Was an Old Lady Who Swallowed a Fly*）等故事可以使初学阅读者利用其已有的读写知识来学习发音与字母之间的联系。假如儿童能够记得作者将要说什么以及如何说的，那么他们就可以预测故事。重复的结构、韵律和节奏以及图文匹配都能提高故事的可预测性。

如果成人能够强调阅读材料的一些重要特征，那么儿童对于读写的理解将有所增强。"我们应该从前面开始读，而不是从最后面开始"；"请把你的手挪开，你的手把字挡住了，我看不到就没法朗读了"；"应该指着你读的每个单词，而不是每个字母，像这样"。这些话语都有助于阅读过程的明晰化。教师应该指出文字的重要特征，并引导学生注意字母组合、发音组合或短语的固定模式。

中小学阶段语言和读写能力的发展

INTASC 标准 2
人类发展与学习的知识

中小学阶段语言和读写能力会快速发展。例如，格雷夫斯（Graves，2007）估计每年学生的词汇量平均会增加 3000 个。当然，具体的单词类型会随着学生的动机、兴趣、文化、同伴团体的影响而有显著不同。例如，如果一个女孩与朋友或家人谈论各种运动、喜欢运动、阅读有关运动的信息、在电视上看运动比赛，那么她就会掌握非常丰富的运动词汇。如果一个女孩喜欢科学，她的家人和同伴也都经常谈论科学，那么她就会拥有丰富的科学词汇。那么 SAT 考试中会有哪种词汇，是运动类的还是科学类的？显然，就孩子的兴趣以及社会环境来看，喜欢科学的女孩更容易在学校中展现优势。

读写能力在中小学也会迅速发展。虽然小学低年级主要强调解码和阅读的流利性，但从二年级开始会越来越强调理解、词汇量和学习技能（Deshler，Palincsar，Biancarosa & Nair，2007；Kamil，Borman，Dole，Kral，& Salinger，2008）。熟练的阅读者会使用诸如预测、回顾、总结、自我提问题等策略。如果将这些策略直接教给中小学生，那么他们的阅读理解将会有所改善（Biancarosa & Snow，2006；Block & Duffy，2008；Gersten，Chard，Jayanthi，& Baker，2006；Pressley，2003）。

理论应用于实践

中小学的词汇教学

中小学生每年学习的词汇已经很多。教师的任务是帮助他们学习那些在学校和社会中最有用的特定词汇。

扩充词汇的策略研究发现，词汇任何时候都应该是学校学习的重点。有意识的教师既会创设机会突出某些单词，又会及时抓住它们进行教学。下面是基于研究而提炼的一些共识原则：

- 让学生对单词感兴趣。动机是词汇学习的关键（Guthrie & Wigfield，2000；Pintrich，2003）。
- 鼓励学生阅读，尤其是阅读自己感兴趣的主题。广泛的积极阅读会极大促进词汇的掌握（Graves，2007）。
- 选教那些使用频率较高、使用范围较广的词汇（Beck，McKeown，& Kucan，2002；Biemiller，2004；Blachowicz et al.，2006）。
- 给学生提供大量机会将新单词运用到写作、对话的句子中，或者提供其他能够让他们在自己的语言中使用新词的场合（Biemiller，2004；Duke et al.，2003；Headley，2008）。
- 使用合作学习的方法，学生可以定期地一起学习和使用新单词（Slavin，2009；Webb，2008）。

本章概要

儿童的认知是如何发展的？

大多数发展心理学家认为先天和后天的因素共同影响着发展。连续发展理论（非阶段理论）主要关注儿童所经历的社会经验；而不连续发展理论（阶段理论）则更强调先天的因素而不是环境的影响。

皮亚杰是如何看待认知发展的？

皮亚杰认为，人们从出生到青年期认知发展经历了四个阶段。人们通过同化和顺应等方式来调整图式，以应对外部世界。皮亚杰的发展阶段包括感知运动阶段（从出生到 2 岁），前运算阶段（2 岁到 7 岁），具体运算阶段（7 岁到 11 岁）和形式运算阶段（11 岁到成年）。在形式运算阶段，青年人形成了应对假设情境的能力以及监测自己思维的能力。

今天如何看待皮亚杰的研究？

人们对皮亚杰理论的批评主要集中于两方面：一是皮亚杰认为所有儿童的发展都经过明确的、固定的、顺序化的阶段；二是低估了儿童的能力。相对地，新皮亚杰主义理论更加强调社会和环境对认知发展的影响。但是，皮亚杰的理论对教育仍然具有重要的启示意义。皮亚杰的理论已经深入课程设计及有效的教学活动中；受皮亚杰影响的概念，比如认知建构主义和适配发展的教育，都对教育改革具有重要作用。

维果斯基是如何看待认知发展的？

维果斯基把认知发展看做社会发展的自然产物，源于个体与他人或环境的相互作用。辅助性学习发生于儿童的最近发展区内；儿童必须在教师或同伴的帮助下，才能够完成力所能及的新任务。儿童将学习活动内化，形成自我调节，通过出声的或不出声的自言自语来解决问题。教师需要提供交互性的情境，如合作学习和提供脚手架。

语言和读写能力是如何发展的？

学前期

随着年幼儿童使用语言和玩语言游戏，他们的语言遵循可预测的模式发展。早期读写能力发展依赖儿童在家中的体验和他们对书籍与字母的了解。

中小学期

学生在词汇和阅读理解方面飞速进步。动机对两方面都至关重要，同样重要的是运用新词的机会，以及与同伴一起阅读的技能和新的技能形式。

有意识的教师

运用你所了解的有关人类发展的知识来改进教学和学习

有意识的教师利用可预测的道德、心理社会以及认知发展规律来做出教学决策。他们评价学生机能状况，观察学生的发展阶段，提供适合多个不同发展阶段的教学。当他们发现某些学生需要更具有挑战性的活动或不同的学习机会时，他们会调整教学。对学生的发展进行深入思考，并在课堂中注意观察学生的发展状况，这些都有助于有意识的教师促进每个学生的成长。

1. 我希望学生在课程结束后能了解什么、能做什么？这对于实现课程目标、使学生成为有能力的个体有何作用？

教师需要根据他们对人类发展阶段的理解来评价学生的发展机能。例如，你正准备一年级的科学课。根据皮亚杰的理论，你意识到，要求六七岁的儿童同时考虑多个变量较为困难（因为他们的思维具有集中化特征）。因此，你的科学课程的目标应该定位于儿童对其周围世界积极、开放的探索，而很少涉及需要对多个变量加以控制的正式实验。作为一名中学英语教师，你回顾一下该学期的目标清单，以确保所列出的目标不仅包括写作规范，而且也包括了学生道德发展方面的内容。你或许打算开展一些活动，促使学生从中体验各种人物的情感痛苦，或者从不同人物的立场出发来评价好与坏。

2. 在我的教学中必须考虑学生所具有的哪些知识、技能、需求和兴趣？

每个班级中都有一些共同的、与学生年龄相吻合的兴趣，但也总会存在一些与众不同的个人阅历和兴趣，你要了解这些，并尽量满足不同学生的不同需要。你可以让学生就兴趣、角色榜样、运动等主题展开讨论，之后将你从讨论中获得的信息整合到教学活动中，以提高学生的学习动机，加强所学内容与学生个人的关联性。

3. 我在学科内容、儿童发展、学习、动机以及有效教学策略等方面所掌握的哪些内容能够用于实现教学目标？

在每个课堂中都会发现，不同个体之间存在着多种差异，个别的学生还表现出思维和行为的不一致。教师根据他们对学生发展的总体期望来评价学生的发展机能。例如，你可以和学生一起讨论诸如皮亚杰研究中所使用的问题，以此来评估学生的形式运算思维。应用这些方法你能更透彻地了解学生的思维过程。

4. 哪些教学材料、技术、辅助手段和其他教学资源有助于实现我的教学目标？

怎样创设包括一系列材料和体验的丰富环境，以满足

INTASC 标准 8
评价学生的学习

学生的各种不同需求，并促使不同发展水平的学生尽快成长？一种方法就是给学生提供一系列的材料，如杂志、报纸、儿童文学作品、年历、地图、物理模型以及实物，以此吸引不同发展水平的学生，并为其提供相应的信息。你可以让学生建议带什么材料，或让他们自带；你也可以搜寻与所教科目有关的各种光盘和网络资源。将这些资源整合到学科项目和研究方案中，以使不同发展水平的学生能够发现和运用那些对他们有意义的材料。

5. 我怎样评估学生达到目标的进度?

有效的、有意识的教师运用各种方法来评估学生的成长。学生也将从那些心理和认知成长的测量和评估中受益。例如，要求中学生对当前的社会问题写一篇简短的分析文章，并将文章收集在档案袋里。在春季的学期中，你从每个学生的档案袋中找出过去一年不同时间点所写的文章，让学生检查自己在道德观念和社会观念方面的进步。学生们会很乐意评价自己的进步以及逐渐写出流畅练达文章的能力。

INTASC 标准 9
职业承诺和责任

6. 如果个别学生或全班没有迈上成功之路，我该如何去做？我的补救计划是什么？

仔细地观察学生，以弄清楚他们是否在最近发展区内进行学习。凭借目前的支持水平，他们是否体验到了成功？给那些正处于最近发展区之上的学生提供更多的支持，给那些正处于最近发展区之下的学生提供更具有挑战性的活动。

关键术语

回顾本章中的以下关键术语：

发展	集中化
连续发展理论	可逆性
不连续发展理论	自我中心
认知发展	具体运算阶段
图式	内隐实质
适应	序列化
同化	传递性
顺应	形式运算阶段
平衡作用	适配发展的教育
建构主义	符号系统
感知运动阶段	自我调节
反射	自言自语
客体永久性	最近发展区
前运算阶段	提供脚手架
守恒	读写萌发

自我评估：资格认证练习

指导语：本章列出了在州资格认证考试中出现的一些评价指标。请回答下面的问题，检测一下你的理解程度：

1. 根据皮亚杰的观点，为什么前运算阶段的儿童会认为一块切开的三明治会比一整块的多？

2. 根据维果斯基的观点，为什么合作学习有助于儿童学习？

3. 运用本章中的各个理论学家的观点，对以下任一年级水平学生的典型特征进行简要描述：幼儿园小班、二到五年级、六到八年级、九到十二年级。

4. 列出适配以下任一年级水平学生发展的教学策略：幼儿园小班、二到五年级、六到八年级、九到十二年级。

本章提纲

个性和社会性发展的理论观点有哪些

■ 埃里克森的心理社会发展阶段
■ 埃里克森理论的意义与局限

道德发展的理论观点有哪些

■ 皮亚杰的道德发展理论
■ 科尔伯格的道德推理阶段
■ 对科尔伯格理论的批评

儿童在社会性与情绪方面是如何发展的

■ 学前阶段的社会情绪发展
■ 小学阶段的社会情绪发展
■ 中学阶段的社会情绪发展

3

社会、道德和情绪发展

学习成果

学习本章后，你应当能够：

- 讨论关于社会、情绪和道德发展的不同理论观点
- 识别儿童的社会、情绪发展阶段
- 运用有关社会、情绪和道德发展的知识来考虑如何解决课堂上的问题

在帕伦学校（既有小学又有中学），教师鼓励八年级的学生做一年级学生的辅导员。前者帮助后者学习阅读、数学以及其他一些科目。山姆·史蒂文斯参加了这一活动，他辅导比利·埃姆斯差不多有一个月了。

“嗨，小个子！”山姆在某天的辅导时段看到比利时打招呼。

“嗨，山姆！”像往常一样，比利非常高兴见到他的大朋友。但今天，友好问候之后，比利表现出惊异的神情。“你嘴唇上戴的是什么？”

“你没见过唇环吗？”

比利感到很了不起：“太酷了！”

“许多人都戴。”

“嘴唇上穿个洞不痛吗？”

“有点痛，但我很坚强！要是我妈妈知道了会发疯的，所以回家前，我必须把唇环摘掉，然后，在上学的路上再戴上。”

“但是你妈妈不……”

“好了，别啰嗦了！你还有许多数学题要做呢。我们开始吧！”

山姆和比利的对话反映了儿童世界与青少年世界的巨大差异。13岁的山姆是一个非常典型的青春早期少年。他自愿做比利的辅导教师，关心比利，并对他的学习负责，这些都表明山姆是一个理想主义者，对积极事物高度投入。但同时，山姆又违背母亲的意愿，以戴唇环等方式宣布他的独立性。然而，这种独立性得到同伴群体的有力支持，因而，其实质还是一种依赖，只不过依赖的对象从父母和教师转向了同伴。他戴唇环的主要目的是显示自己迎合同伴群体所认可的行为，而非成年人认可的风格与标准。然而，在做出影响未来的重大决策时，山姆仍然需要父母和成人给予建议和支持。因此，他回家就摘掉唇环，以免与父母发生严重的冲突。

比利则生活在另一个世界中。他羡慕山姆的大胆，但是他绝不会像山姆那样去做。比利世界里的规则更简单。他对山姆敢于戴上唇环感到震惊。他也同样对山姆违背母亲的规矩感到不可思议。比利也许会表现出不良行为，但都是小打小闹。他确信规则就是规则，而且完全相信违反规则将会受到惩罚。

运用你的经验

批判性思维 青少年常常通过同伴群体所认可但父母不认可的方式来宣布他们的独立性。根据这一点，你预计在中学课堂里可能会发生什么样的冲突？你打算如何解决呢？你可以使用什么策略预先防止冲突的发生？

个性和社会性发展的理论观点有哪些？

随着儿童认知能力的提高，他们的自我概念、与他人互动的方式以及对世界的态度也在发展。了解儿童的个性和社会性发展，对于有效激发不同年龄儿童的积极性、教导他们以及成功地与他们互动都至关重要。同认知发展一样，儿童的个性发展和社会性发展也常常用阶段的形式来加以描述。我们常说“可怕的两岁娃”（terrible twos），而不说“可怕的一岁娃”或“可怕的三岁娃”。有人不可理喻、自私自利时，我们就批评他“表现得像个两岁孩子”。在西方文化中，“青春期少年”（adolescent）和“青少年”（teenager）与反抗、同一性危机、英雄崇拜和性觉醒是联系在一起的，这些词反映了我们每个人都会经历的发展阶段。本章的这一部分关注埃里克·埃里克森（Erik Erikson）提出的个性和社会性发展理论，这一理论是对弗洛伊德的发展理论的完善。埃里克森的理论结合了心理和社会性方面的发展原理，因此常常被称为**心理社会理论**（psychosocial theory）。

埃里克森的心理社会发展阶段

像皮亚杰一样，埃里克森没有接受过正式的心理学训练，但年轻的时候他曾接受过弗洛伊德的精神分析训练。埃里克森猜想人的一生中会经历 8 个心理社会阶段。每个阶段都有需要解决的危机即关键问题。大部分人成功地解决了每个阶段的**心理社会危机**（psychosocial crisis），将它抛在身后，迎接新的挑战；但一些人没有完全地解决某些危机，而不得不在之后的人生中继续处理它们（Miller，1993）。例如，许多成年人仍在处理青少年时期的“同一性危机”。表 3.1 根据埃里克森的理论对人

心理社会理论

将社会环境和心理发展联系起来的一系列原理。

心理社会危机

根据埃里克森的说法，是指个体在经历8个人生阶段时所必须解决的一系列关键问题。

表 3.1 埃里克森的个性和社会性发展阶段

埃里克森认为，随着人们的成长，他们将面临一系列心理社会危机，这些危机塑造了他们的人格。每个危机都针对人格的一个特定方面，并与个体和他人的关系有关。

阶段	大致年龄	心理社会危机	重要的人际关系	心理社会发展重点
1	出生到18个月	信任对不信任	母亲	得到 再回报
2	18个月到3岁	自主对怀疑	父母	抓住 放手
3	3到6岁	主动对内疚	基本家庭	做事（=追随） 模仿（=游戏）
4	6到12岁	勤奋对自卑	邻居，学校	做事 共同完成事情
5	12到18岁	同一性对角色混乱	同伴群体和领导榜样	做自己（或不能做自己） 分享如何做自我
6	成年早期	亲密对孤独	友谊、性、竞争、合作关系中的伙伴	失去并在另一个人身上重新找到自我
7	中年	繁衍对自我沉溺	分工并共同承担家务	关照
8	老年	完整对绝望	“人生”、“我的一生”	实现自我 没有实现自我

生的8个阶段进行了总结。每个阶段是按照必须解决的核心危机进行划分的。

资料来源："Erikson's Stages of Personality Development," from Childhood and Society by Erik H. Erikson. ©1950, 1963 by W.W.Norton & Company, Inc., renewed ©1978, 1991 by Erik H. Erikson.Used by permission of W.W.Norton &Company, Inc.

阶段1：信任对不信任（从出生到18个月） 婴儿期的发展目标是建立对世界的基本信任感。埃里克森定义基本信任为"一种对他人的充分信任及自己也值得信赖的基本感觉"（Erikson, 1968, p.96）。母亲或母性角色通常是儿童世界中的第一个重要人物，她必须满足婴儿对食物和情感的需要。假如母亲表现出不一致或拒绝，那么她将是婴儿挫败的根源而不是快乐的源泉（Cummings, Braungart-Rieker, & Du Rocher-Schudlich, 2003; Thompson, Easterbrooks, & Padilla-Walker, 2003）。假如母亲的行为造成了婴儿对世界的不信任，这种感觉可能伴随着整个童年期，并殃及成年期的发展。

资格认证指南

在教师资格考试中，很可能要求你回答埃里克森的个性和社会性发展阶段。你应当知道对身体和社会行为的大幅度探索是处于第三阶段（主动对内疚）的儿童的典型行为。

阶段2：自主对怀疑（18个月到3岁） 两岁时，大部分幼儿学会了走路，掌握的语言已足以与他人进行交流。"可怕的两岁娃"不再想完全依赖他人，而是追求自主，试图为自己做一些事情。儿童对权力和独立性的渴望常常与父母的意愿相冲突。埃里克森认为，这一阶段的儿童同时具有抓住和放手的双重愿望，既希望获得父母的支持，同时也渴望父母能放手让自己做主。那些开明的父母在为孩子随时提供引导的同时，允许孩子自由探索、独立自主地做事，促进他们建立自主感。而那些过分严厉和保守的父母则会使孩子产生无力感和无能感，让儿童感到羞怯，怀疑自己的能力。

根据埃里克森的观点，处于这一发展阶段的年轻人试图回答的关于其自身最重要的问题是什么？在他们的行为中是如何表现的？由此会给身为教师的你带来哪些挑战？

阶段3：主动对内疚（3到6岁） 在这一阶段，儿童的运动和语言能力日渐成熟，这使他们在探索物理和社会环境时变得更加积极主动、精力充沛。3岁儿童的主动感在不断增强，父母和其他家庭成员或其他照料者通过允许孩子跑动、蹦跳、玩耍、滚动或投掷等行为，来激励儿童的主动感。"儿童深信自己是一个独立的个体，必须探索自己要成为什么样的人"（Erikson, 1968, p.115）。对孩子的主动探索进行严厉惩罚的父母，会让儿童对自己天性中的强烈需求感到内疚，而这种内疚感将对这一阶段以及后续的几个阶段都有持续的影响。

阶段4：勤奋对自卑（6到12岁） 入学使儿童的社交生活得到了极大的扩展。教师和同伴对儿童具有越来越重要的作用，而父母的影响力则下降了。儿童此时希望去完成某些事情。成功会带来勤奋感，并使儿童对自己以及自己的能力有良好的感觉。失败则会造成消极的自我意象和自卑感，这种感受可能会阻碍儿童未来的学习。这种"失败"不一定是真正意义上的失败，可能仅仅是没有达到自己或父母、老师、兄弟姐妹等人所确定的标准。

阶段5：同一性对角色混乱（12到18岁） 在青春期

“我是谁？”的问题变得十分重要。为了回答这个问题，青少年逐渐背离父母而转向同伴群体。埃里克森认为，青少年时期发生了生理上的急剧变化，加之还承受着对未来教育和职业做出决策的压力，这使他们有必要质疑和重新界定早期阶段形成的心理社会同一性。青春期是一个充满变化的时期，青少年尝试各种性角色、职业角色和教育角色，试图发现自己是谁、能够成为什么样的人。这种新的自我感或“自我同一性”，并不仅仅是自己先前所扮演各种角色的简单汇总，而是一个重新的组合，即“基本驱力（自我）与禀赋（先前危机的解决）及机遇（需要、技能、目标、青春期和即将到来的成人期的需求等）的结合”（Erikson，1980，p.94）。

阶段6：亲密对孤独（成年早期）　一旦年轻人知道了自己是谁以及要朝着哪个方向发展，那么就准备好迈入与他人分享自己生活的阶段了。他们已经准备好与另一个个体，一个“友伴、性伴侣、竞争与合作的伙伴”，建立一种新的信任和亲密关系。这种关系应当增强双方的同一性，而不是抑制某一方的成长。不去寻求这种亲密性或反复经历失败的年轻人，有可能退缩，陷入孤独。

阶段7：繁衍对自我沉溺（中年）　繁衍是“对养育和指导下一代的兴趣”（Erikson，1980，p. 103）。通常，人们通过养育自己的孩子做到繁衍。不过，这一阶段的危机也可以通过其他的具有生成性和创造性的方式来化解，例如教学。在这一阶段，人们应当继续成长，否则就会产生一种“停滞和人际匮乏”感，导致自我沉溺或自我放纵（Erikson，1980，p. 103）。

阶段8：完整对绝望（老年）　在心理社会发展的最后一个阶段，人们回顾自己的一生，解决最终的同一性危机。对自己的成就、失败和生命的根本局限性的坦然接受，使人产生一种完整感，意识到自己的一生已经由自己负责。个体必须面对和接纳死亡的宿命，而那些对自己以前的生活方式以及目前的生活现状感到后悔的人，很容易产生绝望感。

埃里克森理论的意义与局限

与皮亚杰的发展阶段论存在的问题类似，并不是所有的人都会在相同时间、同等程度地经历埃里克森所描述的各种危机。此处列出的年龄范围可能代表了解决某个危机的最佳时机，但不是惟一的时机。例如，那些出生于混乱的、没能给他们足够安全感的家庭中的孩子，当他们被领养或被带到其他比较安稳的环境后，仍可以建立信任感。在学校中因负面经历而产生自卑感的孩子，可能在进入工作岗位后，发现自己有能力学习而且的确具备有用的技能，这点认识可以帮助他们最终解决勤奋对自卑的危机，尽管别人可能在小学时期就已经解决了这种危机。埃里克森的理论认为环境既是危机产生的重要原因，也在决定化解危机方式中起重要作用。个性和社会性发展的各阶段是个体在与他人和整个社会的不断互动中完成的。前三个阶段的互动基本上是与父母和其他家庭成员进行的；而在第 4 阶段（勤奋对自卑）和第 5 阶段（同一性对角色混乱），学校对大部分儿童来说具有主要作用。

埃里克森的理论描述了人们一生中面临的基本问题，但他的理论并没有解释人们是如何以及为什么从一个阶段发展到下一个阶段的，并且这一理论也难用研究验证，因而遭到了一些批评（Green，1989；Miller，1993）。

道德发展的理论观点有哪些?

规则告诉人们怎样与他人沟通、怎样避免伤害他人以及生活中总体上如何融洽相处。没有规则，社会就无法运转。如果你经常与儿童相处，你可能会注意到，他们对规则的看法常流于刻板，事情非对即错，没有中间状态。回想你自己的中学时代，你可能会想起当初自己对于某些事情感到不可思议：比如你发现人们故意违反规则，或者适用于某些人的规则却不适用于其他人。诸如此类的经历可能改变了你对规则的看法。当你了解到法律是如何制定的，你对法律的看法也可能会改变。人们聚集在一起开会、辩论、投票；法律可能朝令夕改。你能了解多少复杂事物，就会发现世界上有多少。正如儿童在认知和个性发展水平上与成人不同，他们在道德推理上与成人也存在差异。首先，我们来看一看皮亚杰描述的道德推理的两个阶段，接下来我们将讨论劳伦斯•科尔伯格提出的理论。皮亚杰指出，认知发展阶段和道德推理能力之间存在相关。科尔伯格认为，皮亚杰提出的逻辑结构的发展对提高道德判断和推理能力虽不是充分条件，但也是必要条件。

皮亚杰的道德发展理论

皮亚杰的认知发展理论中包含着道德推理能力的发展。皮亚杰认为，认知结构和认知能力首先得到发展，之后认知能力决定着儿童对社会情境的推理能力。皮亚杰认为，类似认知能力的发展，道德发展也是按照可预测的阶段进行的，儿童从非常自我中心的道德推理阶段，逐步发展到基于合作和互惠的公正性系统阶段。表 3.2 对皮亚杰的道德发展阶段进行了概括。

为了了解儿童的道德推理，皮亚杰花费了大量时间观察儿童玩弹球，并询问他们游戏的规则。他首先发现的是：在大约 6 岁前，儿童按照自己独特的、自我中心的规则进行游戏。皮亚杰认为非常年幼的儿童无法以合作的方式进行互动，因此无法进行道德推理。

表 3.2 皮亚杰的个性和道德发展阶段论

随着认知能力的发展，人们对道德问题的理解也日趋复杂。与年长儿童或成人相比，年幼儿童倾向于以比较刻板的方式来判断对错。

他律道德阶段（年幼儿童）	自律道德阶段（年长儿童）
基于强制的关系。例如，儿童完全接受成人的指令。	基于如下关系：自主的个体间的合作及对平等的相互认可，正如相互平等的两个个体之间的关系。
反映为道德现实主义的态度：规则是不可改变的要求，来源于外部，代表权威，不可协商；完全服从规则和成人就是对的。	反映为理性的道德态度：规则是彼此达成一致的产物，是可以协商的，能被个体接受并得到普遍认同的才具有合法性；与合作的要求以及相互尊重的原则相一致的行为方式就是对的。
根据行为的客观形式和结果来判断什么是不好的；成人所做出的决定就是公正的；武断的、严厉的惩罚被认为是公正的。	根据行为的意图来判断什么是不好的；公正意味着平等对待或考虑到个体的需要；根据罚与罪的相适度来判断惩罚的公正性。
过错必定要受到惩罚，公正被看做内在的。	惩罚受到人们的意图的影响。

资料来源：Lamb, M. Social and Personality Development, 1st edition. ©1978 Wadsworth, a part of Cengage Learning, Inc.Reproduced by permission.www.cengage.com/permissions.

皮亚杰发现，到 6 岁时，儿童能够意识到规则的存在，但他们尚不能一贯地遵守规则。人们常常可以发现几个儿童好像在玩同样的游戏，但实际上他们的游戏规则各不相同。这个年龄段的儿童也不理解游戏规则具有人为性，可由团体自身决定。相反，他们将规则看做由资深权威人士制定，并且是不可改变的。

皮亚杰（Piaget，1964）把道德发展的第一个阶段称为**他律道德**（heteronomous morality）阶段；也被称为“道德现实主义”（moral realism）阶段或“强制道德”（morality of constraint）阶段。他律意味着服从他人设立的规则。在这一时期，父母和其他成人一直在告诫儿童应该做什么，不应该做什么。违反规则被认为必然要受到惩罚；坏人最终都将受到惩罚。皮亚杰还指出，这一阶段的儿童根据行为的结果来判断其道德性。儿童们认为，如果某个行为导致了消极的结果，即使行为者最初的动机是好的，其行为也是不好的。

皮亚杰发现，直到 10 岁或 12 岁时，儿童能够进行形式运算，这时才郑重其事地运用和服从规则。这一年龄段的儿童按照相同的规则进行游戏。儿童认识到规则是为了指导游戏的进行，把游戏者之间的争执减到最少。他们认识到规则是大家通过协商而确定的，因此，假如每个人都同意改变规则，那么规则就可以被改变。

皮亚杰也观察到这一年龄段的儿童倾向于根据行为者的意图而不是行为的结果来做出道德判断。儿童经常对有可能影响规则的假设情境进行讨论，这就是道德发展的第二个阶段，“**自律道德**”（autonomous morality）阶段或“合作道德”（morality of cooperation）阶段。随着儿童社会交往面扩大，涉及越来越多的同伴，儿童开始进入到这一阶段。通过与其他儿童的持续互动与合作，儿童对规则的看法以及相应的道德观念也开始改变：规则现在是由我们自己制订的，违反规则也不一定必然受到惩罚，必须考虑到违规者的意图和应从宽处理的情形。

根据皮亚杰的观点，儿童从他律道德阶段到自律道德阶段的转变不仅仅是由于认知结构的发展，也是由于儿童和地位平等的同伴互动。他认为，解决同伴之间的冲突削弱了儿童对成人权威的依赖性，也使他们更深地意识到规则是可变的，并且只应当通过共识来确立。

对皮亚杰理论的有关研究基本上支持了他的观点，但有一条重要例外。研究者认为皮亚杰低估了年幼儿童在判断行为时考虑意图的程度（见 Bussey，1992）。尽管如此，许多研究都证实了儿童发展的进程是从关注结果到关注意图。

他律道德
在皮亚杰的道德发展理论中，这一阶段的儿童认为规则是不可改变的，违反规则会必然招致惩罚。

自律道德
在皮亚杰的道德发展理论中，这一阶段的个体认识到规则是由人们制订的，惩罚并非那么必然。

科尔伯格的道德推理阶段

劳伦斯·科尔伯格（Kohlberg，1963，1969）的道德推理阶段理论是对皮亚杰理论的精炼与完善。像皮亚杰一样，科尔伯格研究了儿童（和成人）是如何对规则进行推理的，这些规则经常掌控着个体在某种情境中的行为。科尔伯格不是对儿童的游戏行为进行考察，而是探查儿童对一系列结构化情境或**道德两难问题**（moral dilemmas）的反应。其中最著名的道德两难问题情境如下：

道德两难
在科尔伯格的道德推理理论中，需要个体去考虑对和错的价值观的一些假设情境。

> 在欧洲，有一位妇女患癌症病危。该城市的一位药剂师最近发明的一种含镭药品有可能挽救其生命。药剂师要价2000美元，这个价格是该药品实际成本的10倍。病妇的丈夫海因茨四处求亲告友，筹借钱款，但最终也只是凑够半数。他告诉药剂师说自己妻子快要病死了，并恳求将药品便宜点卖给他，或者让他赊账。但是这位药剂师拒绝了。海因茨感到绝望，于是夜里破窗潜入药

资格认证指南
教师资格考试中可能要求你了解科尔伯格对理解儿童的道德推理发展的理论贡献。

房，偷走了药品。你认为海因茨应该这么做吗？为什么？（Kohlberg，1969，p.379）

科尔伯格通过分析人们给出的各种答案，提出人类的道德判断或道德推理需经过6个发展阶段。表3.3对科尔伯格的道德发展水平和阶段理论进行了概括。他将6个阶段划分为3个水平：前习俗水平、习俗水平和后习俗水平。这三个水平是根据儿童或成人如何界定什么是正确的或什么是道德的行为而确定的。和其他阶段理论一样，每个阶段都比前一个阶段更加成熟、更加复杂，并且大部分人都依照相同的次序经历这些阶段（Colby & Kohlberg，1984）。像皮亚杰一样，科尔伯格不太关注儿童给出的答案，而更关注答案背后的推理过程。表3.3列出的儿童和青少年经历各个发展阶段的具体年龄可能有较大的差异；实际上，同一个体有时表现出符合某一个阶段的行为，而有时又表现出符合另一个阶段的行为。不过，大多数儿童到9岁的时候都已经从前习俗水平阶段进入了习俗水平阶段（Kohlberg，1969）。

道德的前习俗水平

科尔伯格道德推理理论的阶段1和阶段2，个体根据自己的利益做出道德判断。

道德的习俗水平

科尔伯格道德推理理论的阶段3和阶段4，个体在做出道德判断时会考虑到其他人。

阶段1处于**道德的前习俗水平**（preconventional level of morality），这一阶段在形式与内容上与皮亚杰的他律道德阶段十分相似，儿童服从权威人物仅仅是为了免遭惩罚。在阶段2，儿童自身的需要和愿望变得很重要，然而他们也能意识到其他人的利益。进行道德判断时，儿童能够把各方利益作为具体事物来衡量，但依然会先为自己着想。**道德的习俗水平**（conventional level of morality）开始于阶段3，这时，儿童依据与同伴的合作来界定道德，就像皮亚杰的自律道德阶段一样，这一阶段的儿童毫不怀疑地相信“己所不欲，勿施于人”。由于伴随着具体运算阶段的自我中心倾向有所降低，儿童在认知上具备了设身处地为他人着想的能力。他们在做出道德

表3.3 科尔伯格的道德推理阶段

随着认知能力的发展，人们对道德问题的理解也日趋复杂。与年长儿童或成人相比，年幼儿童倾向于以比较刻板的方式来判断对错。

1. 前习俗水平	2. 习俗水平	3. 后习俗水平
规则是由他人制订的	个体接受规则，有时会使自己的需要服从群体的需要。无论直接而明显的结果是怎样的，家庭、群体或国家的期望本身都被看做是有价值的。	人们根据自己选定并遵从的伦理规则来界定自己的价值观。
阶段1：惩罚与服从定向 行为的实际后果决定行为的好坏	阶段3：“好孩子”定向 能够取悦他人或帮助他人，并得到他人认可的行为都是良好的行为。个体通过“良好”的表现而赢得他人的赞许。	阶段5：社会契约定向 根据个体的一般权利和全社会所认可的标准来界定什么是正确的。与阶段4不同，法律不再是“冻结”的，而是可以为了社会的利益而改变的。
阶段2：功利性的相对主义定向 任何能够满足个人需要，并偶尔满足他人需要的行为就是对的。公正和互惠的成分有所体现，但它们主要是按照“你帮我做什么，我就帮你做什么”的方式来解释的。	阶段4：“法规和秩序”定向 尽义务、尊重权威以及为了既定的社会秩序本身而维护它都被认为是对的。	阶段6：普遍伦理原则定向 按照自主选择的道德准则、良心的决定界定对与错。这些准则是抽象的、伦理性的（如黄金法则），而不是具体的道德指令（如十诫）。

资料来源：L.Kohlberg, "Stage and Sequence: The Cognitive-Developmental Approach to Socialization." In David A.Goslin (Ed), Handbook of Socialization Theory and Research, pp.347-380, 1969. published by Rand McNally, Chicago. Reproduced with permission of David A.Goslin.

网络链接

道德教育协会（Association for Moral Education，AME）为那些对道德教育理论和实践感兴趣的人们提供了一个跨学科论坛，网址是 www.amenetwork.org。若想获得有关儿童社会和道德发展内容的网站资源，请访问 http://gseacademic.harvard.edu/~tolerance/resources/sed.html。你可以在 http://tigger.uic.edu/~lnucci/MoralEd/overview.html 找到对道德教育理论的综述，其中分述了各位理论家。你也可以访问《道德教育期刊》（*The Journal of Moral Education*）的网站（www.tandf.co.uk/journals/titles/03057240.asp）。

决定时能够考虑到他人的感受，而不再仅仅做出免遭惩罚的行为（阶段 1）或者令自己感觉良好的行为（阶段 2）。在阶段 4，社会的规则和法律代替了同伴群体的规则，个体的道德判断不再取决于对社会赞许的渴望。法律得到毫无疑义的遵守，违反法律是绝对错误的。大部分成年人可能都处于这一阶段。阶段 5 标志着进入了**道德的后习俗水平**（postconventional level of morality），根据科尔伯格的说法，只有不到 25% 的成年人能够达到这一水平。处于该水平的人意识到社会的法律和价值观在一定程度上是人为决定的，并且仅仅适用于某个特定的社会。法律对于维持社会秩序以及保障生活和自由的基本权利来说是必要的。在阶段 6，个体的道德准则是自我选择的，建立于正义、人类权利的平等和价值等抽象概念之上。有悖于这些准则的法律是可以而且应该被拒绝服从的，因为"正义超乎法律之上"。晚年的科尔伯格（Kohlberg，1978，1980）认为阶段 6 与阶段 5 并未有实质性的不同，故建议将两者合并。

科尔伯格（Kohlberg, 1969）认为道德两难问题可用来提升儿童的道德推理水平，但一次只能提升一个阶段。他认为，与推理水平比自己高一个、至多高两个的人互动，这种方式可以促使儿童从一个阶段发展到下一个阶段。教师可以通过在课内加入有关公正和道德问题的讨论，尤其是针对发生在课堂上或者社会大环境中的事件的讨论，以此来促进学生在道德推理方面的发展（见 Nucci，1987）。

科尔伯格发现，在美国、墨西哥、中国台湾、土耳其，人们的道德推理能力几乎是按照同样的顺序、在大约相同的年龄阶段出现的。尽管道德推理和道德行为受到文化的显著影响（Navaez，Getz，Rest，& Thoma，1999），但对世界各地的研究发现，道德推理能力是按照大致相同的阶段顺序发展的（Eckensberger，1994）。

对科尔伯格理论的批评

后续的一些研究基本上支持科尔伯格关于发展的阶段顺序（Boom et.al.，2001；Dawson，2002；Nucci，2009），但也有不少的批评。科尔伯格早期工作的一个局限是，其观点更多地适用于解释男生的道德推理，有关女生的道德推理的研究发现，其发展模式与科尔伯格所提出的模式有所不同。男生的道德推理主要围绕着公正问题，而女生的道德推理则更关注对他人的关爱和责任（Gilligan，1982；Gilligan & Attanucci，1988；Haspe & Baddeley，1991）。例如，卡罗尔·吉利根（Carol Gilligan）认为，男性和女性使用不同的道德标准：男性道德推理关注个体的权利，而女性道德推理关注个体对他人负有的责任。这就是为什么她认为在解决道德两难问题时，女性更倾向于认可利他主义和自我牺牲，而不是权利和规则（Gilligan，

道德的后习俗水平
科尔伯格道德推理理论的阶段5和阶段6，个体根据抽象原则做出道德判断。

年长的儿童对年幼的儿童的道德推理发展会有怎样的影响？作为一名教师，了解道德推理的有关知识对你有什么帮助？

1982）。后来科尔伯格（Levine，Kohlberg，& Hewer，1985）根据这些批评对其理论进行了修正。不过，大部分研究并未在道德成熟度方面发现任何性别差异（Bee & Boyd，2010；Jaffee & Hyde，2000；Tangney & Dearing，2002；Thoma & Rest，1999）。也没有令人信服的证据表明女性比男性更富有爱心、更擅合作或更加乐于助人（Turiel，2006；Walker，2004）。

针对科尔伯格和皮亚杰的工作的另一种批评是，年幼儿童对道德情境进行推理时所采用的方式往往比阶段理论中所描述的方式更为成熟、复杂（Arnold，2000；Rest，Edwards，& Thoma，1997）。例如，在评价行为时，尽管年幼儿童常常认为结果比意图更加重要，但在某些情境下，三四岁大的孩子就能够根据意图来评判他人的行为（Bussey，1992）。另外，6 到 10 岁的处于他律道德阶段的儿童也能够区分由父母制订并要求执行的规则与由个人或同伴所认可的规则（Keenan & Evans，2010；Laupa，1991）。最后，图列尔（Turiel，2006）指出，年幼儿童能够对道德准则与社会习俗规范加以区分。前者基于公正原则，如不能撒谎和偷窃；后者则基于社会舆论和礼节，如不能穿睡衣上学。研究支持了这一观点，发现 2.5 岁到 3 岁的儿童就能够区分道德规则和社会习俗规范。

科尔伯格理论最大的局限性在于它只涉及道德推理，而没有研究实际的道德行为（Arnold，2000）。许多处于不同道德推理发展阶段的人们有相同的行为方式，而处于同一阶段的人们又常常会有不同的行为方式（Walker，2004）。另外，情境在道德两难问题中也很重要。例如，埃纳森（Einerson，1998）的研究发现，与道德两难问题中出现虚构人物时相比，当出现名人时，青少年会采用较低水平的道德推理。此外，儿童的道德推理与其道德行为之间的联系也是不清晰的（Thoma & Rest，1999）。例如，默多克、黑尔和韦伯（Murdock，Hale，& Weber，2001）的一项研究发现，中学生的作弊行为受到许多因素的影响，比如学业动机、成功以及与教师之间的关系，而这些因素均与道德发展的阶段无关。

儿童在社会性与情绪方面是如何发展的？

作为一名教师，不仅要对学生的学业成就负责，也要努力培养在社会性及情绪方面都健康的年轻一代。同其他方面的发展一样，社会性及情绪的发展依赖在学校和家庭中的各种经历，但也存在着可预测的发展模式。下面将讨论社会性及情绪发展方面的一些重要内容。

学前阶段的社会情绪发展

年幼儿童的社会生活演变是具有一定可预见性的（参见 Cummings et al.，2003；

McHale，Dariotis，& Kauh，2003）。儿童社会关系的扩展遵循着这样的历程：首先是与父母或其他监护人建立亲密的关系，然后与其他家庭成员建立关系，再与非亲属关系的成人、同伴等建立关系。社会交往从家庭延伸到邻里，从幼儿园或其他的儿童看护场所延伸到学校。埃里克森的个性和社会性发展理论表明，在学龄前阶段，儿童必须解决主动对内疚的人格危机。成功地解决这个阶段的危机将会使儿童产生自主感和抱负，当然儿童对自己被允许做哪些事的合理理解也会调节这两点。早教者通过提供机会使儿童发挥主动性、接受挑战并取得成功，来促进儿童解决这个阶段的危机。

同伴关系　在学前期，**同伴**（peers，即同龄的其他儿童）在儿童的社会和认知发展中开始发挥越来越大的作用（Hay，Payne & Chadwick，2004）。儿童和同伴的交往在很多方面明显不同于他们和成人的交往。同伴间的游戏使得儿童能够与发展水平和自己相似的其他儿童进行交往。当彼此间发生争执时，要想使游戏能够继续下去，他们必须做出让步，并且协商解决争执。与儿童—成人间的争执不同，在同伴间的争执中，没有谁能宣称自己有绝对的权威性。同伴之间的冲突也让儿童了解到，别人的思想、情感和观点等有可能与自己的不同。冲突也能使儿童更敏感地认识到自身行为对别人的影响。通过这种方式，同伴关系可以帮助儿童克服皮亚杰所描述的前运算思维阶段特有的自我中心倾向，使儿童意识到别人的想法和自己不同。

亲社会行为　**亲社会行为**（prosocial behaviors）是指自愿对他人做出的照顾、分享、安慰和合作等行为。对亲社会行为产生的根源进行研究，有助于我们了解儿童的道德和社会发展。被认为影响亲社会行为发展的因素有很多（Eisenberg，2001），主要包括以下几方面：

链接
若要了解推荐的合作学习活动，请参见第8章。

- 父母的管教方式。当儿童做出某种行为时，父母的管教方式应主要取决于该行为带给他人的结果，并且管教的实施是在一种温暖的、互动的氛围中进行的（Hoffman，1993）。
- 让儿童多接触这样的成人：他们表示自己关心他人，能使儿童明白采用攻击性方法来解决问题是不被社会接受的，并为儿童提供可被社会接受的替代办法（Konig，1995）。
- 让儿童多接触这样的成人：当儿童有出色表现时用积极特征评价儿童（“你真是个好帮手！”）（Grusec & Goodnow，1994）。

游戏　学前儿童与同伴之间的交往大部分发生于游戏活动中（Hughes，2010）。不过，在学前阶段，游戏中其他同伴参与的程度会随年级的增高而提高（Howes & Matheson，1992）。在对学前儿童进行的一项经典研究中，米尔德里德•帕滕（Parten，1932）将游戏归为四种类型，其社会互动水平以及复杂程度依次递增。**单独游戏**（solitary play）是指儿童自己进行的游戏，常常是自己摆弄玩具，与其他儿童所玩的游戏无关。**平行游戏**（parallel play）是指儿童各自做同样的游戏，但彼此间很少有互动和影响。**联合游戏**（associative play）与平行游戏相似，但是儿童间的互动水平有所提高，表现为分享、轮流参与、对别人做的事情总体上有兴趣等形式。**合作游戏**（cooperative play）中，儿童为达到一个共同的目标而一起参与到活动中，比如要建造一个大城堡，每个儿童负责其中的某一部分。例如，豪斯和马西森（Howes & Matheson，1992）曾对一组儿童进行了3年的追踪研究，从1至2岁开始，

同伴
年龄和地位相同的人。

亲社会行为
向他人表达尊重和关爱的行为。

单独游戏
独自进行的游戏。

平行游戏
儿童一起做同样的游戏，但彼此很少有互动和相互影响。

这些孩子进行的是平行游戏、联合游戏还是合作游戏？这样的游戏活动是如何促进亲社会行为和同伴关系发展的？

一直持续到3至4岁，主要观察儿童游戏活动的发展特点。他们发现，随着儿童年龄的增长，所玩游戏类型的复杂程度也在提高，从简单的平行游戏发展到复杂的假想游戏。在假想游戏中，儿童共同做出规划，一起完成活动（Berk，2009；Hughes，2010）。

游戏对儿童来说是非常重要的，因为游戏锻炼了儿童的语言、认知和社会技能，并有利于儿童个性的全面发展（Berk，2009；Hughes，2010）。在做游戏时，儿童要运用他们的心智，因为在做游戏时他们的所思与所做似乎是另外一个人。当他们进行了这种转换时，其思维就不再局限于具体的物体上面，而向抽象思维迈进了一步。游戏还与创造性有关，尤其是与个体思维中减少呆板、增加灵活性这项能力有关。维果茨基的发展理论也强调游戏的重要作用，认为游戏能使儿童自由地探索高于目前机能水平的思维和行为方式。维果茨基（Vygotsky，1978）写道："在游戏中，儿童的表现总是高于他的平均年龄，高于他的日常行为表现；在游戏中他们好像要比现实中的自己略胜一筹"（p.102）。

联合游戏

与平行游戏相似，但儿童之间的互动水平有所提高，表现为分享、轮流参与、对别人做的事情感兴趣等形式。

合作游戏

儿童为达到一个共同的目标而一起参与到游戏活动中。

学前儿童的游戏似乎受很多因素的影响。例如，学前儿童与同伴的交往方式和他们与父母的交往方式有关（Hughes，2010）。与亲子关系不太安全的儿童相比，那些与父母有着温暖的养育关系的3岁儿童更愿意参与社会假想游戏，能更好地解决与同伴之间的冲突（Howes & Rodning，1992）。儿童与熟悉的以及同性别的同伴玩得更好（Poulin，Cillessen & Coie，1997）。给儿童提供与其年龄相适应的玩具和游戏活动，也能促进他们游戏的发展以及同伴交往技能的发展。

小学阶段的社会情绪发展

链接

若要对维果茨基的理论了解更多，请参见第2章。

进入小学时，儿童已经形成了更为复杂的思维、动作和社会影响技能。在此之前，儿童基本上是自我中心的，他们的整个世界就是家庭、家人，可能还包括幼儿园或日托中心。小学低年级通常要完成的发展任务就是解决埃里克森理论（Erikson，1963）中第四个阶段的危机，即勤奋对自卑。假定儿童在婴儿期建立了信任感，在幼儿期形成了自主感，在学前期形成了主动性，那么，儿童在小学阶段的经历将有助于获得勤奋感和成就感。在这个阶段，儿童开始努力证实自己已经长大。实际上，这个阶段通常被称为"我自己能行"阶段，他们可以干一些力所能及的事情。随着儿童专注能力的不断增强，他们能在选定的任务上花费更长的时间，并乐于完成任务。这个阶段还表现出独立活动能力增强，具有团体合作精神，能够考虑到公平性而以社会接受的方式进行活动（McHale et al.，2003）。

自我概念

个体感知到的自己的优势、弱点、能力、态度、价值观。

自尊

个体对自己的性格、能力、行为的评价

自我概念和自尊 对于小学儿童而言，个性和社会性发展的二个重要方面就是**自我概念**（self-concept）和**自尊**（self-esteem）的发展（Swann，Chang-Schneider & McClarty，2007），而这些方面的发展明显地受到家庭、学校中的经历以及周围同伴的影响。自我概念是我们对自己的优势、弱点、能力、态度和价值观的感知方式。

自我概念从儿童一出生就开始发展，并逐渐受各种经验的塑造。自尊是指我们怎样评价自己的技能和能力。

网络链接

若想获得有关如何增强儿童自尊的文章，请访问 www.kidsource.com/kidsource/content2/strengthen_children_self.html。也可访问 http://kidshealth.org/parent/emotions/feelings/self_esteem.html#。

在个体经历儿童中期时，儿童的思维方式变得不那么具体，而更具有抽象性。这种变化也明显地体现于自我概念的发展过程中。学前期的儿童总是根据自己的身体特征和物质特征来描述自己，比如高矮、性别或所拥有的物品。相比之下，在小学低年级，儿童描述自己时开始关注更加抽象、内在的特质，例如智力、友善。他们也能区分个人的、内在的我与公开的、外在的我。尤为明显的一个表现是：在解释自己和他人的行为时，儿童更多地关注意图和动机，而较少关注客观行为。

在儿童期中期，他们开始通过与他人比较来评价自己。学前儿童描述自己时可能会说："我喜欢棒球。"而几年以后，她可能会说："我比萨利更喜欢棒球。"鲁布尔、艾森伯格和希金斯（Ruble，Eisenberg & Higgins，1994）的研究表明，年幼儿童主要通过社会比较来学习社会规范以及各种行为的合适程度。随着年龄的增长，他们也倾向于利用**社会比较**（social comparison）来评价和判断自己的能力（Borg，1998）。

根据社会比较所得的信息来评价自我，这种倾向似乎与学业自尊的发展变化相一致。学前期的儿童与年幼儿童都倾向于对自己作出高度积极的评价，而这种评价与学业成绩以及其他客观因素无关（Cole，1991）。但是，到二、三年级时，学习困难的儿童就倾向于产生较差的自我概念（Chapman，Tunmer & Prochnow，2000），并开始了螺旋式的恶性循环。在小学阶段学习成绩较差的儿童很容易形成消极的学业自我概念，以后在小学高年级和中学阶段继续有较差的表现（Guay，Marsh & Boivin，2003）。

进入小学之后，很多儿童第一次有机会与别人比较，第一次在家庭以外的成人的指导下学习和玩耍。这些成人必须给儿童提供机会，使其体验成功，充满自信，并保持热忱和创造性（Canfield & Siccone，1995；Perry & Weinstein，1998）。

社会比较

一个人将自己与他人进行比较，以获取信息和评价自己的能力、态度和行为。

当论及个性和社会性发展时，一个关键词就是接纳。实际上，儿童的能力确实有高低强弱之别。不论教师怎么做，到小学结束（通常更早）的时候，学生自己很清楚孰强孰弱。然而，学生如何看待这些差异？当学习差的学生自知永远不可能成为班级明星时，他们把学习的价值看得多重？在这些问题上，教师对学生具有举足轻重的影响。

理论应用于实践

促进自尊的发展

在美国，社会和公共机构都认同这样一个基本原则：每个人，包括学生，都具有平等的价值。这也是课堂教学的前提。但学生具有平等的价值并不意味着他们具有同等的能力。有些学生擅长阅读，有些则擅长数学，有些学生有体育特长，还有些学生有艺术天分。

有些课堂活动可能给某些学生留下这样的印象：作为一个个体，自己的价值比别人低。研究发现，在课堂上进行不适当的竞争（Cohen，1986）、刻板地按能力分组（MacIver，Reuman & Main，1995；Slavin，1987a）会教给学生错误的观念。

这类研究能够帮助教师避免那些让儿童感到气馁的做法。然而，尚不清楚提高自尊是否会带来更高的学业成就。实际上，研究更有力地表明：当学生在学习活动中变得越来越有能力时，其自尊感也会提高，反过来则不成立（如，Chapman et al.，2000；Ellis，2001b）。

INTASC标准3
因需施教

我们没有必要谎称所有的学生都同样擅长阅读和数学。但是，教师要认可学生的进步，而不是能力水平；要表扬学生付出的努力以及能力的提高。当学生看到自己学业上的成功时，他们自然就会感到自己争取到了自尊感（Roeser，Eccles & Sameroff，2000）。

网络链接

罗伯特·布鲁克斯博士（Dr. Robert Brooks）撰写了关于如何在课堂上提升学生自尊的一些文章，详见 www.greatschools.net/LD/managing/teachers-foster-self-esteem-in-children.gs?content=773。若想了解如何提高学习障碍儿童的自尊，请访问 www.greatschools.net/LD/managing/teachers-foster-self-esteem-in-children.gs?content=759。

同伴重要性的增强 在儿童早期的发展进程中，家庭是影响儿童成长的主要因素，而只要父母在态度和行为方面仍在为儿童提供榜样，这种影响的重要性就依然存在。此外，与兄弟姐妹的关系也影响着儿童与同伴的关系，在家中养成的习惯也可能在儿童步入校门之后得到加强或必须被克服掉。然而，同伴群体的重要性逐渐增强。在论及儿童走出家庭、步入外部世界时，艾拉•戈登对同伴的重要性做出了这样的注解：

> 假如世界就是莎士比亚所说的舞台，那么儿童和青少年的主要观众就是他们的同伴。同伴坐在前排和包厢中；而教师和家长则被挤到了后排和看台上（Gordon，1957，p.166）。

在小学低年级，同伴群体通常由同性别、年龄相仿的儿童组成。儿童的这种偏好可能是由于年幼儿童之间能力和兴趣的差异所致。但是，到六年级时，同伴群体中既有男生，也有女生。不管同伴群体的结构如何，这种群体使得儿童有机会将自己的能力和技能与别人相比较。群体中的成员相互展示着各自不同的世界，儿童通过分享彼此的态度和价值观而学会了怎样鉴别并形成自己的态度和价值观。

儿童中期的友谊 在中期，儿童对友谊概念的理解渐趋成熟。友谊是儿童期同伴间社会关系的核心形式，并且在成年之前，友谊的形式会经历一系列的变化（Scharf & Hertz-Lazarowitz，2003）。塞尔曼（Selman，1981）根据皮亚杰的发展阶段理论以及儿童在采择他人观点方面的能力变化，描述了儿童对友谊的理解是如何随年龄而变化的。在3~7岁之间，儿童通常将朋友看成是暂时的玩伴。这一年龄阶段的儿童从学校回到家中，也许会激动地说："我今天又交了个新朋友！杰米让我和她一起玩她的布娃娃"；或是"比尔再也不是我的朋友了，因为他不和我一块堆积木。"这些话语都表明儿童将友谊看成是与特定情境有关的临时关系，而不是建立在共同的兴趣或信念的基础之上。进入儿童中期，友谊变得更加稳定和互惠。在这一阶段，儿童通常根据个性特征来描述朋友（“我的朋友玛丽非常友善”），友谊是建立在相互支持、关心、忠诚以及相互付出与回报的基础之上的。

友谊对儿童来说非常重要，这有几方面的原因。在小学阶段，朋友就是一起玩耍、一起做事的同伴，也是儿童重要的情感支柱：在新的环境中，或者家庭或其他方面出现问题时，朋友能给儿童提供安全感。当朋友彼此讲授和示范具体的智力技能时，他们也是对方的认知源泉。个体也在友谊的背景下学会行为的社会规范、社会交往技能以及成功地解决冲突（McHale et al.，2003）。

同伴关系如何影响一个人的自尊和自我概念？作为一名教师，你怎样促进学生的情绪发展？

同伴接纳 在儿童中期，同伴关系中最为重要的问题之一就是同伴接纳，即在同伴群体中的地位（McCallum & Bracken，1993）。受欢迎的儿童是那些最常被同伴提名为喜欢、最少提名为不喜欢的儿童。相反，被排斥的儿童是那些被同伴最常提名为不喜欢、最少提名为喜欢的儿童。还有一类儿童是被忽视的，他们既不常被提名为喜欢，也不常被提名为不喜欢。另一方面，有争议的儿童经常被某些同伴提名为喜欢，但也经常被另一些同伴提名为不喜欢。中性儿童是指那些被提名为喜欢或不喜欢的次数均为中等的儿童。

在小学阶段，那些不被同伴接纳或是遭到排斥的儿童是高危儿童（Ladd & Troop-Gordon，2003；Wentzel，Berry，& Caldwell，2004）。与那些被同伴接纳的儿童相比，这些高危儿童更有可能辍学，做出违法乱纪行为，在青春期和成年期出现情绪和心理问题（Ladd & Troop-Gordon，2003）。被排斥的儿童中，有些倾向于表现出强烈的攻击性；有些则极其被动和大幅度退缩，成为被霸凌的受害者（Pellegrini & Bartini，2000）。那些被排斥的儿童，无论具有攻击性还是退缩，出现高危问题的可能性似乎都是最高的（Hymel et al.，1993）。

有许多特征似乎都与同伴接纳有关，比如外表吸引力（Kennedy，1990）和认知能力（Wentzel et al.,2004）。研究也表明，行为方式与同伴接纳之间也存在着相关（见 Coie，Dodge & Kupersmidt，1990）。被同伴接纳并受欢迎的儿童倾向于更具合作精神，乐于助人，关心别人，很少有捣乱和攻击性行为。而不被同伴接纳的儿童倾向于表现出很高的攻击性，缺乏亲社会行为和解决冲突的能力。被忽视的儿童以及有争议的儿童，其行为方式不太明显，并且在群体中的地位通常在短时间内会发生变动（Newcomb & Bagwell，1998）。

理论应用于实践

帮助儿童发展社交技能

链接

若想更多地了解如何系统地强化亲社交技能，参见第5章。

因为同伴接纳能够很好地预测目前和以后长期的适应能力，帮助那些不受欢迎或被排斥的儿童改进其社交技能，提高其被接纳水平就是十分重要的。常用的方法包括以下几种：

1. **强化适宜的社会行为：**表达对学生的助人、分享等亲社会行为的积极期待，并对此类行为予以表扬。当教师和其他成人向一个儿童群体称赞亲社会行为时，其效果最好。这可以让那些缺乏技能的儿童去观察别人受到强化的积极行为，也使得同伴群体去关注受表扬者的积极行为，而不关注消极行为。
2. **树立榜样：**通过观察榜样是如何学习积极的社交技能的，儿童也能明显地改进自己的社交技能。
3. **指导：**你可以示范积极的社交技能，解释这些技能的重要性，提供练习的机会，给予及时的跟进反馈。

任何干预的有效性在很大程度上都取决于受排斥儿童的同伴群体和课堂教师的参与度。相比于儿童单独接受干预，假如同伴和教师能注意到受排斥儿童在行为上的积极变化，那么他们就更有可能改变以往的看法来接纳这个儿童（Olweus，1994；White & Kistner，1992）。

中学阶段的社会情绪发展

在青春期，儿童的社会和情绪生活发生了巨大的变化（Rice & Dolgin，2008）。部分由于生理和认知结构发生了变化，小学高年级学生寻求更快的成长。他们希望家长不要像以前那样对待他们，但许多家长并不愿意用新的方式来对待他们。他们自己也说，尽管相信父母是爱他们的，但总觉得父母并不了解自己。无论对于小学高年级男生或女生，成为某个群体中的一员都会增强他们的自我价值感。不被同伴接纳将导致严重的情感问题。这也成为前青春期的儿童与父母关系发生改变的主要原因：并不是他们对父母的关注减少了，而是朋友变得比以往任何时候都更重要了。这种对同伴接纳的需要有助于解释为什么前青春期的学生在穿着打扮上非常相似（Baumeister & Leary，1995）。本章开头所讲的山姆戴唇环的故事就是一例，说明青春期的个体是如何通过独特的穿着和行为方式来表达他们对同伴群体的归属感。

在初中阶段，教师和学生之间的关系通常也会发生一些变化。在小学，儿童很容易接纳教师并依赖教师。在小学高年级，这一关系变得比较复杂（见 Roeser et al.，2000）。有时学生愿意将个人的私事告诉教师，而不告诉父母；前青春期的一些学生甚至把教师选为他们的角色榜样。但同时，有些前青春期的学生用几年前想都没想过的方式来与教师顶嘴，还有一些则公开与教师作对。另外，也有些学生高度疏远学校，表现出有可能引发违法乱纪和辍学的行为模式（Rice & Dolgin，2008）。

反思

分析自我和自己的想法的倾向。

同一性的发展 进入青春期早期最初的标志之一就是出现**反思**（reflectivity），即通过思考自己心中正在想什么，以探究自己的一种倾向。青少年开始更仔细地审视自己，并以有别于以往的方式来界定自己。他们开始认识到：自己的想法、感觉与实际的行为之间存在着许多差异。凭借发展中的智力水平，青少年能够考虑各种可能性，这使得他们很容易对自己产生不满。他们评判自己的个性特点，将自己与他人进行比较，并试图改变自己的现状。

青少年也开始考虑这样一个问题：他人看待世界的方式、对世界的看法是否与自己一样（Phelan，Yu & Davidson，1994）？他们开始更为明确地意识到自己是独立于他人的，是具有独特性的个体。他们也认识到，他人并不能够完全了解自己的想法和感受。“我究竟是谁，有什么特点”这个问题在青少年的个性发展中占据着主导地位。根据埃里克森的理论，青少年时期所关注的主要问题就是同一性。

“校服！这将剥夺我们的个性！”

詹姆斯·马西亚的四种同一性状态　詹姆斯·马西亚（Marcia，1991）基于埃里克森的理论，通过对青少年进行深入的访谈，鉴别出了同一性的四种状态。这些状态反映了青少年在宗教信仰、政治理念以及职业选择等方面的承诺的坚定程度，它们分别是：

1. **过早闭合型：过早闭合**（foreclosure）的个体从未经历过同一性危机。相反，他们根据父母的选择而不是自己的选择，过早地确立了同一性。他们对某种职业和理想信念做出了承诺，但这些承诺更多地反映了父母和其他权威人士的看法，而不是他们自主做出评价的过程。过早闭合型代表一种“虚假同一性”，作为解决未来生活中遇到的危机的基础，显得过于僵化和刻板。

2. **同一性迷失型：**处于**同一性迷失**（identity diffusion）状态的青少年既没有择业意向，也没有对理想信念的任何承诺，他们在这些方面几乎没有取得任何进展。他们或许体验过同一性危机，但即使经历过，他们也未能解决这一危机。

3. **同一性延缓型：**处于**同一性延缓**（moratorium）状态的青少年已开始尝试从事可选的职业，选择某些理想信念，但是还不能对任何一种做出确切的承诺。这些青少年正处在同一性危机之中，正在检验各种生活选择。

4. **同一性获得型：同一性获得**（identity achievement）反映了同一性的巩固状态。在这种状态下，青少年做出了自觉、明确的职业和理想信念的决定。他们让自己相信这些决定是自主而自由地做出的，反映了他们的真实本性以及内心深处的承诺。

到了青少年晚期（18~22 岁），大多数个体已经处于同一性获得状态。而青少年的情绪发展似乎与他们的同一性状态密切相关。例如，处于同一性延缓状态的青少年具有最高的焦虑水平，而过早闭合型的青少年的焦虑水平最低（Marcia，1991）。自尊也与同一性的状态有关：处在同一性获得和同一性延缓状态的青少年报告了最高的自尊水平，而处于过早闭合与同一性迷失状态的青少年则报告了最低的自尊水平（Marcia，1991；Wallace-Broscious，Serafica & Osipow，1994）。

总之，青少年要想成功地确立自我同一性，那么他们必须不断尝试并保持灵活。通过尝试各种行为和思想方式，之后检验并改进它们，青少年最终让自己具备最适宜的属性，并舍弃其他属性。为了达到这一目的，青少年必须有自信进行尝试，决定结束尝试，改变行为，舍弃那些即使被他人所认同却对自身不适宜的属性。拥有一个由接纳自己并对自己的尝试积极回应的父母、教师以及同伴组成的稳定团队是非常有益的。

过早闭合
青少年基于父母的选择，而不是自己的愿望，过早地确立同一性。

同一性迷失
无法发展出一个清晰的方向或自我认识。

同一性延缓
没有确定的承诺，在探索不同的职业和理想信念。

同一性获得
一种巩固的状态，反映了自觉的、明确的职业和理想信念的决定。

网络链接

若想了解青少年发展的多个方面，包括同一性发展和自尊，请访问宾夕法尼亚大学的南茜•达令（Nancy Darling）的网站—— www.oberlin.edu/faculty/ndarling/lab/ead.htm。

自我概念和自尊 随着儿童步入青春期并经历整个发展过程，他们的自我概念和自尊感也发生了变化。在儿童中期，其自我描述开始转向抽象，这一特征在青少年时期继续保持。青少年的自我描述通常包括个性特征（友好的，让人讨厌的）、情绪（抑郁的，兴奋的）、个人信念（自由的，保守的）等（Harter，1998）。此外，自我概念变得更加分化。苏珊•哈特的研究识别了青少年自我概念的8个不同方面：学业能力、工作能力、运动能力、身体外貌、社会接纳程度、亲密的友谊、异性吸引力以及行为方式（Harter，1998）。马什（Marsh，1993）识别了5种不同的自我概念：学业言语、学业数学、与父母的关系、与同性朋友的关系以及与异性朋友的关系。

在青少年期，自尊感也发生着波动和变化。当儿童进入初中时，也就是**青春期**（puberty）开始时，自尊感最低（Jacobs，Lanza，Osgood，Eccles & Wigfield，2002）。早熟的女生将会经历最严重的、持续时间最长的自尊下降的过程。总体而言，青少年期女生的自尊感要低于男生（Jacobs et al.，2002）。对总体的自尊感和自我价值感影响最大的因素似乎是身体外貌，其次是同伴的社会接纳。

社会关系 儿童进入青春期后，友谊的性质也发生了变化。总体而言，他们与朋友相处的时间明显增多；青少年与同伴相处的时间多于与家庭成员相处或自己独处的时间（Ambert，1997）。那些具有满意和融洽的朋友关系的青少年，比那些缺乏朋友支持的学生自述具有更高的自尊、更低的孤独感以及更成熟的社交技能，并且在学校中学习成绩更好（Kerr，Stattin，Biesecker & Ferrer-Wreder，2003）。

在青春期，相互理解的能力和认识到他人也是有自己情感的独特个体，这些都有助于朋友间增多自我表露、增强亲密感和提高忠诚度。青少年前期的儿童试图确立独立于父母的个人同一性的同时，也更多地向同伴寻求安全感和社会支持。小学的儿童向父母寻求这种支持，而七年级时，他们感到同性朋友的支持与父母的支持相当；十年级时，他们感到同性朋友成为社会支持的主要来源（Rice & Dolgin，2008）。

同伴关系 除了亲密朋友之外，多数青少年也非常看重更大范围内的同伴群体，将其视为思想和价值观以及陪伴和娱乐的源泉。

青少年时期同伴关系的实质表现出社会地位和同伴团体方面的特征。社会地位或被同伴群体接纳的程度，可通过对在儿童中期识别出的具有相同地位的学生群体进行研究。在小学儿童中，受欢迎的和被同伴接纳的青少年倾向于表现出积极的冲突解决方式和学业能力、亲社会行为和领导素质；而受排斥和不被接纳的青少年则倾向于表现出攻击性和反社会行为，学习成绩较差（Parkhurst & Asher，1992；Wentzel & Erdley，1993；Zettergren，2003）。这些社交上受排斥的青少年将来面临学业问题和社交问题的风险似乎也更大（Pope & Bierman，1999）。然而，温策尔和阿舍（Wentzel & Asher，1995）发现，在受排斥的初中生中，具有攻击性的初中生在学校中存在很多问题，而具有社会顺从特性的初中生并未产生同样的问题。这些研究表明，被同伴拒绝，加之自身的消极行为，合在一起会使得这些学生的处境更为

资格认证指南

在多数教师资格考试中，你需要了解学生的某一方面的发展（如生理发展）是如何影响其另一方面的表现的（如社交）。

青春期

个体开始具备繁殖能力的发展阶段。

不利。

研究青少年时期的同伴关系时，考察青少年所处的小圈子和团体也是一种角度（Barber，Eccles & Stone，2001）。小圈子是由具有共同的兴趣、活动和朋友的成员所组成的小而亲密的群体。相对而言，团体则比较大，往往是由其声望界定的。青少年加入某个小圈子或团体是很普遍的一件事情，但不一定长久、稳定。虽然团体施加的服从压力非常强大，但是，也只有那些渴望归属感的青少年才会显著地受到这些规定的影响（Rice，1996）。

情绪发展　大多数青少年都会在某些时候经历情绪冲突，这不足为奇：因为他们的身体形象、预期角色以及同伴关系都在发生急剧的变化。从小学到初中再到高中的转换本身也有可能给学生造成相当大的压力（Harter，Whitesell & Kowalski，1992；Midgley，1993）。对于大多数的青少年来说，情绪困扰只是暂时的，能够妥当地进行处理。但是，对一部分人来说，压力会导致不良行为、吸毒，甚至产生自杀企图（Fisher，2006）。

小学高年级儿童普遍存在着与生理、认知和社会发展有关的情绪问题。尽管前青春期的儿童总体上是乐观、快乐的，但他们也有许多恐惧，比如不被同伴群体接纳、没有知心朋友、被父母惩罚、父母离异或者学业不佳。

这一年龄段的儿童还会产生其他一些情绪，如愤怒（以及无力控制愤怒的恐惧）、内疚、挫折和妒忌。成人需要帮助前青春期的儿童认识到，这些情绪和恐惧是成长过程中自然的一部分，要鼓励儿童把这些情绪和恐惧表达出来，尽管这些情绪在成人看来是脱离实际的。当儿童的行为（基于同伴群体的价值观）与父母的价值观出现冲突时，多会产生内疚感。愤怒是这个年龄阶段经常出现的一种情绪，其强度要大于其他许多情绪。就像经常告诉前青春期的儿童不要害怕一样，父母也经常告诫他们不要愤怒。不幸的是，即使对成年人来说，这也是不太可能做到的。

青春期的问题　青少年时期对许多人来说是一段高危险期，因为青少年第一次能够做出可能带来长期不良后果的行为或决定（Dryfoos，1998；National Research Council，1995；Rice & Dolgin，2008）。

链接
若想了解更多有关情绪障碍的知识，请参见第12章。

情绪障碍　中学教师应当对青少年面临的压力非常敏感，应当意识到情绪困扰是普遍存在的（Galambos & Costigan，2003）。他们应当明白，抑郁、无助和莫名其妙的愤怒行为都是青少年需要得到帮助的信号，他们应该让这类学生与学校咨询师或其他受过心理学专业培训的成人进行交流（Fisher，2006）。

霸凌　对较弱的或缺少朋友的同伴进行嘲笑、骚扰和攻击，这类现象在所有年龄群体中都会出现。但是，当儿童进入青少年早期时，这种现象尤为严重（Juvonen，Nishina & Graham，2000；Pellegrini & Bartini，2000；San Antonio & Salzfass，2007）。

辍学　中学阶段的辍学使青少年承担着相当大的风险，辍学实际上也就宣判了他们将从事低端工作，面临失业及贫困（Bracey，2006）。当然，导致辍学的原因在学校生涯的初期就有所显现：学业上的失败、留级、被编入特殊教育班级、频繁缺课等迹象都预示着学生将来有可能辍学（Battin-Person et al.，2000；Goldschmidt & Wang，1999；Pallas，2002）。总体的辍学率正在下降，特别是在非裔美籍学生中，尽管他们依然面临与人数比例不相称的高风险（Balfanz & Legters，2004；

Mishel & Roy，2006）。然而，对于拉丁裔的学生来说，辍学率仍居高不下（Secada et al.，1998）。通过给身处困境的儿童以特别的个体关注，让他们担任有较高地位的角色，在学业短板上帮助他们，那么，辍学率将会大大减少（Burt，Resnick & Novick，1998；Slavin & Fashola，1998）。如果学生所在的高中规模较小，比较关注学业，那么辍学的比例比其他类型的学校要低（Lee & Burkam，2003）。

滥用药品和酒精 在青少年中，物质滥用现象仍然很普遍（Perkins & Borden，2003）。80%的高中三年级学生饮酒（Jung，2010），31%的学生试过吸大麻（Johnson，O' Malley & Bachman，2001；National Institute on Drug Abuse，2005）。毒品和酒精滥用与学业失败有紧密的联系（Bryant & Zimmerman，2002）。

链接
若想了解如何预防违法，请参见第11章。

违法 青少年时期最危险的问题之一就是开始出现严重的违法行为。这个问题在男生身上远比女生身上更普遍。违法者通常是那些成绩较差的学生，很难让他们相信沿着学校为他们铺就的道路行进就能取得成功（Hawkins et al.，2000）。绝大部分的青少年违法是群体现象，大部分的违法行为都表现为团伙作案，或是受到不法小团伙的主动支持（Branch，1998；Farmer et al.，2002；Perkins & Borden，2003）。

怀孕的风险 对所有的女性青少年而言，尤其是那些来自低收入家庭的女性，怀孕和分娩都是极为严重的问题（Coley & Chase-Lansdale，1998；Susman，Dorn & Schiefelbein，2003）。青春期的男生通过违法行为来显示自己不受成人的控制，女生则是通过发生性行为，而且很多时候会生孩子，来迫使这个世界把她们看做成年人。因为过早生育，这些女性很难将学业继续下去，也很难找到工作，这是造成贫困的恶性循环的一个主要原因，许多少女妈妈自己就出生于贫困环境（Hoffman，Foster & Furstenberg，1993）。当然怀孕涉及的另一方就是少年爸爸，少年爸爸通常在学校中也表现出许多行为问题和学业问题（Hanson，Morrison & Ginsburg，1989）。有很多教育方案旨在推迟性行为的发生，以减少怀孕的可能性。对这些方案有效性的考察表明，与只强调节欲相比，如果能够既强调节欲，又强调使用避孕套或其他一些避孕方法，则更为有效（Kirby，2000）。

学校中的同性恋—异性恋联盟团体该如何促进年轻人的宽容，并缓解年轻同性恋者的压力？教师在为性别认同冲突的年轻人营造一个安全的环境方面扮演着怎样的角色？

性传播疾病的风险 早期性行为的固有风险之外还伴随着艾滋病和其他性病发生率的增加（Kalichman，1996）。艾滋病在青少年期的发病率仍是很低的，并且感染率一直在下降（National Institute of Allergy and Infectious Disease，2002）。然而，由于艾滋病可以有长达10年的潜伏期，青少年中无防护措施的性行为、共用针头注射毒品以及其他的高危行为常常导致成年早期艾滋病的高发率。艾滋病的出现表明，及早地、明确地进行性教育很关键，甚至涉及生死。但是，仅有知识是不够的，性欲旺盛的青少年还必须能够获得避孕套，并从心理上巧妙地来促使他们愿意去使用安全套（Aronson，1995）。

性别认同　在青少年时期，人们开始探索自己的性别认同，包括开始认同男同或女同性取向的年轻人。男同性恋、女同性恋、双性恋和变性的青少年会承受巨大压力以及与父母相处的困难，他们在同伴群体中尤其可能面临严重的问题。同伴中可能严守着反对同性恋的铁律，他们甚至会对同性恋的学生进行辱骂、排斥甚至实施暴力行为（GLSEN，2009）。教师需要示范对同性恋学生的接纳，并严格执行学校的规定，禁止不尊重任何人——无论同性恋还是异性恋者（Koppelman & Goodhart，2005）。

有意识的教师

运用你所了解的有关人类发展的知识来改进教学和学习

有意识的教师清楚地认识到，随着儿童社会性、情绪和道德的发展，学生在儿童早期、中期和青春期等不同的时期将会面临不同的挑战。他们根据学生的不同发展水平来界定学生的发展目标。当他们发现某些特殊的学生在向独立性发展的过程中需要更多的或不同的支持时，他们能够调整自己的教学。

1. 我希望学生在课程结束后能了解什么、能做什么？这对于实现课程目标、满足学生成为有能力的个体的需求有何作用？

你需要了解你的学生所处的年龄阶段可能出现的一些典型问题，还需要了解学生从一个水平发展到另一个水平时所面临的压力。例如，你可以在长期计划中设置一些活动，这些活动充分利用同伴文化的影响。比如，让学生通过把学科内容与自己感兴趣的主题联系起来而学习，如时尚、音乐以及运动。

2. 在我的教学中应该考虑学生所具有的哪些知识、技能、需求和兴趣？

与学生的当前发展机能相适应的教学才是最有效的教学。各种正式的和非正式的测验能够给我们提供学生在社会性、情绪和道德方面发展状况的信息。例如，你可以使用非正式的谈话来评估一位新生的社交技能，在学生活动的过程中，你或许能听到一些线索，来证明学生正越来越多地对自己的内心进行反思。

3. 我在学科内容、学生发展、学习、动机以及有效教学策略等方面所掌握的哪些内容能够用于实现教学目标？

学生与同伴的关系随着时间而发生变化。教师要注意观察学生与同伴间的交往，以便促成他们的亲社会行为。例如，在幼儿园中，你可以观察幼儿在自由活动时间中的表现，记下各种不同形式的游戏，或者听大一点的儿童在餐桌上的对话，问自己："我的学生会不会将自己与别人比较以评价自己呢？"你可以在心里记住帮助他们做出恰当的比较。

4. 哪些教学材料、技术、辅助手段和其他教学资源有助于实现我的教学目标？

如果教室里有丰富多样且能促进学生的社会、语言、生理和学业发展的材料，这样的环境最有利于学生的发展。例如，你的教学对象是年幼儿童，那么你可能会设置一个木偶角或是故事角，来促进儿童口语能力的发展。对任何年龄的学生，你都可开班会，鼓励学生在会上坦率交流，帮助他们建立集体感和接纳的观念，这使每一位同学都会受到欢迎，无论他们背景如何。

不仅要对你的计划和材料进行检查，还要考察学生对这些计划和材料所做出的反应，这一点是非常重要的。他们看上去觉到这些活动在推动他们进步吗？

你可以翻阅学生的档案袋，探寻他们的自我概念以及学业方面的成长历程。你可能注意到整堂课都出现的某种现象，根据这点信息来调整教学，给学生提供更为适宜的学习机会。如果你教的是中学，你需要检查课程计划，确保能够给学生提供社会交往以及用正规方法解决问题的机会。还应该提供相应的活动，促进学生向皮亚杰的形式运算阶段发展。同时，还要将学生对任务的看法等记录下来。

5. 我怎样评价学生达到目标的程度？

评价你从不同方面积累起来的信息。这些信息能否表明学生在人的发展的几个重要方面都在成长？例如，你可以要求小学生在日记中描写他们的朋友，你可以利用这些信息来判断学生是否在建立一种能支持其社会和认知发展的友谊关系。

INTASC 标准 7 教学计划技能
INTASC 标准 8 评价学生的学习
INTASC 标准 9 职业承诺和责任

6. 如果个别学生或全班没有迈上成功之路，我该如何去做？我的补救计划是什么？

一些人提倡进行适配发展的教育做法，他们强调教师应该将每个学生看做具有独特的成长方式的个体。例如，你可以组织一场全班讨论，向学生提出这样的问题："目前你在哪些方面比开学时做得更好？""你还想改善什么能力？""我们如何互相帮助？"仔细聆听学生的发言，你会发现一些很多学生都可能遇到的难点问题，然后在以后的教学活动中去着重讲解。

INTASC 标准 3 因需施教

资格认证指南
在教师资格考试中，有可能要求你回答学生的身体、社会、情绪、道德和认知发展对学习的影响。

理论应用于实践
预防青少年的问题

不是所有的青少年都会遇到严重的问题。但在那些有风险的学生中，如果能在问题发生前防患于未然，则效果要好得多。许多教学方案通过将预防策略融入常规课程中而成功预防了一系列问题行为。例如，许多方案通过进行"生活技能训练"，重点教学生做出正确的决定，抵御同伴压力等，从而成功地降低了高风险行为（Stipek，de la Sota & Weishaupt，1999）。其他方案则关注建立合作、利他、社会责任感等规范（Battistich，Watson，Solomon，Lewis & Schaps，1999）。另一个广外推荐的方案是让社区机构参与促进学生的亲社会行为（Kidron & Fleischman，2006）。全校范围内的综合性变革模式对预防初中生（Balfanz & Maclver，2000）和高中生（Bottoms，Feagin & Han，2005；Darling-Hammond，Ancess & Ort，2002；Jordan，McPartland，Legters & Balfanz，2000；McPartland，Balfanz，Jordan & Legters，2002）的高危行为，尤其是旷课和辍学等具有积极的作用。:

本章概要

个性和社会性发展的理论观点有哪些？

埃里克森提出了心理社会发展的 8 个阶段，每个阶段都由一个特殊的心理社会危机所主导，这些危机是通过与社会环境的互动而引发的。在阶段 1，信任对不信任，目标是通过与照料者的互动建立起信任感。在阶段 2，自主对怀疑（18 个月到 3 岁），儿童具有抓住和放手的双重愿望。在阶段 3，主动对内疚（3 到 6 岁），儿童通过探索环境来完善自我认识。在阶段 4，勤奋对自卑（6 到 12 岁），儿童进入学校，学业上的成功和失败居核心地位。在阶段 5，同一性对角色混乱（12 到 18 岁），青少年转向同伴群体并开始寻找伴侣和发展事业。阶段 6（亲密对孤独）、阶段 7（繁衍对自我沉溺）和阶段 8（完整对绝望）则发生在成年期。

道德发展的理论观点有哪些？

根据皮亚杰的观点，儿童在 6 岁左右发展出他律道德（依据道德现实主义，服从权威），之后发展为自律道德（基于道德准则的理性道德）。科尔伯格的道德推理阶段论反映了儿童对道德两难的反应。在阶段 1 和 2（前习俗水平），儿童在遵守他人设立的规则的同时努力使个人利益最大化，在阶段 3 和 4（习俗水平），个体遵守规则，相信法律和秩序，寻求他人的认可。在阶段 5 和 6（后习俗水平），人们根据自主选择遵从的抽象道德原则界定他们自己的价值。

儿童在社会性和情绪方面是如何发展的?

学前期

儿童早期的社会情绪发展可以部分地用埃里克森的主动对内疚阶段来进行描述。同伴关系帮助儿童克服自我中心倾向，皮亚杰将自我中心描述为前运算思维阶段的特征。亲社会行为包括关爱、分享、安慰和合作。帕滕区分出四种游戏——单独游戏、平行游戏、联合游戏、合作游戏，其社会互动和复杂性水平逐渐升高。游戏可以训练儿童的语言、认知、社交和创造性技能。

小学期

在儿童中期，可以认为儿童正在解决埃里克森的勤奋对自卑的心理社会危机。学校成为发展的主要影响源，儿童在学校里建立公开的自我，学习社交技能，以学业或非学业的能力为前提建立自尊。在 9 到 12 岁之间的前青春期，同伴关系中的顺从、性别混合的同伴群体、挑战成人的权威变得更加重要。

中学期

可以认为青少年在这一时期解决埃里克森的自我同一性对角色混乱的心理社会危机。他们在意其他人是如何看待自己的，探究过去经历，尝试不同角色，按照感觉和信念行动，在同伴关系中逐渐寻求更多的自主和亲密。当个体过早地选择了一个角色时，就发展为过早闭合型。但到了青少年晚期，大部分人都发展为同一性获得型。许多因素，如辍学、物质滥用、艾滋病等，使得青少年处于高风险之中。

关键术语

回顾本章中的以下关键术语：

心理社会理论
心理社会危机
他律道德
自律道德
道德两难
道德的前习俗水平
道德的习俗水平
道德的后习俗水平
同伴
亲社会行为
单独游戏
平行游戏
联合游戏
合作游戏
自我概念
自尊
社会比较
反思
过早闭合
同一性迷失
同一性延缓
同一性获得
青春期

自我评估：资格认证练习

指导语：本章开头的案例中所涉及的评价指标是各州的资格认证考试的常见考点。请重读开头的案例，回答下列问题：

1. 在山姆和比利的交往中，我们注意到相差几岁的学生之间存在着巨大差异。根据本章提供的信息，下面哪一种行为更可能是比利的表现而不是山姆的表现？
   a. 遵从父母的意愿
   b. 服从同伴的要求
   c. 坚持独立
   d. 理想主义

2. 根据本章提供的信息，下面哪一种行为更可能是山姆的表现而不是比利的表现？
   a. 遵守简单的规则
   b. 蔑视传统
   c. 认为不服从就会受到惩罚
   d. 依赖父母

3. 一般而言，年幼儿童的社会生活是按照一种相对可预期的方式发展的。社会关系网络的发展顺序依次是：从与父母和其他监护人的亲密关系发展到
   a. 无关的成人，同伴，之后是其他家庭成员
   b. 同伴，无关的成人，之后是其他家庭成员
   c. 其他家庭成员，同伴，之后是无关的成人
   d. 其他家庭成员，无关的成人，之后是同伴

4. 像山姆这样的学生正步入皮亚杰提出的“形式运算阶段”，下面哪种教学策略与其发展相适配？
   a. 教山姆在阅读时听单词的特定发音（语音意识）
   b. 允许山姆根据对单词发音所做的判断，以及把读音和已知的字母联系起来，从而推想出单词
   c. 帮助山姆解决主动对内疚的人格危机
   d. 要求山姆写一篇需辩论（从正反两方面讨论一个问题）的论文

5. 青春早期的最初标志之一就是反思能力的出现。反思是什么意思？
   a. 退回到自我中心的思维
   b. 主动性的发展
   c. 对自己的心智过程进行思考的能力
   d. 为了一个共同的目标而与他人合作

6. 设计一堂课，以适合于比利这个年龄的个体发展，并解释为什么这堂课是适宜的。

7. 设计一堂课，以适合于山姆这个年龄的个体发展，并解释为什么这堂课是适宜的。

8. 青春期最严重的问题之一是违法，违法者通常是：
   a. 因厌倦而产生违法行为的成绩良好的学生
   b. 擅长通过社交来引导他人犯罪
   c. 认为自己不可能在学校取得成功的成绩差的学生
   d. 晚熟的青少年

9. 根据科尔伯格的道德发展理论，教师如何帮助三年级学生超越“规则就是规则，无一例外”的认识？
   a. 使用下一个更高阶段的解释来挑战学生的推理
   b. 讨论道德两难问题
   c. 为学生朗读有关道德行为的书
   d. 要求每个学生写一个关于某人没有遵守规则的故事

本章提纲

4

学生多元化

学习成果

学习本章后，你应当能够：

- 描述文化对教与学的影响
- 论述社会经济地位如何影响成就
- 论述种族和族裔如何影响学生的学校生活
- 确定一些方式使学校能帮助低收入家庭的孩子取得成功
- 论述语言差异和双语教育如何影响学生的成就
- 确定一些方法来帮助英语学习者在英语课堂上获得成功
- 描述如何在教学中避免性别偏见
- 识别关于智力风格与学习风格的不同理论

玛瓦·范斯和约翰·罗西是埃玛·拉扎勒斯小学入职第一年的老师。时下是11月，玛瓦和约翰相约在咖啡厅见面，谈论即将到来的感恩节联欢会。这是一件令许多第一年执教的教师颇感头疼的事情。

"这简直要把我逼疯了！"玛瓦开口说道。"我们这些班级就像联合国一样。我们应该怎样安排感恩节联欢会呢？我们班有3个纳瓦霍族学生。我应该把他们当成美洲原住民吗？这样做会不会冒犯他们？我的越南学生们好像从没见过火鸡，而且吃那么大的鸟，想来一定会使他们感到恶心。我想知道感恩节联欢会对我的非裔美国学生来说意味着什么。我记得以前在感恩节联欢会上，老师会让我们这些黑人学生担任后台工作人员，因为她认为清教徒里从来就没有黑人！而且，我要怎么安排主持人呢？何塞说他想当主持，但是他的英语不太好。雷克莎的英语倒是很好，但是她经常在外参加辩论赛，可能会错过一些排练。我还在犹豫究竟让谁来扮演猎人。猎人都应该是男生吗？如果让男生扮演猎人、女生扮演厨娘，这难道不是一种性别刻板印象吗？马克怎么办？他坐轮椅。我能让他做猎人吗？"

约翰叹了口气，眼睛望着咖啡。"我能理解你所说的。我只是让班里的学生报名扮演联欢会中的角色。结果，男生都报名当猎人，女生都报名当厨娘，印第安学生……嗯，你知道的。也许当学生融入了他们的角色以后，我们对已经形成的刻板印象再采取什么措施也都为时已晚了。"

运用你的经验

批判性思维 花四五分钟的时间，为上面的案例写一个合理的结尾。玛瓦·范斯最终会怎么做？结果如何？

合作学习 4个学生组成一组，分角色扮演玛瓦和约翰。然后讨论他们提出的问题。6分钟后，向全班报告你们小组的结论。

学生之间是有差异的。他们在种族、文化、社会阶层以及母语上都存在差异，在性别上也存在差异。有些人身患残障，而有些人则在某一方面或某些方面有天赋。

由此，他们在学业水平、学习速度和学习风格上都会有差异。这些差异对教学、课程设置以及学校的政策和做法都有重要启示。玛瓦和约翰考虑到学生的多元化，因为这关系到他们正在筹备的感恩节联欢会。然而，学生多元化及其对于教育的意义，并非仅仅局限于感恩节活动，而是每时每刻都重要。这一章我们将探讨北美学生多元化的一些最重要的方面，并探讨教师如何在日常教学中接受、适应和赞美学生的多元表现。然而，多元化是一个非常重要的问题，因此本书几乎每一章都有所涉及。教师不仅仅是学生的指导者，他们和学生都是未来社会的建设者。每一位教师的职责中的一个关键部分是：要保证机会均等作为我们国家精神核心，具体落实到每日的课堂活动中去。我们就是本着这种目的来写这一章的。

文化对教与学的影响是什么？

INTASC 标准 2
人类发展与学习的知识

INTASC 标准 3
因需施教

如果你曾到国外旅行过，你就会注意到，人们在行为、态度、衣着、语言以及饮食上存在着差异。实际上，旅行中的部分乐趣就在于发现**文化**（culture）上的差异，或者说是在人们共同的规范、传统、行为、语言以及集体感等方面的差异（King，2002）。尽管我们经常把文化差异视为不同国家之间的差异，但是，就文化的多元性而言，美国国内的文化差异似乎与美国和其他工业化国家之间的文化差异程度不相上下。美国和加拿大的中产阶层家庭的生活可能更像意大利、爱尔兰或者以色列的中产阶层家庭的生活，而与居住在一英里以外的低收入家庭的生活却相差较大。但我们所重视的往往只是国家间的文化差异，对我们自己社会内部存在的文化差异却不太重视。人们更倾向于重视主流的上层社会群体的特征，而忽视其他群体的特征。

儿童在进入学校学习时，他们已经汲取了其成长环境中的文化的各方面，比如语言、信仰、态度、行为方式、饮食偏好。更为准确地说，大部分儿童都受到了多种文化的影响，因为他们同时属于数个有交集的群体。每个儿童的文化背景都受其种族、社会经济地位、宗教、母语、性别以及其他群体认同和经验的影响（参见图 4.1）。在特定的文化背景下成长中形成的许多行为对课堂教学都具有重要的影响。例如，学校期望儿童能够说一口标准的英语。这对那些从讲标准英语家庭里出来的儿童来说很简单，但是，如果儿童家里讲其他语言或讲高度偏离标准英语的方言，这就很难。学校还希望学生们有很强的言语技能，用大部分时间进行独立学习，能与其他同学展开竞争，以获得好成绩和他人的认可。然而，许多文化更看重合作和同伴关系，而不是独立和竞争（Boykin，1994a，b）。因为学校文化反映的是主流的中产阶层的价值观，且大部分教师都来自于中产阶层的家庭，因此，那些来自于不同文化背景的儿童就可能处于不利地位。了解学生的文化背景对于有效教学具有关键的作用，无论教的是课程材料还是学校的行为与期许（Asher，2007）。

社会经济地位如何影响学生的成就

文化
代表某类人群特征的语言、态度、行为方式以及生活中的其他方面。

学生间的一项重要差异就是社会阶层的差异。即使在几乎所有人都是相同种族和有着共同宗教信仰的乡村小镇中，银行家、医生和教师的孩子与农场工人和家政服务者的孩子很可能体验不同的养育方式。

社会学家们根据个人收入、职业、受教育程度和社会声望（Thompson & Hickey，

图 4.1 文化多元性和个体认同

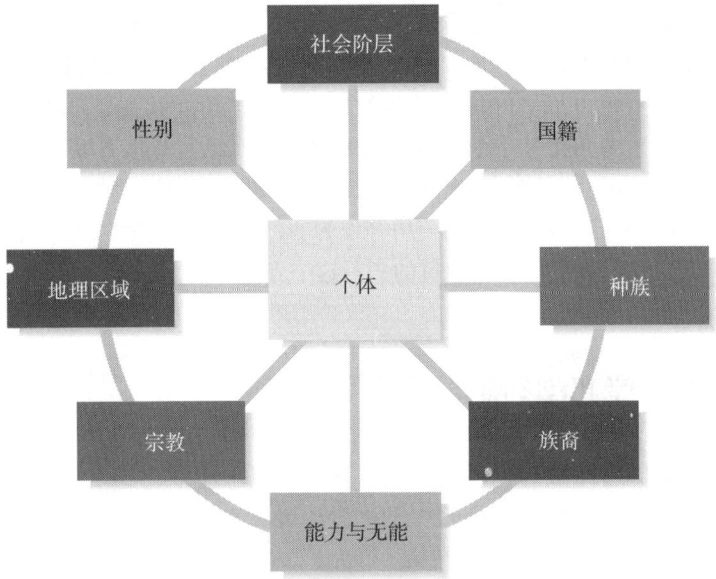

资料来源：Reprinted with permission of the author and publisher from James A. Banks, Multiethnic Education: Theory and Practice (3rd ed.), 1993, p.89. Boston: Allyn & Bacon.

2008）来界定社会阶层或称**社会经济地位**（socioeconomic status，SES）。这些因素一般是密切相关的，因此通常用个体的收入和受教育的年限这二者的组合来测量 SES，因为它们最容易量化。汤普森和希基描述了美国的六种阶层群体，见表 4.1。

在本书中，*中产阶层*是指养家者拥有一份需要较高教育水平的工作的家庭；*工薪阶层*指养家者拥有一份相对稳定但不需要较高教育水平的工作的家庭；*下层*指住在城市或乡下的社会底层的家庭，他们经常失业，主要靠政府救济。

社会经济地位（SES）
对一个社会群体内的成员声望的测量值，一般是基于其收入和教育水平的。

然而，社会阶层所反映的不仅仅是收入水平和受教育水平的差异，还伴随着与之相应的一系列普遍的行为方式、期望和态度，这些都与其他各种文化因素相互交叉，并受到其他因素的影响。学生们出身于何种社会阶层，很可能对他们在校的态度和行为具有深远影响。出身于工薪阶层或下层家庭的学生在入学前很少像出身于中产阶层家庭的学生那样会数数、认字母、用剪刀剪东西或对颜色进行命名；他们在学校里取得好成绩的可能性也不如来自中产阶层家庭的儿童（Byrnes & Miller，2007；Natriello，2002；Sackett，Kuncel，Arneson，Cooper，& Waters，2009；Sirin，2005）。他们的父母不太可能与孩子的老师建立密切的联系或广泛参与学校事务（Nzinga-Johnson，Baker，& Aupperlee，2009）。当然，这些差异只有作为平均情况时才正确。许多工薪阶层和下层家庭的父母们在支持孩子学业方面做得相当出色，而许多来自于这些家庭的孩子也取得了颇高水平的成就。每个社会阶层都包括各种族和族裔。虽然平均来看拉丁裔和非裔美国家庭的社会阶层的确低于白人家庭，但也有大幅度的交叉。但是，在美国的低收入家庭中，白人家庭占了大多数；而且在中产阶层家庭中，非白人家庭是相当多的（U.S. Census Bureau，2001）。社会阶层是

表 4.1 阶层分级

收入		人口百分比
上层	$150 000以上	5
中产阶层上层	$100 000—$150 000	15
中产阶层下层	$30 000—$100 000	33
工薪阶层	$16 000—$30 000	30
下层	$16 000以下	14
穷困	长期失业或接受救济	1

资料来源：基于W. Thompson and J. Hickey, 2008, Society in Focus, Boston: Pearson

在贫困地区，学校和家庭关于本地区孩子的教育问题面临着什么样的额外挑战？什么因素使得成功变得更加困难？

基于收入、职业和受教育水平等因素，而从来不是依据种族或族裔划定的。

表 4.2 呈现的是在 2007 年全国教育进展评估（NAEP）中八年级学生的阅读成绩（National Center for Education Statistics，2007）。可以看出，比较任意两行，父母受教育水平（社会阶层的一个关键要素）较高的孩子都比父母受教育水平较低的孩子要好。类似地，NAEP 用免费午餐或打折午餐作为衡量一个儿童家庭收入的指标，那些有资格获得此类午餐的四年级学生中，仅有 15% 的学生达到或超过了 NAEP 阅读部分的"熟练"等级标准，而没有资格享用此类午餐的四年级学生中为 42%（National Center for Education Statistics，2007）。

表 4.2　不同父母教育水平下的学生NAEP阅读成绩（2007）：八年级

父母教育水平	达到或超过"熟练"的百分比
大学毕业	42
接受过高中后的一些教育	32
高中毕业	19
高中肄业	12

资料来源：Based on National Center for Education Statistics (NCES), 2007, The Condition of Education, Washington, DC: Author.

育儿方式的作用

造成儿童在学校的成就差异的主要原因是中产阶层和下层父母在育儿方式方面的平均差异。这可从以下一点推测出：有很多证据表明，被中产阶层家庭收养的来自下层家庭的儿童往往比未被收养的兄弟姐妹（通常收入低）取得的成就水平高很多，但与那些同被收养的兄弟姐妹的成就是相似的（van IJzendoorn，Juffer，& Klein Poelhuis，2005）。

许多研究都非常关注在育儿方式方面，一般的中产阶层家庭与一般的工薪阶层或下层家庭之间的差异。与出身于中产阶层家庭的孩子相比，许多低收入家庭对孩子的教育与学校所要求的行为标准差距更大。因此，儿童入学后，在跟从指令、解释和理解原因、理解和使用复杂的语言等方面，中产阶层家庭的儿童一般会有良好表现，而工薪阶层或下层家庭的儿童很可能缺少这些方面的经验（Parkay，2006）。家境不利的儿童很可能难以获得卫生保健服务，罹患铅中毒之类等因贫困带来的疾病的可能性更大。这类儿童的母亲通常也不太可能受到良好的孕期护理（McLoyd，

1998）。种种因素都有可能延误儿童的认知发展，进而影响他们的入学准备。实际上，低收入家庭缺少有助于他们的孩子获得成功的所有资源（Children's Defense Fund，2009）。例如，贫困家庭的儿童远远更可能患有未矫正的视力缺陷、听力问题、哮喘或其他健康问题，这些会阻碍他们获得学业成就（Natriello，2002；Rothstein，2004）。

在亲子活动方式方面，中产阶层家庭与下层家庭之间也存在着重要差别。中产阶层的父母更倾向于表达出对孩子的高期望，并对孩子的智力发展给予强化。他们能在语言应用方面为孩子树立良好的榜样，经常与孩子交谈，给孩子读书，并且鼓励孩子阅读或进行其他形式的学习活动。他们尤其会在家中为孩子提供各种各样的学习材料或设备，比如电脑、书籍以及教育游戏（Yeung，Linver，& Brooks-Gunn，2002）。他们更有可能在孩子入学之前就给孩子读书听（Hood et al.，2008）。这些父母还经常让孩子走出家门，带他们去博物馆、音乐厅、动物园等地方体验不同形式与内容的学习（Duke，2000）。总之，他们更可能有能力帮助孩子取得学业上的成功，也更可能投入孩子的教育中（Heymann & Earle，2000）。中产阶层的父母对孩子的学习成绩有着较高的期望与要求，而工薪阶层和下层家庭的父母更倾向于要求孩子举止得当和服从（Knapp & Woolverton，1995；Trawick-Smith，1997）。帮助那些处境不利的父母们参与更能充实孩子发展的互动中，这将对其孩子的认知表现产生实质性的影响。例如，亲子家庭方案（PCHP）为那些处境不利的母亲们提供学步儿用的玩具，同时还示范如何与孩子玩耍、交谈，以此促进孩子的智力发展。研究发现，与父母没有接受亲子家庭方案服务的孩子相比，上述简便的干预活动对孩子认知技能和学校成就具有显著而持久的作用（Allen & Seth，2004；Levenstein，& Oliver，2002）。

网络链接

若想了解更多有关亲子家庭方案（PCHP）的内容，请访问 www.parent-child.org。

家庭收入与暑期学习的关联

链接

若想了解更多关于暑期学校项目的资料，请参见第9章。

一些研究都发现，虽然低社会经济地位家庭的孩子与高社会经济地位家庭的孩子在某个学年中，学业成就都取得了相似的进步，但是，在整个暑假期间，后者会继续取得进步，而前者则有些落后（Allington & McGill-Franzen，2003；Borman，Benson，& Overman 2005；Entwisle，Alexander & Olson，2001；Heyns，2002）。这些研究结果都表明，家庭环境不仅影响到学生入学前的学业准备，而且也影响着他们整个学习期间的学业成就水平。中产阶层家庭的孩子在暑期中更有可能参加类似于平时在学校中的活动，获得更多的学习资源。而工薪阶层和下层家庭的孩子在家里很少接受与学业有关的环境刺激，这样，他们就更有可能忘记在学校中学过的东西（Hill，2001）。"暑假滑坡"现象也使得许多学校为那些学业失败的风险大的学生提供暑期学习的机会，研究发现，这是一种有效的策略（Borman & Dowling，2006）。

网络链接

若想获取更多关于暑期学习的信息，请访问 www.summerlearning.org。

学校作为中产阶层机构所起的作用

来自主流中产阶层之外的工薪阶层或下层的学生在学校里遭遇各种困难，其部分原因是父母在养育过程中所强调的行为与学校看重的行为是不同的。独立性和未来取向正属于这类典型的中产阶层价值观（参见 Boykin，1994a；Jagers & Carroll，2002）。美国的大部分课堂都是基于这样一种设想而运行的：学生应该独立完成自己的工作。帮助别人常常被视为一种作弊行为。学校希望学生们为了成绩，为了获得老师的关注和表扬，为了获得其他各种奖励而进行竞争。竞争与独立工作的价值观念早已渗透到大多数中产阶层家庭的头脑中。然而，与欧裔美国中产阶层家庭的儿童相比，那些来自下层家庭的学生更不愿意参与竞争（Boykin，1994a），相反，他们更热衷于与同伴合作。这些学生小时候就学会了信赖自己的社区、朋友和家庭，总是互相帮助。可想而知，那些最倾向于与他人合作的学生将在合作中学得最好，而那些偏好于竞争的学生也将在竞争中学得最好（Kagan，Zahn，Widaman，Schwartzwald & Tyrrell，1985）。对于许多来自少数族裔和下层的儿童来说，他们的合作倾向与学校所提倡的竞争倾向不匹配。因此，许多学者（如，Boykin，1994a；Greenfield & Cocking，1994；Triandis，1995）指出，在传统的课堂中存在着一种不利于这些儿童的结构性偏见。他们建议教师们至少应拿出一部分时间让这些学生进行合作学习，使其能够接受符合他们文化取向的指导（Slavin，2009；Webb，2008）。

链接

若想了解更多关于合作学习策略的内容，请参见第8章。

学校和社区因素

人们通常根据低收入家庭的儿童所居住的社区以及所入学校的特征，将他们置于学业失败风险高的群体中（Aikens & Barbarin，2008；Evans，2004；Everson & Millsap，2004）。例如，美国大部分地区的学校所获资金都与社会阶层相关联；中产阶层的孩子更有可能就读于拥有雄厚资源、高薪教师（因此也更称职）和其他优势的学校（Darling-Hammond，2008）。比以上差异更重要的一条是为低收入地区开办的学校可能不得不把更多的资金用于安全保障、解决学生的困难以及满足其他各种需要上，而用于常规教学的投资相应就更少（Persell，1997）。资源的短缺会显著影响学生的学业成绩（Land & Legters，2002；Rothstein，2004）。在一些极其贫困的地区，犯罪、正面榜样的缺乏、社会服务和健康服务的匮乏及其他因素构成的环境损害了儿童的学习动机、学业成就和心理健康（Behrman，1997；Black & Krishnakumar，1998；Vernez，1998）。另外，教师对处境不利的学生抱有较低的期望，这也会影响学生的动机和成就（Becker & Luthar，2002；Borman & Overman，2004；Hauser-Cram，Sirin，& Stipek，2003）。然而，这些因素绝非必然使儿童注定失败。有许多儿童虽身处困境，但也发展了被称为**心理韧性**的能力，这项能力使得儿童受到诸多不利因素影响时仍能取得成功（Borman & Overman，2004；Glantz，Johnson & Huffman，2002；Waxman，Gray & Padron，2002）。下面将对心理韧性进行讨论。

资格认证指南

教师资格认证考试可能会要求你识别影响学生学习的校外因素，其中包括文化、家庭环境、社区环境、健康以及经济条件等。

提升处境不利学生的心理韧性

心理韧性指学习者的一系列特征，它们使人有能力克服诸如社会经济地位低等消极因素进而获得学业和生活上的成功。例如，博尔曼与奥弗曼（Borman & Overman，2004）曾利用大型的全国数据库来考察数学学习成绩优秀，但来自处境不利家庭的学生。调查所发现的结果是可想而知的，即在个体水平上，具有心理韧性的学生具有高自尊、对学校的态度积极以及高学习动机等特征。更为重要的是，那些能够培养出心理坚韧的学生的学校，往往能够给学生提供一个支持性的共同体，一个安全而有秩序的环境以及正面的师生关系。例如，心理坚韧的学生更多地报告“我的多数老师都会倾听我所说的事情”，而不同意“在课堂中，我觉得老师看不起我”的说法。

其他研究者也探讨了能够提升学生心理韧性的学校特征，其中主要包括高学业标准（Jesse & Pokorny，2001）、规则明晰的结构化学校和课堂（Pressley，Raphael & Gallagher，2004）以及对课外活动的广泛参与（Wigfield，Byrnes & Eccles，2006）。

学校、家庭和社区的合作关系

INTASC标准10
合作关系

如果家庭背景是导致学生成就差异的一个关键因素，那么让家庭参与促进孩子的学业成就自然可以是解决方案的一部分。作为一名专业教育工作者，教师可以通过各种方式接触家庭和其他的社区成员，以促进家庭和学校之间的交流和相互尊重，并教给家长一些策略来帮助自己的孩子取得成功。爱泼斯坦及其同事（Epstein et al.，2002）描述了在与家长的全面合作关系中，学校应该强调的六种参与类型（另见 Hoover-Dempsey et al.，2005）。

1. **教养方式**：帮助家长掌握正确的教养方式、育儿技能，教家庭怎样支持儿童，并帮助家长理解儿童和青少年发展，设置适宜的家庭环境来促进不同年龄和不同年级水平孩子的学习。了解家庭方面的情况，以帮助学校理解儿童的家庭背景、文化以及家庭为儿童设立的目标。
2. **沟通**：通过学校对家庭以及家庭对学校的双向交流方式，来告诉家长学校的计划以及学生的进步。创设双向交流通道，以使家长与教师和主管领导能够便捷地沟通。
3. **志愿服务**：通过改善招募、培训、活动内容及日程安排，来促使家庭成员作为志愿者和听众参与到学校或其他地方的活动中，以此来支持学生的学习及学校方案的实施。
4. **在家学习**：促使家庭成员参与到孩子在家里的学习活动中来，主要包括孩子的家庭作业、目标设定以及其他与课程相关的活动和决策。
5. **决策制订**：通过家庭—教师协会（PTA）、校委员会、校董事会以及其他家长组织，使家长参与学校的决策、管理及其倡导的活动。帮助家庭代表从他们所代表的家庭中获得信息及给予那些家庭信息。
6. **与社区合作**：与社区的企业、机构、文化组织和公民组织、学院或大学以及其他团体协商互助，使

“罗杰斯老师，我觉得这样做把父母参与的想法实施得有点过了！”

学生能够为社区服务（改自Epstein et al.，2002，p.527）。

关于父母参与的相关研究展示清楚地显示：那些亲身参与孩子教育的父母，其孩子的成就水平更高（Flouri & Buchanan，2004；Lee & Bowen，2006）。然而，就学校的方案是否能够促进父母参与而言，研究结论尚存争议。许多研究表明，父母和社区参与方案，尤其是那些强调父母作为自己子女的教育者角色的方案，都取得了积极的效果（见 Comer，2005；Epstein et al.，2002；Hood，Conlon & Andrews，2008；McElvany & Artelt，2009；Patall，Cooper & Robinson，2008；Sanders，Allen-Jones & Abel，2002），虽然也有不少研究未能发现积极的效果（Mattingly，Prisllin，McKenzie，Rodriguez & Kayzar，2002；Pomerantz，Moorman & Litwak，2007；Schutz,2006）。最近，塞尼察尔与扬（Sénéchal & Young,2008）的一项研究综述指出，当父母与他们幼儿园大班的孩子一起阅读时，如果父母有意识地教孩子阅读，那么他们对孩子的影响远远大于那些仅仅听孩子阅读的父母。研究认为，与父母建立积极的关系，教给父母帮助孩子学业成功的可行方法，这些都是非常重要的，有助于提升所有孩子的成就和适应性。

资格认证指南

教师资格认证考试可能要求你列出拟采取的一些具体行为，以便在学校与学生的家庭环境间建立联系，促进学生的学习。

理论应用于实践

父母参与

父母以及其他家庭成员对孩子的学业成就有着相当大的影响。如果教师与父母建立了积极的联系，则教师就能帮助父母认识到支持学校教育目标的重要性，例如为孩子提供一个整洁安静的环境去做家庭作业。教师越明确地向父母表达期望他们在孩子的学习中所扮演的角色，父母就越有可能去扮演那种角色。例如，如果教师希望儿童每天晚上做阅读练习的家庭作业，那么给父母一张表格，要求他们就孩子每晚的学习情况进行签字确认，这样做就能让父母意识到此项活动的重要性。让父母参与到孩子学习活动中的其他一些策略如下（见 Ramirez & Soto-Hinman，2009；Walker & Hoover-Dempsey，2008）：

1. **家访**：在学年伊始，安排对学生的家访是很有用的。了解学生来自何种环境有助于教师更全面地理解可能影响学生认知和情绪发展的支持性因素及限制性因素。

2. **经常给家庭发送简报**：通知家长孩子将要学习的内容以及在家该如何为孩子的学习提供支持，这样做能够提升孩子的成就。如果班级中有英语学习者，请以他们的母语来撰写简报，这在促进交流和表示尊重方面是十分重要的。

3. **家庭工作坊**：邀请父母或其他照料者来到教室，教师给家长解释学习计划及教师的期望，以帮助这些家庭知道如何支持孩子的学习。

4. **给家长报喜**：家长听到孩子在学校中成绩好或表现好，将有助于建立一种具有建设性的良性循环，该循环给予正强化，进而提高良好行为持续发生的可能性。这种做法对那些自身曾经在学校系统中有消极经历的家庭成员而言尤其有帮助。

5. **邀请家庭成员做志愿者**：请家庭成员到班上来分享他们的专业知识、兴趣与爱好，这既能帮助班级，也会使得他们体验到价值感。他们可以介绍自己的职业、分享文化传统或帮助学生联系校外参观学习或其他特殊的活动项目。这样做除了能够得到家长提供的各种帮助外，还能够向学生传递这样一种信息，即教师重视家长们所分享的各种各样的知识及专长。

6. **使家庭成员成为合作伙伴：**教师告诉父母和其他家庭成员，大家是一个团队，共同努力来促进孩子的成就。这将使教师的工作变得更轻松，并极大地改善家长对学校的态度，使他们更愿意与教师并肩作战，同甘共苦（Epstein et al.，2002）。

支持低收入家庭儿童的成就

在使低收入家庭的儿童取得学业上的成功方面，学校可以大有作为（Barr & Parrett，2001；Borman，2002/2003；Cole-Henderson，2000；Gunter，Estes，& Schwab，2003；Slavin，2002）。艾肯斯与巴伯林（Aikens & Barbarin，2008）最近的一项研究发现，尽管社会阶层对儿童在幼儿园时的起点水平是一个有力的预测指标，但儿童之后在阅读方面的进步情况则更多受所在的学校及邻里影响。此外，研究者们还设计了许多强有力的干预方案来促进儿童早期的认知技能发展，并帮助其父母更好地完成儿童入学前的准备工作。对这些项目成效的调查研究表明，它们对成长于极度贫困家庭中的儿童具有长远的积极作用；当这种项目一直延续到小学低年级时，其效果尤为明显（Conyers，Reynolds & Ou，2003；Ramey & Ramey，1998；Reynolds，Temple，Robertson & Mann，2002；Zimmerman，Rodriguez，Rewey & Heidemann，2008）。例如，对一年级贫困生进行一对一的辅导，这使那些有风险的学生的阅读成绩有实质性的改善（Cox & Hopkins，2006；Denton，Anthony，Parker & Hasbrouck，2004；Morris，Tyner & Perney，2000；Slavin，Lake，Davis & Madden，2009）。成就每位学生（Success for All）项目（Borman et al.，2007；Correnti，2009；Slavin，Madden，Chambers & Haxby，2009）有效的教学方案、辅导以及家庭支持服务有机融合，它对特困学校中儿童的成绩能够产生实质性的持久影响。研究还发现，大幅度减小班级规模对特困学校中的儿童特别有益（Finn et al.，2003）。高质量的暑期学习项目（Borman & Boulay，2004；Borman，Goetz，& Dowling，2009）和课外活动项目（McComb & Scott-Little，2003）能够为那些有风险的学生提供机会迈向成功。这些项目以及其他项目和做法表明，下层家庭中的儿童的低学业成就并非不可避免。学校通过利用一些简便易行的策略即可大大提高学生的成绩（见 Datnow，Lasky，Stringfield，& Teddlie，2005）；此外，研究经常发现并描述特困学校使学生取得高成就的事例（Center for Public Education.2008；Kannapel & Clements，2005；Reeves，2003）。

处境不利儿童成就问题的校外解决方案

理查德·罗斯坦（Richard Rothstein）在 2004 年出版的一本书中，描述了针对中产阶层家庭的儿童和处境不利家庭的儿童的成就差距所进行的一系列重要观察。他指出导致成就差异的主要原因往往出自学校无法掌控的问题，而这些问题是可以通过开明的政策得以解决的。他探讨的部分例子如下（也见 Joe，Joe，& Rowley，2009）。

视力 罗斯坦指出，贫困儿童严重视力损伤的发生率是正常发生率的两倍。令人惊讶的是，少年犯患严重视力损伤的比例尤其高。罗斯坦引用有关数据指出，超过50%的少数族裔儿童或来自低收入家庭的儿童都有严重到影响学习的视力问题。一些儿童需要佩戴眼镜，另一些则需要通过眼部锻炼进行治疗。哈里斯（Harris，2002）的一项研究发现，来自处境不利家庭的四年级学生，当他们得到免费眼镜和治疗后，其成绩与对照组相比有了很大程度的提升。儿童在学校通常会接受近视眼筛查，却不会接受远视眼或眼动追踪异常的筛查（Gould & Gould，2003）。即使低收入家庭的孩子接受了配眼镜的治疗方案，他们也常常无法在第一时间得到眼镜。如果他们有眼镜，他们也许并不会戴着眼镜去学校。

听力　处境不利儿童比中产阶层家庭的儿童有更多的听力问题，很多是因为耳部感染却未能获得医疗救治而导致的。

铅接触　处境不利儿童居住在空气中弥漫着含铅旧油漆粉尘的破旧房屋中的可能性要大得多。即使少量的铅也会导致认知功能及听力的下降。研究已经发现，贫困儿童的血铅水平是中产阶层家庭儿童的五倍（Brookes-Gunn & Duncan，1997）。

哮喘　住在城市里的贫困儿童罹患哮喘（Joe et al.，2009）的比例尤其高。对纽约和芝加哥地区的研究（Whitman，Williams，& Shah，2004）发现，住在市中心的非裔美国儿童中，四分之一都患有哮喘，这是全国平均患病率的六倍。哮喘是导致学生长期缺课的主要原因；即使在学校，哮喘若得不到治疗，也会干扰学生学习活动。

医疗保健　与中产阶层家庭的儿童相比，处境不利儿童享有适当医疗保健的可能性小很多，而这又将导致一系列的问题：如旷课，健康状况不良导致的学习动机减弱，以及前面提到的视力、听力及哮喘等问题（Starfield，1997）。

营养　尽管严重营养不良在美国并不多见，但是不健康的饮食在处境不利儿童中却很常见，这会影响他们的学业表现（Joe et al.，2009）。一项研究（Neisser et al.，1996）发现，仅仅给儿童补充维生素和矿物质就能够提高其测验分数。

罗斯坦（Rothstein，2004）认为，上述和其他各种贫困问题是能够得到解决的，这对于低收入家庭的儿童学业成就具有十分重要的影响。尽管特定卫生机构和社会服务机构有义务来解决这些问题（例子见 Wulczyn，Smithgall，& Chen，2009），但学校具有每天接触学生的优势。学校可以进行一些简单的改革，例如改善学校的午餐，使用不外借的免费眼镜。与家教或特殊教育等成本较高的干预方式所产生的效果相比，学校的这些简单举措也可以产生同等的效果，况且那些高成本的干预并未着眼于儿童问题产生的本源。

对教师的启示

儿童入学时，在引向成功的学校行为方面，每个人的准备程度是不同的。同样，他们的行为、态度和价值观也各不相同。有些儿童最初并不知道学校期望他们做什么，而且他们入学时具备的技能也比别人少，这些都是事实，但仅此并不意味着他们注定遭受学业失败的命运。尽管在社会阶层和学业成就之间存在一定的正相关，但不要假定这个结论适用于所有低社会经济地位的家庭的儿童。也有许多例外。许多工薪阶层和下层家庭能够、也确实为自己的孩子提供了一个支持他们在学校取得成功的家庭环境。那些最终摆脱贫穷、获得成功的人（比如 Comer，1990）在自传中经常提到坚强的父母和角色榜样，这些榜样有着较高的标准，他们不仅期望自己的孩子要做就做得最好，而且竭尽所能地帮助孩子获得成功。尽管教师应该留心那些处境不利的学生的学习困难，但还应当避免把这一点转化成刻板印象。事实上，有证据表明，中产阶层的教师对工薪阶层和下层家庭的学生的期望通常较低（Borman & Overman，2004；Persell，1997），而这种低期望很可能成为一种自我实现的预言，使学生们的实际表现低于其本能达到的水平（Becker & Luthar，2002；Hauser-Cram et al.，2003）。

族裔和种族如何影响学生的学校生活

学生文化背景的一个主要决定因素就是他们的族源。所谓**族群**（ethnic group）是这样一个群体：其成员具有一种共有的认同感，这通常是因为他们有着共同的发源地（比如瑞典人、波兰人或希腊裔美国人），共同的宗教信仰（比如信犹太教或天主教的美国人），或共同的种族（比如非裔或亚裔美国人）。需要注意的是，**族裔**（ethnicity）与种族有所不同；**种族**（race）只与身体特征有关，比如肤色。有人认为种族之间是截然不同的，即使在身体特征方面也是，但是这种观点不断地遭到质疑。当然，种族之间的差异肯定没有清晰的界限，尤其随着多种族人群的增加，这种界限会越来越模糊（Williams，2009）。一个族群通常都共享一种文化，而同一个种族的人却未必具有共同的文化。比如，从尼日利亚或牙买加移居过来的新移民虽然也是非裔美国人，但他们的族裔背景和那些几代人都居住于美国的非裔美国人截然不同，尽管他们属于相同的种族（King，2002；Mickelson，2002）。而且越来越多的美国人认同自己属于不止一个族群，这对他们的自我知觉也产生了十分重要的影响（Shih & Sanchez，2005）。

大部分的欧裔美国人认同一个或多个欧裔族群，如波兰人、意大利人、爱尔兰人、希腊人、拉脱维亚人或德国人。对这些族群的认同有可能影响到一个家庭的传统习惯、节假日、饮食偏好，甚至在某种程度上还会影响其世界观。但各个白人族群基本上已经融入美国的主流社会，因此他们之间的差异对于教育的意义并不大（Alba，1990）。

对于其他族群来说，情形则大不相同。尤其值得注意的是，非裔美国人（Loury，2002）、拉丁裔人（Secada et al.，1998）、美洲原住民（Castagno & Brayboy，2008；Lomawaima & McCarty，2002，2006）虽只能选择被美国主流社会完全接受，但尚未做到，因此总体来看他们还没有像欧洲人和许多亚裔族群那样获得相应的经济成就或经济保障。来自这些族群的学生在学校中面临着一些特殊问题，而且自20世纪60年代中期以来，他们就一直是美国教育界中反种族隔离和双语教学这两大议题的焦点。下面的章节将探讨现今学校中不同族裔背景的学生的状况。

族群

一个大社会中的群体，具有共同的历史、社会文化遗产以及传统，它通常以种族、宗教、语言或国别身份为根基。

族裔

一群人共同享有的一种历史、文化以及认同感。

种族

个体可观察到的基因特征，它使个体被看做同一个大群体中的成员（例如，非洲人、亚洲人、欧洲人）。

美国的种族和族裔构成

美国的人口一向由许多不同的族裔构成，但是，非白种人和拉丁裔人所占的比例逐年增长。表4.3呈现的是美国人口普查局根据族裔来统计的人口百分比。值得注意的是，非拉丁裔的白人比例在1970年还占全美国人口的83.3%，而现在则呈现持续下降的趋势。与之相反，拉丁裔和亚裔的人口比例从1990年以来一直急剧增长，

表 4.3 1990年、2000年、2010年美国不同种族/族裔的人口百分比，以及2020年、2030年、2040年和2050年的预计人口百分比

种族/族裔	1990	2000	2010	2020	2030	2040	2050
欧裔美国人	75.7	71.4	79.5	78.0	76.6	75.3	74.0
拉丁裔	9.0	11.9	16.0	23.0	23.0	26.7	30.3
非裔美国人	11.8	12.2	12.9	13.0	13.0	13.1	13.0
亚裔/太平洋岛民	2.8	3.8	4.9	5.7	6.6	7.4	8.1
美洲原住民	0.7	0.7	1.03	1.1	1.2	1.2	1.2

注：2010到2050年的数据总和超过了100%，因为拉丁裔还包含在欧裔美国人和非裔美国人之中。

资料来源：U.S.Census Bureau, 2008, www.census.gov.

而且在 2000~2010 年间以更快的速度持续增长。美国人口普查局预计，到 2050 年，非拉丁裔的欧裔美国人将占到美国总人口的 48%，拉丁裔人口将超过美国总人口的 30%，还有 13% 的非裔美国人，8% 的亚裔 / 太平洋岛民，以及 1% 的美洲原住民。这种趋势是由移民模式和出生率差异造成的，它将对美国教育产生深远的影响。美国正朝着族裔高度多元化的方向发展（Hodgkinson，2008；Lapkoff & Li，2007）。

弱势群体学生的学业成就

如果所有种族和族裔群体的学生都能取得与欧裔和亚裔美国人学生一样的学业成绩，我们就无需担忧美国学校中存在的族群的差异问题了。不幸的是，这种情况并未出现。事实上，在每次的学业成就测验中，非裔美国学生、拉丁裔学生以及美洲原住民学生的测验分数都显著低于他们的欧裔和亚裔同学。因为这些群体的成员较少拥有经济保障和实权，因此他们有时就会被称为**弱势群体**（underrepresented groups）。

表 4.4 显示的是 2007 年全国教育进展评估（NAEP）中不同种族和族裔学生的阅读成绩。在所有的年级中，非裔学生、拉丁裔学生以及美洲原住民学生的阅读分数都明显低于同年级的非拉丁裔白人或亚裔美国人学生。这种差异与上述群体在平均社会经济地位上的差异非常一致，这些差异最终通过学业成绩的差异表现出来（回

表 4.4 不同种族/族裔的NAEP阅读分数（2007）：四年级和八年级

种族/族裔	等级达到或超过“熟练”的百分比：四年级	等级达到或超过“熟练”的百分比：八年级
白人	43	40
非裔美国人	14	13
拉丁裔人	17	15
亚裔/太平洋岛民	46	41
美洲原住民/阿拉斯加原住民	18	18

资料来源：National Center for Education Statistics (NCES）, 2007, The Condition of Education, Washington, DC: Author..

弱势群体

一个族裔或社会群体，与其他群体相比，其成员不太可能拥有经济保障或掌握实权。

顾表 4.2）。

非裔儿童、拉丁裔儿童以及白人儿童之间的学业成就差距也许在缩小，但速度缓慢。在 20 世纪 70 年代，这一差距明显地缩小；但是从 20 世纪 80 年代初期开始，在全国教育进展评估中，各类群体儿童在阅读和数学成绩方面差距减小的速度就放缓了（NCES，2007）。

弱势群体学生获得成就的制约因素

INTASC 标准 8
评价学生的学习

为什么许多来自弱势群体家庭的学生在成就测验上的分数远远落后于欧裔和亚裔的美国学生？原因主要包括经济、社会、家庭、文化以及学校的应对措施不当（Chatterji，2006；Ladson-Billings，2006；O' Connor，Hill，& Robinson，2009；Parkay，2006；Warikoo & Carter，2009；Wiggan，2007）。但最为重要的原因是，在我们的社会里，非裔美国人、拉丁裔人（尤其是墨西哥裔和波多黎各裔）以及美洲原住民多处于社会经济阶层的较低端。他们中的许多家庭在养育孩子的过程中，都无法像典型中产阶层家庭那样为孩子提供适宜的环境刺激和学业准备。当然，族裔和经济地位都不是注定不变的。奥巴马总统就是一个由单亲妈妈养大的非裔美国人，而且还有许多成功人士，他们都战胜了艰难险阻。各种制约因素是确实存在的。尽管有很多成功事例，但不可否认这些弱势儿童从开始就未能享有平等的资源，这将会影响他们的生存机会。特别是许多弱势群体居住的社区普遍存在的长期失业、无业以及工薪微薄的现象，都对家庭生活产生了负面影响，其一是导致这些社区中有大量单亲家庭（美国人口普查局，2001）。

弱势群体家庭的学生所面临的另一个不利条件是：学校的教学质量欠佳、学生人数过多（Barton，2003;Tate，2008）。全美各个族裔的中产阶层家庭和许多工薪阶层家庭，通常都不选择市中心的学校，而是搬到郊区，或将孩子送到私立学校或教会学校。而只有公立学校才服务于那些无力支付各种费用从而别无选择的家庭。剩下那些以少数族裔为主的孩子也只能进入国内质量最差、经费投入最少的学校（Biddle & Berliner，2002；Ferguson & Mehta，2004；Lee，2004），而这种学校中教师的素质很低，经验有限（Connor，Son，Hindman，& Morrison，2004；Darling-Hammond，2006；Haycock，2001）。

通常，少数族裔学生的学习成绩差是因为他们所接受的教育与其文化背景不一致（Banks，2006；Jagers & Carroll，2002；Latham，1997；Lee，2008；Ogbu，2004；Ryan & Ryan，2005）。出众的学业成绩本身被视作与获得学生所在的群体接纳格格不入；例如奥布（Ogbu，2004），斯潘塞等人（Spencer，Noll，Stolzfus & Harpalani，2001），斯廷森（Stinson，2006），泰森等人（Tyson，Darity，& Castellino，2005）以及其他一些研究者都发现，在许多非裔美国学生中存在这样一种倾向：如果他们中谁努力学习，就会被同伴指责为“模仿白人”。相反，许多亚裔美国家长都特别看重出色的学业成绩，因为这是父母的期望。结果，许多（尽管不是全部）亚裔儿童在学校里都表现得非常出色（Ng，Lee，& Park，2007）。非裔美国人（Boykin 1994a；Jagers & Carroll，2002；Lee，2000，2008）、美洲原住民（Castagno & Brayboy，2008；Lomawaima & McCarty，2002，2006；Starnes，2006）和墨西哥裔美国人（Padrón，Waxman，& Rivera，2002）通常喜欢与他人合作，而且他们在合作条件下能够比在多数课堂采用的竞争条件下有更出色的表现。如果学生的母语和方言得不到应有的尊重，他们也有可能降低对学校的承诺（Delpit，1995）。对少数

链接
若想更多地了解影响少数族裔和低成就学生动机的因素，如教师期望作用与习得性无助现象等，请参见第10章。

族裔学生的低期望也会造成他们的低学业成就（Nasir & Hand，2006；Ogbu，2004；Tenenbaum & Ruck，2007；Van Laar，2001）。用心良苦的教师或管理者经常由于对弱势群体家庭的学生抱有较低期望，而将这些学生安置在低能力组或慢班中（参见 Braddock，Dawkins，& Wilson，1995），或让他们接受某种特殊教育（O' Connor & Fernandez，2006；Reid & Knight，2006）。在这种情况下，期望效应导致的不良结果就更明显了。然而值得注意的是，尽管非裔美国学生经常受困于教师以及其他人对他们抱的低期望，但是他们的自我期望和学业自我概念却几乎与白人同学一样高（Eccles，Wigfield，& Byrnes，2003；Van Laar，2001）。

刻板印象威胁

想象你是个左撇子。一个看起来很权威的人士告诉你，研究表明左撇子非常不善于解决那些涉及钱的数学问题。之后给你一袋装有各种不同面值（包括 1 美分、5 美分、1 角和 25 美分）的硬币，要求你在 60 秒内将袋中的硬币分成等值的几份。

对此你作何感想？你在该任务上会怎么做？你可能会很焦虑，试图避免证实关于左撇子的刻板印象（其实关于左撇子的上述说法在现实中是毫无根据的）。你可能会试着用右手进行分类，结果你在这项简单任务上的表现可能就不会像你不认为左撇子不擅长分钱问题时那么好。

这种现象被称为*刻板印象威胁*（Aronson，2002；Aronson & Steele，2005；Huguet & Régner，2007），并存在于多种情形中。当人们了解到有关自己所属群体的某种刻板印象时，他们会害怕证实这种印象，而且这种焦虑会使他们的表现低于其真实能力。显而易见，当某个族裔、性别或社会群体的成员觉得他们在特定的学业任务上并不被看好时，刻板印象威胁就成了最大的影响因素。久而久之，学生可能会干脆认为某个的活动不适合自己，正如一个女生觉得自己学数学“不是那块料”。

为了防止或纠正刻板印象威胁，教师必须注意绝对不要表达这样的观点，即某些人更容易掌握或更难以掌握某些技能，相反，应当给予所有学生机会，让他们在各种类型的任务中显露和展示自己的领导力。当然，不同的学生在技能和兴趣上是有差异的，但教师绝不应该将学生在给定任务上的成功和失败归因于他们所属的某个群体类型。

非裔美国儿童、拉丁裔儿童以及美洲原住民儿童的低成就可能只是一个暂时性的问题。这种成就差异正在慢慢缩小（NAEP，2008），而且随着非裔美国家庭和拉丁裔家庭进入中产阶层，他们孩子的成就很可能变得与其他群体相当。在 20 世纪 20 年代，许多人都认为来自南欧和东欧的移民（例如意大利人、希腊人、波兰人以及犹太人）落后得无可救药，甚至可能智力迟钝（Oakes & Lipton，1994），而现在这些移民的后代与最初北美清教徒移民的后代的成就不相上下。然而，我们不能只是等待着这种不公平的消失。学校这个机构具有打破贫穷的恶性循环的功能，它要做的就是为来自贫困地区或家庭的孩子提供成功的机会。眼下最迫切的事情就是，那些为许多非裔美国儿童、拉丁裔儿童以及美洲原住民儿童服务的学校，应当通过有效的指导方法并做出有意义的承诺来确保儿童取得成功，加速其发展。

学校废除种族隔离的效果

1954 年以前，美国的 20 个州以及哥伦比亚特区从法律上要求非裔美国学生、白人学生分校学习，拉丁裔学生和美洲原住民学生也经常被要求分校学习。而在其余各州，实行种族隔离政策的学校也随处可见。来自弱势群体家庭的学生往往要从离他们最近的公立学校门口经过，乘坐校车到几英里以外的学校上学。然而，1954 年，最高法院在划时代的“布朗诉托皮卡教育局案”中认为这种隔离教育在本质上是不公平的，从而取缔了这项制度（Ancheta，2006；Cose，2004；Smith，2002；Welner，2006）。“布朗诉托皮卡教育局案”虽然在法律上废除了种族隔离，但是，大规模的不同种族学生的同校就读却在许多年以后才真正成为现实。在 20 世纪 70 年代，最高法院的一系列决议发现：遍布美国许多学校的种族隔离之所以还存在着，要归咎于以往的种族歧视做法。比如，刻意沿着种族居住地划分学区从而对居住地边界附近的学校分而治之。这些决议迫使当地学校必须采取各种必要措施，以消除学校中存在的种族隔离现象（Bell，2004；Ogletree，2004）。

有多大比例的名额要留给弱势群体家庭的学生，以让他们能被分到任何一所学校？在这个问题上，许多学区都被指定特定的标准。例如，若非裔美国学生数占学区总学生数的 45%，则每所学校须允许 35%~55% 的非裔美国学生在校注册。为了废除种族隔离，一些学区改换了招生的地区，其他学区则特设了一些非常有吸引力的特种学校（比如，为有艺术特长或智力超常的学生开设的学校，或教授技术和科学的学校等等），以吸引学生到居住的社区外上学。然而，在很多比较大的城区中，由于居民区按种族划分相当普遍，以至于这些学区不得不用校车将学生送到其他居民区的学校就读以达到学校种族分布平衡。学校废除种族隔离旨在提高那些低收入、弱势群体家庭学生的学业成就，因为他们有更多的机会与追求成就的中产阶层家庭的同学进行交往。但也经常会出现这种情形：取消种族隔离的学校并不比种族隔离的学校好。而且，中产阶层家庭从城区的迁出（在开始用校车接送学生以前就已经进行了）常意味着与社会底层的非裔美国学生或拉丁裔学生同窗的只是那些境遇相似的同样处在较低社会阶层的白人学生（Kahlenberg，2000）。另一点值得注意的是：因为存在居住区域的种族隔离以及对校车接送学生的反对意见，大部分弱势群体家庭的学生仍就读没有或少有白人学生的学校。而且在很多地区，种族隔离现象又有所抬头（Orfield，Frankenberg，& Lee，2003；Smith，2002）。非裔美国家庭和拉丁裔家庭对依靠校车接送来促成种族融合这种做法的支持度大大降低（Morris，1999；Wells & Crain，1997），而且近来最高法院的裁决也已经在司法上取消了对废除种族隔离的推动（Orfield & Frankenberg，2007；Orfield & Lee，2004）。

总体来看，废除种族隔离对弱势群体家庭学生的学业成就虽然具有积极作用，但这种作用并不大。然而，当种族隔离从小学就开始取消时，尤其当用校车接送弱势群体家庭的学生，使他们能入读中产阶层家庭的学生占相当比例的好学校时，废除种族隔离确实能对弱势群体家庭学生的学业成就产生显著的积极影响（Trent，1997；Wells，1995；Welner，2006）。有人认为这一成效的取得并非是由于种族隔离的取消，而是由于他们进入了一个更好的学校。废除种族隔离的一项重大影响是：与在种族隔离的学校中学习的非裔美国学生和拉丁裔学生相比，那些在废除了种族隔离的学校中学习的这两类学生更有可能进入没有种族隔离的大学深造，有更多的机会在无种族界限的环境中工作，也更有可能获得更高的收入（Schofield，1995；Wells & Crain，1997）。

理论应用于实践

在文化多元化的学校进行教学

在种族和族裔多元化的班级或学校里，为了促进学生之间的和睦相处、机会均等，以下的建议是有益的（参见 Gay，2004；Howard，2007；Nieto & Bode，2008；Parillo，2008）。

- 公平、公正地对待学生。学生们绝不应有理由认为“像我这样的人（白人、非裔美国人、拉丁裔、越南裔）不会获得公平的机会”（Banks，2009）。
- 选用的教科书和教学辅助材料中的人物榜样能够反映所有族群都是同样正面的，没有种族刻板印象（Garcia，1993）。确保对弱势群体没有失实的描述。所选主题不应该有任何偏见，来自于弱势群体的个体应当以不具有种族刻板印象、社会地位较高的形象出现（Banks，2008，2009）。
- 从报纸、杂志或其他文化媒体上选取与各种文化有关的真实资料，作为教科书的补充。
- 与儿童的父母和家庭接触，为他们提供与其语言和文化相适应的信息和活动（Lindeman，2001）。避免沟通中的偏见，但应以同理心设身处地、坦诚地探讨种族或族裔关系问题，而不是佯装彼此间不存在差别（Polite & Saenger，2003）。
- 避免对学生产生刻板印象，强调学生个体而不是群体的多元性（Koppelman & Goodhart，2008）。
- 要让学生知道：在课堂或学校中不允许有种族或族裔偏见，包括轻视、嘲骂和取笑。施加后果，以强制执行这一标准（Wessler，2001）。
- 帮助所有学生正确评价自己族裔和其他族裔的文化遗产及其对人类历史和文明的贡献。同时，要避免仅仅使用族裔饮食和节日来浅薄而刻板地描述文化。学生比以往任何时候都需要正确评价多元文化，对其他各种生活方式要有更多的认识与理解（Villegas & Lucas，2007）。
- 用于装饰教室、走廊、图书馆/媒体中心的各种壁画、公告栏、海报、手工制品以及其他材料，要能够代表班级或在校的各类学生或当前课里涉及的文化（Manning & Baruth，2009）。
- 避免种族隔离死灰复燃。按能力分班的快慢班制倾向于将高成就者与低成就者隔离开来，而且因为历史和经济的原因，弱势群体家庭的学生在低成就班上占的百分比大于他们的实际百分比。鉴于这些以及其他一些原因，应当避免使用快慢班制教学（Ferguson & Mehta，2004；Tyson et al.，2005）。
- 要确保所布置的作业不要冒犯不同文化群体的学生或挫伤其自尊。例如，要求学生描述圣诞节的体验，这对非基督徒的学生来说就不太适宜（Banks，2009）。
- 为群体间的互动提供条件。仅仅距离上的接近还不足以促进不同种族和族裔学生间的和睦交流。学生们需要有机会彼此了解并为了共同的目标而互相协作（Cooper & Slavin，2004；Parillo，2008）。比如说，那些经常和其他种族或族裔的同学一起进行集体体育运动和课外活动的学生，更有可能结交到不同族裔或种族的朋友（Braddock et al.，1995；Slavin；1995b）。

- 研究表明，合作学习能有效改善不同种族及族裔间的关系（Cooper & Slavin，2004；National Research Council，2000）。合作学习体验的积极效果通常要比团队和小组本身存在得更久，并且可能延伸到校外的一些关系上。合作学习既有助于学业成就的提高，又能够促进和谐的社会交往（Slavin，2009），而且还能让弱势群体家庭的儿童更多地参与活动（Cohen，2004）。

语言差异和双语教育如何影响学生的成就？

INTASC 标准 5
课堂管理与动机

1979 年，在 5~24 岁的美国人群中，仅有 9% 来自母语不是英语的家庭。到 1999 年，这个比例增加到了 17%（NCES，2004）。而且预计到 2026 年，将会有 25% 的学生来自母语不是英语的家庭。这些学生的家庭约有 65% 说西班牙语（NCES，2004）。然而，许多学生讲的是亚洲、非洲或欧洲等地区的几十种语言。**语言少数族裔**（language minority）这一术语就是指的这些学生。**英语水平有限**（limited English proficient，LEP）和**英语语言学习者**（English learner，EL）则用于那些英语还不够熟练，不能成功完成全英语教育的少数学生（Garcia，Jensen & Scribner，2009）。这些学生将英语作为第二语言来学习。他们在学校中可以参加专门为英语语言学习者安排的课程。

英语水平有限的学生给教育体系出了个难题（August & Shanahan，2006a；Li & Wang，2008）。对学生而言，双语不论在认知上还是实践中都是一种资本（Adesope，Lavin，Thompson，& Ungerleider，2009），然而那些英语水平有限的学生还需要学习英语，以便更好地适应美国社会。但是，在他们达到较高的英语水平之前，他们的数学课或社会研究课究竟应该用他们的母语还是英语来进行讲授？应该用母语来教授阅读吗？这不只是个教学问题，它还牵涉到政治和文化等重要问题，而且也曾引发过带有情绪色彩的争论。一种争议是：许多拉丁裔家庭为了保持其群体认同感和自豪感，希望自己的孩子能够在西班牙文化中接受西班牙语的教育（Díaz-Rico & Weed，2010；Macedo，2000）。而那些母语既非英语又非西班牙语的家庭也有同感（Arzubiaga，Noguerón & Sullivan，2009）。

语言少数族裔
在美国，母语不是英语的族群。

英语水平有限（LEP）
对英语的掌握程度有限。

英语语言学习者（EL）
在美国学校中那些母语不是英语的学生。

双语教育
一种教育方案，即对于那些只能讲一点儿英语或不会讲英语的学生，某些课程是用母语讲授的。

双语教育

双语教育（bilingual education）是指专门为那些正在学习英语的学生而设计的教育方案，在学生学习英语的同时也用他们的母语进行一部分教学。英语学习者通常会接受下面四种教育方案中的一种。

1. **英语浸入式教学**。对英语学习者而言，最常用的一种教学方法就是某种形式的英语浸入，这种方法主要或完全用英语来教授学习者。通常，给英语水平很低的学童安排的教学方案会教他们英语口语来帮助他们在全英文授课的课程中取得成功。英语浸入式教学方案会采用精心设计的策略来帮助学生掌握词汇，简化教学指导，并帮助学生有效地掌握课程内容（参见 Clark，2009；Díaz-Rico & Weed，2010；

Echevarria, Vogt, & Short, 2008；Gersten et al., 2007）。这种模式通常被称为结构化的英语浸入式教学。还有另一种方式，即英语学习者可能只是参与常规的英语教学，并尽力学习。这种“任其沉浮”的方式在英语学习者人数较少，其母语不是西班牙语的情形中比较常见。

2. **过渡型双语教育**。过渡型双语教育是大家熟知但使用逐渐减少的另一种英语教学方案，在这种方案中，英语学习者以母语（在美国主要是西班牙语）学习诸如阅读或其他的科目，几年之后再过渡到用英语来学习各个科目，这种过渡通常在二、三或四年级。

3. **配对双语教育**。在配对双语教育模式中，学生通常在一天的不同时间段中分别以母语和英语来学习阅读或其他科目。

4. **双向双语教育**。双向或双重语言模式是指同时用英语和另一种语言（在美国通常是西班牙语）来教授学生。也就是说，这种教育旨在让那些熟练掌握英语的学生学习西班牙语，同时让熟练掌握西班牙语的学生学习英语（Calderón & Minaya-Rowe, 2003；Estrada, Gómez, & Ruiz-Escalante, 2009；Lessow-Hurley, 2005；Lindholm-Leary, 2004/2005）。从英语学习者的角度来看，双向双语教育方案的本质是一种配对双语教育方案，因为学习者要在不同时间段中分别以母语和英语进行学习。

有关阅读教学中的双语教学策略的研究支持了双语教学法，尤其是配对双语教学法（Greene, 1997；Slavin & Cheung, 2005）。支持配对法的证据显示，英语学习者不需要用很多年去练习英语口语，却能够凭着有限的口语表达技能来学习英语阅读，然后同时提高阅读和口语能力（Slavin & Cheung, 2005）。然而，对于英语学习者而言，教学中所使用的语言类型只是影响教育有效性的一个因素，教学质量（不论是只用英语教授还是同时采用英语和另一种语言来教授）因素与它至少同等重要（August & Shanahan, 2006b）。

资格认证指南

教师资格认证考试中的案例研究有可能要求你了解：同时对学生的第一语言以及英语的口语能力进行测评将是帮助英语学习者取得进步的最初环节。

网络链接

美国全国双语教育学会为英语学习者的教育提供了支持，请访问 www.nabe.org。针对英语学习者的一些教师资源请访问 www.englishraven.com, teachingrecipes.com 以及 eflclassroom.ning.com。各种双语教育协会的列表请访问 www.educationatlas.com/bilingual-education-organizations.html。若要获取如何教授英语学习者或外语学习者的有用信息还可以访问其他网站，如美国外语教学委员会（www.actfl.org/i4a/pages/index.cfm?pageid=1），英语作为外语的教师国际协会（www.iatefl.org），全国英语习得和语言教学教育方案信息交流中心（www.ncela.gwu.edu），全国 K-12 外语资源中心（http://nflrc.iastate.edu），应用语言学中心（www.cal.org）以及英语教师与说其他语言者（www.tesol.org/s_tesol/index.asp）。

INTASC标准4
多元教学策略

INTASC标准6
沟通技能

INTASC标准7
教学计划技能

理论应用于实践

教授英语学习者

美国和加拿大的教师都越来越喜欢班级中有英语学习者。下面的一般原则能够帮助这些学生在英语课程中取得成就（见 August & Shanahan，2006a；Calderón，2007；Díaz-Rico，2004；Echevarria et al.，2008；Farrell.，2009；Garcia & Jensen，2007；Genesee，Lindholm-Leary，Saunders，& Christian，2005；Gersten et al.，2007；Herrera & Murry，2005；Hill & Flynn，2006；Tong，Lara-Alecio，Irby，Mathes，& Kwok，2008）。

1. **不要光用嘴说，还要展现出来。**所有学生都会从图片、视频、实物、手势以及动作中获益，尤其是英语学习者，更能从包括视听线索的教学中获益（Calderón，2001）。

2. **创设舒适氛围让学生使用学术性英语。**许多英语学习者在课堂上很害羞，因为怕被嘲笑，所以不愿意在课上使用英语。然而学习一门语言最好的方式就是使用它。应当在学科学习的情境中为学生创设机会，让他们使用英语（Reeves，2005）。例如，提问时，首先给予学生机会与同伴进行讨论，之后点名让一对同伴共同回答。诸如此类的合作学习对学生学习英语尤其有利（Calderón et al.，2004；Calderón et al.，1998）。

3. **拓展词汇。**所有儿童，尤其是英语学习者，都会从明确的词汇教学中受益。应当给予学生许多机会去听语境中的新词并用它们造句。给学生提出和回答问题的机会、写下新句子、与伙伴讨论新词，这些做法比学习词典中的定义有用得多（Carlo et al.，2004；Fitzgerald & Graves，2004/2005；Snow，2006；Zwiers，2005）。

4. **让教学明晰。**英语学习者（以及其他学生）通常是知道答案的，但他们往往对教师的要求感到困惑。因此，要格外注意，确保学生理解了作业和授课的要求。例如，可以让学生复述教师的要求（Díaz-Rico & Weed，2010）。

5. **指出同源词。**如果教师使用的语言是英语学习者的母语，应当指出这类例子，即母语中的某个词与英语中的某个单词非常相似。例如，若班级中有许多学生是英语学习者，教师可以根据学生的母语，让他们注意西班牙语和葡萄牙语的*amor*、法语的*amour*或者意大利语的*amore*与"爱情的"（amorous）这个英文单词的相似性，以此来帮助学生学习英文词汇（Carlo et al.，2004；Dong，2009）。

6. **千万不要当众纠正学生的英语以免使其难堪。**相反，应当表扬他们的正确回答，同时再正确地重述一遍。例如，说俄语的学生经常会遗漏*a*和*the*。如果一个学生说，"Mark Twain was famous author"（马克·吐温是著名的作家），你可以说，"Right! Mark Twain was a very famous author"（对！马克·吐温是一位非常著名的作家），而不刻意让学生关注你新增的*a*这个词。为了鼓励学生使用英语，在班级内确立一条准则，绝不允许模仿或嘲笑他人的英语错误。

7. **如果英语学习者在英语阅读上比较吃力，可以进行小组干预。**大量研究已经发现，那些学习英语阅读吃力的学习者能够从小组强化辅导中受益（August & Shanahan，2006a；Cheung & Slavin，2005；Gersten et al.，2007；Huebner，2009）。

研究发现，接受双语教育的学生，其英语学习成效最终会相当于或优于那些只接受英语教学的学生。你为什么认为这是正确的？

双语教育的研究越来越关注如何为语言少数族裔的学生寻找有效的教学方式，而不再关注何种语言是最好的教学语言（Cheung & Slavin，2005；Christian & Genessee，2001；Janzen，2008；Lee，2005；U.S. Department of Education，2000）。合作学习方案不仅极其有效地促进了西班牙语的阅读教学，而且还能有效地帮助双语学生成功地过渡到小学高年级的纯英语授课的课堂中（August & Shanahan，2006a；Calderón et al.，1998；Cheung & Slavin，2005）。最近兴起了一场要求摒弃双语教育、提倡纯英语教学的运动。全美语言少数族裔学生最多的加利福尼亚州 1998 年通过了 227 号决议（Merickel et al.，2003）。该决议要求英语水平有限的学生最多只能用一年的时间进行英语强化学习，之后，他们要进入主流的纯英语课堂中学习。这项法令使加利福尼亚州的双语教育明显减少，但并没有完全取消，因为家长仍然可以申请让孩子接受母语教育。马萨诸塞州、亚利桑那州以及其他州也通过了限制双语教育的法案（Hakuta，Butler，& Witt，2000）。即使在没有禁止双语教育的州，其普遍程度也在下降（Mora，2009）。

什么是多元文化教育？

多元文化教育是近年来在美国教育界讨论较多的一个主题。**多元文化教育**（multicultural education）有多种定义。最简单的定义强调课程中要包括非欧裔人群的视角，比如，在英语课中要有非裔、拉丁裔、亚裔以及美洲原住民作者的作品；要从美洲原住民的视角来讲解哥伦布的有关知识；或者更多地讲授除西方以外其他社会的文化及贡献（Banks，2008，2009；Koppelman & Goodhart，2008；Manning & Baruth，2009）。班克斯（Banks，2009）认为，多元文化教育包括学校可能依循的各种政策以及做法，通过它们不仅可以提高对各种族、社会阶层和宗教背景学生的教育成效，还能提高对不同性别学生以及各种特殊儿童（例如智力落后、失聪、失明的儿童或天才儿童）的教育成效。

网络链接

要了解有关多元文化教育的一些资源及其讨论，请访问多元文化展示馆的网页 www.edchange.org/multicultural/mission.html 以及东部中心区教育实验室的网页 www.ncrel.org/sdrs/areas/issues/educatrs/presrvce/pe3lk1.htm。还可以参见多元文化研究中心（www.usc.edu/dept/education/CMMR/home.html）、学习新视界（www.newhorizons.org/strategies/multicultural/front_multiculturl.htm）、全国多元文化教育学会（www.nameorg.org）以及国家多元文化研究所（www.nmci.org）。

多元文化教育

教授不同文化价值。

多元文化教育的维度

班克斯（Banks，2008）探讨了多元文化教育的五个关键维度（见图 4.2）：

内容整合（content integration）就是指教师使用各种来自不同文化背景的事例、数据资料和信息。这也是大多数人心目中的多元文化教育形式：讲解各种不同的文化以及不同文化中的人物做出的贡献；课本中应包括诸如女性和其他弱势群体的作品（Bettmann & Friedman，2004；Hicks-Bartlett，2004）。

知识建构（knowledge construction）是指教师帮助儿童理解知识是如何产生的，是如何受到个体和群体的种族、族裔和社会阶层地位影响的（Banks，2008，2009）。例如，我们可能会要求学生们从美洲原住民或非裔美国人的观点出发，写一篇有关美洲早期殖民史的文章。这样他们就会认识到，我们吸收的知识实际上受到我们自己的出身和观念的影响（Koppelman & Goodhart，2008；Vavrus，2008）。

减少偏见（prejudice reduction）是多元文化教育的一个关键目标。减少偏见既包括在不同族裔背景的学生之间建立积极的关系（Cooper & Slavin，2004；Stephan & Vogt，2004），也包括形成更为民主和宽容地对待他人的态度（Banks，2009）。

公平教学法（equity pedagogy）是指采用教学方法来促进不同族裔和社会阶层的学生获得学业成功。例如，有证据表明，某些族裔和种族群体，尤其是墨西哥裔和非裔的美国学生，采用主动学习与合作学习的方法效果最好（Boykin，1994a，1994b；Losey，1995；Triandis，1995）。

赋权的学校文化（empowering school culture）是指以下文化：奉行这类文化的学校的组织形式及做法能促进所有学生的学业成就和情绪发展。具有赋权文化的学校会取消快慢班制或能力分组，更多地接纳有特殊需要的学生（同时尽量少把学生归为有特殊需要者）；试图让所有的学生都走上深造的发展道路，并一贯地表现出对学生的高期望。AVID 方案就是赋权的学校文化的最佳案例（Swanson，Mehan &

内容整合

教师利用各种文化中的实例、数据资料以及其他信息等来授课。

知识建构

帮助学生理解所吸收的知识是如何受到出身背景及相应价值观的影响。

资格认证指南

为通过教师资格认证测试，你需要认识到将教学与学生的文化背景联系起来的重要性。

图 4.2 多元文化教育的五个关键维度

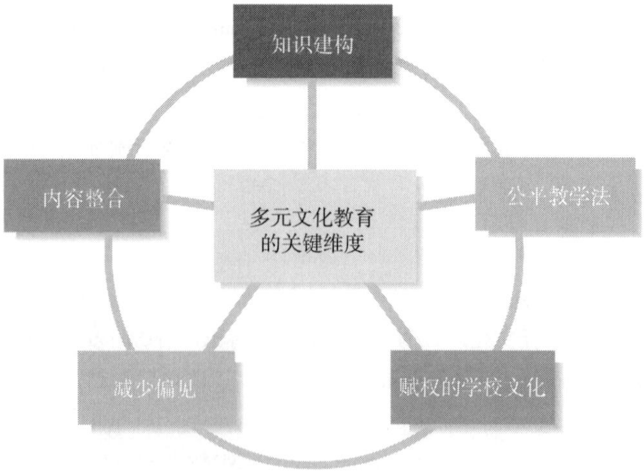

资料来源：Adapted from James A. Banks, "Historical Development, Dimensions, and Practice," in James A. Banks and Cherry A. Banks (Eds.), Handbook of Research in Multicultural Education, 1999, New York: Simon & Schuster Macmillan.

减少偏见

多元文化教育的一个核心目标，包括在背景各异的学生群体里建立起积极的关系和包容的态度。

公平教学法

教给那些来自不同族裔及社会阶层的学生各种方法，以促进其学业成功。

赋权的学校文化

奉行此类文化的学校组织机构及其各项活动对于所有学生的学业及情绪发展都具有建设性。

21 世纪的学习

全球化意识

使学生知晓全世界的地理和文化是非常重要的，但在21 世纪，让学生开始了解其他国家中人们的观点也很重要（Zhao，2009）。亚马逊河在一个无土地的巴西人眼里是什么样子？为什么印度的公司为美国人和欧洲人提供客户服务？智利和南非如何利用其地理位置优势来为北半球的国家提供反季节水果和蔬菜？而这些又是如何影响其社会的？

全世界的人们及其家庭之间既有令人惊讶的差异也有同样令人惊讶的相似，而全球化意识能够帮助北美学生以全新的视角来了解彼此——将各自的差异看做这一切的一部分。了解世界并感受到对全人类积极发展的责任，这将有助于学生彼此接纳，尊重各种形式的差异。

问题：

- 美国公司海外雇员数量的增加（例如，在印度工作的人为一家美国电脑公司提供客户服务）影响这些海外国家看待美国的方式，对此你是怎么认为的？这会影响他们看待自己国家的方式，对此你是怎么认为的？这又如何影响着美国人以何种方式来看待美国的公司？
- 今天的学生终会在美国或海外做出职业生涯选择。你认为这将如何影响他们的选择？

Hubbard，1995；Watt，Powell & Mendiola，2004），该方案将来自弱势群体、有学业失败风险的学生安排到大学预科班中学习，并为他们提供辅导和其他帮助，使其顺利通过必修课程。

对于教师、管理者以及学校的其他职员来说，多元文化教育的第一步就是要了解学生的文化背景，并认真检视学校的各项政策、做法以及课程设置，进而识别出可能存在偏差的方面（例如，只讲授欧洲人和欧裔美国人的文化或历史）。不妨先读一下班克斯（Banks，2006，2008，2009）、科佩尔曼和古德哈特（Koppelman & Goodhart，2008）、尼尔图和波德（Nieto & Bode，2008）以及曼宁和巴鲁瑟（Manning & Baruth，2009）等人撰写的著作。这几本书和其他有关书籍都对不同文化的某些特点以及与每种文化相适应的教学策略与材料进行了阐述。

性别和性别偏见如何影响学生的学校生活？

儿童的性别是一种显而易见、持久不变的特质。跨文化研究表明，性别角色是个体最早学习的内容之一，并且所有社会对待男性与女性的方式都是不同的。因此，性别角色或者说性角色行为是一种习得的行为。然而，男性和女性在不同的文化背景中所扮演的角色种类是多种多样的。所谓的两性自然行为实际上更多地是由文化观念决定的，而较少由生理必然性决定。但是，生理差异和性别社会化对个体行为方式和成就水平的影响程度到底有多大仍然是存有很大争议的一个问题。大量研究得到的共识是，不管遗传的生理差异有多大，我们所看到的男性和女性之间的差异（不只是身体特征）实际上都与个体早期社会化经验的差异有明确的关系（Eliot，2009）。

INTASC 标准 2
人类发展与学习的知识

男性和女性的思维与学习

尽管有许多证据表明男生和女生之间在气质和人格方面都存在差异（例如，Else-Quest，Shibley，Goldsmith，& Van Hulle，2006；Rose & Rudolph，2006），但对于他们在能力倾向和成就方面是否存在差异这一问题还存在着很大的争论。几个世纪以来，人们对智力或学业成就的性别差异问题一直争论不休，从 20 世纪 70 年代初期以来，这一问题尤显重要。对于这个争论，需要铭记于心的最重要的一点是：没有一个负责任的研究者曾声称在任一项智力测验上的性别间差异远远大于性别内差异。换言之，即使在某些方面确实存在性别差异，这些差异也非常小，而且不稳定，因此不会产生什么实际影响（Francis & Skelton，2005；Lundeberg & Mohan，2008；Sadker & Sadker，2003）。

一些差异值得人们注意。在学业评定测验（SAT）的定量部分（Allspach & Breining，2005）以及大学先修测验的数学科（Stumpf & Stanley，1996），十二年级女生的得分明显低于男生。通过对金（Kim，2001）的 20 项主要研究进行总结发现，男性的数学得分高于女性，而在英语测验上的得分则相反。令人意想不到的是，男性在多项选择题类的测验中得分较高，但在其他题型的测验中则没有表现出这种优势。最重要的原因是，在我们的社会中，传统上人们并不鼓励女性学习数学，因此，她们所选的数学课程比男生少得多（University of Wisconsin-Madison，2009）。事实上，在过去的 20 年里，随着女性选修数学课程的增多，在 SAT 以及其他一些测验上的性别差异正在稳步缩小（Allspach & Breining，2005）。海德和默茨（Hyde & Mertz，2009）的一项研究发现，男生和女生在各州数学评估或全国教育进展评估（NAEP，2008）中的成绩没有显著差异。然而，尽管男生和女生在数学和科学测验上的差异逐渐缩小，但进入数学和科学职业领域的年轻女性的数量比年轻男性要少得多，尤其在物理、工程和计算机科学领域（Ceci & Williams，2009；Halpern et al.，2007；Huebner，2009）。

研究总体上发现，在常识、机械推理和心理旋转等测验中，男性比女性得分高；而在语言测验，包括阅读和写作测验（Strand，Deary，& Smith，2006）以及注意力和计划任务（Warrick & Naglieri，1993）中，女性比男性得分高。在一般言语能力、算术能力、抽象推理、空间想象或记忆广度方面，不存在性别差异（Fennema，Carpenter，Jacobs，Franke，& Levi，1998；Halpern & LaMay，2000）。在各年级中，女生从一开始就比男生有优势，并且这种优势一直持续到高中。即使在数学和科学方面，女生的测验成绩略低些，但她们在班里的成绩仍高于男生（Maher & Ward，2002）。尽管如此，高中男生却倾向于高估自己的语言和数学能力（与标准化测验结果相比），而女生则会低估自己的能力（Herbert & Stipek，2005；Pomerantz，Altermatt，& Saxon，2002）。在小学，男生比女生更可能出现阅读方面的问题（Ready，LoGerfo，Burkam，& Lee，2005；Taylor & Lorimer，2003），并且更可能存在学业困难或情绪障碍（Smith，2001）的问题。研究者还发现，幼儿园女生的自我调节能力比男生高，这种优势在学龄早期会表现为较优的学业成绩（Matthews，Ponitz，& Morrison，2009）。

男生危机

尽管在过去的 30 年中有大量报道是关于女生在学校如何未被充分关注的，在近儿年里，人们却越来越多地关注“男生危机”（Perkins-Gough，2006；Von Drehle，2007）。长期以来，男生一直比女生更可能被指定受特殊教育、被迫留级、退学或者触犯法律。女生远比男生更有可能进入大学并顺利毕业，而且在许多男女同校的大学中，女生的比例会占到 60% 甚至更高。尽管男生在一些能力倾向测验中具有优势，但上述差异依然存在。

对数据资料的仔细分析可以看出，“男生危机”的确存在，但并非对全体男生都如此。非裔美国男生与他们的姐妹相比，更可能处于高危人群之列（Thomas & Stevenson，2009），而且学业困难和注意缺陷多动障碍（attention deficit hyperactive disorder，ADHD）在男生群体中更常见（也更具有破坏性）。这些问题非常严重，需要去关注，但它们并不意味着对全部男生都忧心忡忡就是合理的（Mead，2006）。事实上，男生在很多指标上都有进步，例如辍学率和大学入学率，只是相比之下，女生进步的速度更快。实际上，我们之所以感到“男生危机”，可能仅仅是因为那些妨碍女生在学校中取得优异表现的政策及做法被废除了。

性别角色的刻板印象和性别偏见

如果说男女性别之间的差异很少源于遗传，那么两性之间为什么会存在如此多的行为差异呢？这些行为差异源自男性和女性的不同生活经历，其中包括成人对不同类型行为的强化。

按照传统的习惯，男婴和女婴一出生就受到了不同的对待。将婴儿裹在粉色毛毯里还是蓝色毛毯里，这就已经象征着儿童从出生后通常一直会有不同的经历。在早期的调查中发现，成人认为蓝色毛毯包裹的男婴或女婴比粉色毛毯包裹的婴儿更好动。人们往往也将个体的其他男性特征归因于出生时曾用蓝色毛毯包裹过（Baxter，1994）。

目前关于婴儿大脑可塑性的研究表明，男婴和女婴受到的不同对待方式确实能引起大脑的差异（Eliot，2009）。

尽管性别偏见意识很早就影响到对儿童的养育方式，但是，直到三四岁，儿童才能够辨别不同的性别，并表现出性别偏好。因此，儿童入学时已经形成了与他们年龄相适应的、与公众期望相吻合的社会化的性别角色行为（Delamont，2002）。相比社会经济地位高的家庭，在社会经济地位低的家庭中被认可的两性角色差异更大（Flanagan，1993）。

这种被社会认可的**性别角色行为**（sex-role behavior）的社会化过程将持续一生，而学校教育也影响着这种社会化。尽管社会化历程与学业成就之间的相互作用非常复杂，且难以一概而论，但学校在很多方面表现出对不同性别的分化教育。总体来说，男生受到教师的关注要比女生多（Jones & Dindia，2004；Koch，2003）；男生受到教师的否定和责备也比女生多。但与此同时，男生与教师的互动也更多，比如得到老师的表扬、指导以及倾听（Jones & Dindia，2004；Koch，2003；Maher & Ward，2002）。教师们倾向于对女生的攻击性行为给予更迅速而明确的惩罚。还有一些其他的区别化对待则非常微妙，比如，让女生在角落里玩角色扮演游戏，而男生则得到积木；在音乐课上，让男生敲鼓，而让女生敲击三角铁。

性别角色行为

相对于另一性别而言，社会所认可的与某种性别有关的行为。

理论应用于实践

在教学中避免性别偏见

INTASC 标准 6
沟通技能

“在科学课上，老师从来不点我的名，这让我觉得自己好像不存在一样。有天晚上我做了个梦，梦见我消失了。”（Sadker & Sadker，1994）。不幸的是，抱怨被老师忽视的不只这一个女生。学校在很多方面都表现出对女生的不公平对待，包括对性骚扰的视而不见、与女生的互动交流远少于男生（American Association of University Women，2002）。教师们倾向于选择男生，提高男生的自尊，并且选用男性当正面主角的文学作品。教科书、课程以及标准化测验仍经常忽视女生和妇女的贡献及其活动经历（Zittleman & Sadker，2003）。

教师在课堂教学中通常会不自觉地表现出**性别偏见**（gender bias），这种偏见主要有三种表现形式：强化性别刻板印象，分隔男女生，区别对待男女生（参见 Koch，2003；Maher & Ward，2002）。这些不平等对待不仅给女生，而且也会给男生带来消极影响（Canada，2000；Weaver-Hightower，2003）。

避免性别刻板印象。教师应该尽量避免强化性别刻板印象。例如，在课堂上分配任务时不要因性别而区别对待；避免自动将男生指派为团队领导，而将女生指派为秘书；不妨让男女生都参加体力活动。教师还要避免在语言陈述上的性别刻板印象，如“男生不哭”以及“女生不打架”等，避免给学生贴上诸如假小子之类的标签。当学生表现出对某种活动和职业的兴趣时，即使它们与社会文化中的性别刻板印象不符，如女生喜欢数学和科学，教师也应给予鼓励（Sadker，Sadker，& Long，1997）。

促进整合。造成性别刻板印象的另一个原因是男女生（特别是在小学）往往只有很少几个异性朋友，并且大部分时候他们都是和同性朋友一起参加活动。教师有时会强化这种行为，比如，让男生和女生分开站队，不安排男女生同桌，分开组织男女生的体育活动。结果，学校中异性学生间的交往远远少于同性学生间的交往。而在那些鼓励男女生互相合作的班级里，学生们就很少形成男女能力差异的刻板印象（Klein，1994）。

平等地对待女生和男生。很多时候，教师不能够平等地对待男女学生。对课堂互动进行观察发现，教师与男生的互动多于与女生的互动；教师对男生的提问，特别是提抽象问题，要多于对女生的提问（Sadker et al.，1997）。在一项研究中，研究者给教师播放一段课堂录像，然后让教师回答是男生还是女生参与得更多。大多数教师都报告说，女生比男生讲话多。而实际情形是：男生比女生参与得多，其比率为3∶1（Sadker et al.，1997）。研究者对该调查结果的解释是：这反映了教师对女生参与课堂活动有较低的预期，因此他们将女生的低参与率视为正常的。无论是课堂参与、担任领导角色，还是参加各种各样的活动，教师都应该注意给所有的学生提供平等的机会（Bernard-Powers，2001；Stein，2000）。教师应当采用对女生和男生都能引发兴趣和启发观点的活动（James，2007，2009）。教师也需要鼓励女生学习数学和科学，并像对男生那样同等地期待和重视女生在这些科目上的优异表现（Halpern et al.，2007）。

性别偏见
对男性和女性的刻板印象以及区别对待，通常是偏爱某个性别。

学生在智力和学习风格上有何差异？

每个人都会认为自己理解某些术语，但若要给出相关的定义，却又无从回答。

智力这个术语即是如此。在某种程度上来说，**智力**（intelligence）是一种整体的学习能力倾向，或者是一种获得和使用知识或技能的能力。斯奈德曼和罗斯曼（Snyderman & Rothman，1987）对智力的定义得到了大家的普遍认同。他们认为，智力就是进行抽象思维、解决问题和学习的能力。

INTASC 标准 4
多元教学策略

当我们追问是否存在着整体能力倾向时，也就相应地出现了一个最大的问题（Sternberg，2003）。一些人的微积分学得很好，但他们如凭其他手段谋生却写不出一篇美文或者画不出一幅好画。还有这样一些人，当他们进入一个全是陌生人的房间时，他能很快地推断出这些陌生人之间的关系和感情；而有些人则永远也学不会这种技巧。正如威尔•罗杰斯所说，“每个人都是无知的，但这仅仅是在不同的主题上。”显然，个体在学习以某种特定的方式来教授的任何类型的知识或技能时，其学习的能力倾向都各不相同。假定有 100 名学生去听关于某个主题的讲课，而此前他们对于该主题一无所知。当他们听完出来时，每个人学习的量、学习的类型都有所不同。之所以会产生这种差异，其中一个重要的原因是每个人对于这次讲课的具体内容及其讲授法的学习能力倾向是不同的。但是，如果课程内容是关于其他主题的，或者相同的学习内容是通过实际操作或小组合作的方式来呈现的，那么从前面那种讲课中学到知识最多的那个学生，是否也同样能够学到最多的内容？

链接
若要了解更多的关于IQ测量的内容，参见第14章。

早在古希腊之前人们就对智力的概念展开了讨论，但是直到艾尔弗雷德•比奈（Alfred Binet）1904 年编制了第一个智力测验，对智力的科学研究才算真正开始。法国政府要求比奈寻找一种方案，用于鉴别学校中那些疑似需要特殊帮助的儿童。比奈对儿童的多种技能以及表现进行了评价，但把结果浓缩为一个分数，称为**智商**（intelligence quotient，IQ）。智商的确定基于以下假设：法国儿童智商的平均水平为 100（Hurn，2002）。

智力的定义

比奈的工作极大地推进了作为一门科学的智力评估，但同时也使人们形成了这样的观点，即智力是一个单一的东西——那些非常聪明的人应该在各种学习情境中都有出色的表现。自比奈以来，关于这个问题的争论一直延续至今。1927 年，查尔斯•斯皮尔曼（Charles Spearman）声称，尽管人们在各项任务上的能力强弱固然不同，但是在所有的学习情境中都存在一种一般智力因素，即“g”因素。是如斯皮尔曼所说，实质的智力仅有一种，还是有许多种不同的智力呢？

支持“g”因素的证据是各种能力之间具有相关性。擅长学习某个概念的人一般来说也擅长于学习其他概念。这种相关性较稳定，这说明不存在上千种彼此完全独立的智力，但是它又不足以说明只有一种一般智力（Sternberg，2003）。近年来，关于智力问题的许多争论主要集中于确定有多少种不同的智力类型，如何对每种智力加以描述。例如，斯滕伯格（Sternberg，2002，2003，2008）描述了 3 种智力类型：分析性智力、实践性智力和创造性智力。莫兰、科恩哈勃和加德纳（Moran，Kornhaber，& Gardner，2006）描述了 9 种多元智力（multiple intelligence）。具体的类型和定义见图 4.3。

智商（IQ）
一种智力测验分数，人们的平均智力水平应在100左右。

智力
一种基本的学习能力倾向，通常体现为抽象思维能力以及解决问题能力。

根据加德纳的多元智力理论，这些学生可以使用9种智力中的哪种进行学习？作为教师，如何调整课程以关注学生学习方式的差异？

图 4.3 加德纳提出的多元智力

语言智力。理解和运用口头和书面沟通的能力。理想职业：诗人。*

逻辑/数学智力。理解和运用逻辑与数学符号以及运算的能力。理想职业：电脑程序员。

音乐智力。理解和运用如节拍、音高、旋律与和声等概念的能力。理想职业：作曲家。

空间智力。定位和操纵三维空间的能力。理想职业：建筑师。

身体/动觉智力。协调身体运动的能力。理想职业：运动员。

自然智力。对自然界中的物体或现象进行区分和分类的能力。理想职业：动物学家。

人际智力。理解他人并与他人良好互动的能力。理想职业：政治家、销售员。

内省智力。理解并使用自己的思维、情感、偏好和兴趣的能力。理想职业：自传作者、企业家。（尽管较高的内省智力几乎对任何职业都有促进作用，因为它引导个体进行自我调节，但若一个人只是了解自己而无其他智力，则很难找到付酬的工作。）

存在智力。在超越感官信息的层面思考现象或问题的能力，如无穷大和无穷小。理想职业：宇宙学家、哲学家。

*多数职业都用到几种不同的智力。

资料来源：S. Moran, M. Kornhaber, and H. Gardner, 2006, "Orchestrating Multiple intelligences." Educational Leadership, 64 (1), 22-29.

近年来，加德纳（Gardner，2004）的多元智力理论（MI）在教育领域非常流行，但仍存有争议。例如，沃特豪斯（Waterhouse，2006）指出，几乎没有证据支持多元智力理论。他援引脑科学研究和智力测量的相关研究来论证，尽管存在着不同的认知优势和人格，但这与一般智力的存在也并不矛盾（Watkins & Canivez，2004）。陈杰琦、加德纳和莫兰主张，智力不只是通过智商测验测得的东西，但也承认多元智力存在的证据是间接的（Chen，2004；Gardner & Moran，2006）。

网络链接

若要了解斯滕伯格关于智力的研究概述，请访问 www.indiana.edu/~intell/sternberg.shtml 或 http://wilderdom.con/personality/ L2-2SternbergTriarchicTheory.html。若要了解更多的关于加德纳的多元智力理论，请访问 www.tecweb.org/styles/gardner.html，www.thomasarmstrong.com/multiple_ intelligences.htm，或者访问 www.howardgardner.com/MI/mi.html。

对教育工作者来说，智力的确切类型数量并不重要。重要的是要树立起这样一种观念：在某个领域中表现得优或劣并不注定在其他领域中也会有类似的表现。教师必须避免将儿童看做是聪明的或不聪明的，因为聪明可表现在多方面。令人遗憾的是，传统的学校教育只认可极少几种行为表现，用加德纳的分类法来说即语言智力和逻辑 / 数学智力（仅仅是 9 种智力中的两种），并据此简单地将学生划分等级。如果学校想让所有学生都变得聪明，就必须采用更多种活动，奖励更多种表现，而不能像过去那样的单一狭隘。

理论应用于实践

多元智力

根据加德纳的多元智力理论，教师在讲解概念时应该采用多种方式，调动各种类型的智力参与（Campbell，Campbell，& Dickerson，2004；Kornhaber，Fierros，& Veenema，2004；Moran et al.，2006）。为了说明这一点，阿姆斯特朗（Armstrong，1994）用下面的例子阐述了如何用不同的方式给中学生讲解波义耳定律。

- 为学生提供波义耳定律的语言定义："在定量定温的情况下，气体的压强和体积成反比。" 让学生讨论这一定义。[语言智力]
- 为学生提供波义耳定律的公式：P×V=K。然后让他们解决相关的具体问题。[逻辑/数学智力]
- 为学生提供波义尔定律的比喻或视觉想象："想象你的手上长了一个脓包，你开始挤它。挤压时，压强将会增大。你越挤，压强就越大，最后这个脓包破了，脓液喷了你一手！" [空间智力]
- 让学生做如下的实验：将空气吸入口中，使两腮稍稍鼓起。然后再将空气挤到口腔一侧（体积缩小），让他们感受压强是增大还是减少（增大）；然后再将空气释放至整个口腔（体积增大），让他们判断压强增大还是减小（减少）。[身体/动觉智力]
- 让学生们进行实验室实验，测量封闭容器中的压强，然后画出压强与容积的关系图。[逻辑/数学智力，身体/动觉智力]

很少有课程包含的元素能涉及所有类型的智力，但多元智力理论对课堂教学的一条关键性建议是：教师应该在每堂课中尽可能地运用多种方式来呈现知识，这样才能使更多的学生有机会获得成功（Campbell et al.，2004；Gardner，2003；Kline，2001）。

多元智力

加德纳的智力理论所提出的9种独立的能力：逻辑/数学智力，语言智力，音乐智力，自然智力，空间智力，身体/动觉智力，人际智力，内省智力以及存在智力。

智力的起源

关于智力起源问题已争论了数十年。一些心理学家（如 Toga & Thompson，2005）认为，智力主要是遗传的产物——儿童的智力主要是遗传产物，主要取决于父母的智力，故智力在母亲怀孕时就已经确定了。另一些人（如 Rifkin，1998）则坚持认为，智力主要是由一个人所处社会环境的因素塑造的，例如，孩子听别人读了多少书和别人对自己说了多少话。而多数研究者都认为遗传和环境对智力都起着重要作用（Petrill & Wilkerson，2000）。很显然，如果父母是高成就者，则他们的孩子一般来说更有可能成为高成就者，但是这既与遗传有关，也与高成就父母营造的家庭环境有关。法国的研究发现，某些儿童出生于较低社会经济地位家庭中，但被较高社会经济地位的家庭收养；还有些儿童始终在社会经济地位较低的家庭中成长，那么前一种环境对儿童的智商有着明显的积极影响（Capron & Duyme，1991；Schiff & Lewontin，1986）。支持环境论的一个重要证据就是学校教育能够显著地影响智商分数。塞西（Ceci，1991）在一篇综述中提到，学生的在校经历会对智商产生显著而系统的影响。例如，荷兰的多项经典研究发现，那些因二战而推迟入学的儿童的智商显著地降低，尽管他们在上学之后智商有所上升。对密尔沃基市中心的智力落后母亲所生的儿童进行的一项研究（Garber，1988）发现，一项婴儿期刺激方案和高质量的学前教育能够显著提高儿童的智商，而且这种收益至少持续到小学毕业。有关研究发现，启蒙教育方案（Abecedarian program）将婴儿期刺激、儿童期充实化以及父母协助等各项措施综合起来，对儿童的智商具有持久的影响（Ramey & Ramey，1998）。这些证据及其他证据都表明（见 Kristof，2009；Neuman，2007），智商并非个体的一种固定不变的特质，它会随着个体对环境变化的反应而改变。此外，还有一些证据表明，某些专门为提升智商而设计的方案是可以达到预期目的的（Ellis，2001a；Feuerstein & Kozulin，1995）。

不管智力是一般能力还是特殊能力，它仅仅是影响学生在某堂课或某门课中可能学到的知识多少的诸多因素之一。与以往的知识经验（学生此前对课程内容了解的多少）、动机以及教学指导的质量和性质相比，智力很可能不是那么重要。而在某些极端的情况下，智力确实变得重要；它是识别智力迟钝的学生或天才学生的首要标准。但是就处于中间范围的大部分学生而言，其他因素是更重要的。教育中经常误用智力测验，尤其是不恰当地根据智商来安排某些学生接受特殊教育，分入快慢班或称能力组。学生的实际表现远比智商重要得多，也更容易受到教师与学校教育的直接影响（Sternberg，2008）。博依金（Boykin，2000）认为，学校应当致力于发展学生的才能，而非将其视为学生身上固定不变的特质。

链接

若要了解说明通过某些教育方案可直接改变IQ的研究，参见第8章。

学习风格理论

就像每个学生都有不同的个性特点一样，他们也都有各自不同的学习方式。比如，想一想你是怎样记住见到的人的姓名的。你是否把名字写下来更容易记住？如果是这样，那么你可能是一个视觉型学习者，这类人通过看或读能更好地进行学习。当你听到一个名字时更容易记住，那么你可能是一个听觉型学习者。当然，我们所有人都是通过多种方式来学习的。但是，有些人用某些方式学习比用其他方式更好（Swisher & Schoorman，2001）。

资格认证指南

教师资格认证考试可能会要求你设计一门课程以在满足其发展的需要的基础上进一步适应学生的不同学习风格。

学生对不同学习环境或学习条件的偏好也千差万别。例如，邓恩夫妇（Dunn &

Dunn，1993）发现，学生对光照度、座位的软硬程度、学习环境的安静或嘈杂程度、单独学习还是和同学一起学习都有不同的选择偏好。这些差异可以在一定程度上预测出何种学习环境对每位儿童是最适宜的。

能力倾向—教学处理的交互作用

既然已有充分证据表明，不同个体在学习风格和学习偏好上存在着差异，那么从逻辑上讲，不同的教学风格就会对不同的学习者产生不同的影响。这项常识性命题却很难得到确凿的验证。有研究曾试图将教学风格与学习风格进行匹配，但结果表明，这种匹配并非总能促进学习（Knight，Halpin，& Halpin，1992；Snow，1992）。即便如此，对**能力倾向—教学处理的交互作用**（aptitude-treatment interaction）的探索仍在继续。从这一领域的有关研究中可得出的一条常识性结论是：教师应当留意学生学习方式的差异，并对此做出恰当的反应（参见 Ebeling，2000）。

能力倾向—教学处理的交互作用
学习中的个体差异与特定的教学方法之间的交互影响。

INTASC 标准 3
因需施教

INTASC 标准 4
多元教学策略

理论应用于实践
理解不同的思考者

北卡罗来纳大学的梅尔·莱文（Mel Levine）在其文章《赞许多样的头脑》（*Celebrating Diverse Minds*）中探讨了对“所有类型的头脑”均加以赞许的重要性，他认为这种方式可以确保所有的孩子都不落伍。他提出了这样的问题，“因为自己缺少满足既定的学业成功标准所需的头脑而自暴自弃的学生……会遇到什么？”

莱文指出，学习上的差异会产生让人畏惧的障碍，在人们没有意识到差异存在的合理性并有效地应对它时更为明显。最为重要的是，这类挫折会误导人们低估学生的价值，不公平地指责学生甚至不给他们提供足够的教育，并因此限制了他们在学校和生活中获得成功的机会。

许多举步维艰的学生都有着专门化的头脑——从能出色地完成特定的任务看，可以说他们有精工细作的大脑，但是需达到其他期许时，他们的大脑似乎严重搭错了线。某个学生可能在想象方面很出色，但在言语表达方面却很笨拙。一个同学可能具有非凡的人际理解能力，但对句子的结构却缺乏理解。

莱文提出了三种方式来解决此类问题：

- **拓展对学生的评估体系**。我们对学习差异的理解通常关注如何补短，而非扬长，即识别那些学习困难者所具有的才能或潜能。
- **重新审视课程**。探索新的教学活动和课程选择，以便为不同类型的学习者提供教育机会，为其成功的人生奠定基础。
- **为教育者提供专业发展机会**。利用来自脑科学的见解对教师进行培训，帮助他们去理解和支持学生的不同想法。

有意识的教师

运用你所知道的关于学生多元化的知识来改善教学和学习

有意识的教师将学生的多元化视为宝贵的财富。他们去了解学生的家庭生活、文化、语言和优势，尊重每一位学生作为独立个体的价值。有意识的教师会审视自己课堂情况的记录，反思自己的做法，并时刻提醒自己，以防某些观念阻碍了学生的成功。有意识的教师利用对自己的教学实践和班上学生的了解来提高教学质量，这既是为学生也是为教师。

1. 我希望学生在课程结束后能了解什么、能做什么？这对于实现课程目标、使学生成为有能力的个体的需求有什么作用？

教师需要重新审视自己的文化观点如何影响着对学生的期望。反问自己："我的教学目标是否仅仅体现了优势群体的价值观？"例如，三年级班里的前五名学生做对了所有乘法题，你打消了给他们贴纸奖品的想法，因为你想到自己推崇的个体竞争不一定被所有人认可。你可以让学生自己选择如何做读书报告，这样，学习优势不同的儿童就能够以不同的方式来展现自己。

许多教育工作者都认为，教育的目标至少应该在某种程度上反映出接受教育的学生所处的群体的情况。问问自己："我应该如何修改课堂教学目标，以更好地反映所有学生及其家庭的需要、价值观和兴趣？"例如，在一堂课开始之前，你可以首先组织一次非正式的讨论，了解学生们想学些什么，他们是如何理解成功的。虽然学生的兴趣和文化背景并不能完全决定你一堂课或一门课的教学目标，但这些都是需要考虑的因素。代数只是代数，但是学好代数却有许多方式。找出学生最乐意、最擅长的学习方式。

2. 在我的教学中应该考虑学生所具有的哪些知识、技能、需要和兴趣？

有意识的教师会了解自己的学生，并利用有关学生家庭生活的信息和群体资源来设计教学。你是如何理解学生的文化背景和他们所处的群体的？问问自己："学生在校外获得了哪些能够促进其学习的经验和优势？"例如，尽管你用英语进行教学，但你同样可以通过多种方式去重视学生的母语，要强化这样一种信念：懂两种语言是一种优势。你可以设计一个"多语种词典"的活动，列出课堂和家庭中常用的一些英语词汇，然后让学生将它们译成自己的母语。你可以将这个小词典印制出来，在家长会上分发，也可以给学生，因为他们可能希望探讨英语与其他语言中对应词之间的异同。在任何课堂中，你都能搜集到精彩的词句、谚语或俚语，而这些通常反映了学生拥有的文化传承。如果其他地区或街区的班级也做了同样的事，我们还可以用上网或邮寄的方式共享这些"词典"。

3. 我在学科内容、学生发展、学习、动机以及有效教学策略等方面所掌握的哪些内容能够用于实现教学目标？

有意识的教师给学生提供很多机会，让他们选择与课程内容互动的方式，这反映了他们的学习风格偏好。你可以随时变换分组方式，这样学生既可以在整个班级中学习，也可以独自学习或在可灵活调整的小组中学习。对英语学习者而言，你可以采取掩蔽式教学模式，使每位学生都轻松地掌握各年级水平的教学内容。例如，在讲解文学作品时，可提供一些图表来阐明课文内容，或带来一些文中描述的物品的真实样品。

4. 哪些教学材料、技术、辅助手段和其他教学资源有助于实现我的教学目标？

有意识的教师总是把自己视为教育团队中的一员。教师要学会利用与家长合作带来的优势。例如，你可以向家长了解学生在暑假期间参加的有意义活动。为了使学生在假期中仍能学有所获，你可以帮他们办理图书阅览卡，并为他们推荐假期阅读书目。你也可以给每位学生一个日记本，并邀请他们及其家庭成员给你写信。

如果班级中还有一些双语学生，你可以请学生自愿把他们家庭中的年长成员请到你的艺术课上来，介绍他们故乡特殊的艺术形式，你还可以让学生担当翻译和解说。

用学生的文化背景作为跳板，引入主流文化内容与主流期望。例如，纳瓦霍族儿童和其他儿童一样，都希望了解古希腊的文化。但纳瓦霍族儿童有着丰富的文化背景，有意识的教师应当借助这一资源来解释古希腊的文化。

5. 我怎样评价学生达到目标的程度？

收集有关自己教学的信息，确保教学实践是公平的。可以由听课者来收集信息。你也可以将教学过程录音，以供日后分析。要关注的主要问题是：

INTASC 标准 7
教学计划技能

我与男生和女生的互动时间是否同样多？

我是否不论学生所在的社会群体，只要他们表现出同样的行为，就给予同样的表扬或惩戒？

我是否对所有的学生都有同样高的期望？我是否清楚地表达了这一点？

我是否恰如其分地把课堂作为论坛，让学生对主流观点和现状进行质疑？让学生促进社会进步？

6. 如果个别学生或全班没有迈上成功之路，我该如何去做？我的补救计划是什么？

INTASC 标准 9
职业承诺与责任

你可以问自己："学生人人不同，怎样才能确保我现在对他们的了解都是无误的？我怎样更多地了解各种特殊群体？对于学生公认的他们所处群体中颇具影响力或颇受其家人尊敬的成人，我是否努力去结识他们？供全班阅读的文学选材是否代表了不同性别、国籍、族裔的各类作者？我本人的阅读积累能否促使我更好地了解学生的多元化及其个体差异？"

本章概要

文化对教与学的影响是什么？

文化对教与学有着深远的影响。文化的许多方面影响着学习者的自我认同和自我概念，影响着学习者的信念、价值观、态度与期望、社会关系、语言交流以及其他行为方式。

社会经济地位如何影响学生的成就？

社会经济地位是根据收入、职业、受教育水平和社会声望而确定的，它显著地影响着学生对待学校的态度、背景知识、入学准备情况以及学业成就。工薪阶层和低收入家庭面临着各种各样的压力，而这些压力直接影响着育儿做法和亲子沟通方式，并降低家长对儿童的期望，这使儿童入学时可能遇到挑战。中产阶层的学校文化要求独立、竞争和目标设定，而来自低社会经济地位家庭的学生所接受的常态文化与此不同。但是，低社会经济地位未必导致学生的低学习成就。教师可以邀请家长参与到儿童的教育中来，这样可以提高学生的成就。

族裔和种族如何影响学生的学校生活？

随着美国和加拿大日益趋向多元化，弱势群体的人数急剧增多。某些弱势群体是成员根据种族、宗教、族裔、出身地、历史、语言和文化等自我界定的，如非裔美国人、美洲原住民、拉丁裔，来自这些群体的学生在标准化学业成就测验上的得分往往比那些欧裔和亚裔的美国学生低。低成绩与较低的社会经济地位有关，也在某种程度上体现了人们对弱势群体的歧视以及随后产生的贫困所导致的遗患。学校废除种族隔离长期以来是为了解决因种族和社会阶层的差异而导致的教育不平等的问题，这一做法利弊参半。人们一直关注的问题还包括提供公正、平等的机会，促进种族之间的和睦相处，防止种族隔离。

语言差异和双语教育如何影响学生的成就？

英语学习者通常会在四种类型的方案中选择一种进行学习，这四种方案分别是：英语浸入式教学、过渡型双语教育、配对双语教育和双向双语教育。双语教育方案同时用母语和英语对学生进行教学。研究表明，双语教育，尤其是配对双语教育，是对学生有益的。最近，美国各州的立法使得双语教育的势头有所减弱。

什么是多元文化教育？

多元文化教育要求在学校中倡导多元文化、提倡教育平等和社会和谐。多元文化教育包括内容整合、知识建构、减少偏见、公平教学法以及赋权的学校文化。

性别和性别偏见如何影响学生的学校生活？

男性和女性之间已观察到的许多差异都与早期社会化经验的差异有明显的关联。在早期社会化的进程中，儿童学会了做出被认为适合自己的性别角色行为。当前研究很少证明在思维和能力方面存在天生的性别差异。但是课堂中的性别偏见，如教师与男女学生互动时行为的一些细微差异以及那些含有性别角色刻板印象的课程材料，都明显影响了学生的活动选择和学业成就。由此造成的结果就是男女生在数学和科学科目上的成绩出现了性别差异，尽管这种差异已在逐步缩小。

学生在智力和学习风格上有何差异？

学生在抽象思维、解决问题以及学习等方面能力各有高低。他们在很多具体的智力成分上也存在着差异。因此，要准确地对智力进行评估，应当兼顾更多种行为表现，而不是仅仅依靠传统的智力测验。所以教师对学生的期望不应仅仅依据其智力测验的分数。比奈、斯皮尔曼、斯滕伯格和加德纳等研究者在智力的理论建构和测量工具的开发等方面做出了重要贡献。智力是由遗传和环境共同决定的。研究表明，家庭环境、学校教育以及生活阅历都会对智商产生深远的影响。

学生在先前的学习经验和认知学习风格方面存在很大的差异，而且对学习环境和学习条件的个人偏好也同样会影响学业成就。

关键术语

回顾本章中的以下关键术语：

文化
社会经济地位（SES）
族群
族裔
种族
弱势群体
语言少数族裔
英语水平有限（LEP）
英语语言学习者（EL）
双语教育
多元文化教育
内容整合
知识建构
减少偏见
公平教学法
赋权的学校文化
性别角色行为
性别偏见
智商（IQ）
智力
多元智力
能力倾向—教学处理的交互作用

自我评估：资格认证练习

指导语：本章开头的案例中所涉及的评价指标是各州的资格认证考试的常见考点。请重读开头的案例，回答下列问题：

1. 玛瓦·范斯和约翰·罗西谈到学生在规范、传统、行为、语言以及感知等方面存在的多元性。下列哪个术语最为恰当地描述了他们谈话的要义？
   a. 种族
   b. 社会经济地位
   c. 智力
   d. 文化

2. 对于玛瓦·范斯和约翰·罗西所教的学生，下列关于社会经济地位的最正确的表述是哪个？
   a. 出身于工薪阶层或底层家庭的学生在学业上的表现与出身于中产阶层家庭的学生一样好，甚至更好。
   b. 家境不利的学生缺乏卫生保健服务的可能性较大。
   c. 暑假期间，出身于中产阶层家庭的学生与出身于底层家庭的学生取得学业进步的可能性相同。
   d. 学校完全代表了工薪阶层的价值观和期望。

3. 玛瓦·范斯和约翰·罗西谈到了学生倾向于接受社会赋予他们的刻板角色。根据相关研究，教师应该如何应对这种角色刻板印象？
   a. 允许学生选择自己的角色，即使他们最后选择了刻板角色。
   b. 尽可能以接近现实的方式来再现感恩节的场景：美洲原住民学生扮演原住民，女生扮演厨娘，男生扮演猎人。
   c. 活动主题不应有偏见，来自弱势群体家庭的学生也可以不拘于刻板印象，扮演来自较高社会阶层家庭的角色。
   d. 写一个感恩节的剧本，将所有弱势群体做出的贡献都写进去。

4. 何塞是玛瓦·范斯班里的一名学生，他想担当感恩节联欢会上的解说员，但是他的英语不很熟练。根据双语教育有效性的研究，玛瓦·范斯可以采用哪种方式来提高所有学生的英语口语和写作技能？
   a. 尽量避免使用双语教育，因为研究发现，双语教育对学生的英语发展不利。
   b. 掌握她班里学生所讲的各种语言。
   c. 支持双语教育，因为研究发现，接受双语教育的学生比接受纯英语教学的学生最终会取得同样好甚至更好的英语成绩。
   d. 明确地指出双语教育对学生自尊的不利影响。

5. 玛瓦·范斯和约翰·罗西讨论了感恩节联欢会上存在的刻板的性别角色问题。根据本章介绍的有关研究，教师应该如何分配男女生在感恩节联欢会上的角色？
   a. 鼓励学生选择自己感兴趣的角色，而不是选择社会期望他们扮演的角色。
   b. 减少男女生在感恩节联欢会中的互动。
   c. 给男女生安排真实的角色：男生扮演猎人，女生扮演厨娘。
   d. 给所有学生安排非传统的性别角色。

6. 什么是多元文化教育？教师、管理者和其他学校职员可采取哪些措施来帮助弱势群体的学生？

7. 学生先前的学习经验和认知学习风格各不相同。教师可以采取哪些策略以兼顾到所有的学生？

8. 如何让家长或其他照料者参与到开发学生潜能的行动中来？请列出6种切实可行的策略。

5

行为学习理论

本章提纲

什么是学习

行为学习理论有哪些

- 巴甫洛夫：经典条件作用
- 斯金纳：操作性条件作用

行为学习的原理有哪些

- 结果的作用
- 强化物
- 惩罚物
- 结果的及时性
- 塑造
- 消退
- 强化程序
- 维持
- 先行事件的作用

社会学习理论如何帮助我们理解人类的学习

- 班杜拉：模仿学习和观察学习
- 梅肯鲍姆的自主学习模式
- 行为学习理论的优势和局限

学习成果

学习本章后，你应当能够：

- 定义“学习”的概念
- 描述行为学习理论的原理
- 讨论行为学习原理给课堂实践带来的启示
- 解决课堂上的问题

朱丽娅·埃斯特班是坦纳小学一年级的教师，她正尝试教给学生适宜的课堂行为。

一天，她对学生说道：“孩子们，我想跟你们谈谈咱们班上存在的一个问题。当我提问时，你们当中有许多人会直接喊出答案，而不是先举手等我点名。谁能告诉我：当我向全班同学提问时，你们该怎么做？”丽贝卡的手举到空中，说道：“我知道！我知道！举手，等着，不说话！”

埃斯特班叹了口气，她试图忽视丽贝卡——因为其行为恰恰是教师刚才不让做的，但丽贝卡却是班上惟一举手的学生，并且你越不理睬她，她就会越发使劲地挥手，并大声回答。

“好吧，丽贝卡。你们应该做什么？”

“我们应该举起手，不说话，等您点名。”

“既然你知道这个规则，那为什么在我点你名之前就大声回答呢？”

“我想我是忘记了。”

“好吧。谁能提醒全班同学关于不准抢着说话的规则？”

四个学生举起了手，一起大声说起来。

“一次一个人回答！”

“按次序回答！”

“当别人发言时不要说话！”

埃斯特班要求学生遵守课堂秩序：“你们这些孩子快要把我逼疯了！”她说，“我们刚才不是正在讨论应该举手等我点名吗？”

“但是，埃斯特班老师，”斯蒂芬没举手就说，“丽贝卡并没有保持安静，但你也叫她发言了呀！

运用你的经验

批判性思维和创造性思维　在这种情形下，埃斯特班女士为了实现她的目标，应该怎样改变其做法。

合作学习　与你的同学讨论一下问题出在哪里。也讨论一下你过去见过的、与此类似的受到强化的不适当行为。和全班交流你的见闻。

儿童是优秀的学习者。然而，他们所学的并不总是我们想要教给他们的。埃斯特班试图教授学生在课堂上应该怎么做，但是由于对丽贝卡的突发行为给予了关注，所以她实际上教给学生的恰恰与其愿望相悖。丽贝卡渴望获得教师的关注，所以教师（即使以恼怒的声调）点她的名发言，这种方式恰恰奖励了她不经允许而大声说出自己答案的行为。埃斯特班的做法不仅使丽贝卡更可能再次不举手就直接说话，而且也使得擅自说话行为更可能被其他同学效仿。埃斯特班对学生所说的话远不如她对学生的行为所做出的实际回应重要。

本章的主要目的是对学习加以界定，之后介绍行为和社会的学习理论，这些理论在解释学习时更强调可观察的行为。**行为学习理论**（behavioral learning theories）关注行为产生的愉快的或不愉快的结果是如何改变个体行为的，以及个体是怎样模仿他人行为的。**社会学习理论**（social learning theories）关注思维与行为的相互影响。后面各章主要介绍**认知学习理论**（cognitive learning theories），这类理论强调人们在学习和记忆新知识或技能时所用到的不可观察的心理过程。由于近些年来各个学派相互吸纳、借鉴彼此的研究成果，因此行为学习理论与认知学习理论之间的界限也日趋模糊。

链接

请参见第6章有关信息加工和认知学习理论的内容。

什么是学习?

什么是学习？如果认真考虑的话，这并不是一个简单的问题。考虑下面这四个例子，它们是学习吗？

1. 一个幼儿迈出了她的第一步。
2. 一个青少年男性感到自己被某些女性强烈地吸引着。
3. 当儿童看到医生带着针走进来时，他感到焦虑。
4. 一个女孩在学会乘法很久之后自主发现，乘以 5 的另一种方式是：用 2 除后再乘以 10（如，428×5 可以这样计算：428/2=214×10=2140）。

INTASC 标准 2
人类发展与学习的知识

学习（learning）通常被定义为经验导致的个体的改变（Driscoll，2000；Hill，2002；Schunk，2004）。迈耶（Mayer，2008a）将学习定义为“经验导致的学习者知识的持久改变”（p. 171）。发展引起的改变（如长高）不是学习的例子。个体生来就有的特性（如对饥饿或疼痛的反射和反应）也不是学习。然而，人类从出生那天（一些人认为更早）起就学习了很多，以至于不能将学习和发展截然分开。学习走路（上面的例 1）主要是一个发展的过程，但也取决于爬行和其他活动的经验。青春期的性冲动（上面的例 2）不是习得的，但是学习也塑造着个体对理想伴侣的选择。

一个儿童看到拿着注射器的医生就产生焦虑（上面的例 3），这肯定是习得的行为。这个小孩已经学会把注射器与疼痛联系起来，当他看到注射器时，身体就会出现情绪反应。这种反应可能是无意识的或不由自主的，但毫无疑问它是习得的。

第 4 个例子，女孩对乘法简便运算的顿悟，是内部生成学习的一个例子，也就是所谓的思维。一些理论家或许并不称之为学习，因为它不是由环境引起的。但是它可能被看做延迟学习的一种情况，其中有意识的乘法教学以及学生对数字的多年经验，再加上女孩个人的心智努力，最终产生了顿悟。

学习有很多种方式。有时，学习是有意识的，比如学生获得课堂中呈现的信息或在互联网上查询信息；有时，学习又是无意识的，比如上面所列举的例子中儿童对注射器的反应。各种类型的学习始终都在进行。当你阅读本章时，你正在学习有关学习的内容。然而，你也正在了解教育心理学可能是有趣的或枯燥的，有用的或无用的。即使你意识不到，你也可能正在学习在页面的哪一部分能够找到某条信息。你也可能学会将本章的内容与阅读时周围环境中一些琐碎的方面联系起来，如图书馆中书的气味或者房间的温度。本章的内容、文字的编排位置以及周围环境的气味、

行为学习理论
对学习的一种解释，强调可观察的行为变化。

社会学习理论
这一学习理论不仅重视强化，也重视提示线索对思维和思维对行为的影响。

认知学习理论
关注心理过程的一种学习理论。

学习
由经验引起的个体的变化。

声音和温度等都是**刺激**（stimuli）。通常你的感官对所有类型的刺激，也就是环境事件或状况都是完全开放的，但是在某一时刻你只能意识到其中的一部分。

教育者所面临的问题不是怎样让学生去学习，因为学生在觉醒状态下始终都参与着学习。问题是怎样帮助学生学习那些在将来的生活中有用的特定信息、技能和概念。我们该如何给学生呈现恰当的刺激，使其注意力和心理努力都关注此类刺激，进而获得重要的技能呢？这才是教学的核心问题。

行为学习理论有哪些?

相对而言，对学习的系统研究起步比较晚，直到 19 世纪末期，研究者们才开始以一种科学的方式来研究学习。他们借用自然科学的技术手段，开始通过实验来了解人类和动物是怎样学习的。伊万·巴甫洛夫是早期的学习研究中最重要的研究者之一；之后，斯金纳因其对行为和结果之间关系的研究而具有举足轻重的地位。

资格认证指南

教师资格认证考试可能会涉及巴甫洛夫的理论。要了解铃声是条件刺激，在没有呈现肉的情况下使狗分泌唾液。铃声之所以能成为条件刺激，是因为巴甫洛夫事先将其与肉进行过配对。

巴甫洛夫：经典条件作用

从 19 世纪末至 20 世纪初，巴甫洛夫和他的同事研究了狗的消化过程。在研究过程中，科学家们注意到了这些动物分泌唾液的时间和频率的变化。巴甫洛夫发现，如果将肉放在一条饿狗的嘴里或嘴的附近，狗就会分泌唾液。肉可以自动地引起唾液分泌反应，而无需任何预先的训练或条件作用，因此被称为**无条件刺激**（unconditioned stimulus）。同样，因为食物出现时狗自动进行唾液分泌，也不需要任何训练和经验，因而分泌唾液的反应被称为**无条件反应**（unconditioned response）。

食物引起唾液分泌是不需要任何先前的经验或训练的，但是其他刺激如铃声就不会引起唾液分泌。由于这些刺激对研究者所关注的反应没有任何影响，因此它们被称为**中性刺激**（neutral stimuli）。巴甫洛夫的实验表明，如果将中性刺激与无条件刺激配对，那么中性刺激就会成为**条件刺激**（conditioned stimulus），并能够引发类似于无条件刺激所引发的反应。换言之，将铃声和肉配对呈现后，铃声的单独呈现也会使狗分泌唾液。这个过程被称为**经典条件作用**（classical conditioning）。巴甫洛夫的经典条件作用可以用图 5.1 表示，在类似这样的实验中，巴甫洛夫及其同事证实了学习如何影响原先被认为是不自主的、反射性的行为，如唾液分泌。

斯金纳：操作性条件作用

人类的某些行为显然是由特定的刺激引发的。比如，像巴甫洛夫研究的狗一样，当我们很饿并且看到美味的食物时，也会分泌唾液。然而，斯金纳认为，反射性行为只能解释所有行为中的很少一部分。他提出了另一类行为，因为这些行为是在没有明显的无条件刺激（如食物）存在的条件下对环境所做出的操作，他称之为操作性行为（operant behaviour）。斯金纳的研究关注行为与其结果之间的关系。例如，如果个体做出行为之后紧随着令人愉悦的结果，则该个体以后将更频繁地做出这种行为。使用愉快的和不愉快的结果来改变行为，这就是**操作性条件作用**（operant conditioning）。

刺激
激活感觉的环境条件。

无条件刺激
自然地引发某种特定反应的刺激。

无条件反应
由某个刺激自动引发的行为。

中性刺激
不能引发特定反应的刺激。

条件刺激
原本为中性的，在与无条件刺激配对后引发了某个特定反应的刺激。

经典条件作用
将原本为中性的刺激与一个无条件刺激反复建立联系以使其引发条件反应的过程。

操作性条件作用
使用愉快的或不愉快的结果来控制行为的出现。

图 5.1 经典条件作用

在经典条件作用中，一个起初不能引发反应的中性刺激（如铃声）与一个无条件刺激（如肉）配对出现，进而能够诱发反应（如分泌唾液）。

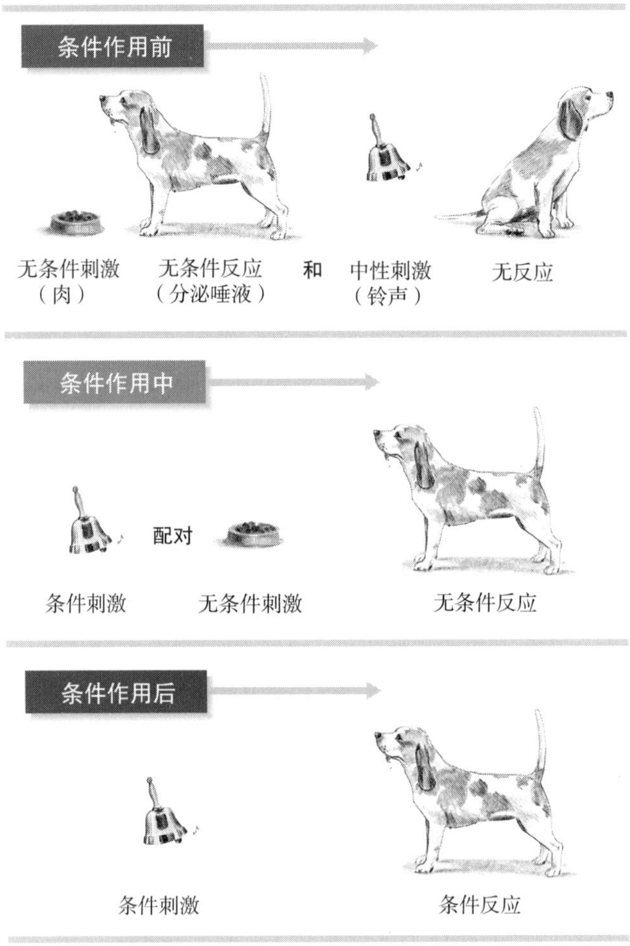

斯金纳箱

斯金纳发明的一种装置，用于操作条件作用实验中观察动物的行为。

斯金纳关注的主要问题是：把被试置于受控的情境中，观察行为结果的系统变化所引起的行为变化（见 Alberto & Troutman，2009；Bigge & Shermis，2004；Malott，2008）。斯金纳因发明和使用了**斯金纳箱**（Skinner box）而闻名。斯金纳箱是研究动物（通常是大鼠和鸽子）行为的一种简单装置。用于大鼠的斯金纳箱主要包括：易于被大鼠按压的杠杆、给大鼠分发食丸的食物分发器以及饮用水分发器。大鼠看不到也听不到箱外的任何刺激，由此所有的刺激均受实验者控制。

使用斯金纳箱进行的最早几项实验中，实验者首先调试好实验装置，使大鼠偶尔按压杠杆后即可获得一粒食丸。在几次偶尔的按压杠杆后，大鼠会频繁地按压杠杆，每次都获得一粒食丸。食物奖赏影响了大鼠的行为，即加强了按压杠杆的行为，并减弱了其他行为（如在箱子里乱转）。此时，实验者还可以做其他几件事情，例如控制大鼠必须按压几次杠杆才可获得食物，或者按压有时可以获得食物，有时则不能，或者按压不再能够给出食物。每种情况下都对大鼠的行为进行电子记录。斯金纳箱的一项重要优势就是使得研究者在可控的环境中对行为进行细致的科学研究（Bigge & Shermis，2004）。任何人使用这种装置都可以重复斯金纳所做的实验。

资格认证指南

大部分的教师资格认证考试都会要求你了解：当教师强化学生举手发言的行为时，她就是在使用操作性条件作用。

> **网络链接**
> 斯金纳基金会网站 www.bfskinner.org 致力于应用斯金纳的理论来促进对人类行为的理解。

结果
紧跟着行为出现的愉快或不愉快的情况，会影响着该行为以后发生的频率。

强化物
一种愉快的结果，可以维持或增强行为。

行为学习的原理有哪些？

行为学习理论有它自己的语言来描述行为的结果是如何塑造之后的行为的（也见 Alberto & Troutman，2009；Bigge & Shermis，2004；Kazdin，2001；Malott，2008；Walker，Shea，& Bauer，2004）。

结果的作用

斯金纳用大鼠和鸽子所进行的开创性研究确立了一系列行为学习的原理，并得到许多以人类和动物为被试的研究支持。行为学习理论最重要的一条原理或许就是：行为根据紧随的**结果**（consequences）而发生变化。愉快的结果加强行为；不愉快的结果减弱行为。换言之，愉快的结果提高了个体做出某种行为的频率，而不愉快的结果降低了该行为出现的频率。如果学生喜欢阅读，那么他们可能读得更多；如果学生觉得故事很枯燥，或难以集中注意，他们可能就会读得更少，而去选择其他活动。愉快的结果被称为*强化物*，不愉快的结果被称为*惩罚物*。

斯金纳箱的工作原理是怎样的？大鼠正在经历什么类型的条件作用？这类条件作用是如何发生的？它与巴甫洛夫研究的那类条件作用有什么不同？

强化物

强化物（reinforcer）是指任何能增强行为（即提高行为出现的频率）的结果。要注意的是，在没有证据表明某一特定结果确实增强了特定个体的某种行为时，我们不能妄加推断该结果就是强化物。因此，强化物的有效性必须展示出来。例如，对小孩子而言，糖果通常被看做一种强化物；但是一顿美餐之后，孩子可能不会觉得糖果很诱人，而且有些孩子根本就不喜欢糖果。一位教师说："数学课上我用表扬来强化他安静地坐在座位上的行为，但是不起作用。"如果没有证据表明表扬对该生而言确实是个强化物的话，那么这位教师则可能错用了强化这一词。没有一种奖赏能被假定为对所有情境中的所有人都能够成为强化物（Barnhill，2005）。

> **链接**
> 请参见第11章有效学习环境的有关内容，其中包括应用行为分析。

一级强化物和二级强化物　强化物分为两大类：一级强化物和二级强化物。**一级强化物**（primary reinforcers）满足人类的基本需要，如食物、水、安全、温暖和性等。**二级强化物**（secondary reinforcers）通过与一级强化物联系，或与其他已经牢固建立的二级强化物联系，进而获得强化价值。例如，只有当孩子了解到钱可以用来购买本身就是一级或二级强化物的商品时，钱对他们才有强化价值。除非家长留意并看重孩子的好成绩，否则成绩对学生来说是没有价值的。家长的表扬是有价值的，因

一级强化物
斯金纳发明的一种装置，用于操作条件作用实验中观察动物的行为。

在儿童的生活中，教师是强化的一个主要来源。这位教师使用的是一种什么样的二级强化物？这种强化可能会带来什么结果？

为它与爱、温暖、安全和其他强化物相联系。二级强化物有三种基本类型。一种是社会强化物，如表扬、微笑、拥抱或关注。当埃斯特班女士注意到丽贝卡时，无意中就给了丽贝卡一个社会强化物：教师的关注。另外两种二级强化物是活动强化物（比如可以玩玩具、做游戏或从事有趣的活动）和代币（或符号性）强化物（例如钱、分数、彩星或个体可以用于换取其他强化物的积分）。

正强化物和负强化物 在大部分情况下，学校中所使用的强化物都是**正强化物**（positive reinforcer），包括表扬、分数和彩星。然而，还可以采取另一种方式来加强行为，即个体做出的某种行为能够使其摆脱不愉快的情境或避免不愉快事件的出现。例如，如果学生完成了家庭作业，那么家长就可以不要求孩子洗碗碟。如果洗碗碟被视为一项不愉快的任务，那么免于做此事就是一种强化。个体从不愉快情境中的摆脱被称为**负强化物**（negative reinforcer）（Landrum & McDuffie，2008）。

负强化物这个概念通常被误解为惩罚，比如“课间休息时我要求他留下，以对他的迟到行为进行负强化”（Martella，Nelson，& Merchand-Martella，2003）。若要避免此类术语的错误使用，一定要记住：强化物（不论正强化物还是负强化物）是增强行为的，而惩罚是减弱行为的（见表 5.1）。

二级强化物
通过与一级强化物建立联系而获得强化价值的一种结果。

正强化物
用来强化行为的愉悦的结果。

负强化物
个体从不愉快情境中摆脱，用来强化行为。

表 5.1 行为学习的结果

增强行为	削弱行为
正强化	**无强化**
例子：奖励或表扬	**例子：**忽视
负强化	**负惩罚**
例子：免除讨厌的任务或摆脱讨厌的情境	**例子：**阻止接触喜欢的任务或情境
	正惩罚
	例子：强迫接触讨厌的任务或情境

普雷马克原理 行为的一个重要原理是：可以通过允许在完成不愉快的活动之后从事愉快的活动来促成行为。例如，你可以说，“只要你完成了作业，就可以出去玩”或者“你先收拾画画的东西，然后我再给你讲故事”。这些都是**普雷马克原理**（Premack Principle）的例子（Premack，1965），有时也叫“祖母规则”，它来源于古老说法：“吃完蔬菜你才可以去玩。”教师们也应用普雷马克原理，轮流安排学生不太喜欢做的活动与比较喜欢的活动；学生能否从事自己喜欢的活动，取决于是否成功地完成了不太喜欢的活动。例如，在小学里，将多数学生都觉得有趣的音乐课安排在某项较难的课程之后就是一种很好的做法，这样学生就会明白，如果他们在较难的课程上无所事事的话，其代价就是音乐课时间缩减（Martella et al.，2003）。

资格认证指南

教师资格认证考试中有可能要求你了解以下论断。当教师说：“如果你在明天的测验中得A，这周你就不用做家庭作业了。”此时，她在使用负强化（免除不愉快的结果，前提是假定家庭作业是不愉快的！）。

理论应用于实践

课堂中强化的应用

对课堂实践而言，最有用的行为主义学习原理也是最简单的：强化你希望反复看到的行为。这个原理看上去浅显易懂，但实际做起来并非易事。例如，一些教师认为强化是不必要的，理由是：“我为什么要给他们强化？他们只是做了该做的事！”

课堂中使用强化来增强所期望看到的行为时，可遵循以下几条主要的原则（见Alberto & Troutman，2009；Jones & Jones，2004；Kauffman，Mostort，Trent，& Hallahan，2002；Malott，2008；Marzano，2003；Miltenberger，2001）：

1. **确定你希望学生做出的行为，当这些行为出现时予以强化。**例如，表扬或奖励学生的出色工作。如果学生没有尽力，则不给予表扬或奖励。当学生开始一项新的学习任务时，他们整个过程的每一步都应该受到强化。对于那些逐步接近你定的最终目标的行为须给予积极的反馈。将新的行为（或课堂任务）分解为比较小的部分，并在整个过程中给予充分的奖励。
2. **告诉学生你所期望的行为表现，当他们表现出来时，给予强化，并告知原因。**为学生列举你所使用的评价其活动的各项标准，以及每项标准的分值。这样，学生将能够从你的反馈中来认识自己的优势和不足。
3. **在恰当的行为出现之后，尽快地给予强化。**延迟强化的效果比及时强化差。评改作业时，应尽快给学生反馈。让学生了解自己在课堂中的表现是非常重要的，因此，改作业不能拖延。每次布置作业时，都应该考虑使用何种评价方式，需要多长时间才能给学生提供设想的反馈。

INTASC标准4
多元教学策略

普雷马克原理
愉快的活动可以用来强化个体参与不甚愉快的活动。

链接
若想了解更多有关内部动机和外部动机的内容，请参见第10章。

内部强化物
个体因为行为本身的乐趣而乐意从事的行为，不需要任何其他奖励。

外部强化物
激励个体从事某一行为的表扬或奖励；若缺乏，则个体可能不会从事该行为。

内部强化物和外部强化物 在许多情况下，维持行为最重要的强化物是参与活动本身带来的乐趣。譬如，大多数人都有某种爱好，可以不计报酬地、长时间地从事某种活动。人们喜欢画画、看书、唱歌、玩游戏、徒步旅行或游泳，原因不是其他，而只是做这些事情本身的乐趣。这类强化物叫**内部强化物**（intrinsic reinforcer），可以说人们因受到内部动机的驱使而从事某种活动。与内部强化物相对的是**外部强化物**（extrinsic reinforcer），也就是用于激励人们从事某种活动的表扬或奖赏，而没有这些外部强化物，人们可能不会从事这种活动。研究表明，对儿童无论如何都会做的某些行为进行强化，有可能会削弱长期的内部动机（Deci & Ryan，2002）。有关这一问题的研究表明，外部强化物的削弱效应仅发生于有限的若干情形中，这些情形中只要儿童参与活动便有奖赏，而不考虑其成绩如何；并且活动必须是儿童不得到任何奖赏也会自己去做的（Cameron & Pierce，1994，1996；Eisenberger，Pierce，& Cameron，1999）。口头表扬以及其他类型的反馈都属于外部强化物，研究发现，这类外部强化物非但没有降低内部兴趣，反而增强了内部兴趣。这一研究结论的实践意义是：如果活动是学生会自发去做的，教师应该谨慎地考虑是否给予强化物。但是，就学校中的大部分任务而言，多数学生都不会自发地去做。因此，教师没有理由担忧外部强化物的使用将会损害内部动机，尤其当外部强化物是社会性的，对学生更高的掌握水平和更强的独立性表达认可时。实际上，有人认为，假如在使用正强化可以有效地促进积极行为的情况下却没有使用它们，这是不道德的（如Bailey & Burch，2005；Maag，2001）。例如，一个学生可能因打架而被开除。如果一个用正强化来减少打架行为的矫正方案可能消除该生的打架行为，那么在道德上要求教师在采取开除等严厉措施之前就必须先尝试这个方案（或其他方案）。

网络链接

若想了解在内部动机相对外部动机问题上的争论，请访问 www.restud.com/PDF/intrinsicresfeb4.pdf。

理论应用于实践

实用的强化物

儿童所喜欢的任何东西都可以作为有效的强化物。但是，课堂中应当使用什么样的强化物则显然受到现实条件限制。有效强化所遵循的一个基本原理是：在有效强化物中，最好选择最简单的、最无形的强化物。也就是说，如果表扬或自我强化能奏效，就不要使用奖状；如果奖状能奏效，就不要使用小玩具；如果小玩具能奏效，就不要使用食品。确定该使用什么强化物的一种方式是问学生自己，他们更愿意为自己选择的强化物而学习（Cote，Thompson，Hanley，& McKerchar，2007）。然而，如要激励学生去做一些重要的事情，任何必要的实用强化物都应当毫不犹豫地加以使用。特别注意，在试过各种可能的强化措施前，不要去想使用惩罚（下面将论述）。下面列举一些强化物的种类和相应的例子（也请参见 Burden，2000；Landrum & Kauffman，2006；Martella et al.，2003）。这些类别是按照有形化的程度由低到高排列的。

1. **自我强化**。教学生进行自我表扬，自我安抚，在表格上记录自己的进步状况，停下来小憩，以及对任务的完成或坚持进行自我强化。
2. **表扬**。诸如“干得不错！”“就是这样！”“我知道你能做好！”之类的措辞以及其他的口头表扬都是有效的，通过微笑、眼神、翘大拇指或者轻拍后背等方式也可以传达同样的信息。在合作学习和同辈辅导中，应鼓励学生互相表扬对方的适宜行为（Landrum & Kauffman，2006）。

3. **关注**。对许多孩子来说，受到自己看重的成人或同伴的关注是一种非常有效的强化物。聆听、点头或走近都可能给孩子提供他们所寻求的积极关注。对表现出色的学生或为达到目标而需求较长的学生，可以给他们一个特殊的机会去拜访楼长. 在办公室帮忙或者和校长一起散步（Alber & Heward，2000）。

4. **成绩和认可**。优异的成绩和其他荣誉（如成就证书）既是对学生付出努力的一种积极反馈，又可与家长们沟通孩子的进步情况，而多数家长自身也会对好成绩进行强化，因此它们是很有效的强化方式。公开展示优秀的作品、校长给予批注以及其他形式的表彰都具有相同的效用。与那种几个月才给一次的报告卡评定相比，小测验分数、行为等级评定以及经常给予的其他形式的反馈更为有效。

5. **给家里打电话**。给孩子的照料者打电话或发邮件，以认可孩子的成功，这是一种有力的强化手段。

6. **依托家庭的强化**。家长可以成为强化系统的有效参与者。教师可以与家长一起制订强化计划。如果孩子达到了详细规定的行为或表现标准，家长在家中就应该给孩子某种特权。

7. **特权**。孩子可以因良好的行为表现而获得更多的自由时间和使用特殊物品（如足球或游戏）的机会，或者可以充当特殊的角色（如为教师跑跑腿或协助教师分发材料）。表现好的单个或一组孩子可以提前休息或者得到其他方面的某些小特权。

8. **活动强化物**。在达到既定标准的前提下，学生可以看录像、玩游戏或从事其他有趣的活动。活动强化物对学生群体尤为有效，如果全班共同达到了某一标准，那么全班都可以获得自由时间或从事特殊活动（Embry，2002；Theodore，Bray，Kehle，& Jenson，2001）。

9. **物质强化物**。孩子因为取得好成绩或有良好的行为表现而获得积分，他们可以用这些积分换取小玩具、橡皮、铅笔、玻璃弹球、漫画书、贴纸。给儿童的物质强化物在有多种选择时的效果通常更好（Cruz & Cullinan，2001；Walker et al.，2004）

10. **食物**。葡萄干、苹果、胡萝卜、酸牛奶或其他健康的小食品也可用作强化物。

> **链接**
> 了解更多有关如何与家长一起强化学生行为的内容，请参见第11章。

> **链接**
> 想了解更多有关活动强化物使用的内容，请参见第11章。

> **资格认证指南**
> 在教师资格认证考试中，你要知道，只有当一种不愉快的结果降低了产生它的行为再次发生的频率，该结果才能算是一种惩罚物。

惩罚物

能减弱行为的结果叫惩罚物。请注意，在定义**惩罚**（punishment）这个概念时，也同样面临着定义强化时的问题：如果表面看起来令人不愉快的结果实际上并没有减少之前行为再次出现的频率，那么这种结果就不能算是一种惩罚物。例如，有些学生喜欢因犯错误而被叫到校长办公室或在教室外面的走道上罚站，因为在他们看来，课堂是一种令人不愉快的情境，犯错误的结果使自己从课堂中解脱出来（Driscoll，2000；Kauffman et al.，2002；Martella et al.，2003）。有些学生喜欢被批评，因为这可以获得教师的关注，并且还有可能提高他们在同伴中的地位。与强化物一样，惩罚物的有效性也不是想当然的，必须以实际的结果来验证。惩罚有两种主要形式。

正惩罚　正惩罚（presentation punishment）的特点是使用不愉快的结果或**厌恶性刺激**（aversive stimuli），如指责一名学生。

> **惩罚**
> 用来减弱行为的不愉快的结果。

> **厌恶性刺激**
> 个体试图避免的不愉快的结果。

> **正惩罚**
> 在一次行为之后紧跟着的一项厌恶性刺激，以降低该行为再次发生的可能性。

负惩罚 **负惩罚**（removal punishment）的特点是撤销愉快的结果，比如特权的丧失、剥夺课间休息机会、放学后留校等。另一个例子是**反应代价**（response cost）（Landrum & McDuffie，2008），即让表现出不适宜行为的学生付出代价，比如，学生从任务上分心多长时间，放学后就要留校同样长的时间。课堂中常用的一种负惩罚是**暂时隔离**（time out），即让犯错误的学生在角落里或在教室外的走道上待几分钟（见Nelson & Carr，2000）。当教师认为其他学生的关注有可能起强化错误行为的作用时，就常使用暂时隔离。暂时隔离使犯错误的学生失去了此种强化物。人们发现，错误行为之后给予暂时隔离整体上可以减少该行为的再次发生（Alberto & Troutman，2006）。

例如，怀特和贝利（White & Bailey，1990）考察了体育课中使用"坐冷板凳"的惩罚效果。告诉那些有错误行为的学生他们犯了什么错误，然后给他们一个 3 分钟的沙漏计时器，让他们坐在一旁看着沙漏，直到沙子漏完。这个方案起初用于为有严重行为问题的四和五年级学生办的特殊班。图 5.2 总结了该研究结果。在基线水平，研究者观察到在 10 分钟内最多有 343 起捣乱行为，之后开始实施行为核查程序。教师评定每个孩子的行为，并把表现差的孩子叫到办公室或剥夺他们一段自由时间。这种方式减少了错误行为，但未能彻底消除它们。然而，当采用"坐冷板凳"这种方式时，不良行为几乎消失了。将这种方法用于另外一个四年级的常规班的体育课时，也得到了相似的结果。

是否给予惩罚、何时给予惩罚以及如何惩罚的问题引起了行为学习理论家们的很多争议。有些人认为，惩罚的作用只是暂时的，尤其是正惩罚（厌恶性）；惩罚引起攻击性；惩罚还使得个体逃避曾被惩罚过的情境（Kazdin，2001；Landrum & Kauffman，2006；Miltenberger，2001）。即使是赞同使用惩罚的行为理论家们也同意这样的观点：只有当对适宜行为的强化不奏效时才诉诸惩罚；当有必要使用惩罚时，应该尽可能采用温和的方式；惩罚必须作为精心设计的方案中的一部分，绝不能前后不一，或出于教师的挫败感而使用。在多数地方，学校中的体罚（如打屁股）是违法的（Jones & Jones，2007；Levin & Nolan，2007）。无论是从伦理还是科学的角度，几乎所有的行为理论家都反对体罚（见 Bailey & Burch，2005；Kazdin，2001；Malott，Malott，& Trojan，2000）。

结果的及时性

行为学习理论的一个非常重要的原理是：结果在行为之后立即出现远比延迟一段时间再出现更能影响行为。斯金纳箱中的大鼠按压杠杆之后，如果需等待几分钟才能得到食丸，那么大鼠可能要花长很多的时间才能学会建立按压杠杆和食物之间的联系；当食物出现时，大鼠可能已经在做按压杠杆之外的事情。立即给予的小强化物比延迟给予的大强化物通常有更强的效力（Alberto & Troutman，2006）。这一规律可以解释人类的许多行为。比如，它可以解释为什么戒烟或节食是如此之困难。即使戒烟或减肥的益处是众所周知的，但一支烟或一个油炸圈饼产生的及时的小强化往往就能胜过重大但延迟的强化物对行为的影响。结果的及时性原理在课堂中也是很重要的，尤其是对年龄较小的学生，当他们表现良好时，立即给予表扬可能比延迟很久才给一个好分数有更大的强化作用。走近一个不守纪律的学生，拍拍他的肩膀，或者做一个手势（如，把手指放在唇边以示安静），这样做可能比下课后再批评或警告要有效得多（Jones & Jones，2007；Landrum & Kauffman，2006）。

负惩罚

一项可能对行为造成强化的愉快刺激的撤除，以降低行为再次发生的可能性。

反应代价

抵消表现出不良行为的学生的自由时间或其他方面特权的程序。

暂时隔离

让学生离开某个情境的程序，该情境正使错误行为受到强化。

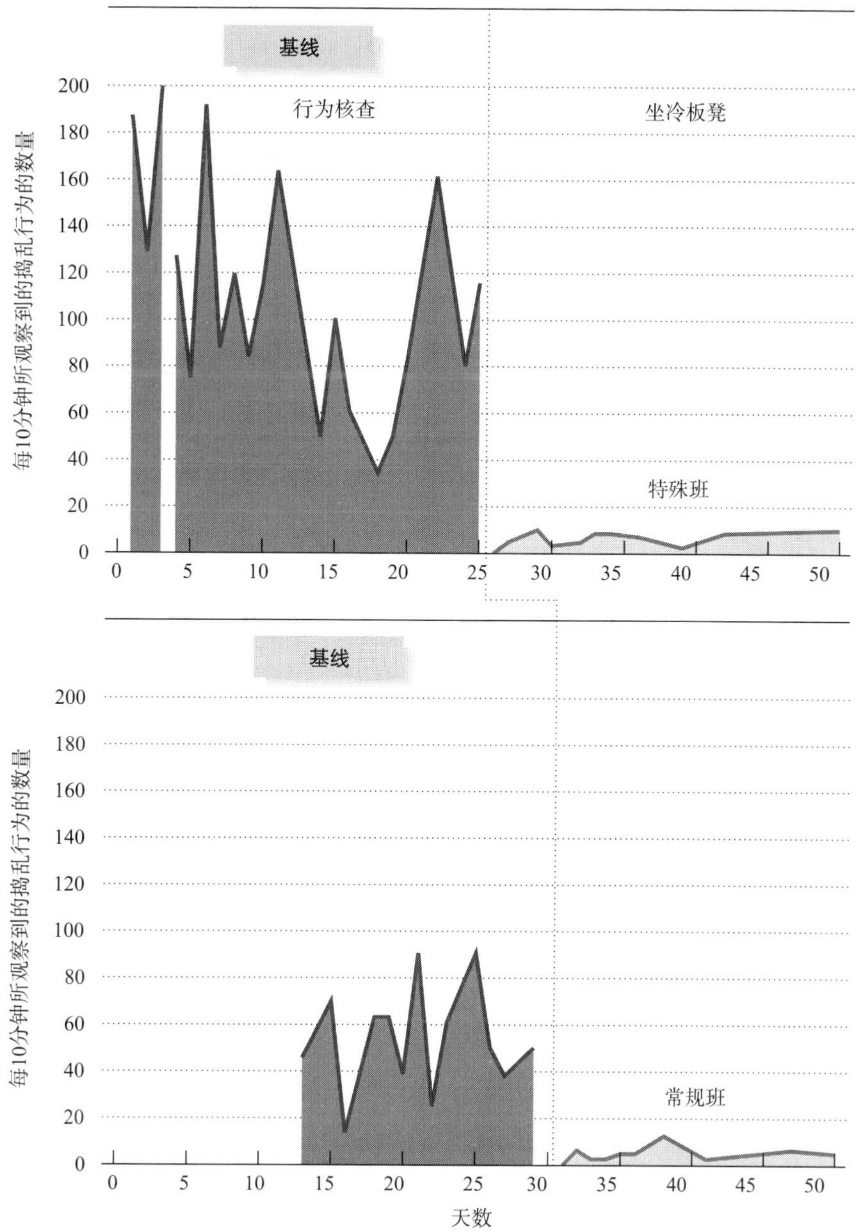

图 5.2　用“坐冷板凳”减少破坏性行为

每 10 分钟所观察到的捣乱行为的数量。

资料来源：A. G. White & J. S. Bailey, "Reducing Disruptive Behaviors of Elementary Physical Education Students with Sit and Watch," *Journal of Applied Behavior Analysis*, 3, 1990, p. 357. Adapted by permission.

及时反馈至少可以达到两个目的：第一，它使行为与结果之间的联系明确化；第二，它提高了反馈的信息价值。在应对不良行为时，教师也可以利用结果的及时性原理，即当学生没有表现出不良行为时，立即给予积极反馈，这实际上就是在学生表现良好时“抓现行”！

塑造

强化的及时性对教学很重要，但是究竟强化个体的什么行为也同样重要。幼儿园教师是不是一直要等到孩子能背出整个字母表时才给予强化？显然不是。最好的表扬方式是：起初孩子认出一个字母就给予表扬，接下来能认出数个字母时给予表扬，最后等儿童学会了所有的26个字母后再给予表扬。音乐教师是应该直至年幼的学生能准确无误地演奏整首钢琴曲时才给予强化，还是应当在该生第一次能够断断续续地演奏完一首曲目后就给予表扬？大多数学生在前进的过程中都需要接受强化。对学生趋向成功的每一步都给予强化，以引导学生实现最终的目标，这种技术被称为**塑造**（shaping）。

行为学习理论中所使用的术语塑造是指通过强化学习者逐步趋近预期目标（最终行为）的每一步来教授新技能或新行为（Bigge & Shermis，2004；Driscoll，2000）。例如，教孩子系鞋带时，我们并不会仅仅向他们示范该怎么做，然后等着他们自己完成整个动作后再给予强化。相反，当他们能打第一个结时就予以强化，然后强化他们把鞋带做成两个环，如此对每次的进步都给予强化，直到他们能完成整个任务。按照这种方式，我们强化朝向最终目标的每一步，由此来塑造孩子的行为。

在课堂教学中，塑造是一种重要的手段。假定我们希望学生有能力写这样的文章：包括一个主题句、三项支持性的论据以及一个总结句。该任务包含很多子任务：能够识别并接着写出主题句、支持性论据和总结句；能写出完整的句子并正确地使用大小写字母、标点符号以及语法；能够正确地拼写等等。如果教师在一节课上教授了上述所有技能，然后要求学生写出文章，并对文章的内容、语法、标点符号以及拼写进行评分，那么大部分学生可能都会失败，而且从这样的练习中获益不多。

相反，教师应该分步地教授这些技能，逐渐塑造出最终的写作技能。教授学生如何写第一个主题句，然后教授如何写支持性的论据，最后教授写总结句。开始时，仅要求学生注重段落内容，然后提高强化的要求，即只有当学生的语法和标点符号也正确时才给予强化。最后，只有当拼写也达到正确时才给予强化。在每一阶段，学生都有机会得到强化，因为经过努力，他们都能够达到获得强化所需的标准。这里所体现的一条原则是：应该强化学生的这类行为，即它们未超出学生当前的能力范围，但同时又能使他们全力以赴学会新技能。

无论教给学生新的运动技能还是学业技能，教师或教练都应该从基本技能训练开始，并据此进行能力培养。教师或教练可以使用什么方法来塑造学生的行为？

塑造

强化接近想要达到的目标的每一个小步骤，最终教会一项新的能力或行为。

消退

从定义上看，强化物加强了行为。但是当取消强化物时会发生什么情况呢？行为将会逐渐减弱，直至最终消失。这个过程叫做先前习得行为的**消退**（extinction）。

消退不是一个稳步减弱的过程。取消强化物之初，个体通常会提高行为的频率。例如，你经常穿过某扇门而抄近道去校园的另一处。假如某天这扇门关上了，你刚开始可能会使劲地推、晃这扇门，双向旋转把手，甚至踢几脚。你可能会感到受挫和愤怒。然而，过一会儿，你意识到门可能被锁住了，因此就离开了。如果这门永远锁着（但你并不知道），你可能在随后的几天内还会试图开门，接着每月试一次，直到最终才放弃。

你被那扇锁着的门挡住时做出的行为就是一种经典的消退模式。强化物撤销之初，行为有所加强，然后快速减弱直至消失。但过了很长一段时间后，行为仍有可能再次恢复。例如，一年后你可能又去试着打开那扇门，看看它是否依然锁着。假若门仍被锁着，你大概在相当长的一段时间里不再去尝试，但未必会永远不再尝试。

在消退的初期阶段，行为水平提高的典型现象叫**消退爆发**（extinction burst），这种现象对课堂管理有很重要的影响。例如，设想你决定消退某儿童喊出答案（而不是先通过举手得到允许）的不适宜行为。具体的做法就是忽视该儿童，直到她能举手并安静等待。开始时，对这个孩子的忽视可能增加了她擅自说话的行为，这是一种经典的消退爆发。而你可能错误地认为忽视的做法并不奏效。事实上，只要你坚持，持续地忽视不适宜的行为才是最适当的策略（Landrum & Kauffman，2006；Martella et al.，2003）。可惜的是，你最终可能会放弃忽视，并在学生第 3 次或第 4 次擅自说话后，点名让她发言。此举会向学生传达这样一个最糟糕的信息：只要你坚持，那么大声喊叫终究会起作用。这可能恰会增加你曾试图减少的那种行为，因为学生学到了“如果你最初没有成功，那么就尝试，再尝试”（Landrum & McDuffie，2008）。本章开头所呈现的案例就是例证。埃斯特班女士起初忽视丽贝卡不举手就大声说话的行为，而丽贝卡则以更大的声音喊叫，之后老师叫丽贝卡回答。教师在不经意中就教给丽贝卡：只有大声地喊个不停才会获得强化。

当某些刺激或线索能提示个体：那些曾经被鼓励的行为将不再得到强化时，先前习得行为的消退过程可能会加速。以前面锁门的案例来讲，“此门已锁，请绕行”的提示标记可能会大大减少试图开门的次数。如果教师告诉全班同学，“除非大家都很安静并举手发言，否则我不会叫任何人”，并忽视其他任何试图得到教师关注的行为，那么擅自大声发言的行为会更快地减少。

消退
撤除强化时，习得的行为减弱并最终消除。

消退爆发
在消退的早期阶段，行为水平的提高。

强化程序

强化对行为的影响效果取决于许多因素，其中最重要的一项是**强化程序**（schedule of reinforcement）（见 Alberto & Troutman，2009；Kazdin，2001；Miltenberger，2001）。强化程序是指给予强化物的频数、强化物之间的时间间隔以及强化的预期性。

强化程序
强化的频率和可预测性。

固定比率（FR）　一种常见的强化程序是**固定比率（FR）程序**（fixed-ratio schedule），即做出一定次数的行为之后才给予一个强化物。例如，教师可能说“只要你做完10道题就可以出去玩。”不论学生花多长时间，只要做完10道题，就会得到强化。这是一个FR10（10次行为换得一个强化物）的例子。固定比率程序的一

固定比率（FR）程序
一种强化程序，在行为出现固定次数后对行为进行奖励。

种常见形式是每做出一次符合要求的行为就能够得到强化，这种强化方式叫连续强化（continuous reinforcement，CRF），也可以称之为FR1，即做出一次行为就得到强化。把钱投入饮料售货机就通常是连续强化的一个例子，因为做出一次行为（投币）就产生一个强化物（一瓶饮料）。课堂上正确回答问题通常也是一种连续强化，学生给出正确答案，教师会说“对！回答得很好！”

教学中的一个重要过程就是逐渐提高获得强化所需的反应比率。在一系列课的最初几节，强化学生的每一个正确答案（比如对每道做对的数学题给予回应）是必要的；然而，从长远来看，这样效率低。当学生能正确地解决数学题时，可以尽快改为每 5 道题（FR5）或每 10 道题（FR10）强化一次，等等。以这种方式降低强化频率可以使学生在没有强化的情况下也能够独立学习，并且使学习行为不易受消退影响。最终，学生能够按照教师的要求，自己在中途无强化、完成任务后才有的情况下去完成整项作业。

固定比率的强化程序能够有效地激励个体去做大量的工作，尤其是从连续强化（FR1）的固定比率开始，使个体着手去做，之后再逐渐提高获得强化的要求。强化的高要求比强化的低要求更能提高行为的水平，其原因之一是太频繁的强化会削弱强化物的价值。如果学生每做对一道数学题就受到表扬，则学生很快就会厌倦表扬，表扬这种强化物就会失去其价值。

可变比率（VR） 在强化的**可变比率（VR）程序**（variable-ratio schedule）中，为获得强化而需要做出的行为的次数是无法预知的，尽管个体确知该行为最终会得到强化。例如，赌博机就是按照可变比率程序运作的。有时也许只推一下就有回报，而下次可能推了200下才得到回报，并且个体也无法预知究竟哪一次会获得回报。学生在课堂中举手回答问题时，教师常常进行可变比率的强化。学生并不知道什么时候因回答正确而得到强化，但是，他们可以预期，在20人的班上，每人都有1/20的机会被叫起回答问题，这可称为VR20强化程序。因为为了获得一次强化，平均需要做出20次行为。可变比率强化程序更易于产生高频率且稳定的行为。实际上，几乎所有的赌博博弈中都包含着VR程序，它们很容易让人上瘾。与此相似，经常随机地检查学生作业也有助于学生一以贯之地、认真地对待作业。

可变比率程序具有很强的抗消退能力，即使行为不再被强化，人们也可能在很长一段时间内都不会放弃做出该行为，因为他们已经认识到：可能要做很多次才能得到回报。他们一厢情愿地相信也许下一次就有可能得到回报，不停地做下去。

固定时距（FI） 在**固定时距程序**（fixed-interval schedule）中，强化物是定时给予的。期末考试是固定时距强化的典型例子。固定时距强化程序会导致一种有趣的行为模式：在不给强化物的时间里，个体只做出很少的行为反应，直到强化的时间点临近时才在短期内竭尽全力。用大鼠和鸽子所做的固定时距实验也证明了这种行为模式的存在，但这种模式更明显地反映在那些临时抱佛脚的学生身上，如应对马上进行的测验，或者赶写第二天就要提交的每月读书报告。固定时距强化程序所引起的行为特征表明，频繁的小测试可能比少量的几次大考更能促进学生持续地努力学习，而不是考前开夜车（Malott，2008）。

可变比率（VR）程序
一种强化程序，在对行为进行奖励之前，行为出现的次数不定。

固定时距（FI）程序
在一段固定时间后对行为进行强化的程序。

可变时距（VI）程序
在一段不固定的时间后对行为进行强化的程序。

可变时距（VI） 在**可变时距程序**（variable-interval schedule）中，强化物有时给予，有时又不给予，而且我们无法知道什么时候行为会受到强化。该程序的一个例子是教师在课堂上对学生的学习活动进行抽查，如果学生恰好在教师抽查时做得很

表 5.2　强化程序

程序	定义	反应模式	
		强化期间	消退期间
固定比率	做出固定次数的行为后获得强化	稳定的反应率；强化后反应暂停	若做出所需次数的反应后没有强化，则反应率快速下降
可变比率	做出不定次数的行为后获得强化	稳定的高反应率	维持高反应率，然后下降
固定时距	经过固定时间后获得强化	反应率不均衡，在每个时段末快要获得强化时，反应迅速增加	若一个时段后没有强化，反应率快速下降
可变时距	经过不定时间后获得强化	稳定的高反应率	反应率缓慢下降

好，那么该生将获得强化。由于学生无法预料教师何时检查他们，所以就必须始终努力去做好。人们遵守交通法规可能是出于对法律的尊重以及公民的责任感，但警察随机检查司机的守法情况也有效。警察带着测速仪隐蔽在立交桥上或小土堆后面，以便对司机的驾驶行为进行随机抽样。如果司机总能轻而易举地看到警察，那么警察就会成为司机小心驾驶的信号，而在其他时候就不必这样小心驾驶了。

与可变比率程序相似，可变时距程序也能够非常有效地把一项行为维持在高频率，而且具有很强的抗消退性。例如，教师要求学生每天都交课堂作业，但教师并不检查所有的作业，只是从中随机抽出 3 份进行检查。如果学生的作业很好，就给加分。该程序可能会激励学生认真地做课堂作业。如果教师在学年中途悄悄地停止了抽样检查，那么学生也可能无从知晓，只是解释为自己的作业尚未被抽到，而不会意识到对所有人的强化都停止了。

表 5.2 对强化程序进行了界定并给出了其他一些例子。

维持

消退原理表明，取消对先前习得行为的强化，行为就会逐渐消失。这是否意味着教师必须永久强化学生的行为呢？

答案不定。就斯金纳箱中的大鼠而言，强化的取消无疑会导致其按压杠杆这种反应的消退。然而，人类生活的世界复杂得多，其中充满了各种自然强化物，它们强化着我们在学校中习得的多数技能和行为。例如，起初可能要对学生引起阅读的行为进行经常的强化。然而，一旦学生能够阅读，他们就具有打开书面语言这个大千世界的技能，这个世界对大多数学生而言都具有很强的强化作用。某个时间点后，就无需对阅读行为进行强化，因为阅读内容本身就足以维持阅读行为。同样，我们可能要对那些行为比较差的学生的学业行为进行更为细致、系统的强化。但一段时间后，这些学生就会发现，完成学校的功课可以获得很多方面的回报，如好分数、家长的认可、课堂理解能力的提升、知识的增长。做功课的这些自然强化物随时可得，但只有当学生的功课通过更系统的方式得到提升后，学生才有可能体会到它们。

资格认证指南

教师资格认证考试中可能要求你了解：举起你的手来吸引学生注意是一种线索即先行刺激，它告知学生：何种行为能得到强化。

前面（在强化程序部分）所讨论的抗消退的概念对理解习得行为的**维持**（maintenance）是关键的。如前所述，当学习一项新行为时，应以频繁的、可预测的方式来强化正确反应。然而，该行为一旦建立，对正确反应的强化就应该适当减少，并变得相对不可预测。这样做的原因是：相比固定的强化程序或容易获得奖励的强

维持

行为的持续做出。

化程序，可变的强化程序以及需要做很多反应才可以获得奖励的强化程序更容易抗消退。例如，如果教师对学生每次做数学题都给予表扬，那么，当停止表扬时，学生就有可能不再做数学题了。相反，如果教师逐渐提高完成数学题量的要求，并按可变比率程序给予表扬，那么即使给予很少的强化甚至不给强化，学生也可能会在长时间内继续做数学题。

先行事件的作用

我们已经知道，行为的结果强烈地影响着行为。事实上，并非只有行为之后的结果才起作用，行为之前的刺激也同样具有重要的作用（Kazdin，2001）。

线索提示 **先行刺激**（antecedent stimuli）指行为之前的事件，也叫**提示线索**（cue），因为它们能够告诉我们什么行为将被强化以及什么行为将被惩罚。提示线索有多种形式，它们提示我们何时需要改变或者保持自己的行为。例如，在数学课上，大多数教师会强化那些做题的学生。然而，当教师宣布数学课结束，下面上音乐课，结果就变了。在某种刺激出现时，如“这是数学课时间”，个体以某种方式做出反应；而在另一种刺激出现时，如“这是音乐课时间”，个体则以另一种方式做出反应。这种对不同的刺激做出不同反应的能力被称为*刺激辨别*（stimulus discrimination）。

辨别 什么时候是向老板提出加薪的最佳时机？是公司运转良好，老板看上去很开心，而且你刚好出色地完成某项工作之时？还是公司刚收到一份经营惨淡的报告，老板正在发火，并且你的失误使公司损失惨重之时？显然，第一种情形比较容易成功，对此你是非常清楚的，因为你已经学会辨别什么时候是让老板为你做某些事情的大好时机，而什么时候不是。**辨别**（discrimination）就是利用提示线索、信号或有关信息来了解在什么时候行为有可能被强化。公司的财政状况、老板的心情以及你近期的绩效都是与你能否成功加薪有关的辨别性刺激。对学生而言，要学会辨别就必须获得有关自己的反应是否正确的反馈。辨别学习的研究多发现，学生需要知道他们的反应什么时候是正确的，什么时候是错误的。

学习在很大程度上是一个能够进行越来越复杂的辨别的过程。例如，所有的字母、数字、单词和数学符号都是辨别性刺激。年幼的儿童学习辨别字母 b 和 d；年龄较大的学生学会辨别“*有效果的*”（effective）和“*效率高的*”（efficient）；学习教育心理学课程的学生学会辨别负强化和惩罚；教师学会辨别表示学生对一堂课厌烦或感兴趣的面部表情和言语线索。

将辨别性刺激的概念应用于课堂教学与管理中是非常容易的：教师应该告诉学生什么样的行为将受到强化。理论上讲，教师完全可以等到学生做出值得强化的事情之后才给予强化，但这样做的效率低得不可思议。相反，教师给学生的信息实质应该是：“要想得到强化（如表扬、分数或彩星），你们必须做这些事情。”惟有如此，才有可能使学生免于将时间和精力浪费在错误的行为上。如果学生知道自己的所作所为将会得到回报，他们通常会更加努力。

先行刺激
行为之前的事件。

提示线索
行为将得到惩罚或强化的信号。

辨别
对刺激间差异的知觉和反应。

泛化
将一种任务和情境中的技能、行为、概念迁移到另一种任务或情境中。

泛化 学生如果在数学课上学会了安静地坐在座位上认真做作业，那么，他们在科学课上的行为是否也会改进？如果学生学会7个苹果减去3个苹果的计算，那么，他们是否也会计算7个橙子减去3个橙子的结果？如果学生能够解释莎士比亚所使用的象征手法，那么他们是否也能够解释非洲民间传说中所使用的象征手法？这些都是**泛化**（generalization）问题，泛化是指在一套条件下习得的行为向其他情境中的迁移。我们不能认为泛化会自然而然地发生。通常情况下，某种课堂管理方案在某种情境中可能是成功的，但在其他情境中，学生的行为并不会自动地改善。相反，学生学会辨别不同的情境。即使是年幼的儿童也很容易了解到在幼儿园、自己家中或者不同朋友的家中什么行为被鼓励，什么被禁止。由于不同的情境中有不同的规则与期许，所以儿童在不同情境中的行为可能是非常不同的。

若要使泛化发生，通常必须有目的地加以规划。在社会课上成功使用的课堂管理方案应该迁移到英语课堂中，以保证泛化的发生。学生可能要了解各种文化中的作者是如何使用象征手法的，然后才能够获得概括地解释象征手法的技能。

显然，相似的情境或相似的概念之间最容易发生泛化。某种新行为从阅读课泛化到社会课比较容易，而从阅读课泛化到课间休息或家庭情境中则不太容易。然而，即使在看上去非常相似的情境中，泛化也不一定发生。例如，许多学生能展示自己完全掌握了拼写和语法结构，但他们不能将这些知识用于自己的作文中。教师不应当做出这样的假设：因为学生在某种情境中能够做某事，所以在其他不同的情境中也能够有同样的良好表现。

促进泛化的策略　有许多技术可以提高在一种情境中（如某门课上）习得的行为泛化到其他情境中（如其他课或更重要的真实生活情境）的可能性（见Alberto & Troutman，2006；Martella et al.，2003；Walker et al.，2004）。某些策略包含使泛化变得更容易的教学方式。例如，算术课上涉及钱的内容时，相比于仅仅在纸上解决问题，如果教师使用真的硬币和纸币或代用物，知识将会更好地迁移到现实生活中去。促进泛化的另一种教学策略就是使用来自不同情境中的多个例子。例如，在学习供求概念时，如果学生学习的事例诠释了货品的价格、自然资源的价格、收藏品（如棒球卡片）的价值以及为一般技能与特殊技能支付的报酬，那么就比只学习货品定价这种单一事例更易于将学到的概念迁移到新情境中去。促进泛化的一种常见策略是“实战培训”：在将来可能使用该技能的真实环境中或模拟该情境的场合中教授给定技能。

完成最初的教学之后，教师可以用多种方法来促进泛化。一种方法就是在不同情境中重复教学，例如，数学课上教学生使用诸如“先易后难”的应试策略后，教师还可以创设机会让学生在科学课、语法课和健康课的测验中使用同样的策略。另一项教学后技术是帮助学生将习得的新技能与情境中的自然强化物联系起来，以维持该技能。例如，儿童学习阅读时，给他们布置的例行家庭作业可以是阅读高度感兴趣的书籍或杂志，即使这些阅读材料不是“优秀的文学作品”。起初，漫画之类的书籍可能比文学名著更能维持新习得的阅读技能，因为对某些孩子来讲，前者能更直接地将新技能与阅读乐趣联系起来，使技能更容易泛化到校外的情境中去。最后，直接强化泛化行为也是促进泛化的一种有效方式。例如，当学生能将新观点与不同情境联系起来或在新情境中运用一项技能时，则表扬这些学生。

社会学习理论如何帮助我们理解人类的学习？

社会学习理论是传统行为学习理论的一项主要产物。由阿尔伯特•班杜拉（Albert Bandura）提出的社会学习理论吸收了行为学习理论的多数原理，但该理论更关注

链接

若要了解社会学习理论与意义的社会建构的关系，请参见第8章。

链接

若要了解社会学习理论与维果斯基以及新皮亚杰主义的发展观的关系，请参见第2章。

提示线索对行为以及内部心理过程的影响，强调思维与行为的相互影响（Bandura，1986）。

班杜拉：模仿学习和观察学习

班杜拉认为，斯金纳学派强调行为结果的影响，这在很大程度上忽略了**模仿**（modeling）以及替代性经验两种现象。模仿是对他人行为的仿效，替代性经验是从他人的成功和失败中进行学习。班杜拉认为，人类的大部分学习不是行为结果的塑造过程，而是更有效地直接学习榜样的过程（Bandura，1986；Schunk，2000）。体育教师示范跳跃拍掌运动，学生加以模仿。班杜拉称之为非尝试性学习（no-trial learning），因为学生无需通过塑造过程就可以立即再现出正确的反应。

班杜拉把**观察学习**（observational learning）分为4个阶段（Bandura，1986）：注意阶段、保持阶段、再现阶段和动机阶段。

模仿

对他人行为的仿效。

观察学习

通过观察和模仿他人进行学习。

网络链接

若要了解更多有关社会学习理论的内容，请访问 http://tip.psychology.org/bandura.html。

1. 注意阶段：观察学习的第一阶段是注意榜样。一般而言，学生更关注那些具有吸引力的、成功的、有趣的和有名气的榜样。这也是很多学生仿效明星的衣着、发型和举止的主要原因。在课堂中，教师可以通过呈现清晰而有趣的线索、使用新异和新奇的材料、激励学生等方式来吸引他们的注意力。

2. 保持阶段：一旦引起了学生的关注，那么教师就可以示范行为，并给学生机会进行练习或重复。例如，教师先给学生演示如何写A，然后让学生模仿，自己多次尝试写A。

3. 再现阶段：在该阶段，学生尽力使自己的行为与榜样的行为保持一致。在课堂教学中，对学生学习的评价也主要在该阶段进行。例如，学生观察了写出的范例A并几次练习写它后，所写的字母A与教师示范的是否相似？

INTASC 标准 2

人类发展与学习的知识

4. 动机阶段：这是观察学习过程的最后阶段。学生之所以模仿榜样的行为，是因为他们相信这样做能增加自身得到强化的机会。在课堂教学的动机阶段中，要经常因学生模仿了你示范的行为而给予表扬或评分。学生注意榜样的行为，练习、重复这种行为，因为他们知道这是教师喜欢的，他们想取悦教师。当学生写出一个可识别的A时，教师可以说，“写得不错！”

资格认证指南

教师资格认证考试中可能会要求你了解替代性学习指通过观察或听取他人的经验而进行学习。

替代性学习 尽管大多数观察学习受到一种期望的激励，即正确地模仿榜样将获得强化，但是要注意的另一个要点是：通过观察他人因为做特定行为而受到强化或惩罚，人们也可以进行学习（Bandura，1986；Zimmerman & Schunk，2003）。这就是为什么杂志发行商总是把开心的获胜者放在他们的广告中，以诱使人们参与促销竞赛。我们心知肚明，自己获胜的机会只是几百万分之一，但是看到别人得到如此可观的强化会使我们也想模仿参赛行为。

替代性学习

基于对他人行为结果的观察而进行的学习。

教师在课堂中也始终应用着**替代性学习**（vicarious learning）的原理。当某个学生无所事事时，教师常常选出那些好好学习的人，并根据良好表现而强化他们。那些表现不佳的学生认识到学习会得到强化，因此就有希望回到学习活动中来。布罗登、霍尔、邓拉普和克拉克（Broden，Hall，Dunlap & Clark，1970）对这种策略进行的系统研究堪称经典。两个调皮捣乱的二年级学生埃德温和格雷格挨着坐。教师先对他们的捣乱行为进行调查并确定其基线水平，然后，只要埃德温在集中注意力并完成课堂任务，教师就给予关注和表扬。在这种情况下，埃德温的行为有显著的改进。而更有趣的是，尽管教师并没有直接地对格雷格的适宜行为进行具体的强化，后者的行为也有所改进。看起来，格雷格从埃德温的经历中学到了一些东西。在本章开头的案例中，由于其他学生看到丽贝卡不举手就大声回答的行为反而得到了教师的关注，所以他们就模仿了丽贝卡的行为。

社会学习理论中的一个经典实验是班杜拉（Bandura，1965）所做的研究。他让儿童观看三部影片中的一部，每部影片中都有一个成人攻击充气玩偶。其中，第一部影片中的成人因其攻击性行为而受到严厉的惩罚；第二部影片中的成人因其攻击性行为而受到表扬和奖励；第三部影片中的成人没有受到任何奖惩。在儿童观看完其中一部影片后，让他们玩玩具，并观察他们的行为表现。结果发现，看到榜样被惩罚的儿童，他们在自己单独玩玩具时表现出的攻击性行为显著地少于那些看到榜样被奖励或者没受任何奖惩的儿童。

理论应用于实践

观察学习

你是否尝试教过儿童系鞋带？想象一下，不用示范或模仿的方式来向儿童解释如何完成这个任务！学习系鞋带就是一个观察学习发挥作用的例子。

通过观察他人的行为而获得新技能是日常生活的一个常见组成部分。在许多情境中，儿童观察他人的言行举止，也目睹了这些言行举止所产生的结果。这样的观察提供了行为榜样，榜样传授给儿童在其他时间和地点使用的策略。

尽管观察学习研究主要关注具体的行为，但也有研究表明，态度也可以通过观察学习而形成（Miller，1993）。教师和家长都很关心孩子所仿效的榜样，这些榜样所具有的价值不只是他们具备的具体能力，还包括他们表现出来的态度。在课堂中，教师对学生有什么期望，自己的行为标准就必须与此期望一致。如果教师希望培养学生雷厉风行、讲礼貌的品质，那么教师自己就必须做到这两点。

自主学习　社会学习理论中的另一个重要概念是**自我调节**（self-regulation）（Boekaerts，Pintrich，& Zeidner，2000；Schunk & Pajares，2004；Zimmerman，2000）。班杜拉（Bandura，1977）认为，人们观察自身的行为，判断是否达到了自定的标准，由此决定对自己的赏罚。我们都有这样的体验：不管别人怎么评价，我们都很清楚自己出色地完成了某项工作，并感到很欣慰。同样，当我们的表现不尽如人意时，自己也很清楚。要做出这些判断，我们就需要对自己的行为表现有所预期。同样得到90分的百分制测验成绩，某个学生对这样的分数感到高兴，而另一个学生或许感到非常失望。

链接
若想了解更多有关自主学习的内容，请参见第8章。

自我调节
个体对自己的行为进行强化和惩罚。

教育者可以教学生使用自我调节的策略，并提醒他们在不同情境中使用这些策略，以使自我调节成为一种习惯。例如，可以要求学生设定一个目标，如打算每晚学习多长时间，然后每天记录自己是否达标；也可要求学习乘法的学生记录完成50道测验题的速度和正确率，然后尽力打破自己的纪录。还可以要求学生从内容、技术性细节和组织等方面对自己的作文进行评定，看看自我评定与教师评定是否一致。研究者（Gureasko-Moore，DuPaul，& White，2006）要求4个经常迟到、忘带材料和忘做家庭作业的12岁男生每天记录这些行为。他们每天都见面，为小组设立目标，渐渐地，所有人都开始按时上课并做好准备。这些策略使学生能控制自己的学习目标，有助于学生形成某种一般性的策略来确立和达到自己的个人目标和标准（Schunk & Zimmerman，2003）。

与其他技能一样，自主学习的技能也应该在多种情境中加以应用，否则它们很可能只局限于某个特定情境。例如，儿童学会了在单独学习时为自己确立学习目标，但不一定把这些技能迁移到小组学习情境中或有教师参与的情境中去（Schunk & Pajares，2004；Zimmerman，2000）。当然，如果教他们怎样迁移或提醒他们进行迁移，那么他们很容易学会。同样，儿童可能不会将自我调节的策略从英语学习迁移到数学学习，甚至仅从计算迁移到问题解决中去（Boekaerts，1995）。鉴于此，学生需要有多种机会在不同情境中使用目标设置和自我评价策略，监控和强化自己的进步，并理解怎样、何时以及为什么应该进行自我调节。

梅肯鲍姆的自主学习模式

我们可以教授学生对自己的行为进行监控和调节。这些自主学习策略常常被称为**认知行为矫正**（cognitive behavior modification）（Harris et al.，2001；Zimmerman，2000）。例如，梅肯鲍姆（Meichenbaum，1977）曾提出一种策略来训练学生的自我监控："我的问题是什么？我的计划是什么？我在执行该计划吗？我至此做得如何？"这个策略也被用于减少各年级学生的捣乱行为（Jones & Jones，2007；Martella et al.，2003）。曼宁（Manning，1988）对经常表现出捣乱行为的三年级学生进行自我陈述训练，以帮助他们记住并自我强化适当的行为。以适时举手发言为例，教育者训练学生在举手时进行自我陈述："如果我大声说出答案，就会打扰其他同学。我应该举手，等着教师点名。这对我有好处。看，我会等了！"（Manning，1988，p. 197）。与此类似的一些策略也被成功地应用于帮助学生监控自己的成就。例如，教育者教过阅读技能较差的学生在阅读时自我提问和概括段落大意，以确保他们理解文章（Bornstein，1985）。

> **链接**
> 若要了解社会学习理论与维果斯基以及新皮亚杰主义的发展观的关系，请参见第2章。

梅肯鲍姆（Meichenbaum，1977）描述了自我指导包含的步骤：

1. 一名成人榜样在从事某项活动时大声地自我陈述（认知示范）。
2. 儿童在成人榜样的指导下从事相同的活动（外显的外部指导）。
3. 儿童从事活动时大声地进行自我指导（外显的自我指导）。
4. 儿童在完成任务的过程中小声地自我指导（渐隐的外显自我指导）。
5. 儿童通过自言自语来指导自己完成活动（内隐的自我指导）。（p. 32）

> **认知行为矫正**
> 基于行为和认知原理，通过自我谈话和自我指导的方式来改变个体自身行为的程序。

鼓励学生进行自我调节的学习是训练学生对自己思维进行思考的一种方法。研究发现，自主学习策略不仅改善了学生在已学过的任务上的表现，而且这类策略也迁移到了其他的学习任务中（Hadwin，2008；Harris et al.，2001；Schunk &

Zimmerman，2003）。

当布置给学生较长或者较复杂的任务时，帮助他们进行自主学习的一种方法是：给他们提供一张用于监控活动进程的表格。例如，教师要求学生写一篇报告来描述黑人领袖马丁·路德·金的生活时，可以给学生如下的自我监控检查表：

社区暑期阅读项目如何鼓励年幼儿童进行阅读？这为什么是一种自主学习？

任务完成表

- □ 在图书馆或网络上寻找有关马丁·路德·金的材料
- □ 阅读这些材料并做记录
- □ 写出文章的初稿
- □ 检查初稿的文意
- □ 检查初稿的技术性细节：
  - □ 拼写
  - □ 语法
  - □ 标点符号
- □ 将完成稿打印出来或者整齐地书写出来

这一表格背后所隐含的观点是：将复杂的任务分解成较小的部分，这对学生是一种激励，使他们感觉到自己正在向着更大的目标前进。每一步的检查让学生给自己心理安抚，这可以强化他们的努力。当学生多次使用此类核查表后，教师可以要求学生自己制作表格，学习如何以图表显示自己的进步状况。例如，里德和利内曼（Reid & Lienemann，2006）教一组患有注意缺陷障碍的学生列出完成一项大的写作任务所需要的所有步骤，然后在完成每一步时将其划掉，这提高了他们作文的长度和质量。与此类似，特拉梅尔、施洛斯和阿尔珀（Trammel，Schloss，& Alper，1994）发现，要求有学习障碍的孩子记录完成家庭作业的情况，并以图表的方式表示出来，这种做法显著地提高了他们家庭作业的完成量。鲁滨逊等研究者（Robinson，Robinson，& Katayama，1999）的综述表明认知行为矫正策略具有重要作用，对减少多动、冲动和攻击行为尤其有效（如 Binder，Dixon，& Ghezi，2000）。其中回顾的一些研究发现这些效果具有持久性。

自我强化　德拉伯曼、斯贝太尼克和奥利里（Drabman，Spitalnik，& O’Leary，1973）设计了一个经典的方案来训练学生调节自己的行为。他们要求教师每天评价学生的行为，并对获得较高评价的学生进行强化。然后他们改变了训练方案：要求学生猜测教师给了他们什么样的评价，学生猜对了就会得到强化。最后，逐渐取消强化。结果表明，在强化和猜测条件下，学生的行为都有所改善。即使在方案结束后的很长一段时间内，这种改善依然能够保持。研究者认为，训练学生把自己的行为与教师的标准对照，这可以帮助学生确立自己的行为评价标准，并对达到这些标准的行为进行自我强化。

研究发现，了解自己行为方面的信息常常可以改变自己的行为，即使这类信息是自我提供的。例如，研究者让儿童每隔几分钟就记录一次自己刚才几分钟是否在学习，这种方法加强了儿童专注于学习活动的行为（Maag，Rutherford，& DiGangi，

21世纪的学习

自力更生

在21世纪，高薪的工作在越来越大的程度上依靠这样一种能力，即在没有上级密切监督的情况下，独立地或与他人一起工作一段较长的时间。学生们比以往任何时候都更需要学习如何将一个任务分解成许多较小的部分，并监控（强化）自己的完成进度。那些学会如何激励自己的学生，才有技能应对学校和生活所带来的一切挑战。

问题：

- 你认为阻碍学生自力更生的最大障碍是什么？
- 你是认为自力更生是一种从最开始就可以教给学生的能力，还是认为学生必须经历失败之后才会想体验成功？

1992；Webber，Scheuermann，McCall，& Coleman，1993）。我们很多人在学习时都使用过这种原理，比如对自己说，只有看完某些材料后才能去吃午饭；或者假如我们能一直坚持去锻炼，就给自己买巧克力。

那些感到自己有能力使用元认知和自我激励行为而对此很自信的学生，通常也具有很高的自我效能感——相信是自己的努力（而不是运气、他人或其他外部的或不可控制的因素）决定了成败。自我效能信念可能是除能力以外决定学生在学校成功与否的最重要的因素（Bandura，1997；Schunk & Zimmerman，2003）。

链接

若想了解更多有关自我效能信念和学生成功的内容，请参见第10章。

行为学习理论的优势和局限

与其他心理学理论一样，行为学习理论也稳固地确立了各条基本原理，并且它们在多种不同的条件下得到了证实。这些原理在解释人类的大部分行为时是非常有用的，而对改变课堂行为尤为有用。

但是，行为学习理论是有其局限性的，认识到这一点很重要。除了社会学习理论家外，行为学习理论家们几乎都只关注那些可观察的外显行为。这也是为什么本章所举的很多例子都是有关行为管理方面的原因之一（见 Driscoll，2000）。内在的学习过程，例如概念形成、学习课文、问题解决和思维都是难以直接观察到的，因此行为主义学习理论家们较少对这些主题进行研究。这些内部的学习过程更多地属于认知学习领域。社会学习理论作为行为学习理论的直接产物，在行为的观点和认知的观点之间架起了一座桥梁。

资格认证指南

行为学习理论在可观察的行为方面应用效果最好（例如，与思维方面相比），这一观点有可能出现在教师资格认证考试中。

行为学习理论和认知理论常常被看成是竞争、对立的两种模式。确实，在某些具体领域中，二者的观点是对立的。但是，更为准确的看法是把它们看成互补的而不是竞争的，也就是说，将它们看做是处理不同类型问题的（Kazdin，2001；Miltenberger，2001）。

本章概要

什么是学习？

学习包括非先天能力的获得。学习依赖于经验，包括从环境中得到的反馈。

行为学习理论有哪些？

早期对学习的研究主要探讨了刺激对反射性行为的影响。巴甫洛夫提出了经典条件作用的观点，该观点认为中性刺激通过与能引起反射的无条件刺激配对而获得了诱发行为反应的性能。斯金纳继续研究了行为与其结果之间的关系，提出了操作性条件作用，认为强化物和惩罚物塑造了行为。

行为学习的原理有哪些？

强化提高了某种行为发生的频率，惩罚则减少行为发生的频率。强化可以是一级强化或二级强化，可以是正强化或负强化。内部强化物是出自行为本身的奖励，外部强化物主要表现为表扬或奖励。惩罚是通过引入厌恶性刺激或取消强化物的方式来减弱行为。普雷马克原理指出：欲使个体更多地从事不太喜欢的活动，其方法之一就是将这些活动与其比较喜欢的活动联系起来。

通过对任务的每一步给予及时反馈来塑造个体的行为，这是基于行为学习理论而提出的一种有效的教学策略。消退是由于强化的取消而导致的行为减弱和逐渐消失。

不同的强化程序用于提高行为发生的可能性、频率或者持久性。设计强化程序可根据反应比率和时间间隔来进行，二者分别可以是固定的或可变的。

先行刺激可以作为一种提示线索，表明哪种行为将受到强化或惩罚。辨别是指应用提示线索去察觉刺激情境之间的差异，而泛化是指对刺激之间的相似点做出反应。泛化是一种情境中习得的行为向其他情境的迁移或转移。

社会学习理论如何帮助我们理解人类的学习？

社会学习理论是基于对观察学习和自主学习的重要性的认识而提出的。班杜拉指出，通过模仿进行的学习分为直接的或替代性的，均包括四个阶段：注意、保持榜样行为、再现行为以及获得激励去重复行为。班杜拉提出应该训练学生对自己的行为表现进行预期，并进行自我强化。梅肯鲍姆提出了自主学习的步骤，这是认知行为矫正的一种形式。

就教育心理学在课堂管理、课堂纪律、动机、教学模式以及其他领域的应用而言，行为学习理论在其中起着核心作用。然而，行为学习理论有一定的局限性，它们只探讨那些可观察的且能直接测量的行为。

有意识的教师

运用你所知道的关于学生多元化的知识来改善教学和学习

有意识的教师所扮演的角色之一是执行教学设计者的功能，仔细地规划学习者将获得哪些新能力。有时称作“行为的”或“表现的”目标，这种对学习结果的陈述常常暗含着两种成就水平。此外，罗伯特·梅杰尔（Robert Mager）提醒我们（Mager, 1997）“每次都阐述目标的主旨”。许多重要的学习结果常常列出无法观察到的表现。你无法看到学生进行加法运算、构思作文、比较或联系等活动，但是这些“认知”活动常常是你想帮助学生达到的真正目标。对于这些“内隐的”、不可观察的行为，梅杰尔建议：作为教学设计者，你应该考虑“行为指标”这类看得见的活动，它们不仅要能向你以及他人、更重要的是向学生自己证明学生确实能够进行“加法运算”、“组合”、“比较”、“联系”，或者能够表现出你的课上希望达成的其他有意义的心智行为。

1. 我希望学生在课程结束后能了解什么、能做什么？这对于实现课程目标、使学生成为有能力的个体有什么作用？

在考虑任何改进课堂行为的计划时，应当清醒地意识到，我们很容易以一种非常狭隘的方式来使用课堂行为这个术语，把行为等同于“表现好”（即安静地坐着）。教师应该注意表明学生在独立学习或合作学习时有兴趣及参与其中的迹象。例如，当学生兴致勃勃地参与小组活动时，你短暂地打断他们的活动，问些问题：“你们是在做这件事吗？”“你们是否指出过别人看法中的至少一个亮点？”这些问题有助于学生检查自己的行为。

在学年开始之前，你应该制订一个维持课堂纪律的计划，以促进适宜行为并尽力消除不良行为，然后根据学生的实际表现来调整这个计划。例如，在喧闹的第六堂课开始前，你可以反复地提醒自己：“不管怎样，我将忽视一切寻求关注的行为，只点用正确方式要求发言的学生的名。我要使用表扬来强化那些专注于学习活动的行为。”

2. 在我的教学中应该考虑学生所具有的哪些知识、技能、需要和兴趣？

对不同的个体和团体而言，不同强化物的有效性是不同的。要确定何种类型的强化物对特定的学生而言是有效的。例如，年初你或许进行过一次调查，询问学生一些开放性的问题，比如：“如果你有时间在教室中做一些有趣的活动，你会做什么？”“当你在学校中表现很好时，教师怎样回应会让你感到最高兴？”以及“教师告诉家长什么信息会使你觉得最自豪？”你可以根据这些调查结果来确定对整个班级行为以及不同个体行为有效的强化物。

可取的行为出现后立刻给予强化物，这是最有效的。提供及时的反馈以使学生了解他们行为的结果，并学会将行为与其结果联系起来。

3. 我在学科内容、学生发展、学习、动机以及有效教学策略等方面所掌握的哪些内容能够用于实现教学目标？

把复杂的技能和任务分解成较小的单元，以便学生循序渐进地学习。例如，你提示学生要找各种事例和情境的什么相关特征及信息，就可以给学生机会去分辨它们的差别及概括它们的相同点。例如，在教二年级学生认识哺乳动物时，你可能给学生提供40张动物大图，指出哺乳动物的特征，然后让学生把图片分成哺乳动物和非哺乳动物，并对他们的正确反应进行表扬。给高中学生讲授公正时，你可以让学生将各种形式的公民不服从分为“公正的”和“不公正的”。

通过使用真实生活的案例以及不同情境中的大量例子，可以提高学生将习得的内容泛化（迁移）到新情境中的可能性。例如，当学生学习了各种不同的图表后，你可以给学生提供一块白板，要求学生将从报纸、广告和其他印刷材料中选取的图表张贴上去。

4. 哪些教学材料、技术、辅助手段和其他教学资源有助于实现我的教学目标？

班杜拉和梅肯鲍姆基于模仿学习、观察学习、自我指导提出了各自的观点。下面的一些活动就是基于观察学习和自主学习的观点而设计的。

考虑怎样直接教授认知行为矫正和自我调节策略。例如，你可能在为学生设计一次美术活动，让学生用自己名字的首字母设计艺术字。你给学生示范如何完成这些任务。你大声描述怎样先勾画出字母的轮廓，怎样选择你喜爱的颜色，怎样根据你个人的喜好来选择标志和图案去装饰它们。你带领着学生进行这些活动，在他们进行每一项任务时用一系列陈述来指导他们：

“勾画出你名字首字母的大轮廓，用你最喜欢的颜色来填涂它。”

“现在，根据你个人的兴趣选择图案来装饰字母——

INTASC 标准 8
评价学生的学习

运动、爱好或者其他什么都行。”

“接下来，请写出你姓氏的首字母，并像我们刚才那样去指导自己，要轻声说。”

“最后，把两个首字母放在一起，提醒自己按这些步骤进行操作，但不出声，只是在头脑中进行。”

你对该活动进行总结，指出学生可以运用上述过程指导自己完成任何他们想要进行自我管理的任务：思考有关的步骤、在规划如何完成任务时轻声地自言自语这些步骤，然后具体实施，并在心中将其默默地说出来。你可以说：“自言自语是帮助我们完成任务的一种很有效的方式！”在其他学科领域，你也可以利用类似的例子进行示范。

5. 我怎样评价学生达到目标的程度？

在所有的科目和所有的年级中，你都会设计出许多具体的任务，任务所预期的结果是可测量的。你可以建立如下做法：在确定作业评定标准时让学生参与，告知学生你对每次作业先行设立的评定标准。

INTASC 标准 9
职业承诺与责任

作为一名有意识的教师，你应该认识到行为学习理论是一套非常有效的工具，能够帮助你积极地改善学生的行为与学习。你应该发展自己的观察技能，并根据你感知到的学生对教学的反应来调整教学行为。你应该基于不断的观察，逐步形成“明察秋毫”的能力，而这种能力是优秀教师具有的一项重要特征。

6. 如果个别学生或全班没有迈上成功之路，我该如何去做？我的补救计划是什么？

通过观察学生的反应来获得教学效果方面的有关信息，必要时改变教学策略。例如，你可以快速地扫视全班，根据学生表现出的非言语线索来推断他们是感兴趣还是厌倦了，是理解了还是如坠雾中。检查那些学习有些吃力的学生，并给他们更为详尽的解释，或者给他们指定一个同伴辅导者。

关键术语

回顾本章中的以下关键术语：

行为学习理论
社会学习理论
认知学习理论
学习
刺激
无条件刺激
无条件反应
中性刺激
条件刺激
经典条件作用
操作性条件作用
斯金纳箱
结果
强化物
一级强化物
二级强化物
正强化物
负强化物
普雷马克原理
内部强化物
外部强化物
惩罚
厌恶性刺激
正惩罚
负惩罚
反应代价
暂时隔离
塑造
消退
消退爆发
强化程序
固定比率（FR）程序
可变比率（VR）程序
固定时距（FI）程序
可变时距（VI）程序
维持
先行刺激
提示线索
辨别
泛化

模仿
观察学习
替代性学习
自我调节
认知行为矫正

自我评估：资格认证练习

指导语：本章开头的案例中所涉及的评价指标是各州的资格认证考试的常见考点。请重读开头的案例，回答下列问题：

1. 坦纳小学的一年级教师朱丽娅·埃斯特班让那些不举手就随便发言的学生起来回答问题，该做法与班级确立的课堂规则相违背。埃斯特班可以使用下面哪种条件作用来训练学生恰当的举手行为呢？
   a. 经典条件作用
   b. 操作性条件作用
   c. 模仿学习条件作用
   d. 受辅助的条件作用

2. 以下哪种说法最准确地指出了在学生不举手就发言一事上，朱丽娅·埃斯特班本人的问题所在？
   a. 教师正在使用负强化而非正强化。
   b. 当学生不遵守举手发言的规则时，教师没有使用普雷马克原理。
   c. 教师让学生自己确定课堂规则，研究表明该做法是不成功的。
   d. 教师应该注意到愉快的结果（奖励适宜行为）增加行为频率，而不愉快的结果减少行为频率。

3. 根据行为学习理论，埃斯特班教师可以使用哪种策略让学生先举手再发言？
   a. 奖励那些遵守规则的学生
   b. 惩罚那些不遵守规则的学生
   c. 忽视那些遵守规则的学生
   d. 在对破坏纪律的学生做出任何反应之前，先停顿片刻

4. 假定学生难以改变不举手就发言的习惯，那么埃斯特班可以使用下面的哪种技术去强化那些最接近预期目标的行为呢？
   a. 消退
   b. 维持
   c. 塑造
   d. 辨别

5. 如果埃斯特班在学生表现出足够多的良好行为后才给予强化，但学生并不知道何时会受到强化，那么她使用的是哪种强化程序？
   a. 连续程序
   b. 固定比率程序
   c. 固定时距程序
   d. 可变比率程序

6. 解释经典条件作用和操作性条件作用的异同，并分别举例说明。

7. 描述班杜拉的社会学习理论。班杜拉将观察学习分为四个阶段，请分别描述每个阶段。

本章提纲

什么是信息加工模型

- 感觉登记
- 短时记忆或工作记忆
- 长时记忆
- 促进长时记忆的因素
- 其他信息加工模型

脑研究告诉了我们什么

- 对教育的启示
- 脑研究在课堂教学中的应用

记忆或遗忘的原因是什么

- 遗忘和记忆
- 练习

如何教授记忆策略

- 言语学习

怎样使信息有意义

- 机械学习和意义学习
- 图式理论

元认知技能如何帮助学生学习

何种策略有助于学生学习

- 练习性测验
- 记笔记
- 画线
- 概述
- 以写促学
- 列提纲和画概念图
- PQ4R法

认知教学策略如何帮助学生学习

- 激活先前知识，建立不同学习间的联系
- 组织信息

6

学习的信息加工理论和认知理论

学习成果

学习本章后，你应当能够：

- 理解记忆和学习的信息加工理论
- 了解我们从脑研究中学到了什么有关教育实践的知识
- 了解记忆和遗忘的原因
- 了解你可以教给学生的记忆策略
- 描述怎样使学生觉得课堂知识是有意义的
- 讨论元认知技能是如何帮助学生学习的
- 列举你可以教给学生的学习策略
- 列举认知教学策略，描述这些策略是怎样帮助学生学习的

维罗娜·毕晓普的生物课上正在讲关于人类学习的单元。在一节课之初，毕晓普让学生实际参与了一个实验。她通过投影将图 6.1 所示的信息加工模型给学生呈现 3 秒钟。之后，要求学生回忆所看到的东西。有些学生说看到了框图和箭头；还有些学生说看到了记忆和遗忘等文字，并且推断这张图与学习有关。甚至还有一个学生说看到了学习这个词，尽管该模型图中并没有这个词。

“好！”毕晓普说道，“你们真正看到的实际上比这还要多！你们或许没有注意到自己注意到的都有什么。比如，你们闻到什么气味了吗？”

全班同学都笑了，他们回忆起闻到了学校餐厅里炒西兰花的气味。根据毕晓普的说法，学生们开始回忆自己注意到的、与这幅模型图无关的其他细节：卡车驶过的声音、教室中的环境细节以及其中的师生等等。

讨论完后，毕晓普说：“大脑是不是很令人吃惊？仅在短短 3 秒钟的时间里，你们接受了大量的信息。尽管是在我的提醒下你们才知道自己注意到了西兰花的气味，但是它无论如何都储存于你的头脑中。在 3 秒钟内你的大脑已经开始解读图中的信息了。比如，谢里尔认为自己看到了单词‘学习’，尽管模型图中根本就没有。这是因为她看到了与‘学习’有关的单词‘记忆’，所以大脑就跳到了‘学习’这个词。”

“现在想象你能永远记住在看图形的 3 秒内出现的所有信息：箭头、框图、单词、卡车、西兰花——一切。这样吧，想象自己能够记住进入大脑的所有信息。那会是什么样呢？”

“会成为一个天才。”桑凡抢先说道。

“会发疯的。”贾马尔反驳说。

“我认为贾马尔更接近正确答案，”毕晓普说道，“如果你的头脑中塞满了这些无用的垃圾，你将变成一个头号傻瓜。有关学习，我们要了解的最重要的一点是：学习是一种主动的加工过程，它关注重要信息，摒弃不重要的信息，并且利用我们头脑中已有的知识经验来决定其重要与否。”

毕晓普再次利用投影仪将模型图呈现出来。“在详细地学习这个示意图时，你将运用已有的关于学习、记忆、遗忘以及图表等方面的知识来理解它。我希望你们能一直记住这个模型所展示的要点。也许过不了多久，你们将会忘记箭头和框图，甚至西兰花的气味也将从你的记忆中渐渐消失。但是，图中那些有意义的部分和那些能回答你所关心的问题的部分，可能会终生留在你的记忆中。"

运用你的经验

合作学习　简略地写下两三种记忆一串项目和学习新概念的方法。与其他同学分享你学习新知识时所使用的有效策略。

合作学习　你对学习、记忆和遗忘有怎样的认识？请勾画出一个大致的框架图，然后与四五个同学一起基于各自的想法绘制出一个人类记忆和认知的简图。10 分钟后，与全班同学分享作品。

人类的大脑是一台制造意义的机器。从你看到、听到、尝到或感觉到事物的那一瞬间开始，你就开始了一套程序：判断它是什么；它如何与已知的东西相联系；它是因为重要而应该保留在头脑中还是应该被遗忘。整个过程可能是有意识的，也可能是无意识的，或者兼而有之。本章将介绍信息如何被大脑获取和加工，记忆和遗忘是如何起作用的，教师如何帮助学生理解和记忆重要的知识、技能和观点。本章也将介绍认知学习理论，即有关学习者头脑内部进行的加工过程的理论，以及各种帮助学生有效地运用大脑进行学习、记忆和运用知识的方法。

INTASC 标准 2
人类发展与学习的知识

什么是信息加工模型?

信息不断地经由感官而进入大脑。其中大部分信息几乎立即就丧失掉，以至于我们可能甚至从未意识到它们的存在。有些信息会在我们的记忆中短暂保留一段时间，然后被遗忘。例如，我们在找到剧场的座位之前，或许还记得票上的座号，但之后我们可能会忘记这个座号。然而，有些信息则可以保留较长的时间，或许一生都不会忘记。人们获取信息的过程是怎样的？教师如何利用这个过程来帮助学生记住关键的知识和技能？认知学习理论家们就此类问题进行了论述，提出了**信息加工理论**（information-processing theory），它从 20 世纪 70 年代中期以来成为学习和记忆领域中的一种主导理论。

学习理论家们利用有关人类记忆的研究成果（如 Anderson，2005；Ashcraft & Radvansky，2010；Bransford，Brown，& Cocking，1999；Byrnes，2001；Elias & Saucier，2006；Tulving & Craik，2000）来描述信息的记忆（或遗忘）过程。该过程通常被称为阿特金森—谢夫林（Atkinson & Shiffrin）信息加工模型（Atkinson & Shiffrin，1968），见图 6.1。

信息加工理论
学习的认知理论，这一理论描述了头脑中知识的加工、存储和提取过程。

感觉登记

外部信息在记忆系统中经过的第一个部分是感觉登记，如图 6.1 所示。**感觉登记**（sensory registers）接受来自各种感官（视、听、触、嗅、味）的大量信息，并将信息保留一段极短暂的时间，一般不超过几秒钟。如果进入感觉登记的信息没有得到

感觉登记
记忆系统的一部分，信息在其中被接收并保持一段十分短暂的时间。

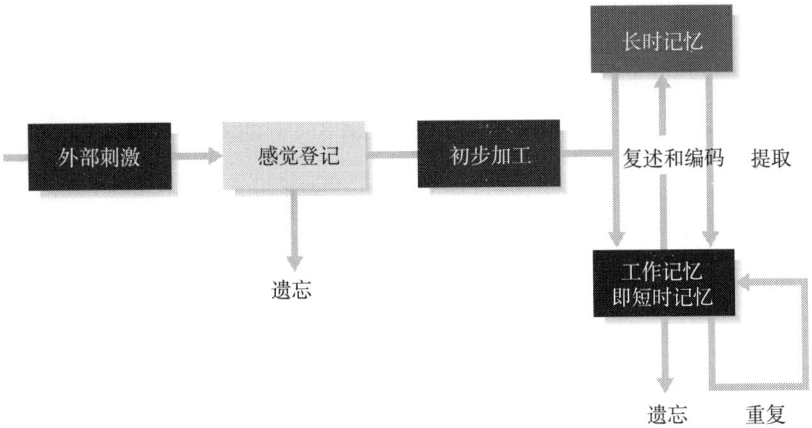

图 6.1 信息加工流程（阿特金森—谢夫林模型）

要记忆的信息首先进入个体的感官，之后被注意到，并从感觉登记转移到工作记忆，然后再经加工以转移到长时记忆中。

资料来源：Charles G. Morris, Psychology; An Introduction (8th ed.), p. 233. ©1993.Adapted by permission of Prentice Hall.

进一步的加工，那么这些信息很快就会丧失。

研究者用精心设计的实验来考察感觉登记。给个体呈现如图 6.2 所示的图片，呈现的时间很短，例如 50 毫秒。个体通常能够报告看到了 3 个、4 个或 5 个字母，但不能报告看见了全部 12 个。在一个早期的经典实验中，斯珀林（Sperling，1960）给参与者呈现如图 6.2 所示的图片。图片消失后，他让参与者根据不同的信号分别回忆上行、中行或下行的字母。斯珀林发现，参与者几乎能完全正确地回忆出任意一行的字母。因此他认为参与者肯定在 50 毫秒中看到了所有的字母，并把它们在大脑中保留了非常短暂的时间。但当人们试图回忆所有的 12 个字母时，所需时间明显地超过了字母在感觉登记中的保持时间，因此他们会忘掉一些字母。

感觉登记的存在对教育具有两点重要启示。首先，人们要想记住一些信息，必须对这些信息加以注意。其次，要使瞬间看到的所有信息都进入意识，要花费一定的时间。例如，一次给学生“轰炸”太多的信息，但并未告诉他们应当注意信息的哪些方面，那么学生或许学不到任何内容。

知觉 感觉器官接收到刺激之后，大脑就立即开始对其中的部分刺激进行加工。因此，我们意识到的感觉表象与我们看到、听到或者感觉到的刺激并不完全相同；我们的感官感知到什么，感觉表象就是什么。对刺激的**知觉**（perception）并不像对刺激的接受一样直接。相反，它还涉及心理解释，这种解释受到我们的心理状态、过

图 6.2 感觉登记实验所使用的图片

这是斯珀林用来考察感觉登记的经典图片。把图片给参加实验者呈现很短时间，要求他们回忆某一行的字母。参加者通常能按要求回忆出来，但不能回忆出所有的 12 个字母。

资料来源：G. A. Sperling, "The Information Available in Brief Visual Presentations," *Psychological Monographs, 74.*1960, American Psychological Association.

知觉
个体对刺激的解释。

去经验、知识、动机及其他多个因素的影响。

首先，我们依据一些规律来感知不同的刺激，这些规律与刺激本身的特性没有关系。比如，当你坐在某个房间里，你或许不会对救火车的警笛声予以太多的注意，甚至可能充耳不闻；如果你正在开车，你会对此多注意些；如果你正站在失火的建筑物旁等待救火队员的到来，你肯定会更加注意。其次，我们感知到的刺激并非等同于我们看到或感觉到的，而是我们所了解的（或所认为的）。从房间的一头看过去，书架上的一本书看上去像一条细细的纸带，但我们可以推断出它是由许多页纸构成的三维立方体。你或许只看到桌子的一条边，但在头脑中可推测出整张桌子。

注意　教师说“集中注意”或者“竖起耳朵听”时，就是在使用恰当的词“集中”和“竖起”来引起学生的注意。同记忆一样，**注意**（attention）也是一种有限的资源。当教师要求学生把有限的注意集中在所教的内容上时，学生必须放弃对其他刺激的主动注意，改变焦点，以使其他无关刺激被过滤掉。例如，当人们全神贯注地倾听一场妙趣横生的演讲时，他们感觉不到微弱的机体反应（比如痒或饥饿）以及其他声音或视觉刺激的存在。一个有经验的演讲者很清楚，当听众看起来焦躁不安时，他们就不再注意听讲了，或许在转而考虑吃午饭或其他的事情，这正是要重新吸引听众注意力的时刻。

引起注意　教师怎样才能引导学生把注意力集中在当前课程上，尤其是课程内容最重要的方面上呢?

有几种方法可以引起学生的注意，这些方法都遵循引发学生的兴趣这一总体原则。一种方法就是应用某些提示线索来表达“这是重要的”。一些教师通过提高或降低嗓音来提示学生下面将要讲授重要的内容。还有些教师借用手势、重复或身体动作传达这一信息。

> **资格认证指南**
> 教师资格认证考试可能会要求你详细说明引起学生注意的各种策略，如降低声音、使用手势、引发惊讶、增强情绪色彩等。

引起注意的另一种方法就是增强学习材料的情绪色彩（Armony，Chochol，Fecteau，& Belin，2007）。注意和情绪激活的大脑区域有重叠（Vuilleumeir，2005），这可以解释为什么人们给予肥皂剧和真人秀（大量情绪参与）的注意多于给予传统课堂教学（没有太多情绪参与）的注意。这也可以解释一些报纸标题用“参议院扼杀公共交通方案”来吸引眼球，而不用“参议院投票否决公共交通方案”。

不寻常的、不一致的或令人惊奇的刺激也能吸引注意力。例如，科学课教师展开新课时经常运用演示性实验或小魔术来唤起学生的好奇心。

最后，明确地告知学生下面要学习的内容是很重要的，这种做法也能引起学生的注意。例如，教师告诉学生“明天的考试有这些内容”，以保证学生注意。当然，哪些是重要的，学生有其自己的判断。比起其他内容，学生会学到更多的他们认为重要的内容，因为他们对这些内容更为关注。

> **INTASC 标准 2**
> 人类发展与学习的知识

短时记忆或工作记忆

> **注意**
> 主动聚焦于某些刺激，同时忽视其他刺激。

> **短时记忆或工作记忆**
> 记忆系统的一部分，其中容量有限的信息可以保持几秒钟。

个体感知和注意到的信息转入记忆系统的第二部分：**短时记忆**（short-term memory）（Ashcraft & Radvansky，2010）。短时记忆是一个储存系统，它将容量有限的信息保持约几秒钟。短时记忆是记忆的一部分，储存人们正在思考的信息。在任何时候，我们意识到自己有的观念实际上都被保留在短时记忆中。一旦我们停止思考，这些观念将从我们的短时记忆中消失。短时记忆也称**工作记忆**（working memory）（Anderson，2005；Ashcraft & Radvansky，2010；Engle，2001；Unsworth & Engle，

“李老师，我能歇会儿吗？我的工作记忆容量满了。”

2007）。工作记忆所强调的是：短时记忆最重要的特征并不是它短暂的保持时间，而是它处于活动状态。工作记忆主要用于对信息进行操作、组织以便储存或遗弃，或者把信息与其他信息联系起来。工作记忆是如此重要，以至于许多研究者认为工作记忆容量在本质上和智力是相同的（Ackerman，Beier，& Boyle，2005；Colom，Flores-Mendoza，& Rebello，2003；Kane，Hambrick，& Conway，2005）。

正如图 6.1 所示，信息可能从感觉登记进入工作记忆，也可能从记忆系统的第三个基本部分——长时记忆——进入工作记忆。这两种情况通常会同时发生。当你看到一只知更鸟时，它的表象从感觉登记进入工作记忆中；同时你可能（无意识地）从长时记忆中搜寻有关鸟的信息，以便识别出眼前这只鸟就是知更鸟。伴随着这种识别过程而来的是有关知更鸟的其他许多信息，对过去经验的回忆和情感，等等。所有这些信息都储存于长时记忆中，但是，通过对知更鸟这个视觉信息进行心理加工，长时记忆中的这些信息都被提取到了意识（工作记忆）中（Gathercole，Pickering，Ambridge，& Wearing，2004）。

将信息保持于工作记忆中的一种方法是反复地思考或讲述该信息。你暂时记忆某个电话号码时通常已经运用了这种策略。通过重复而把信息保持在工作记忆中的过程叫**复述**（rehearsal）（Baddeley，1999）。复述在学习中是很重要的，因为信息在工作记忆中保持的时间越长，转移到长时记忆中的可能性就越大。最近的研究表明，不是重复的学习，而是反复尝试记住信息使得信息进入工作记忆并在长时记忆中巩固信息（Karpicke & Roedinger,2007）。没有复述的信息在工作记忆中保持的时间最多只有约 30 秒，因为工作记忆的容量有限，这些信息也可能因被别的信息挤出工作记忆而丢失。你或许有过这样的经历：查到一个电话号码，其间受到了暂时的干扰，之后发现你已经忘记了电话号码。

在课堂教学中，教师必须给学生留出一定的时间用于复述。急切地教给学生太多的信息可能会徒劳无益，因为如果学生没有时间对每条新信息进行复述，这些信息就有可能被后来的信息挤出工作记忆。上课时教师停顿片刻询问学生是否有疑问，这也是在给学生时间进行思考并在头脑中复述刚才学过的内容。这有助于学生在工作记忆中加工信息，进而将其保留于长时记忆中。当学生学习新的、较难的材料时，复述这项心理活动是关键的。

工作记忆的容量 工作记忆的容量是5~9个信息单元（Thompson，2000）。也就是说，我们每次只能思考5~9个独立的事物。但是，某个特定的信息单元本身可以包含大量的信息。例如，要记住下面的购物单是很困难的：

面粉	橙汁	辣椒	芥末酱
汽水	香芹	蛋糕	黄油
调料	沙拉酱	牛至	番茄罐头
土豆	牛奶	生菜	糖浆
肉排	热狗	鸡蛋	洋葱
番茄酱	苹果	面条	小甜饼

复述

在头脑中对信息进行重复，可促进对信息的保持。

这个购物单包含太多的信息单元，全部记住并不容易。如随机排列，这 24 项并不能都存入工作记忆中。但如果按照熟悉的模式来重新组织这个购物单，那么记忆它会相对容易些。如表 6.3 所示，你可以在头脑中分别创建三个记忆文件：早餐、午餐和晚餐。在每个文件中都可以找到食物和饮料；在午餐和晚餐的文件中还有甜点。

早餐	午餐	晚餐
煎饼	热狗	面条
■面粉	■热狗	■面条
■牛奶	■小甜饼	■洋葱
■鸡蛋	■调料	■肉排
■黄油	■芥末酱	■番茄罐头
■糖浆	土豆色拉	■番茄酱
饮料：橙汁	■土豆	■牛至
	■沙拉酱	■辣椒
	■香芹	色拉
	饮料：汽水	■生菜
	甜点：苹果	饮料：牛奶
		甜点：蛋糕

图 6.3　组织信息以帮助记忆的例子

由 24 个项目组成的购物单如果按照随机顺序排列，记忆起来会非常困难。如果将它们组织成少量的几个熟悉的类别，回忆起来则比较容易。

只要将食谱想一遍，你也就想起了食谱中的每一项。按照这种方式，你能够回想要购买的东西，而你的工作记忆中也只须保持少量的几个信息单元。当你进入商店时，就会想："我要买早餐、午餐和晚餐时吃的。"首先，从长时记忆中提取早餐文件，它包括食物（煎饼）和饮料（橙汁）；你思考制作煎饼的步骤，然后购买每一种原料，外加橙汁作为饮料。当做完这些事情后，你可从工作记忆中删除早餐文件，而代之以午餐文件。之后，通过同样的过程，晚餐文件将代替午餐文件。值得注意的是，你所做的一切就是用 3 个大的信息单元去代替 24 个小的信息单元，然后再将 3 个大的信息单元分解为各个部分。

资格认证指南

教师资格认证考试可能会要求你知道如何将信息组织成熟悉的模式以帮助学生记住概念和词汇。例如，若要帮助年龄较小的学生记住不同动物的名字，你可以将它们分成宠物、动物园的动物、家畜与家禽等类别。

工作记忆可被看做是一个瓶颈，外部信息通过它进入长时记忆。工作记忆的容量是有限的，信息加工的这种特性对于教学设计和实践具有重要意义（Engle，2001）。例如，每次呈现给学生的信息不能过多，除非这些信息被很好地组织起来，并与学生长时记忆中已有的信息密切联系，以使工作记忆（在长时记忆的支持下）能容纳它们，就像上文讨论的购物单的例子一样。

工作记忆容量的有限性还给我们带来了另一点启示。梅耶（Mayer，2001）在一项研究中对比了有关雷雨的两堂课：其中一堂课包含了大量无关的词语、图片和音乐，另一堂课则没有这些无关内容。结果发现，课堂教学越简单，迁移测验成绩更高。显然，紧凑连贯的课堂内容能够更有效地利用工作记忆容量（见 Mayer，2008b，2009）。

工作记忆中的个体差异　当然，在完成某项特定的学习任务时，不同的个体在工作记忆容量上存在着差异。扩充工作记忆容量的一个主要因素是背景知识：一个人在某方面掌握的知识越多，吸纳和组织新信息的能力越强（Engle，Nations，& Cantor，1990；Kuhara-Kojima & Hatano，1991）。但先前知识不是惟一的影响因素，不同的个体在组织信息的能力方面也存在着差异。可以教授个体有意识地使用一些策略以更有效地使用工作记忆容量（Wyra，Lawson，& Hungi，2007）。本章稍后将论述这些策略。

表 6.1 认知存储系统中各成分的特征

存储结构	过程				回忆失败的原因
	编码*	容量	持续时间	提取	
感觉“储存”	感觉特征	从12至20个项目**到很大	250毫秒~4秒	给予恰当的线索则可全部提取	掩蔽或衰退
短时记忆	听觉、视觉、语义、被识别和命名的感觉特征	7±2个项目	大约12秒；如果复述则时间更长	可全部提取，每隔35毫秒提取一个项目	移位，干扰，衰退
长时记忆	语义的、视觉的信息；抽象知识；有意义的表象	极大，事实上可以无限大	永久	给予恰当的线索，特定的和一般的信息都可以提取	干扰，器官机能障碍，不恰当的线索

*信息是怎样被表征的 ** 估算的

资料来源：Robert L. Solso, *Cognitive Psychology* (6th ed.), P.240. ©2001 Allyn and Bacon,Inc.Reproduced with permission of Pearson Education, Inc.

长时记忆

长时记忆（long-term memory）是我们记忆系统中较长时间地保持信息的部分。一般认为，长时记忆的容量非常大，信息保持的时间非常长。事实上，很多理论家认为，长时记忆中的信息永远不会遗忘，只是我们可能丧失从记忆中寻找信息的能力（Tulving & Craik，2000）。我们一生都填不满长时记忆。表 6.1 总结了感觉登记、工作记忆（短时记忆）和长时记忆的区别。

埃里克森和肯奇（Ericsson & Kintsch，1995）假定，长时记忆中不仅储存信息，也储存学习策略以便调用。埃里克森和肯奇把这种能力叫做长时工作记忆。这种能力能够很好地解释专家（如医疗诊断专家）所具有的某些非凡技能，他们必须把当前的信息和长时记忆中的大量模式相匹配。

理论家们把长时记忆分为三个部分：情景记忆、语义记忆和程序记忆（Ashcraft & Radvansky，2010；Eichenbaum，2003）。**情景记忆**（episodic memory）是关于个体亲身经历的记忆，是对我们看到或听到的事情的心理再现。当你记起昨天晚饭吃的什么，或者在学校举办的舞会上所发生的事情时，你正在回忆储存于长时情景记忆中的信息。长时**语义记忆**（semantic memory）包括已知的事实和一般性的信息，概念、原理、规则以及应用它们的方法，也包括问题解决技能和学习策略。课堂中学习的内容大多存储于语义记忆中。**程序记忆**（procedural memory）是指“知道怎样做”，而不是“知道是什么”。驾车、打字、骑自行车等技能都存储在程序记忆中。

> **长时记忆**
> 记忆系统的一部分，可以将大量信息储存相当长的一段时间。

> **情景记忆**
> 长时记忆的一部分，存储我们个人经历的信息。

> **语义记忆**
> 长时记忆的一部分，存储事实和一般性知识。

> **程序记忆**
> 长时记忆的一部分，存储如何做事情的信息。

情景记忆、语义记忆和程序记忆按照不同的方式储存和组织信息。情景记忆中的信息以表象的方式加以储存，这些表象是按照事件发生的时间、地点组织起来的。语义记忆中的信息以概念网络的方式组织起来。程序记忆中的信息是以许多刺激—反应配对组成的复合体形式储存的（Anderson,1995）。最近有关脑的研究表明（如 Elias & Saucier，2006），与这三种长时记忆有关的操作分别发生在脑的不同部位。下面我们就这三种记忆的含义加以详细阐述。

情景记忆 情景记忆存储我们所经历事件的表象，这些表象按照事件发生的时间和地点组织起来（Rubin，2007；Tulving & Craik，2000）。它包括我们个人经历过并记住的事件（Ashcraft & Radvansky，2010），这些事件将感觉信息、空间知识、语言、情绪和运动等信息整合成一种个人故事（Rubin，2007）。例如，思考下面这个问题：你在高中毕业舞会的当晚做了什么？大部分人通过想象自己回到那个晚上并描述发生的事件来作答。你可能在头脑中扫视了一遍晚会现场，回忆起你看到的、听到的或闻到的，接着想起你体验到的情绪，所有这些都是一起被记住的。再举一例，设想有人让你回忆高中同学的名字。某位心理学家要求研究生每天到某个指定的地点停留1小时，并尽量回忆上述名字。一个月后，学生们还能够继续回想出更多名字。有趣的是，他们运用与情景记忆关联的时间和空间线索来想象一些事件，而这些事件又使得他们能够回忆起有关的人名。例如，他们或许回忆起某天社会学教师装扮成北极探险家的情形，由此在头脑中再现出当时在场的同学的面孔。

这些示例表明，表象在情景记忆中是很重要的，与时间和空间有关的一些线索有助于我们从情景记忆中提取信息。你参加某场考试时或许会自言自语地说："我应该知道这个答案，我记得读过这一部分，它就在那一页的左下角，并且右上角还有一张图表。"

通常情况下，情景记忆是很难提取的，因为我们日常生活中的大部分情景是多次重复的，致使后来的情景与以前的情景在记忆中相互混淆，除非在某种情景下发生的事情使这一幕难以忘怀。例如，很少有人能回忆起一个星期前吃了什么样的午餐，更不用说回忆起几年前吃了什么样的午餐了。但有一种特殊的现象叫**闪光灯记忆**（flashbulb memory），即某个重要事件的出现使以视觉和听觉为主的记忆深深地印刻在脑中。例如，有人碰巧在吃早饭的时候听到纽约世贸中心遭袭击的消息，那么他将永远地记住这顿特殊的早餐（以及场景的其他细节）。产生这种记忆的原因是：某个时刻发生的令人难忘的事件让我们能提取对通常容易忘记的细节的情景（空间和时间）记忆。

你可以特意创造包含视觉和听觉表象的难忘事件来促进学生对概念和信息的保持。例如，借助投影、表演、模拟以及其他主动学习形式，给学生呈现生动的表象，学生可牢记这些表象，并运用它们去提取呈现时间接近的其他信息。与该观点一致，已有大量证据表明课文中的插图有助于学生记忆课文内容，即使当不再呈现插图时也如此（Mayer，2008b）。据推断，这些插图将语义信息和学生的情景记忆联系起来，使得信息更容易提取。也有证据表明，学生通常能够创建自己的心理图像以促进对所学材料的记忆（Robinson,Robinson et al.，1999）。

语义记忆　语义记忆（或称陈述性记忆）的组织方式与情景记忆非常不同。语义记忆是由相互联系的概念与关系，即**图式**（schemata；单数：*schema*）在心理上组织起来的网络结构（Anderson，2005；Bruning，Schraw，Norby，& Ronning，2004）。我们之前提到皮亚杰曾应用图式来描述个体用以组织知觉和经验的一种认知框架。类似地，认知加工理论家也用图式来描述个体记忆中的概念网络，这种网络使得个体能够理解和整合新信息。一个图式就像一份纲要，各种不同的概念或观点都可以归于更高级的范畴下。图式的各个方面又通过一系列的命题即关系组织起来。例如，图6.4是"野牛"概念的简化图式，它表明了"野牛"这个概念是如何与记忆中的其他概念相互联系的。

在图中，"野牛"与其他几个概念相互联系。这些概念或许与更多的概念相联系（例如，"平原印第安人如何猎取野牛"），或者与更宽泛的范畴或概念相联系（如"保护主义者如何使许多物种免于灭绝？"）。图式理论认为（Anderson，2005），我们按照

闪光灯记忆

印刻在听觉和视觉记忆中的重要事件。

图式

相关概念的心理网络，对新信息的理解产生影响。

链接

若想了解更多有关图式的内容，请参见第2章。

图 6.4　"野牛"概念的图式

语义记忆中的信息是按照相关概念的网络结构的方式组织起来的。"野牛"这个概念属于更一般的"哺乳动物"和"动物"概念，并与其他的概念有关，而这些概念有助于将"野牛"区分出来。

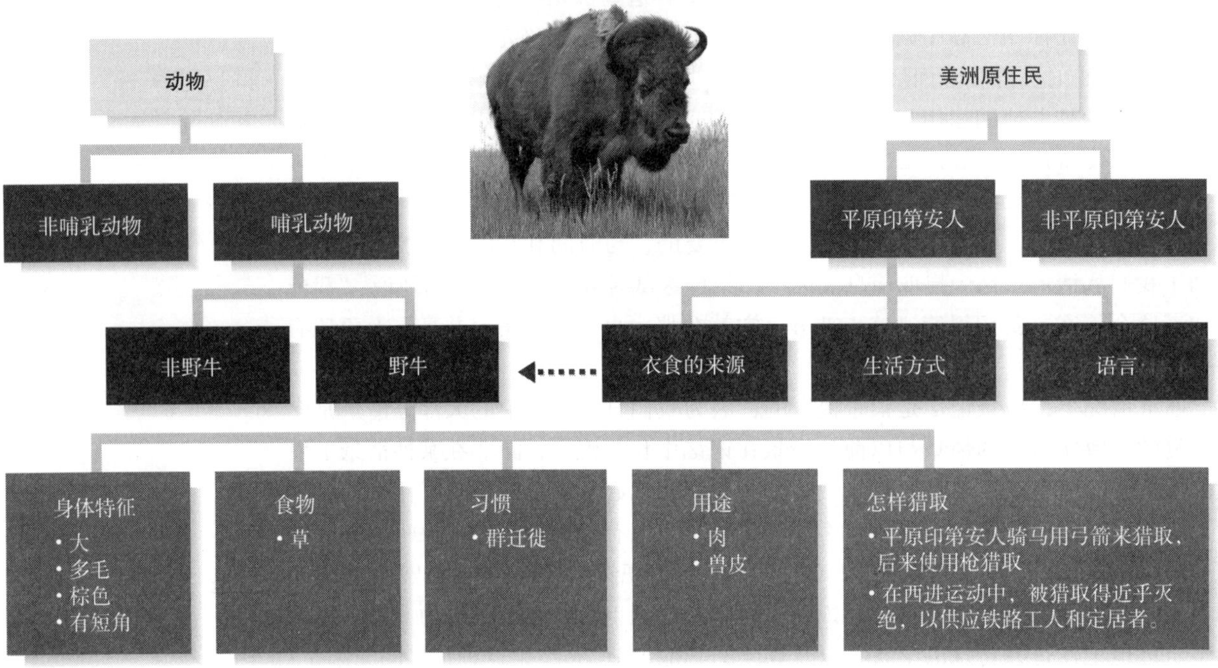

类似于图 6.4 所示的心理路径来获得储存于长时语义记忆中的信息。比如，你的记忆深处可能藏着：将马匹从西班牙引入北美完全改变了平原印第安人猎取野牛的方式。为了提取这条信息，你可能会考虑美洲野牛的特征，考虑印第安人如何骑在马背上猎取野牛，之后回忆（或想象）他们没有马匹时是如何猎取野牛的。你可以通过不同的途径获得相同的信息。事实上，你提取某一条信息的途径越多，途径建立得越牢固，你就越能够有效地回忆长时语义记忆中的信息。如前所述，长时记忆之所以出现问题，其原因并不在于信息丢失了，而在于我们找不到提取信息的途径。

图式理论给我们的一条明晰启示是：如果新信息能够与已有的完备图式相匹配，则新信息更容易保存；反之则较难保存。本章稍后将详细介绍图式理论。

程序记忆　程序记忆是回忆怎样做事情尤其是身体任务的能力，这种类型的记忆显然是以一系列刺激—反应配对的方式储存的。例如，即使你很久没有骑自行车，但是一旦你骑上去，刺激就会诱发相应的反应。当自行车向左倾斜时（一种刺激），你就会"本能地"将重心移到右边以保持平衡（一种反应）。书写、打字、跑步等技能都是程序记忆的例子。神经病学的研究表明，程序记忆的脑定位不同于语义记忆和情景记忆，程序记忆储存在小脑中，而语义记忆和情景记忆则储存于大脑皮层（Black，2003；Bruning et al.，2004；Eichenbaum，2003）。

■ 促进长时记忆的因素

人们能够记住在学校中所学的大部分知识，这与流行的看法有所不同。森伯和埃利斯（Semb & Ellis，1994）对有关此类问题的一些研究进行综述时指出，用无意义字词以及其他人工材料所做的实验室研究大大低估了学校中学到的信息和技能的保持程度（另见 Ellis，Semb，& Cole，1998）。在学校中学到的信息，其长时保持情况随信息类型的不同而有很大的差异。例如，概念比人名保持的时间长很多（Conway，Cohen，& Stanhope，1991）。整体上，在教学的最初几个星期，保持量快速减少，之后达到稳定水平（Bahrick & Hall，1991）。但是，教学后学生已保持了 12 至 24 周的任何信息就将可能被永久保持。

人们使用程序记忆来回忆如何完成身体活动的任务，这类记忆的脑定位与语义记忆和情景记忆不同。你应如何鼓励学生进行程序记忆？

一些因素会影响长时记忆的保持。学生最初学习材料的程度就是可想而知的一个影响因素（Bahrick & Hall，1991）。一项有趣的研究发现，能力对信息保持的影响并不明确（Semb & Ellis，1994）。虽然能力强的学生的期末成绩比较好，但是他们对习得内容的遗忘量与能力低的学生相差无几。

促使学生主动参与课堂学习的教学策略有助于长时记忆的保持。例如，迈肯齐和怀特（Mackenzie & White，1982）对比了八年级和九年级学生在三种条件下学习地理的情况：第一种条件是传统课堂教学；第二种条件是传统课堂教学外加现场调查；第三种条件是将传统课堂教学、现场调查以及对现场调查所获信息的主动加工结合起来。12 个星期后（暑假后），主动加工组仅遗忘了 10% 的信息，而其他两组的学生则遗忘了 40% 以上的信息。与此相似，施佩希特和桑德令（Specht & Sandling，1991）对比了两种教学条件下大学生学习会计学的情况：传统的讲解式教学和角色扮演式教学。6 周后发现，传统讲解组的学生，其问题解决的成绩下降了 54%；而角色扮演组的学生，其问题解决的成绩仅下降 13%。

其他信息加工模型

阿特金森和谢夫林（Atkinson & Shiffrin，1968）提出的信息加工模型（图 6.1）并不是得到认知心理学家们认可的惟一模型。其他模型并未质疑其基本假设，但对其某些方面进行了合理的扩展，尤其对哪些因素可增加信息在长时记忆中保持的机会提出了更为具体的设想。

加工水平理论　**加工水平理论**（levels-of-processing theory）是被普遍认可的另一个信息加工模型(Craik，2000；Tulving & Craik，2000）。该理论认为，人们会对刺激进行不同水平的心理加工，但只有加工程度最高的信息才有可能被保留下来。例如，你或许感知到一棵树，但几乎没有注意它。这是最低水平的加工，你不太可能记住这棵树。如果你对这棵树进行命名，称之为“枫树”或“橡树”。一旦命名，这棵树就更有可能被记住。而最高水平的加工就是赋予这棵树以意义。比如，你或许记得爬过这棵树，或许评价过这棵树的奇特形状，或许担忧过这棵树受到雷击时会压在你的房顶上。加工水平理论认为，你越多地注意刺激细节，就要越多地进行

加工水平理论

对记忆进行解释的一种理论，将对刺激的记忆与其接受心理加工的程度联系起来。

心理加工，也就越有可能记住它。鲍尔和卡林（Bower & Karlin,1974）的经典研究证明了这一点。他们让斯坦福大学的本科生看耶鲁大学年鉴上的图片，让一部分学生按“男性”和“女性”将图片分类，而让另一部分学生按“非常诚实”和“不太诚实”将图片分类。结果发现，后一部分学生比前一部分学生能更好地记住图片上的面孔。可以认为，与仅仅评价性别相比，评价诚实与否需要的心理加工水平高很多，因此评价者记忆面孔的效果更好。在更近的研究中，卡普尔等研究者（Kapur et al.，1994）让学生阅读一系列的名词，要求其中的一组学生识别哪些单词中包含字母“a”，而要求另一组学生识别名词是“生物”还是“非生物”。该研究得到的结果与鲍尔和卡林的研究以及其他多项研究很相似，即那些进行“生物”和“非生物”识别的学生能回忆出更多的单词。脑成像的研究则发现了一个更有趣的现象：进行“生物/非生物”识别的学生激活了与提高记忆表现有关的脑区，而其他学生则没有激活这部分脑区。这个实验提供了重要证据来证明“深加工”和“浅加工”的脑机制是不同的（见Craik，2000）。

双重编码理论　与加工水平理论有关的另一个理论是派维奥（Paivio）的**记忆双重编码理论**（dual code theory of memory）。该理论认为信息在长时记忆中有两种存储方式：视觉的和言语的（分别对应于情景记忆和语义记忆）（Clark & Paivio，1991；Mayer，2008b）。它预测：既用视觉也用言语来表征的信息，其回忆效果要好于只用一种方式表征的信息。例如，在记忆某个面孔时，如果你知道人名，那么记忆效果会比较好；同样，在记忆人名时，如果你能将名字与面孔联系起来，那么记忆效果也会比较好（Mayer，2008b）。

脑研究告诉了我们什么？

过去在研究学习、记忆以及其他认知功能时所使用的方法并不直接涉及大脑本身。科学家们精心设计实验，根据被试对特定刺激或测验的反应来了解大脑的功能，或者对特殊脑损伤的个体进行考察，或者从动物实验中进行推论。但最近几年神经科学家们已能运用功能性磁共振成像（fMRI）等脑成像技术来实际观察健康大脑的工作情况（Changeux，2004；Eichenbaum，2003；Goswami，2004；Mitchell & Johnson，2009；Shaywitz，2003）。科学家们现在可以观察到，当个体听交响乐、读书、说第二语言或者解数学题时，大脑的哪些部分处于激活状态。这些技术的使用使得有关脑的研究迅速增多（见 Banich，2004；Elias & Saucier，2006；Goswami，2004）。

INTASC 标准 2
人类发展与学习的知识

人们很早已经知道特定的心理功能是在大脑的特定部位执行的。例如，视觉定位在视觉皮层，听觉定位在听觉皮层（见图 6.5）。然而新近的研究发现，大脑的分工比过去所认为的更加精细化。你在思考不同的内容时，比如面孔、椅子、歌曲或者某种情感，它们所激活的大脑部位是不同的。如果你是个双语者，比如既能讲西班牙语又能讲英语，那么当你讲不同的语言时，激活的脑区也有着细微的差异。大脑两半球的功能也有些不同：左半球更多地与语言有关，而右半球更多地与空间和非言语信息有关。尽管大脑内部存在着分工，但我们在完成几乎所有的任务时，都需要两半球的许多脑区协同作用（见 Banich，2004；Black，2003；Saffran & Schwartz，2003）。

记忆双重编码理论
同时用视觉和言语两种形式加以编码的信息比仅用一种方式编码的信息记忆效果更好。

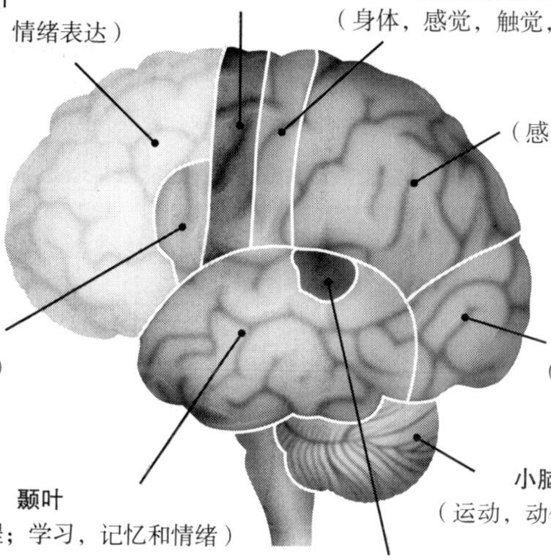

资料来源：Wood et al., *World of Psychology*, Figure 2.10, "The Cerebral Cortex of the Left Hemisphere," p.64.©2008 Pearson Education Inc. Reproduced by permission of Pearson Education, Inc.

图 6.5　脑的生理结构和功能

大脑的每一部分都有其特定的功能。

对教育的启示

脑研究的许多发现对教育及儿童发展具有重要意义。与早期发展有关的一项研究结果是：儿童在发展的早期阶段所接触到的刺激量与神经联结点即突触的数量有密切关系，而突触是高级学习和记忆的基础（Black，2003；Elias & Saucier，2006）。大脑功能不是一出生就设定好的，而是受到儿童早期经验的影响，这一研究结果对于研究儿童前期以及制订教育政策具有关键意义。还有一些研究表明，大量训练可以改变大脑的结构，这一结论同样也适用于成年人。例如，一项针对伦敦出租车司机的研究发现，训练使得他们对方向进行加工的脑区活动增强（Maguire et al.，2000）。其他研究也发现，那些接受强化阅读辅导的儿童的大脑结构发展得像熟练的阅读者一样（Shaywitz，2003；Shaywitz & Shaywitz，2004；Turkeltaub，Gareau，Flowers，Zeffiro，& Eden，2003）。然而，对这些研究结论如何应用于教学中尚存诸多争论（Hruby & Hynd，2006；Shaywitz & Shaywitz，2007；Willis，2007）。

另一个重要发现也与我们的直觉相左。婴儿的大脑生成大量的神经细胞及细胞间的联结，该过程最晚持续到 18 个月时（见图 6.6）。此后，他们开始失去某些联结，实质是大脑摒除那些无用的联结，使留下的联结效率高、组织精良。这个过程持续到儿童前期，并明显地受到生存环境的影响。在幼年时期，大脑的可塑性即易被环境改变的程度是最高的。此后，随着时间的推移，可塑性逐渐降低（Elias & Saucier，2006）。

图 6.6　神经联结的发展：从出生到15个月

从出生经过整个婴儿期，大脑的神经联结发展迅速。

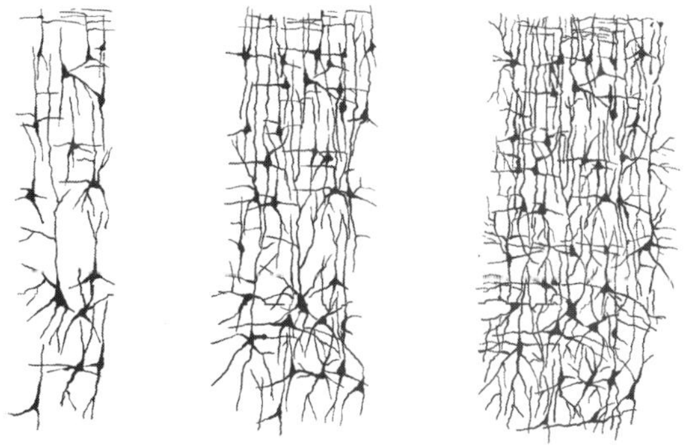

（a）新生儿　（b）3个月　（c）15个月

资料来源：Richard Fabes and Carol Lynn Martin, *Exploring Child Development: Transactions and Transformations* (2nd ed.), p. 116. Published by Allyn & Bacon, Boston. MA.

图 6.7 画家与新手绘画时的大脑活动

运用fMRI对画家H.O.和一名新手的大脑右半球的活动进行扫描（见A列），后者作为控制。这个区域涉及面孔感知。在对面孔进行加工时，新手似乎比H.O.要耗费更多的能量。在C列和D列中，画家右额叶部分的血流量有所增加，表明对信息进行了较高层次的抽象。

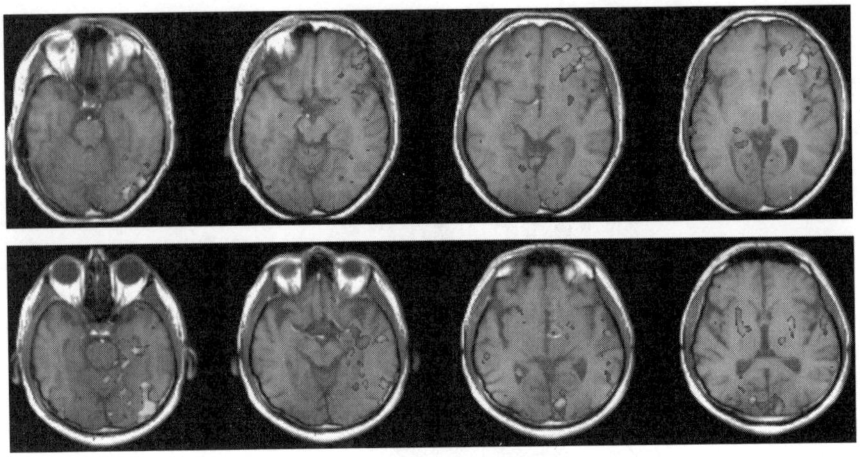

资料来源：Robert L.Solso, *Cognitive Psychology*, (8th ed.). ©2001 Allyn and Bacon, Inc. Reproduced by permission of Pearson Education，Inc.

> **资格认证指南**
> 教师资格认证考试可能要求你知道随着个体学习的知识越多，其大脑会变得越来越高效。因为这一点，随着专长的发展，个体会表现出自动化，即无需意识努力的操作。

脑研究的第三个重要发现是：随着个体不断地获得知识和技能，其大脑也变得越来越高效。例如，索尔索（Solso，2001）对比了画家和新手的大脑激活情况。在一项画家非常熟悉的任务中，如画人的面孔，其大脑仅仅很小一部分处于活跃状态，而新手从事这项任务时大脑的许多区域都有活动（见图 6.7）。在另外一系列研究中，伊登等人（Eden et al.，1996）对比了阅读障碍儿童和正常人阅读时的大脑激活情况。阅读障碍儿童激活了大脑的听觉区和视觉区，就好像他们不得不吃力地将字母转化为声音，再把声音转化为意义，而熟练的读者则完全省略了听觉步骤。将同一组儿童刚刚学习阅读时的大脑激活情况与成为熟练阅读者后的大脑激活情况相比，也存在着类似的差异（Turkeltaub et al.，2003）。早期的研究已关注到自动化在专长发展过程中的重要性，自动化指通过大量经验和练习能做到的表面上无需刻意努力的操作。有关脑的研究揭示了在问题解决过程中，自动化是怎样使大脑省略某些步骤的。

最近一些研究发现（Shaywitz，2003；Sousa，2005），阅读熟练者主要激活了左半球的三个脑区。相反，阅读障碍者则过度激活了大脑前端的布洛卡区，该脑区控制言语活动。换句话说，阅读困难者使用的是一条低效率的通路（从文字到言语再到理解），而阅读熟练者使用的是更为高效的通路（文字直接到理解）。推而广之，学习障碍患者比正常学习者使用更低效的大脑活动过程（Blair，2004；Halpern & Schultz，2006）。

以上数例及其他许多研究都进一步支持这样的结论：大脑不是知识和技能的档案柜，而是会参与组织信息的过程，使信息能被更高效地提取和使用。与添加信息同样重要，甚至比它更重要的是丢弃联结并有选择地忽视或排除信息的过程，以及将信息井然有序地联系起来的过程。

脑研究在课堂教学中的应用

脑研究的进展很自然地引发了将其应用于教育实践中的呼声。例如，霍华德（Howard，2000）、威利斯（Willis，2006）、索萨（Sousa，2005，2008）和斯坦伯利（Stansbury，2009）认为，脑研究支持了这样一种转变，即从线性的、层级化的教学转变为复杂的、主题性的、整合的教学活动。加德纳（Gardner，2000）认为脑研究证实了早期的刺激、学习活动以及音乐和情感的重要性。虽然这些主张或建议都可能被证明是正确的，但就目前而言，支持性证据即使有，也主要来自传统的认知心理学研究，而并非脑研究本身。此外，来自脑研究的教育主张与一个世纪前杜威提出的进步教育原则是极其相似的，并未受益于当代的脑研究（见 Ellis,2001c）。或许在将来的某一天，脑研究能够证明杜威的教育主张的正确性，或者对教育实践提出明确的建议，但是，急于根据脑研究对教育方法提出宏图大论的做法已受到许多研究者质疑（如，Coles，2004；Jensen，2000；Verma，McCandliss，& Schwartz，2008）。

威灵汉（Willingham，2006）提出，尽管神经科学研究正在飞速发展，就教育实践的多数方面来说，一线教师们要想从这些进展中获得重要帮助还为时尚早。他指出，虽然功能性磁共振成像的图像可以告诉我们，儿童在努力阅读的时候大脑的哪一部分是活跃的，然而这些信息并不能为教师提供任何切实有用的指导。他认为（Willingham，2006，p. 177），"一些激动人心的研究正在进行当中……其中一些对于试图搞清楚大脑如何工作的认知研究者来说是很有趣的，但此类研究几乎都还远不能够给教师指导"。

威灵汉（Willingham，2006）提醒人们不要试图将新得到的神经科学研究结果直接应用于课堂中。相反，这些结果应被视为一幅更大的认知拼图的各个小块。过去几十年来，这些研究结果进入流行文化并被写入教学方面文献的方式也证明他的提醒是合理的。例如，威灵汉指出，对左脑和右脑功能偏侧化的研究常常被当做支持各种教学策略的证据，尽管脑成像研究现已证实，左右大脑半球在大部分认知任务中是协同工作的。他也提到，基于对刺激剥夺实验结果的错误解读，人们一窝蜂地开展为婴儿和年幼儿童提供刺激的活动。不过，威灵汉也指出了神经科学研究现在就可以用于识别患有学习障碍的儿童，尤其是阅读障碍儿童（见 Espy，Molfese，Molfese，& Modglin，2004；Lyytinen et al.，2005）。

尽管对寻找神经科学研究与课堂教学间的直接联系，我们应持保留态度，但毋庸置疑的是，学习所引起的心理、行为、认知方面的变化都与大脑运作过程的变化相关。我们已经部分知道这些变化是*如何*发生，以及*在哪里*发生的。神经科学处在行为科学的前沿领域，它一直在为认知这幅大拼图加上更多部分。下面是一些公认的结论：

1. *并非所有学习都同样容易进行*。某些类型的学习比其他的更容易。例如，人类很容易习得语言，并且会调整对社会刺激的应对。某些学习更为本能或更简单，对人类来说包括语言（Pinker，1997）、理解物体及其在空间中的运动（Rosser，1994）、三维空间的几何特征以及自然数系统（Gelman，2006），还有对生物和非生物的区分（Inagaki & Hantano，2006）。另一些学习内容则是与直觉相左的或较难学习的，包括分数、代数、经典牛顿物理学等等（Rosser，2003）。

当然，对于教师来说，这不是什么新闻。他们可能十分清楚，对于年龄小的学生来说，语言和空间关系比高级数学概念要更容易学习。

2. *认知结果会受到大脑发展的限制*。假如大脑还没发展到会受外来经验影响的程度，那么我们不可能人为改动大脑。这是多年前皮亚杰提出的一个观点，他研究的是儿童的认知，而不是大脑。而我们今天已经知道，在认知发展和大脑的变化之间是存在对应关系的（Kuhn，2006）。大脑的发展需要很长的时间，而学习带来的行为变化始终无法超越神经结构的发展状态。

发展研究还表明，儿童和青少年在认知方面的成就最好应被看做是具有领域特异性的。尽管大脑的左右半球在大部分认知任务中看来都是协同工作的，但大脑整体并不是万能的问题解决器，能够处理个体遇到的各种不同的挑战。对大脑机能更为准确的看法是：它包括一系列专门化的问题解决器，各自具备特殊的区域和环路，十分适合处理有限的几类问题，例如找到回家的路（几何问题解决器）、理解语言（语言问题解决器）或解读社会信息（人际问题解决器）。

如威灵汉（Willingham，2006）所提，如何将这一点在课堂中进行应用尚不清楚，但未来的研究可能会给教师带来启示，帮助教师刺激学生特殊领域的发展以达到特定目标。

3. *一些脑区对于认知结果尤为重要，并对某些与学习和认知有关的神经活动提供重要支持。*前额皮层是当代的许多研究重点关注的脑区，研究者们认为这一脑区起着中介物的作用，负责调节行为计划和推理（Grafman，1994）、注意过程（Panskeep，1998）、冲动控制（Murji & DeLuca，1998；Rosser，Stevens，& Ruiz，2006）、计划和认知执行机能（Grafman，Spector，& Ratterman，2005；Huey，Krueger，& Grafman，2006），以及在认知任务中使用规则的能力（Bunge & Zelazo，2006）。总之，前额皮层就是所谓*有意认知活动*（deliberate cognitive activity）发生的位置，这种认知活动是我们试图在课堂上加以鼓励的。

有趣的是，即使到了青春期的时候，这一脑区的结构也并未成熟。前额皮层的灰质体积在女性 11 岁、男性 12 岁时达到顶峰（Giedd，2004），而白质的体积直到成年期仍在增长（Casey，Giedd，& Thomas，2000）。这一区域与抑制冲动、权衡决策的结果、确定事物优先级与制订策略等能力，概括地说即理智的行为有关，并且到成年早期的时候依然在继续发生改变。

当你面对着满满一教室的学生时，所有这些意味着什么呢？根据我们对大脑发展和机能的了解，这些受教者不是等着被塞满知识、指导、技能的空箱子，甚至不能说他们是已经做好的箱子——接收者自身依然在不断变化和重组。实际上，学习者从神经角度说是半成品，通过每一次活动、每一次参与，随着习得的每种新技能和每点新知识，不断地改变着自己。这种改变是连续的、持久的、时刻进行的。随着神经科学在不断提供大量新的研究证据，而这些证据与来自社会学家、行为科学家、心理学家和教育者的证据交织在一起，将来我们可能会发现，脑研究为我们教师提供了无比珍贵的深刻见解和有用的策略（见 Katzir & Paré-Blagoev，2006）。

记忆或遗忘的原因是什么？

为什么我们能记住某些事情而忘记其他的事情？为什么我们有时能记住几年前发生的一些小事，却忘记了昨天刚刚发生过的一些重要事情？大部分的遗忘是由于工作记忆中的信息未能转入长时记忆中，但有时也可能是由于我们接触不到储存在长时记忆中的信息了。

干扰
记忆中存在其他信息而导致的对回忆某些信息的抑制。

遗忘和记忆

多年来，研究者已经发现了影响信息记忆难度的几个因素（见 Schacter，2001）。

干扰 导致遗忘的一个重要原因是**干扰**（interference）（Dempster & Corkill，1999）。当要记忆的信息与其他信息相混淆，或受到其他信息的排挤时，就会出现干扰现象。当人们无法对刚学过的信息进行复述时，就发生了一种形式的干扰。在一项经典的实验中，彼得森等人（Peterson & Peterson，1959）让被试完成一项简单的任务：记忆一系列由三个字母组成的无意义字符串（例如FQB），然后立即做另一项活动，即从一个三位数中连续减3（例如，287，284，281，等等），后一项活动持续时间可长达18秒。随后，要求被试回忆识记过的字母串。进行连减活动的被试远比那些没有进行连减活动，只是等待了18秒的被试遗忘得多。其原因是进行连减活动的被试没有机会对字母进行心理复述，以将它们保留在工作记忆中。本章前面也曾经论述过，教师必须考虑到工作记忆容量的有限性，在进行新的教学前，要留给学生一些时间去消化、练习刚学过的信息（即进行心理复述）。

根据对记忆和遗忘的研究，什么因素决定了学生对课堂上所学知识的记忆效果？

倒摄抑制 另一种形式的干扰叫**倒摄抑制**（retroactive inhibition）。先前习得的知识与一些某种程度上相似的新知识相混淆，致使先前知识被遗忘，这就是倒摄抑制。例如，在学习字母d之前，年龄小的学生很容易辨认字母b；但由于这两个字母很相似，学生经常产生混淆，于是字母d的学习干扰了对以前学过的字母b的识别。与此类似，一个旅行者起初对某座特定的机场各处轻车熟路，但是到过许多相似的机场后，这项技能就退步了。

就导致遗忘的各种原因而言，倒摄抑制或许是最重要的。该现象可以解释的问题包括为什么我们难以记住经常重复出现的情景，比如一周前的晚饭吃了什么。除非特别事件的发生使前一次的晚饭与后来的晚饭有非常明显的不同，否则对日后晚饭的记忆很容易干扰对昨天晚饭的记忆。

理论应用于实践

减少倒摄抑制

有两种方法可以帮助学生减少倒摄抑制。一是教授相似的、易产生混淆的概念时，在时间上不宜太接近。二是采用不同的方法来教授相似的概念。在教授易混淆或相似的概念时，应当在学生透彻地掌握一个概念之后再引入另一个。例如，教师要在学生能够熟练地辨认字母b后才介绍字母d。如果教授这两个字母的时间太接近，那么一个字母的学习可能会抑制另一个字母的学习。当介绍新字母时，教师必须详细地指出字母b与d之间的不同，让学生练习辨别二者，直到他们能准确无误地区分两个字母。

A	B
llevar——to carry	*perro*——dog
llorar——to cry	*gato*——cat
llamar——to call	*caballo*——horse

倒摄抑制

学习新信息所造成的回忆先前习得信息的能力的下降。

B 列要易学得多。A 列中西班牙语词汇之间非常相似（它们都是动词，都以“ll”开头，以“ar”结尾，并且有相同数量的字母和音节），这使得学习者难以将它们区分开来。A 列中的英语单词也不太容易区分，因为它们都是以“c”开头的动词。相对而言，B 列中的词比较容易区分开来。由于倒摄抑制的影响，在同一节课中呈现所有 A 列中的词对是一种欠佳的教学策略。由于这三个西班牙语词的拼写很相似，学生很容易产生混淆，因此，教师在引入下一个词对之前，应该使学生真正透彻地掌握上一个词对。

减少倒摄抑制的另一种方法是采用不同的方法来教授相似的概念，或者教授每个概念时，在教学的其他方面做出变化。例如，在社会学课程的教学中，教师可以运用讲解和讨论的方式来讲解西班牙；运用团队任务的方法来讲解法国；通过观看影片来讲解意大利。这样可以使学生避免将关于某个国家的内容与其他国家相混淆。

大部分被遗忘的内容都是由于最初学习时没有牢固掌握。若要保证长久地保持所学的内容，最好的方法就是确保学生掌握了这份材料的本质特征。这意味着要经常评估学生的理解程度，如果结果显示学生没有达到充分的理解水平，则需要重新教授。

前摄抑制 当先前习得的知识干扰了后来知识的学习时，就出现了**前摄抑制**（proactive inhibition）。一个经典的例子就是北美人在英国学习靠左行车。与有丰富驾驶经验的北美人相比，一个不会开车的北美人在英国学习驾驶反而相对容易些，因为前者已经根深蒂固地习得了靠右行驶，而这在英国是可能威胁生命的错误。

抗干扰的个体差异 登普斯特和科基尔（Dempster & Corkill）在1999年的一篇文章中指出，关注主要信息、摒除干扰的能力是认知操作的核心成分。他们回顾了许多领域的研究（包括脑研究），指出抗干扰能力的各项指标与在校成绩之间有密切关系。例如，在智商水平接近的儿童中，那些有学习障碍的儿童在抗干扰能力的各项指标上数值都低很多（见Forness & Kavale，2000）。注意缺陷多动障碍（ADHD）的儿童排除无关刺激的能力特别差。如果你想一想刻板观念中的“心不在焉的教授”（absent-minded professor），你就会明白，能将注意力集中在某给定问题上，排除其他所有因素干扰的能力可能标志着超常的智力。

前摄抑制
由于先前知识的干扰，导致学习新信息的能力下降。

前摄促进
由于先前习得的知识，导致学习新知识的能力提升。

倒摄促进
由于习得了新知识而提高了对先前知识的理解。

首因效应
列表中的前几个项目可以比其他项目更容易地被回忆起来。

近因效应
列表中的最后几个项目可以比其他项目更容易地被回忆起来。

促进 你也应注意，学习某种知识往往有助于学习其他相似的知识。这就是**前摄促进**（proactive facilitation）。例如，先学习西班牙语可以帮助母语为英语的学生去学习另一种相似的语言，例如意大利语。学习第二语言也可以对已掌握的语言起促进作用。仍以语言为例，母语为英语的学生常发现，学习拉丁语可以帮助他们更好地理解自己的母语。这就是**倒摄促进**（retroactive facilitation）。

这里再举一个教学方面的例子。我们经常有这样的经验：学习如何教授一门课程可以帮助我们更好地理解这门课程。因为后来的学习（例如，学习怎样教授分数加法）促进了对先前所学知识（分数加法）的理解，这是倒摄促进的一个绝佳事例。表 6.2 对倒摄型与前摄型的抑制及促进之间的关系进行了简要总结。

首因效应和近因效应 当人们学完一系列的单词后立即进行测验时，通常的结果是：开头和结尾处的单词学习效果要好于中间部分。这是教育心理学中最古老的发现之一。对首先呈现的项目学得比较好，这种倾向叫**首因效应**（primacy effect）；对最后呈现的项目学得比较好，这种倾向叫**近因效应**（recency effect）。对首因效应最常见的解释是：我们在最先呈现的项目上倾注了更多的注意力，投入了更多的

表 6.2　倒摄型与前摄型的抑制及促进

倒摄型与前摄型的抑制及促进对记忆影响的总结

对学习的影响	对记忆的影响	
	抑制（消极的）	促进（积极的）
后来的学习影响先前的学习	倒摄抑制 （例如，字母d的学习干扰字母b的学习。）	倒摄促进 （例如，学习教授数学对先前习得的数学技能有促进作用。）
先前的学习影响后来的学习	前摄抑制 （例如，在美国学习驾驶干扰了在英国学习驾驶。）	前摄促进 （例如，学习西班牙语有助于后来的意大利语的学习。）

心理努力。正如本章前面所提到的，将新信息存储于长时记忆中时，心理复述是很重要的。通常人们对首先呈现的项目进行的心理复述要远多于后面呈现的项目（Anderson，2005）。相反，近因效应则是由于从呈现最后一些项目到进行测验之间，很少有或没有其他信息造成干扰。

教师应该考虑到首因效应和近因效应，从它们可推测一段教学的开始和结束时所教授的知识比其他信息更易保持。教师应该利用这种规律来如此组织课堂教学：将最重要的新概念放在开始讲，然后在本堂课快要结束时再加以总结。但许多教师在一堂课的开始阶段进行了许多与教学无关的活动，如点名、收午餐费、检查家庭作业等等。为此，更好的做法或许是推迟这些活动，一开始就讲授重要的概念，而将必要的事务性工作放在后面来做。

自动化　知识和技能可以存储于长时记忆中，但要提取它们，往往需要花费大量的时间，付出相当的心理努力。当提取速度至关重要时，这些信息的价值就较为有限了。这方面的一个经典事例就是阅读。儿童或许能读出一页纸上的每一个单词，但是如果他的阅读速度非常慢，读得非常吃力，那么儿童将难以理解文章，也不可能从阅读中获得乐趣（National Reading Panel，2000）。对于必须提高速度和减少心理努力的阅读技能和其他技能来说，仅有长时记忆是不够的，还必须达到**自动化**（automaticity）。这是指如能达到一定的速度和熟练水平，则某种任务或技能只需很少甚至不需要心理努力。熟练的读者加工简单的材料时，解码几乎不需要任何心理努力。如前所述，神经病学研究表明，当个体成为熟练的阅读者时，其大脑会变得更有效率（Eden et al.，1996）。有严重学习障碍的阅读初学者在阅读时，要用到大脑的听觉区和视觉区，很费劲地读出每个新单词。相反，熟练的阅读者仅仅使用大脑中与视觉加工有关的很小一部分定位明确的区域。

自动化主要通过练习来形成，而达到自动化所需的练习量远远超出将该技能或信息储存于长时记忆中所需的练习量（Moors & De Houwer，2006）。一个足球运动员接受 10 分钟的指导后就知道踢球的脚法，但是，该球员只有通过成千上万次的练习后，才有可能使这种技能达到自动化。一个棋手可以很快地掌握下棋的规则，但却需要一生的时间来练习快速识别有必胜走法的棋局。布卢姆（Bloom，1986）曾对自动化在天才钢琴家、数学家、运动员等人的表现中的作用进行了研究，并将自动化喻为“天才的双手和双脚”。

如果指法的练习量远超在长时记忆中储存技能所需的练习量，这位年轻的音乐家最终将达到自动化。自动化会给他带来什么益处呢？

练习

最常见的一种将知识储存在记忆中的方法也是最平常的：练习。真的熟能生巧吗？

在学习的几个不同阶段中，练习都是很重要的。如本章前面所提到的，信息在工作记忆中若要保持长于几秒钟的时间，就必须进行心理复述。工作记忆中的信息必须得到经常的练习，直到转入长时记忆中为止（Willingham，2004）。

集中练习和分散练习 将新学的知识集中起来进行练习，直到完全掌握，这种策略叫**集中练习**（massed practice）；相反，每天练习一点，连续练习一段时间，这种策略叫**分散练习**（distributed practice）。是集中练习还是分散练习效果更好呢？集中练习可使初步学习更快；但就大多数学习而言，分散练习更有利于保持，即使只是分散在较短的时间里（Cepeda，Pashler，Vul，Wixted，& Rohrer，2006）。这在知识学习方面表现得更为明显（Willingham，2002）。考试的前一天晚上临阵磨枪，突击学习知识，这或许可以让你通过那次考试，但知识并不能很好地整合到长时记忆中去。分散练习可以大大促进各种知识和技能的长期保持。家庭作业的主要目的就在于此：为了提高保持新习得的技能的可能性而在后续的一段较长时间里继续练习这些技能。

亲历 我们都知道“做中学”，即通过实际参与活动来进行学习。有关**亲历**（enactment）的研究也证实了这个常识性的结论。也就是说，学习如何去完成各种任务时，如果身体力行地实际参与活动，即亲历，其学习效果要优于简单地阅读材料或观看教师演示任务（Engelkamp & Dehn，2000）。例如，在学习如何画立体几何体（比如正方体和球体）的课上，如果学生有机会亲自动手画，那么学习效果要好于仅仅看教师画。

生成 人们很早就知道，与简单地复述现有的知识相比，假如学生可以将新习得的知识用于创造某些东西，则练习将更有利于长时记忆的保持。写总结、画概念图、将内容教给同伴都比简单地阅读或练习而无任何创新更加有效（Bertsch，Pesta，Wiscott，& McDaniel，2007；deWinstanley & Bjork，2004）。生成原理是有效学习策略的核心，本章稍后将对其进行讨论。

集中练习
在一段集中的时间内对将要学习的知识和技能进行重复练习。

分散练习
在一段时期内，按照一定的间隔对将要学习的项目进行重复练习。

亲历
个体身体力行地执行任务的学习过程。

如何教授记忆策略？

学生在学校中所学的许多内容都是需要记忆的各种事实。它们为更加复杂概念的学习提供了可依赖的框架。学生必须尽可能高效率、高质量地掌握这些知识，进而节省时间和心理努力以用于更有意义的学习活动，如问题解决、概念性的和创造性的学习活动。如果学生能够更有效地记忆常规性的信息，那么他们就有可能将更多的精力投入到理解性和推理性的任务中。有些学习主要是记忆一些事实，或记忆事物间人为规定的联系，例如，法语中的 *pomme* 意为苹果，该词和实物之间就有人为规定的联系。艾奥瓦州（Iowa）的首府得梅因（Des Moines）如被命名为艾奥瓦波利斯（Iowapolis）也完全合理。学生通常把要知识当做事实来学习，然后再上升为概念或技能来理解。例如，学生在学习圆柱体的体积公式时，最初只是将它作为一条既定的事实来学习，之后很久才逐渐理解公式之所以然。

INTASC 标准 4
多元教学策略

网络链接
想了解更多促进记忆的技术和资源，请访问 www.mindtools.com。

言语学习

心理学家通过许多研究来考察**言语学习**（verbal learning）（Ashcraft & Radvansky，2010），比如要求学生学习一系列的单词或无意义音节。研究者识别出课堂情景中的三种典型的言语学习并进行了大量的研究，它们分别是：配对联想学习、系列学习和自由回忆学习。

1. **配对联想学习**（paired-associate learning）通常指，在要求记住的一系列词对中，给出某个词对中的一个词，个体学会反应出与其配对的另一个词。在典型的实验研究中，配对是人为的。在教学情境中，诸如记住各州的首府名称、南北战争中各战役的名称和日期、加法表和乘法表、化学元素的原子量以及单词的拼写等等，都属于配对联想学习。
2. **系列学习**（serial learning）指按特定的顺序学习一系列项目。识记五线谱上的音符、对美国的效忠宣誓、按原子量大小顺序识记化学元素、识记诗词和歌词，这些都属于系列学习。
3. **自由回忆学习**（free-recall learning）指按任意顺序识记一系列项目。比如，回忆美国50州的名称、强化的类型、诗歌音步的类型、身体器官组成的系统等都是自由回忆学习。

配对联想学习　在配对联想学习中，学生必须对每个刺激都做出相应的反应。例如，给学生一块骨骼的图片（刺激），他们应做出“胫骨”的判断反应；或者给一个元素符号“Au”，要求给出“金”的反应。影响配对联想学习的一个重要因素是学生对刺激和反应的熟悉程度。例如，对母语为英语的学习者而言，学习将外文单词与英文单词联系起来（如*dog—chien* [法文]，*dog—perro* [西班牙文]）要比将两个外文单词（如*chien—perro*）联系起来容易些。

表象　许多有效的记忆策略都是利用构造心理图像来帮助记忆联系的。例如，“击剑”的法语单词是*l'escrime*，发音是“*le scream*”。通过形成如图6.8所示的心理图像：一个击剑运动员被对手击中后发出尖叫，就可以很容易地记住这个单词配对（*fencing—l'escrime*）。

一种用**表象**（imagery）提高记忆的古老方法是构造故事，从而把信息编织起来（Egan，1989）。例如，人们早已利用古希腊神话以及其他资料来形成表象，用于帮助记忆星座的名称。

言语学习
学习词语（或以词语形式进行表达的事实）。

配对联想学习
学习成对的项目，当呈现出词对中的一个单词时，可以回忆出与其配对的另一个单词。

系列学习
按照特定的顺序记忆一系列项目。

自由回忆学习
以任意的顺序记忆一系列项目。

表象
在头脑中对知识的心理视觉化，用于促进记忆。

图 6.8 运用表象帮助记忆

一个母语为英语的学生通过把英语单词“scream”和击剑者的尖叫联系起来，就能很容易地记住“击剑”这个词的法语单词是“*l'escrime*”。

理论应用于实践

关键词记忆术

关键词法（keyword method）是应用表象和**记忆术**（mnemonics）（记忆辅助手段）来进行配对联想学习的方法，是研究最为广泛的方法之一。关键词法最初主要用于教授外语词汇，后来也被应用到其他许多领域中（Carney & Levin，2002）。前面介绍的应用生动的表象来记忆法语单词 *l'escrime* 就是关键词法的一个例子；在这个例子中，关键词是英语单词“*scream*”（尖叫），之所以称之为关键词，是因为它能够将法语单词“*l'escrime*”与心理图像联系起来。俄语中表示“建筑物”的单词是“*zdanie*”，读作“zdan'—yeh”。运用关键词“*dawn*”（黎明），并想象着太阳正从一座带有洋葱型圆顶的建筑物后面升起，这样就可以记住这个俄语单词。阿特金森和茹福（Atkinson & Raugh，1975）采用两种方法让学生在三天内学习 120 个俄语单词：一组使用关键词法，而给另一组俄语单词的英文对照，让学生按自己的方式去学习。结果发现，使用关键词的学生能回忆 72% 的单词，而未使用关键词法的学生仅能回忆出 46% 的单词。应用多种不同的语言的类似实验也数十次得到了同样的结果（如 Crutcher & Ericsson，2003；Wyra et al.，2007），其研究对象包括从学龄前儿童到成人不同年龄阶段的个体。不过，看来年幼的儿童需要外界提供图片，描画期望他们形成的心理表象，但是年长的孩子（从小学高年级起）仅凭自己形成心理表象就能学得同样好（Willoughby，Porter，Belsito，& Yearsley，1999）。此外，研究发现，让学生两两配对或以小组合作的形式来使用记忆术，也能够促进词汇学习（Jones，Levin，Levin，& Beitzel，2000）。

在关键词法中所使用的图像以生动形象为佳，如包含事物的互动则更好。例如，德语的“房间”是“*zimmer*”（读作“tsimmer”），可以用英语的“*simmer*”（沸腾）做关键词。在记忆德语词时，想象着在一间大卧室里，一个情绪低落的人浸泡在沸水翻腾的大锅里，这种记忆效果比想象着卧室墙角有一小壶沸腾的水要好。第一种想象充满戏剧元素和动作，情节古怪离奇，因而容易回忆；第二种想象平淡无奇，不易回忆。

类似地，拉米尔、莱文和伍德沃（Rummel，Levin，& Woodward，2002）给学生展示了许多图片，以帮助他们回忆不同的智力理论家与他们所作出的贡献之间的联系。例如，要将比内与他对高级心理过程的测量联系起来，拉米尔等人给学生呈现了一张图片，上面画着一名赛车手用一项安全帽（bonnet）来保护他的大脑（brain）。回顾各种记忆策略的

记忆术
帮助记忆的方法或策略。

关键词法
通过使用表象将配对项目联系起来的一种促进记忆的策略。

研究可以发现，总体来看，记忆策略是有效的（Hattie，Bibbs，& Purdie，1996）。但值得注意的是：有关记忆策略的大多数研究都是在人为的、类似于实验室的条件下进行的，所选用的学习材料也都被认为是尤其适合这些策略的。将这些策略应用于实际的课堂学习中时，对其效果优劣的评估则产生了褒贬不一的结果（Pressley & Levin，1983）。此外，关键词方法在促进信息的长时记忆方面受到质疑（Carney & Levin，1998；Wang & Thomas，1995）。

系列学习和自由回忆学习　系列学习是按特定的顺序理解事实性的材料。比如，按照时间进程来学习所发生的事件，学习长除法的运算步骤或者矿物质的相对硬度，这些都是系列学习的例子。自由回忆学习是指，学习一系列无须按照特定顺序去记忆的内容，例如加拿大各省的名字。

位置法　古希腊人曾使用这种记忆术。它使用与一系列位置相联系的表象来记忆内容，用于系列学习（见 Anderson，2005）。运用**位置法**（loci method）时，学生头脑中想出非常熟悉的一组位置，比如自己家中的不同房间，然后想象要记忆的每项内容在某个具体的位置上。应用生动、离奇的表象，将要记忆的每一项内容都置于具体位置上。一旦建立了要记忆的项目与房间或其他位置之间的联系，学习者就能按顺序回忆起每一个地方以及相应的记忆内容。学习者可在头脑中清除位置对应的内容，用同一组位置记忆各种不同的项目列表。但是，位置的顺序应该相同，以确保记住所有的内容。

词栓法　用于系列学习的另一种表象记忆术叫**词栓法**（pegword method）（Krinsky & Krinsky，1996）。使用这种记忆术时，学生必须记住与数字1到10押韵的一组词栓。学生要创造心理表象，表象与要用特定的词栓来记忆的项目关联。假定要按顺序记住美国最早的10位总统的名字，你可以创造出这样一些表象：乔治•华盛顿正用他的木制牙齿吃小面包（*bun*，与one即1谐音），约翰•亚当斯正在系鞋带（*shoe*，与two即2谐音），托马斯•杰弗逊正用双膝（*knees*）倒挂在树枝上（*tree*，二词均与three即3谐音），等等。

首字母策略　另一种记忆策略涉及信息的重组，将一系列需要记忆的项目的首字母提取出来，将它们重新组成一个更容易记忆的词或者短语。例如，许多人在三角形课上学习过SOHCAHTOA这个假想的部落名，这些首字母的组合有助于我们回忆三角形的内容：正弦（S）=对边（O）/斜边（H），余弦（C）=邻边（A）/斜边（G），正切（T）=对边（O）/邻边（A）。**首字母法**（initial-letter strategies）可以用来按与太阳的相对距离记忆八大行星，它们依次是：水星（Mercury）、金星（Venus）、地球（Earth）、火星（Mars）、木星（Jupiter）、土星（Saturn）、天王星（Uranus）和海王星（Neptune）。若要记住这些行星的名称，可以教给学生这样的句子："My very educated monkey just served us nachos"；句子各单词的第一个字母正好是按顺序排列的各行星的第一个字母。

同样，首字母缩略词方法还可以帮助人们记住各种组织机构的名称，例如NATO（North Atlantic Treaty Organization，北约），以及计算机中的组成部分，例如ROM（read-only memory，只读存储器）。这种方法同样也可以帮助学生记忆程序性的知识，比如记忆某个过程中的各个步骤。

位置法
将一系列要记忆的内容与一系列熟悉的位置联系起来的一种记忆策略。

词栓法
使用图像，将一系列要记忆的内容与熟悉的词语或数字联系起来的一种记忆策略。

首字母法
将要记忆的各项目的首字母组成一个更容易记忆的词语或短语的一种学习策略。

怎样使信息有意义？

请阅读下面的句子：

1. Enso flrs hmen matn snoi teha erso iakt siae otin tnes esna nrae .
2. Easier that nonsense information to makes than sense is learn.
3. Information that makes sense is easier to learn than nonsense.（有意义的信息比无意义内容更易学。）

哪个句子最容易学习和记忆呢？很明显，是第 3 个句子。三个句子所包含的字母相同，并且句子 2 和句子 3 的单词也是相同的。但若要学习句子 1，你就必须记住 52 个独立的字母；若学习句子 2，你必须记住 10 个独立的单词；句子 3 最容易学习，因为你只需要学习一个概念，即一个与你头脑中有关“学习是如何发生的”的常识及已有知识容易吻合的概念。你认识句子 3 中的每个单词，知道单词间的语法联系，并且头脑中已经储存了与该主题有关的大量信息、经验和观点。因此，你能自然而然地理解句子 3。

句子 3 所描述的信息实际上就是本章所讨论的内容。人类的大多数学习，尤其是在学校中的学习，都包括这样的活动：理解信息、有条理地将信息分类并储存在大脑中、运用已有的知识同化新知识。我们记忆机械性的信息的能力是有限的，比如，你能把多少个电话号码记住一个月？但我们可以很容易地记住那些有意义的信息。我们前面所讨论的大多数记忆策略都是人为地赋予随意规定的联系以某种意义，从而利用学习有意义信息要容易很多这一优势。

句子 3 所蕴涵的信息对教学活动具有重要意义。教师最重要的任务之一就是使信息对学生变得有意义。为此，教师要以清晰、有组织的方式来呈现学习材料，把新信息与学生已有的知识联系起来，确保学生理解了所教授的概念并能应用到新情景中去。

机械学习和意义学习

INTASC 标准 4
多元教学策略

机械学习（rote learning）是指记忆某些事实和关系，比如乘法表、化学元素的符号、外文单词、人体骨骼和肌肉的名称。大多数机械学习的内容是人为规定的联系，例如，金（gold）的化学符号（Au）起初完全可能被定为“Go”或者“Gd”。与此相对，**意义学习**（meaningful learning）则不是随意的，它与学习者已有的知识或概念有关。例如，如果我们学习“银是一种良好的导体”，那么这种信息与我们已有的银和导体的知识有关。再进一步，“银”和“导体”之间的联系不是人为规定的，银的确是一种极好的导体，虽然我们可以用其他方式或其他语言来陈述这一原理，但“银是一种良好的导体”这句话所表达的意义是不可能人为改变的。

机械学习的用途 有时我们会有这样的印象：机械学习是“不好”的，而意义学习则是“好”的。而事实并不是这样。例如，当医生告诉我们胫骨骨折时，我们希望医生掌握了单词“胫骨”与其所指代的腿骨之间的关系，这一联系是机械的。掌握外文单词是机械学习的一种重要情况。在教育情境中机械学习声誉不佳，主要是由于其被过度使用。我们可能都还记得，被要求像鹦鹉学舌般死记硬背那些必须学习的原本是有意义的材料，没能学到意义。很久之前，威廉•詹姆斯列举了一例非常有

机械学习
记忆那些本质上是人为规定的知识或关系。

代表性的错误学习（James，1912）：

> 我的一个朋友访问一所学校时，被邀考察一个低年级班级的地理课。她浏览了一下课本，问道："假如你在地上挖一个几百英尺的深坑，你怎样知道坑底比地面热还是冷呢？"眼见没有学生能够回答，教师便说："我确信他们是知道的，但我觉得你提的问题不太恰当。我来试试。"于是这个教师打开课本，问道："地球的内部是个什么样的状态？"约有半数的同学立刻回答道："地球内部处在灼热的熔解状态。"（p. 150）

很明显，学生确实记住了这点知识，但是并没有真正理解其意义。这种知识对他们来说是没有用的，因为它没有与学生拥有的其他信息联系起来。

惰性知识 布兰斯福德、巴恩斯、德尔柯洛斯以及维（Bransford，Barns，Delclos，& Vye，1986）曾用**惰性知识**（inert knowledge）来描述"灼热的熔解"这类学生记住的知识。这类知识本来可以也应当应用于广泛的情境中，实际上却只应用于非常有限的情境中。一般而言，那些在学校中学到的，却不能应用到生活中去的知识和技能构成了惰性知识。例如，你或许遇到过这几类人：他们通过了高级法语考试，但不能在巴黎进行正常的交流；他们在数学课上能够解决有关容积的问题，却不知道填满一个沙箱需要定购多少沙子。生活中许多问题的产生并不是由于我们缺乏知识，而是由于无法应用所掌握的知识。

珀费图、布兰斯福德以及弗兰克斯（Perfetto，Bransford & Franks，1983）曾做了一个经典的实验来说明惰性知识这个概念。实验中给大学生如下问题："著名的以色列超感学家尤赖亚·富勒（Uriah Fuller）能够在任意一场棒球比赛之前告诉你比分。他的秘诀是什么？"

在给学生呈现上述问题之前，先给部分学生呈现一系列要求他们记住的句子，比如"任何比赛开始前的比分都是 0 比 0"。这些句子明显有助于问题解决。提醒一部分学生，这些句子可以作为线索来帮助解决问题，而对另一部分学生则不给予提醒。结果发现，接受提醒的学生，其问题解决要优于其他学生，而记住了句子但没有接受提醒的学生与那些没有学习句子的学生相比，问题解决的水平没有差异。这个实验表明，虽然知识存在于记忆中，但并不能保证可以在适当的时候将其提取出来并加以运用。事实上，你需要知道什么时候以及如何去运用你已有的知识。

你可以帮助学生选择学习方式，使得信息既有用也对他们有意义。有效的教学需要有这样的清醒认识，即怎样使学生易于提取信息，以便将这些信息与其他知识联系起来，对信息进行思考，并应用于课堂以外的情境中（Willingham，2003）。

意义学习
将新知识与过去习得的知识联系起来的心理过程。

惰性知识
一类习得的知识，它们原本可以被应用于广泛的情境中，实际上却被应用于非常有限的、一般为人工设置的情境中。

图式理论

正如前面所提到的，有意义的信息是以相互联系的事实或概念网络的形式存储在长时记忆中的，这种网络就是图式。请回想图 6.4 对"野牛"概念的表征，这一表征反映了这一概念是如何与更大范畴内的其他概念相联系的。**图式理论**（schema theory）（Anderson，2005；McVee，Dunsmore，& Gavelek，2005）最重要的原则是：如果新信息能够很恰当地嵌入到已有的图式中，则这种信息比无法嵌入的信息更容易理解、习得和保持（Anderson & Bower，1983）。以"小牛犊出生后不久就能跑"这句话为例，它所包含的信息很容易整合进你已有的"野牛"图式中，因为你知道（1）

图式理论
信息被储存在长时记忆的图式（相互联系的事实或概念的网络）中，图式提供了一个理解新信息的结构。

野牛依靠奔跑速度来逃脱天敌的追捕；（2）你更熟悉的动物中也有依赖于速度的（例如马），它们的幼崽很早就会跑。没有这些先前的知识，就难以将“小牛犊出生后不久就能跑”这句话同化到已有的认知结构中，并且容易遗忘。

知识的层级结构 人们认为，大多数牢固建立的图式都是以类似于提纲的层级化形式组织起来的，即具体信息被归于一般类别之下，而一般类别又被归于更一般的类别之下。图6.4说明了这种结构。请注意，当你自上而下看时，将会获得从一般的（动物和美洲原住民）到具体的（原住民如何捕猎野牛）知识。图6.4中的概念很恰当地嵌于图式中。与该图式有关的任何新信息都比与不牢固的图式联系的信息，或者不附着在任何图式中的机械性信息更容易学习，也更容易整合到该图式中去。

图式理论的一点重要启示是：意义学习需要学习者的主动参与，学习者有大量的先前经验和知识，可用于理解和整合新知识（Alexander，1992）。你能够从经验中学到什么，这在很大程度上取决于你应用于本次经验的图式。

背景知识的重要性 你能从某事物中学到多少知识？一个最重要的决定因素是你已经知道了这方面的多少信息（Alexander，Kulikowich，& Jetton，1994；Schneider，1993）。研究者（Kuhara-Kojima & Hatano，1991）在日本所做的一项研究清楚地说明了这一点。教授大学生有关棒球和音乐的知识。那些具有很多棒球知识、但欠缺音乐知识的学生学到了更多的棒球知识；而那些有很多音乐知识、但欠缺棒球知识的学生则学到了更多的音乐知识。实际上，在预测学生能学到多少知识时，背景知识是一个比一般学习能力重要很多的因素。那些掌握了较多某一学科知识的学生，他们有更成熟的图式来整合新知识。假如一个学生对某门课程感兴趣，这将有助于他获得更多的背景知识，加深对知识的理解，并使其更愿意应用背景知识来解决新问题（Perfetti，2003），这并不是什么令人惊奇的事。然而，学习者往往不能主动地应用以前习得的知识来学习新知识。因此，教师必须把新知识与学生已有的背景知识联系起来（Bruning et al.，2004）。

元认知技能如何帮助学生学习？

元认知

有关个体自身的学习或如何学习的知识（“对思维进行思考”）。

元认知技能

学习、研究或解决问题的方法。

链接

“模仿”一词在第5章曾做过讨论，与班杜拉的社会学习理论有关。

元认知（metacognition）是个体关于自身学习（McCormick，2003）或如何学习的知识。思维技能和学习技能都属于**元认知技能**（metacognition skills）。可以教给学生一些策略，去评价自己的理解程度、规划完成任务所需的时间、选择有效的方案去考察问题或解决难题（McCormick，2003）。例如，读这本书时，你一定遇到过第一遍读不懂的段落，你该怎么办呢？或许你会放慢速度重读，或许你会借助图片、图表或术语表等线索来帮助理解，或许你会从本章的开头重读一遍，弄清楚是否因为没有充分理解前面某处的内容而造成了现在的困难。这些都是元认知技能的例子；你已经学会了怎样了解自己是否理解以及如何自我纠正（Martinez，2006）。另一种属于元认知策略的能力就是预测将来可能会发生什么或者区分什么是合理的，什么是不合理的。例如，当你初次读到第 5 章的单词“modeling”（模仿）时，你马上能明白，这个词不是指制作飞机或轮船的模型，因为这个意思与上下文不符。

网络链接

想对元认知有一个整体的了解，请访问 www.ncrel.org/sdrs/areas/issues/students/learning/lr1metn.htm。

大多数学生能够逐渐地发展起足够的元认知技能，但是有些学生却不能。教给学生元认知策略能显著地提高他们的学习成绩（Alexander，Graham，& Harris，1998）。学生能够学会反思自己的思维过程，并学会运用具体的学习策略去完成困难的任务（Schunk，2000）。**自我提问策略**（self-questioning strategies）特别有效（Zimmerman，1998）。在自我提问时，学生寻找给定类型的任务中的常见要素，并就这些要素进行自我提问。例如，许多研究者（如 Stevens，Madden，Slavin，& Farnish，1987）曾教授学生寻找故事中的人物、背景、问题以及问题解决方法。教师先提出一些具体的问题，之后让学生自己去发现关键的成分。帕里斯、克罗斯和利普森（Paris，Cross，& Lipson，1984）以及金（King，1992）发现，如果教会学生阅读时问自己何人、何事、何处以及如何等方面的问题，他们会理解得更好。恩格勒特、拉斐尔、安德森、安东尼和史蒂文斯（Englert，Raphael，Anderson，Anthony，& Stevens，1991）为学生提供了列有问题的计划表，让他们在规划创造性的写作时问自己这些问题：我写给谁看？打算描述什么？具体步骤是怎样的？他们最根本的目的是要训练学生在活动的进程中与自己对话，向自己提或者同伴间互相提一些平时由教师提出的问题。一系列的研究发现，学生能学会在许多学习活动中进行自我提问，如解决数学问题（Cardelle-Elawar，1990）、拼写（Block & Peskowitz，1990）、创造性写作（Zellermayer，Saloman，Globerson，& Givon，1991）、阅读（Chin，1998；Kucan & Beck，1997）以及许多其他科目。

何种策略有助于学生学习？

你是如何阅读这本书的？是否用记号笔给关键句子涂色或在下面画线？是否记了笔记或写出了概要？是否与同学们讨论过主要观点？是否在晚上把书放在枕头下面，希望知识能够以某种方式自动渗入到你的大脑中？自从人类发明了阅读，学生们就一直在使用这些策略以及其他许多策略，而这些策略被研究的历史几乎一样长。甚至亚里士多德也对这类主题进行了论述。而今天的教育心理学家们依然还在争论究竟哪些学习策略才是最有效的。

INTASC 标准 4
多元教学策略

目前关于有效学习策略的研究结果最乐观地说是令人困惑的。很少有放之四海而皆准的学习策略，永远没有效果的学习策略则更少。很显然，学习策略的价值取决于它们自身的具体特性以及被投入的用途（Weinstein & Hume，1998；Zimmerman，1998）。有效学习策略的一条一般性原则是，有效的学习方法能够使学习者对知识进行重塑（Kiewra，1991），而不仅是重复阅读（Callender & McDaniel，2009）或者在并未有意识地选出最重要信息的情况下进行盲目的标记（Gaddy，1998），下面将简要介绍一些最常见的学习策略的相关研究。

自我提问策略
在学生进行阅读时，要求学生问自己关于何人、何事、何处和如何等方面的问题的一种学习策略。

练习性测验

或许最为有效的学习策略就是进行与正式测验相一致的练习性测验。测验——尤其是那些要求学生做出建构性反应，而不仅包括选择题或填空题的测验——能够使学生对学习内容进行高水平加工，从而增强理解和记忆（Carpenter & Pashler，2007；Marsh，Roediger，Bjork，& Bjork，2007；McDaniel，Roediger，& McDermott，2007；Roediger & Karpicke，2006）。另外，练习性测验会提醒你已经学会了什么、哪些还不会，这样你就可以更高效地集中学习那些你不会的内容。尤为有效的一种方法是建立学习小组，组内成员互相给对方设计练习性测验（Ashcraft & Radvansky，2010）。

记笔记

在阅读和听讲时，最常用的一种学习策略是**记笔记**（note-taking）。对于某些类型的材料而言，记笔记是有效的学习策略，因为人们需要对主要观点进行心理加工，才能决定要记下哪些内容。但研究发现，记笔记对学习效果的影响要视具体情形而定。当学习比较复杂的概念性内容，核心任务是把握该内容的要点时，使用记笔记的策略最可能产生积极作用（Kobayashi，2005；Peverly et al.，2007）。另外，记笔记时如果进行一定的心理加工，而不只是简单地记下所读的内容，那么记笔记会更有效（Igo，Bruning，& McCrudden，2005）。例如，布雷青和库尔哈韦（Bretzing & Kulhavy,1981）发现，以改写（用不同的词语来陈述要点）的方式记笔记以及为向他人教授内容而准备笔记都是有效的策略，因为这些活动都要对信息进行高水平的心理加工。

为了让学生记笔记更有价值，一种有效的方法就是教师在给学生讲课或让他们阅读前，先提供部分笔记，这就给了能引导学生自己记笔记的类目。一些研究表明，将这种教学方法与学生的记笔记和复习结合起来，可以促进学生的学习（Robinson，Katayama，Beth，Odom，& Hsieh，2004）。

画线

最常见的一种学习策略或许就是画下划线或涂亮色。尽管这种方法得到了普遍的使用，但是，研究整体表明画下划线对学习很少有促进作用（Anderson & Armbruster，1984；Gaddy，1998）。其主要问题在于很多学生无法确定什么材料是最重要的，而在过多的地方画线。当要求学生画出一段中最重要的一句话时，他们确实能记住更多的内容，这或许是因为在确定哪句话最重要时，学生进行了较高水平的心理加工（Snowman，1984）。

记笔记
一种学习策略，要求学生决定要记下哪些内容。

概述
写下简短陈述，以表征正在阅读的内容的主要观点。

概述

概述（summarizing）是指给出能够代表所读信息主要观点的简短陈述。这种策略的有效性取决于怎样运用它（Slotte & Lonka，1999）。一种有效的方式是在学生读完每段后，让他们用一句话进行概述（Wittrock，1991）。另一种方式是让学生写出内容概述，以用于帮助他人学习这些内容。这种方法之所以有效，部分是因为写概述的学生必须力求简短，要认真地考虑哪些是重要内容，哪些不是。但要注意的重要事实是，也有数项研究发现概述这种方法是无效的；在什么条件下该策略能够促进对书面材料的理解或保持，目前的了解也有限（Wittrock，1991；Wittrock & Alesandrini，1990）。

以写促学

让学生在写作中解释正在学习的内容，这有助于学生理解和记忆。这种观点得到了越来越多的证据支持（Klein，1999）。例如，费洛斯（Fellows，1994）让六年级学生在为期 12 周的“物质状态”这一单元的科学课中，在课程的多个时间点写下对概念的理解。控制组则学习相同的内容，但不进行写作。在后测中，写作组记住了更多的内容。这个研究和其他一些研究发现，针对具体内容而进行的写作活动可以帮助儿童学习所写的内容。但是，关于针对性较弱的“日志式写作”，即学生像记流水账似地将自己的观点和观察结果记录下来，其有效性的证据则远没有这么一致。

列提纲和画概念图

还有一类彼此有关的策略要求学生以框架结构的形式表征所学的内容，这些策略主要包括列提纲、画网络图和概念图。**列提纲**（outlining）就是以层级的形式来呈现材料的各项要点，其中每一项具体的内容都被归于较高水平的类别之下。绘网络图或**画概念图**（concept mapping）是指学生识别出主要观点或概念，并用示意图将这些观点和概念联系起来（Hyerle，1995；Robinson & Skinner，1996）。例如，学生可能自己制作图 6.4 所示的“野牛”概念的图式表征，并把它作为一个网络，以概括野牛以及它对平原印第安人的重要性的事实材料（见 Clark，1990；Rafoth，Leal，& De Fabo，1993）。

对列提纲、画网络图和概念图的有效性的研究还是很有限的，其研究结果也不一致。但是总体上发现，作为学习的辅助手段，这些方法是有帮助的（Nebsit & Adesope，2006）。

列提纲

以层级框架的形式表示出材料的主要观点。

画概念图

用图表表示出主要观点及彼此之间的联系。

PQ4R法

PQ4R 法是最广为人知的学习技法之一，它帮助学生理解和记忆所读的内容（Thomas & Robinson，1972）。该方法是在罗宾逊（F. P. Robinson，1961）提出的早期版本即 SQ3R 基础上形成的。首字母 PQ4R 分别代表：预览（preview）、提问（question）、阅读（read）、反思（reflect）、背诵（recite）和复习（review）。

研究表明，PQ4R 法对年长儿童是有效的（Adams，Carnine，& Gersten，1982），原因看起来也明确。遵循 PQ4R 程序，可以使学生更关注信息的有意义的组织，促使学生运用其他各种有效的策略，如设计问题、精细加工以及分散练习（在一段时间内复习知识的多个机会）（Anderson，1990）。

资格认证指南

在回答资格考试中的案例题时，你可能被要求设计一堂课，其中包含的学习策略能帮助学生通过画概念图的方式学习观点之间的联系。

理论应用于实践

教授PQ4R法

按照以下指导原则，向学生逐步解释和演示 PQ4R 方法。

1. **预览**：快速地浏览一遍材料，对其基本框架、大主题和分主题有大致的了解。注意大标题和小标题，并确定你将要阅读和学习的内容。
2. **提问**：阅读前先自我提问。根据标题用特殊疑问词来设问：何人（who）、何事（what）、为何（why）、何处（where）。
3. **阅读**：阅读材料，不要写大量的读书笔记。试着回答你阅读前提出的问题。
4. **对材料反思**：尽量通过以下方式来理解和解释所学内容：（1）与已知的事物联系起来，（2）将文中的各个分主题与基本概念或原理联系起来，（3）试着解决所呈现的信息中的矛盾以及（4）试着运用材料本身来解决它显示的问题。
5. **背诵**：通过大声陈述主要观点、提问并回答问题等方式来练习记忆信息。你可以根据标题、关键词以及关于主要观点的笔记来提出问题。
6. **复习**：最后一步，积极复习，集中精力自我提问；只有当自己不能确认答案时，才重新阅读材料。

认知教学策略如何帮助学生学习?

INTASC 标准 3 为个体需要调整教学

INTASC 标准 4 多元教学策略

INTASC 标准 6 沟通技能

在《爱丽丝漫游奇境记》中，白兔不知道怎样在审判中为红心仆人辩护。红心国王给了它一个建议："从头开始……不停地读，一直到末尾，然后停止。""红心国王法"是讲课时常用的一种方法，在中学或大学应用得尤为普遍。但是，教师帮助学生理解课程内容的方法不限于此。教师可以采用多种方法来帮助学生准备学习新内容，比如提醒学生回想已知的内容，向学生提问，帮助学生联系和回忆新信息（Carver & Klahr，2001；McCormick，2003）。第 7 章论述了有效讲课的多方面特征，而下面将讨论的做法以认知心理学为基础，可帮助学生理解、回忆和运用重要的信息、概念和技能。

PQ4R法

一种学习策略，使学生对学习材料进行预览、提问、阅读、反思、背诵和复习。

激活先前知识，建立不同学习间的联系

请阅读下面的一段文章：

> 利用抵押的珠宝换来的资金，我们的英雄英勇地击退了所有企图阻止他实施计划的嘲笑者。眼睛看到的并不是事实。这个有待探索的星体更像一个蛋形物，而不是一块桌面。现在，三个执着的姐妹在寻找证据。在艰难的行程中，有时一望无际而风平浪静，但更多的是波涛汹涌。日子一天天、一周周地过去了，许多怀疑者散布着有关边界的可怕谣言。终于，带有羽翼的生灵不知从何方降临，这标志着巨大的成功。（Dooling & Lachman，1971，p. 217）

链接

例如，参见第7章"如何教一堂直接教学课。

21世纪的学习

学习如何学习

21世纪的一项核心技能是自我指导。互联网使人们可以很容易地从谷歌、维基百科等来源获得大量信息。问题在于，学习者需要知道如何对他们的思维进行组织，以有效应用这些信息。他们需要知道如何确定自己对一个主题已经知道什么，以及还需要知道什么，并需要有一种提取相关信息的策略。教授学生对自身的学习过程进行掌控可以帮助他们高效地运用时间进行阅读以获取信息，无论阅读材料是纸质的还是电子版的。

在一个充满各种信息的世界中，了解学习策略是十分有必要的，如使用组织信息的图表、列提纲、用层级框架来组织信息。

问题：

- 你可以与你的学生讨论哪些问题，以确保他们能够进行有效的网络搜索？
- 任何人都可以在网络上张贴任意的信息，即使是错误信息。学生如何能够了解他们在网上获得的信息是否真实准确？

现在请根据下面提供的信息再重读上段文章：这段文章是有关哥伦布的。如果事先你不知道上段文章描述的是什么，那么该段文章对你而言毫无意义。你能理解其中的字词和语法，或许还可以推断出这是关于航海发现的故事。然而，一旦你得知这个故事是关于哥伦布的，那么你就可以利用已有的关于哥伦布的知识来帮助自己理解这段文章，而那些晦涩难懂的指代似乎也变得有意义了。当你知道这个故事所描述的内容时，那么像“抵押的珠宝”（伊莎贝拉女王的珠宝）、“蛋形物”（陆地的形状）、“三个执著的姐妹”（名为尼娜、平塔和圣·玛利亚的三艘船）以及“带有羽翼的生灵”（鸟）等词汇就很容易被理解了。

这则故事写的是哥伦布。根据图式理论，这一条先行信息可以激活与哥伦布有关的图式。你很容易理解和整合有关哥伦布、伊莎贝拉和费迪南德夫妇以及故事中船只等方面的信息，并将它们整合起来。就好像你有一个文件柜，其中一个抽屉上标有“哥伦布”的标签。当你得知将要听到与哥伦布有关的信息时，你就会在心理上打开这个抽屉，其中装有“伊莎贝拉”、“船只”以及“嘲笑者和怀疑者”等文件。现在你可以将新信息存入恰当的位置。如果你了解到“圣·玛利亚”号在风暴中毁坏了，你可以将这个信息放在“船只”文件中。如果你了解到大部分文明世界的人都与哥伦布的观点一致，认为地球是圆的，那么你可以将这种信息放在“嘲笑者和怀疑者”文件夹中。当然，用文件柜进行类比并不完全恰当，因为图式中的各个文件相互间都有逻辑联系。并且，你会主动地运用文件中的信息去理解和组织新信息。

先行组织者　戴维·奥苏伯尔（David Ausubel）确立了**先行组织者**（advance organizers）的方法（Ausubel，1963），将学生导向将要学习的材料，帮助学生回忆有关的信息，并利用这些信息整合新的知识。先行组织者是对将要学习的主题的引导性表述，它为新信息提供了一个框架，并且把新信息与学生已有的信息联系起来（Joyce，Weil，& Calhoun，2000）。例如，在一项经典研究中（Ausubel & Youssef，1963），研究者要求大学生去阅读一篇关于佛教的文章。阅读前给一部分学生提供佛教和基督教的比较信息作为先行组织者，而给另一部分学生提供与佛教无关的其他文章。结果表明，接受先行组织者的学生记住了更多的内容。研究者认

先行组织者
在阅读或进行课堂呈现之前将学生导向有关材料的活动或技术。

使用先行组织者可以帮助学生在一堂课或一项任务前激活他们已有的知识。先行组织者用于什么类型的材料，在哪些情境中使用时效果最好?

为，产生这种结果的原因是：先行组织者激活了学生有关基督教的知识，使他们能够应用激活的知识去整合不太熟悉的宗教方面的信息。

许多研究表明，先行组织者提高了学生对某类材料的理解程度（见 Schwartz，Ellsworth，Graham，& Knight，1998）。当教授那些结构良好的内容，但这种结构对学生又不是显而易见时，先行组织者的作用似乎最大。但是，当要学习的学科涉及大量的分散主题，或事实性内容无法形成一个清晰的组织结构时，研究整体上并未发现先行组织者对帮助学习也有效（Corkill，1992）。此外，如果先前的知识不足或者缺乏有关的知识，则先行组织者等设计用来激活先前知识的方法可能适得其反（Alvermann，Smith，& Readence，1985）。如果学生对基督教知之甚少，那么把佛教与基督教联系起来可能会使学生感到困惑而非帮助他们。

先行组织者本身是一种有效的策略，而有关先行组织者的研究也揭示了一条极为重要的普遍原理：激活先前知识能够促进理解和保持（Pressley，Harris，& Marks，1992）。除了先行组织者外，其他一些策略也运用了这一原理。比如，在学习某个主题之前，让学生讨论与该主题有关的已有知识（Pressley，Tannenbum，McDaniel，& Wood，1990），让学生对将要学习的材料做出预测（Fielding，Anderson，& Pearson，1990），这些方法都能促使学生有意识地运用先前知识。

资格认证指南

在教师资格考试中，你可能会被要求，在某种特定情境下，提出一种策略来激活学生的先前知识。

类比 与先行组织者一样，运用解释性类比（对比或平行比较）使学生将新知识与已牢固建立的背景知识联系起来，从而增进理解。例如，教师在讲人体抵抗疾病的机制时，可以在课程的导言部分让学生想象一场战争，以此类比人体抵抗疾病的斗争。同样地，教师在讲授白蚁社会的有关内容时，开头可以让学生思考某个王国中民众等级的划分，并将昆虫社会与之类比。**类比**（analogy）可以把新信息与已知的概念联系起来，进而帮助学生学习新信息（Bulgren，Deshler，Schumaker，& Lenz，2000；McDaniel & Dannelly，1996）。

一项有趣的研究（Halpern，Hansen，& Riefer，1990）发现，当类比的事物与被解释的事物非常不同时，类比的效果最好。例如，大学生在学习淋巴系统的内容时，如果用海绵中水的运动做类比，其促进效果要好于用静脉中的血液流动做类比。这可能表明，做类比的事物应是学习者完全熟悉的，这比它们与正在讲授的概念有任何直接联系更重要。

类比

将新信息与学生已习得的信息进行对比的图片、概念、陈述。

精细加工

将新知识与学习者头脑中已有的知识和观点进行联系的过程。

精细加工 认知心理学家用**精细加工**（elaboration）这个术语来指代这样的学习过程：将要学习的材料与学习者头脑中已有的知识或观念联系起来进行思考（Ayaduray & Jacobs，1997）。例如，斯坦、利特菲尔德、布兰斯福德以及帕萨姆皮瑞（Stein，Littlefield，Bransford & Persampieri，1984）进行了一系列的实验来说明精细加工的重要性。研究者让学生学习一系列的短句，比如“灰头发的人拿着一个瓶子”。其中一些学生学习的材料是嵌在更精细的句子中的同一些短句，如“灰头发的人拿着一个染发剂的瓶子”。结果发现，学习精细句子的学生，其回想的正确率高于没有接受精细加工的那组学生，因为附加的词语使得句子能够与学生头脑中已有的结构良好的图式联系起来。*灰头发的人和瓶子之间的联系是人为规定的，如果用染发剂这个词把它们联系起来*，则这种联系就有了意义。

精细加工过的信息更易于理解和记忆，教师可以运用这种规律来帮助学生理解课程内容。要求学生找出观念之间的联系，或者把新概念与学生自己的生活联系起来。例如，学生在理解得克萨斯和加利福尼亚并入美国时，从墨西哥人的角度来考虑此事，或者将该事件类比为一个朋友借用一辆自行车后决定不予归还的情形，都有助于理解。可以把精细加工作为一种技巧教给学生，以帮助他们理解所学的内容（Willoughby et al.，1999）。在讨论某篇故事或小说时，教师可能会不时地要求学生停下来，想象一下正在发生或将要发生的事情，目的是帮助学生精细加工对材料的理解。

组织信息

回忆本章前面讨论的购物单。当购物单的内容以随机的顺序呈现时，很难记住。其部分原因在于内容太多，不能同时保持于工作记忆中。但如果按照某种符合逻辑的方式将信息组织起来，它就意义明确，易于学习和记忆。比如按照熟悉的食谱把特定的食物归类（例如，将面粉、鸡蛋及牛奶归于“煎饼”类），并将食谱和其他食物归于“早餐”、“午餐”和“晚餐”的类别中。

与组织不良的材料相比，学习和记忆组织良好的材料容易很多（Durso & Coggins，1991）。在层级化的组织中，具体的问题被归于一般的主题之下，这种组织方式尤其有助于学生的理解。例如，在鲍尔、克拉克、莱斯戈德和温岑茨（Bower，Clark，Lesgold，& Winzenz，1969）所做的一个经典研究中，研究者让第一组学生记忆按任意顺序排列的 112 种矿物的单词，让第二组的学生记忆按特定顺序排列的同样的单词，图 6.9 即是按层级顺序排列的单词。实验分四个时段进行：在第一个时段中，教给学生水平 1 和水平 2 中的单词；在第二个时段，教给学生水平 1、水平 2 和水平 3 中的单词；在第三和第四个时段，教给学生水平 1 至水平 4 中的所有单词。实验结果发现，第二组的学生平均能回忆 100 个单词，而第一组的学生仅能回忆出 65 个单词，这表明连贯地、有组织地呈现学习材料是有效的。在教授复杂的概念时，不仅要将材料进行良好的组织，更为重要的是，组织框架本身对学生也应该清晰明了（Kallison，1986）。例如，在教授图 6.9 所示的矿物时，教师可以经常提及该框架，并指明从一部分到另一部分的转换，比如：

“回忆一下，合金是两种或多种金属的组合。”

“我们已经了解了稀有金属、普通金属以及合金，让我们继续学习第二类矿物：石头。”

运用提问技法　帮助学生从书面材料、讲课或其他资料中学习信息的一种策略是向学生提问，要求学生不时地停下来评估自己对教材或教师讲授的内容的理解程度（Pressley et al.，1990；Sadker & Sadker，2006）。在引入教学内容前向学生提问，或者让学生自己提出问题，这些做法都有助于学生掌握与所提问题有关的内容（Rosenshine，Meister，& Chapman，1996）。

运用概念模型　帮助学生理解复杂主题的另一种方法就是引入概念模型，即呈现各要素间相互联系方式的图表。图6.1解释了信息加工，这是概念模型的一个经典例子。利用这种概念模型可以将信息组织和整合起来。许多主题都适宜使用概念模

图 6.9 矿物的层次结构

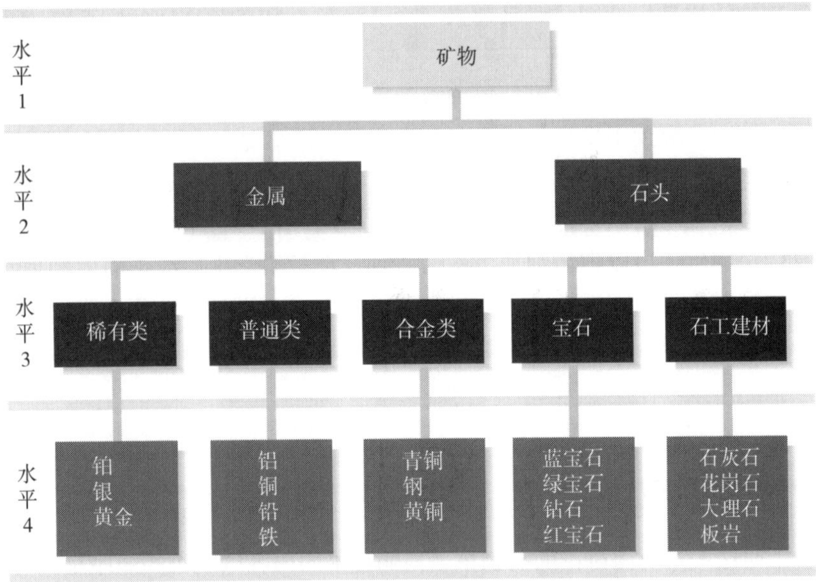

资料来源："Hierarchical Retrieval Schemes in Recall of Categorized Word Lists" by G. H. Bower et al., from Journal of Verbal Learning and Verbal Behavior, Volume 8, 323-343. Copyright © 1969. Reprinted by permission of Elsevier.）

型，比如电学、力学、计算机编程以及法规被批准的过程。当概念模型成为课程内容的一部分时，学生不仅学到了更多的内容，而且也能更好地运用所掌握的知识去创造性地解决问题（Mayer，2008b）。知识地图是概念模型的一个变式，它也能用来教授各种内容。知识地图以图形的方式来展示一个主题中的各主要概念以及概念间的联系。研究表明，在一节课后给学生呈现知识地图，可以促进学生对课堂内容的保持（Nesbit & Adesope，2006；O’Donnell，Dansereau，& Hall，2002）。

图形、图表、矩阵以及其他方法都可以将信息组织成一种易于理解的视觉形式。研究发现，这些方式可以促进理解、记忆和迁移（Carney & Levin，2002；Mayer，2008a，b）。但是，如果这些要素中包含太多无法用可视化手段快速传递的信息，那么它们将失去其效用（Butcher，2006；Schnotz，2002；Vekiri，2002）。阿特金森等人（Atkinson et al.，1999）描述了一种方法来解决这类问题：把记忆手段和图表结合起来。教师为了教授五年级学生学习各种鲨鱼的特征，制作了一张表，其中诙谐的图画把鲨鱼的名字及其特征联系起来。例如狗鲨生活在近海中等深度的水中，长着锯齿状的牙齿。可以采用这样的记忆手段：狗从停在浅水区的潜水艇中浮出，拿着锯，想锯倒岸上写有“禁止狗入内”的标牌。与观看其他类型的展示方式的学生相比，运用这种方法的学生能够记住 9 种鲨鱼的更多的特征。

有意识的教师

运用你所了解的学习的认知理论来改善教学与学习

有意识的教师了解信息是怎样被接收、加工和存储在记忆中的。他们以现身说法的方式证明了教学不只是在讲述；他们帮助学生把新信息和已知的信息联系起来，并鼓励学生在其他情境中运用这些知识。有意识的教师会将有关认知的研究成果吸纳到课堂教学中，以帮助学生形成持久的、有意义的理解。

1. 我希望学生在课程结束后能了解什么、能做什么？这对于实现课程目标、使学生成为有能力的个体有什么作用？

有意义的信息一般最容易记忆。对教学目标、目的进行回顾，以确保教学计划是为了有意义的学习。例如，在教授人体结构时，你应确保把重点放在各个器官的功能及其联系上，而不只是强调对这些器官的识别。如果你在教授词性，你应该要求学生自己用形容词或副词造句，而不只是指出你呈现的例句中的形容词和副词。

2. 在我的教学中应该考虑学生所具有的哪些知识、技能、需要和兴趣？

学生对某个学科了解得越多，越能够有效地组织和联系新信息。探明学生对你所讲授的主题的掌握程度。

你在讲授历史课中越南战争这一单元时，可以花第一节课用图表整理出学生已经知道的有关这场战争的知识。如果你意识到学生的情感体验、学习材料所具有的个人意义以及相关性等都有助于学生深层次地加工信息，从而更牢固地记忆，你就可以让学生把曾参加过这场战争的亲戚的故事分享给大家。

在科学课上讲授海洋生物时，你可能在第一节课上就发现学生对鲸鱼着迷。因此你可以与学生一起讨论科学家们是怎样区分各种鲸鱼的，帮助学生列出所有鲸鱼都具备，但随种类发生变化的特征。你可以指导学生对类别的选择，确保他们列出的特征是相关的；并布置家庭作业，让学生阅读课文中的选段，记下阅读时产生的问题，以便下一节课讨论。

3. 我在学科内容、学生发展、学习、动机以及有效教学策略等方面所掌握的哪些内容能够用于实现教学目标？

为了使信息有意义并易于记忆，你应该促使学生运用新习得的知识和技能来创造自己的新成果。例如，在教授外语时，你可以要求学生运用新词汇或动词形式去造句或对话。你可以要求学生分小组活动，编出分别有关一个男孩、一个女孩、一对夫妇、一群女孩或者一个学校校长的闲谈，让学生在逼真的语境中运用不同的代词、动词和形容词。

4. 哪些教学材料、技术、辅助手段和其他教学资源有助于实现我的教学目标？

图式理论认为新信息被加入到已有的、由相互关联的观念构成的网络中。你可以与计算机室的教师合作，利用软件将信息绘成图和建立数据库。你可以给学生示范怎样应用这些计算机程序，并随后给学生提供上机时间或课堂时间来练习使用这些工具，以便学生为自己制作适用某个学科领域的档案材料。目前许多软件程序都可以在材料中加入图表和言语成分，这有助于进行多种形式的信息加工，鼓励学生思考和监控自己对当前操作的材料的学习情况。

5. 我怎样评价学生达到目标的程度？

学生需要展示不同形式的理解：机械学习、意义学习以及在新情境中运用信息的能力。给学生一些任务，以便考察学生运用知识的不同形式：他们记住了吗？他们正在迁移知识吗？他们正在运用吗？基于这些结果来调整你的教学。例如，作为高级外语班的教师，你要评估学生回忆单词的能力、描述语言规则和结构的能力以及用外语进行交流的能力。你或许发现学生能出色地回忆单词，但是用外语表达自己的想法则吃力。那么，你可以为他们创设一些模拟的情景，比如晚会、餐馆、机场或者野餐，让他们进行言语交流。

6. 如果个别学生或全班没有迈上成功之路，我该如何去做？我的补救计划是什么？

当学生显示出他们能够掌控自己的学习时，他们就成功了。检查学生是否能够运用自我提问策略、元认知来评价自己的学习。例如，在让四年级的学生阅读有关爬行动物的文章之前，你可以让学生在阅读时进行自我提问，并建议他们记下自己的发现。在学生读完之后，询问他们哪一段课文比较难懂，他们是如何处理较难内容的。学生的回答可以使你了解到他们能够在多大程度上主动监控自己的学习。

INTASC 标准 8
评价学生的学习

INTASC 标准 9
职业承诺与责任

本章概要

什么是信息加工模型？

记忆的三个主要成分是感觉登记、短时记忆（即工作记忆）和长时记忆。感觉登记是与感官相联系，且存储时间非常短的记忆。感官接收的信息若不被注意，很快就会被遗忘。一旦信息被接收，大脑就会根据我们的经验和心理状态来加工这些信息。这种加工活动就是知觉。

短时记忆或称工作记忆是一种储存系统，它可以同时容纳 5~9 个单元的信息。信息可以从感觉登记进入工作记忆，也可以从长时记忆进入工作记忆。重复信息以使其保持在工作记忆中的过程叫做复述。

长时记忆是记忆系统的一部分，大量的信息可以无限期地储存于其中。学习的认知理论认为，帮助学生把正在学习的知识与长时记忆中已有的知识联系起来是非常重要的。

长时记忆的三个部分是情景记忆、语义记忆和程序记忆。情景记忆储存我们的个人经历；语义记忆以图式的方式储存事实和一般性的知识；程序记忆储存如何做事情的知识。图式是相关概念构成的网络，它们能够指导我们的理解和行动。那些能够与已有的完备图式相匹配的新信息比与图式不太契合的信息更容易学习。加工水平理论认为，学习者只能记住他们加工过的信息。当学生操作信息、从不同的角度审视信息、分析信息时，他们也在对这些信息进行加工。双重编码理论进一步强调运用视觉和言语编码来学习信息的重要性。

脑研究告诉了我们什么？

科学家使用先进的技术手段来观察大脑是如何工作的，这促进了脑科学的快速发展。脑研究揭示了大脑的特定部位是如何在其他特定脑区的协同下对特定类型的信息进行加工的。随着个体专业性的不断提高，其脑功能变得更加高效。早期的脑发展是一个增加神经联结、之后又舍弃无用联结的过程。神经科学在大脑运作方式方面的研究得到了许多发现，但这些研究结果目前还无法直接应用于教学中。

记忆或遗忘的原因是什么？

干扰理论有助于解释为什么人们会遗忘。它认为，当某条信息与其他信息相混淆或受到其他信息的排挤时，个体就会遗忘该信息。干扰理论提出了导致遗忘的两种情况：倒摄抑制和前摄抑制。倒摄抑制是指学习后一项任务使个体遗忘了以前所学的内容；前摄抑制是指一种学习干扰了后来所学内容的保持。首因效应和近因效应表明，人们最容易记忆一系列材料中最先和最后呈现的内容。要达到自动化就必须对信息和技能进行练习，而所需的练习量远远超出了在长时记忆中保持它们所需要的练习量，使用技能达到自动化时则很少需要或不需要心理努力。练习加强了新获得的信息在记忆中的联系。分散练习（在一段时间内将任务的各部分分开进行练习）通常比集中练习更有效。亲历也有助于学生记忆信息。

如何教授记忆策略？

教师按照有组织的方式来呈现课程内容，或教授学生运用被称为记忆术的记忆策略，这些都有助于学生记忆事实性的材料。言语学习有三种形式：配对联想学习、系列学习和自由回忆学习。配对联想学习就是指呈现配对项中的一项时，个体能够以另一项来回应。通过运用各种表象策略，如关键词法，学生可以改善配对联想学习。系列学习是指以特定的顺序回忆一系列的项目。自由回忆学习是指以任意顺序回忆一系列项目。位置法、词栓法、押韵法以及首字母法都是有用的记忆策略。

怎样使信息有意义？

对学生而言易理解的和重要的知识比那些通过机械学习获得的惰性知识意义更大。根据图式理论，个体的有意义知识是由图式网络和层次构成的。

元认知策略如何帮助学生学习？

元认知通过思考、控制以及有效地运用自己的思维过程等方式来帮助学生学习。

何种策略有助于学生学习？

记笔记、有选择和导向地画线、概述、以写促学、列提纲以及绘图等策略都能有效地促进学习。一些策略强调有意义的信息组织，PQ4R 法是其中一例。

认知教学策略如何帮助学生学习？

先行组织者通过激活先前的背景知识来帮助学生加工新信息。其他基于认知学习理论而提出的教学策略包括类比、精细加工、组织化图式、提问策略以及概念模型。

关键术语

回顾本章中的以下关键术语：

信息加工理论
感觉登记
知觉
注意
短时记忆或工作记忆
复述
长时记忆
情景记忆
语义记忆
程序记忆
闪光灯记忆
图式
加工水平理论
记忆双重编码理论
干扰
倒摄抑制
前摄抑制
前摄促进
倒摄促进
首因效应
近因效应
集中练习
分散练习
亲历
言语学习
配对联想学习
系列学习
自由回忆学习
表象
记忆术
关键词法
位置法
词栓法
首字母法
机械学习
意义学习
惰性知识
图式理论
元认知
元认知技能
自我提问策略
记笔记
概述
列提纲
画概念图
PQ4R 法
先行组织者
类比
精细加工

自我评估：资格认证练习

指导语：本章开头的案例中所涉及的评价指标是各州的资格认证考试的常见考点。请重读开头的案例，回答下列问题：

1. 根据信息加工理论，在3秒钟的实验里，维罗娜·毕晓普的学生首先运用的是记忆系统的哪一种成分？
   a. 感觉登记
   b. 短时记忆
   c. 工作记忆
   d. 长时记忆

2. 维罗娜·毕晓普问学生："想象自己能够记住进入过大脑的所有信息。那会是什么样呢？"一个学生回答："会成为一个天才。"另一个学生回答："会发疯的！"为什么毕晓普同意第二个学生的观点？
   a. 天才是天生的特征，与记忆无关。
   b. 天才与注意环境线索之间没有关联。
   c. 同时呈现过多的信息将减弱学习效果。
   d. 有心理疾病的人比正常人接收了更多的环境信息。

3. 在这次3秒钟的实验中，维罗娜·毕晓普要求学生回忆与投影呈现的信息无关的事物。当学生回忆起气味、声音以及教室中的细节和其中的师生时，他们运用了哪种类型的记忆？
   a. 语义记忆
   b. 程序记忆
   c. 双重编码记忆
   d. 情景记忆

4. 学生谢里尔回忆说自己看到了单词"学习"，虽然它实际上并未出现。毕晓普是如何解释这种现象的？
   a. 实验期间毕晓普确实说过这个单词，恰巧被谢里尔听到了。
   b. 人们倾向于记住所呈现的第一个和最后一个信息单元，因此谢里尔在实验后想到了单词"学习"。
   c. "学习"与"记忆"二词关系非常密切，而后者确实被呈现过，在记忆中这两个词很可能是储存在一起的。当回忆出其中的一个时，另一个也会被回忆出来。
   d. 学生仅有3秒钟的时间浏览信息，因此谢里尔对回忆的报告中含有猜想的成分。

5. 设想维罗娜·毕晓普班上的一些学生试图以随机形式回忆投影呈现的信息。他们运用了哪种学习策略？
   a. 自由回忆学习
   b. 系列学习
   c. 配对联想学习
   d. 过程学习

6. 维罗娜·毕晓普总结实验时告诉学生，他们将会忘记实验中的一部分细节而记住另一部分细节。这是为什么？
   a. 根据加工水平理论，我们倾向于保持经过透彻加工的信息。如果学生赋予信息以意义，就可能记住它。
   b. 根据双重编码理论，视觉信息比言语信息更容易保持。学生更容易记住看到的信息而不是听到的相同信息。

7. 描述几种记忆策略，它们可以被教给学生，用于帮助学生记忆课程中给出的事实、概念和观念。

7

有效的教学

本章提纲

什么是直接教学

如何进行直接教学

- 阐明学习目标
- 使学生适应课堂教学
- 复习先决知识
- 呈现新内容
- 进行学习测查
- 提供独立练习
- 评价表现并提供反馈
- 提供分散练习和复习

直接教学法的有关研究对教学有什么启示

学生如何学习和迁移概念

- 概念学习与教学
- 为学习迁移而教

如何在教学中运用讨论

- 主观的和有争议的主题
- 困难的和新颖的概念
- 情感目标
- 全班讨论
- 小组讨论

学习成果

学习本章后，你应当能够：

- 给直接教学下定义并指出在什么情况下适合采用这种方法
- 描述如何教授直接教学课程
- 论述直接教学的相关研究能为课堂实践提供哪些建议
- 描述如何最好地为学习的迁移而教学
- 明确在什么样的教学情境中，讨论是最有用的

詹尼弗·洛根女士所教的八年级自然科学课气氛很热烈。学生们以小组的形式在实验台旁做着实验，他们把水装入各种瓶子中，然后敲击瓶子，以弄清究竟是哪些因素影响着声音的性质。其中一组摆好了一列完全相同的瓶子，在每个瓶中倒入不同量的水，然后依次敲击这些瓶子时，就产生了简单的音阶。一个小组成员告诉洛根女士："只有瓶子里水的多少会影响声音。"其他小组成员也点头表示同意。另一个小组摆出各式各样的瓶子，然后仔细在每个瓶子中注入等量的水。一个小组成员说："是瓶子的形状和厚度导致了声音的差异。"其他小组的实验则更缺乏章法，他们把不等量的水分别注入大小、宽窄和薄厚各不相同的瓶子中，然后敲击瓶子以辨别声音的不同。他们得出的结论真是五花八门。

半小时后，洛根女士将全班同学召集在一起，让小组成员们描述所做的实验以及得出的结论。学生们大声地宣布着本组的观点。"是水的多少！""是瓶子的高度！""是瓶子的厚度！""不，是瓶子的形状！""是敲打瓶子的用力程度！"洛根女士协调着大家的争论，但是让学生们质疑各自的观点，并分别给出理由。

第二天，洛根女士教授声音这一课。她解释声音如何在空气中产生波，波又如何引起耳膜振动，将声音信号传递到大脑。她让两个学生拿着一根玩具弹簧到教室的前面，用弹簧来演示声波是怎样传递的。她问了学生许多问题，既想了解他们是否明白，又想引导他们进行下一步的思考。然后她解释了为什么管状物越长，声波在其中的音调会变得越低。为了说明这一点，她用一根短笛和一根长笛进行了演示。学生们豁然开朗，洛根女士也能从学生对问题的回答中了解到他们真的搞明白了。最后，老师让学生们回到各自小组，讨论刚才所学的内容，并将获得的新知识运用到瓶子问题中去。

第三天上声学课时，学生们很兴奋，唧唧喳喳地说个不停。他们冲到实验台前开始摆瓶子、注水、敲击，以验证前一天各人想出的理论。洛根女士在小组间走动，听着他们的交谈。她听到一个学生说："并不是水的量，而是空气的量！"另一小组的学生说："不是瓶子，是空气！"她还帮助一个毫无头绪的小组着手去做实验。最后，洛根女士将学生召集在一起，讨论他们的发现和结论。一些小组的代表演示了他们所做的实验，以展示每个瓶子里的空气量是影响声音的惟一因素，以及空气量是如何影响声音的。

洛根女士问："我们如何做一个精确的实验来说明只有空气的量才影响声音？"

学生们唧唧喳喳地说着，然后决定在一个实验中使用所有的瓶子。他们摆了一列完全相同的瓶子，里面装满不同量的水。之后，为了证明是空气而不是水影响着声音，他们又将相同量的水装入不同尺寸的瓶子里。这样的实验已经足以证明，瓶子中留下的空气越多，声音就越低。

下课时，洛根女士布置了家庭作业：阅读教科书上的声音那一章。她告诉学生，他们将有机会进行小组合作学习，以保证每个成员都理解了声学课的所有内容，而且之后还会有一次小测验，每个学生必须独立完成，以证明他们能运用所学的新知识。她提醒学生，只有小组中的每个成员都掌握了所学内容时，这个小组才是“超级团队”。

下课铃响了，学生们涌进了走廊，他们仍兴奋地谈论着学到的知识。一些小组成员还约定在晚上一起准备第二天的学习内容。洛根女士看着他们陆陆续续地离开。她很累，但是她知道这些学生将永远不会忘记在课上所学的有关声音和实验方法的知识，而最为重要的是，他们不会忘记自己只要用心，就能够透彻地理解一些复杂概念。

运用你的经验

创造性思维　在一张纸的中心部位写下有效的教学这个短语，并将它圈起来。运用头脑风暴列出你能想到的各种有效的课堂教学方法。完成这步后，列出洛根老师运用了哪几类教学方法。

批判性思维　洛根老师是怎样激励学生学习的？她运用了什么策略促进学生对材料的保持？

课堂是进行教育的场所。学校教育的其他部分，从教学楼到班车，再到各种管理措施，都是为了支持教师进行有效的课堂教学。教师并不是孤军奋战地进行教育。大多数教师用大部分的课堂时间来讲课。一般的小学或中学教师每年可能要讲 800 到 1000 节课！

进行有效的课堂教学是教师技能的核心。课堂教学的某些技能需要在实际的教学过程中加以学习，优秀的教师每年都会取得进步。当然，教育心理学家们已经研究了有效课堂教学的要素，也积累了大量对不同年级和科目的日常教学有用的信息（Arends，2004；Good & Brophy，2008；Marzano，Pickering，& Pollock，2001；Rosenshine，2008；Schmoker，2006）。本章以及随后的四章将阐述这方面研究的一些主要发现，并运用这些发现来思考日常教学的实践需求。

> **资格认证指南**
> 教师资格考试中，你可能会被要求描述一种教学设计的技术，这一技术整合了学习理论、主题内容和学生发展水平。

正如洛根女士的课堂教学中所展示的，有效的课堂教学会运用多种教学方法。她在同一主题的四堂课中运用了直接教学、讨论、合作学习以及其他建构主义教学方法。这些方法经常有着迥然不同的理念基础，究竟哪种方法最有效，至今仍有激烈的争论（见 Joyce，Weil，& Calhoun，2004；Kirschner，Sweller & Clark，2006；Pressley et al.，2003）。然而，绝大多数有经验的教师都会承认：教师必须能够运用所有的这些方法，并且知道每种方法适合在什么情况下使用。

本章关注的是教师向学生传授知识的策略，这些策略最适合帮助学生理解、整合以及运用新的概念和技能。第 8 章关注的是以学生为中心的教学方法，学生在设计组织自己的学习以及与他人的学习时扮演着积极主动的角色。然而，不应当认为这两章所呈现的不同教学策略代表着两种针锋相对的教育理念，而应当将它们看做是在不同的时候为不同的目的而使用的互补策略。

什么是直接教学？

直接教学

一种教学方法，即教师直接将信息传递给学生；课程是以目标为导向的，而且由教师设计组织。

有时，最有效的教学形式是直接将信息、技能和概念呈现给学生（Bligh，2000；Good & Brophy，2008；Gunter et al.，2003；Hollingsworth & Ybarra，2009；Kirschner et al.，2006；Rosenshine，2008）。**直接教学**（direct instruction）指这样的一种课堂教学，即教师直接将信息传递给学生，并有效地分配课堂时间，以尽可能高效地实现一系列明确界定的目标。直接教学尤其适用于教授那些学生必须掌握的、定义明确的信息或技能（Gunter et al.，2003）。当教学的主要目标是深层次的概念改变、探究或发现，或者是开放性的教学目标时，一般认为直接教学就不太适用了。然而，最近的研究支持了这样的观点，即直接教学在概念的发展方面也比发现法更加高效。克拉尔和尼格姆（Klahr & Nigam，2004）将两组三年级学生进行了比较，其中一组学生直接接受关于如何分离一个变量的效应的实验教学，另一组学生则没有接受直接教学，而是自己进行实验。结果，那些接受了直接教学的学生在设计新的实验时表现更好。

20 世纪 70 年代和 80 年代进行的大量研究揭示了有效的直接教学的成分。尽管不同的研究者所描述的成分各有不同（见 Evertson & Poole，2008；Good & Brophy，2008；Hunter，1995；Rosenshine，2008），但研究者和教师们普遍同意有一系列事件肯定了直接教学的有效性。首先，教师使学生了解当天课程学习所必须具备的技能（例如，假如今天的课程是昨天所学课程的延续，则教师需要带领学生对昨天所学的课程做简短的复习），并告知学生今天要学什么。然后，教师用大部分的课堂时间来教授技能或知识，给学生机会去练习技能或使用知识，并对学生进行提问或小测验，以检查学生是否达到了学习目标。

下面简要描述了直接的课堂教学的各部分。本章的下一节还将对各个部分进行详细论述。

1. *阐明学习目标，使学生适应课堂教学*。告知学生将要学习什么，要达到什么目标。通过告知学生所学内容多么有趣、多么重要以及与学生个人的关系多么密切，来引发学生的学习欲望。
2. *复习先决知识*。对学生要理解新课程所必需的所有技能或概念进行复习。
3. *呈现新内容*。教授课程、呈现信息、给出例子、阐明概念等等。
4. *进行学习测查*。对学生进行提问，以评价其理解水平，并纠正其错误概念。
5. *提供独立练习*。给学生提供机会，自己练习新技能或运用新信息。
6. *评价表现并提供反馈*。检查学生的独立练习或进行小测验。给出正确答案，对学生进行反馈。如果必要，可重新教授技能。
7. *进行分散练习和复习*。布置家庭作业，让学生对所学的新内容进行分散练习。在后续的课堂教学中，复习前面所学知识，并提供练习机会，以帮助学生记住所学内容并将其运用于不同情境。

如何进行直接教学？

INTASC 标准 6
沟通技能

课堂教学有基本的结构，而在不同的学科领域、不同的年级中所采取的具体形式会迥然相异。高年级的老师可能对教学过程中的每个步骤都要花几天的时间，最后还要对学生进行正式的测试或小测验。而低年级的老师可能在一堂课中就实施了整个的教学过程，最后对学生进行非正式的评价。表 7.1 和 7.2 呈现了全然不同的两节课，以说明不同的学科和年级如何应用直接教学方法。第一节课，"借位减法"，是教授基本数学技能的一个例子。第二个例子是"第二次世界大战的起因"，这堂课旨在促进学生深入理解重大历史事件及其发生原因以及各事件的相互关系。请注意，第一课（表 7.1）的教学进程是分步进行的，它强调在学习过程中进行频繁的测查和独立的练习，以此来帮助学生透彻地掌握概念，而第二课（表 7.2）的主要特征体现在通过交替进行传授新信息、讨论和提问等不同活动来评价学生对主要概念的理解。

这两类课程中所列举的教学活动顺序遵循着这样一个逻辑进程：从激发学生兴趣到呈现新信息，然后让学生练习新的知识或技能，最后进行评估。这种有序的教学进程对于任何学科和任何年级的直接教学而言都是至关重要的，尽管其中的每一步骤及其执行方式会随着不同的科目和不同的年级而异。

链接

想获得更多有关教学目标、写作课程计划、使用分类法的信息，请参见第13章。

阐明学习目标

呈现课程的第一步就是设计课程，清楚地阐明教授和学习该课程的理由。在课程结束时，你希望学生知道什么或者能做什么？教学框架能够很好地整合学生要掌握的信息、教学材料及学习活动，而在课程的开始阶段就确立学习目标是建立这样一个框架的必要步骤（Gronlund & Brookhart，2009）。

资格认证指南

教师资格证考试可能要求你提出一种把课程目标和学生经验联系起来的技术。

网络链接

想了解有关如何设计高质量的学习目标的内容，请访问 http://park.edu/cetl/quicktips/writinglearningobj.html。

使学生适应课堂教学

课堂教学开始阶段，教师要让学生建立一个积极的**心理定势**（mental set）或准备学习的态度："我已经做好了学习的准备。我急切地想学习老师讲授的重要知识和技能，而且我大体上知道要学什么。"这种心理定势可以通过多种方式建立。首先，教师应当要求学生准时上课，并且当上课铃响时马上开始上课（Emmer & Evertson，2009；Evertson，Emmer，& Worsham，2009）。这旨在增强学生对学习活动严肃性的认识。如果不按时上课，就会使学生失去这种意识。第二，引起学生对课程的好奇心和兴趣也是非常重要的。这在第一个课程案例（表 7.1）中已有所体现，教师把借位减法放在一个假设的全班聚会的情境中介绍，因为聚会时借位减法是计算蛋糕数量的必要技能，而且聚会对年幼的学生来讲是一种现实而有趣的活动情境。在第二个课程案例中（表 7.2），教师首先强调理解二战的起因和事件将有助于理解当今社会发生的事件，以此来强调该课程的重要性，教师还让学生联想参加二战的或深受二战影响的亲属，以此将课程与学生的个人生活体验联系起来。在本章开始的案例中，洛根女士在正式上课之前，让学生先做一些声学实验，从而激发了学生对声音的好奇心。

心理定势

学生准备开始一堂课的态度。

一门关于遗传的课程可以按照如下的方式引入：

表 7.1　基础数学课教学案例：借位减法

课程部分	教师讲授
1. 阐明学习目标，使学生适应课堂教学。	“班里有32名学生。假定我们要举行一次聚会，我准备给班里的每个同学一个小蛋糕。但是有5个同学说不喜欢小蛋糕。我需要拿多少个蛋糕给喜欢吃蛋糕的同学呢？让我们在黑板上用以前的方法来解决这个问题，要标出十位数和个位数……” 十位　个位 3　2　学生数 –　5　不喜欢小蛋糕者
2. 复习先决知识。	“好了，我们来做减法：2减去5是……嗨！我们没法做！5比2大，我们怎样才能从2中减去5呢？没法做！“这节课我们将学习在个位数不够减时如何计算。当这节课结束时，你们将学会怎样从十位数借数作为个位数来进行减法运算。” “让我们复习一下个位数够减时的算法。”将题目写在黑板上并让学生去解决： 47　56　89 – 3　–23　– 8 23的十位数是多少？_____ 30的个位数是多少？_____ 给出正确答案，就学生出现的共性问题进行讨论。
3A. 呈现新内容（第一个子技能）。	分发给学生5把木棍，每把木棍由10根小木棍组成，再给学生10根单个的小木棍。借助幻灯机来讲解如何运用木棍来代表13、27和30。让学生在自己的课桌上用木棍来表示每个数字。来回走动检查。
4A. 进行学习测查（第一个子技能）。	让学生们用木棍来表示23。检查学生的操作。然后让学生用木棍表示40。检查学生的操作。继续进行练习，直到所有的学生都掌握为止。
3B. 呈现新内容（第二个子技能）。	借助幻灯机来解释如何运用木棍表示6减2和8减5。然后用木棍表示13，并且试着减去5。询问学生如何完成这个任务。拆开1把木棍，总共有13根单独的木棍，从中可以去掉5根。让学生在课桌上进行该活动。来回走动检查。
4B. 进行学习测查（第二个子技能）。	让学生用木棍表示12（检查），然后解开一把木棍，从中减去4。然后让学生用木棍表示17，再从中减去9。继续进行练习，直到所有的学生都掌握为止。
3C. 呈现新内容（第三个子技能）。	发给学生一张画有几把10根一把的木棍和一些单根木棍的练习页，解释如何进行借位减法：划去一把木棍，把它重写为10根木棍，再划去要减去的木棍。
4C. 进行学习测查（第三个子技能）。	让学生做练习页上的前几题，做一道检查一道，直到所有的学生都掌握为止。
5. 提供独立练习。	让学生自己继续完成练习页上的余下题目。
6. 评价表现并提供反馈。	用放映机将练习题的正确答案显示出来。让学生给他们自己的试卷打分。询问多少人做对了第1题、第2题及后续题目，讨论多数学生答错的题目。让学生把练习页交上来。
7. 进行分散练习和复习。	布置家庭作业，并说明要求。在下次课开始时以及之后的课上复习该节课的内容。

表 7.2　历史课教学案例：第二次世界大战的起因

课程部分	教师讲授
1. 阐明学习目标，使学生适应课堂教学。	“今天我们将开始讨论第二次世界大战的起因。第二次世界大战可以说是20世纪最重要的历史事件。当今世界的政治格局——欧洲的版图，美国的政治霸权，曾受前苏联控制的东欧国家的问题，甚至中东问题——所有的这些都能追溯到希特勒的崛起及其引发的流血冲突。我确信你们中有许多人的亲属曾参与过战争，或者他们的生活深受战争影响。如果你的亲属或你熟知的人参与过第二次世界大战，请举手。” ■ “如今的德国和平而繁荣。像希特勒这样的一个人是如何掌控大权的？为了理解这个问题，我们首先要了解第一次世界大战战败后的德国，以及为什么一个失业的奥地利画家居然能领导欧洲最强大的国家之一。” ■ “这节课结束时，你们将会了解到促使希特勒崛起的德国的局势、希特勒得逞的原因以及他掌权路上的主要事件。”
2. 复习先决知识。	让学生回忆先前所学的课程： ■ 《凡尔赛和约》所签订的耻辱条款 —赔款 —鲁尔区的非军事化 —领土的丧失以及殖民地 ■ 德国缺乏民主经验
3. 呈现新内容。	和学生讨论： ■ 希特勒发迹之前德国的局势 —魏玛共和国的失败 —经济问题、通货膨胀以及美国经济大萧条的严重影响 —相信德国在第一次世界大战中的失败是由于政治家的背叛 —惧怕共产主义 ■ 希特勒掌权过程中的主要事件 —国家社会主义工人党组织（纳粹党） —啤酒馆暴动和希特勒的入狱 —《我的奋斗》 —冲锋队组织（S.A.） —选举和被任命为总理
4. 进行学习测查。	整堂课中不时向学生提问，评价学生对要点的理解。
5. 提供独立练习。	让学生独立地写下三条理由，说明为什么20世纪20年代到30年代初期，德国局势有利于希特勒的崛起，并让学生对自己的答案充分进行解释。
6. 评价表现并提供反馈。	随机点名，让学生陈述并论证自己认为的希特勒得逞的原因。 对论证充分和论证不充分的原因进行讨论。让学生交上答卷。
7、进行分散练习和复习。	在下次课开始时以及之后的课上复习本堂课所学的内容。

理论应用于实践

设计课程

课堂教学的第一步是阐明学习目标或学习结果，这是整个**课程设计**（lesson planning）的精髓（见 Burden & Byrd，2010；Dick，Carey，& Carey，2009；Karges-Bone，2000）。作为教师，在设计一门课时，至少需要回答如下问题：

1. 学完课程之后，学生将知道什么或能做什么？将产生哪些学习结果？你怎样才能知道学生是何时掌握这些学习结果或目标的？掌握的程度如何？
2. 要学习这些内容，学生需要哪些先决技能？你如何确保他们已具备这些技能？
3. 你给学生提供什么样的知识、活动和经验以帮助他们获得所需的知识和技能，进而达到学习目标？这需要多长时间？你将怎样运用课内外的时间？课堂作业和家庭作业怎样帮助学生实现学习目标？
4. 你将如何引起学生对学习内容的兴趣？如何激发他们去学习？如何就他们的学习对他们给予反馈？
5. 你将用什么教科书和材料来呈现课程？何时对这些材料进行预览、检验并给学生提供一份使用指南？所有的材料是否都很准确？从教学法角度讲是否适合采用？是否具有文化公平性？内容是否恰当？是否适合学生的年级水平？
6. 你将在教学中运用哪些方法？例如，是否运用阅读、演讲、角色扮演、录像观摩、示范以及写作业等多种方式？
7. 你将运用什么样的参与结构：全班讨论或小组讨论？合作学习小组、能力分组还是独立作业？小组和个人要完成的学习任务是什么？你将怎样组织、监控和评价小组的学习活动？

课程设计

这是一个程序，包括陈述学习目标，如课后学生应当知道什么或能做什么；教师会提供什么样的信息、活动和经验；要达到目标需要多少时间；教师会提供什么样的书籍、材料和媒体支持；以及会用到什么样的教学方法和参与结构。

"唉，我甚至都没有准备好开始第5课！"

> 你是否想知道为什么高个子父母所生的孩子身高要高于普通孩子，红头发的孩子其父母中至少有一人是红头发？想想你自己的家庭。假如你的父母双方都比普通人高，那么你也很可能高于普通人。好，我们今天要讲一门关于遗传这门科学的课，在这门课里，我们将了解到父母的特征是怎样遗传给孩子的。

这样的介绍可能会抓住学生的兴趣，因为这与他们个人的生活密切相关。

幽默和戏剧性也有助于学生确立积极的心理定势。英语教师有时可以用一个高帽子和一根棍子，以"变戏法"的方式将形容词转换为副词（如，把 *sad* 转换为 *sadly*），以此抓住学生的兴趣。现在十分流行的具有教学功能的儿童电视节目，如《芝麻街》和《我们一家都是狮子》，也经常运用这种策略来吸引儿童的注意力，使儿童始终保持着对要学习的基本技能的兴趣。最后，在课程开始时，教师必须给学生一张概念图，标明课程的进程，以及课程结束后学生们将学会什么。一条普遍的研究结论是：清楚地阐明课程目标能提高学生的成绩（Gronlund & Brookhart，2009）。提前给学生提供一份课程大纲也有助于学生整合新的知识（Bligh，2000）。

理论应用于实践

向学生阐明学习目标

教师教育方案中包括培训教师进行课程设计，而设计的第一步就是考虑教学目标和学生的学习结果。向学生公布教学计划是个好做法，因为研究表明，对学习目标的了解能提高学生的成绩。下面是一些如何向学生阐明课程目标的实用建议。

1. 向学生阐明的目标应当是广泛的，它应当能覆盖所教课程的所有内容。研究表明，目标的覆盖面过于狭窄有可能使学生低估或者忽视课程中其他有意义的内容。此外，在课堂教学中，广泛的目标使教师能在课程开始后有更大的灵活性来根据需要调整教学。

2. 向学生阐明的目标在内容上要详细明确，使学生清楚地知道学习结果将是什么——他们将会知道什么，能够做什么以及如何运用新的知识和技能。

3. 考虑同时通过口头和书面方式陈述目标，在课程实施过程中还要经常提及这些目标，以提醒学生为什么要进行学习。教师要经常运用口头和书面的目标大纲或概要。给学生提供学习产品、学习结果的示范或范例也是很有效的做法。例如，美术老师可以向全班展示运用了透视画法的学生作品，以此来说明学生自己将来能够创作出什么；数学老师可以给出一个数学问题，学生在开始时不能解决，但在课程结束时则能够解决。

4. 可以考虑运用提问的方法来引导学生自己阐述学习的目标或结果。他们的回答既体现了你的课程设计，也为你的课程设计提供了有益的信息。有些教师还让学生说出自己认为该怎样达到学习目标或怎样展示学习结果，因为研究表明，那些参与课程设计并对自己的学习有控制感的学生具有更强的学习动机。

复习先决知识

课堂教学的下一个主要任务就是确保学生已经掌握了先决技能和知识，并且将学生已经掌握的信息与你将要呈现的信息联系起来。假如今天的教学是昨天的延续，并且你确信学生明白了昨天所学的内容，那么复习可能仅仅是让学生回忆前面所学的课程，然后在开始新课程前向学生提些简短的问题。例如，你可能说："昨天我们学了如何在以 *y* 结尾的单词后加后缀 *-ed*。谁能告诉我们如何加这个后缀呢？"

由于今天的课程——在以 *y* 结尾的单词后加其他的后缀——是昨天课程的延续，所以这种简短的提示已经足够了。然而，假如你要介绍的新技能或新概念依赖于很久以前所学的内容，那么就需要更详细地讨论先决技能和评估其掌握程度。

有时，在开始新课之前对学生的先决技能和知识进行评估是必要的。在第一个教学案例（表 7.1）中，教师简短地测验了学生解决无需借位的减法问题的能力和计数技能，从而为借位减法的教学做好了准备。假如学生对先决技能和知识掌握得较差，那么教师在开始新课之前就应先复习这些内容。

链接

想获得更多有关激活学生先前知识的重要性的信息，请参见第6章。

另一个复习先决知识的方法是提供先行组织者。像在第 6 章中所定义的那样，先行组织者是教师所做的引导性的阐述，它使学生回忆起已有的知识，并且给学生提供一个理解即将呈现的新材料的框架。在第二个教学案例（表 7.2）中，教师通过带领学生复习当时德国的经济、政治和社会状况，正是这些使得希特勒的成功成为了可能，从而为学生学习新内容（希特勒掌权的过程）进行了铺垫。

呈现新内容

链接 想了解先行组织者的定义，请参见第6章。

从这一步开始进行课堂教学的主要活动，在这里，教师要开始呈现新的知识或技能。

课程结构 课程应该按照符合逻辑的方式组织起来。回想一下第6章介绍的内容，那些结构清楚、组织良好的信息比不太清晰的信息能更好地得到保持（Fuchs et al., 1997）。有关美国政府立法机构的课程可以按如下方式呈现：

链接 想了解有关如何保持组织良好的信息的内容，请参见第6章。

联邦政府立法机构（第一课）

Ⅰ. 立法机构（国会）的功能和性质
- A. 通过法律条文
- B. 审批行政机构的经费
- C. 有两个议院——众议院和参议院

Ⅱ. 众议院
- A. 最接近人民的机构——所选代表任期两年——按人口比例决定代表人数
- B. 负责提出财税议案

Ⅲ. 参议院
- A. 使立法机构有更大的连续性——所选议员任期六年——每个州有两名议员
- B. 审批行政机构的任命和条约

这可以作为课程的开始部分；随后的课程将介绍如何提出和通过法律，如何制衡立法权等等。应该向学生指明该课程具有的清晰的组织结构。例如，你可以在第二个主题开始时停下来说："现在我们准备学习国会中的下院，即众议院。"这样能帮助学生在心中形成一份大纲，帮助学生记住材料。研究发现，如果课程结构清晰地展开，并在各部分间过渡处对该结构进行说明，则可以提高学生对课程的理解水平（Lorch，Lorch，& Inman，1993）。

课程重点 教学有成效的教师除了通过提示下一个要学习的主题来讲清楚课程的组织结构之外，还会明确地指出课程中最重要的部分，例如"尤其要注意……"（Alexander & Jetton，1996）。在任何恰当的时候都应该重复要点，让学生及时回忆。例如，在讲授政府立法机构中有关总统否决权的课程内容时，教师最好按如下方式来讲：

> 我们再看一下前面讨论过的制衡体系的运作。行政机构可以否决国会通过的立法，而国会反过来也能控制拨给行政机构的活动基金。记住，理解制衡体系是如何运作的，这对于理解美国政府的运作机制至关重要。

通过这种方式，教师强调了有关美国政府的一条核心概念——行政机构、立法机构和司法机构之间的制衡体系。在任何可能的时候都要反复提到这一内容，并强调它是重要的。

课程清晰度 有效的课堂教学的另一个特征是清晰性——用直接、简洁和组织良好的语言来呈现概念（Land，1987；McCaleb & White，1980；Smith & Land，1981）。离题或教学中断都有可能降低清晰度。清楚的陈述要求避免使用那些无助于理解课程的含糊语言，例如下面这句话（摘自Smith & Land，1981）中的楷体字就比较含糊："在我们可能把握课程的主要观点之前，或许你应当先复习一些先前概念。"

解释 有效的解释是有效教学的核心（Wragg & Brown，2001）。最近威特沃和伦克尔（Wittwer & Renkl，2008）的一篇关于解释的研究综述得出结论，认为有效的解释会考虑并联系到学生已经知道的内容（Bolhuis，2003；Leinhardt & Steele，2005），而且更加强调概念和原理而不仅是事实和技能。有效的解释会采用一些策略来帮助学生将复杂的观点形象化并加以组织，如嵌入式多媒体（Mayer，2008a，b，2009），而且它们会给予学生机会，使其在合作学习小组中与同伴讨论自己当前的理解（Webb & Mastergeorge，2003）。

研究发现，有效的教师在教授新概念时，经常运用许多解释和解释性的词汇（例如因为、为了和因此），也经常使用**规—例—规**（rule-example-rule）的教学模式（Van Patten，Chao，& Reigeluth，1986）。举例如下：

> 物质的存在形式可以改变，但物质永远不会消失。假如我点燃一张纸，纸张看上去消失了，但事实上它已与来自空气中的氧原子结合而变成了另一种气体（主要是二氧化碳）和灰烬。假如我们能在燃烧纸张之前和之后计算出纸张中的原子数和空气中的原子数，我们就会发现参与化合的物质并没有消失，而仅仅是改变了存在的形式。

请注意，在上述事例中，教师先陈述规则（"物质……永远不会消失"），然后给出例子，最后通过解释所举事例如何证明规则的方式来再次陈述规则。还应注意，本书正是应用规—例—规的顺序来解释说明规—例—规模式的！

例题 例题是在教授某些问题解决技能时所运用的一种常规策略，在数学教学中尤为常见（Atkinson，Derry，Renkl，& Wortham，2000）。例如，教师可以先提出一个问题，然后在黑板上或幻灯片上向学生示范如何解决，并在解决问题的每个环节中都说明自己是怎样思考的。通过这种方式，教师给学生示范专家解决这个问题时所运用的策略，使学生自己也能运用类似的策略。对例题的有关研究发现，呈现例题和让学生独立解决问题（例如，一道例题之后呈现几道同类的题目）这两种方式交替进行是有效的做法（Atkinson et al.，2000；Sweller，van Merrienboer，& Paas，1998）。指导学生在学习例题的过程中停下来反问自己或向同伴解释每步是如何做的，这可以更有效地利用例题（Renkl，2002）。对那些刚接触到一个全新的主题或技能的学生而言，使用例题尤为有效（Kalyuga，Chandler，Tuovinen，& Sweller，2001）。

规—例—规
一种模式化的概念教学法，包括首先呈现规则或定义，之后给出例子，最后展示例子是如何体现规则的。

示范、模型和图示 认知科学理论家强调，学生用自己的眼睛去看，以及在适当的情况下，让学生通过动手操作来掌握概念和技能都是重要的。以视觉方式呈现的信

通过与学生一起解决例题，你可以展示问题解决和决策制订的过程。这为什么是一种重要的教学策略？为什么亲自动手的体验对你的学生非常重要？

息比仅以听觉方式呈现的信息更容易保留在长时记忆中（Hiebert，Wearne，& Taber，1991；Sousa，2001）。对于正在学习英语的孩子来说，直接示范而不是仅仅告诉他们该怎样学习尤为重要（August & Shanahan，2006b）。回忆一下洛根女士如何既让学生动手实验（注水、敲击瓶子），又给学生提供可见的类比物（用玩具弹簧代表声波传递），以使学生对声音的基本规律形成了清晰而持久的印象。然而，如果可操作的类比物（如数积木）与教师所教的概念并不明确相关，那么，它对学习可能会起到反作用（Campbell & Mayer，2004）。

嵌入式视频 长期以来，录像、电视和DVD都被用于教育之中。然而，一种新的使用方式正显示着新的活力和希望——将录像或DVD材料嵌入屏幕上的文本或课堂教学中，以此来阐明关键概念。关于嵌入式视频的研究发现，视频越容易理解、越能与主要内容明确地联系起来，就越能够帮助儿童学习和保持信息（Mayer，2008a，2009）。例如，由钱伯斯及其同事（Chambers，Cheung，Madden，Slavin，& Gifford，2006；Chambers et al.，2008）进行的两项长达一年的研究发现，增加简短的动画片和宠物视频以说明字母发音和发音拼合，能够显著地加快一年级学生在阅读上的进步。

维持注意 平铺直叙的、干瘪的讲解令人感到枯燥乏味，而学生一旦生厌，注意力很快就会转移，即使是最精心设计的课程也无济于事。因此，教师应当引入变化、活动或幽默来活跃课堂气氛，维持学生的注意力。例如，研究发现，课堂中运用幽默能提高学生的学习成绩（Droz & Ellis，1996；Ziv，1988），用易于理解的图表来解释内容也有助于保持学生的注意（Mayer，2008b）。尽管教学内容呈现方式变化过多会转移学生对课程内容本身的注意，一些研究仍表明，学生从充满激情、富有表达力的讲解中学到的东西要比从枯燥的讲授中学到的更多（Patrick，Hisley，& Kempler，2000）。从某种意义上讲，教学就是表演，而且我们希望演员所具有的某些品质也能帮助提升教师的有效性。

链接

想了解更多有关注意在学习中的重要性的内容，请参见第6章。

内容覆盖面和速度 影响有效教学的最重要因素之一就是课程所涉及的内容量。一般而言，老师涉及的内容越多，学生学到的也越多（如，Barr，1987）。但这并不意味着教师的教学速度要加快，因为过快的教学显然会把学生远远地甩在后面。然而，有关教学速度的研究的确表明，在不影响学生的理解程度的前提下，大部分教师都能提高教学速度（Good et al.，1983）。相对快速的教学除了能够扩展学科内容的覆盖面外，还有助于课堂管理。

进行学习测查

假设一名射手在射箭时，从来不知道射出的箭中靶的位置与靶心的距离有多远，那么这个射手不仅开始时不会射得太准，将来也绝不会有进步。同样，有效的教学也要求教师不断地关注自己教学的效果。然而，教师经常错误地认为，如果自己讲完了该讲的所有内容，而且学生看上去也注意听讲了，那么教学就成功了。学生们也经常认为，如果自己用心地听了一节有趣的讲课，也就了解了所讲的内容。但事实并非如此。假如教师不经常考察学生对所学内容的理解情况，就有可能导致学生严重误解知识或未学到部分知识（Hattie & Timperley，2007；McMillan，2007；Safer & Fleischman，2005）。

> **链接**
> 想了解更多有关时间对学习的影响的内容，请参见第11章。

学习测查（learning probe）这一术语是指用各种方式要求学生对课程内容做出简短反应。学习测查能给教师提供有关学生理解水平的反馈，也使得学生有机会来验证他们对新知识的理解是否正确。学习测查的形式有多种，可以对全班进行提问，如表 7.2 中呈现的关于二战的教学案例；也可以用简短的书面计算或动手操作的方式来显示学生的理解程度，如表 7.1 中的减法教学案例。

检查理解　无论采用书面的、动手操作的还是口头的方式进行学习测查，其目的都是检查学生的理解水平（Black，Harrison，Lee，Marshall，& Wiliam，2004；Brookhart，Moss，& Long，2008；Fisher & Frey，2008；Reeves，2007；Stiggins，2007）。也就是说，教师运用学习测查的主要目的不是讲授或提供练习，而是检查学生是否理解了所学的内容。教师通过学习测查来调整教学速度，如果学生感到困难，教师就必须放慢教学速度并重新解释。如果所有的学生都掌握了内容，教师就可以进行新主题的教学。下面的对话反映了教师如何运用学习测查来了解学生的理解情况，然后相应地调整教学。斯威福特老师利用放映机将事先写好的几个含有对话的句子放映出来，让学生学习正确地使用逗号和引号。

斯威福特： 现在我们来给这些对话加标点符号。每个同学拿出一张纸，把句子“把罪犯带下楼来汤姆打着官腔说”抄下来，并在适当的地方加标点符号。每个人都准备好了吗？……卡尔，你是怎么加标点符号的？

卡尔： 引号，把罪犯带下楼来，引号，逗号，汤姆打着官腔说，句号。

斯威福特： 大部分正确，但你犯了人们在使用引号时最常犯的错误。玛利亚，你是怎么加标点的？

玛利亚： 我想我刚才也犯了和卡尔同样的错误，但我现在明白了。应当是：引号，把罪犯带下楼来，逗号，引号，汤姆打着官腔说，句号。

斯威福特： 好的。有多少同学第一次就做对了？（一半同学举起了手）。好，看来我们对标点符号的运用还有些问题。记住，逗号和句号在引号的里面。我知道，有时候这看起来并不合理，但如果英语总是合理的话，许多英语教师就要失业了！想象一下，引号像包装纸，把对话包在里面。对话、标点以及其他的东西都被这张包装纸包着。我们再试着做另一个句子。“小心开车汤姆粗鲁地说”。桑凡？

桑凡： 引号，小心开车，逗号，引号，汤姆粗鲁地说，句号。

斯威福特： 好极了！有多少人对了？（除了一两个人，都举起了手。）很好，我想你们都已经理解了。引号“包住了”对话，还有它的标点。现在让我们再试一个难度大一点的句子：“我想知道汤姆试探性地询问测验中是否要考引号”。

> **学习测查**
> 能帮助教师发现学生是否理解了课程内容的方法，如询问。

上述对话中有几处特征值得注意。首先，斯威福特让所有的学生都加标点符号，让个别学生回答问题，然后询问所有的学生是否做对了。这比只让一两个学生来回答（如在黑板上写标点）而其他学生只观看要好得多，因为后者浪费了很多课堂时间。当所有的学生都被要求加标点，且都不知道斯威福特将会叫谁回答问题时，他们就都会积极地参与，并检查自己是否正确，斯威福特也可以快速地了解全班的掌握水平。

另一点值得注意的是，当斯威福特发现一半的学生没有答对第一个题时，他又采用不同于第一次的解释方式来重新讲授学生们尚未理解的技能。他把引号比作包装纸，给学生提供一个心理表象，以帮助学生记住对话中标点的顺序。当差不多所有的学生都做对了第二个题目后，他又转向了下一步，因为很显然，全班学生已经掌握了第一步。

最后还要注意到，斯威福特利用放映机将事先准备好的许多句子显示出来，这可以节省课堂上板书写句子的时间。学习测查应当是简短的，不应打乱课程的进度。斯威福特应用事先准备好的学习测查所用的句子，这也促使学生参与，维持其兴趣。事实上，他还可以将无标点句子打印出来发给学生以减少抄写句子所用时间，以进一步提高效率。

提问 上课时向学生提问有许多用处（Dantonio & Beisenherz，2001；Walsh & Sattes，2005）。教师应用苏格拉底式的启发式提问法，可以促使学生举一反三。例如："我们知道了加热气体能使之膨胀，那么冷却气体将会产生什么结果呢？"教师提问也可以用来鼓励学生对以前习得的内容进行深入思考，或者引发一场讨论。例如："我们知道，水加热后将会变成水蒸气。水蒸气是一种无色、无味、看不见的气体。既然这样，那为什么我们能从茶壶中看见蒸气出来呢？"在教师的指导下，全班经过讨论得到了答案，即水蒸气遇到冷空气时会凝结，我们看到的气体是小水滴，而不是水蒸气。教师经常发现，让学生们构思问题，向自己或同伴提问是有益的（Brookhart，2007/2008）。大量的证据表明，学生能通过构思自己的问题获益（Foos，Mora，& Tkacz，1994；Rosenshine et al.，1996；Sadker & Sadker，2006），尤其是当前学习的主题与学生已有背景知识有关的那些问题（King，1994）。

提问为什么是有价值的学习测查方式？学生通过互相询问高质量问题能够获得什么样的益处？

最后，提问还可以用来进行学习测查（Fisher & Frey，2007）。事实上，从某种意义上讲，任何问题都是一种学习测查，学生回答问题的质量反映了他们对课程掌握的程度。有关提问频率的研究表明，经常提出与当下所教课程相关的问题，相比之下，比较少提问会产生更好的教学效果（Dunkin & Biddle，1974；Gall et al.，1978；Stallings & Kaskowitz，1974）。在各级学校中，提出事实类问题，一般有助于事实技能的掌握(Clark et al.，1979)，而鼓励学生思考概念的提问，则有助于概念化技能的形成（Sadker & Sadker，2006）。

理论应用于实践

为学习而评价

课堂学习中的形成性评价是“为学习而评价”（Assessment for Learning）运动的核心，该运动是由两个英国研究者保罗·布莱克（Paul Black）和迪伦·威廉（Dylan Wiliam）发起的（Black，Harrison，Lee，Marshall，& Wiliam，2003，2004；Wiliam，2007，2007/2008）。他们强调名称中“为”（for）这个词的含义，因为他们认为，对学习的评价已经有很多了，但是在授课过程中进行的评价仍然不够，而恰恰是授课过程中的评价能够让教师和学生自己以既有意义又及时的方式了解对所学内容的掌握程度，从而帮助改善教学与学习（Leahy，Lyon，Thompson，& Wiliam，2005；也见 Brookhart，2007/2008；Chappuis，2005；Popham，2006）。“为学习而评价”运动提出了许多策略来帮助学生理解成功的标准，提供反馈，要求同伴互相给出反馈，并让学生评价和报告自己的理解水平（Leahy et al.，2005；Wiliam，2007），如同下面的例子中所呈现的那样。

1. 在任何有写作活动的课上，都给学生分发去年上一年级的写作作品（例如，论文，实验报告，读书报告），隐去作者姓名，要求学生评判它们的质量。之后，要求学生创作自己的作品。

2. 询问学生处在学习目标核心地位的重要问题，并给学生时间让他们互相交流，之后与全班分享想法。例如，一位数学老师可能会要求学生列出1/2到1/4之间的分数，以此来了解学生对分数概念的掌握情况并激发他们的思考。学生也许完全不知该怎么做，也许会认为3/8是惟一可能的答案。但是学生花时间思考并接受教师提示后，最终可能会意识到，1/2到1/4之间的分数有无数个。类似地，你也许会问，为什么法国支持拿破仑征服欧洲的战争，或者为什么许多植物的种子都被果实包裹着。

3. 避免让学生主动回答问题（因为主动回答的通常总是固定的那么几个学生）。相反，应将学生的名字写在木片或卡片上，随机点名（Weinstein，2007；Weinstein & Mignano，2007）。

4. 在合适的时候，要求学生立刻作答。可以将答案写在小黑板上，并立刻展示出来；也可以通过举起字母卡片来回答选择题；还可以让同学一起齐声回答。

5. 使用“交通信号灯”。要求学生评价他们自己对课程的理解。如果他们完全理解了，就举起一张绿卡；如果他们不确定，就举起一张黄卡；如果他们没有理解，就举起一张红卡。你可以快速浏览一下课堂，如果绝大多数学生都举起了绿卡，就继续进行课程，如果有很多人举起了黄卡和红卡，就停下新课，重新讲授一遍。采用合作学习策略，让学生一起学习，帮助彼此掌握内容，互相评价彼此的学习，并引导同伴进行卓有成效的思考。

等待时间　引起诸多研究者关注的与提问有关的一个问题就是**等待时间**（wait time），即教师在给出答案之前或点名下一个学生回答问题之前，等待某个学生回答问题的时间长度。研究发现，教师对那些他们认为学习成绩比较差的学生，往往等待的时间很短，这种做法也让那些学生感觉到教师对自己几乎不抱什么希望（Sadker & Sadker，2006；Tobin & Capie，1982）。

向学生提问后，那些等待大约 3 秒钟的教师比那些很快放弃的教师能取得更好的教学效果（Tobin，1986）。而且，对那些没有回答问题的学生进行后续辅导，也能提高学生的学习成绩（Anderson，Evertson，& Brophy，1979；Larrivee，1985）。教师要等待学生回答，如学生没能回答则继续等待，以表达对他们的积极期待。但另一方面，等待的时间过长也是个问题。由杜尔（Duell,1994）进行的一项研究发现，等待时间达到6秒钟时，对大学生的学习成绩有一定的消极影响。

点名顺序 在课堂提问中，**点名顺序**（calling order）是一个要考虑的问题。请学生自愿起来回答问题也许是一种最常用的方法，但是这也使得一些学生不主动举手，逃避参与课程学习（Good & Brophy，2008）。常识告诉我们，当问题需要逐步解决才能得到答案时（如数学题），在点名让个别学生回答之前，所有的学生都应该参与该问题的解决。当问题可以立即得到确切答案时，最好向全班提问，然后随机点名或要求学生自愿起来回答。有些教师也从随身携带的班级花名册上点名，并标出已点过的学生名，以确保所有的学生都经常有机会来回答问题，或将学生的名字写在木片上，把木片放在罐子中，随机抽取（Freiberg & Driscoll，2005；Weinstein，2007；Weinstein & Mignano，2007）。有个教师课前将学生的名字写在卡片上，并把卡片放在罐中打乱，上课时随机抽取，以决定向哪个学生提问。这种方式非常有效，直到有一天，一个学生在课后发现了卡片，并把写有自己名字的卡片拿走！

在进行学习测查时，教师可能发现，应当多提问那些学习成绩通常处于平均水平或中上、中下水平的学生，以保证所有的学生都理解了课程，这一点尤其重要。

等待时间
教师等待学生回答问题的时间。

点名顺序
在课堂上学生被教师点名回答问题的顺序。

共同回答
全班一起对提出的问题作出回答。

齐声回答
全班一起对提出的问题作出口头回答。

共同回答 当问题只有一个可能的正确答案时，许多教师会要求学生做出**共同回答**（all-pupil responses）。例如，教师可能说："同学们，黑板上列出的单词（*write*，*writing*，*wrong*）中，*wr*组合发什么音？"对这个问题，全班一起回答"Rrrr!"这种回答被称为**齐声回答**（choral response）。类似地，在合适的时候教师也可以让学生用手势来表示对或错，举起几根手指来表明数学题的答案，或者在小黑板上写下一个简短的答案后立刻举起来（Black et al.，2004）。研究发现，共同回答对学生的学习有积极的影响（McKenzie，1979；McKenzie & Henry，1979）。回忆本章前面的借位减法的例子，教师要求所有的学生在课桌上用木棍表示数字，教师来回走动检查他们的活动。学生的共同回答为他们提供了更多的回答机会，也让教师了解了全班学生的知识掌握程度和自信度。

理论应用于实践

需要避免的提问策略

作为一名教师，你会问很多问题，所以你很容易形成不好的习惯。下面列出了一些常见的误区（见 Freiberg & Driscoll，2005；Good & Brophy，2008；Walsh & Sattes，2005）。

1. **诱导性的问题**。你的措辞能够给出或者明显地提示一个问题的答案，比如在"你认为清教徒不相信宗教宽容，是么？"这句话中，你的语气也很容易泄露答案。如果学生知道他们能从你的提问中得到答案，他们就不需要专心听讲以做好回答问题的准备了。

2. **总是向某几个学生提问**。许多教师仅仅向那些他们认为能够给出正确答案的学生提问，而不提问那些可能反应较慢的学生、不太可能答对问题的学生，或者被提问时会捣乱的学生。然而，当学生知道他们不太可能被点到时，他们可能不再注意听讲，因此有必要让所有学生都相信他们随时都可能被点到。采用随机提问的模式（例如把学生的名字写在木片上，随机抽取），不仅能够确保所有学生都能被问到，而且看着随机抽取名字的过程还会使他们清楚地意识到：他们必须随时做好回答问题的准备。

3. **提出的问题都在一个难度水平上。**一些教师只问事实类问题。还有一些则从来不问这类问题。兼顾各种水平的问题是非常重要的，简单的和困难的、事实类的和概念类的都要用到。

4. **让一个学生充分参与，其他人此时却无事可做。**提出需要一些时间来思考的复杂问题是合适的，但是要避免在一个学生回答问题时让其他学生无所事事。要做到这点，你可以问全班同学一个问题，给他们时间去思考答案或让他们与同伴讨论，直到那时再随机点学生回答问题。根据某个学生的回答进行跟进，这有助于确保每个学生注意其他同学给出的答案，如同下面这个例子所示：

教师： 谁能举出一个生活在海洋中的哺乳动物的例子？托尼？

托尼： 海豚？

教师： 谢谢你，托尼，这是个很好的例子。除了托尼的例子，还有人能举出另外的例子么？……纳塔莉亚？

纳塔莉亚： 鲸鱼。

教师： 又对了。同学们，如果你在海里看到除了这两种以外的另外一种动物，关于那种动物的哪些事实会表明它是哺乳动物？

5. **不去纠正错误的答案。**一些不想让学生丢面子的教师不去纠正错误答案。虽然不让答错问题的学生丢脸很重要，但是不让全班同学留下错误印象也是很重要的。来看下面的例子：

教师： 你认为在俄国革命之前，德国人为什么用密封火车将列宁送到俄国？……玛尔塔？

玛尔塔： 他们希望把他赶出德国。

教师： 也许吧，但是记住，德国和俄国正在打仗。还有谁能告诉我德国人将列宁送到俄国的主要原因？艾哈迈德？

6. **忽略了其他学生的回答。**每个知道你所提问题答案的学生都想说出它。点很多学生的名并认可所有的回答，这会给学生这样一种感觉，即用心准备回答问题是有回报的。让学生之间进行简要的讨论，这样做能够确保即使你没有点到每个人，所有学生也都能与他人分享他们的好答案。

7. **询问太多的对错问题。**有时候，教师不可避免地要提一些只有对或错两种可能答案的问题，但是应注意这种问题不要太多。猜测的正确率是50%，因此给出正确的答案不代表学生理解了知识。避免这一问题的一种方法是在学生给出正确答案之后进行追问，以此来了解学生得出正确答案的过程。来看下面的例子：

教师： 如果用一个小于1的分数乘以另一个小于1的分数，其乘积比第一个分数大还是小？……路易莎？

路易莎： 小。

教师： 同学们，同意路易莎的请举手（多数都举起了手）。好的，你们占多数。那么路易莎，现在请告诉我为什么你觉得乘积更小。

8. **问不清晰的问题**。有时候，学生不知道教师问的是什么。例如，英语老师可能会指着一个句子问："这个句子有什么问题？"而并没有明确要求学生检查该句的语法、拼写、措辞，还是意义。

提供独立练习

独立练习（independent practice）是指学生在课堂上自己做的功课，用以练习或展示新习得的技能或知识。例如，在学习了代数中解方程的课程后，学生需要一些机会来独立地解几道方程题，这既巩固了新学的知识，也有助于教师评估学生的学习。在把新信息从工作记忆转到长时记忆的过程中，练习是不可缺少的一个环节。

当学生学习诸如数学、阅读、语法、作文、看图解释或外语等技能时，独立练习至关重要（Topping，Samuels，& Paul，2007）。没有练习，学生不可能学会算术、写作或西班牙语，正如学生不可能只是通过听讲解就学会骑自行车一样。相反，对某些概念性的课程而言，如表 7.2 中列出的关于二战起因的课程或关于磁吸力概念的科学课程，独立练习就不是特别有必要。在这类课程中，你可以采用独立练习来让学生自己复述有关的知识或概念，就像二战课程案例中的教师那样，然而复述知识对这类课程的重要性并不像技能练习对减法课程的重要性那样大。

链接

了解更多有关工作记忆和长时记忆的内容，请参见第6章。

课堂作业 **课堂作业**（seatwork）是指当堂独立完成的练习。一些研究表明，课堂作业很容易被滥用和误用（Good & Brophy，2008；Tate，2003；Weinstein，2007；Weinstein & Mignano，2007）。一些研究者发现，学生花时间来直接接受教师的教学要比花时间做课堂作业更能促进学习（Evertson，Emmer，& Brophy，1980；Good & Brophy，2008）。例如，伊伏特逊及其同事（Evertson et al.，1980）发现，在他们所研究的七年级和八年级的数学教师中，教学最有成效的老师在讲解、示范上大约花费16分钟，在课堂作业上花19分钟；而成效最低的教师在讲解、示范上花的时间少于7分钟，在课堂作业上花的时间约为25分钟。然而，对小学数学和阅读课的研究发现，学生一般用50%~70%的上课时间来做课堂作业（Fisher et al.，1978；Rosenshine，1980）。安德森等研究者（Anderson，Brubaker，Alleman-Brooks，& Duffy，1985）发现，对那些缺乏动机、阅读技能或自我组织能力去独立地把事情做好的学生而言，做课堂作业经常是浪费时间。然而，一篇关于对残障学生进行阅读教学的研究综述发现，他们花在课堂作业上的时间平均约为上课时间的40%（Vaughn，Levy，Coleman，& Bos，2002）。许多学生遇到困难时就轻易地放弃了，其他学生则很少关心自己的答案正确与否，他们显然将这一任务看成是完成作业，而不是在学习新内容。

独立练习
教学的一个组成部分，学生自己独立地展示和练习新的知识。

课堂作业
在课堂上学生被安排独自完成的学习任务。

独立练习时间的有效运用 根据安德森（Anderson，1985），伊伏特逊及其同事（Evertson et al.，2009）以及古德和布罗菲（Good & Brophy，2008）的研究，建议参照以下原则来有效地利用独立练习时间。

1. **当你确信学生能够进行独立练习时再布置该项任务。**这可能是最重要的原则。独立练习是练习，不是教学，学生应该能够独立地完成所给练习中的大部分题目（Freiberg & Driscoll，2005）。从认知角度来讲，练习作为复述的一种方式，可以促进信息从工作记忆转移到长时记忆。为了实现这种转化，信息必须首先存在于学生的工作记忆中（Ashcraft & Radvansky，2010）。

   可以通过两种方式来实现独立练习的高成功率。首先，布置的任务应该是清楚的和意义明确的，涵盖的内容应该所有学生都能完成。第二，如果学习测查还没能表明学生已经能够自行完成这些练习材料，则尽量少给学生独立练习的试题卷。例如，教师可以用练习题中的第一部分题目进行学习测查，做一道题目讨论一道，并在学生自己先尝试解决后再进行讨论，直到已证实所有的或差不多所有的学生都正确地掌握了。你可能要准备一系列的问题，放在投影上或电子显示屏上，每次只讲其中一道，直到班上的多数同学都知道该怎样做，你才会继续呈现后面的问题。

资格认证指南

教师资格认证考试可能要求你选出达成特定课程目标的效果最差的策略。你应当知道，在练习学生刚刚学到的技能的策略中，效果最差的策略之一是要学生独立完成冗长的课堂作业却不给他们反馈。

2. **独立练习的作业要力求简短。**很少有证据表明冗长的独立练习是合理的。对大部分的学习目标而言，大约10分钟的练习是比较适当的，但是大部分教师布置的练习花的时间远远超过这个量（Rosenshine，1980）。大量的集中练习（例如，一口气做许多题目）对保持记忆的作用是很有限的。课堂上相对简短的独立练习，辅以家庭作业这种分散练习，更能使学生受益（Dempster，1989；Krug，Davis，& Glover，1990）。
3. **给予清晰的教学指导。**确保所有学生都理解了教学指导并且知道自己应该去做些什么。在低年级的教学中，有必要让学生大声读出或解释教学指导的内容，以确保他们已经理解了。
4. **确保学生一旦开始做练习，之后不再干扰。**当学生开始做独立练习时，教师应先在全班巡视以确保每个学生都开始了练习，然后再处理个别学生的问题或从事其他任务。一旦学生开始做练习，就不要打扰他们。
5. **监控学生的独立练习。**监控学生的独立练习是很重要的。例如，当学生做练习时，教师可以在班内来回走动。这有助于学生坚持做练习，也便于他们向教师提出问题。教师也能发现做练习有困难的学生，从而提供额外的帮助。
6. **将学生的独立练习作业收上来，将其计入学生的成绩。**许多学生不明白为什么要努力去做课堂作业，因为课堂作业和他们最终的学习成绩经常毫不相关或只有很小的关系。应该让学生明白，课堂作业的成绩将会加到他们的总成绩中去。为此，最好在每堂课结束前，用几分钟时间简要说明作业的答案，让学生自己检查或同学间互相检查作业。之后，学生要上交作业，由教师进行抽查和记分。这一过程可以对学生的课堂作业进行及时反馈，也能使教师不必每天批改全体学生的作业。要注意使检查的时间尽量短，以免占用教学时间。

评价表现并提供反馈

每堂课都应该包含一个对学生掌握本课目标程度的评价（Fisher & Frey，2007；Reeves，2007）。教师可以通过非正式的提问、布置独立练习或一次单独的小测验等方式进行评价。然而，不管采用哪种方式，教师都应当针对课程教学的有效性进行评价，并且将评价结果尽快告知学生（Guskey，2003；Hattie & Timperley，2007；

链接

想深入了解有关评价的内容，请参见第13章。

INTASC 标准 8
评价学生的学习

Safer & Fleischman，2005；Stiggins，2007）。例如，研究已经发现，经常对教学内容进行课堂评价能提高学生的阅读技能（Taylor，Pearson，Clark，& Walpole，2000）。此外，还有证据表明，测验本身就能帮助学生更好地保持他们所学到的内容，因为测验过程使得学生更可能对信息进行深层加工（Haynie & Haynie，2008）。假如学生要根据反馈来改善其学习，那么他们就需要知道自己什么时候做对了，什么时候做错了。除了评价每堂课的学习效果外，教师还要经常检查学生对更大的知识单元的学习。总体来讲，多进行测验比少进行测验更能提高学生的成绩，而且使用测验比不使用测验更能促进学习（Bangert-Drowns，Kulik，& Kulik，1986）。给学生提供反馈很重要，给教师提供有关学生表现的反馈则更为重要。假如学生正在逐步学到教师讲授的所有内容，那么教师就有可能加快教学进程。然而，如果评价结果表明学生存在着严重的误解，那么教师就要重新教授本次课内容，或者采取其他措施使学生重新步入正轨。假如一些学生掌握了课程，而另一些没有掌握，那就有必要对后者进行更多的教学指导。

提供分散练习和复习

多次分散练习或复习可促进许多类型知识的保持（Dempster，1989）。这对教学有几点启示。首先，复习和重新强调以前课程中所学的重要知识可以促进学习。学生尤其需要以较长的时间间隔（如一个月）对重要材料进行复习，以保持先前习得的技能。此外，大部分课程都应该有家庭作业，对中学生而言更是如此。家庭作业给学生提供这样一个机会，即在某种情境（家里）、某一时刻去练习在另一情境（学校）、另一时刻中所学的技能。家庭作业可以被看做一种形成性评价，它能给你和你的学生提供当前对关键概念的理解水平的信息（Christopher，2007/2008）。研究发现，家庭作业通常能提高学生成绩，如果教师对学生的家庭作业进行检查并给出评语，其效果更好（Cooper，Robinson，& Patall，2006；Trautwein，2007）。然而，家庭作业对小学生的作用不如对中学生明显（Cooper et al.，2006；Cooper & Valentine，2001），而且，布置的家庭作业题量过大或枯燥无味，反而会破坏学生的学习和动机

21世纪的学习

以科技提升课堂教学

在过去，几乎所有的教学都指向大脑的同一区域。阅读和听课涉及的都是语义加工过程，只有偶尔使用的图片或视频指向了情景学习过程，而后者是同等重要的。到了21世纪，这种现象正在发生着改变，因为交互式电子显示屏、DVD和其他设备使教师能够更容易地将一些简短的视频或静态图片整合到日常的教学中，提高学生的内部动机，并通过同时呈现图片和相应的口语词或文本来巩固学生的学习。现在的学生在校外越来越多地成为视觉型学习者，而教师也可以在校内利用这些技能。

问题：

- 在课堂中，可以利用哪些学生在校外体验过的视觉学习活动？
- 如果这些活动能够提升学生课堂学习的效果，那么你认为给予那些进行活动的学生额外的分数是否公平？

（Corno，2000）。让家庭作业变得既有趣又有意义，对于实现它的价值是十分关键的（Darling-Hammond & Ifill-Lynch，2006；Marzano & Pickering，2007）。古德和布罗菲（Good & Brophy，2003）建议，对四年级学生来说，每门课程的家庭作业时间在 5 至 10 分钟之间为宜，对准备进入大学的高中生不少于 30 分钟为宜。家庭作业可以让父母建设性地参与到学生的学习中来（Epstein & Van Voorhis，2001；Xu & Corno，2003），但是它也可能引发家庭冲突，对于那些学习困难的学生而言更是如此（Walker & Hoover-Dempsey，2001）。

直接教学法的有关研究对教学有什么启示？

本章讨论的直接教学的大部分原则都来源于**过程－结果研究**（process-product study），即对所教学生始终保持优异成绩的教师的教学实践进行观察记录，并和所教学生进步较小的教师的教学实践作比较。优秀教师使用的原则被转化为具体的直接教学方案，并通过现场实验加以验证。也就是说，训练其他教师使用那些成功的教师所使用的方法，然后比较教师在接受了训练和没有接受训练的情况下学生成绩的差异。

许多研究发现，学生成绩和教师对直接教学策略的运用有关（如，Gage & Needels，1989；Weinert & Helmke，1995）。然而，将那些接受具体的直接教学策略培训的教师的学生成绩与那些没有接受该培训的教师的学生成绩进行比较，所得到的研究结果并不一致。古德和格鲁斯（Good & Grouws，1979）以及古德及其同事（Good et al.，1983）对被称为密苏里数学方案（Missouri Mathematics Program，MMP）的数学直接教学方法进行了经典研究。他们发现，那些运用 MMP 方法的教师所教的四年级学生要比那些没有接受此训练的教师的学生学到更多的内容。另一种直接教学模式是马德林·亨特（Madeline Hunter）的掌握教学方案（Hunter，1982，1995）。对该方案的评价性研究发现，接受这种模式训练的教师，其学生并不比其他学生学得更多（Mandeville，1992；Mandeville & Rivers，1991；Slavin，1986）。显性教学也是直接教学的一种形式。最近的研究发现，这种方法只有与同伴辅导的方法相配合，才对低成就者的阅读成绩有显著的促进作用（Simmons，Fuchs，Fuchs，Mathes，& Hodge，1995）。那些强调培养教师课堂管理技能的（如，Evertson，Weade，Green，& Crawford，1985）以及使教师更好地使用阅读小组技能的直接教学模式（Anderson et al.，1979）都是比较有效的。

直接教学（DI）是一种根据具体的教学材料和结构化方法而确立的教学方案。对直接教学的研究发现，它对小学生，尤其是对那些成绩差的以及有学业失败危险的学生具有明显的积极作用（Adams & Engelmann，1996；Ellis，2001b）。一项追踪研究（Meyer，1984）从纽约州布鲁克林市中心的一个街区选取从一年级到三年级一直接受 DI 方案教学的班级，同时也从布鲁克林的一所情况相近的学校中选取没有接受 DI 教学的班级，对来自两类班级的学生进行对比，结果发现，曾接受 DI 教学的学生更有可能顺利地从高中毕业。

尽管对直接教学模式有效性的探讨尚无定论，但大部分的研究者都认为，这些模式中所强调的主要成分是所有教师都应该掌握的重要基本技能（见 Gage & Needels，1989）。事实上，直接教学的有关研究所提供的建议都是教学中显而易见的常识性道理。但一项由黄（Wong，1995）进行的研究发现，一些与直接教学原理相

过程－结果研究
通过课堂观察将有效教师的教学实践记录下来的一种研究方法。

背离的方法在一些教师和大学生看来也显然是正确的。如果研究发现，接受该模式培训的教师与没有接受培训的教师之间没有差异，这经常是由于两组教师在接受培训之前都已经掌握了大部分的直接教学技能（见 Slavin，1986）。

显然，直接教学法能改善某些基本技能的教学，但同样显而易见的是，在什么时候、如何应用这些方法，诸如此类的问题仍然需要进一步研究。从对有效教师的研究中所得到的结论不宜全盘套用于实际的课堂教学中，也不应不切实际地期望它们能对学生的成绩产生实质性的影响。基于这些研究结论而形成的结构化、系统化的教学方案确实能显著地提高学生的基本技能，但我们需要记住，对直接教学的大部分研究都是针对基本的阅读和数学活动进行的，而且主要研究的是小学阶段。对于其他科目和其他年级，我们还缺乏充分的证据来表明直接教学法能改善学生的学习（见 Arends，2004）。

学生如何学习和迁移概念？

INTASC 标准 2
人类发展与学习的知识

INTASC 标准 4
多元教学策略

在所有课程中，相当大一部分时间都是在进行概念教学。**概念**（concept）就是从具体事例中概括出的抽象观点。例如，一个红球、一支红铅笔和一把红椅子都说明了一个简单的概念“红色”，而一本绿书不是“红色”这一概念的例子。假如给你展示红球、红铅笔和红椅子，并且问你，它们的共同之处是什么，你就会产生概念“红色物体”。假如绿书也包括在内，那你就必须使用更为宽泛的概念——“物体”。

当然，许多概念比“红色”更复杂、更难定义。例如，“正义”或许是人们需要用一生来试着理解的一个概念。本书主要关注概念教学，而事实上，此时此刻你正在了解“概念”的概念！

概念学习与教学

概念学习通常有两种方式。我们在校外学习的许多概念是通过观察获得的。例如，一个孩子通过听别人指称某些交通工具为“轿车”，进而获得了“轿车”的概念。起先，孩子可能将 SUV 或摩托车都置于概念“轿车”之下，但随着时间的推移，直到孩子能清楚地区分“轿车”与“非轿车”，概念才得以精确化。同样，通过观察和亲身体验，孩子学到了更为复杂的概念，如“淘气”、“清洁”和“乐趣”。

其他概念通常是通过下定义的方式获得的。例如，通过独自观察来学习概念“姑姑”或者“叔叔”是非常困难的。一个孩子即使观察了数百个“姑姑”和“非姑姑”，也未必能形成一个清楚的“姑姑”概念。在这类例子中，概念学习的最好方式就是下定义：姑姑必须是女性，她的兄弟（或嫂子、弟妹）有孩子。有了这个定义，就很容易将姑姑和非姑姑区分开了。

定义　就像学生可以通过两种方式来学习概念一样，教师也能通过两种方式来教授概念。教师可以给学生某一概念的正例和反例，然后让学生得出或推断出定义来。教师也可以给学生一个定义，然后让学生识别概念的正例和反例。有些概念适合用例子–定义的教学方式，而对学校里所教的大部分概念而言，最有效的教学方式是：阐明定义，呈现几个正例（如果合适的话，还可以呈现几个反例），然后重新阐述定义，以表明这些正例如何代表该定义。例如，“学习”这一概念可能被定义为“由经

概念
从具体例子中概括出的抽象观点。

验引起的个体的改变"。正例可能包括技能的学习、知识的学习、行为的学习和情绪的学习。反例可能包括自然成熟的变化，例如青春期到来引起的行为或者情绪的变化。最后，我们可以根据正例和反例来重新阐述和讨论定义。

例子 概念教学包括例子的广泛而熟练的运用。坦尼森和帕克（Tennyson & Park，1980，p. 59）指出，教师在呈现概念的例子时应遵循下面三个原则：

1. 按由易到难的顺序呈现例子。
2. 选择彼此各不相同的例子。
3. 比较和对照正例和反例。

考虑概念"哺乳动物"。简单的正例是狗、猫和人类，而反例是昆虫、爬行动物和鱼类。这些都没有问题。但海豚是不是哺乳动物？还有蝙蝠、卵胎生的蛇、袋鼠是否为哺乳动物？这些例子就属于"哺乳动物"这个概念的较难判断的正例或者反例，它们与人们已有的经验化的、简化的观点相矛盾。人们通常认为，能进行胎生的陆地动物是哺乳动物，而水栖动物、鸟类和其他的卵生动物则不是哺乳动物。借助于简单的事例（狗与鱼）可以形成某个一般概念，但是那些比较复杂的事例（蛇与鲸）会检验概念真正涵盖的范围。学生在处理这些复杂的例子之前，应先透彻地理解简单的事例。

为学习迁移而教

学生经常被考试牵着鼻子走，而教师又忙于教学生应试，二者都忘记了学校教育的基本目的：教给学生一些长大成人所必备的技能和知识。假如一个学生在语文测验中能正确地填空，但是不能给朋友或者未来的老板写一封明了、通顺的信；或者能在数学测验中进行小数和百分数的乘法运算，但却不会计算销售税，那么这种对学生的教育就本末倒置了。然而，并不鲜见的是，学生在课堂上或者测验上的成绩非常好，但不能将他们的知识或者技能迁移到真实的生活情境中。

真实生活中的学习 从一个情境到另一个情境的**学习迁移**（transfer of learning）依赖于在最初情境中对知识或技能的掌握程度，也依赖于最初学习的情境与后来应用的情境之间的相似程度（Bransford et al.，1999；Hall & Greeno，2008；Smagorinsky & Smith，1992）。这些在20世纪初就为人知晓的原则对教学有重要的意义。我们不能想当然地认为，学生能够将他们在学校中习得的内容迁移到实践情境中去，因此我们必须在与真实生活中可能遇到的情境很相似的情境中教他们去运用技能，或者在我们期望能够发生迁移的情境中去教他们应用技能。学生要想应用学校里学到的大部分技能与知识，他们就必须接受具体的教学指导，以学习如何运用知识或技能去解决问题，并具备各种问题解决的经验。

我们对学习迁移的最重要的认识就是，不能想当然地认为迁移可以自动发生（Cox，1997）。某个学生在一种情境中掌握了一种技能或概念，这并不能保证在任何情况下该学生都能将习得的这一技能或概念运用到新的情境中，即使这个新情境看起来（至少对教师而言）与原来情境非常相似（Mayer & Wittrock，1996）。典型的例子是，那些在语法和标点符号测验中成绩好的学生，却不能将这些技能运用到自己的作文中（Smagorinsky & Smith，1992）；那些在学校中能解决各种各样数学问题的学生，却不能将他们的数学知识运用到真实的生活中。例如，雷夫（Lave，1988）

学习迁移
将在一种情境中获得的知识运用于一种新的情境中。

曾描述一名实施减肥计划的男性，他要解决的问题是量出一定量的奶酪，即通常所食用的三分之二杯容量的四分之三。这个已经通过大学微积分考试的男性，先量出一杯奶酪的三分之二，然后将它倒在菜板上，在这块圆形奶酪上画一个十字，然后去掉四分之一。他从来没有想到用 $2/3×3/4=1/2$ 的乘法，而这几乎是任何六年级学生都能在考卷上答对的题（但是很少有六年级的学生将它运用到实际情境中）。

最初的学习与理解 可以想见，影响着所学的技能或概念从一个情境迁移到另一个情境的最重要的因素之一就是，在最初的学习中学生对技能或概念学得有多好（Pressley & Yokoi，1994）。然而，学生对材料的理解程度以及教学方式的有意义程度（Bereiter，1995；Mayer & Wittrock，1996）同样十分重要。换句话说，通过死记硬背记住的知识是很难迁移到新情境中的，不管学生记得有多么清楚。

情境中的学习 假如学习迁移在很大程度上依赖于最初的学习情境和后来的运用情境之间的相似程度，那么在学校情境中，我们应该怎样教学才能使学生能将习得的知识运用到与学校完全不同的真实生活情境中呢?

迁移的一条重要原则是，在新环境中运用知识的能力部分地依赖于学生学习或应用知识、技能时的环境的多样性（Bereiter，1995）。例如，与驾驶了好几年车但只开一种车型的驾驶员相比，那类只当了几周的泊车员但具有驾驶各种各样的车的经验的人更容易适应全新的、不同款式的车（至少进出停车场时是这样！）。

在教授概念时，一种促进学生将概念正确地应用于新情境中的方法是：提供各种情境中的事例。尼齐（Nitsch，1977）做的一系列经典实验就阐明了这个原则。他给学生呈现概念的定义，然后再用例子来阐明概念。一些学生学习的是同一情境中的几个例子，而另一些学生学习的是不同情境中的例子。例如，*minge* 这个单词是牛仔常用的，意思是“联合对付”，表 7.3 给出了这个概念的例子。那些只学习相同情境中的事例的学生能识别出该情境中的其他例子，但很难将概念运用到新的情境中。相反，那些学习不同情境中的事例的学生，在开始学习概念时有一些困难，可是一旦掌握了概念，他们就能将概念运用到新情境中。最好的策略是两种方法的结合，即开始时给予学生相同情境中的例子，然后给予不同情境中的例子。

这位女士成功地将有关数学概念的知识迁移到了个人财务方面。作为一名教师，你如何确保你的学生能够将他们在课堂中学到的内容迁移到真实的生活情境中?

教师可以运用许多其他的方法来使学生更有可能将一种情境中学习的知识或技能迁移到其他情境中，尤其是迁移到真实生活中。例如，用模拟的方法来创建接近真实生活的情境，正如中学生可以通过与扮演面试者的教师或者同伴进行模拟交谈，从而为以后的求职面试做准备。教师还可以将一种情境中习得的技能引入到新的情境中，以此来促进迁移。例如，历史老师可能会了解到英语课上正在教哪些写作技能或语法规则，然后提醒学生将这些技能运用到历史课的论文写作中（Anderson，Reder，& Simon，1996；White & Frederiksen，1998）。

表 7.3 概念教学

研究证明，在教授新概念时，教师应当首先呈现相似情境中的概念事例，然后提供各种不同情境中的事例。这种方法提高了学生将概念迁移到新情境中的能力。下面的例子取自一项关于学生学习传统牛仔文化中的新概念的经典研究。

要教授的概念：*Minge*

定义：联合起来对付某人或某事

相同情境的例子	不同情境的例子
三个骑手决定围攻母牛。	一伙水手生气地指责船长，并威胁要反叛。
四个人一起在马身上做烙印。	一群观众对魔术师的笨拙演技喝倒彩。
他们将狼围住，不让它脱逃。	废品商人难以招架三个窃贼。
六个牛仔一块追打偷马贼。	六个牛仔一块追打偷马贼。

资料来源：John D. Bransford, Human Cognition, Wadsworth Publishing, 1979.（Adapted from an unpublished doctoral thesis titled Structuring Decontextualized Forms of Knowledge by K. E. Nitsch, 1977.）Reprinted by permission of John D. Bransford.

迁移与最初的学习　为迁移而教的一个棘手的问题是，一些提高迁移的最有效的方法恰恰与最初学习的有效方法相对立。正如尼奇（Nitsch，1977）的研究中所发现的，对学生来说，在教学之初就利用各种不同情境来教授某一概念，这很容易让学生困惑。但是，假如学生在同一情境中理解了有关概念后，再讲授各种不同情境中的事例，则可以促进迁移。这一原则对教学具有重要意义。在介绍一个新概念时，教师应该先运用相似的例子，直到学生真正地理解概念，之后再去运用能阐明概念的本质特性的各种不同事例（Reimann & Schult，1996）。

以有关进化的一系列课程为例。在介绍“进化”这个概念时，教师首先会运用清楚的事例来说明动物进化的方式是如何增加其在各自环境中的生存机会的，如海豹的鳍状肢进化或者骆驼的驼峰进化都可以作为例子。然后教师可以列举植物进化的例子（例如，沙漠植物的蜡状外皮的进化），稍微拓展一下进化的概念。接下来，教师还可以讨论社会行为的进化（例如，狮子、狒狒以及人类的合作）。最后，教师可以对某些类似进化过程的现象（例如，针对自由市场经济的选择性压力而做出的商业调整）进行探讨。这样，教师首先在一种清晰的情境（如动物）中确立进化的观点，然后逐渐拓宽这一概念，直到学生能够明白各种不同情境下的进化过程是如何体现选择性适应原则的。假如教师一开始就将动物、植物、社会和商业等方面的内容混在一起讨论，就很容易让人困惑。但假如教师仅局限于动物的进化，那么学生很难将进化的概念迁移到新的情境中。学习了多种不同情境中的进化概念后，学生就更有可能区别概念在科学上的应用和隐喻用法，也更有可能将概念运用到一个全新的情境中，例如，社会变迁带来的艺术进化（Bransford et al.，1999）。

为迁移而教时，重要的是不仅要提供许多例子，而且要指出每个例子是如何体现概念的本质特征的（Kosonen & Winne，1995）。教师在讲授进化时，对每个具体的事例都要围绕进化这个概念的核心特征进行解释。例如，狮子之间合作的发展表明了社会属性是如何进化的，因为合作的群狮比其他独居的狮子更能捕获猎物、更易生存、更能确保其后代的生存。指出每个例子中所体现的概念的关键特征，有助于学生将概念运用到他们从来没有遇到过的新情境中（Anderson et al.，1996）。类似地，对比不同的事例或情境能够阐明已有的概念，指出它们之间的相似和不同点

“我不是在抄袭，我只是在将知识从一个情境中迁移到另一个情境中！”

也能够促进迁移（Bulgren，Lenz，Schumaker，Deshler，& Marquis，2002；Gentner，Loewenstein，& Thompson，2002）。

为迁移进行的显性教学　教师可以通过对学生进行显性教学，使他们将技能迁移到新的情境中。例如，福克斯及其同事（Fuchs，Fuchs，Finelli，Courey，& Hamlett，2003）评价了三年级数学课堂中的一种“显性迁移”技术。显性迁移条件下的学生学到了迁移是什么意思，并通过例子了解到了同一类应用题如何在措辞、情境和数字方面发生变化。他们还会学习观察并判断这些应用题与他们以前做过的是否类似。例如，一道应用题问道，为了得到32颗柠檬糖，需要买几包（一包柠檬糖有10颗）。之后，教师会给学生呈现用不同措辞表述的同一应用题，增加相关的小问题，改变情境，等等。教给学生如何去寻找应用题之间的共性，能够显著地使他们能更成功地完成迁移任务。

如何在教学中运用讨论？

INTASC 标准 4
多元教学策略

将讨论作为教学的一部分有许多原因。讨论适合澄清那些有争议的主题，以及解决可能有多种正确答案的问题，还有助于情感目标或态度目标的达成。教师可以主持全班范围的讨论，也可以安排由学生领导的小组进行讨论。

主观的和有争议的主题

在许多科目中，都存在着没有简单答案的问题。代数问题可能有惟一的正确答案，一个德语动词在给定情况下只有一种正确变化形式。但是，在回答下面的一些问题时，是否存在惟一的答案？如，哪些原因引发了南北战争？莎士比亚生活的那个年代的政治背景对他的作品有什么影响？基因工程是否因对世界健康造成威胁就应该被禁止？诸如此类的许多问题没有明了的答案，因此，对学生来说，最重要的是讨论和理解这些问题，而不是简单地接收和重复某些知识或技能。历史、政治、经济、文学、美术和音乐等科目都包含许多需要讨论并可以做出各种不同解释的问题。研究发现，对有争议的问题进行讨论可以增加有关该问题的知识，促进对问题的各方面的深入理解（Johnson & Johnson，1999）。

困难的和新颖的概念

除了主观的和有争议的主题外，一些问题虽然有惟一正确答案，但涉及困难的概念，需要学生以不同的方式来看待事物，而讨论也能阐明这类问题。例如，一个科学老师在一节课上可能只讲授浮力和比重。然而，课程所讲的内容与学生平时所具有的物体为什么能漂浮的朴素观点（“因为物体轻，所以才漂浮”）是有冲突的。因此，如果给学生机会，让他们自己形成关于物体为什么漂浮的理论并加以辩论，再让他们解决这样的问题，如“假定物体漂浮是因为轻，那为什么战舰也能漂浮？”以及“假如你向湖里扔一些东西，它们沉入水中但并未沉到湖底。为什么它们停止下沉？”那么，学生对浮力和比重的理解可能会更准确。当学生共同去探寻解释此类现象的理论时，他们可能会形成对浮力和比重的准确理解，而这种理解仅仅通过教师的讲授是无法达到的。

情感目标

当情感目标（与学生的态度和价值观有关的目标）非常重要时，教师也可以采用讨论的方法。例如，有关民众或者政府的课程中既包括了政府如何运作的相关知识，也包括了要传递的重要的价值观，如公民的责任感和爱国主义。一个教师可以讲授“选举之所以重要的六个理由”，但其真正目的并非讲授参加选举的理由，而是使其逐步树立对民主化进程的尊重，以及承诺在选举到来时去履行登记和选举义务。与此类似，当其他同学强迫某学生参与非法的、不健康的或者不被允许的活动时，有关同伴压力的讨论也可能使学生具备说“不”的技能与意志。社会心理学的研究早已发现，小组讨论，尤其在小组成员必须做出公开承诺时，比最有说服力的演讲都更容易改变个体的态度和行为。

全班讨论

讨论有两种主要的形式。一是全班共同讨论一个问题，教师作为讨论会的主持人来参与（Connolly & Smith，2002；Gunter et al.，2003）。二是学生分成小组来讨论一个主题。**全班讨论**（whole-class discussion）和一般授课的区别是，在讨论中教师的主导作用较低。教师引导着讨论，以免学生钻入牛角尖，同时还要鼓励学生提出自己的想法。下面的例子描述了一场由威尔逊老师引导的（而不是主宰的）以探究为目的的讨论，她试图让学生运用他们最近所学的知识来探索和形成自己有关美国独立战争的观点。

威尔逊女士：　在过去几周中，我们一直在学习导致美国独立战争的主要事件。当然，因为我们都是美国人，所以我们倾向于站在革命者的一方，用爱国者一词来描述他们，而对乔治国王可能使用贬义词。许多殖民者是亲英分子，有时亲英分子的人数超过了爱国者。让我们想象一下亲英分子会如何反驳殖民地应脱离英国独立的观点。

贝丝：　我想，他们可能会说乔治国王是一个好国王。

温妮：　但是他对殖民地居民所做的那些事又怎么说呢？

威尔逊女士：　举出一些例子来。

温妮：　比如五项不可容忍的法令。殖民地居民必须为英国驻军提供食宿，封闭波士顿港等。

坦尼娅：　但是这些都是为了惩罚殖民地居民的波士顿倾茶事件。亲英分子说，是爱国者首先引发了事端。

威尔逊女士：　这个观点不错。

弗兰克：　我认为亲英分子会说：“你可以不喜欢他做的某些事情，但是乔治国王仍旧是我们的国王。”

> **全班讨论**
> 在全班范围内进行的讨论，教师作为主持人。

理查德： 亲英分子可能认为自由之子这个组织的成员是一伙强盗。

威尔逊女士： 我可能不会那样表述，但是我认为你是对的。他们做的什么事情使你有这样的看法？

雷蒙： 他们损坏财物，骚扰亲英分子和英国驻军。比如谩骂，用东西砸人。

威尔逊女士： 你认为亲英分子对波士顿惨案会有什么看法？

贝丝： 他们可能会说那些暴徒自食其果。他们会认为是萨姆·亚当斯的过错使得所有的人都被煽动起来。

威尔逊女士： 让我们换个角度来思考。我们住在加利福尼亚，我们的首都华盛顿在3000英里以外。我们不得不交各种各样的税，大部分的税收都用于帮助波士顿或者巴尔的摩的人，而不是我们这里的人。政府所做的许多事情都让加利福尼亚的人们愤怒。我们有充足的食物，而且我们能够生产出我们想要的任何东西。那么为什么我们不进行一场加利福尼亚独立战争以建立我们自己的国家？

萨拉： 但我们是美国的一部分！

坦尼娅： 我们不能那样做！军队会来镇压革命！

威尔逊女士： 你们不认为亲英分子也会这样想吗？

温妮： 但是我们可以选举，而他们则不能。

雷蒙： 对。要交税却没有代表权。

贝丝： 我敢断定，许多亲英分子认为英国会赢得战争，所以他们认为站在战胜方一边会更好。

在这场讨论中，威尔逊老师没有考察学生是否掌握了美国独立战争这一历史事件中所涉及的具体事实，而是尽力让学生运用学到的知识从不同的角度来讨论这一主题。威尔逊老师实际上是让学生自己来确定讨论的走向。她的主要任务就是维持讨论活动的进行，让学生用具体的事实来维护自己的观点，确保许多学生都参与讨论，并且帮助学生避免钻入牛角尖或陷入无意义的争论。

网络链接

想获得如何进行一场有效的课堂讨论的例子，请访问 www.ncrel.org/sdrs/areas/issues/students/learning/lr1jungl.htm。

资格认证指南

教师资格认证考试中，你可能会被要求展示你对与许多教学策略有关的原则和技术的理解。例如，你可能被要求写出适合全班讨论的课程目标，以及你将如何组织讨论以使其有效。

讨论前的知识 在开始讨论前，教师必须确保学生具有充分的知识积累。讨论中最让人沮丧的是参与者对讨论主题了解不足。对美国独立战争进行讨论的基础是学生已了解战争前的主要事件。有时教师可以在教学前使用讨论，以激发学生对所学主题的兴趣，但应该适时给学生提供相应的知识。例如，在本章开始的例子中，洛根女士不仅在正式讲课之前让学生讨论和做实验，而且在讲课之后也这样要求，而那时学生已经拥有了更多的知识。

小组讨论

在**小组讨论**（small-group discussion）中，每组有4到6个学生，大家一起讨论某个特定的主题，教师在小组之间来回走动，帮助学生讨论（Cook & Tashlik，2004；Spiegel，2005）。因为小组讨论要求学生大部分时间不依赖教师，因此，年龄较小的或者缺乏组织性的学生需要进行大量的准备，而且他们事实上或许无法从讨论中得到任何收获。然而，四年级及以上的大部分学生都能够从小组讨论中获益。

与其他形式的讨论一样，大部分的小组讨论应当在知识呈现之后进行，知识的呈现可以通过教师讲授、阅读教科书或播放视频来完成，或者在学生从图书馆或网上找到信息之后再进行小组讨论。当学生对主题有所了解后，他们就可以在小组中进行讨论，必要时还可以将课桌搬到一块儿，这样更容易发言和倾听。

每个小组应当有一个由教师任命的学生组长。组长应当具有责任感、善于组织，但通常不一定是成绩最好的学生。所有的小组可能讨论相同的主题，或者每个小组讨论一个大主题下的不同分主题。例如，在“大萧条”这一单元中，一个小组可能主要讨论萧条的起因，另一个小组主要讨论银行系统的崩溃，第三个小组主要讨论大萧条的社会后果，而第四个小组主要讨论新政。针对要讨论的主题，教师应该给每组提供一系列的问题让学生讨论。例如，就银行系统的崩溃这一主题而言，可以给出如下问题：

1. 1929年的股票市场崩溃与如此之多的银行倒闭之间有什么联系？
2. 什么原因引起储户对银行失去信心？
3. 为什么银行没有足够的资金来付给那些取款的储户？
4. 为什么今天不太可能多地同时发生挤兑？

> **资格认证指南**
> 教师资格认证考试中，你可能会被要求对一个个案研究给出回答，鉴别该个案中所用教学策略的优点和缺点。

> **小组讨论**
> 4到6个人一组进行的不依赖教师的讨论。

在每个讨论小组中，组长的任务是确保小组围绕着指定的主题和问题来讨论，并且确保所有的小组成员都参与到讨论中。可以指定专人将小组的观点记录下来。讨论结束时，小组成员可以准备一份活动报告或整理结论，展示给班里的其他学生。

这些学生在参加小组讨论，研究告诉我们，小组讨论的有效性如何？

关于小组讨论的研究表明，假如学生进行了充分的准备，而且小组的任务组织良好，那么小组讨论活动比传统的课堂教学更能提高学生的成绩（Sharan et al.，1984；Sharan & Shachar，1988）。也有一些研究表明，如果鼓励学生讨论有争议的话题，那么小组讨论对学生成绩有更大的积极影响（Johnson & Johnson，1999）。艾普比及其同事（Applebee，Langer，Nystrand，& Gameran，2003）与纳普（Knapp，1995）进行的相关研究发现，学生成就高的课堂更可能大量地使用讨论。

有意识的教师

运用你所了解的直接教学法来改善教学与学习

有意识的教师能够有目的地选择教学策略。他们预先了解各种策略的优劣，从而根据学生、教学内容和情境的不同特点来选择策略。

有意识的教师通过应用有效教学的各个成分来充分发挥作为学习指导者的作用。他们的职责是给学生呈现清晰的课程，以精心引导学生掌握学习目标。通过快节奏的教学，不断地检查学生的理解情况，以及提供有意义的练习机会使学生将知识和技能迁移到新情境中去等多种方式，有意识的教师有效地利用了教学时间。有意识的教师很乐意将自己视为学习活动的设计者。

1. 我希望学生在课程结束后能了解什么、能做什么？这对于实现课程目标、使学生成为有能力的个体有什么作用？

有效的教学要求教师认真准备，深思熟虑地选择和表述学习目标。仔细、具体地考虑学生应该掌握什么内容，然后紧密围绕目标进行课程设计。例如，你打算为二年级学生设计几堂课来讲解关于蜘蛛的内容。你首先确定该课程的教学目的：“学生将了解蜘蛛的身体结构和习性。”根据这个总目标，你确立了几个具体的目标，并以此组成了课程框架。你的第一个目标可以是：“学生应该能够指出、标出并描述出蜘蛛的至少 3 点解剖学特征。”

阐明课程目标以及教学目的有助于学生对将要学习的内容做好心理上的准备。课程开始时，应清楚地阐明学生将要学什么以及为什么学。例如，你的开场白可以这样：“请注意看讲台上的两块岩石。在今天这堂课结束时，你们将能够描述出每块岩石是如何形成的。那是非常重要的知识，因为它能够给我们提供有关远古时代的地球状况的一些线索。”

2. 在我的教学中必须考虑学生具有哪些知识、技能、需求和兴趣？

有意识的教师运用前测来保证教学目标和实际教学能够适合学生的需求。例如，在教公制单位之前，你出了 10 道题来考察学生当前对公制单位的了解，诸如“你运用下面的哪个单位来测量物体的长度：升、米、克？”

有效的课堂教学包括对先决技能的复习。对目前课堂教学中可能用到的先前知识进行简要的回顾。例如，在讲授劝说性演讲的单元时，你可能询问学生，他们已经学到有效的演讲需要具备哪些条件。将学生的观点列在黑板上后，如果学生遗漏了某些对劝说性演讲尤为重要的要点，你可以加以补充，如组织结构、清晰程度、身体姿势以及手势的有效运用。

3. 我在学科内容、儿童发展、学习、动机以及有效教学策略等方面所掌握的哪些内容能够用于实现教学目标？

信息的有效呈现需要调用你所有的相关技能，将幽默、新奇性和多样性恰当地结合进来。考虑以什么方式呈现信息以对文字信息提供补充是非常重要的。根据具体的教学内容，可以选择使用图画、音乐、视频以及实物或模型。如果你以言语讲解或朗读的方式来呈现信息，清晰的讲授和发音以及悦耳的语调就非常重要。（你在这样做时，也给学生示范了你期望他们如何发言。）例如，在给年幼儿童讲有关树的内容时，你可以拿来各种形状的树叶。在介绍“针叶树”的概念时，你不仅可以用各种针叶树的球果和树叶的图片，也可以用真实的球果和树叶标本。学生用他们的触觉和视觉来辨别不同类型的球果。他们也可以运用正在形成的数概念，根据一束针叶中有多少根来分辨各种针叶树。你可以重点阐明一些新的词汇，以帮助学生掌握词汇，发展语言技能。

学生的练习应该多样化。给学生提供多种形式的活动有助于学生发展将知识运用于新情境的能力。例如，给学生选择活动的机会，让他们练习运用有关新大陆探险者的知识。你可以指导学生选择三个他们了解的探险者。他们可以先绘出总的行进路线图，虚构出一位探险队员在看见一个重要地标后写的考察日志，也可以虚构出二个不同的探险者之间的对话，比较他们的不同经历。

4. 哪些教学材料、技术、辅助手段和其他教学资源有助于实现我的教学目标？

有效的教学能维持学生的高度注意。对于正在学习英语的学生来说，视觉输入尤其重要。快节奏的课堂教学（没有以牺牲学生的理解为代价）、幽默、新奇性和变化都有助于突出课程的重点。例如，你正在讲授说明文写作。你把奇特的炊具和工具带到课堂上，而不只是让学生空想。将物品分发给学生，让他们推测物品的用途。这样，学生书面描述新奇的物品时会写得更好。

INTASC 标准 7 教学计划技能　INTASC 标准 8 评价学生的学习　INTASC 标准 9 职业承诺和责任

学生需要时间来加工信息。提问之后应给学生一段时间，并等待那些起初未理解的学生举手。例如，你在语文课上对学生提问："你认为主人公此时的情绪是怎样的？"你并没有叫第一个举手的学生回答，而可以说："有三个同学举手。我还要等待更多的同学举手。"几秒钟后，有更多的学生举手，然后你可以选择三四个学生来回答问题。

5. 我怎样评估学生达到目标的进度？

在直接教学的过程中，教师要经常进行学习测查。经常检查学生是否理解，并根据检查结果来调整教学。例如，给幼儿讲解几何时，你把他们分成小组，给每个组几个大的模型。你说道："请把有四个角的那个模型拿起来。有哪个模型使你想起平时常见的'停止'标记？请举起来。请把边数最少的模型举起来。"你发现学生理解最后一条指令有困难，但是对前两条很容易做出正确反应，因此你还要给他们提供额外的问题解决的练习，并对最少、最多、较多和较少等词汇进行解释。

学生的主动参与使得教师能够对所有学生的理解水平加以评价。运用某些策略对每个学生的进步都给予反馈。例如，在学习了发长 /ei/ 音的字母及组合（如 *made* 中的 a）后，你给每个学生一块小黑板、粉笔和橡皮。你读一些单词，学生们安静地将它们写在小黑板上，然后举起黑板让你检查。你快速、不出声地评价每个学生对拼写的掌握程度，然后列出需要进一步接受辅导的学生的名单。

6. 如果个别学生或全班没有迈上成功之路，我该如何去做？我的补救计划是什么？

一个单元的教学之后，你应该安排复习和提问环节，学生在这些环节中相互检查和订正家庭作业。之后你可以积极地鼓励学生就本单元各节课教学内容进行提问，并回答他们提出的问题。单元学习过程中，你应当时刻根据"学习测查"活动的结果了解学生对教学内容的理解水平，并利用测查记录来指导对内容的复习。

本章概要

什么是直接教学？

直接教学是一种教学方式，它强调教师对大部分课堂教学事件进行控制，以及对课程进行结构化呈现。直接教学这种方式要求积极主动的教学，清晰的课堂教学组织，各个分主题之间的循序渐进，以及大量的例子、示范和视觉线索的运用。

如何进行直接教学？

课堂教学的第一步是阐明学习目标，使学生适应课堂教学。其主要任务有两个：一是确立心理定势，使学生做好完成功课和学习的准备；二是确立一个"概念图"，使学生了解课程的进程。

课堂教学的第二步是复习先决知识或者进行前测，以保证学生掌握了必要的知识和技能。复习可以作为课堂教学的一个先行组织者。

第三步是以有组织的方式呈现新材料，对教学内容进行解释和示范，维持学生的注意。

第四步是进行学习测查，让学生就课程内容给出回答。这一步骤给教师提供了反馈，也让学生对自己的观点进行检验。提问技术非常重要，包括等待时间和点名顺序的运用等等。

第五步是提供独立练习或称课堂作业，让学生运用新习得的技能。研究表明，独立练习应当简短，要求明确，不受干扰，并且应只有当学生能够进行独立练习时才给他们提供这一任务。教师应当监控学生的练习过程，将练习作业收集起来，并计入到考评中。

第六步是评价表现并提供反馈。每堂课都应当考察学生对本次课目标的掌握情况。

第七步是提供分散练习或家庭作业，并进行复习。分散练习可使信息保持得更好。

直接教学法的有关研究对教学有什么启示?

大部分对各种具体的直接教学模式的研究都发现这类模式对学生成绩改善有积极影响，但也有不一致的结论。直接教学的其中一种教学方案被认为特别有效，它能教授那些成绩差的以及有学业失败风险的学生去学习阅读和数学。

学生如何学习和迁移概念?

学生通过观察和下定义来学习概念。概念是通过正例与反例以及规－例－规的方法进行讲授的，在用这种方法时，教师首先阐明定义，然后举例，最后重新阐述定义。所举事例应遵循先易后难的顺序，同时教师应当对正例和反例加以比较和对照。学生首先将他们的学习迁移到类似的情境中，之后，学生必须接受教学才能将概念迁移到不同的情境以及现实情境中去。死记硬背记住的知识是很难迁移的。

如何在教学中运用讨论?

在全班讨论中，教师不应像常规课堂教学那样处于支配地位。在开始讨论前，学生需要充分的知识基础。在小组讨论中，每组都应当有一个组长以及一个具体的讨论主题。

关键术语

回顾本章中的以下关键术语

直接教学	齐声回答
心理定势	独立练习
课程设计	课堂作业
规一例一规	过程一结果研究
学习测查	概念
等待时间	学习迁移
点名顺序	全班讨论
共同回答	小组讨论

自我评估：资格认证练习

指导语： 本章开头的案例中所涉及的评价指标是各州的资格认证考试的常见考点。请重读开头的案例，回答下列问题：

1. 在本章开头的案例中，洛根女士在声学课上运用了多种教学策略。下面哪项陈述表明洛根女士运用了直接教学法？
   a. 学生们以小组的形式做实验。
   b. 在实验半小时后，洛根女士将全班同学召集在一起。
   c. 各个小组的代表演示他们所做的实验。
   d. 洛根女士讲授有关声音的课程。

2. 假如洛根女士准备运用直接教学法来讲授科学课中的“重力”问题，那么第一步应该是：
   a. 学习测查
   b. 阐明学习目标
   c. 呈现新内容
   d. 提供独立练习

3. 根据直接教学的有关研究，为什么洛根女士在声学课上应当进行学习测查？
   a. 促进课堂教学
   b. 让学生练习呈现的概念
   c. 给教师提供有关学生理解程度的反馈
   d. 抓住不注意听讲的学生

4. 洛根女士用一根短笛和一根长笛演示声音如何通过空气而传送。她希望这种演示能帮助学生理解用瓶子做的实验。她运用了哪种教学原则？
   a. 交互式教学
   b. 分散练习
   c. 学习迁移
   d. 替代评价

5. 学生分组完成声学课的实验后，洛根女士告诉学生要进行独立完成的测验，以考察每个学生的知识掌握程度；然而，只有小组中的每个成员都掌握了所学内容时，这个小组才是“超级团队”。她运用了何种教学策略？
   a. 合作学习
   b. 小组讨论
   c. 直接教学
   d. 探究学习

6. 设计一堂课，运用直接教学法中的所有步骤。

7. 小组讨论和全班讨论的优缺点各是什么？

本章提纲

建构主义的学习观是什么

- 建构主义的历史渊源
- 自上而下的加工
- 合作学习
- 发现学习
- 自主学习
- 提供脚手架
- 美国心理学协会(APA)以学习者为中心的心理学原则
- 学科领域中的建构主义方法
- 对建构主义方法的研究

如何在教学中应用合作学习

- 合作学习的方法
- 对合作学习的研究

如何教授问题解决技能与思维技能

- 问题解决的过程
- 教授创造性问题解决的策略
- 教授思维技能
- 批判性思维

8

教学的学生中心与建构主义取向

学习成果

学习本章后，你应当能够：

- 指出建构主义学习观的关键概念及其对课堂实践的启示
- 讨论如何才能最为有效地在课堂上使用合作学习
- 描述如何教授学生问题解决技能和思维技能

"大家都回忆一下，"邓巴先生说，"上周我们是怎么学习如何计算圆的面积和立方体的体积的。今天我们将探讨如何计算圆柱体的体积。这次由你们自己去做。在你们眼前的每一个实验台上都有 5 个体积不同、没有刻度的圆筒，还有尺子和计算器，你们还可以利用水槽里的水。但是，你们将要利用的最重要的资源是你们的头脑和身边的同学。记住，在活动结束时，各个组的每位同学要做到不仅能够说出圆柱体的体积公式，而且要能够准确地解释该公式是如何推导出来的。有什么问题吗？好，开始吧！"

这是邓巴先生所教的中学数学和科学课程。班上的学生们开始活动起来。他们 4 个人一组围坐在实验台旁边，其中"智囊组"一开始就把所有的圆筒装满了水。

米格尔说："好的，我们已经把所有的圆筒都装满了。下面该做什么了？"

玛格丽特说："我们来测量它们吧。"她拿起尺子，并让戴夫记下测量结果。

"这个小的圆筒高 36 毫米，等一下……底的直径是 42 毫米。"

"那又说明了什么？"约兰达说，"我们用这种方式是测不出体积的。我们最好先考虑一下，不要直接就去测所有的量。"

"约兰达说得对，"戴夫说，"我们最好先做个计划。"

"我明白了，"米格尔说，"我们来做一个假……假……那词怎么说来着？"

"假设，"约兰达说，"对！我们来猜一猜应该如何解决这个问题。"

"想一想，邓巴先生让我们回忆圆的面积和立方体的体积，我想这可能是一个重要的线索。"

"你是对的，米格尔，"恰巧经过这里的邓巴说，"但是你们怎么利用这个信息呢？"

"智囊组"沉默了一会儿，戴夫说："让我们看看测量出其中一个圆筒底部的面积是否有用。刚才玛格丽特说小圆筒底部直径是 42 毫米，给我计算器……现在我们怎么算出面积？"

约兰达说："我想是应该是 π 乘以半径的平方。"

"应该是这样。那么 42 的平方……"

"不是 42，是 21 的平方，"玛格丽特插嘴说，"如果直径是 42，那么半径就是 21。"

"对，我知道了。那么，21 的平方是……441，π 是 3.14，计算器上的得数是 13 847。"

"不可能，"米格尔说，"400 乘以 3 是 1 200，所以 441 乘以 3.14 不可能是 13 000。你肯定错了。"

"我再算一遍。441 乘以 3.14……你对了，是 1 385。"

"那又说明什么？"约兰达说。

"这个数字也不能告诉我们怎么算出体积！"

玛格丽特兴奋地跳起来："别着急，约兰达，我想，我们应该用底面积乘以水的高度。"

"为什么？"米格尔问道。

玛格丽特回答说："是这样，我们计算立方体的体积时，我们用长乘宽乘高。长乘宽是底部的面积，我猜想我们可以用同样的方式计算圆筒的体积。"

"聪明的女孩！"米格尔说，"我同意。但怎么来证明呢？"

"我有个想法。"约兰达说。她把所有圆筒里的水倒出，然后在最小的圆筒里装满水。"这是我的想法。我们不知道这个圆筒的体积是多少，但我们知道它的体积总是恒定的。如果我们将等量的水倒入四个圆筒中，然后用我们的公式来计算，那么就应该得到一个相同的值。"

"让我们试一下。"米格尔说。他将小圆筒里的水倒入一个大圆筒中，然后再装满小圆筒，再倒入另一个大圆筒中。

"智囊组"测量了圆筒的底面直径和水的高度，记下数据，代入公式。的确，他们用这个公式计算出的等量的水的体积都是相同的。激动无比的学生们让邓巴先生过来看看他们的工作。邓巴先生让每个学生都说说他们做了什么。

"太棒了！"邓巴说，"你们不仅找到了解决问题的方法，而且小组中的每个人都参与并理解了这项活动。现在我希望你们能帮我一下。有几个小组的同学仍然很困惑，你们能否帮助他们一下？不要告诉他们答案，只是给他们提供思路。约兰达和米格尔去帮助'智慧组'，戴夫和玛格丽特去帮助'梦幻组'。怎么样？谢谢！"

运用你的经验

合作学习与批判性思维 阅读完上述案例后，随机地选择或指定4~8人，组成建构主义"专家"研讨组，让他们到教室前面来，解释为什么这种教学方法对于邓巴先生的中学数学和科学课来讲是十分有效的。（学生也可以自愿地参加研讨组。）而作为听众的其他同学可以在研讨组中每位成员发言后进行提问。

批判性思维 反思邓巴先生的教学风格。你怎样描述其特征（如皮亚杰学派的、维果斯基学派的、发现学习的或其他的）？他是如何设计任务，又是如何与学生互动的？从建构主义观点来看，强调学生已有的知识和提问是非常重要的，为什么？

学习远不只是记忆。学生如果要真正地理解并能够应用知识，他们必须努力去解决问题，自主地发现问题，深入思考。邓巴先生可以告诉学生圆柱体体积的公式是$\pi r^2 h$，学生通过练习也能够将数字代入公式中，算出正确答案。但这对学生有多大的意义？他们能在多大程度上把公式中所体现的原理应用于其他问题中？教育的任务不是将信息灌输到学生头脑中，而是用引人入胜的、实用的概念激发学生的思考。本章将关注通过哪些途径来实现这一目标。

建构主义的学习观是什么？

INTASC标准4
多元教学策略

建构主义的学习理论
这一理论认为，学习者必须自主地发现和转换复杂的信息，用已有的规则检验新信息，当旧规则不再适用时对其进行调整。

教育心理学的一条最重要的原理是：教师不能只把知识告诉学生，学生必须用自己的头脑来建构知识。教师可以通过多种方式来促进学生的建构过程，比如通过教学使信息变得与学生自身相关、对他们有意义；通过给学生提供机会，使之自主发现或应用某些概念；或者通过教学使学生对策略敏感并主动地将策略应用于学习中。教师可以给学生提供梯子，以通向更高层次的理解，但学生必须自己爬梯子（Guskey & Anderman，2008）。

基于以上观点的学习理论称为**建构主义的学习理论**（constructivist theories of

learning）。建构主义理论的核心观点是：学习者要想真正地学到知识，就必须自己去发现和转换复杂的信息（Anderson，Greeno，Reder，& Simon，2000；Fosnot，2005；Waxman，Padrón，& Arnold，2001）。以建构主义理论的眼光看，学习者不断地用已有的规则去检验新经验，并且当已有的规则不再适用时对其进行调整。这一观点对教学具有深远意义，因为它强调，学生在自己学习中扮演的角色应当远比在许多课堂中的传统角色主动。由于建构主义理论强调学生是主动的学习者，因此建构主义的教学策略也经常被称为学生中心教学（Cornelius-White，2007）。在学生中心的课堂中，教师是“一旁的指导者”，而不是“高高在上的圣人”；教师帮助学生去发现意义，而不是一味讲授或控制所有的课堂活动（Noddings，2008；Weinberger & McCombs，2001；Zmuda，2008）。

2+2=4？这是哪一种建构主义答案？

建构主义的历史渊源

建构主义革命有其深厚的教育历史渊源，主要根源于皮亚杰和维果斯基的研究（参见第 2 章）。两位研究者都强调，只有当先前的概念与新信息不一致、个体经历了失去平衡的过程时，认知改变才能发生。皮亚杰和维果斯基还强调学习的社会属性，二者都主张应用混合能力学习分组的方式来促进概念改变。现代建构主义者的观点更多地来源于维果斯基的理论（见 John-Steiner & Mahn，1996；Karpov & Bransford，1995），其理论为强调合作学习、基于课题教学和发现学习的课堂教学方法提供了支持。维果斯基的理论中有四条重要的核心原理：社会学习、最近发展区、认知学徒期、中介性学习。

社会学习　维果斯基强调学习的社会属性（Hall & Greeno，2008；O’conner，1998；Salomon & Perkins，1998）。他指出，儿童的学习是通过与成人以及有能力的同伴的相互作用来进行的。在合作性课题中，如在邓巴的课堂上，学生听见和看见同伴的思考过程。这种方法不仅使所有的学生都能够分享到学习成果，而且还使所有的学生都能够分享其他同学的思考过程。维果斯基注意到，成功的问题解决者在解决困难问题时经常自言自语。在合作小组中，学生们则可以清楚地听到这些言语，从而了解到成功的问题解决者在解决过程中是如何思考的。

链接
皮亚杰和维果斯基的研究见第2章。

链接
想了解更多有关最近发展区的内容，参见第2章。

最近发展区　第二条重要原理是儿童对处于最近发展区中的概念学习得最好。正如第2章中所讨论的，最近发展区的任务儿童自己无法独立完成，但在同辈或成人帮助下可以完成。比如，当儿童自己不能发现一组数字的中位数，但在教师的帮助下可以完成时，那么发现中数的能力就很可能处在该儿童的最近发展区内。当儿童们一起学习时，给定的任务对大部分儿童来说可能稍高于或稍低于他们的认知水平，但任务仍处在这部分儿童的最近发展区内。

认知学徒期　维果斯基理论中的另一个重要概念是**认知学徒期**（cognitive apprenticeship），这一概念既强调学习的社会性，也强调最近发展区（Greeno，Collins，& Resnick，1996；Harpaz & Lefstein，2000）。这个术语是指学习者通过与某个专家的相互作用，逐渐地获得专业知识的过程。专家既可以是成人、年长的儿童，也可以是比自己优秀的同伴。在许多行业中，新手在担任学徒的过程中学习如何工作。其间，新手紧密辅助专家工作，专家给新手提供示范和反馈，在这一社

认知学徒期
学习者通过与专家的互动逐渐获得专业知识的过程，专家既可以是成年人、年长的儿童，也可以是比学习者更优秀的同伴。

会化过程中，使新手逐渐地掌握职业规范与行为。学生教学即“当小老师”是认知学徒期的一种形式。建构主义理论家主张，教师应将这种历史悠久且高效的教学与学习模式迁移到课堂的日常活动当中，如让学生参与复杂的学习任务，并帮助学生完成任务（就像高级电工帮助学徒更换房屋中的电线那样）（Hamman，Berthelot，Saia，& Crowley，2000）；或让学生在组员能力各异、合作性学习小组中活动，使得较优秀的学生帮助其他学生完成复杂的任务。

网络链接

想了解更多有关认知学徒期的内容，请访问 http://mathforum.org/~sarah/Discussion.Sessions/Collins.html 。想了解在两个四年级课堂中运用认知学徒期的例子，请访问 http://projects.coe.uga.edu/epltt/index.php?title=Cognitive_Apprebticeship 与 www.21learn.org/archive/articles/brown_seely.php 。

中介性学习 最后，维果斯基还强调提供脚手架或中介性学习的重要性（Kozulin & Presseisen，1995），这是当代建构主义理论中非常重要的一个观点。目前，维果斯基理论中备受关注的一个观点就是应该给学生复杂、困难、贴近实际的任务，然后给予他们充分的帮助以完成这些任务（而不是只教授点滴知识，却期望某天学生依靠积累的知识完成复杂的任务）。这一原理用于课堂实践中时，经常表现为多种形式，如课题、模拟、社区中的探索活动、以真实读者为对象的写作以及其他真实性任务（Byerly，2001；Holt & Willard-Holt，2000；Levy，2008）。情境性学习这一术语（Anderson et al.，2000）指发生在现实生活中的真实活动中的学习，这一观点强调深度学习，而非只有宽度而缺乏深度的学习（Egan，2008）。

自上而下的加工

建构主义教学观强调自上而下、而非自下而上的教学。自上而下意味着学生首先从复杂的问题入手，然后（在教师的帮助下）发现或学会所需要的基本技能。比如，先要求学生去写作文，然后再学习拼写、语法、标点。这种自上而下加工的取向与传统的自下而上的教学策略是相反的，在自下而上的加工中，基本的简单技能被逐步地组合为复杂的技能。但在自上而下的教学中，学生一开始遇到的问题就是复杂的、完整的、真实的，也就是说，这些问题不是任务的一部分或简化形式，而是最终将要遇到的真实的任务。下面介绍兰珀特（Lampert，1986）描述的具有建构主义取向的数学教学的例子。在讲授一位数乘两位数的乘法时（如 4×12=48），传统的自下而上的教学方法是教给学生分步的程序以算出正确答案。只有当学生掌握了这些基本技能后，才给他们呈现一些简单的应用题，如“桑德拉想买一些铅笔，每支铅笔 1 角 2 分。如果她买 4 支的话，需要多少钱？”

建构主义教学方式与此相反，首先从问题开始（通常由学生自己提出问题），然后帮助学生发现如何进行运算。兰珀特的例子见图 8.1。比如，在本章开头的事例中，邓巴先生应用合作小组的方式来帮助学生推导出圆柱体体积的公式。回忆一下，“智囊组”的每个成员是如何进行思想的碰撞与交流、如何尝试并放弃错误观点、最终发现解决方法并证明其方法的正确性的。没有一个学生能够单独地解决问题，所以小组合作有助于问题的解决。更为重要的是，倾听他人的观点、不断尝试和获得对

图 8.1 教授乘法的数学课例

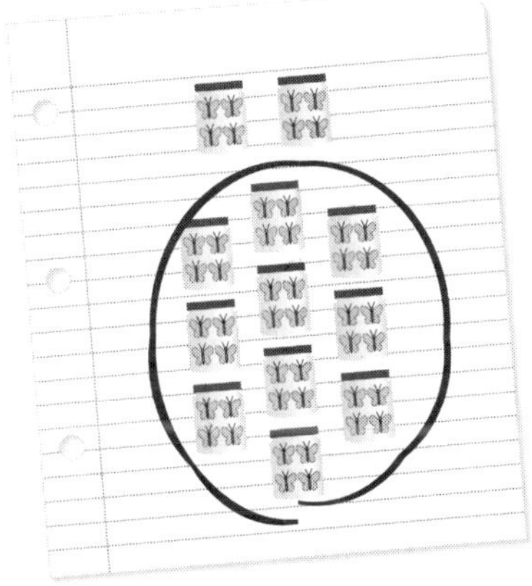

教师：你们能否举个例子，它可以用乘法算式……12×4来表述？

学生1：有12个瓶子，每个瓶子里有4只蝴蝶。

教师：如果我进行乘法运算并得到答案，我会了解到瓶子和蝴蝶的哪些信息呢？

学生1：你会知道你一共有这么多蝴蝶。

教师：好，这是瓶子。（画一幅图来代表瓶子和蝴蝶——见图）。现在如果我们把瓶子分组的话，就比较容易数出总共有多少只蝴蝶了。通常情况下，数学家们在考虑分组时喜欢的组数是多少？

学生2：10。

教师：这10个瓶子每个都有4只蝴蝶在里面。（画个圆圈将10个瓶子圈起来。）

教师：假如我擦掉画的圆圈，再回过头来看一下所有的12个瓶子。有没有其他的分组方法使我们更容易计算出蝴蝶的总数？

学生3：可以分成6个和6个一组。

教师：那么现在这个组里有多少只？

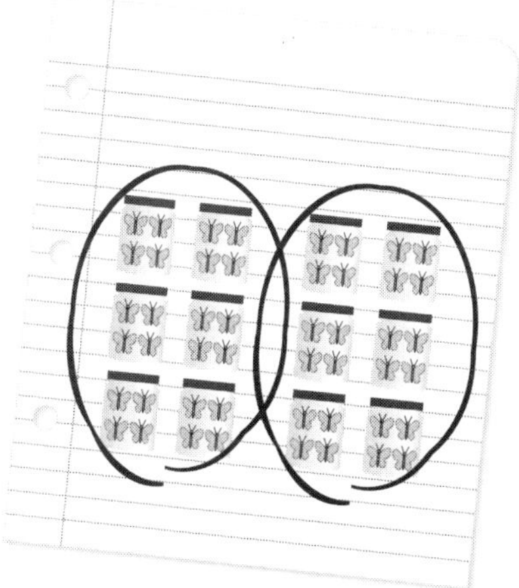

学生4：24。

教师：你是怎么计算出来的？

学生4：8加8加8。（他将6个瓶子分成3对，直觉地发现了比较容易计算的一种分组方法。）

教师：是3×8。也可以是6×4，那么这一组有多少只蝴蝶？

学生3：24只。它们是相同的。两组都是6个瓶子。

教师：那么总共有多少只？

学生5：24加24等于48。

教师：我们得到的蝴蝶数和以前一样，为什么？

学生5：因为我们有相同数量的瓶子，每个瓶子里也都有4只蝴蝶。

资料来源：Magdalene Lampert," Knowing，doing and teaching multiplication", Cognition and Instruction. Copyright 1986 by Taylor and Francis informa UK Ltd.-Journals, Reproduced with permission of Taylor and Francis Informa UK Ltd. via Copyright Clearance Center.

所设想解法的即时反馈、争论不同的解决问题的方式，这些都给“智囊组”提供了认知脚手架。维果斯基、布鲁纳以及其他建构主义者们都认为，认知脚手架对于高层次的学习来讲是关键的（Fosnot，2005）。

合作学习

INTASC 标准 5
课堂管理与动机

建构主义教学通常采用大量的合作学习，其理论依据是：如果学生互相讨论问题，那么他们更容易发现和理解困难的概念。如前所述，强调学习的社会属性，强调小组成员示范正确的思维方式、暴露和挑战彼此的错误概念，这些都是皮亚杰和维果斯基认知改变理论中的重要组成部分（Webb，2008）。本章稍后将详细论述合作学习方法。

发现学习

发现学习是当代建构主义教学法中的一个重要成分，也是教育改革的长期议题。在**发现学习**（discovery learning）中（Bergstrom & O’Brien，2001；Wilcox，1993），教师鼓励学生主要靠自己主动探索概念与原理进行学习，鼓励学生多体验并自己做实验，以便自行发现规律。发现学习的倡导者布鲁纳(Bruner,1966)是这样论述的："我们讲授某门课程不是为了生产记载该学科知识的活的文库，而是要让学生自己去思考……像历史学家那样去考虑问题，去参与获得知识的过程。理解是一个过程，而不是一个结果。"（Bruner，1966，p. 72）

发现学习可用于许多科目。比如，一些科学博物馆里有许多大小和重量各异的圆柱体，其中有些是空心的，有些是实心的。鼓励学生去比较圆柱体从斜坡上滚下来的快慢。通过认真仔细的实验，学生可以发现决定圆柱体速度快慢的基本规律。计算机模拟也能够给学生创设环境，使他们能够发现科学原理（DeJong & van Joolingen，1998）。多数充实性的课外教学方案（Bergstrom & O' Brien，2001）以及创新科学教学方案（Singer，Marx，Krajcik，& Chambers，2000）都是基于发现学习原理而设计的。

发现学习有多种益处，它可以唤起学生的好奇心，激励学生努力坚持，直至发现答案。学生还能够学会独立解决问题和批判性思维技能，因为他们必须分析、处理各种信息。然而，发现学习也可能导致犯错误和浪费时间，因此，指导性发现学习比单纯的发现学习更为常用（Hmelo-Sliver，Duncan，& Chinn，2007；Kirschner & van Merrienboer，2008；Pressley et al.，2003）。在指导性发现学习中，教师会扮演更为主动的角色，给出线索，规范包含各部分的活动结构，或者提供纲要。

自主学习

建构主义学习理论的一个关键概念就是将理想的学习者视为**自主的学习者**（self-regulated learner，也译作自我调节的学习者）（Greeno & Azevedo，2007；Hadwin，2008；Paris & Paris，2001）。自主的学习者了解有效的学习策略，并知道如何、在何时应用这些策略（Bandura，2001；Dembo & Eaton，2000；Hadwin，2008；Zimmerman & Schunk，2001）。比如，自主的学习者知道如何将复杂的问题分解为简单的几步或尝试其他解决方案(Hall & Greeno,2008)；知道如何以及在何时进行泛读，如何以及在何时精读以达到深层理解；知道如何写作以说服他人，以及如何写作以提供信息（Zimmerman & Schunk，2001）。不仅如此，自主的学习者受学习活动本身所激励，而不受分数或他人赞赏的驱使（Boekaerts，2006）。他们能够坚持一项长期的工作，直至完成。当学生不但拥有有效的学习策略，而且还有动机去坚持使用这些策略，直至满意地完成活动时，这些学生就很容易成为有效的学习者（Williams，1995；Zimmerman，1995），更容易具有终身学习的动机（Corno & Kanfer，1993）。研究发现，教授学生自主学习策略的项目能够提高学业成就（Cho & Bergin，2009；Cleary & Zimmerman，2004；Fuchs et al.，2003；Mason，2004；Torrance，Fidalgo，& Garcia，2007）。

> **链接**
> 想了解更多有关自主学习的动机方面的内容，请参见第10章。

> **链接**
> 想了解更多有关脚手架的内容，请参见第2章。

发现学习
建构主义的一种教学方法，鼓励学生自己发现规律。

自主的学习者
了解有效的学习策略，并知道如何以及何时使用这些策略的学生。

提供脚手架

正如第2章指出的，提供脚手架是基于维果斯基的辅助性学习概念而产生的一种做法。根据维果斯基的观点，诸如有目的地进行记忆和注意的能力、用符号进行思维的能力等高级心理机能，都是中介性行为（DeVries，2008）。通过文化这样一种外部的中介，这些行为以及其他行为内化到学习者头脑中而成为心理工具。在辅助性学习或称**中介性学习**（mediated learning）中，教师是文化的代理人，引导着教学，使得学生能够掌握并内化心理技能，以保证高级认知功能发挥作用。内化文化工具的能力与学习者的年龄或认知发展阶段有关。一旦获得了内化中介物，个体将会进行更深入的自我中介性学习。

从实践层面上来看，提供脚手架可能意味着，在课程的开始阶段教师要给学生更多的结构框架，然后逐渐地将责任交给学生，让学生自己进行活动（Good & Brophy，2008；Puntambekar & Hübscher，2005；Shepard；2005）。比如，通过教学让学生对所阅读的材料提出自己的问题。在开始阶段，教师可以先给学生提供各类问题的范例，之后，学生则应该自己去提出问题（Fisher & Frey, 2008）。有关脚手架教学的另一个例子请参见图 8.2。

脚手架教学过程的初期，教师提供结构框架，之后逐渐将责任转交给学生。这种策略可能会带来什么好处？

图 8.2 提供脚手架

下面是一个简单的例子，说明成人如何提供脚手架来帮助儿童解决困难的拼图问题。

贾森：我不会把这片拼图放进去。（使劲把一片拼图拼在一个错误的地方）

成人：哪一片适合放在这里呢？（指着拼图的底部。）

贾森：他的鞋子。（寻找代表小丑的鞋子的图片，但找错了。）

成人：来看看，哪一片的形状看起来像这个？（又指着拼图的底部。）

贾森：这个咖啡色的。（试着摆上去，正合适，然后又试着把另一片摆上去，并看着成人。）

成人：你刚才摆得很对！现在把这片转一下看看。（用手势告诉他怎样做。）

贾森：我成功了！（他又放进去好几片拼图，并自言自语地说："这片绿的合适"，"把这个转一下[指一片拼图]"，成人在旁边观看。）

资料来源：Laura E. Berk, Infants, Children, and Adolescents (2nd ed.), p. 328. © 1996 Allyn and Bacon. Reproduced by permission of Pearson Education, Inc.

美国心理学协会（APA）以学习者为中心的心理学原则

1992 年，美国心理学协会教育心理学专业工作组发表了一份文件《学习者中心的心理学原则：学校重整与改革指导纲要》（American Psychological Association，1992，1997；也见 Alexander & Murphy，1994）。该《纲要》于 1997 年又作了些修改，它体现了教育心理学家们在建构主义理论框架下对学习与动机规律所达成的共识。表 8.1 是美国心理学协会提出的 14 条原则。

学习者中心的心理学原则通过以下几个方面勾勒出了以主动探寻知识为特征的学习者的形象：（1）重新解释信息并亲身体验；（2）受内在求知欲的驱使（而不是受分数或其他奖赏的驱使）；（3）与他人合作从而进行社会性的意义建构；（4）能意识到自己使用的学习策略，并能将这些策略应用于新的问题或情境。

中介性学习
辅助性学习；教师通过提供脚手架引导教学，来帮助学生掌握和内化技能，以保证更高水平的认知功能发挥作用。

表 8.1 学习者中心的心理学原则：认知与元认知因素

原则	解释
原则1 学习过程的性质	当学习是一个从信息和经验中主动建构意义的过程时，对于复杂课程的学习是最有效的。
原则2 学习过程的目标	成功的学习者在外界的支持以及教学指导下，随着时间推移，能够创造出有意义的、连贯一致的知识表征。
原则3 知识的建构	成功的学习者能够以有意义的方式将新信息与已有的知识联系起来。
原则4 策略性思维	成功的学习者能够创造和应用一整套思维和推理策略来达到复杂的学习目标。
原则5 对思维的思考	用于选择和监控心理加工过程的高级策略能够促进创造性和批判性思维。
原则6 学习情境	学习受到文化、技术和教学实践等环境因素的影响。
原则7 动机与情绪影响学习	学到什么、学到多少，都受到学习者动机的影响，而学习动机又受个体的情感状态、信念、兴趣与目标以及思维习惯的影响。
原则8 学习的内在动机	学习者的创造性、高级思维以及好奇心都有助于产生学习动机。如果学习任务具有新异性、难度适中、与学习者的个人兴趣有关，并且能够让学习者自主选择和控制，则这种学习任务能够激发学习的内在动机。
原则9 动机对努力的影响	复杂的知识与技能的获得需要学习者的不断努力与有指导的练习。没有学习动机，也不可能有付出努力的意愿，除非有外部压力。
原则10 发展对学习的影响	个体在发展过程中，会遇到各种促进或阻碍其学习的机会和经验。只有在充分考虑了个体在身体、智力、情感和社会等方面的发展水平差异及同一方面的个体间差异时，学习才是最有效的。
原则11 社会对学习的影响	社会相互作用、人际关系以及与他人的沟通都影响学习。
原则12 学习中的个体差异	由于先前的经验以及遗传因素的影响，学习者具有不同的学习策略、学习方法以及学习潜能。
原则13 学习与多样性	当考虑到学习者在语言、文化以及社会背景等方面的差异时，学习才是最有效的。
原则14 标准与评估	确立恰当的、具有挑战性的标准，并评估学习者及其学习进步——包括诊断性评估、过程性评估和结果性评估，这些都是学习过程所不可缺少的组成部分。

资料来源："Learner-Centered Psychology Principles: A Framework for School Reform and Redesign." Copyright 1997 by the American Psychological Association.Reproduced with permission. No further reproduction or distribution is permitted without permission from the American Psychology Association. The full document may be viewed at www.apa.org/ed/governance/bea/Learner-Centered.pdf. The "Learner-Centered Psychology Principles" is a historical document that was derived from a 1990 APA presidential task force and was revised in 1997.

学科领域中的建构主义方法

建构主义和学生中心的方法目前已经成为所有课程领域的主流观念（见 Gabler

& Schroeder，2003；Gagnon & Collay，2001；Henson，2004）。下面将论述阅读、数学和自然科学教育中的建构主义方法。

阅读中的互惠式教学　**互惠式教学**（reciprocal teaching，也译作交互式教学）是一种得到深入研究的建构主义教学法（Palincsar & Brown，1984）。这种方法旨在帮助小学和初中的后进生学习阅读理解，它要求教师与分成小组的学生一起进行学习活动。开始时，教师先向学生提供在阅读时可能提出的问题示例，接着指定学生来当“教师”，互相提问。图8.3呈现了使用互惠式教学的一个例子。请注意在例子中，教师是如何一开始引导有关乌鸦的对话，然后又将这一任务移交给吉姆的（在例子结尾处，吉姆又要将该任务移交给另一位同学）。教师先示范希望学生能自主完成的行为，然后，随着学生开始提出实际的问题，教师的角色就转变成了促进者和组织者。对互惠式教学的研究普遍发现，这种教学策略提高了落后生的学习成绩（Alfassi，1998；Carter，1997；Lysynchuk，Pressley，& Vye，1990；Palincsar & Brown，1984；Rosenshine & Meister，1994）。

互惠式教学

一种小组教学方法，基于提问的各项原则，通过教学和示范，教师可以提高那些理解能力较差的学生的元认知技能，以促进他们的阅读表现。

图 8.3　互惠式教学课程举例

教师：这个故事的题目是“有羽毛的天才”。让我们先进行一些推测。我首先猜想这个故事讲的是非常聪明的鸟。我为什么这样说呢？

第一个学生：因为天才是非常聪明的。

第二个学生：因为它们有羽毛。

教师：对，在动物中，只有鸟才长着羽毛。现在让我们推测一下，有关非常聪明的鸟，你将会读到什么样的内容？

第三个学生：哪些种类的鸟？

教师：这个问题很好。你们猜猜，什么样的鸟非常聪明？

第三个学生：鹦鹉或蓝松鸦。

第一个学生：凤头鹦鹉。

教师：你们还想知道其他什么信息？（学生没有回答。）

教师：我想知道这些鸟做了什么聪明的事情。你们对此是怎么看的？

第二个学生：有些鸟可以说话。

第四个学生：它们可以飞。

教师：很有意思。人类很聪明，但不能飞。好吧，我们先读第一部分，然后看看我们的推测有多少是正确的。这一部分由我来当教师。（所有的学生默读第一部分。）

教师：谁是有羽毛的天才？

第一个学生：乌鸦。

教师：对，我们猜对了，这个故事是讲乌的，但我们没有猜对是哪种鸟，是吧？我对第一部分的总结是：这一段描述了乌鸦会做的聪明的事情，这使它们显得非常聪颖。我们继续读下去。这一部分谁来当老师？吉姆？

吉姆：乌鸦彼此之间是怎么交流的？

教师：好问题！你抓住了主要问题，也就是说，乌鸦交流的方式。你选择谁来回答这个问题？

吉姆：巴巴拉。

巴巴拉：乌鸦有一个内置的雷达和传递系统。

吉姆：那是非常重要的一部分。我想问的是它们是如何将信息从一只乌鸦传递给另一只乌鸦的。

教师：现在做个总结。

吉姆：是关于乌鸦如何建立起一个交流系统的。

教师：对，这一段接下来列举了一些事例，说明乌鸦如何应用音高以及叫声间隔的变化来进行交流，但这些都是细节。其主要的观点是乌鸦通过传递系统来交流。吉姆？

吉姆：这一部分还说乌鸦能够应用他们的交流系统进行欺骗，所以我推测下一部分的内容将描述乌鸦是怎样进行欺骗的。我想让苏当下一部分的教师。

教师：推测非常好。每一段的最后一句通常都会暗示下一段将要描写的内容。做得很好，吉姆。

资料来源：Annemarie Palinscar, "The Role of Dialogue in Providing Scaffolded Instruction", Educational Psychologist, 21, pp. 73-98.

理论应用于实践

介绍互惠式教学

在向学生介绍互惠式教学时，你可以这样开始："在以后的几周里，我们将齐心协力来提高大家的阅读理解能力。有时，我们只顾着弄清楚某些词是什么，以至于没能充分地注意这些词和句子的意义。下面我们将学习一种更加注意阅读内容的方法。我将教你们在阅读时完成下面一些活动：

1. 思考有关阅读内容的一些可能被问到的重要问题，并确保能回答这些问题。
2. 概括出阅读材料中最重要的信息。
3. 推测作者在下一段将要讨论什么。
4. 指出段落中的含糊之处或意义不明之处，然后看我们是否可以理解它的意义。

"这些活动将帮助大家集中注意于阅读内容，并保证大家能理解。"

"学会上述四种活动的主要方式就是在分组阅读中轮流扮演教师的角色。当我做教师时，我将向你们示范我是如何认真阅读的。方法就是一边阅读一边思考我提出的问题，概括出最重要的信息，推测作者下面将要讨论什么。我还将告诉你们，如果阅读时遇到一些不清楚或令人困惑的内容，我是如何对其进行理解的。"

"当同学们自己做教师时，首先要向大家提出自己阅读时想到的问题。你要告诉我们，我们的回答是否正确。你要概括出读到的最重要的信息。你还要告诉我们，你是否发现文章中有令人困惑之处。在阅读整个故事的过程中，你会数次被要求进行推测，即你认为下面的段落中将要讨论什么。当你做老师时，大家将回答你的提问，并对你所做的总结做出评论。"

"我希望你们能够学会和应用这些活动，当然不只是在阅读课上使用，在社会研究、科学或历史等课程中，只要你想理解和记住所阅读的内容，都可以使用此类活动。"

日常程序

1. 分发当天要阅读的材料。
2. 向学生说明，在第一部分你将当老师。
3. 指导学生默读你所指定的长度合适的段落。在开始阶段，最容易的方式是逐段阅读。
4. 当每个人都完成第一部分时，示范下面的程序：
   - "我觉得教师可能要提的问题是……"
   - 要求学生回答你的问题，必要时他们可以翻阅课文。"我将以下面的方式来对这一段的重要信息进行概括……"
   - "从这一段的标题来看，我推测作者将要讨论……"
   - 必要时，向学生示范质疑原文："当我阅读这部分时，我发现下面这些内容是不清楚的……"
5. 让学生对你的教学以及段落进行评论。用如下的问题引导：
   - "是否有别的重要信息？"
   - "有谁可以对我的推测进行补充？"
   - "还有谁发现了其他令人困惑的内容？"

6. 布置下一部分要默读的内容。选择一个学生来充当这一部分的教师。先选那些你认为言语能力较强，做这些活动较容易的学生。
7. 在整个活动中，必要时应对充当教师的学生进行指导。鼓励其他同学参与对话，但始终要给学生教师机会来发起和引导对话。要保证给学生教师充分的反馈，对他或她的参与给予表扬。
8. 随着训练的进行，你自己尽量逐渐少参与对话，这样，学生教师就可以自己发起活动，由其他同学来提供反馈。你的作用仍将是继续监控，使学生按照程序进行活动，帮助学生克服困难。但在整个训练过程中，你也要轮流当老师，在每次阅读中至少要示范一次。

向作者发问　用于阅读的另一种建构主义的教学方法是向作者发问（Beck & McKeown，2001；McKeown & Beck，2004；Salinger & Fleischman，2005）。通过这种方式，教授三至九年级的学生将事实性阅读材料的作者看做真实的、会犯错误的人，并与作者展开模拟的“对话”。学生在阅读过程中，教师经常让他们暂停，问“作者试图说明什么？她想让我们了解什么？”等问题，随后教师还可以接着问“这与作者前面所讲的是否吻合？”等问题。最后，由学生自己就作者的意图以及要表达的意思提出问题。对五年级和六年级的学生进行的研究发现，使用这种方法的学生能够比对照组回忆出更多的课文内容，更多地将阅读目的描述为理解而非单纯地死记硬背课文内容（McKeown & Beck，1998）。一项针对幼儿园和一年级的后进生的研究也发现，一种类似的策略对这些学生的词汇发展有积极作用（Beck & McKeown，2007）。

写作过程模式　写作过程模式（Calkins，1983；Graves，1983）是一套被广泛使用的用于教授创造性写作的方法，将学生分成小组，让小组成员协同工作，帮助每个成员进行构思、打草稿、修改、校对并“发表”作品。也就是说，学生们可以相互审阅对方的草稿，在内容上和细节上（如拼写、标点等）给出有用的改进建议，最终为了某些真实的目的而呈现作品（如诗歌朗诵或文学评论）。通过对他人的作品提出建议，学生们对写作和修改的过程也能获得深入的理解。

有关写作过程教学方法的研究发现，这些策略产生了积极的效果（Harris & Graham，1996b），提供具体的脚手架策略尤为有效，如使用图表组织教学，以帮助学生使用元认知策略对自己的工作进行计划和评估（de La Paz & Graham，2002；Glaser & Brunstein，2007；Graham，2006；Harris，Graham，& Mason，2006）。也有证据表明，以各个学科领域为背景教授写作技能同时也促进了对这些学科内容的学习（Bangert-Drowns，Hurley，& Wilkinson，2004；Headley，2008）。在写作教学中加入策略教学的成分，效果更好（Fidalgo，Torrance，& Garcia，2008）。

小学数学教学中的建构主义方法　卡彭特及其同事（Carpenter et al.，1994）描述了用于小学低年级数学教学的四种方式。使用这四种方式时，学生都是在小组中一起学习，教师提出问题，然后在各组之间走动以促进对策略的讨论。教师还与学生一起对所提议的策略进行提问，并且当学生遇到困难时提供其他的策略。使用“支持以10为结构的思维”（STST）（Fuson，1992）的教学方式时，儿童用10个一组的木块来探索大数的加减运算方法。“以概念为基础的教学”（CBI）（Hiebert &

Wearne，1993）方式则大量地使用实物、图像、言语和符号等方式来表征数学概念，并给学生机会使用这些表征来解决复杂的问题，并对同一概念的不同表征进行对比。与此相似，“以问题为中心的数学方案”（PCMP）（Murray，Olivier，& Human，1992）则引导着儿童循序渐进，从模仿使用实物计数解决问题到不用实物计数来解决更为抽象的问题。“认知导向的教学”（CGI）（Carpenter & Fennema，1992；Fennema，Franke，Carpenter，& Carey，1993）与STST和CBI不同，该方式没有提供具体的课程安排或一系列建议的活动，而是给小学数学教师提供了大量职业发展方面的培训，主要关注与其他教学方案中相似的一些基本原则。有明显的证据表明，这一教学方式不仅提高了学生在各项数学高级思维评估中的表现（这是方案关注的核心），同时也提高了学生的计算技能（Carpenter & Fennema，1992；Carpenter，Fennema，Peterson，Chiang，& Loef，1989）。

这些以及其他的建构主义数学教学方式强调的重点是：起初让学生凭直觉去解决现实问题，让学生应用已有的经验，以他们能够采取的任何方式来解决问题（Greeno & Goldman，1998；Hiebert et al.，1996；Schifter，1996）。图 8.1 中的问题及其解决方式就描述了这种方法。只有到了教学过程的最后，当学生的概念化理解水平已经比较扎实后，教师才教给学生刚才解决问题过程的形式的、抽象的表征（见Clements & Battista，1990）。

科学教育中的建构主义方法 长期以来，科学教育一直强调发现、小组合作以及概念改变，因此许多中小学科学教育者崇尚建构主义理念就不足为奇了（见Greeno & Goldman，1998）。在这一学科中，建构主义表现为强调实际动手操作的、探究性的实验活动（Pine & Aschbacher，2006；Singer et al.，2000；White & Frederiksen，1998），强调识别错误的概念并应用实验方法来矫正这些错误的概念（Hand & Treagust，1991；Sandoval，1995），强调合作性学习（Pea，1993；Wheatley，1991）和元认知技能的教学（Zohar & Peled，2008）。

对建构主义方法的研究

将建构主义教学法与传统教学法进行比较，这类研究所得到的结果通常很难解释，因为建构主义方法本身是非常多样化的，并且要达到的结果与传统的教学方法往往有本质的不同。比如，许多研究者认为，依照建构主义的教学方法，必须兼顾技能和基本信息的获得以及可能发生的更深层的学习（Egan，2008；Jensen & Nickelsen，2008）。但两方面各做到什么程度才最恰当？其目的是什么（Harris & Alexander，1998；von Glaserfeld，1996；Waxman et al.，2001）？此外，对建构主义教学方法的多数研究都是描述性的而非比较性的。然而，一些研究表明，建构主义教学法提高了用传统的成就测验所测查的数学（如Carpenter & Fennema，1992）、科学（如Neale，Smith，& Johnson，1990）、阅读（如Duffy & Roehler，1986）以及写作（如de La Paz & Graham，2002）等方面的成绩。另外，纳普（Knapp，1995）的一项研究发现，

技术可以帮助教师以多种方式向学生呈现概念。技术将如何促进建构主义式学习?

建构主义教学法的大量使用与贫困学校中学生学习成绩的提高之间有相关。温伯格和麦库姆斯（Weinberger & McCombs, 2001）以及科尼利厄斯－怀特（Cornelius-White, 2007）观察到，那些报告课堂中使用了更多学生中心方法的学生与其他课堂中的学生相比，其表现水平更高。兰格（Langer，2001）发现，那些学生成绩比预期更好的中学与那些学生成绩较差的中学相比，使用了更多的建构主义方法。然而，其他研究发现，明示教学法（explicit teaching）比建构主义的方法取得的教学效果更好（Baker，Gersten，& Lee，2002；Kirschner et al.，2006；Klahr & Nigam，2004；Kroesbergen，Van Luit，& Maas，2004）。研究者们还需要进行更多的研究才能探明建构主义方法在何种条件下能够有效地提高学生的成绩。不过，最为合理的方式是在直接教学和建构主义教学之间寻求一种平衡，从而利用二者达成多种目标（Huebner，2008）。

资格认证指南

在教师资格考试中，你可能要选择不同的教学策略以达成特定的教学目标。

如何在教学中应用合作学习？

在使用**合作学习**（cooperative learning）的教学方法（即同伴辅助学习）时（Rohrbeck，Ginsburg-Block，Fantuzzo，& Miller，2003；Slavin，待发表；Webb，2008），学生在小组中一起学习，互相帮助。合作学习有许多不同的方式，最常见的是由能力不同的四个成员组成一组（如 Slavin，1994b），有些则是两两配对（如 Fantuzzo，Polite，& Grayson，1990；Maheady，Harper，& Mallette，1991；O' Donnell & Dansereau，1992），另一些方式下每组的人数则各有不同（如 Cohen，1986；Johnson & Johnson，1999；Kagan，1992；Sharan & Sharan，1992）。通常情况下，学生被分到各个合作小组中，一起学习几周或几个月。通常学生还会学习一些有助于更好地合作的具体技能，如主动倾听、给予清楚的解释、避免说出贬损的话语、包容他人等等。

INTASC 标准 4　多元教学策略

INTASC 标准 5　课堂管理与动机

在课程学习中，合作学习的作用是多方面的（Webb，2008）。回忆一下第 7 章开头的事例：洛根女士使用合作学习有三个目的。一开始，学生们组成发现小组进行活动，互相帮助，探讨如何通过瓶子中的水来揭示声音的原理。在常规课堂教学后，学生们又组成讨论组一起活动。最后，学生又有机会分组复习，保证所有的小组成员都掌握了课程的所有内容，以准备小测验。在本章开头的事例中，邓巴先生也采用合作小组的方法来解决复杂问题。

资格认证指南

在教师资格考试中，可能要求你提出一种将学生分配到合作小组中的理想方式。

网络链接

想了解合作学习的最新进展和相关资源，请访问国际教育合作研究协会（International Association for the Study of Cooperation in Education）的网站 www.iasce.net。想了解 STAD、TGT、CIRC，以及约翰·霍普金斯大学开发出的其他合作学习方法，请访问 www.successforall.org。想了解有关明尼苏达大学合作学习中心的内容，请访问 www.co-operation.org。想了解有关 PALS 的内容，请访问 www.vanderbilt.edu/cft/resources/teaching_resources/activities/cooperative.htm。

合作学习

一种教学方法，由能力不同的学生组成小组进行学习。

合作学习的方法

链接
想了解合作学习方法对促进多元文化班级和谐的好处，请参见第4章。

研究者提出了许多不同的合作学习的方法，并对此进行了研究。他们评估最多的是下面几种合作学习方法。

学生团队－成就区分法（STAD） 用**学生小组－成就区分法**（Student Teams-Achievement Divisions，STAD）学习法时（Slavin，1994b），四名学生被分为一个学习团队，该团队包含了不同学习成绩、不同性别以及不同族裔的学生。教师先呈现课程，然后团队内的学生一起学习，以保证团队中的所有成员都掌握了这一课。最后，所有学生都参加对该部分课程的测验，测验时学生不能相互帮助。

将学生的测验分数与他们过去的平均成绩相比较，根据学生超出他们自己以前成绩的程度，即根据进步程度来给予一定的积分，这些积分的总和即为团队分数。如果团队分数达到某个标准，则可以获得证书或其他奖励。与此相关的另一种方法叫团队游戏竞赛（TGT），即每个团队的学生与其他团队的成员进行比赛，为自己团队赢得分数。

STAD 与 TGT 被广泛应用于从小学二年级到大学的许多不同科目中，如数学、语文、社会科学等。STAD 方法最适用于那些有明确目标的科目，如数学计算与应用、语言用法与技术性细节、地理与识图技能以及科学事实与概念。当然，这种方法通过与其他更为开放的评价方式，如小论文或表现评估相结合，也很容易被用于目标不十分明确的其他科目。许多研究发现，STAD 对多种学科都能产生积极效果（如 Barbato，2000；Mevarech，1991；Slavin & Karweit，1984）。下面的专栏“理论应用于实践”对 STAD 有更为具体的论述。

理论应用于实践

学生团队－成就区分法（STAD）

STAD（Slavin，1994b，1995a）是一种有效的合作学习方法。STAD 由以下三个步骤的固定循环组成：教学、混合能力分组的合作学习以及小测验，对组员成绩大幅进步的团队给予认可或其他形式的奖励。

STAD 包括如下教学活动的固定循环：

- **教学：**呈现课程内容。
- **团队学习：**学生在团队中完成书面作业以掌握所学材料。
- **测验：**学生独立完成小测验或接受其他形式的考评（如小论文或表现评估）。
- **团队认可：**根据团队成员的分数来计算团队的总分，并对取得高分的团队给予多种形式的认可，如授予证书，在班级新闻中或光荣榜上给予公示。

下面描述了向学生引入 STAD 的步骤：

1. 将学生分为每组4至5人的团队，每团队4人是最适宜的，只有当班级人数不能等分为每组4人时才安排5人组。为了将学生分组，应该根据对学业成绩（如，过去的成绩、测验分数）的某项测量标准将学生从高到低排列，并将这个排行表分成四等份，如果不能等分，则中间部分可以多包括些学生。然后分别从四个等份中各选一名学生组成各个团队，要保证团队在性别、族裔等方面尽量平衡。多出来的（中等）学生可以作为团队的第五名成员。

学生团队－成就区分法（STAD）
一种混合能力分组的合作学习的方法，包括认可团队整体的成就，并且团队对每个成员的学习承担责任。

2. 对将要教授的课程设计一页练习题和一份小测验。告知学生，在团队合作学习期间（1至2个课时），团队成员的任务就是掌握你在课程中呈现的材料，并帮助团队中的其他成员掌握材料。学生可以应用练习题或其他学习材料来练习教师教授的技能，评估自己和其他成员的学习效果。
3. 让团队成员将他们的桌子挪在一起或让他们移至团队桌，给学生约10分钟的时间为团队起名。然后分发练习题或其他学习材料（每个团队两份）。在学生开始前，确保他们理解了下列要点：

    - 建议每个团队中的成员两两合作或三人合作，如果任务是要解决某些问题（如在数学中遇到的问题），则团队中的每个人都应该解题，然后与同伴核对解法。如果有人不会解决某道题，则团队成员有责任向其解释该问题。如果学生要解决的是答案十分简短的问题，则他们可以相互测查，轮流拿着答案页提问及回答问题。
    - 向学生重申，他们必须保证所有的成员在测验上能得满分才算完成了学习任务。
    - 一定要让学生明白，练习题是用于学习的，不是用于填空然后交上来。这就是为什么学生们在学习时必须要用练习题对他们自己和同伴进行检查。
    - 让学生互相解释答案，而不只是根据教师提供的答案来核查彼此的答案是否正确。
    - 当学生有问题时，要求他们先向同伴提问，然后再问教师。

4. 当学生以团队方式活动时，教师在班级中走动，表扬那些表现好的团队，和团队坐在一起聆听，了解他们的进展。
5. 分发测验题或试卷，给学生充分的时间来完成。不允许学生协作，而必须让他们独立地展现自己所掌握的内容。如果可能的话，让学生将课桌分开。可以让不同团队的学生互评试卷，或者将试卷收上来，由教师课后评分。
6. 给出个人和团队分数。STAD中的团队分数是根据团队成员成绩的进步程度来确定的。每次测验后，你应尽快地给出每个团队的分数，并写一篇班级快报（或准备一张班级公告板）来通报各团队的分数。最好在测验之后的下节课就通报团队的分数，这可以使学生明确地建立优良表现与得到认可之间的关系，进而增强努力做好的动机。计算团队分数的方法是：将团队成员提高的分数加起来，然后用这个总分除以当天所有参加测验的团队成员的人数。
7. 认可团队的成就。一旦算出了每一学生的分数以及团队的分数，你就应该对那些平均进步了20分以上的团队给予某种形式的认可，比如可以给团队成员发放证书或在公告板上宣布。帮助学生去重视团队的成功是非常重要的，而你自己对团队分数的热情也有助于学生学会重视团队成功。如果一周的测验不止一次，你应该将各次测验合并为一周的总分数。在实施STAD大约五六周后，将学生重新分组，这可以使学生与其他同学一起活动，也可以保持学生对该活动方式的新鲜感。

合作统整阅读与写作（CIRC）　合作统整阅读与写作（Cooperative Integrated Reading and Composition，CIRC）（Stevens & Slavin，1995b）是教授小学高年级学生阅读与写作的综合性方案。学生在四人合作学习小组中学习，大家一起参与一系列的活动，包括互相朗读与聆听、对故事的情节进行预测、相互对故事进行总结、写读后感以及练习拼写、解码和词汇。小组成员还共同合作来掌握文章的要点以及

合作统整阅读与写作（CIRC）
一种教授小学高年级学生阅读与写作的综合性方案；学生在四人合作学习小组中学习。

其他阅读理解技能。在语文课上，学生进行写草稿、修改和编辑其他成员的文章以及准备小组书籍的出版等工作。有多项研究发现，CIRC方案对学生的阅读技能有积极作用，包括提高了标准化阅读和语言测验的分数（Calderón et al.，1998；Slavin，Madden，& Stevens，1994；Stevens et al.，1987；Stevens & Slavin，1995b）。

拼图法 在拼图法（Jigsaw）的教学模式中（Aronson，Blaney，Stephen，Sikes，& Snapp，1978），学生被分到六人小组中，要学习的学科材料则被分成几个部分。比如，某一篇传记可能被分成早年生活、才华初现、重大挫折、晚年生活以及历史意义等几个部分。小组中的每个成员阅读自己负责的那一部分内容，然后，每组中负责相同内容的成员组成专家组，共同讨论所负责的那部分内容。之后，大家分别回到各自小组中，轮流给小组中的其他成员讲授自己所负责的内容。除自己学习外，每个学生对其他部分内容的学习只能通过仔细地听小组其他成员的讲解来完成，这激励着学生去支持他人的工作并表现出兴趣。对拼图法作出的一种调整叫拼图II（Slavin，1994b），与STAD相似，每组成员由4至5人构成，但每个学生所学习的内容并非像拼图法所要求的那样是完全不同的，相反，小组中的每个学生阅读的内容都是相同的，如某本书中的一章、一篇短故事或一篇传记。然后，小组中的每个学生都会拿到一个题目，每人要成为各自题目的专家。负责同一题目的学生组成专家组来共同讨论该题目，当他们回到各自的小组中时，要把自己学到的东西教给同组的其他成员。与STAD一样，最后所有学生都参加小测验，并得到小组分数。

拼图法
一种合作学习的模式，学生被分配到六人小组中，学科材料被分成几个部分，每个成员负责其中一个部分。

共同学习
一种合作学习模式，4至5名学生组成异质小组，共同完成任务。

小组调研
一种合作学习模式，学生组成小组，采用合作性提问、小组讨论以及合作性规划与课题等方式进行学习，最后在全班面前展示他们的成果。

同伴互助学习策略（PALS）
一种结构化的合作学习模式，学生配对轮流做老师和学生，并使用特定的元认知策略。

共同学习 共同学习（Learning Together）是由戴维·约翰逊（David Johnson）和罗杰·约翰逊（Roger Johnson）提出的一种合作学习模式（Johnson & Johnson，1999），由4至5名学生构成一个异质小组，小组成员共同完成作业，最终每个组递交一份作业，教师根据小组完成作业的情况给予表扬或奖励。这种方法强调在开始共同学习之前进行小组建设活动，并且小组内部要对其合作情况进行定期讨论。

小组调研 小组调研（Group Investigation）（Sharan & Sharan，1992）是一种通用的课堂活动组织方式，学生在小组中通过合作性提问、小组讨论以及合作性规划与课题等方式进行学习。用这种方法时，学生自己组成小组，每组2至6人不等。每组从全班学习的单元中选择某一子课题，然后将子课题分解为几个独立的任务，通过完成这些任务来为小组报告做准备。最后，每组给全班同学报告或展现他们的成果。

通过一起活动，这些学生能够相互学习。合作学习有哪些优点？

同伴互助学习策略（PALS） 同伴互助学习策略（Peer-Assisted Learning Strategy，PALS）是一种结构化的合作学习方法，学生们两人一组，轮流做老师和学生，并使用特定的元认知策略。一些关于PALS的研究发现这一方法对阅读（如Calhoon，Al Otaiba，Cihak，King，& Aralos，2007；Mathes & Babyak，2001）和数学（如Fuchs，Fuchs，& Karns，2001）有积极效应。

合作性提要 许多学生都发现，与同学一起讨论课堂中读过或听过的内容是很有益的。丹瑟洛及其同事（Dansereau et al.，1985）对这种非常古老的练习方式进行了研究。用这种学习方式时，学生两两配对，轮流对所学的材料做出归纳。当一方归纳时，另一方倾听并修正错漏，然后两个学生交换角色继续进行这种活动，直至学完所有计划学的材料。对**合作性提要**（cooperative scripting）这种方法进行的一系列研究一致表明，使用这种方式的学生，其学习和保持的知识量远远高于那些只是自己归纳或仅阅读了材料的学生（Newbern，Dansereau，Patterson，& Wallace，1994）。一个有趣的发现是，虽然合作的双方都从活动中获益，但学习某一部分材料时，负责讲授的学生比充当听众的学生获益更大（King，1997，1998；Fuchs & Fuchs，1997；Webb，2008）。

对合作学习的研究

合作学习的方法可依据学习的目的分成两大类（Slavin，2010）：一类称为小组学习，即学生们在小组中一起学习，互相帮助来掌握一套界定相对良好的知识或技能；另一类经常称为*基于课题的学习*或*主动学习*（David，2008；Zmuda，2008），即学生分组活动，撰写报告、做实验、设计墙报或做出其他成果（Webb & Palinscar，1996）。布卢门菲尔德、马克斯、索洛维和克拉伊奇克（Blumenfeld，Marx，Soloway & Krajcik，1996）、科恩（Cohen，1994a）以及沙润（Sharan & Sharan，1992）等研究者所描述的基于课题的学习方法主要关注结构不良的问题，这类问题通常没有确切的预期结果或明确的教学目标。这类方法也经常被称为*协作学习法*（collaborative learning methods）（Webb & Palinscar，1996）。

绝大多数对合作学习与传统教学法的对比研究都对小组学习的方法进行了评价，如 STAD、拼图 II、CIRC 以及约翰逊的共同学习法。100 多项实验研究对比了这些方法与传统的课堂教学法在学习成效方面的差异，这些研究至少持续了 4 周的时间（Slavin，1995a）。结果表明，如果能满足以下两个关键条件的话，则合作学习的效果一定优于传统教学。第一，对有成效的小组给予某种认可或小的奖励，这样小组成员就可以意识到帮助组内其他成员的学习是有价值的。第二，实施个体负责制，即小组的成功依赖于小组中所有成员的个人学习情况，而不是单一的小组成果。比如，必须根据小组的各成员在测验或小论文（如 STAD）上的平均得分来评定小组成绩，或者学生必须独立地负责小组任务中的某一部分（如小组调研）。如果没有这种个体负责制，则很有可能某个学生会承担其他人应该做的工作，或者有些学生在小组互动时可能被排斥在外，因为他们被认为对小组毫无贡献（Chapman，2001；Slavin，in press；Webb，2008）。

对合作学习方法的研究表明，合作学习中若将小组目的和个体负责制结合进去，则对所有类型学校的二至十二年级学生所有科目的学习成绩都有积极影响（Ellis，2001b；Rohrbeck et al.，2003；Slavin，1995a，2010）。对利用技术进行小组学习的研究的综述也发现，结构良好的方法能够产生积极效应（Lou，Abrami，& d' Apollonia，2001）。对所有年级以及所有类型的学习内容，从基本技能到问题解决，合作学习的积极效果都是相似的。通常情况下，合作学习方法在一学年中使用的天数不多，在一天中使用的时间也不多（Antil，Jenkins，Wayne，& Vadasy，1998）。但一项研究发现，那些在几乎所有的科目中使用各种合作学习方法达两年时间的学校，其学生的学习成绩显著优于传统教学模式下的学生（Stevens & Slavin，1995a）。其他研究大多发现，合作学习对高、中、低成就者以及对男、女生都具有同等的积极影响（Roseth，Johnson，& Johnson，2008；Slavin，1995a）。还有一些证据表明，这些方

链接

想更多地了解合作学习法对有特殊教育需求的学生在普通教学课堂中的社会融合的益处，请见第12章。

合作性提要

一种学习方法，学生两人一组，轮流对学习材料的各部分进行口头归纳。

法对非裔美国学生和拉丁裔学生特别有效（Boykin，1994a；Calderón et al.，1998；Hurley，2000）。罗贝克和同事（Rohrbeck et al.，2003）对同伴互助学习的综述发现，这一方法对更年轻的、城市的、低收入家庭的学生以及少数族裔学生的效果最好。但是，那些缺乏小组目的和个体负责制的非正规的合作学习方法，对于学生的学习成绩通常没有积极作用（Chapman，2001；Klein & Schnackenberg，2000；Slavin，1995a，in press）。

除了需要小组目的以及个体负责制外，课堂中其他一些做法也有助于提高合作学习的有效性。比如，若教给学生沟通和助人的技能（Fuchs，Fuchs，Kazdan，& Allen，1999；Kutnick，Ota，& Berdondini，2008；Prichard，Bizo，& Stratford，2006；Webb & Mastergeorge，2003），或者给出具体的、结构化的合作方式，则这种得到进一步充实的合作小组能比通常的小组学到更多（Baker et al.，2002；Emmer & Gerwels，2002；Mathes et al.，2003；Saleh，Lazonder，& deJon，2007）。除此之外，教授学生元认知学习策略也能使他们比在一般的合作学习小组中学到更多（Friend，2001；Jones et al.，2000；King，1999；Kramarski & Mevarech，2003）。比如金（King，1999）教给学生通用的问题格式让他们在学习时彼此提问，如“比较并对比 ____ 与 ____。”或者“____ 是怎样影响 ____ 的？”结果发现，使用这种话语结构进行合作学习的学生，比采用其他方式进行合作学习的学生掌握了更多的内容。大量研究表明，在合作小组中对他人给出全面解释的学生会比仅给出或得到简短答案以及没有给出或得到答案的学生学到更多的内容（Webb，1992；Webb，Trooper，& Fall，1995）。

基于课题的合作学习方式在结构不良问题上的学习效果较少受到研究，但已完成的研究表明，用于解决此类问题的合作学习法也取得了同样令人满意的结果（Blumenfeld er al.，1996；David，2008；Thousand & Villa，1994）。沙润与沙查尔（Sharan & Shachar，1988）的一项研究发现，小组调研法对语言与文学科目中高级目标的实现具有重大积极影响。那些整合了“建构主义冲突”的方法，即学生被教授以积极的方式对争议性问题进行辩论，也可以促进学生对所讨论问题的学习（Johnson & Johnson，2009；Lin & Anderson，2008；Nussbaum，2008）。除了提高学业成就之外，

21世纪的学习

合作学习

在21世纪，团队合作、解决问题以及在小组中学习的能力，这三者在职场中的重要性与日俱增。每个学生都应该知道怎样卓有成效地与他人进行合作。本章中引用的大量研究都表明，在具备小组目标和实行个体负责制的合作小组中学习，显著地促进了学生对传统学科内容的学习。与此同时，他们也很可能获得同样重要的团队合作技能，如与同伴之间相互教与学的能力、支持和鼓励同伴努力的能力、有礼貌地进行反驳并在不贬低他人的情况下坚持合理观点的能力、解决人际冲突以及在团队内创造一个积极的工作环境的能力。所有这些能力，不仅帮助年轻人在当今的职场中取得成就，还有助于营造一个更加安宁和亲社会的环境。

问题：

- 学校中小组合作的经历有助于你解决职场中遇到的哪些问题？
- 更进一步，看一看政治派别之间的摩擦，合作学习小组中习得的哪些技能可以应用于更广范围内的冲突解决？

合作学习法对组间关系改善（Slavin，1995b）、自尊、对学校的态度、对有特殊教育需求的儿童的接纳也有积极的效应（Ginsburg-Block，Rohrbeck，& Fantuzzo，2006；Roseth，Johnson，& Johnson，2008；Shulman，Lotan，& Whitcomb，1998；Slavin，1995a）。研究发现，虽然合作学习得到了广泛的应用（如 Antil et al.，1998；Puma et al.，1997），但最常见的合作学习形式却是那些缺乏小组目的和个体负责制的非正式方法，而研究已表明这些方法的效果比不上那些更为结构化的方法。

如何教授问题解决技能与思维技能？

INTASC 标准 4
多元教学策略

如果学生不具有应用信息和技能来解决问题的能力，那么就不能说他们学到了什么有用的内容。比如，一个学生能够熟练地进行加法、减法与乘法的运算，但却不知道如何解决下面的问题："西尔维亚买了 4 个汉堡，每个 1.25 美元，两份炸薯条共 65 美分，三大杯碳酸饮料共 75 美分。如果给 10 美元的话，应该找回多少钱？"

上述情形在现实生活中并不少见，其中所涉及的计算问题不难，但许多学生（甚至某些其他方面能干的成人）却难以解决这类问题。数学中的大部分应用题之所以让人感到困难，其原因并不在于计算方面，而在于个体不知道如何确立问题以便解决它。不过，**问题解决**（problem solving）是一种可以被教授和学习的技能（Fuchs et al.，2006）。

问题解决的过程

通用的问题解决策略　学生可以学习几种经过深入研究的策略以用于问题解决（例如，见Beyer，1998；Kirschner & van Merrienboer，2008）。布兰斯福德和斯坦（Bransford & Stein，1993）确立并验证了一种问题解决的五步策略，首字母缩写为 IDEAL：

I 识别问题与机会
D 界定目标，表征问题
E 探索可能的策略
A 预期结果并实施策略
L 回顾整个过程并进行学习

IDEAL 以及其他类似的问题解决策略的开始环节都是仔细地识别需要解决的问题，确定可利用的资源与信息，确立问题的表征方式（如草图、提纲或流程图等）；然后将整个过程分解成一系列的步骤，最终解决。例如，第一步是识别目标，并确定如何去做。纽厄尔与西蒙（Newell & Simon，1972）建议问题解决者要反复地问："目前状态与我要达到的状态之间的差距是什么？我怎样才能减少差距？"在解决西尔维亚的问题时，目标就是计算出用 10 美元购买食物与饮料后将找回多少钱。我们可以将问题分解为几个分步骤，每一步都有其子目的：

问题解决
运用知识和技能来达到某些目标的过程。

1. 计算出西尔维亚花多少钱买汉堡。
2. 计算出西尔维亚花多少钱买薯条。
3. 计算出西尔维亚花多少钱买碳酸饮料。

4. 计算出西尔维亚总共花多少钱。
5. 计算出西尔维亚给10美元后需找回多少钱。

手段—目的分析 确定问题是什么以及需要做什么，这就需要进行手段—目的分析（means-ends analysis）。学习去解决问题，这就要求对那些需要思考的各种不同类型的问题进行大量的练习。然而，在很多情况下，数学以及其他科目的教科书尽管给出了许多问题，但能够促使学生思考的问题却很少。比如，教材给学生一组应用题，需要学生应用两个数相乘的方法来解决，之后学生可能会认为，只要找到任何两个数字并将它们相乘就可以解决这类问题。但在现实生活中，问题并非以分门别类的方式呈现的。我们可能会遇到这样的问题："上周起，乔•史密斯的工资增加了5%，多了1200美元。"如果我们要想得到乔工资增加前的数额，难点并不在于数字的计算，而在于知道要计算什么。在现实生活中，这样的问题不可能冠以"百分数除法"的标题写在纸上。学生学习解决的问题类型越多，他们在解决问题时就越需要去思考，这样当遇到现实生活中的问题时，他们就更可能有能力将习得的知识与技能迁移到新的情境中。

抽取相关信息 现实问题很少是简洁而规整的，设想西尔维亚的问题以如下场景呈现：

> 西尔维亚与三个朋友在6点18分走进快餐店。他们买了4个汉堡，每个1.25美元，两份炸薯条共65美分，三大杯碳酸饮料供75美分。洋葱圈的促销价格是55美分。西尔维亚的母亲让她9点之前返回，但当她与朋友离开餐厅时已经晚了25分钟。她以平均每小时30英里的速度开车3英里回到家中。那么，西尔维亚在餐厅待了多长时间？

解决该问题的首要任务就是剔除无关信息，把握重要事实。手段–目的分析法表明，只有时间信息是重要的，所以所有钱的花销以及开车速度等信息都可以忽略。对问题进行仔细阅读还可以发现：西尔维亚离开餐厅时是9点25分。这个时间与她6点18分的到达时间就是解决问题的全部有关信息。一旦我们知道了哪些是相关信息，哪些是无关信息，问题就很容易解决了。

手段–目的分析
一种问题解决的技术，鼓励学生识别要达到的目标状态（目的）、当前情境以及减少这二者之间差距的方法（手段）。

表征问题 对许多类型的问题而言，图形表征是发现解决方法的一种有效手段。亚当斯（Adams，1974）的例子可说明这一点：

> 一个僧人要去一座高山顶上的寺庙朝拜，并在那停留一夜。有一条通往山顶的盘山道路。僧人在日出时开始爬山，不停地爬了一整天后，在快要日落时到达了山顶。他在寺庙中祈祷了一夜。第二天日出时，僧人开始下山。下山所用的时间比上山少得多，中午刚过就到达了山下。问题是：僧人下山和上山时是否会在一天中的相同时间经过道路的某一处？

这对学生可能会使用什么样的问题解决策略？

这个问题看上去似乎有些难，因为人们无论怎样思考，都是从僧人上山和下山的角度来进行推演的。亚当斯提出的表征方式可以使问题变得很容易：假定有两个僧人，一个是在日出时从山顶下来，另一个则是日出时向山顶爬。他们能否相遇？当然他们会相遇的。

除了草图外，还可用其他多种形式来表征问题。可以教给学生画图表与流程图、写提纲以及其他总结和描述问题关键要素的方法（Jitendra et al.，2009；Van Meter，2001）。

教授创造性问题解决的策略

学生在学校中遇到的大部分问题都需要仔细地阅读和一些思考，但很少需要创造性。然而，我们在现实生活中遇到的许多都不是按部就班的常规问题。生活中到处都需要创造性地解决问题，比如，怎样改变或终止某段关系而又不伤害感情，或者如何用曲别针来修理一件机器（Plucker，Beghetto，& Dow，2004）。下面将描述有助于教授创造性问题解决的策略（Beyer，1998；Fleith，2000）。

酝酿　创造性问题解决与以上二道西尔维亚问题的解决中所采用的分析、分步式的过程是非常不同的。在创造性问题解决的过程中，一个重要的原则就是避免草率地采用某种方法，相反，在选择行动方案前，停下来对问题进行反思，认真地思考或酝酿几种备选解法是非常有用的。请考虑下面的一个简单问题：

罗杰用45分钟在烤箱中烤制一份苹果派。烤制三份苹果派需要多长时间？

许多学生可能草率地用 45 分钟乘以 3，但是，如果他们花点时间考虑一下，许多人都会注意到，在一个烤箱里同时烤制三份苹果派所用的时间与烤制一份苹果派所用的时间是相同的！在教授创造性问题解决时，教师一定不要给学生施加时间压力，不强调速度，而是强调巧思、慎思。西奥和奥莫罗德（Sio & Ormerod，2009）的一篇有关酝酿（留出时间对问题进行反思）的研究综述发现，酝酿的时间对解决那些有多种可能解法的问题影响最大，而这类问题正是最看重创造性的。

判断的暂停　在创造性问题解决中，应鼓励学生暂停判断，在实施其方案之前充分考虑多种可能性。基于这一原则而产生的一种具体方法是*头脑风暴*，即两个或更多的个体尽可能地提出他们能想到的所有解决问题的方案，不管这些方案看上去有多荒谬。只有在充分地考虑了尽可能多的方案之后，才去评价各种解决方案是否可行。头脑风暴的关键就在于避免过早地局限于某一种解决方案而可能忽视了其他更好的解法。

适宜的氛围　放松、愉悦的环境有助于创造性问题的解决（Tishman，Perkins，& Jay，1995）。也许更为重要的是，进行创造性的问题解决时，学生必须感受到他们的观点将被接纳。那些在创造性问题解决测验中有出色表现的人与那些表现较差的人相比，似乎更不怕犯错误，也不怕显得愚笨。成功的问题解决者以轻松娱乐的态度对待问题解决情境（Benjafield，1992），这意味着放松、愉悦的氛围在教授问题解决的过程中是很重要的。应该鼓励学生尝试各种不同的解决方法，而不应对其失败予以批评。

分析　常用的一种创造性问题解决的方法就是分析并列举出某一问题的主要特征或具体要点（Chen & Daehler，2000）。比如，对问题情境的仔细分析有助于解决下面的问题：

网球锦标赛要进行多轮比赛，每场比赛的获胜者进入下一轮。如果某一轮比赛中选手的人数是奇数，则某选手（随机抽取）将自动进入下一轮。在一个有147位选手参加的锦标赛中，要经过多少场的比赛才能决出最后一名获胜者？

我们可能会用非常繁琐的方式如画图来解决这个问题。但是对情境进行仔细的分析就可以发现，每场比赛总要淘汰一名选手，因此要淘汰146名选手（并决出最后1名获胜者）的话，就要进行146场比赛。

有吸引力的问题 在教授问题解决时，很关键的一点就是要给学生提供能吸引其兴趣，并能让他们参与其中的问题。同样的问题解决技能，既可以在枯燥的情境中教授，也可以在引人入胜的情境中教授，而这直接决定着学生对问题解决技能的掌握程度。例如，博特格（Bottge，2001）的研究发现，让那些学习成绩很差、多数有严重学习障碍的中学生进行搭建宠物笼或者建设赛车道等活动时，他们能够学会复杂的问题解决技能。将问题解决与实际生活或者实际生活的模拟情境联系起来可以激发学生动机，从杜威提出这一主张开始的一百多年来，它的价值得到了一次又一次的证明（Holt & Willard-Holt，2000；Westwater & Wolfe，2000）。

资格认证指南

教师资格考试中，你需要了解，哪些适宜的策略可以使学生参与主动学习的过程，从而促进其创造性问题解决技能的发展。

反馈 或许教授问题解决技能最有效的方式就是让学生大量地练习解决多种问题，同时给予的反馈不仅说明解法的正确性，也评价学生找到解法的过程（Fisher & Frey，2007）。对伴有反馈的练习在解决复杂问题时的重要性（Hattie & Timperley，2007）再怎么强调也不为过。在本章开头的事例中，邓巴先生班上的学生如果没有用几个月在简单问题上进行练习并得到反馈，他们也很难找到解决问题的方法。

教授思维技能

最古老的教育梦想之一是希望有某种方式可以使学生变得更聪明——不仅仅是知道得更多或更熟练，而且能够更好地学习各种新的信息（Costa，2008）。也许将来某一天有人会发明具有这种功效的“聪明药丸”，但就目前来看，有研究者已经建立并验证了可用于提高学生一般思维技能的一些教学方案。

目前最广为人知并得到了大量研究的思维教学方案是由以色列教育家鲁文•福伊尔斯坦（Reuven Feuerstein）提出的**工具性充实教学方案**（Instrumental Enrichment）（Feuerstein，1980）。在该方案中，学生进行一系列的纸笔练习，以提高分类、比较、空间定向以及数字运算等方面的智力技能。图8.4是一例用于提高分析性知觉的活动。工具性充实教学方案需要每周练习3至5小时，至少持续两年时间，该方案通常用于学业落后或有学习困难的青少年。研究发现，该方案使用足够的时间后，能够显著提高个体在诸如IQ等能力倾向测验上的得分，但对学业成绩通常没有直接影响（Savell，Twohig，& Rachford，1986；Sternberg & Bhana，1986）。

教授思维技能的另一种方法就是将思维技能结合到常规课程与课堂体验中——创设一种“思维文化”（Costa，2008；Ivey & Fisher，2006；Ritchhart & Perkins，2008；Sternberg，2002；Swartz，2009）。例如，蒂什曼等人（Tishman et al.，1995）描述了一场发生在课堂中的即席讨论，教师已教授过本班通用问题解决策略。表8.2概括了这一策略的四步核心过程（陈述、寻找、评价以及精细加工），这一策略为讨论提供了框架。在该案例中，曼德利女士所教的六年级学生在讨论为什么一个月前同学们在植物栽培盒中栽种的植物开始枯萎，现在该怎么做。学生们已经学习了表8.2

工具性充实教学方案

一种思维技能训练方案，学生进行一系列纸笔练习，以提高各项智力技能。

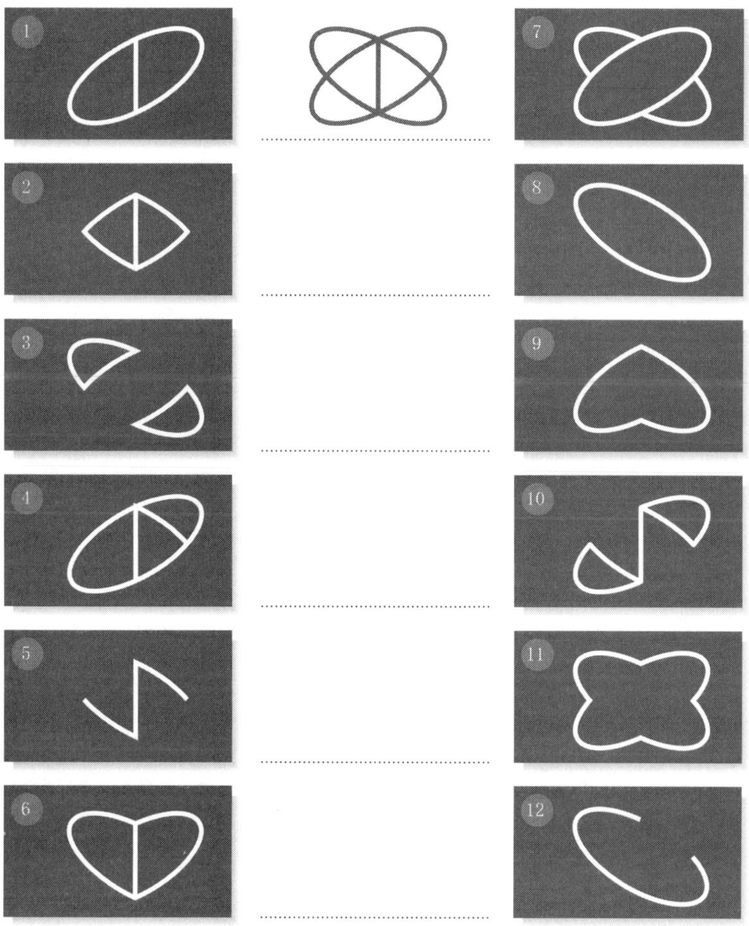

图 8.4　分析性知觉举例

请看这三列图形。对左列的每一图形而言，都可以从右列中选出某一图形，与它结合起来，形成中间一列所显示的图形。请写下与左列图形结合形成中间图形所需的右列图形的编号。完成该任务需要表征、内化和标记模式图形、界定缺失的部分、系统化的工作以及与模式图形进行比较以自我评价。

资料来源：Reuven Feuerstein, "Instrumental Enrichment: A Selected Sample of Material for Review Purposes.", Jerusalem: The Hadassah-Wizo-Canada Research Institute, May 1973, p. 5. Reprinted by permission of the author.

中所列举的步骤，并且还将这些步骤做成挂图供参考。讨论的过程如下：

曼德利女士：让我们看一下这张挂图，我们如何建立一种策略来处理眼前的问题？我们可以用哪些建构组块？

罗里：我们应该应用寻找这一步，寻找问题的解决方法。

马克：是的，但我们连问题是什么都不太清楚。我们不知道栽培盒中植物枯萎的原因究竟是水太多还是太少。

曼德利女士：马克，你认为我们还需要陈述这一步？

马克：（看了一会儿挂图后）是的，有两个方面，我想我们需要陈述问题是什么，需要陈述我们的目的是什么。

曼德利女士：听上去很合理。我们还可以使用其他哪些建构组块？

马克：是的，可能还不够。如果你细心照料栽培盒但还会枯萎，又该怎么办？你们组的其他人一定想知道出了什么问题。

曼德利女士：看来我们有两个目的：一是确定如何照料栽培盒，二是制订一个计划来记录对栽培盒的照料工作。

表 8.2 思维技能：建立一种策略

策略建构组块		
何时	**策略步骤**	**方法**
当你需要弄清楚在做什么，将要达到什么目标时……	**陈述……** 问题、情境或目标	■ 识别情境的不同维度。 ■ 识别情境中你要关注的部分。 ■ 准确地陈述你想改变什么或想达到什么结果。 ■ 具体些！
当你需要全面地思考某些事物时……	**寻找……** 观点、选项、可能性、目的、特征、构想、原因、效果、疑问、维度、假设、事实或解释	■ 头脑风暴。 ■ 寻找不同的观点。 ■ 从不同的角度看待事物。 ■ 寻找隐藏的观点。 ■ 参考他人的观点。 ■ 应用分类来帮助你寻找。
当你需要评定、估量或决定某些事物时……	**评价……** 选项、计划、观点、理论或目标	■ 寻找各种原因。 ■ 考虑眼前直接的和将来长远的结果。 ■ 列举并关注正反两方面的意见。 ■ 尽量客观，避免偏见。 ■ 应用你的想象：对他人将会产生什么影响？
当你需要考虑事物的细节时……	**精细加工……** 可能性、计划、选项、假设或观点	■ 制订详细计划：说出每步将会产生什么结果。 ■ 详细地想象事物看着/感觉上/好像是什么样。 ■ 问问自己：有哪些资源可以利用？ ■ 将会发生什么？ ■ 谁将受到影响？ ■ 需要多长时间？ ■ 考虑不同的部分。 ■ 画出图形或写出书面陈述；想象着向别人讲述此事。

资料来源：Shari Tishman, David N. Perkins, and Eileen Jay, *The Thinking Classroom*.

经过一番讨论后，同学们对要达到的结果形成了共识，并前进到“寻找”这一步。仔细阅读了挂图上的寻找方法后，他们决定使用头脑风暴来形成大量不同的可能解决办法。曼德利女士将他们的观点记录在黑板上，并随时提醒他们牢记某些关键的方法：寻找隐藏的观点和不同的观点。学生们提出的一些意见如下：

1. 做一张签到表。
2. 由教师决定谁来浇水。
3. 由一个志愿者完成所有的活动。
4. 制订每组轮流负责的值日表。
5. 制订每组轮流负责的值日表，另外每周举行小组会议讨论进程。

学生们对头脑风暴产生的一系列意见进行评价后，一致同意第五个选项是最好的，即轮流负责，外加每周例会。

之后他们进入到第四步：精细加工，并制订了一个计划。他们为每个小组设计了轮流值日表，并在曼德利女士的帮助下确定了每周例会的时间。通过“精细加工”这一步，学生们为每周的浇水负责人设计了详尽的核查单，这有助于捕捉到可能影响植物健康的一些因素，如浇水量、浇水的日期、房间的温度等等（Tishman et al., 1995）。

在讨论植物栽培问题的进程中，学生们学习了一种用于探讨和解决复杂问题的具有广泛适用性的策略。曼德利女士通过在课堂上适时调用这些策略，不仅将有用的策略教给了学生，而且也传递了这样的观点，即策略使用是日常生活中正常且受到期望的一部分。

批判性思维

学校教育的一项关键目标就是培养学生进行批判性思考，从而有能力对行为和信念做出理性决策（Abrami et al., 2008; Marzano et al., 2001）。**批判性思维**（critical thinking）主要包括识别具有误导性的宣传、权衡相互矛盾的证据的重要性，以及识别论证中的假设与谬论。与其他任何教育目标一样，学会批判性思维也需要练习。为此，教育者可以给学生提供多种两难问题、符合逻辑或不符合逻辑的论证、证据充分的或具有误导性的广告宣传，等等。要有效地教授批判性思维，必须确立一种鼓励接受不同观点和自由讨论的课堂氛围（Epstein, 2008）。应该强调给出所持观点的理由而非仅仅给出正确答案。当学生学习很熟悉的主题时，最容易习得批判性思维技能。比如，如果学生对纳粹德国历史以及 20 世纪 30 和 40 年代的文化有相当多的了解的话，他们将会从评论纳粹宣传的单元中学到更多的东西。批判性思维教学最为重要的目标或许就是培养一种批判性精神，鼓励学生质疑他们所听到的，检查自己思维中的逻辑不一致或谬误之处。

资格认证指南

在回答教师资格考试中的案例题时，你可能会被要求设计一堂课，其中要体现批判性思维技能教学的策略。

拜尔（Beyer, 1988, p. 57）提出了 10 种批判性思维技能，学生可以应用这些技能来判断一些主张或论点的正确性，理解广告宣传，等等。

批判性思维

对于行为和信念做出理性决策的能力。

1. 区分哪些是可证明的事实，哪些是价值主张
2. 区分相关信息与无关信息，区分各种主张或原因
3. 确定某一论点的事实准确性
4. 确定某一信息来源的可靠性
5. 识别含糊不清的主张或论点
6. 识别未说出的假设
7. 觉察偏见
8. 识别逻辑上的谬误
9. 识别出推理过程中逻辑上的不一致
10. 确定一种论点或主张的说服力（p.57）

拜尔指出，这不是学生评价所获得的信息是否真实或合理的步骤程序，而是学生接近信息，评价它真实或合理与否的一系列可能的方式。批判性思维教学最关键的任务不仅是帮助学生学习如何使用这些策略，而且包括教学生区分每一策略在何种情形下是适当的。

当使用网络搜索信息或辅助完成家庭作业的时候，为什么批判性思维尤为重要？

有意识的教师

运用你所了解的学生中心和建构主义方法来改善教学与学习

有意识的教师密切关注一个非常重要的教育目标：促进学生解决贴合实际的复杂问题的能力。有意识的教师向这一崇高的目标努力，他们力图确保学校教育不只是提供一系列的课堂讲授和彼此缺乏联系的一大堆练习。有意识的教师给学生提供机会来建构自己的知识，与他人合作去发现重要的观点并解决真实生活中挑战性的问题。

1. 我希望学生在课程结束后了解到什么、能做什么？这对于实现课程目标、使学生成为有能力的个体有何作用？

有意识的教师会经常给学生创设机会去解决复杂、困难的现实问题。检查一下你的目的和课程：你是否经常采用学生中心的方法来鼓励学生建构知识，你会在何种情况下采用？例如，你可能定期地给学生提供机会，让他们在现实情境中学习和应用数学知识。比如，你让全班针对诸如购买运动场健身器材等当前问题，自己去设计、实施一次全校范围的调查，分析调查问卷并采取相应行动。

有意识的教师会考虑在直接的、教师中心的教学取向与建构主义的、学生中心的教学取向二者间取得平衡。基于你要达到的教学目的来选择教学策略，并且记住：两种取向达到平衡时最有助于改善各种学习效果。设想这样一种情形：你必须在“政府”这门课上教授大量的内容。结果，你发现每天的课上都是你不停地讲。后来你想起，教学的主要目标是帮助学生成为能够对复杂问题做出有见地的决策的公民，因此，你重新审查自己的教学计划以确保自己经常使用发现法。下次上课时，你采用发现式教学方法，如让学生观察硬币，探讨硬币上反映的文化。

2. 在我的教学中应该考虑学生所具有的哪些知识、技能、需求和兴趣？

学生原有的背景知识影响着他们建构意义和解决问题的能力。通过与学生的前任教师进行交谈来了解学生以前在校的表现情况。学生是否有过小组合作学习的经验？学生以前的记录档案包含哪些有关他们对新异事物的偏好与态度的信息？

有意识的教师会采用自上而下加工的教学方式，即从整体的问题或论点入手，然后转向对各个部分的分析。你可以在支持性的氛围中，从真实的问题入手开始教学。比如，你可能以提问的方式开始数学课：“假定这个袋子里有五种口味的水果糖，那么我可以进行多少种口味的组合？”你可以将学生最初提出的各种完全不同的猜想列出来，然后发给他们袋装水果糖，让学生去处理这个问题。当你明显发现学生难以解决问题时，你可以建议他们试着用画表格的策略来解决问题的某个部分：任意两种口味的水果糖的组合可以有多少种？你和学生一起设计出如下的表格，并很快地发现所具有的规律，得到答案，即有10种可能的组合。学生们意识到他们只需画出与此类似的表格，就可以分别得到任意3种、4种、5种口味水果糖的组合数并算出最终答案。

口味1	~~1-1~~ 1-2 1-3 1-4 1-5	（口味1与口味2、3、4、5的组合）
口味2	~~2-1 2-2~~ 2-3 2-4 2-5	
口味3	~~3-1 3-2 3-3~~ 3-4 3-5	
口味4	~~4-1 4-2 4-3 4-4~~ 4-5	
口味5	~~5-1 5-2 5-3 5-4 5-5~~	

有意识的教师会教授问题解决的策略，这些策略包括画图、用表演展示情境、制作示意图。给学生示范多种问题解决策略，并将这些策略作为脚手架，使学生在其最近发展区内进行学习。

3. 我在学科内容、学生发展、学习、动机以及有效教学策略等方面所掌握的哪些内容能够用于实现教学目标？

当学生从事合作性的课题活动时，你观察他们。他们的非言语行为可以从哪些方面证明他们与同伴合作得如何？他们冒险的意愿有多强？当你发现有些学生不愿意接受同伴的意见时，你可以暂停活动，并教授如何与他人更好地合作：“当某人提出一个新的观点时，在你表示反对之前先用20秒考虑这个新观点有什么价值。看着我，假定我参与你们小组，你们告诉我一个新观点……”

4. 哪些教学材料、技术、辅助手段和其他教学资源有助于实现我的教学目标？

积极情绪、学习材料对个人的意义及与学习者的相关性，这些都有助于学生进行深层次的信息加工，从而加强记忆效果。以能吸引学生兴趣的方式来开始，然后引导学生透过表面特征形成深层次的理解，以此为核心进行教学。

INTASC 标准 7
教学计划技能

INTASC 标准 8
评价学生的学习

INTASC 标准 9
职业承诺和责任

你是这样开始有关“密度”这堂课的教学的：将装有碳酸饮料的两个瓶子（一瓶是满的，一瓶里面有部分空气）放入水池中：其中一个沉下去，但另一个漂浮着！学生们的好奇心被激起，他们主动地去探究造成这种现象的规律。在课程结束时，你生动地描述这样一幅图像：一座巨大的冰山漂浮在冰冷的海面上，然后让学生根据他们新形成的对密度的理解来解释为什么体积庞大的冰山能够浮在海面上。

与当前和过去的同事和同学讨论你眼前的工作，这有助于你发现新的教学材料和其他资源，让自己努力成为一个有意识的、以学生为中心的教师。

5. 我怎样评价学生达到目标的程度?

学生的学习效果提供了是否成功的信息。考察学生在意义生成、批判性思维、创造性等方面的成效。假定你刚把学生分析当前环境问题（雨林的破坏）的小论文收上来。你进行评估的第一步可以回答两个问题以关注学生知识建构水平：（1）学生驾驭事实性材料以支持其论点的能力如何？（2）哪些方面能显示其创造性的求新思维?

学生中心取向的教学最具挑战性的方面之一就是如何确定学生是否达到了学习目的和完成了预定目标。应用多种测量方式来评价教学成效。回顾你的教学计划，考察上一周你为学生提供了多少次结合实际的机会。对自己的教学进行录音或录像，分析你使用的提问类型以及引导方式。要求学生对你的教学给予反馈，给学生一份问卷，其中包含诸如此类的问题：“教师 ____（从不 / 有时 / 经常 / 总是）给我们机会自己去理解事物。”

6. 如果个别学生或全班没有迈上成功之路，我该如何去做？我的补救计划是什么?

作为一个试图将建构主义方法整合到教学中的有意识的教师，你如何帮助学生从只会说“告诉我应该做什么”转变到参与小组合作学习、探究和开放性的思考?

若要帮助学生更好地自我指导，不仅要尽可能多地应用合作学习的方法，而且还要在合作学习的开始阶段，对助人技能、沟通技能进行直接教学。你可以教学生在小组合作学习中如何给予反馈。请回想，有关研究已经证明，在合作学习情境中，那些听取了大量解释，或者给予他人大量解释的学生学到了更多的内容。这些技术都有助于学生达成小组目标。

网络链接

想了解更多有关批判性思维的文章和资源，请访问批判性思维基金会的网站：www.criticalthinking.org。

本章概要

建构主义的学习观是什么?

建构主义心理学家认为，获取知识是一个过程，学习者必须自身主动地发现和转换复杂的信息，以使信息真正为自己所有。建构主义取向强调自上而下的加工，即学生从复杂的问题或任务入手，发现解决这类问题或完成这类任务所需的基本知识与技能。建构主义取向还强调合作学习，强调提问或探究策略以及其他元认知技能。

发现学习和搭建脚手架是基于认知学习理论而提出的建构主义学习方法。布鲁纳的发现学习强调学生主动的自主学习、好奇心以及创造性的问题解决。基于维果斯基的观点而提出的搭建脚手架的方法则要求教师在学生学习的关键环节上给予帮助。

如何在教学中应用合作学习？

在合作学习中，学生分成小组一起活动，相互帮助进行学习。在发现学习、讨论以及评估性学习中都使用合作学习小组。诸如学生团队－成就区分法（STAD）等合作学习的教学方案是非常有效的，因为它们不仅奖励小组整体的努力与进步，也奖励小组中个人的努力与进步，而且小组对其每个成员的学习都负有责任。

如何教授问题解决技能与思维技能？

问题解决技能可通过一系列步骤来加以教授，比如手段－目的分析以及问题表征。创造性问题解决需要酝酿时间、判断的暂停、适宜的氛围、问题分析、思维技能的应用以及反馈。思维技能包括计划、分类、发散思维、识别假设、识别误导性信息以及提出问题。通过工具性充实等教学训练方案可以教授思维技能，而在课堂中营造一种思维的文化也是非常有用的技术。

关键术语

回顾本章中的以下关键术语：

建构主义的学习理论
认知学徒期
发现学习
自主的学习者
中介性学习
互惠式教学
合作学习
学生团队－成就区分法（STAD）
合作统整阅读与写作（CIRC）
拼图法
共同学习
小组调研
同伴互助教学策略（PALS）
合作性提要
问题解决
手段－目的分析
工具性充实教学方案
批判性思维

自我评估：资格认证练习

指导语：本章开头的案例中所涉及的评价指标是各州的资格认证考试的常见考点。请重读开头的案例，回答下列问题：

1. 邓巴先生在上圆柱体体积这堂课时，要求学生通过实验确定如何测量体积。他应用了哪种学习策略？
   a. 直接教学
   b. 经典条件作用
   c. 发现学习
   d. 以教师为中介的讨论
2. 为什么邓巴先生不直接将圆柱体体积的计算公式$\pi r^2 h$告诉学生？
   a. 他相信，如果学生自己发现该公式将会获得更深刻的理解。
   b. 他认为，如果学生自己能够推导出公式，则课堂上可以少花时间。
   c. 他知道，发现学习远远优于直接教学。
   d. 他在应用斯金纳以及其他行为主义心理学家主张的教学策略。
3. 下面哪个事例说明邓巴先生体现了维果斯基的“最近发展区”这个概念？
   a. 邓巴先生说：“今天我们将探讨如何计算圆柱体的体积。”
   b. 邓巴先生将学生分成4人一小组，围坐在实验桌旁。

c. 邓巴先生对“智囊组”说：“你是对的，米格尔。但是你们怎么利用这个信息呢？”
d. 邓巴先生表扬“智囊组”的学生自己发现了答案。

4. 邓巴学生在圆柱体体积这堂课中有效地应用了合作学习策略。他没有做下面哪件事情？
a. 当小组解决问题后，给予认可
b. 保证每个小组内的各个成员的能力水平是相似的
c. 确保每个小组成员都进行了学习
d. 根据种族、族群、性别以及其他特殊需要将学生混合编组

5. 邓巴先生应用了下面哪种合作学习策略？
a. 小组调研
b. 共同学习
c. 拼图法
d. 学生团队–成就区分法（STAD）

6. 举一个发现学习的例子。在发现学习的课堂中，教师的作用是什么？发现学习的利与弊是什么？

7. 教师如何提高学生的问题解决能力？

9

分组、个别化教学与技术

本章提纲

除了上好课，有效教学还包括哪些成分

- 卡罗尔的学校学习模型和QAIT模型

如何将学生分组以适应不同的成就水平

- 班级间能力分组
- 非分班
- 为阅读课和数学课重新分组
- 不分年级（跨年龄分组）小学
- 班级内能力分组
- 留级

个别化教学的方式有哪些

- 个别化教学
- 同伴辅导
- 教师辅导

针对被置于高危的学生的教育方案有哪些

- 补偿性教育方案
- 早期干预方案
- 学校综合改革方案
- 课后及暑期学校方案

如何将技术应用于教育

- 用于教学的技术
- 网络对教师的作用
- 用于学习的技术
- 网络对学生的作用
- Web 2.0
- 教学电视和嵌入式多媒体
- 用于管理的技术
- 整合技术带来的挑战
- 计算机辅助教学的相关研究

学习成果

学习本章后，你应当能够：

- 描述用于适应不同成就水平的不同类型的分组方法
- 列出一些适用于不同学习者的个别化教学方法
- 明确针对学业困难高危学生的教学方案类型
- 描述如何在教育中有效地运用技术

阿巴思诺特先生正在给四年级的学生上多项式除法课。他感觉非常好，认为自己从来没有像现在这样讲得如此清楚、有趣，而且课堂组织得也很好。他向学生提问时，有几个学生举起了手；当他点名他们回答问题时，他们总能回答正确。阿巴思诺特默默地对自己说："嘿！老兄，我想你确实触动了这些孩子的内心。"

下课前，阿巴思诺特进行了一次小测验，想了解学生对多项式除法的掌握情况。批阅完卷子之后，结果令他感到吃惊和大失所望：只有 1/3 的学生做对了所有的题目，1/3 的学生没有做对任何一道题，剩下 1/3 学生只做对了一部分题目。"问题到底出在哪儿呢？"他想，"无论如何，我要使这种情况在明天的课上有所改观。"

第二天，阿巴思诺特准备得更加充分，运用了大量生动的例子和图表来说明如何做多项式除法，整堂课也上得生动活泼。他提问时，更多的学生踊跃举手，回答也大多正确。但是，也有一些学生显得心不在焉，尤其是那些在昨天的测验中全部做对和全部做错的学生。

下课前，阿巴思诺特又进行了一次小测验。这次学生的整体分数有所提高，但仍有部分学生做错了所有的题目，这令他很失望："我完全能够掌控学生的学习活动，可为什么他们总是学不会呢？"

为了探明问题出在哪里，阿巴思诺特对得零分的学生的试卷进行了分析。他马上就发现了问题。第二节课结束时，几乎所有的学生都能够正确列出多项式除法运算式。然而，有的学生在做减法时却总是犯同样的错误，另外一些学生显然是忘记了乘法口诀。所以，问题根本不是出在多项式除法上，学生只是缺乏学习多项式除法的先决技能。

阿巴思诺特想："不管怎么说，我还是教会了一部分学生。"他想起了一个叫特里萨的学生，她在第一节课后就能做对所有的题目，也许从她那里可以了解一些信息，以便更好地教授其他学生。他问特里萨为什么这么快就掌握了多项式除法。

"这很简单，"特里萨回答，"我们去年就学过多项式除法！"

运用你的经验

批判性思维　列出可以帮助阿巴思诺特先生更有效地应对学生个体差异的所有教学方法。然后列出阿巴思诺特先生所采用的有效满足了学生需求的所有方法。

合作学习　四五个同学组成一个小组。每个小组共用一张纸，小组成员在上面写出自己认为该怎样帮助阿巴思诺特先生更有效地考虑学生需求。一个同学写完后，传给小组中的另一个成员，依次进行下去。最后，将其中的某些方法介绍给全班同学。

除了上好课，有效教学还包括哪些成分？

INTASC 标准 3
为个体需要调整教学

INTASC 标准 6
沟通技能

INTASC 标准 7
教学计划技能

如同阿巴思诺特先生在懊恼之余所明白的，有效的教学不仅仅是高质量的讲授。他的除法课教学很出色，但只适合部分学生的学习，即那些具备了先决知识，且又没有学过多项式除法的学生。若要保证他的课程对所有学生都有效，他就必须调整课程以满足全体学生的各种不同需求。此外，如果不能激发学生的学习动机或者没有给学生足够的学习时间，即使是最好的课，也不会产生什么实际效果。

如果有效教学仅仅取决于讲授的效果，那么，或许我们可以找一批最优秀的演讲者，将其讲授的课程录制下来，然后让学生观看录像即可。考虑一下单独使用录像教学效果不佳的原因，你就会发现有效教学远不只是清晰的讲解，还涉及其他更多的因素。首先，录像中的教师并不了解学生已有知识的掌握程度。对特定的学生群体而言，某节课的内容也许过难，也许过易。其次，一些学生可能学得很快，而另一些学生由于没有掌握某些关键概念而落后。录像中的教师无法知道哪些学生需要额外的帮助，而且也不可能提供这种帮助。同时，教师也不可能通过提问来判断学生是否抓住了要点，然后重新教授学生尚未掌握的概念。第三，录像中的教师无法激发学生的动机，使其将注意力集中到课堂上，或者使学生真正努力地去掌握课上的内容。即使学生注意力不集中，或者有不良行为，录像中的教师也无能为力。最后，课程结束时，录像中的教师根本不知道学生是否真正掌握了所教授的主要概念或技能。

对录像教学的上述分析说明，教师除了呈现信息之外，还需要考虑到教学中的其他许多因素。教师必须知道如何调整教学，以适应学生的知识水平。教师必须能激发学生的学习动机，管理学生的课堂行为，进行分组教学并评价学生的学习。

为了更好地理解有效教学的这些因素，教育心理学家们提出了一些有效教学的模型。这些模型阐述了高质量教学的关键特征，以及这些特征之间是如何相互联系以促进学生学习的。

卡罗尔的学校学习模型和QAIT模型

约翰•卡罗尔（John Carroll）的《一种学校学习模型》（Carroll，1963，1989）是教育心理学领域至今发表的最具影响力的论文之一。在这篇文章中，他从确保学生学习的时间管理、资源管理和活动管理等角度来描述教学。卡罗尔认为，学习是以下两个因素的函数：（1）真正用于学习的时间，（2）学习所需要的时间。学习所需的时间是由学生学习的能力倾向、先前已有的知识和学习能力决定的，而真正花在学习上的时间则取决于分配给学习的时间、教学的质量和学生的毅力。

斯莱文（Slavin，1995b）重点关注了卡罗尔模型中可以改变的因素——学校或教师能够直接改变的因素，由此提出了另一种有效教学模型，即 **QAIT 模型**（QAIT model）。该模型从质量（quality）、适宜水平（appropriateness）、诱因（incentive）和时间（time）四个方面来诠释有效教学的影响因素。

QAIT模型
有效教学的一种模型，它聚焦于教师可以直接控制的因素：质量、适宜水平、诱因和时间。

1. *教学质量*。知识或技能的呈现方式在某种程度上有助于学生掌握学习材料。教学质量主要取决于课程质量以及课程呈现的质量。
2. *教学的适宜水平*。教师在某种程度上能够确定学生已经做好了学习新课的准备（即具备学习新课程所必需的知识和技能），且学生以前没有学过该课程内容。也就是说，当新的课程内容对于学习者而言难易适中时，教学就是适宜的。

3. 诱因。教师能够在多大程度上确保学生具有执行学习任务、掌握所呈现材料的动机。
4. 时间。在多大程度上给予学生充足的时间来学习所教授的材料。

要使教学有效，四个因素缺一不可。如果学生缺乏必要的先决知识或技能，或缺乏学习的动机，或缺乏足够的学习时间，那么不管教学质量有多高，学生都不可能取得良好的学习效果。反之，如果教学质量很低，那么无论学生的知识储备有多充足，动机有多强，学习时间有多充分，同样也无法取得良好的学习效果。图 9.1 呈现了 QAIT 模型中四个因素之间的相互关系。

图 9.1　QAIT模型

QAIT 模型中的每一个因素都像链条中的一环，整个链条的强度取决于最弱的那一环的强度。

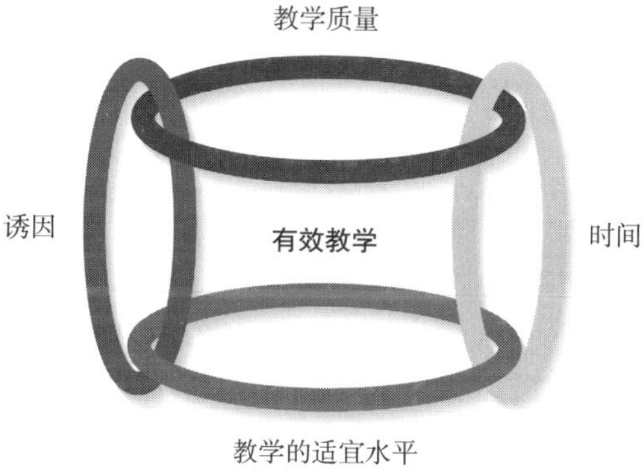

教学质量　一提起教学，或许大多数人首先会想起一系列的活动：讲授、提问、讨论、指导学生完成课堂作业。教学质量就是针对这些活动而言的。教学质量较高就意味着所呈现的知识对学生来说是有意义、有趣的，并且也易于记忆和运用。

决定教学质量的最重要的一个因素就是课程在多大程度上对学生是有意义的。要使课程有意义，教师就需要以有条理、有组织的方式来呈现信息，需要将新信息和学生的已有知识联系起来，需要运用例证、演示、图片和图表，将所教授的内容生动地呈现给学生。教师还可以采用一些认知策略，如先行组织者和记忆策略。有时，学生必须经过自己的亲身发现和体验，或者经过与他人的讨论，才能够真正理解一个概念的意义。

决定教学质量的另一个重要因素就是教师在多大程度上监控学生目前的学习情况，在多大程度上能够调整教学进度，使之快慢适中。例如，教师应经常提问，以了解学生掌握了多少内容。如果学生的回答表明能够跟得上教学进度，则教师可以适当加快进度。但如果学生的回答表明跟不上教学进度，则教师可以复习部分课程内容，并放慢进度。

教学的适宜水平　组织课堂教学的最大难题或许就是应对不同的学生在已有知识和技能、动机和学习速度等方面存在的巨大差异（Tomlinson，2004，2008）。这也正是阿巴思诺特先生课堂上遇到的主要难题。学生的多样化要求教师提供水平适宜的教学。教授有30名学生（或即使只有10名学生）的班级与进行一对一的辅导有着本质区别，因为学生之间固有的差异影响着教学能否成功。每个教师都很清楚，给全班上同样的课，一些学生肯定会比另一些学生掌握得快。事实上，还有些学生完全学不会，因为他们缺乏必要的先决知识和技能，或者缺乏足够的学习时间（如果给他们提供足够的时间，就会浪费学习速度较快的学生的时间）。认识到教学中存在的这些重大差异，会促使教师去寻求一些个别化的教学方式，调整教学以满足学生的不同需求，或者按照学生的能力进行分组。

在一个拥挤的课堂中，QAIT模型的有效性面临哪些挑战？

然而，在试图解决上述问题的过程中，某些解决方案本身会产生更为严重的弊端。例如，教师也许会给全体学生提供适应每人个别需求的材料，并允许学生自定步调地学习。虽然这种方法解决了教学的适宜水平问题，但同时带来了新问题：20 至 30 名学生做着 20 至 30 件不同的事情，教师如何管理这些活动？另一种选择是，教师可以根据能力不同将学生分组（比如分成红鸟、蓝鸟和黄鸟三组），使每个组中学生的能力相对接近。但这同样也会产生问题，因为当教师指导红鸟组的时候，黄鸟组和蓝鸟组就要在没有督导或帮助的情况下自行活动。本章后文将讨论调整教学以满足学生不同需求的一些有效方法。

INTASC 标准 5
课堂管理与动机

诱因 托马斯·爱迪生曾写道："天才等于百分之一的灵感加上百分之九十九的汗水。"这种说法用于学习上也同样合适，因为学习也是工作。但是，这并非意味着学习不是或不可能是有趣的、令人兴奋的——远非如此。不过，学习确实需要学生尽量集中注意力，专心完成布置的任务，用心钻研，而且学生或多或少地需要某种诱因去从事这些活动。这种诱因或动机，可源自任务本身的特征（如，学习材料的趣味性），也可源自学生自身的特性（比如，对学习的好奇心或积极的学习导向），还可以来自教师或学校给予的各种奖励（如，成绩等级和证书）。

如果学生想了解某件事情，他们就会有动机付出必要的努力来学习它。这可以解释为什么有些学生可以不假思索地说出芝加哥小熊队每个球员的名字、击球率、本垒打的数目以及其他所有相关的信息，却对科学、历史或数学知之甚少。对于这些学生来讲，棒球有着巨大的吸引力，他们愿意付出大量努力去掌握它的相关信息。某些信息本身对有些学生或所有的学生而言都是有趣的，但教师也可以通过激发学生的好奇心，以及向学生示范校内获得的知识在校外的作用等方式，使学生对所学主题产生兴趣。例如，如果棒球球迷能够认识到，若要正确地计算棒球的击球率，比例的知识是非常必要的，那么他们就有可能对这部分内容的学习更感兴趣。

链接
想了解有关奖励和动机的一般原则，请参见第10章。

然而，并不能保证每门课程始终都能够吸引所有的学生。若要使学生尽最大努力去学习那些当时看起来不重要，但对以后的学习至关重要的概念和技能，教师就必须给予学生某种形式的认可或奖励。所以，学校可以运用表扬、反馈、分数、证书、彩星、奖品或其他奖励方式来增强学生的学习动机。

链接
想了解有关课堂管理和纪律的原则，请参见第11章。

时间 QAIT模型的最后一个成分是时间。教学需要花费时间。增加在教学上花费的时间不一定能使学生学到更多，但是在教学质量、教学水平的适宜程度以及诱因水平都较高的情况下，增加教学时间就会使学生有更大的收获。可用于学习的时间主要由两个因素决定。第一个因素是教师计划用于教学的时间和实际用于教学的时间；第二个因素是学生将注意力集中于课程内容的时间。这两类时间都受到教师的课堂管理策略和纪律策略的影响。如果学生表现良好，动机很强，对学习的目的和方向有强烈的意识，而教师也准备充分、组织得当，那么不管教师想教什么内容，学生都会有足够的时间进行学习。然而，许多因素，如干扰、行为问题、活动之间未操作好的过渡等等，都会侵占学习时间（见Hong，2001）。

如何将学生分组以适应不同的成就水平？

从学生入学的第一天起，他们在知识储备、技能、动机以及对即将学习的内容的倾向性等方面就存在着个体差异。有些儿童在幼儿园时就已经开始阅读，而另一些学生则需要大量的时间和外界帮助才能学会阅读。教师在上新课时通常会假定，一些学生对课程内容了解得比较多，一些学生可能了解得比较少，但能很快掌握新讲的内容，还有一些学生在安排的时间内可能完全无法掌握学习内容。一些学生可能具备学习新课程所需要的先决知识和技能，而另一些学生却不具备。这也就是阿巴思诺特先生遇到的难题：一些学生还没有做好学习多项式除法的准备，而有些学生在上课之前早已学会。一些学生缺乏学习多项式除法所必需的基本的乘法和减法技能，而另一些学生在第一节课上就已经掌握多项式除法，没有必要在第二节课中重学。因而，若阿巴思诺特先生停下来复习乘法和除法运算，那么，对已经掌握了该部分内容的学生而言，这无疑是浪费时间。如果他根据能力较强的学生的学习进程来调整教学进度，那么学习困难的学生则永远跟不上。阿巴思诺特先生班上的学生在先前知识、能力和学习速度上存在着差异，但他们的表现仍属正常范围，那么，阿巴思诺特先生怎样教授课程才能使其适合于所有的学生呢？

链接

想了解更多有关学生在一般智力、具体的能力倾向以及能力和学习风格方面的差异的内容，请参见第4章。

INTASC 标准 3

为个体需要调整教学

调整教学以适应学生的差异，这是教育的最基本的问题之一，并且常常导致带有政治和情绪色彩的政策（Atkins & Ellsesser，2003；Loveless，1998）。有些人提倡的解决办法是，让更多儿童停留在同一个年级，直到他们能够达到本年级水平的要求为止。北美以外的一些国家对 10 岁至 12 岁的学生进行测试，据此将他们分到不同类型的学校中，试图以此来解决学生差异或称异质性的问题。其中只有一类学校是专以让学生做好接受高等教育的准备为目的的。在美国，人们有时使用一种类似的做法，即对中学生进行大学预科班、普通班和职业班的**分班**（tracks），通过这种分班，学生被安排学习一系列不同的规定课程。然而，分班制度的使用在 20 世纪 80 年代和 90 年代间迅速减少。当今，多数中学都按照学生在不同学科上的能力水平进行分班：某个学生可能参加数学的高级班，却同时参加英语的中级或者初级班（Lucas & Gamoran，2002）。许多中学都允许学生根据辅导员的建议，为各个学科选择适合自己水平的班级，如果感觉课程太难或太易，还可以调班。这些策略使得学生所在班级的成绩水平在某种程度上是同质的，因此它们被称为**班级间能力分组**（between-class ability grouping）（Slavin，1991）。这是初中和高中按能力分组的主要形式，有时也运用于小学。

在小学，为了使教学适应学生的个体差异，另一种常用的方法是**班级内能力分组**（within-class ability grouping），比如根据学生阅读水平的差异而分成不同的阅读小组（蓝鸟、红鸟和黄鸟三组）（Lou et al.，1996）。教学要适应学生的差异，这一点非常重要，因此许多教育者甚至主张教学应完全实现个别化，以便每个学生都能够自定步调进行学习。在这种观点的影响下，一些个别化的教学指导方案应运而生。近年来，计算机辅助教学已经成为了个别化教学的一种主要方法。

许多适应学生个体差异的教学方法都有其自身的优势，但也都会引发某些问题，有时甚至是弊大于利。有些个体差异很容易应对（见 Gregory & Chapman，2001；Tomlinson，2004，2008）。例如，教师在强调一些重要概念时，可利用视觉线索来增强口头讲解的效果，如在白板上写字或展示图片和表格，以适应学生的不同学习风格（Mayer，2008a）。教师也可以通过变换课堂的活动形式，如活跃型与安静型任务的交替、个体与群体活动的交替，以此来适应学生在其他方面有所不同的学习风格。有时，教师也可以和单个学生一起学习，根据他们的学习风格来调整教学——例如，提醒冲动型的学生不要着急，教给慎思型的学生一些策略，比如跳过不会做的题目，以便按时交卷。

先前知识和学习速度方面的差异较难应对。有时，处理这些问题的最好方法是忽略它们，按照相同的教学步调给全班授课，但对成绩落后的学生进行个别辅导，给常

分班

安排特定成绩或能力水平的学生学习不同的系列课程的做法。

班级间能力分组

根据学生的能力水平将其分到不同的班级中的做法。

班级内能力分组

在特定学科的教学中，将一个班的学生分成两个或更多的能力小组，以适应学生差异的做法。

常快速完成任务的学生提供扩展性的或充实性的附加活动（见 Meyer & Rose，2000；Pettig，2000；Tomlinson，2008；Tomlinson，Kaplan，& Renzulli，2001）。教师可以在每堂课上有意识地使用多个例子或问题以适应一些学生。恰当地运用合作学习，让不同水平的学生相互帮助，这是帮助全体学生学习的一种有效方法（Slavin，1995a，2010；Webb，2008）。有些课程比其他课程更适合采用统一的教学步调。例如，社会学、科学和英语课就不像数学课、阅读课和外语课那样强调要适应学生成就的个体差异。因为在后一类科目中，技能直接建立在先前的某种技能上，所以，如果教师按照相同的步调教授一个异质的班级，落后生和尖子生都无法从中受益：落后生因为缺乏必要的先决知识和技能而失败，尖子生则因教学速度对自己而言太慢而感到厌倦。

班级间能力分组

在处理对教学而言重要的学生差异时，最常用的方法或许就是根据学生的能力不同而将他们分到不同的班级。这种班级间能力分组有多种形式。在高中，根据对学生能力的测量，将他们分到大学预科班和普通班。在某些初中，根据学生一般能力的不同而将他们分到不同的班级，教师承担各自的学科，而班级中的学生则保持相对的稳定。例如，可以将能力最强的七年级学生分到 7-1 班，中等能力的学生分到 7-5 班，能力低的学生分到 7-12 班。在其他一些初中（还有一些高中），学校针对学生在各门科目上的能力差异进行分组，因此，某个学生可能在数学的高能力班，同时又在科学的中等能力班。在高中，这种分班可以通过课程的设置来完成。例如，高能力的九年级学生可以学习代数第一部分，而不具有相应能力的学生只学习普通数学。在小学，可以采用多种方式对学生进行分组，其中也包括中学所采用的一些方法。通常在小学的社会学习和科学课程中以及在早集合时，能力各异的学生都分在一个班，而在阅读课和数学课中，则要按照能力的不同重新分班。与中学相比，小学更有可能采用班级内能力分组，尤其是在阅读课上，而较少采用班级间能力分组。然而，不论在中学还是小学，为那些有严重学习问题的学生以及有天赋和才能的学生分别提供单独的特殊教育，都是班级间能力分组的常见形式。

链接

关于针对有天赋的和有特殊需求的学生的教学计划，请参见第12章。

资格认证指南

在教师资格认证考试中，你可能会被要求描述班级间能力分组的优点和缺点。你应当知道，多数形式的班级间能力分组并未受到研究支持。

一些学生的阅读水平已远远高于平均水平，而有的学生才刚刚开始学习阅读。作为一名教师，你如何调整教学以适应学生的个体差异？诸如班级间能力分组和班级内能力分组等策略各有什么优点与缺点？

班级间能力分组的相关研究 虽然班级间能力分组得到了广泛的应用，但是，这种策略的有效性尚未得到研究的证实。研究者发现，虽然分到高能力班的学生有些许进步，但是由于分到低能力班的学生出现退步，这一进步的意义被抵消了（Ireson & Hallam，2001；Oakes & Wells，1998；Slavin，1987b，1990）。

为什么班级间能力分组的效果不明显呢？一些研究者对此进行了探讨。能力分组的首要目的是缩小学生成绩水平之间的差异程度，以便教学能够更好地适应能力水平相对确定的学生群体的需要。但是，分组的依据通常都是标准化测验或者其他一般能力测验的分数，而不是学生在某一特定学科上的实际表现。所以，对某一特定班级真正重要的差异减少得太

网络链接

想了解全国天才儿童协会对于能力分组的立场，请访问 www.nagc.org/index.aspx?id=382。也可以参考 NEA 在学业能力分组研究中的亮点（www.nea.org/tools/16899.htm）。

小，看不出有显著差异（Oakes，1995）。另外，将落后生集中到一个班级的做法让他们很少有机会向正面榜样学习，因此不利于落后生的发展（Page，1991）。再者，教师通常不喜欢教落后班，而且会或显或隐地表达出对学生的低期望（Weinstein，1996）。研究发现，落后班的教师并没有对教学做很多调整以适应学生的需求（Ross，Smith，Lohr，& McNelis，1994）。一些研究还发现，与优等班和中等班相比，落后班的教学质量通常较低。例如，与优等班教师相比，落后班教师教学缺乏热情和组织性，并且较少教授概念，更多的是教授事实性知识（Gamoran，Nystrand，Berends，& LePore，1995；Oakes，1995；Raudenbush，Rowan，& Cheong，1993）。事实上，未分班的混合能力班级的教学更像优等班和中等班的教学，而不像落后班的教学（Goodlad，1983；Oakes，1985）。分班所导致的最严重的问题就是会让落后班学生感觉受到了侮辱，因为把学生分到落后班实际上在向他们传达着这样一种信息：我没有能力取得学业上的成功（Oakes & Guiton，1995；Page，1991）。谢弗和奥莱克萨（Schafer & Olexa，1971）曾经访谈过一位未被分到大学预科班的女生，该生说，她穿过走廊的时候，会将自己使用的普通班的课本封面朝下，怕被人看见了，感觉没有面子。

分到落后班的学生比与他们能力相当却分到中等班或混合能力班的学生更容易表现出违法、旷课、辍学等行为（Goodlad，1983；Oakes，1985）。学习基础较差虽然是产生这些问题的部分原因，但不是全部原因。例如，在初中被分到落后班的学生会体验到自尊急剧丧失（Goodlad，1983）。斯莱文和卡维特（Slavin & Karweit，1982）发现，在城区的小学中，五年级和六年级学生有 8% 的时间旷课。当这些学生进入分班制的中学后，这一比例迅速升至 26%，而且旷课的学生主要是那些被分到最落后的班的学生。从这些现象看，初中组织结构方面的问题让一部分学生形成了这样的看法，即学校对他们而言不再是一个能得到回报的地方。

分班制最大的隐患之一就是，落后班的学生大多来自社会经济地位较低的家庭以及少数族裔家庭，而优等班的学生则大多来自社会经济地位较高的家庭（Braddock & Dawkins，1993；Cooper，1998；Dornbusch，1994）。很显然，这种分化在一定程度上是对非裔美国学生以及拉丁裔学生的有意或无意的歧视的后果（Hoffer & Nelson，1993）。一项由米泽、威尔斯和塞尔纳进行的研究（Yonezawa，Wells，& Serna，2002）发现，即使在学生理论上能够自由选择自己的学习水平的高中，仍然有过多的非裔美国学生和拉丁裔学生在落后班。分班的结果实际上常与社会阶层和种族密切相关，而由于缺乏充分的证据来说明分班在教育上是必要的，因此，这种分班的合理性也不可能得到支持。

虽然教师个人很难改变班级间能力分组的制度，但是所有教育工作者都应该清楚，有关的研究并不支持在任何年级都进行分班的做法，相反，应当尽可能避免分班。当然，这并不是说，教师应该放弃所有形式的班级间能力分组。例如，有些加速教育方案被证明是非常有效的，比如，让那些有数学天赋的七年级学生学习代数第一部分，或者在高中提供一些大学预修课程（见第 12 章）。另外，在中学进行某些班级间能力分组也是不可避免的，因为一些学生会选择高级课程，而另一些学生不选。然而，研究并没有证明，把同一门课程分成高、中、低三部分就能够帮助学生取得更好的成就。相比之下，混合能力班在所有年级都能够取得成功，当教师同时运用其他一些有效的、能适应学生个体差异的教学方法时，效果会更明显。这些教学方法包括班级内能力分组、对落后生进行个别辅导以及合作学习等策略。

链接
第8章讨论了合作学习策略。

非分班

多年来，各级学校中的班级间能力分组都受到了教育者和研究者的质疑。一些较有影响的组织，如全国州长协会（National Governors' Association，1993）和纽约卡内基联合会（Carnegie Corporation of New York，1989），都建议摒弃传统的能力分组做法，很多条非分班的指导原则和非分班教学的成功案例也相继出版（如，Burris，Heubert，& Levin，2004；Cooper，1998；Fahey，2000；Hubbard & Mehan，1998；Kugler & Albright，2005；Oakes，Quartz，Ryan，& Lipton，2000）。**非分班**（untracking）主要是强调把学生安置在混合能力的集体中，并给学生设定较高的标准，但同时为学生提供多种方式来帮助他们达到这些标准，比如给跟上集体有困难的学生提供额外的帮助（Burris，Heubert，& Levin，2006；Hubbard & Mehan，1998）。人们常建议运用恰当的合作学习、基于问题的学习等形式，这为所有的学生提供了更多学习方式来达到较高的学习水平（Cohen，1992；Hubbard & Mehan，1998；Pool & Page，1995）。但是，要实施非分班并非易事，尤其是在初中和高中（Cooper，1998；Oakes et al.，2000；Rubin，2003）。尤其是，非分班常遭到优等生家长的强烈反对。奥克斯及其同事（Oakes et al.，2000）以及韦尔斯、赫什伯格、利普顿与奥克斯（Wells，Hirshberg，Lipton，& Oakes，1995）指出，非分班需要转变人们对学生潜能的看法，而不仅仅是改变学校或者班级的一些教学做法。这些研究者认为，要实行非分班，教师、父母和学生本人都必须认识到，学校教育的目标是为每一个学生创造成功的机会，而不是将学生分成三六九等（Hubbard & Mehan，1997；Oakes et al.，2000）。然而，这种观念的转变极其困难，这或许就是非分班在中学的推行比较缓慢的原因所在（Hallinan，2004）。

链接
第8章讨论了各种合作学习形式和基于课题的学习形式。

为阅读课和数学课重新分组

在小学，经常运用的另一种能力分组形式是**重新分组**（regrouping）。在重新分组方案中，学生在大多数教学时间里都在混合能力班中，但是，根据学生的阅读和数学成绩的差异，他们还会被分到不同的阅读和/或数学班中。例如，上午9点半，四年级的学生会去不同教师的班级，接受适合各自水平的阅读教学。为阅读课进行重新分组的一种形式叫**乔普林计划**（Joplin Plan），它是一种跨年级的重新分组。例如，在一个四年级的阅读班里，第一学期的阅读课上可能会有三年级、四年级和五年级等多个年级的学生。

与全日能力分组相比，重新分组的一个主要优势就是学生在大部分的时间里都是在混合能力班中度过的。由于重新分组并没有将落后生从班上分出，因此学生也就不会感到受侮辱。鉴于这些原因，研究发现像乔普林计划这样的重新分组方案整体上能够提高学生的成绩（Gutiérrez & Slavin，1992；Slavin，1987b）。

非分班
一种做法，把能力各异的学生编成一个集体，为其设定较高的标准，但同时提供多种方法来帮助他们达到这些标准。

重新分组
一种能力分组的方法，即基于学生的学业表现水平，为混合能力班级中的学生安排阅读或数学课。

乔普林计划
一种重新分组的方法，学生在阅读教学中进行跨年级地分组。

不分年级（跨年龄分组）小学

不分年级方案（nongraded programs），或称*跨年龄分组方案*（cross-age grouping programs）（Fogarty，1993；Pavan，1992），是一种有时能在小学见到的分组形式，它是指把不同年龄的学生放在同一个班级中。不分年级的小学方案最常见的做法是让 5 岁到 7 岁或者是 6 岁到 8 岁的学生在一起学习。学生同时进行数个年龄水平的学习活动，但是，根据学生的需求以及成绩水平，在教学中也经常对他们灵活地进行分组（Kasten & Lolli，1998）。不分年级方案的研究综述发现，当方案的重点放在灵活的教学分组上时，它们对学生的成绩会产生积极的影响；然而，当方案的重点是进行个别化的教学时，效果就要差些（Gutiérrez & Slavin，1992；Pavan，1992）。开放课堂通常包括不分年级的组织，而关于这种课堂的研究同样没有发现它对学生的学习成绩具有促进作用（Giaconia & Hedges，1982）。

有时采用跨年级分组是出于无奈，因为处于某个特定水平的学生数目太少，无法组成一个班级。研究发现，这样的混合班级（如，三至四年级的混合或五至六年级的混合）并没有提高学生的成绩，甚至还可能有害（Burns & Mason，2002；Veenman，1995，1997）。

班级内能力分组

使教学适应于学生能力水平差异的另一种方法就是在班级内对学生进行分组，这在小学的阅读课中常用。例如，三年级的教师可以用 3-1（三年级第一学期）的课文教“火箭组”，用 3-2（三年级第二学期）的课文教“星星组”，用 4-1（四年级第一学期）的课文教“行星组”。

班级内能力分组在小学阅读课中十分常见（Chorzempa & Graham，2006）。对小学校长的调查发现，90% 以上的阅读课教师使用多个阅读小组（Puma et al.，1997），但只有 15% 到 18% 的数学教师采用这种分组形式（Good，Mulryan，& McCaslin，1992；Mason，1995）。除阅读和数学课程外，其他科目则很少采用班级内能力分组。在阅读课中，教师通常让每个小组从不同的角度来学习一系列的课文，允许每个小组自定步调地进行学习。在大部分的数学课上，教师对全班进行同样的教学，然后在其他学生做课堂练习时处理两个或多个能力小组的问题，以此来根据需求强化所学技能或给学生提供充实性训练。

> **资格认证指南**
> 教师资格认证考试中，你可能会被要求描述一种方法，对阅读课上的学生进行班级内分组以适应学生能力的大幅差异。

班级内能力分组的相关研究　班级内能力分组对成绩有什么影响？有关这方面的研究几乎都是关于小学数学课的。这是因为在小学数学教学中存在这样一种情形：一些教师运用班级内能力分组，而另一些教师不采用这种分组方式，而这恰恰是研究者寻求可以进行对比的情况。几乎所有的小学阅读课教师都运用阅读分组的形式，其中一些会在数学课上采用分组，而在其他课上很少有教师运用班级内能力分组。对数学的班级内能力分组（不同的小组自定步调地学习不同的材料）的研究大多表明，接受能力分组教学的学生比不分组的学生掌握了更多的知识（Slavin，1987b）。优等生、中等生和落后生似乎都同样能够从班级内能力分组中受益（Lou et al.，1996）。梅森和古德（Mason & Good，1993）的一项研究发现，与运用固定的班级内能力分组的教师相比，根据学生的需求而灵活分组和重新分组的教师能够取得更好的数学教学成效。

> **不分年级方案**
> 将不同年龄的儿童分到同一个班级的方案，通常在小学中使用，也被称为跨年龄分组方案。

研究表明，分组数目少比分组数目多的效果要好些（Slavin & Karweit，1984）。分组数目少，这有利于教师对各小组进行更多的直接教学，且可减少活动间过渡所用的转换时间和做课堂作业的时间。3个小组将用三分之二的课堂时间来做课堂作业。而且，如果教师试图教授3个以上的阅读小组或数学小组，还有可能出现课堂管理问题。将班级分成3个以上的小组，这虽然能够减少小组内部的差异，但往往得不偿失（见 Hiebert，1983）。

班级内能力分组的研究给我们的主要启示是，当有必要进行某种形式的分组时，班级内能力分组比班级间能力分组更有优势。相比于班级间能力分组，班级内能力分组除了能够产生比较好的教学成效之外，它还更为灵活，不太会让学生感到难堪，也更节省教学时间（Rowan & Miracle，1983）。

留级

是否应该要求成绩差的学生留级，这是教育中最有争议的问题之一。与日俱增的问责压力是造成留级率急剧上升的主要原因。近年来，佛罗里达州的留级学生达到24000人，纽约市三年级的留级生有16 000人，迈阿密则有2000名三年级学生第二次留级（McGill-Franzen & Allington，2006）。

主张让落后生留级者认为，留级能够给他们更多时间去赶上其他学生，并清晰地树立起学生必须努力达到的标准。被学校考虑留级的学生通常会获得在暑期学校中奋起直追的机会，或者接受额外的帮助以争取升学，或许，正是可能留级的威胁使得许多学生参与到这样的学习中来（March，Gershwin，Kirby，& Xia，2009；McCombs，Kirby，& Mariano，2009）。然而，反对留级者认为留级会造成学生动机的丧失，因为事实上，留级是辍学的最有力的预测指标之一（Allensworth，2005；Jimerson，Anderson，& Whipple，2002）。留级的学生主要是少数族裔和/或家庭处境不利的男生（Beebe-Frankenberger，Bocian，MacMillan，& Gresham，2004）。

留级是有利还是有害呢？从短期来看，让学生留级会提高某学校或学区的学生成绩，这并不是因为学生学得多了，而是因为他们参加测验时年龄变大了。基于此，在让未达到给定测验标准的学生留级的新政策发布后，各州和学区经常会报告州测验成绩有了“显著提升”（Bali，Anagnostopoulos，& Roberts，2005；McGill-Franzen，& Allington，2006）。然而，长期研究证明，留级学生比同年龄成绩同样较差的未留级学生学到的更少（Burkam，Logerfo，Ready，& Lee，2007；Hong & Raudenbush，2005；Hong & Yu，2007；Roderick & Nagaoka，2005）。

对落后生问题的最佳解决方案既不是留级也不是“社会升学”（不论学生的成绩水平都让学生升级）。相反，应当给予这些学生特别的关注、诊断和强化干预，如对学生进行单独辅导，直到他们的成绩上升到正常范围以内。多进行一年的教育是一种非常昂贵的干预手段——可以用同样多的花费给学生更有效的帮助（Reeves，2006；Slavin，Lake，Davis，& Madden，2009）。

个别化教学的方式有哪些？

INTASC 标准 3
为个体需要调整教学

如果学校能够给每位学生配备一名教师的话，那么就可以彻底解决为所有学生提供适宜水平的教学问题。对一名成人辅导一名学生的研究发现，这种方式对学生的学习成绩能产生极大的积极作用（Slavin，Lake，Davis，& Madden，2009），这一结果不足为奇。辅导之所以有效，一个主要原因就是辅导者能够提供**个别化教学**（differentiated instruction，也译作差异教学），即准确地根据学生的需求来调整教学。如果学生能够快速掌握，那么辅导者就可以教授其他的内容；如果学生学得较慢，那么辅导者能够找出问题所在，尝试其他的讲解方式，或者在这个问题上再多花些时间。

在某些情况下，成人辅导既是可行的也是必要的。跨年龄的同伴辅导（通常是年龄大的学生同年龄小的学生一起学习）也可以是非常有效的。此外，教育改革家们一直试图通过个别化教学来模拟一对一的教学情境。教师们也找到了各种方法，以因地制宜地满足异质班级中不同学习者的需求（Corno，2008；Tomlinson，2008）。20 世纪六七十年代，个别化教学或称程序化教学法非常流行，这些方法允许学生按照自己的水平和速度进行学习（Fletcher，1992），而且这种形式的教学仍在多种基于计算机的教学形式中继续得到体现。下面将讨论这些不同的教学策略。

个别化教学

个别化教学（George，2005；Tomlinson，2004，2008）是这样一种教学方法，它通过调整教学的内容、水平、速度和成果以适应常规课堂中不同学生的不同需求。个别化教学背后的原理强调所有儿童都能够达到较高的标准，只是其中一些需要特定的帮助。

例如，你可能会要求一个由多样化的学生组成的班级写一篇圣雄甘地的传记，但你应当为不同阅读水平的学生分别提供甘地的相关材料。或者你可能会为一个异质性的班级出一份日常的数学测验，但你的测验中应当包含一些针对在数学方面准备更充分的学生的“思考题”。在课堂作业中，你可能会关注那些你已经知道欠缺先决技能的学生或者在课前预先为他们提供相关技能的教学指导；例如，在开始一个关于小数的教学单元之前，你可以安排一段额外的时间，与那些没有扎实地掌握对学习小数很重要的分数概念的学生一起回顾一下分数的知识。

同伴辅导

同学之间可以相互帮助进行学习。**同伴辅导**（peer tutoring）就是由一个学生教另外一个学生。同伴辅导有两种主要的形式：一是**跨年龄辅导**（cross-age tutoring），即辅导者比被辅导者大几岁；二是同龄辅导，即一个学生辅导另一个同班同学。相比较而言，研究者们更推崇跨年龄辅导，一个明显的原因是高年级学生更有可能已经掌握了学习内容，另一个原因是学生可能更愿意接受年长的学生担任辅导者，而不愿接受同班同学辅导（Topping & Ehly，1998）。有时，同伴辅导也被用于那些需要接受特殊帮助的学生，在这种情况下，几个高年级的学生与几个低年级的学生一起学习。还有其他一些辅导形式，比如，五年级的全班学生去辅导二年级的全班学生。在这些情况下，一半二年级学生被派到五年级的教室，一半五年级学生被派到二年级的教室。此外，在学校的餐厅、阅览室或者其他地点都可以进行同伴辅导。

同年龄的同伴辅导比较容易实施，也很有效（Rohrbeck et al.，2003）。在相同年龄和相同成绩水平的同班同学之间进行同伴相互辅导，即两个学生轮流做辅导者和被辅导者，这是一种非常实用而有效的方法（Fantuzzo，King，& Heller，1992；

个别化教学
一种教学方法，它通过调整教学的内容、水平、速度和成果以适应常规课堂中不同学生的不同需求。

同伴辅导
一个学生对另一个学生的辅导。

跨年龄辅导
由一个年龄较大的学生辅导一个年龄较小的学生。

图中表现的是哪种形式的辅导？对教师来讲，还可以运用哪些个别化的教学方法？

Greenwood, Terry, Utley, Montagna, & Walker, 1993；Mathes, Torgeson, & Allor, 2001）。

对辅导者进行适当的培训和督导是非常重要的（Jenkins & Jenkins, 1987）。接受过具体辅导策略训练的辅导者能比没有接受训练的辅导者得到更好的成效（Fuchs, Fuchs, Bentz, Phillips, & Hamlett, 1994；Merrill, Reiser, Merrill, & Landes, 1995）。

同伴辅导的相关研究 评价同伴辅导对学生成绩的影响的研究通常发现，同伴辅导的策略能同时提高辅导者和被辅导者双方的成绩（Fantuzzo et al., 1992；King, Staffieni, & Adelgais, 1998；Simmons et al., 1995；Van Keer, 2004）。实际上，许多研究还发现，辅导者取得的进步比被辅导者还要大（Rekrut, 1992）。正如许多教师曾提到的，透彻地学习某种内容的最好方法就是把它教给别人。辅导他人的优等生通常也很喜欢辅导，认为这种活动很有价值（Thorkildsen, 1993）。

INTASC 标准 6
沟通技能

链接
想理解更多关于互惠式教学的内容，请参见第8章。

网络链接

想了解更多有关同伴辅导的内容，请参考西北区域教育实验室（Northwest Regional Educational Laboratory, NWREL）的一篇文章（www.nwrel.org/request/oct96/article3.html），你也可以参考《作为助人者的儿童：同伴辅导训练手册》，见 www.interventioncentral.org/htmdocs/interventions/rdngfluency/prtutor.php。

NWREL 的另一篇有关同伴辅导和跨年龄辅导的文章见 www.nwrel.org/archive/sirs/9/c018.html。想获得有效合作和练习中心（Center for Effective Collaboration and Practice）为家长提供的有关全班范围内的同班辅导的内容，见 http://cecp.air.org/familybriefs/docs/PeerTutoring.pdf。

教师辅导

对儿童的一对一成人辅导是已知的最有效的教学策略之一，它从根本上解决了教学的适宜水平问题。这种方法的主要缺点是代价比较高。然而，在常规教学情境下，小范围地为那些学习困难的学生提供成人辅导是可行的。例如，父母、大学生、退休市民等成年志愿者通常都乐意辅导学生（Hopkins, 1998；Juel, 1996；Neuman, 1995）。如果对那些自愿辅导者进行有效的督导，并使用结构良好的学习材料，那么他们对儿童的阅读成绩可以产生积极的影响（Baker, Gersten, & Keating, 2000；Tingley, 2001）。辅导能非常好地发挥教辅人员的作用（Hock, Schumaker, & Deshler, 2001），有些学区雇佣了大量的辅助专职人员来进行辅导。事实上，研究发现，课堂辅导人员对学生的成绩没有多大影响，除非他们一对一进行辅导（见 Slavin，1994a）。

在某些情况下，运用这种高代价的一对一的成人辅导是相当值得的，例如针对学习阅读有困难的一年级学生。假如学生在小学低年级没有学会阅读，这将严重制约其以后的学习，因此，进行辅导以避免阅读失败，这种投资是值得的。人们研究过为小学阅读困难学生制订的方案，最近一项这类研究的综述发现，许多辅导和小组干预策略都对学生的学习有着显著的积极影响（Slavin，Lake，Davis，& Madden，2009）。一对一的辅导是非常有效的，然而，采用结构化语音教学法的辅导模式比其他辅导方法都更有效（Blachman et al.，2004；Brown，Morris，& Fields，2005；Ehri，2007）。由辅助人员实施的语音教学方案同样有效（Jenkins，Peyton，Sanders，& Vadasy，2004；Vadasy，Sanders，& Tudor，2007）。研究表明，对 3 到 8 个儿童组成的小组进行语音辅导会对学生的成绩产生少许积极影响（Mathes & Babyak，2001；Nelson & Stage，2007；Stevens & Slavin，1995b；Stevens et al.，2008）。还有一种同时采用合作学习和辅导的"让所有学生都成功"（Success for All）的方法，它对高危学生的学习有着重大而持久的影响（Borman et al.，2007；Correnti，2009；Slavin，Madden，Chambers，& Haxby，2009）。这些结果表明，通过以某种方式结合辅导与合作学习，大部分阅读困难的儿童都能获益匪浅。

理论应用于实践

有效运用同伴辅导以满足个体需要

同伴辅导是一种可以同时提高辅导者和被辅导者的学习成绩的有效方法，因此，毫无疑问，该方法对于在课堂中满足学生的不同需求很有价值。但是，若要通过同伴辅导来改善学生的学习，仅仅将学生两两配对还是不够的。

或许你每天都在课堂中使用一些非正式的个别辅导做法（如，让一个学生帮助另一个受困于某问题的学生），但是，若要确立一项正式的辅导方案，还需要更多的参与和计划。下面几点策略可以帮助你在课堂中建立和维持一项有效的辅导方案。与大多数提议一样，你可以先与学校负责人以及其他教师一起，确立一项全校范围的辅导方案，这样你就可以更好地满足所有学生的需求。

要建立一项辅导方案，首先要记住辅助者和被辅助者都需要具备特定技能。不管辅导者是同伴，还是高年级的学生，或者是成人，选择辅导者时都要慎重。最好的方法是先从志愿者开始。不但要考虑辅导者的知识基础（即他们对特定领域知识的掌握程度），而且还要考虑到他们能否将知识讲解清楚。

一般来讲，对辅导者的培训包括一些基本的教学技能训练，比如，示范，引导被辅导者做出反应，运用矫正性的反馈和表扬/强化，变换教学方法和材料（即应用多感官的方法），记录和报告学习的进程。如果在全校范围内进行，教师、父母或者辅助人员都可以对即将成为辅导者的学生进行训练，把这种训练作为课外服务性活动的一部分。

接受辅导的学生应该清楚自己在辅导过程中的角色。强迫一个学生接受辅导会产生消极影响。所以，一开始只选择那些自愿和辅导者一起学习的学生。逐渐地将辅导作为全班或者全校学习活动的有机部分。在这种合作性的模式中，任何学生都有机会在某时段成为辅导者和被辅导者。即使是那些知识和技能较少的学生也可能对同伴或者低年级的学生进行辅导。许多有接受特殊教育需求的学生在辅导低年级学生的过程中，自己也获得了自信，

资格认证指南

教师资格认证考试中，你可能会被要求阐述你对于如何恰当地应用跨年龄辅导的理解。例如，你可能被要求指出跨年龄辅导适合哪些课程目的，以及你将如何组织辅导以确保其有效。

并提高了自身的能力。

在训练过程中，要让所有的学生都明白，辅导者就相当于教师，理应受到尊重。另外，辅导者和被辅导者都必须明白，活动的目的是使被辅导者做到清晰理解概念，而不仅仅是完成一项任务。为了使学生准备得更充分，你可以在训练过程中使用各种角色扮演活动。示范各种正确的和不正确的教学形式、反馈形式以及强化形式，然后，让参与者在教师的督导下进行练习。在这种情形中给学生提供矫正性的反馈，这样，将来不进行直接督导时，你仍可以对辅导者和被辅导者很好地配合完成辅导活动抱有信心。

不管你是打算开始时仅在自己的班级中运用这种方案，还是开发全校范围内的辅导方案，都应该记住以下几点：

1. 需要在具体的教学活动中训练辅导者。
2. 辅导者和被辅导者需要对自己的角色和期望有清楚的理解。
3. 辅导者和被辅导者需要接受督导以及有关的反馈，尤其是在辅导过程的初期阶段。
4. 教师需要和辅导者一起，设计对辅导进程进行记录和报告有用且高效的策略。

INTASC 标准 3
因需施教

INTASC 标准10
合作关系

链接

想更多地了解可能使学生在学校面临失败的风险因素（如贫穷、有限的英语熟练度），请参见第4章。

链接

想了解儿童期或青少年时期的问题等可能使学生在学校面临失败的风险因素，请参见第3章。

高危学生

那些由于自身特点和/或因为学校、家庭或社区未能适当满足其需求而容易在学业上失败的学生。

针对被置于高危的学生的教育方案有哪些？

在学校中，任何儿童都可能成功，也都可能失败。至于是成功还是失败，这主要取决于学校、父母、社会机构以及儿童自己如何创设适宜学习的条件（Thomas & Bainbridge，2001）。在儿童入学之前，我们不能准确地预测哪些儿童会成功或失败，但是，儿童家庭背景中的某些因素使其更有可能成功或失败（一般而言）。例如，那些来自贫穷家庭或单亲家庭的学生、发展明显迟缓的学生以及有攻击性行为或退缩行为的学生，他们在学校中比其他学生更有可能出问题。这些学生通常被称为**高危学生**（students at risk）（Barr & Parrett，1995；Manning & Baruth，1995）。高危这个用语借自医学领域，长期以来它被用来指一个人并没有患上某种疾病，但比一般人群更容易患上这种疾病。例如，嗜烟者或者有癌症家族史的人是患肺癌的高危人群，尽管并不是所有嗜烟者或有癌症家族史的人都会患上这种病。虽然大多数高血压患者并不会得心脏病，但我们都知道，高血压是心脏病的诱发因素。同样，一个来自贫困家庭的特定学生或许在学校中表现很好，但是，平均而言，100 个贫困家庭的学生在学校中的表现显著差于 100 个来自中产阶层家庭的学生（Rossi & Stringfield，1995）。比起"高危"这个术语，博伊金（Boykin，2000）更喜欢使用"被置于高危"（placed at risk），以此来强调这样一个事实：正是因为学校、家庭或社区经常不能适当满足儿童的需求，致使他们被置于高危情境之中。例如，如果一个儿童在得到适当的教学、一对一的阅读辅导或者一副合适的眼镜的情况下就能顺利地完成阅读活动，那么在缺乏这些条件时，我们就说这个儿童被置于高危情境中。

儿童入学之前，家庭的社会经济地位及其结构是预测高危与否的最有效因素。然而，儿童入学后，与家庭背景因素相比，诸如阅读成绩差、留级、行为问题等因素对预测后期在校问题（如退学）更有效（Ensminger & Slusarcick，1992）。

针对高危学生的教育方案主要有三大类：补偿性教育方案、早期干预方案以及特殊教育方案。来自低收入家庭的学生，或者就读于低收入社区学校的学生，经常会出现一些学习问题，**补偿性教育**（compensatory education）就是指用来避免或补救这类学生的学习问题的教育方案。某些干预方案是针对高危婴儿和学步期幼儿的，旨在避免将来可能不得不进行补救。其他一些干预方案主要是为了使某些学生能够继续留在学校学习。下面将论述补偿性方案和早期干预方案。第 12 章将要讨论的特殊教育，则主要服务那些有严重学习问题以及身体和心理问题的学生。

链接
第12章详细讨论了特殊教育。

补偿性教育方案

补偿性教育方案专为解决在低收入社区中成长带来的问题而设计，是对那些社会背景不利、在学校中有困难或者被认为很可能遇到困难的学生提供的补充教育。其中两种方案，即提前教育方案和持续追踪方案，主要是针对那些家庭背景不利的幼儿园或小学的学生而设置的，使他们能够掌握顺利开始学校学习所必需的技能。但是，规模最大的补偿性教育方案，并且最有可能影响到常规课堂中的教师的方案是**第一节方案**（Title I）（以前称“第一章方案”），该方案由联邦政府提供资助，让学校为那些低收入家庭中学习困难的学生提供额外的教育服务（见 Borman，Stringfield，& Slavin，2001；Manna，2008）。

第一节方案不只是由联邦政府将资金划拨到学区。根据联邦政府的规定，这些资金必须用于“补充而不是替代”当地的教育投入。这就意味着，学区不能挪用这些资金来提高教师的工资或购买日常用品。相反，这些资金必须拨给为许多处境不利的学生提供服务的学校，直接用于提高校内落后生的学业成绩。一种例外是，如果学校服务处境极其不利的社区——在这些社区中，至少有 40% 的学生满足了得到免费午餐的条件——那么可以将第一节方案的资金用于改善学校的整体状况（但仍然不是为了满足基本花费，而是为了改善结果）。

第一节方案　第一节方案可以采取多种形式。最常见的是一名专业的第一节方案教师为阅读困难的学生提供补救性帮助，很多情况下也适用于在其他科目上的学习困难（Borman et al.，2001）。这种方案叫**调出方案**（pull-out program），因为是将学生从普通教学课堂中“调出”，参与第一节方案中的活动。

长期以来，调出方案受到诸多批评。其中一个主要问题是：普通教师和第一节方案教师的教学方式通常不一致，因此，原本需要高度一致的结构化教学的那部分学生，现在却必须适应两种完全不同的教学方式（Allington & McGill-Franzen，1989；Meyers，Gelzheiser，Yelich，& Gallagher，1990）。第一节方案必须以确保学生在普通教学课堂中取得成功为目的，因此第一节方案教学必须与普通教师的教学活动紧密配合。例如，如果某个学生在普通教学课堂中表现出难以把握段落的主题思想，那么第一节方案教师就应该关注段落主旨方面的教学，或许使用普通课堂上教师运用的教学材料。

研究发现，其他许多创新性方案加快了处境不利学生成绩的提高速度。这些方案包括辅导方案及其他有明确的教学目标，并不断地评价学生达到目标程度的结构化教学方案（见 Slavin & Madden，1987；Slavin，Madden，& Karweit，1989）。然而，最有效的方法是在学生未表现出学习困难时就给予干预，防止学生出现学习困难（Hamburg，1992；Slavin，Karweit，& Wasik，1994）。这类方案主要包括高质量的学前教育方案和幼儿园教育方案（Berrueta-Clement，Schweinhart，Barnett，Epstein，& Weikart，1984；Reynolds，1991），以及帮助所有儿童在第一次接受教育时就获得

补偿性教育
预防或补救来自社会经济地位较低的社区学生的学习问题的教学方案。

第一节方案
1994年，由改善美国的学校法案（IASA）的第一节再次授权的补偿性方案；以前被称为“第一章方案”。

调出方案
一种将学生安置在分开的课堂中进行补救教育的补偿性教育方案。

成功的综合性学校改革方案（Borman，2003；Comprehensive School Reform Quality Center，2006a，b；Kidron & Darwin，2007）。

第一节方案有效性的相关研究 在全国范围内考察了第一节方案对学习成绩的作用的主要研究有两项。第一项叫持续效果研究（Carter，1984），该研究发现，接受第一节方案的学生在阅读与数学方面确实比那些成绩同样低，但没有接受第一节方案的学生取得了更好的成绩，但是，这一效果还不足以使第一节方案的学生能够赶上全国学生的平均水平。接受第一节方案的学生中，进步最大的是一年级的学生，然而四年级和四年级以上的学生则进步很小。

最近对使用第一节拨款的补偿性教育方案的有效性进行的另一项主要研究叫“前景研究（Prospects）”。它也将接受补偿性教育服务的小学和初中的高危学生与那些没有接受这种服务的高危学生以及从未处于高危的学生进行对比。结果发现，接受第一节方案的学生的学业成就并没有提高（Puma，Jones，Rock，& Fernandez，1993）。博尔曼、达戈斯蒂诺、王和赫奇斯（Borman，D’Agostino，Wong，& Hedges，1998）进行了更为细致的分析，所得结论也同样令人失望，尽管这些方案对那些处境并非高度不利的学生以及仅在某个年龄段接受过补偿性教育服务的学生有一定的积极作用。然而，对那些社会背景极端不利、学习成绩也非常差的学生而言，补偿性教育方案并没有缩小他们与能力稍高的同伴之间的差距。

虽然前景研究并未发现接受补偿性教育服务在总体上能够产生积极的效果，但是，该方案在某些情况下确实具有积极作用。其中，影响其有效性的一个极其重要的因素是第一节方案服务与学校其他服务之间相互协调的程度（Borman，1997；Borman，D’Agostino，Wong，& Hedges，1998）。也就是说，那些能够将补救性或教学性的第一节方案服务与学校的主要教育方案完美整合的学校，以及用第一节方案的资金来执行全校范围内的方案以针对全体学生提升教学水平的学校，都从补偿性教育方案中获得了最好的结果，后者收获尤其大。这种整合式的方法不同于将成绩较差的学生安置到补救性班级中的传统做法，学生在补救性班级中接受的教学与其原有班级的教学不一致。

尽管一项对许多研究进行的综述的确发现了整体上的积极效应（Borman，Hewes，Overman，& Brown，2003；Borman & D’Agostino，2001），但是熟悉相关研究数据的人都不会坚持认为该方案的影响很大（Manna，2008）。考虑到对大多数学生来说，第一节方案只意味着每天不超过 30 分钟的补救性教学，那么得出这样的结论也就不足为奇了（Stringfield et al.，1997）。

对补偿性调出课堂效果的研究发现，整体而言，在常规班级中有效的教学活动，如果用在接受调出方案的班级中，也同样有效。例如，更多用于教学的时间和投入任务时间以及有效课堂管理措施的其他特征，都是预测补偿性教育方案班级中学生成绩提高幅度的重要因素（Crawford，1989；Stein，Leinhardt，& Bickel，1989）。对特困地区学生接受的教育方案所进行的一项大型研究（Knapp，1995；Knapp，Shields，& Turnbull，1995）发现，如果教师强调教学是为了让学生达到深层次的理解和把握意义，则其学生获得的成绩要显著高于那些教师只强调训练和练习的学生的成绩（也见 Waxman et al.，2001）。斯特林菲尔德及其同事（Stringfield et al.，1997）进行的另一项大型研究对特困地区的学校使用的一系列补偿性教育方案进行了评估。研究发现，两种综合性的学校改革方案尤其有效：“让所有人都成功”的方案和“科默学校发展方案”，这两种方案将在本章后面加以讨论。这些研究和其他一些发现逐渐使第一节方案的决策者们倾向于建立全校范围的方案，使第一节方案的资金用于改善对学校全体学生的教学（见 Brown et al.，2001；Slavin & Fashola，1998）。

早期干预方案

传统上，第一节方案以及其他一些补偿性教育方案都过于强调对学生的补救。它们通常在学生已经落后时才为他们提供帮助。这类学生最终依然有可能接受特殊教育或者留级。而比起为可能遭遇学业失败的高危学生提供补救，注重预防和**早期干预**（early intervention）显然要有意义得多（见 Chambers，Cheung，Slavin，Smith，& Laurenzano，2010；Powell，1995；Slavin，Karweit，& Wasik，1994）。

链接　想获取更多有关预防和早期干预的内容，请参见第12章。

研究发现，给婴儿提供刺激、对父母进行培训，以及其他为从出生到 5 岁的儿童提供的各种服务方案，都对那些高危学生的学业成功具有长期影响。卡罗莱娜启蒙方案（Campbell & Ramey，1994）就是一个例证，该方案让低收入家庭的子女从婴儿期到入学之前都接受强化训练，这对于学生的学业成绩具有长期的促进作用。佩里学前教育方案也证明了对四岁儿童进行强化训练的长期影响（Schweinhart & Weikart，1998）。其他一些方案也产生了类似的效果（Chambers et al.，2010）。除了这类预防性的方案外，还有证据表明，早期干预可以防止儿童在低年级就表现出学业落后。例如，怀特赫斯特及其同事（Whitehurst et al.，1999）发现，一项强调语音意识（声音如何拼合为词的知识）以及其他一些前读写时期学习策略的早期干预方案对儿童的学习具有持久的影响。一项名为**阅读恢复**（Reading Recovery）的方案（Lyons，Pinnell，& DeFord，1993；Pinnell，DeFord，& Lyons，1988）安排受过专门培训的教师给阅读困难的一年级学生提供一对一的辅导。该方案使绝大多数被置于高危的学生都达到了正常的阅读水平，并且具有长期的积极作用。目前在美国、加拿大、英国以及其他一些国家，数以千计的小学都在使用阅读恢复方案。尽管人们几乎都同意阅读恢复方案对高危的一年级学生的阅读成就具有积极作用（见 Slavin et al.，2009），然而对于该方案的积极效应能否在一年级以后的学习中继续保持，研究得出了不一致的结果。在伦敦进行的一项对阅读恢复方案的长期评估发现，该方案存在即时效应，但儿童长到 10 岁左右时，该方案的效应已经消失（Hurry & Sylva，2007）。此外，人们质疑阅读恢复方案的成本效益（Hiebert，1996；Shanahan，1998），争议阅读恢复方案对少数一年级学生的积极影响是否意味着该方案就是将有限的资金用于该年龄组所有儿童的最佳方式（见 Hiebert，1996；Schacter，2000）。

除了阅读恢复方案之外，其他一些方案也成功地让那些有资格的教师、辅助人员，甚至受过良好训练和接受高水平督导的志愿者们发挥了能力，由他们来帮助一年级的学生提高阅读成绩（Morris et al.，2000；Slavin，Lake，Davis，& Madden，2009）。与小组补救方案或没有干预相比，一项名为阅读营救（Reading Rescue）的语音辅导方案使一年级学生的学习效果大幅度改善（Ehri，Dreyer，Flugman，& Gross，2007）。在澳大利亚还有一项方案将课程改革、一对一的辅导（阅读恢复）、家庭支持以及其他一些方法进行了结合，显著地改善了一年级学生的阅读表现（Crévola & Hill，1998）。

早期干预
一种针对高危婴幼儿的方案，以防止日后可能需要补救。

阅读恢复
一种由受过专门培训的教师给阅读困难的一年级学生提供的一对一的辅导方案。

对辅导方案、卡罗莱娜启蒙方案以及其他一些预防策略的研究表明，如果我们能够在学业生涯的初期为高危学生提供高质量的教学和强化培训，那么，这些学生就能获得成功（Slavin，1997/98）。早期干预也能够确保那些需要长期帮助的学生可以被提前发现，以及确保那些能及早解决的问题，不必到后来再无谓地安排特殊教育（见 Vellutino et al.，1996）。

阅读恢复方案对身为英语学习者的学生尤其有帮助。这种方案与传统的补偿性方案有什么不同?

学校综合改革方案

学校综合改革(comprehensive school reform, CSR)方案是在全校范围内进行的，它们把那些经过研究证实的有效策略运用到学校运转的各个方面，包括课程、教学、评估、分组、针对学习困难儿童进行的教学调整、父母的参与以及其他一些方面(Borman, Hewes, Overman, & Brown, 2003 ; CSRQ, 2006a, b ; Kidron & Darwin, 2007 ; Slavin, 2008a)。学校综合改革方案有多种形式。比如“让所有人都成功”(Slavin et al., 2009)和“直接教学”(Adams & Engelmann, 1996)这类方案在每个科目上都给学生提供具体的材料，并详尽指导学生如何使用，而其他一些方案，如“加速学校”方案(Hopfenberg & Levin, 1993)和“学校发展方案”(Comer, Haynes, Joyner, & Ben-Avie, 1996)则提供更为一般性的练习指导，帮助学校里的教师确立自己的有效教学方法。而“美国的选择”(Supovitz,Poglinco,& Snyder,2001)和“当代红色校舍”(Kilgore, Doyle, & Linkowsky, 1996)等方案强调将标准融入实际教育活动中去。美国使用这些学校综合改革方案的学校超过 3 000 所(Slavin, 2008a)。

应用和研究得最广泛的一种学校综合改革方案叫**“让所有人都成功”**(Success for All)(Slavin, Madden, & Chambers, et al., 2009)，它面向为处境不利社区提供教育服务的小学，重在对其中的学生进行预防和早期干预。该方案为学前、幼儿园以及一到八年级的儿童提供基于科学研究成果的阅读教育方案；为有需求的一年级学生提供一对一的辅导；提供家庭支持服务；同时也对教学、课程、学校组织等进行改进，以确保低年级的学生不掉队。有关该方案的纵向研究表明，接受该方案训练的学生在整个小学和初中期间的阅读水平要明显好于没有接受训练的匹配对照学校中的学生，而且他们被安排接受特殊教育或者留级的几率也要小很多(见 Borman & Hewes, 2003 ; Borman et al., 2007 ; Correnti, 2009 ; Muñoz, Dossett, & Judy-Gullans, 2004 ; Slavin, Lake, Davis, & Madden, 2009 ; Slavin, Madden, Chambers, & Haxby, 2009)。在 2009 至 2010 学年，有约 48 个州的 1000 所第一节方案学校使用了“让所有人都成功”方案。

让所有人都成功

这是一种预防和早期干预的综合性方案，它为学前、幼儿园以及一到八年级的儿童提供一对一的辅导、家庭支持服务，同时也为预防学生掉队而进行教学改进。

另一种得到广泛研究的学校综合改革方案是詹姆斯·科默(James Comer)的“学校发展方案”(Comer et al., 1996)。该方案强调学校与家长以及社区建立联系，并将学校全体员工组成合作团队，进行有吸引力的有效教学(Ramirez-Smith, 1995)。有两项随机分配的实验研究考察了科默的方案，发现如果学校在最大程度上广泛运用该模式蕴含的基本原则，那么学生的学习成绩会有最大幅度的提高(Cook et al., 1999 ; Cook, Murphy, & Hunt, 2000)

课后及暑期学校方案

第一节方案以及其他联邦、州立和地方教育机构，都在越来越多地资助那些让学生在教学时间之外继续学习的各种教育方案。课后方案和暑期学校方案正在迅速扩展。

课后方案通常会将某种学业活动（如家庭作业辅导）与运动、情景剧和一些文化活动相结合（Friedman，2003）。然而，对课后方案进行的研究发现，要想提高学生的成绩，这些方案需要包括组织良好的课程活动，如个人或小组辅导，需要延长教学日时间（Fashola，2002；McComb & Scott-Little，2003）。

在学校，作为让学生避免留级的最后机会，暑期学校课程越来越常见。长期以来，一些鼓吹暑期学校课程的人都认为，这是解决“暑期损失”现象的一个办法。在暑期中，来自较低社会经济地位家庭的儿童很容易落后，而中产阶层的学生通常却会进步（Entwisle et al.，2001）。暑期学校的相关研究整体上发现这种方案对学生成绩的提高是有益的（Borman & Boulay，2004）。最近由金进行的一项研究（Kim，2006）发现，仅仅将书送到四年级儿童的家里，并鼓励他们与家长一起阅读，就可以提升他们秋季学期的阅读成绩。

劳尔等人的一项研究综述（Lauer，Akiba，Wilkerson，Apthorp，Snow，& Martin-Glenn，2006）对暑期学校和课后方案这两类校外方案的相关研究进行了考察。他们发现，与没有接受校外方案培训的学生相比，接受了该方案培训的学生的阅读和数学成绩有了些许提高。整合了辅导的方案的正效应更明显。课后方案和暑期学校方案的正效应相同。这些发现的重要之处在于，它们表明通过延长对学习困难学生的辅导时间可以帮助他们提高学习成绩，尤其是当这些额外的时间被用于进行有针对性的辅导活动时就更加明显。

想更多地了解暑期学校方案，可参见库伯、查尔顿、瓦伦丁和米伦布鲁克的文章（Cooper，Charlton，Valentine，& Muhlenbruck，2000）。想更多地了解课后方案，请参见麦库姆和斯科特－雷特的文章（McComb & Scott-Little，2003）。

如何将技术应用于教育？

INTASC 标准 6
沟通技能

看看现在的孩子们，不论处在什么年龄段，他们都会玩电子游戏、给朋友发邮件，或者在互联网上查找信息。看到或体验过这些的大人们会问自己，为什么如此强大的技术力量改变了我们生活的方方面面，却没能改变教育呢？这并不是说课堂中没有用到技术。每所学校都在不同程度上应用着计算机、DVD、交互式电子白板以及各种各样的其他技术，而且至少大多数中产阶级家庭的学生在回家之后也会接触到各种技术（DeBell & Chapman，2006；Thorsen，2009）。但在美国的学校中，技术对教学和学习造成的真正的、核心的改变却是十分缓慢的（Borgman et al.，2008）。

在教育中，技术有三大类型的运用。首先，教师在课堂教学中采用技术来设计教学和呈现课堂内容。其次，学生采用技术来探索、练习以及与他人进行交流，并准备论文和报告。最后，教师与管理者采用技术来实现相关的管理任务，如评估、保存记录、报告和管理（见 Bitter & Legacy，2008；Lever-Duffy & McDonald，2008；Thorsen，2009）。下面将举例说明这三种类型的技术运用。

网络链接

国际教育技术协会（ISTE）制订了技术运用于教育的标准。它在以下领域为教师提供了指南：

- 促进和激发学生的学习和创造性
- 设计和开发数字时代的学习体验和评价方式
- 示范数字时代的工作和学习
- 提升和示范数字化的公民义务和责任
- 参与职业的成长和领导

针对教师的完整的 ISTE 国家教育技术标准（NETS-T）见 www.iste.org/Content/NavigationMenu/NETS/For Teachers/2008Standards/NETS_T_Standards_Final.pdf。通过网站 www.iteaconnect.org 访问国际技术与工程教育者协会。另一个为教师设计的有关如何将技术整合进课堂的网站是 www.4teachers.org。

用于教学的技术

为了更大程度地发挥技术在课堂中的作用，教师应当学会有效运用多种工具。仅仅为学生提供一台计算机并不足以促进学生利用技术进行充分而有意义的学习。下面将介绍一些将技术有效地运用于课堂教学的方法。

计算机 文字处理软件、电子表格和演示软件是教学中最常用的电子技术。你可以采用文字处理软件完成大量的教学任务，例如，可以用它来准备学生的练习题、测验、评价标准、教室里的标记和挂图。另外，文字处理中的“审阅”工具使你能够通过“追踪修订”和“插入批注”来向学生提供个别化的反馈。简单的桌面排版工具，使教师能够运用颜色、图表和图画来增强课程内容对学生的吸引力。文字处理程序的排版工具，使教师能够更容易地改写文档以满足特定学生的需求。

电子表格能够组织和计算数值型数据，生成图表来描述信息。电子表格在教授数学课时尤其有用，因为它们使得教师能够直观地呈现数值数据，如变量值的改变产生的影响。

演示软件使教师能够运用预先排列好的一组电子幻灯片进行专业讲解。这些演示可以包括多种多媒体元素，如图表、声音、特殊效果、动画以及视频片段，它们能使你的展示和讲解更有吸引力。教师还能把它们打印出来，给学生提供演示的大纲。更高级的多媒体和网页编辑系统还能帮助教师制作自己的多媒体教程和网页来支持教学。

技术被越来越多地用于将文本和可视化的内容结合起来，如动画或视频。已有研究发现，只要文本和视觉材料直接互补，这种多媒体教学手段就能提高学生的学习成绩（Hoeffler & Leutner，2006；Reed，2006）。例如，有研究表明，通过增加示意图或动画来展示闪电的产生过程有助于学生对文本的理解，然而增加有激励性却无解释作用的文本（如一幅飞机被闪电击中的图片）则不利于学习（Mayer，2008b，2009）。同样，最近关于一年级阅读的研究也发现，在教师主导的阅读课上增加关于字母发音、声音拼合和词汇的视频内容能够显著提升学生的学习效果（Chambers et al.，2006，2008）。

许多可用的技术工具都能使教师的课堂更加生动。最初人们担心计算机会取代教师，这种担忧是毫无根据的。有效应用计算机模拟、演示软件、电子表格以及其他软件，会提升而非取代教师的教学。

交互式电子白板与学习者反应设备　**交互式电子白板**（interactive whiteboard）是一个全班都能看到的大屏幕，所有计算机屏幕上可以呈现的内容也都能呈现在这个屏幕上（Betcher & Lee，2009）。教师或学生还能用手指或一种特殊的笔（取决于品牌）在白板上写字或对已有的教学内容进行操作。另外，教师可以给学生提供**电子反应设备**（electronic response devices），或称**答题器**（clickers），学生可以在这种设备上以电子的方式回答问题。之后，教师可以快速评估学生们对概念的掌握程度，并确定有哪些概念还需要花更多时间进行讲解（Becker & Lee，2009；Marzano，2009）。

交互式电子白板在美国约25%的课堂中得到了运用，以帮助教师解决如何协调复杂课程的问题。你将如何运用诸如交互式电子白板的技术来帮助自己组织课程？

目前，交互式电子白板在英国约 75% 的课堂里得到了广泛应用，而在美国，这一比例仅有 25%。不过，这种工具的普及性正在迅速提升。交互式电子白板能够帮助教师解决协调复杂课程的问题。所有的课程元素都可以被载入计算机并投射在白板上，包括幻灯片、视频片段、静止图像、字母、词以及其他准备好的内容。此外，教师还能运用大量可用的网络数字资源来生成、增加或改进课程。白板并不能取代教师，相反，它可以在合适的时候为教师提供可视化的帮助，以此来促进那些有吸引力、多样而又有效的课程教学。

由于这项技术相对较新，在美国关于交互式电子白板的研究还很少。英国的研究已经发现这项技术具有广阔的前景。苏美赫及其同事（Somekh et al.，2007）发现，学生接受数月的交互式电子白板辅助学习与其全国阅读测验和数学测验的成绩有正相关。希金斯及其同事（Higgins et al.，2005）在另一项相关研究中也发现了类似的结果。皮塔德、班尼斯特和邓恩（Pittard，Bannister，& Dunn，2003），以及史密斯、希金斯、华尔和米勒（Smith，Higgins，Wall，& Miller，2005）的研究综述指出，关于交互式电子白板的早期研究发现了这种方法对学生学习的积极效应。一些描述性研究（例如，Latham，2002；Miller，Glover，Averis，& Door，2005）证明了交互式电子白板使用的潜力和困难，并提出了一般建议，倡导广泛的专业化发展和跟进、专门针对白板内容的开发，以及交互式电子白板与其他教学活动和资源的整合。

交互式电子白板
大型触屏，教师可用来呈现和改进数字化课堂内容。

网络对教师的作用

网络可以为课程设计提供丰富的资源。与教师相关的网站使他们能够交换信息，彼此支持，分享思想和解决问题。为教师准备的在线资源包括多种网页工具。

电子反应设备（答题器）
学生使用它输入问题的答案，并把它们登记在电脑或交互式电子白板中。

电子邮件　电子邮件在课堂上的出现使得教师能够迅速而便捷地相互交流以及与家长进行交流。从管理的角度来看，电子邮件能减少开会的需要，因为教师可以通过邮件进行交流。一些学校采用电子邮件检查考勤。在班级里还能通过电子邮件与不同州和不同国家的其他班级进行交流。

讨论板 在讨论板上，人们都可以回应他人的评论，这点与电子邮件类似。然而不同的是，在讨论板上，组织者会在最初的屏幕上提出要讨论的主题，之后，参与者可以选择进入他们想讨论的主题。通过这种方式，教师能够促进学生对课堂相关问题的讨论，并为他们提供一个表达观点的论坛。

网上发布 教师将家庭作业、校历和一般信息贴在网站上供家长了解，这已经开始变成一种惯例。

用于学习的技术

链接 想理解更多有关残疾学生使用电脑的内容，请参见第12章。

教师会出于很多目的而采用技术来帮助学生学习。学习技术的应用主要有以下几类：文字处理和排版、电子表格和数据库、计算机辅助教学、网络、多媒体、整合学习系统以及计算机编程（Bitter & Legacy，2008；Goldman-Segall & Maxwell，2003；Shuler，2007；Thorsen，2009；Zhao & Frank，2003）。第 12 章则讨论了技术在特殊教育和主流教育中的使用（Lever-Duffy & McDonald，2008）。

文字处理或桌面排版
用于撰写、修改和编辑文章的一种计算机程序。

电子表格
将数据转换成表格和图表的一种计算机程序。

文字处理和排版 **文字处理**（word processing）或称**桌面排版**（desktop publishing）是计算机的一种最常见的应用，尤其是在四至十二年级中。如今，教师们越来越多地要求学生在教室的计算机上写作文。与纸笔作文相比，文字处理的一个关键的优点是它易于修改。文字处理程序具有的拼写检查功能和其他用途使学生不必那么担忧技术细节，从而更集中关注他们文章的意义和组织。由于写作教学已经转而强调修改和编辑过程，所以这种能力就变得尤为重要。文字处理可能是研究最为深入的计算机用于教学的例证，研究也表明，与那些使用纸笔的学生相比，用计算机的学生会写得更多，修改得更多，而且对他们的作品更自豪（Cochran-Smith，1991）。此外，当学生有机会采用文字处理器时，他们的写作质量也有一定提高（Goldberg，Russell，& Cook，2003；Kamil，Intrator，& Kim，2000）。当每个学生都有一台笔记本而不必分享少数几台计算机时，这种写作的积极效应就会增强（Lowther，Ross，& Morrison，2003）。当然，在许多职业岗位中，文字处理都已经成为了一项基本技能，可见，教会学生使用文字处理程序（例如，在高中的商学课程中）显然非常重要。

图 9.2 电子表格与结果图示例

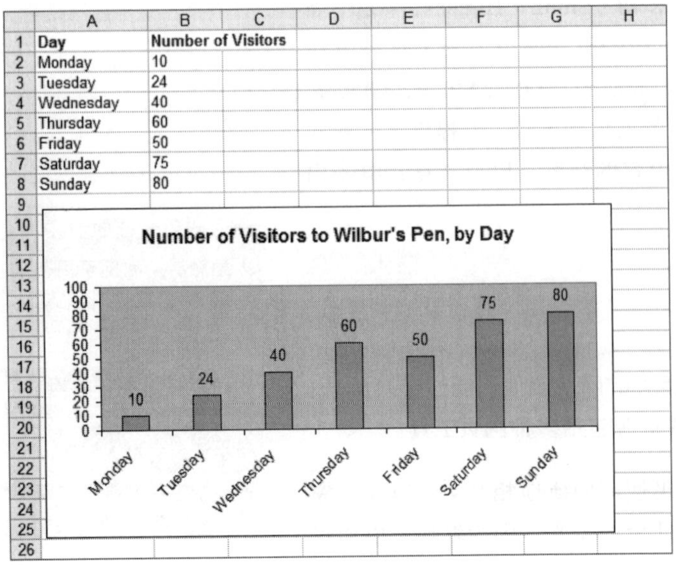

电子表格 正如文字处理程序一样，**电子表格**（spreadsheets）也是一种被人们广泛使用的软件。通常来讲，电子表格能将原始数据转换成线条图、图表和其他概括的形式，这样，学生就能更容易地组织信息，并看到多个变量对结果的影响（见图9.2）。例如，学生能够输入一个宠物动物园中每天来看小猪威尔伯的访客数量，通过对给定的一列数据指定公式，学生就可以自己定义表格程序，计算每星期同一天的访问者、每天同时段访问者、各年龄段访问者等的总数。改变任何数字都会自动改变行和列数据的总和。之后，电子表格程序就既能以原始的数值形式来呈现数据，也能将数据转换成图表。现在，学生们开始越来越多地使用电子表格来记录科学实验的数据和加强数学技能。

图 9.3 超文本示例

资料来源：www.whitehouse.gov/issues/technology

数据库 **数据库**（database）是一种计算机程序，它能储存大量信息，以便进行引用，也可对其进行操控。学生可以学着搜索CD-ROM（ROM指只读存储器）上的数据库，如百科全书、地图册、公路线路图、目录等来寻找信息以完成不同的教学目标。当前信息的数据库在网上很容易得到。已存档的或当前信息的数据库在基于课题的学习中尤为重要，因为它们可以使学生更容易地接触到大量信息，以便完成开放式的报告和其他课题。

在许多数据库中，学生可以通过点击单词或图片来使用**超文本**（hypertext）和**超媒体**（hypermedia）在数据库（如百科全书）中进行搜索。这使得学生能够了解与某部分特定的文本相关的或更为详细的信息（见图 9.3）。超媒体同样能提供图片、音乐、录像片段或其他信息来阐释和扩展 CD-ROM 或在线数据库中的信息。与传统文本相比，超媒体可以使学习者更高效地遵循自己的兴趣，或填补在理解方面的断层，这些可能性令人激动，然而迄今为止，超媒体使用的相关研究发现，这种媒体对于同时依赖学习材料的类型和学习者的特性来说，其对学生学习的效应十分有限，而且产生的效应也不一致（Dillon & Gabbard，1998；Kamil et al.，2000）。

计算机辅助教学 **计算机辅助教学**（computer-assisted instruction，CAI）的应用从简单的演练与练习软件到复杂的问题解决程序，其复杂程度各不相同。

演练与练习 计算机在教育中的一种最常见的应用就是为学生提供对知识和技能进行**演练与练习**（drill and practice）的机会。例如，许多软件程序能为学生提供数学事实或计算、地理、历史或科学等方面的练习机会。尽管计算机专家常常反对采用演练与练习的程序，称它们为“电子翻页”，然而，用来代替个人课堂作业的演练与练习程序有很多重要的优点，包括即时反馈、保存记录、吸引人的图像。此外，根据学生的反应，这种程序还能调整练习的速度和题目的水平。由此，学生进行练习的动机就得到了提升，否则的话，课堂练习可能会使学生感到无聊（Kamil et al.，2000；Leu，2000）。演练与练习程序自身并不能进行教学，但却能够强化学生以其他方式学到的技能和知识。

辅导程序 相比演练与练习的技术，**辅导程序**（tutorial programs）更加复杂，它旨在教授新材料，并基于学生的反应，进行适宜的纠错和复习。最好的辅导程序尽可能地模仿一个耐心的人类辅导者。如今，越来越多的辅导程序开始采用语音和图像来吸引学生的注意和呈现新的信息。通常学生会被问到许多问题，程序会根据学生

数据库
一种能储存大量信息（如百科全书和地图册）的计算机程序。

超文本和超媒体
当计算机使用者点击一个词或图片时出现的相关信息。

计算机辅助教学（CAI）
由计算机实施的个别化教学。

演练与练习
应用计算机技术为学生提供技术和知识方面的实践。

辅导程序
用来教授新材料的计算机程序，它能根据学生的反应来改变内容和速度。

这些学生在使用教学软件进行学习。研究表明，依托计算机的教学有什么好处和坏处？是否有一些形式的计算机辅助教学比其他的更有效？

的不同回答选择下一步，如果学生出现错误就重新进行解释，如果学生能够正确回答则继续进行学习。现在，人们正在开发能够模仿专家级人类辅导者行为的高度复杂的电脑程序，并将它们应用于多种情境中（Lever-Duffy，McDonald，& Mizell，2003）。

教学游戏 多数儿童最初通过电子游戏接触到了计算机，由此，许多教育者（和家长）都想知道，能否将儿童玩电子游戏时的强度、动机和恒心迁移到课堂中（Gee & Levine，2009；Shaffer，Squire，Halverson，& Gee，2005；Shuler，2007）。人们设计了许多**教学游戏**（instructional games），它们多数是简单地将演练与练习的设计外推到游戏的形式，但其中一些更具创新性。例如，有个被称为《神偷卡门在哪里》的程序十分流行，它的设计旨在通过让儿童以穿越许多国家去追踪罪犯的方式来教授他们地理知识。计算机游戏是计算机软件在学校最常见的应用形式之一（Becker，2001）。

网络对学生的作用

互联网（Internet）可能是美国学校中发展最快的一种技术应用（Leu，2000；Lewin，2001；March，2005/2006）。互联网入口几乎遍布于所有的学校（NCES，2007），这使得学校能够获取大量的信息，包括能够想到的各种主题的数据库、全世界的图书馆以及其他一些专业信息（Jukes，Dosaj，& Macdonald，2000）。这些信息能够帮助学生，使他们变成主动且有创造性的学习者（Martinez & Harper，2008）。例如，学生可以使用互联网进行“网络探究”（WebQuests），围绕给定的主题在互联网上进行搜索。互联网还可以使学生跨越空间距离与其他学校的学生进行交流。利用这项功能，学生可以创建国际化的课题，与其他学校合作从事课题研究等等（Lewin，2001；Means，2001）。许多学校和班级都在网上制作了自己的主页（Havens，2003），并通过搜集以及综合来自各处的信息，建立了自己的虚拟博物馆或百科全书。学生能够向**维基**（wikis）（在线百科全书）、播客（podcasts）和其他虚拟出版物增添信息，这些资源同时能够给予他们真正的机会去交流自己的成果（Dlott，2007；Ohler，2006；Valenza，2005/2006）。

模拟游戏软件 作为一种与现实的互动模型，**模拟游戏软件**（simulation software）可以让学生在模拟环境中进行操作，并由此从内部了解这一环境。例如，最早的模拟游戏软件之一，《俄勒冈之路》（Oregon Trail），给学生限量的食物、水、钱和马匹。学生必须精打细算地使用这些资源才能成功地驾着马车到达西部。现代的模拟游戏软件包括《模拟城市：梦之都》（Sim City Societies）、《国家的崛起》（Rise of Nations）、《神话时代》（Age of Mythology）、《文明》（Civilization）、《动

教学游戏
以游戏的形式来进行演练与练习。

互联网
全世界计算机组成的一个大型的、正在扩张的远程交流网络，它可以进行电子交流。

维基
一个网站，例如维基百科，用户可以增加或修改其包含的内容。

模拟游戏软件
模拟真实生活中的现象来提升问题解决能力并激发对相关领域的兴趣的一类电脑程序。

物园大亨》（Zoo Tycoon）以及《蛋头宝宝们的逻辑思考之旅》（Logical Journey of the Zoombinis）等（Gee & Levine，2009）。

网络探究　网络探究与模拟软件类似，此外它还可让使用者在网页上寻找信息，以增强他们扮演自己的角色或为一场讨论及一件协作产品做出贡献的能力。例如，全球教育网站（www.globaleducation.edna.edu.au）允许学生承担与蒙古的沙漠扩张相关的任何一种角色。为了让自己的参与更有意义，学生需要进行研究，从自己所承担角色的角度来理解问题。在城市科学网站（http://epistemicgames.org）上，中学生通过了解城市规划、经济和社会政策来设计一个新的城市。在探索大西洋网站（http://atlantis.crlt.indiana.edu）上，学生寻找和使用科学信息来解决模拟的问题，例如鱼类栖息地的污染。

问题解决程序　为了开发学生的批判性思维技能，人们已经创建了大量的程序，其中许多都被设计为问题解决活动。贾斯珀系列是范德堡大学开发和研究的一个有革新性的**问题解决程序**（problem-solving program）（Cognition and Technology Group at Vanderbilt，1996）。这个程序要求学生们看录像，其中有一个叫做贾斯珀·伍德伯里的人，他要应对一系列需要运用数学和思维技能的挑战。学生必须在知道贾斯珀解出的答案之前解决他面临的问题。除了使用计算机，学生还会以小组合作的形式参与同程序中的故事相关的线下活动。评估已经发现，与匹配的对照组相比，课堂中使用贾斯珀程序的学生在数学计算和概念方面的表现没有什么差异，但是在应用题和计划方面的表现明显要好。

资格认证指南

教师资格认证考试中可能会要求你提出一种采用技术帮助学生学习多种教学目标的策略。

网络链接

能够帮助你有效使用模拟、游戏及课程以通过技术使学生参与学习的资源包括：课堂 2.0 维基（http://wiki.classrooms20.com）、21 世纪之路（http://route21.p21.org/）、教育资源技术中心（www.rtec.org）、通用学习设计（www.cast.org）、教育乌托邦（www.edutopia.org）以及苹果学习交流（http://edcommunity.apple.com/ali）。

理论应用于实践
帮助学生评判网络资源

互联网使人们更容易获得信息（和错误的消息），这意味着学生需要成长为有批判精神的读者，能够评判他们所发现的信息的真实性、公正性和有用性（Badke，2009；David，2009；Richardson，2009；Weigel & Gardner，2009）。哈里斯（Harris，2007）为学生做了一个用于评估研究资源的检查表（见图 9.4）。

关于互联网对学业成绩的影响结果的研究很少（Leu，2000；Wallace，2004）。如何限制儿童接触网上的色情材料或其他不适宜信息也引起了人们的严正关注（见 National Research Council，2001；Wartella & Jennings，2000）。然而互联网确实存在于学生们身边，至少作为一种以大量信息来为学校图书馆提供补充的工具而存在。

问题解决程序
专门用于开发学生批判性思维技能的程序。

图 9.4 研究资源评估的CARS检查表总结

可信度

值得信任的来源、作者的资质、质量控制的证据、知名的或受尊重的权威以及组织支持。目标：一种权威的来源，这个来源能够提供一些高质量证据，让你相信它。

准确度

最新的、给出事实的、详细的、准确的以及综合的；受众和目标反映出力求完整和准确。目标：如今（不是昨天）看来正确的来源，给出完整事实的来源。

合理性

公平的、平衡的、客观的、有理由的，没有利益冲突，没有谬误，语气不带偏见。目标：信息源应能周全而合理地反映主题，关注事实。

支持

列出来源、联系信息、可用的佐证，主张得到支持，提供了文件记录。目标：为提出的主张提供令人信服的证据来源，你能够三角验证（找到至少两项能够支持它的其他资源）的来源。

资料来源："Evaluating Internet Research Sources" by Robert Harris, www.virtualsalt.com/evalu8it.htm. Text copyright © 2007 by Robert Harris.

网络链接

想了解有关网络探究方面的情况，请访问 www.edhelper.com。

多媒体课题 教师可以鼓励学生去完成自己的**多媒体**（multimedia）课题——一种小组报告的新形式（Ohler，2009；Simpkins，Cole，Tavalin，& Means，2002）。在基于课题的多媒体学习中，学生设计、计划并创建出一件产品或成果，它可以整合媒体对象，如图形、视频、动画和声音。例如，一个七年级的班级创建了一项社会研究和科学课上关于黑死病的多媒体演示，整合了如何感染上这种瘟疫病毒的动画以及14世纪农民的观点（Simkins et al.，2002）。

多媒体

可以被整合进课堂项目的电子材料，如图表、视频、动画和声音。

学生可以采用许多图像工具来创建他们的多媒体演示，包括光盘只读存储器、数码照片、概念图和架构图。**光盘只读存储器**（CD-ROM）和在线数据库包括剪贴画、照片、图片和音乐，有时还有视频。学生可以采用它们将音频、视频、音乐和图片结合起来，创建多媒体报告、课题或探索作品。**数码视频和照片**（digital video and photographs）能用于刺激写作，或用于描述课题。例如，学生在对动物园的实地考察的过程中可能会拍摄动物的数码视频或照片。回到课堂中来，这些资料能够提醒学生他们所看到的东西，并为考察报告提供图解。

CD-ROM

用于“只读存储”的一种计算机数据库，它能提供大量信息，包括图片和音频；它对进行课题和研究活动的学生尤其重要。

数码视频和照片

可以装载到计算机上并以电子形式进行分享的视频和照片。

整合学习系统 学校经常会购买**整合学习系统**（integrated learning systems）——即整套硬件和软件包，包括之前描述的多数类型的软件。整合学习系统能提供许多相互联系且与计算机相连的终端，你可以用计算机来监控每个学生的学习（Lever-Duffy et al.，2003）。整合学习系统的网页版也是可以使用的，并且增加了一项好处，即为那些需要其他教育选项的学生提供在线学习的机会。对市场上销售的整合学习系统有效性的研究发现，它们对数学成绩有一定的积极效应（Kulik，2003；Slavin & Lake，2008；Slavin，Lake，& Groff，2009），但对阅读成绩却几乎没有影响（Kulik，2003；Slavin，Cheung，Groff，& Lake，2008；Slavin，Lake，Chambers，et al.，2009）。

整合学习系统

商业化开发的综合性的、多用途的软件包，由互联的管理教学软件组成，在计算机网络上运行。

Web 2.0

在基于课题的多媒体学习中，学生设计、计划并创建产品和成果，整合媒体对象，例如图表、视频、动画和声音。多媒体课题如何促进你的学生的学习？

Web 2.0指的是现代对万维网（World Wide Web）的使用，它包括让使用者采用模版输入评论和回答来进行免费的合作化在线交流（Bitter & Legacy，2008；Ferriter，2009a；Knobel & Wilber，2009；Reeves，2009；Richardson，2008）。采用这种方式进行交流的人群被称为虚拟社区或社会网络用户。

网络日志（博客） 网络日志，一般被称为博客，就像在线日记一样，作者或称博主可以将他们的想法和看法贴在上面。你可以在www.blogger.com网站上找到关于如何开博客的教程和博客的样例。在教育领域，博客可以用于在线保存作业、课题以及学生需要下载的资源，学生还可以将它看做课堂用书的读者指南，它也可以作为学生创建或张贴内容的地方。

维基 维基是一类这样的网站，访问者可以在网站上增加或修改信息。最有名的例子就是维基百科（www.wikipedia.org），它是一个免费的在线百科全书，由志愿者写成（并不断更新），他们提交完整的文章或编辑现有文章。在课堂中，维基可以在小组项目中使用以实现在线合作，以及整理小组拥有的信息。你可以参考教育维基（WikEd）（http://wik.ed.uiuc.edu/）等网址来访问多种教育资源。

RSS订阅 RSS指的是简易信息聚合（Real Simple Syndication）或丰富站点摘要（Rich Site Summary）。当读者感兴趣的一些新东西被贴在博客、维基或带RSS功能的网站上时，RSS可以让他们知悉。例如，《教育周刊》（Education Week）能够提供教育RSS订阅服务，内容来自它的出版物、在线讨论和关于多个主题的博客（www.edweek.org/ew/section/feeds/index.html）。

播客 播客是一类多媒体文件，可在互联网上找到，在计算机和移动设备上回放。播客有各种主题，包括电视新闻广播和大学演讲。你可以在课堂上使用播客来为你所教的课提供补充。一处资源是教育播客网（Education Podcast Network），它按照年级水平和学科领域列出了播客（http://epnweb.org）。

社交网络 社交网络是使用网络来遇见其他有相同兴趣的人或与他们交流的一种手段，例如，Facebook和LinkedIn。美国全国教育协会（National Education Association）有一个教师相互交流的社交网址，即www.nea.org。

教学电视和嵌入式多媒体

一种传统的科技，即教学电视，正以各种新方式得以运用（见Shore，2008）。研究早已证明了观看教育电视节目，如《芝麻街》（Fisch & Truglio，2000）和《我们一家都是狮子》(Line-barger，Kosanic，Greenwood，& Doku，2004）对学习的益处。大量观看教育电视节目的儿童会更擅长阅读，然而那些大量观看非教育类电视节目的儿童的阅读水平却在中等偏下（Ennemoser & Schneider，2007；Wright et al.，2001）。

视频在课堂中的一种新的应用方式被称为**嵌入式多媒体**（embedded multimedia）（Chambers，Cheung，Madden，Slavin，& Gifford，2006）。通过这种方式，含有视频内容的简短片断就会穿插在课程中。在两项大规模实验中，钱伯斯及其同事（Chambers et al.，2006，2008）发现，在日常的阅读教学中加入 5 分钟的动画和木偶短剧来描述字母发音和拼合会显著地提高儿童的阅读成绩。一项研究综述对比了在课堂中使用动画和静态图片的效果，发现学生从动画内容中学得更好（Höffler & Leutner，2006）。

辅助技术 如果学生有失聪或耳聋等身体残疾，具有言语障碍、视觉损伤或灵活性差，或者他们的学习迟滞或认知迟滞会损害在目标技能上的表现，辅助技术能够帮助他们。辅助技术的一些例子包括自适应键盘、屏幕阅读器及屏幕放大器。第12章将进一步讨论辅助技术。

用于管理的技术

你可以采用很多技术来完成各种与工作相关的管理任务，如评分数等级、创建报告、写班级通讯、写邀请函以及给家长发送个人通告。电子邮件使你能更方便地与助教、管理者、学生家长和其他人进行交流。整理、维护和检索不同类型的数据是每个教师工作的一部分。这些任务包括从创建学生花名册和记录他们的联系信息，到随时更新学区的语文课教学目标的涵盖范围（Archer，2007）。你可以采用档案袋评估软件来记录学生成绩。当你需要向家长进行报告时，这些程序能帮助你收集和展示信息。

嵌入式多媒体
穿插在教师课程中的视频内容。

21世纪的学习

谨慎使用技术

目前，几乎没有必要教大多数学生使用基本的计算机技术。他们很可能已经适应并能熟练地使用计算机了。然而，对于教师而言，越来越重要的是设计和实施要求学生谨慎使用技术的课程，让他们能够发现有用的信息，学习新的技能，并创建文档、设计方案和其他产品。谨慎地使用技术意味着采用批判性的阅读技能来确定大量的信息中什么可能是真实的且有用的，并使用学会学习的技能去设计一种搜索信息的方法，整理发现的信息，评价它们并从中进行挑选，最后概括知识，并在概括的基础上创建报告或其他新的材料。技术使人们很容易获得大量各类信息，但也放任甚至鼓励了漫无目的的聊天和不需思考的消遣活动。帮助学生将技术用作一种工具而非玩具，这会把这个时代必备的技能教给他们。

问题：

- 如果有一场对于学生的消极网络体验的课堂讨论，你是认为它可以作为一种警告，使学生不去做不能做的事情，还是认为这会鼓励学生以他们从未想过的方式去体验技术，并可能使他们面临危险？

随着学校对学生成绩承担的责任越来越大，学区正在使用技术来监控使用数据管理系统的学生个人、教师以及学校的发展。除了跟踪学生的成绩，这些学校管理系统也允许学区监控注册人数、学生考勤以及学校的花费。数据管理软件使你更容易输入、检索和更新记录，并为管理者或家长创建精确的、自定义的、专业的报告。你可以对哪些学生掌握了哪些学科领域进行追踪，这样就能更有效地让最需要某类具体教学的学生接受此类教学。

音频和视频会议技术　不同群体的人不论在世界的哪个地方，都能在各自的计算机前听到和看到彼此，音频和视频会议技术使这个想法成为可能（Thorsen，2009）。对管理者而言，有了这类技术就不必经常到各地去开会了。在课堂中，这让学生能够见证许多历史性的时刻，或与一个千里之外的专家就一个他们正在研究的主题进行对话。

整合技术带来的挑战

接触技术的平等机会　很明显，学生不是都有平等的机会去接触计算机。与处于较低社会经济地位的儿童相比，中产阶层的儿童在家能够使用计算机的可能性更高（Becker，2000；Bitter & Legacy，2008；Education Commission of the States，2000；Holloway，2000；Thorsen，2009），尽管在学校里这种数字技术鸿沟正在急速减小（Thorsen，2009）。在家使用计算机的机会与更高的数学和阅读成绩相关（Attewell & Battle，1999）。在学校中，男生比女生倾向于花费更多时间在计算机上（Volman & van Eck，2001）。计算机在提供最先进的教学方面变得越来越有效、越来越重要，从这个意义上来讲，这些不平等必须得到重视。

设定限制

网络欺凌　网络欺凌指的是一个人通过发送即时信息、手机短信或通过电子邮件的形式，对另一个人施加威胁或侮辱。作为一种形式的欺凌，学生可能会在他人一定会看到的地方张贴对对方的侮辱性或破坏性信息。应当鼓励那些受到网络欺凌的学生将那些攻击性的信息打印出来，作为他们被骚扰的证据，并将它们呈给老师或校长。如果可能的话，他们应当取得欺凌者的电子邮件地址。如果学生不知道欺凌者是谁，建议他们修改自己的用户名，并且只将其告诉值得信任的朋友（Thorsen，2009）。

手机进入课堂　手机发送短信的流行在课堂中既有积极性又有消极性（Trotter，2009）。从积极的一面来看，最新的技术使你能够在屏幕上放映即时信息，这样整个班级就都能从师生的即时信息交流中获益。发送的短信还可以存档，它使学生随后能够参考他们获得的链接或答案。从消极的一面来看，发送短信会使学生在课堂上分心，传播计算机病毒，还可能被用来作弊，或变成网络欺凌的平台。考虑到这些缺点，你需要对课堂中使用手机设定限制。

学生的安全　使用互联网的学生可能会让自己面临危险，这包括偶然接触到了不适合的材料以及与网上侵害者交往等。

你可以通过一些途径保护你的学生，避免他们看到不适合的在线材料。尽管保护学生最好的方式是通过有责任感的成人监控，儿童还是可能在无意中遇到被禁止的材料，而互联网的过滤软件能够帮助阻止很多不适合的网站，避免人们看到它们（Bitter & Legacy，2008）。

另外，作为一种涉及计算机的非法活动，网络犯罪正在增加。现在的罪犯通过网络犯罪挣到的钱比通过与毒品相关的犯罪活动还多（Vamosi，2005）。更加令人担忧的是，研究已经表明，每五个学生中就有一个在一年内受到过在线的性诱惑，而且当被问到家庭住址的时候，29% 的儿童都提供给对方（Bitter & Legacy，2008）。

为了让学生进行自我保护，远离网络犯罪和网上侵害者，学生可以遵循下面一些一般性的网络安全准则：

- 不要把你的个人信息透露给网上认识的人。
- 决不要与网上认识的人见面。
- 在网上不要说出任何你不想让所有人都知道的事情。
- 回电子邮件的时候，不要给出你的用户名或密码，或者任何财产信息，即使它看上去来自于一家你认识的企业。
- 只有在通过安全网站或通电话的情况下，才可以给出你的信用卡或账户信息。

计算机辅助教学的相关研究

计算机可以教学吗？对计算机辅助教学（CAI）效果的多数大型评估和研究综述表明：依托计算机的教学对学生的阅读成绩几乎没有促进作用（Kulik，2003；Slavin et al.，2008；Slavin，Lake，Chambers，et al.，2009），而对数学和其他学科也只有很小的促进作用（Aviram，2000；Dynarski et al.，2007；Kulik，2003；Slavin et al.，2008；Slavin，Lake，2008；Texas Center for Educational Research，2007）。但如前所述，有证据支持其他的技术应用方式，例如交互式电子白板（Somekh et al.，2007）、嵌入式多媒体（Chambers，et al.，2006，2008）和文字处理（Bangert-Drowns，1993；Goldberg et al.，2003）。

人们还不清楚计算机是否有助于提升成绩。一些评论者认为，如果对教学内容进行精心的控制，那么计算机并不比其他教学方法更有效（Bebell，O' Dwyer，Russell，& Seeley，2004；Clark，2001），或者作用很小而且不稳定（Blok，Oostdam，Otter，& Overmaat，2002）。现在的研究者普遍认为计算机本身并不神奇。真正起作用的是课程、教学以及使用计算机时所处的社会情境（Winne，2006）。讨论计算机是否能促进学习就像讨论黑板是否会促进学习一样。两者的关键都在于我们怎样运用它们。

一项由卢、阿布拉米和达普罗那进行的研究综述（Lou，Abrami，& d' Apollonia，2001）发现，平均来看，只要让学生采用详细指定的合作学习方法，如第 8 章中描述的那些方法，那么他们以小组的形式在计算机上完成任务会比独自完成更有效。然而仅仅要求学生一起学习并没有什么益处。当学生进行配对学习时，学习的效果也比分为更大的小组学习好。

随着计算机使用的普及以及对技术的研究的迅速增多，我们很难预测未来将会出现什么新情况。但到目前为止，人们很少使用计算机来进行基本的教学。事实上，许多研究发现，即使在技术发达的学校中，计算机多数时间都处于关闭状态，而且使用计算机只占每个学生学习时间的很小一部分（例如，Cuban，Kirkpatrick，

& Peck，2001；Ganesh & Berliner，2004）。在中学，计算机一般被用于教授编程或者是文字处理；在小学，计算机主要用于充实学生的学习活动。许多原本为进行辅助教学而购买计算机的学校，最后都变成用它们来教授编程或计算机知识，使学生获得使用计算机的亲身经验，但不是依靠计算机来达到主要的教学目标（Dugger，2001；Zhao & Frank，2003）。当然，随着计算机在工作领域的普及，人们接触计算机这一事实本身就变得重要（Prensky，2005/2006；Thornburg，2002）；但在帮助学生学习传统学科方面，计算机在教师手中的角色仍然是支持性的（Borja，2007）。

有意识的教师

运用你所了解的个别化教学的知识来满足学生的个别需求

有意识的教师从学生的需求出发进行备课、教学，而不是照本宣科。他们能够意识到学生在不同的领域有其各自的优势和不足，并且设计出能够满足学生个别需求的教学。有意识的教师细心地监控学生的进步，并用课外的各种资源来满足能力不同的学生的不同需求。有意识的教师希望继续学习和掌握那些能够激励所有学生取得成功的策略。

1. 我希望学生在课程结束后能了解什么、能做什么？这对于实现课程目标、使学生成为有能力的个体的需求有什么作用？

你应根据教学的多个成分来考察其质量。当你计划和评价自己的课时，分析它们在多大程度上强调了提供高质量的、适合的教学、学生的动机以及课堂时间的合理运用（本章提到的 QAIT 模型）。例如，假设你观看了自己的教学录像后非常高兴地发现，在大部分时间里，学生的热情很高，也很投入。然而，你也很失望地注意到，在 50 分钟的一堂课中，你用了将近 20 分钟的时间来处理常规性的事务以及各种干扰事件。你可能会决定试行一些管理策略，以便使你和学生能够更充分地利用教学时间。

2. 在我的教学中应该考虑学生所具有的哪些知识、技能、需求和兴趣？

所有的学生都是带着各种不同的经验和成就水平走进课堂的。教师可以用一些策略，比如非正式的讨论、让学生绘图、进行前测，以此来检测学生的先决知识。基于这些调查结果，来决定是否需要以及怎样在具体的地方修改教学来反映学生经验的差异。例如，你可能在数学和科学课中发现学生的阅读水平存在着很大的差异。这些阅读能力的差异对数学教学没有产生很大的影响，但你可能需要仔细调整科学课程的教学，以适应学生的不同阅读能力。你或许会分发给学生各种书面材料，安排同伴辅导，也可能设计一些提纲来指导学生阅读。

3. 我在学科内容、儿童发展、学习、动机以及有效教学策略等方面所掌握的哪些内容能够用于实现教学目标？

你应使用不同的策略和资源来适应学生的差异。当你发现学生之间相对的差异时，考虑使用多种能满足学生需求的策略。例如，掌握学习、分组策略、辅导、依托计算机的教学等等。假如你班上有 1/3 的学生的数学水平已明显超过了该课程的年级平均水平，但一半以上的学生对大部分的概念和技能还很困惑。在课间休息时，你与一位有经验的同事聊起了可选的办法。你考虑了以下四种可能起作用的策略：（1）让你班上的学生和你同事班上的学生合班进行同伴辅导活动；（2）在每节课都花一定时间用于掌握学习，你和同事根据学生对某种具体技能的掌握程度，将他们分成掌握组和尚未掌握组；（3）在当地退休人员活动中心招募志愿辅导者；（4）在学校的计算机房，安排学生接受数学方面的辅导以及演练与练习。

4. 哪些教学材料、技术、辅助手段和其他教学资源有助于实现我的教学目标？

你应使用那些有研究支持的分组方法。考虑班级间能力分组之外的其他分组方法，如重新分组、班级内能力分组以及跨年龄分组。例如，你可以请求你所在高中的校长，允许你参加教职工会议，讨论本校传统的分班制度——大学预备班、基础班以及补救性课程班之外的其他分班方式。你可以在会上展示能力分组的研究结果概述，介绍一些采取非分班制度的学校的情况，并建议由教师、家长以及管理者组成的委员会对这个问题进行深入的探讨。

INTASC 标准 3	INTASC 标准 7	INTASC 标准 8	INTASC 标准 9
因需施教	教学计划技能	评价学生的学习	职业承诺和责任

5. 我怎样评价学生达到目标的程度?

你应使用各种持续的评价方法，监控学生的学习情况，并且利用这些信息来调整教学，以满足学生的个别需求。经常评价学生的进步，并随时准备着根据所获得的信息不断调整后续课程。例如，你可以使用每周两次的日记以及每周一次的客观题小测验来考察学生在生物课上的学习进步。对于那些证明自己已很快掌握了目标的学生，你可以提供充实他们的机会，让他们通过互联网、软件包、有关读物以及做调研等方式来学习课程内容。对于那些需要额外“脚手架”的学生，你可以进行更为集中的教学。

6. 如果个别学生或全班没有迈上成功之路，我该如何去做？我的补救计划是什么?

所有的教学调整都同样有效的假设会被证明是错误的。要搜集相关的信息，以确定你所做的调整在多大程度上达到了预期的效果。除了考察学生的成绩外，还要考察教学在学生的态度和自尊方面的效果。例如，你可以在学生的阅读小组内不断地评价其进步，让出色的学生提早完成课程。这样，随着时间的推移，那些进步较慢的学生就会得到你的更多个别关注。

本章概要

除了上好课，有效教学还包括哪些成分?

教师必须了解如何调整教学以适应学生的知识水平。根据卡罗尔的学校学习模型，教学的有效性依赖于学习所需的时间（学生的能力倾向和理解教学的能力的函数）以及实际所用的时间（依赖于分配给学习的时间、教学质量以及学生的毅力）。

斯莱文的有效教学的 QAIT 模型区分出了四种由教师直接控制的因素：教学质量、教学的适宜水平、诱因和时间。该模型假设，如果四个因素中的任意一个有缺陷，教学就有可能是无效的。

如何将学生分组以适应不同的成就水平?

许多学校都采用如下几种分组方式，如班级间能力分组、分班制或者是在一天的部分时间内将学生重新分到不同的班级中接受某门科目的教学，以此来处理学生在能力和学业成就方面存在的差异。但是研究发现，班级内能力分组是更为有效的方式，尤其是在阅读和数学教学方面，并且这种分组方式显然要比那些将落后生分开，或其他令落后生感到受辱的分组方式要好。非分班方法就是将学生分到混合能力小组中。给学生设定较高的标准，并提供一些达到目标所需的必要帮助。在不分年级的小学中，不同年龄的儿童在同一间教室里学习。根据学生的需求和成绩水平，他们会被灵活地分组。

个别化教学的方式有哪些?

个别化、同伴辅导和教师辅导都是个别化教学的方法。研究支持所有这些方式。

针对被置于高危的学生的教育方案有哪些?

高危学生是指那些由于某些自身原因或环境原因而在学业上有可能失败的学生。导致学业失败的原因很多，也可能包括贫困。

针对高危学生而实施的教育方案主要有：补偿性教育、早期干预、特殊教育。例如，联邦政府资助的补偿性教育方案包括提前教育方案，旨在帮助贫困家庭的学前儿童做好入学的各项准备；第一节方案，规定对来自低收入家庭且在贫困生较多的学校就读的学生提供额外的教育服务，这些服务包括：调出方案、辅导、连续进步计划。

研究证实了许多预防和干预方案的有效性，比如阅读恢复方案以及一些学校综合改革方案，如“让所有人都成功”、“学校发展方案”、“美国的选择”和“直接教学方案”。

课后及暑期学校方案越来越多地得到了联邦、州和地方教育机构的资助，以此来延长学生的学习时间。针对补偿性教育方案有效性的研究结果不一致。

如何将技术应用于教育？

在教育领域，技术的运用有三个总体目标。首先，教师采用诸如文字处理器、多媒体、演示软件等技术来设计教学和呈现课堂内容。研究支持演示技术的使用，如嵌入式多媒体、各种形式的教学电视以及交互式电子白板。其次，学生采用诸如文字处理和光盘只读存储器工具书软件的技术来进行学习，并制作演示。演练与练习、辅导、教学游戏、模拟游戏和互联网等形式的计算机辅助教学十分常见。第三，教师与管理者采用技术来执行相关的管理任务。计算机辅助教学的相关研究显示，这种技术对成绩有小到中等程度的积极效应。

关键术语

回顾本章中的以下关键术语：

QAIT 模型
分班
班级间能力分组
班级内能力分组
非分班
重新分组
乔普林计划
不分年级方案
个别化教学
同伴辅导
跨年龄辅导
高危学生
补偿性教育
第一节方案
调出方案
早期干预
阅读恢复
让所有人都成功
交互式电子白板
电子反应设备（答题器）
文字处理或桌面排版
电子表格
数据库
超文本和超媒体
计算机辅助教学（CAI）
演练与练习
辅导程序
教学游戏
互联网
维基
模拟游戏软件
问题解决程序
多媒体
CD－ROM
数码视频和照片
整合学习系统
嵌入式多媒体

自我评估：资格认证练习

指导语：本章开头的案例中所涉及的指标经常在资格认证考试中考到。请重读开头的案例，回答下列问题：

1. 在本章开头的案例中，四年级教师阿巴思诺特先生是如何将卡罗尔的学校学习模型融入课程中的？
   a. 他试图将实际用于学习上的时间与学生学习所需的时间相匹配。
   b. 他根据学生的能力水平进行分组。
   c. 他希望学生通过小组讨论和探究的方式来学习多项式除法的概念。
   d. 他将教学的质量等同于教学的多少。

2. 假设阿巴思诺特先生打算把学生分成三组：掌握多项式除法的学生、了解一点多项式除法的学生、不了解多项式除法的学生。他将使用哪种类型的能力分组？
   a. 三级能力分组
   b. 高低能力分组
   c. 班级内能力分组
   d. 班级间能力分组

3. 在案例的开头，阿巴思诺特先生教授了一堂有吸引力的多项式除法课程，然后针对学习的内容对学生进行测验。这属于哪种类型的评价？
   a. 常模参照评价
   b. 标准化评价
   c. 最低能力评价
   d. 形成性评价

4. 阿巴思诺特先生认为，自己一个人无法对所有的尚未掌握多项式除法的学生进行个别化教学。他认为采取某种形式的辅导可以解决这个问题。根据研究，他应该选择下列哪种辅导方式最有效？
   a. 跨年龄同伴辅导
   b. 同年龄同伴辅导
   c. 由获得资格认证的教师进行辅导
   d. 计算机辅导

5. 针对被置于高危的学生的方案有哪些？请描述这些方案。

6. 解释阿巴思诺特先生是如何将技术整合进他的教学中的？依托计算机的教学的相关研究得出了什么样的结论？

本章提纲

什么是动机

动机理论有哪些

- 动机与行为学习理论
- 动机与人类需要
- 动机与归因理论
- 动机与自主学习
- 动机与期望理论

如何提高成就动机

- 动机与目标定向
- 习得性无助
- 教师的期望与学生的成就
- 焦虑与成就

教师如何提高学生的学习动机

- 内在动机与外部动机
- 提高内在动机
- 提供学习的外部诱因的原则
- 有效地应用表扬
- 教会学生自我表扬

10

激发学生的学习动机

学习成果

学习本章后，你应当能够：

- 描述有关动机的理论
- 描述目标和归因是如何增强成就动机的
- 讨论教师可以怎样提高学生的成就动机

卡尔·刘易斯先生的十年级学生们在上课铃响之前早已在座位上了，大家都急切地等待着上美国历史课。铃声响后，刘易斯装扮成乔治·华盛顿的模样走了进来。他的装束完全是18世纪的：头戴假发，手拿木槌。他庄重地坐下，敲了一下木槌，然后说："现在，我开始主持制宪会议。"

为了这一天，学生们已经准备好几周了。学生们三三两两组成小组，各组分别代表美国最初的13个州。每个小组都尽可能地了解了自己所代表的州、殖民地时代、美国独立战争以及《邦联条例》下的美国等有关内容。两天前，刘易斯先生曾对每个小组进行了个别指导，说明他们各自的"州长"在一些重要利益相关问题上的立场。例如，新泽西州和特拉华州的代表团要坚决主张，人数少的州在政府中也应有充分的代表；而纽约州和弗吉尼亚州的代表团要坚决主张，应严格按照人口比例来确定代表。

在准备这场讨论时，每个代表团都必须保证任何一名成员都能够代表整个团体的意见。为此，刘易斯先生为每个学生随机指定了数字1、2或3。当要求某一代表团发言时，刘易斯先生喊一个数字，那么持有该数字的学生就要代表小组发言。

刘易斯先生进入了华盛顿的角色。他先对所要讨论问题的重要性做了一番解释，然后宣布开始讨论。首先，他让佐治亚州的代表发言，该州的代表是贝斯·安德鲁斯。贝斯是一个害羞的女孩，但是同伴们帮她做了充分的准备，并且她知道同伴是她的后盾。

"伟大的佐治亚州希望提出《权利法案》的问题。我们经历了专权的统治，我们强烈地要求保障人民的自由。"

在贝斯继续阐述代表团起草的《权利法案》的过程中，刘易斯先生对她所阐述的历史的准确性、与所代表的州的实际利益的切合性以及内容的组织和表述等方面进行了评分。在本节课结束后，他会用这些分数对每个小组进行评价。讨论在继续。北卡罗来纳州的代表认为，各州有权向西扩张；而新泽西州则认为西部地区应该成立一些新的州。富有的马萨诸塞州提出每个州的税收应由各州自己使用；贫穷的特拉华州则希望得到国家拨放的税款。在讨论的过程中，各代表团有机会进行某种"交易"，投票赞成对其他州而言重要的提案，以换取对方对自己州的重要立场的支持。周五，全班对10个重要的问题进行了表决。表决结束后，下课铃敲响了，学生们涌向走廊，此时他们还在继续争论着税收、代表权、行政部门的权力等问题……

放学后，另一个社会学教师瑞基·英格拉姆走进刘易斯先生的教室，问道："你今年又进行了一次立宪会议，看起来效果确实不错。但是你仅在宪法问题上就用了一个月的时间，你怎么能够教完整个美国历史呢？"

卡尔笑了："我确实占用了其他单元的不少时间。但是，你看孩子们的兴趣多高啊！"说着他拿起了南卡罗来纳州代表团写的一大摞笔记和论文。“这些学生还有一些扫尾工作要做。他们体验到历史是非常有趣和有用的。他们一生都将记住这个月所学习的内容。”

运用你的经验

批判性思维　瑞基·英格拉姆担心刘易斯先生教不完所有的内容。你认为刘易斯先生所使用的教学策略有什么优点和缺点？有趣之处和不清楚之处有哪些？

合作学习　与另一位同学交流别的高中社会学或其他学科的老师是怎样使用与刘易斯先生类似的方法的。两人一同向其他组的同学复述你们的故事。

INTASC 标准 5
课堂管理与动机

动机是有效教学中最重要的因素之一。一个想学习的学生能够学会任何东西。但是，教师如何保证每个学生都愿意学习，都愿意付出努力去学习复杂的内容呢？

刘易斯先生认识到了动机的价值，所以他所设计的这个单元涉及了动机的许多方面。他让学生在小组中学习，根据随机选定的小组成员的发言情况来对小组进行评价。通过这些方式，他创设了一种情境，使学生彼此鼓励好好表现。这种社会性动机非常有效，尤其是对于青少年而言。刘易斯先生依据清晰而全面的标准对学生的陈述进行评价，并且每天都给学生反馈。通过让学生积极参与讨论和在投票上做交易，他将这一段重要的历史与学生的生活联系起来。所有这些策略不仅仅使历史课变得生动有趣，而且还从多方面激发了学生学习和记忆所学历史内容的动机。刘易斯先生是对的，他的学生永远也不会忘记在他的课堂上学到的这些东西，而且在以后的生活中，他们可能始终都热衷于探寻有关独立战争和美国宪法的新资料，甚至可能对整个历史领域产生强烈兴趣。

本章将介绍教师用于提高学生学习动机的许多方法以及这些方法依赖的理论和研究。

什么是动机？

动机是学习最关键的因素之一，也是一个最难测量的因素。什么因素促使学生学习？努力学习的意愿是许多因素共同促成的结果，包括学生的个性、能力，也包括特定学习任务的特征、学习的诱因、情境和教师的行为。

所有的学生都是受到动机驱使的，但问题在于，被动机驱使去做什么？某些学生更愿意参加社交活动或看电视，而不太愿意做作业。教育者的任务并不是增强动机本身，而是发现、激发并保持学生的学习动机，使他们愿意去学习那些有助于他们在学校和生活中取得成功的知识和技能，并参与有助于这种学习的活动。设想一下，如果刘易斯先生穿着 18 世纪的服装走进教室，但他并没有给学生布置设计好的任务，没有对学生进行评价以引导他们学习美国历史，那么其结果可能是：学生也会感到很愉快、很有趣，但我们不能肯定学生们有动机去做学习相关材料所需的工作。

心理学家将**动机**（motivation）定义为激发、引导和在一段时间内保持行为的内部过程（Murphy & Alexander，2000；Pintrich，2003；Schunk，2000；Stipek，2002）。通俗地讲，使你开始行动、继续行动，并且决定你行动方向的正是动机。

动机
需要和愿望对行为强度和方向产生的影响。

动机在强度和方向上各不相同（Ryan & Deci，2000）。两个学生都有玩电子游戏的动机，但其中一个学生的动机也许比另一个更强；或者一个学生玩电子游戏的动机很强，而另一个学生对玩橄榄球具有同样强的动机。但实际上，动机的强度和方向常常是很难分开的。从事某一项活动的动机强度在很大程度上是由从事其他活动的动机的强度和方向决定的。如果一个人所拥有的时间和金钱只允许他要么看场电影，要么玩电子游戏，不可兼得，那么他从事其中一项活动的动机就要受到从事另一项活动的动机强度的很大影响（Fries，Dietz，& Schmid，2008）。动机不仅在使学生投入学习活动方面很重要，而且同样重要的是，它也决定着学生从进行的活动和接收的信息中能学到多少知识。有学习动机的学生在学习时会运用更高级的认知过程，进而学习和记忆更多的内容（Driscoll，2005；Jetton & Alexander，2001；Pintrich，2003）。他们也更容易将学到的知识迁移到新情境中去（Pugh & Bergin，2006）。

动机可以来源于很多方面（Stipek，2002）。动机可以是一种人格特征，人们可能对学业、运动、社会活动等各大类活动具有持久、稳定的兴趣。动机也可以来源于任务的内部特征，刘易斯先生通过使美国历史变得有趣、活泼、社会性强、吸引力高，从而使学生迫切地想要学习。动机也可以来自于任务的外部，刘易斯先生评价学生进行模拟制宪会议的表现就是一例。

动机理论有哪些？

本章的前半部分将介绍当代的各种动机理论，这些理论试图解释人们为什么会受驱动去进行某种活动。后半部分讨论在课堂中如何使用诱因来促进学习，并给出一些提高学生学习和做作业的动机的策略。

动机与行为学习理论

> **链接**
> 想了解更多有关行为强化的内容，请参见第5章。

动机的概念与一条原则密切相关，即过去受到强化的行为比没有受到强化的行为或者受到惩罚的行为更有可能重复出现（见 Bandura，1986；Biggs & Shermis，2004）。为什么一些学生在面对失败时会继续坚持，而另一些学生则选择放弃？为什么有的学生为取悦老师而学习，有的学生为获得高分而学习，还有的学生因为对学习内容感兴趣而学习？为什么依据学生的能力对其成绩进行预测后，有些学生的实际成绩比预测的要高，而另一些学生的实际成绩比预测的要低？也许从个体以往所受强化及强化程序的角度可以解释上述问题，但从满足不同需求的动机的角度来进行解释通常更容易。

奖励和强化 用个体过去所受到的强化来解释动机是不充分的，其原因之一是人类的动机非常复杂，并受到情境的制约。对于非常饥饿的动物，我们可以预测食物将是一种非常有效的强化物。而对于人类，即使是饥饿的人，我们也不能确定什么是强化物，什么不是，因为大部分强化物的强化价值主要是由个体因素和情境因素决定的。例如，假如有一份很轻松的工作，用时一小时，报酬是50美元。大多数人都会认为50美元是一件非常有效的强化物，为50美元工作一个小时是非常值得的。但请考虑下面的四种情况：

1. 斯克鲁格先生让比尔粉刷围栏，答应给他60美元。比尔觉得60美元的薪酬对这项工作而言非常丰厚，所以他倾其全力来做此事。可是，当他干完时，斯克鲁格先生说："我认为你干的活不值60美元，给你50美元。"
2. 与上述情形相似，只是斯克鲁格先生开始时答应给比尔40美元。当比尔做完时，斯克鲁格先生赞赏他的出色工作，给了他50美元。
3. 大卫和巴巴拉在一个聚会中相遇，双方一见钟情。聚会结束后，他们在月光下漫步许久。当走到巴巴拉家的门口时，大卫说："巴巴拉，跟你在一起真的很愉快。这里有50美元，希望你能接受。"
4. 玛尔塔的姑姑给了她50美元，让她下周六教小佩帕弹钢琴。如果玛尔塔答应了，那么她将错过参选学校棒球队的机会。

在第 1 种、第 3 种和第 4 种情况下，50 美元并不是一件有效的强化物。在第 1 种情况下，斯克鲁格先生一开始把比尔的期望提得很高，然后又使其破灭了。即使比尔最后所得的报酬与第 2 种情况相同，但在第 2 种情况下，比尔可能更乐于为斯克鲁格先生再次粉刷围栏，因为他所得的报酬高于他的期望。第 3 种情况，大卫给巴巴拉的 50 美元是带有侮辱性的，肯定不会增强巴巴拉以后出去与他约会的兴趣。第 4 种情况，虽然在大多数情况下，50 美元可以说是很慷慨的，但是这一次对玛尔塔来说未必是一个有效的强化物，因为它与一次更有价值的活动冲突了。

确定诱因的价值　上述情况说明了这样一个重要问题：不能想当然地认为某一诱因具有动机价值，因为诱因的动机价值是由许多因素共同决定的。当教师说"我希望你们都能够保证按时上交读书笔记，因为它们关系到科目成绩"时，教师的假定是：分数对大多数学生都是一个有效的诱因。但是，一些学生可能对分数并不关心，或许因为他们的父母不关心，或许是他们在学校的成绩一直很差，慢慢地变得认为成绩并不重要。如果教师对学生说："做得不错！我知道如果你努力的话，就一定能成功。"这样的语言对于那些起初认为任务很难的学生来讲是一种激励，而对于那些认为任务容易的学生来讲则是一种羞辱（因为老师表扬的潜在含义是，你不得不格外努力才能完成任务）。就像比尔和斯克鲁格先生的例子一样，一种特定奖励的动机价值取决于学生对奖励的期待。要想从学生的行为来推断其动机，通常是很难的，因为多种不同的动机都能影响行为。有时，影响行为的明显是某一类动机，而另一些时候，影响行为的动机则是多样的（有时还可能相互冲突）。

动机与人类需要

动机可以被看做是一种满足需要的驱力，比如，对食物、安全、爱和保持积极自尊的需要。不同的人赋予各种需要的重要性是不同的：一些人需要不断地证实自己是受人喜爱和赞赏的，而有的人则对生理上的舒适和安全有更强烈的需求。同样，同一个人在不同的情况下也会有不同的需要。与吃完 4 道菜之后相比，跑完 4 英里之后的人会更想喝水。

INTASC标准2
人类发展与学习的知识

马斯洛的需要层次理论　既然人有许多需要，那么在某个特定的时刻，如何知道人们会努力满足哪种需要呢？为此，马斯洛（Maslow，1954）提出了一个需要的层次模型（见图10.1）。他认为，一个人至少要在低级需要得到部分满足的情况下，才会寻求高级需要的满足。例如，一个饥肠辘辘或身处险境的人，其维持良好自我意象

资格认证指南
在教师资格考试中，你需要根据马斯洛的理论来识别哪些是缺失需要、哪些是成长需要。

图 10.1 马斯洛的需要层次模型

马斯洛划分了两种需要：缺失需要和成长需要。人们在满足高层次需要之前，首先要满足低层次的需要。

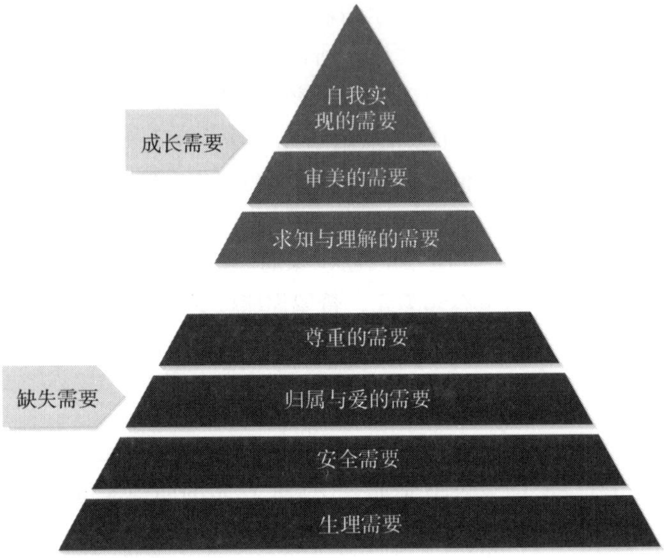

的需要远不如获得食物和安全的需要强烈；但是，一旦这个人不再饥饿或恐慌，其自尊的需要就会变得最重要。马斯洛引入的一个核心观念就是区分缺失需要和成长需要。**缺失需要**（deficiency needs）（包括生理需要、安全需要、爱和尊重的需要）对个体身心的健康发展是至关重要的，必须得到满足。而这些需要一旦得到满足，个体想继续满足它们的动机就会减弱。相反，**成长需要**（growth needs），如求知和理解的需要、审美的需要、在他人的认同中成长和发展的需要，永远也得不到完全的满足。实际上，求知和理解世界的需要满足得越多，人们想学习更多知识的动机就越强。

链接

对于那些有学业失败风险的学生来说，影响其学业成绩的动机性因素可参见第9章。

缺失需要

根据马斯洛的观点，是指对生理和心理健康的基本需要。

成长需要

对求知、理解、审美的需要，在基本需要得到满足之后人们才会追求这些需要。

自我实现

个体发挥出自身全部潜能的能力。

自我实现 马斯洛的理论中有一个概念叫**自我实现**（self-actualization），他将其定义为“成就一个人有能力成就的一切的需要”（Maslow，1954，p. 92）。自我实现的特征是接纳自我和他人，自然，开放，与他人建立相对深厚但民主的关系，具有创造性，幽默，独立——从本质上讲，就是心理健康。

马斯洛的理论对教育的启示 马斯洛的理论对教育的重要意义在于缺失需要和成长需要之间的关系。显然，饥肠辘辘或身处险境的学生是很难把精力放到学习上的。学校和政府机构已经认识到，如果学生的基本需要得不到满足，其学习就会受到影响，因此，这些机构出台了一些免费早餐和午餐的计划。然而，最重要的缺失需要是爱和自尊的需要。没有感受到被人关爱，或者感到自己很无能，这样的学生不可能有强烈的动机去实现较高水平的成长目标（Martin & Dowson，2009；Stipek，2006）。假如学生不确信自己的能力或价值，他们会倾向于做出安全的选择：随大流，对学习知识没有兴趣，为了考试而学习，所写的文章平庸乏味、缺乏创造性，等等。如果教师能够使学生感到轻松，感到作为人被他人接纳和尊重，那么（按照马斯洛的观点）学生就更有可能在教师帮助下因为喜欢学习而学习，乐于尝试创造性的活动，且乐于接受新观念。按照这种观点，一所看重社会情绪性学习的学校将会创造出一种更有利于学业学习和社会情绪学习的环境（见Greenberg et al.，2003；Hoffman，2009；Jennings & Greenberg，2009）。

动机与归因理论

特莉萨的成绩一向很好，却在新班级的第一次小测验中得了个 D。这个成绩与她的自我意象不符，这使她很不愉快。为了摆脱这种不愉快，特莉萨可能会决定更刻苦地学习，以保证自己不会再得到这么低的分数。然而，她也可能试图为自己的低分找借口："考试的题目迷惑人。我身体不舒服。老师没事先告诉我们要测验。我没怎么努力去考。天气很热。"这些借口也许能够使特莉萨对这次的分数有个解释——但是，假设她连续得了几次 D，这种解释或许就不奏效了。她也许会认为自己从来就没有喜欢过这个科目，或者教师偏爱班中的男生，或者评分较严。这些观点和原因解释的所有改变，都是为了避免两种不相容的看法同时存在所带来的不快，即"我是一个好学生"和"我在班里学得不够好，这都是我自己的错"。

特莉萨尽量为自己的低分找一个借口，以使自己作为好学生的自我意象不受冲击。她将较差的成绩归结为那些自己无法控制的外部原因，如老师、课程内容以及其他同学等等。即使她承认低分是自己造成的，她也会认为这一定是由于在学习本单元时一时没有注意听讲或缺乏学习动机而造成的暂时退步，这种状况是可以改变的。

归因理论（attribution theory）（见 Hareli & Weiner，2002；Weiner，2000）试图对这些解释与借口进行阐释，尤其是阐明人对成功与失败的自我解释（这是该理论最具教育意义之处，因为成功与失败是学习中常常会遇到的）。韦纳（Weiner，2000）提出，个体对成功和失败的大多数解释有三个特征：第一，原因被认为是内部的（个体本身的）还是外部的；第二，原因被认为是稳定的还是不稳定的；第三，原因被认为是可控的还是不可控的。归因理论的一项核心假设是：人们试图维持一种积极的自我意象。所以，当在活动中表现良好时，个体就倾向于将成功归结为自己的努力或能力；而当表现不佳时，个体就会认为失败是由一些自己不能控制的原因造成的（Vispoel & Austin，1995）。那些经历了失败的学生尤其会试图寻找一种解释，以使自己在同伴面前能够保住面子（Juvonen，2000）。研究表明，让一组个体完成一项任务，然后随机地告诉他们结果是成功或失败（事实上他们都成功了），那些被告知失败的个体会认为，自己的失败是由于运气不好；而那些被告知成功的个体则将自己的成功归因为自己具有的技能和智力（Weiner，2000）。

归因理论
一种动机理论，关注人们如何解释自身成功和失败的原因。

对他人行为的归因也很重要。比如，如果学生认为，其他同学由于某种暂时的、不可控的原因（例如，在篮球赛中受伤）而求助于自己，则更乐于提供帮助；如果认为其他同学因某种可控的原因（例如，没有学习）而求助于自己，那么他们就不太乐于提供帮助（Juvonen & Weiner，1993）。

对成功和失败的归因　归因理论认为，人们对成就情境中成功和失败的解释主要有四种：能力、努力、任务难度与运气。能力和努力是归于个体内部的原因，而任务难度和运气是归于外部的原因。能力被认为是相对稳定、不易改变的，而努力是容易改变的。同样地，任务难度本质上是稳定的特征，而运气则是不稳定、不可控的。表10.1呈现了对成功和失败的这四种归因以及具有

表 10.1　对成功和失败的归因

归因	稳定性	
	稳定	不稳定
内部	能力	努力
成功	"我很聪明。"	"我很努力。"
失败	"我很笨。"	"我没有努力。"
外部	任务难度	运气
成功	"问题很简单。"	"我很走运。"
失败	"问题太难了。"	"我运气不佳。"

资料来源：Bernard Weiner, "A Theory of Motivation for some Classroom Experiences", Journal of educational Psychology, 71, pp. 3-25. Copyright © 1979 by the American Psychological Association.

代表性的解释。

表 10.1 中展示了学生如何对成功和失败给予不同的解释。当学生取得成功时，他们会认为这是因为自己聪明（内部、稳定归因），而不是因为运气好、任务简单，甚至也不是因为自己努力了（因为“努力”并不能保证今后成功的可能性）。相反，失败的学生会认为自己运气不佳（外部的、不可控的归因），这样下一次还会有成功的可能（Weiner，2000）。当然，随着时间的推移，人可能很难维持自己的归因。就像前面所举的特莉萨的例子一样，当学生得了一次很低的分数时，他们会归咎于运气不好或者外部的其他不稳定因素。但是，如果连续几次成绩都较差，不稳定的归因就难以立足了：一个人不可能每次考试时运气都不好。所以，特莉萨这样的学生会逐渐地寻找稳定的，但仍属外部的某种原因。例如，她也许会归于课程太难、老师不公平或者其他一些稳定的外部原因，而避免形成一种摧毁其自尊的、稳定的内部归因：“因为我无能，所以才失败了”（Juvonen，2000）。她甚至会降低努力的程度，这样她就可以维持这种观点，即只要自己的确想做，还是能够取得成功的（Jagacinski & Nicholls，1990）。

链接

一些对成功与失败的归因与自尊和同伴关系等社会情绪因素有关，请参见第3章。

控制点和自我效能感 **控制点**（locus of control）是归因理论中的一个关键概念（Rotter，1954）。控制点中的点指的是“位置”。控制点在内部的个体会认为成功或失败都是由自己的努力或能力造成的。控制点在外部的人则倾向于认为运气、任务难度、他人的行为等因素导致了自己的成功或失败。内部控制点通常被称为自我效能感，即认为自己的行为起决定作用这一观念（Bandura，1997；Goddard，Hoy，& Woolfolk Hoy，2004；Schunk & Pajares，2004；Skinner & Greene，2008）。图10.2展示了来自一个使用广泛的控制点测量工具中的项目。控制点或自我效能感在解释学生的学习成绩方面是很重要的。例如，一些研究者发现，智力水平相当的学生中，内部控制点较高者会取得更好的成绩（Cappella & Weinstein，2001；Caprara et al.，2008；Zimmerman，2000）。研究还发现，控制点是学生学业成绩的第二重要的预测变量（最重要的是能力）（如，Bong，2001；Dweck，2007；Pietsch，Walker，& Chapman，2003）。原因很简单：如果学生认为成功是由运气、教师的个人行为或者其他的外部因素造成的，那么就不会努力学习，而会倾向于拖延或逃避困难的任务（Steel，2007）。相反，如果学生认为成功和失败都是由自己的努力决定的，那么不难想见他会付出努力（Pressley et al.，2003）。实际上，在班级中能否获得成功，既取决于努力和能力（内部因素），又取决于运气、任务难度以及教师的行为（外部因素）。不过，最成功的学生往往倾向于将成功和失败过多地归因于自身行为。一些实验研究发现，即使在成功和失败完全取决于运气的情况下，内部控制点很强的学生也会认为成败是由自己的努力决定的（见Weiner，1992）。

控制点

一种人格特质，决定了人们将自己的成功与失败归于内部因素还是外部因素。

尽管米亚·哈姆是世界上最有成就的运动员之一，她仍然时常与自己的自我怀疑作斗争。控制点对一个运动员来说为什么是重要的？控制点和自我效能在课堂上有何作用？作为一名教师，你可以如何影响学生的自我效能感？

这里有必要强调一下，控制点会发生变化，一定程度上会随着取决于某些具体的活动和情境的不同而发生变化。在研究控制点对成绩的影响时，一个比较棘手的问题是：成绩对控制点有很大的影响（Bong & Skaalvik，2003）。例如，一个学生可以在学业上具有内部控制点（因为学业能力较强），而在体育运动上却具有外部控制点（因为运动能力较弱）。如果这个学生在一项新的运动中取得了意想不到的成绩，那么他可能会在这项运动上形成内部控制点（但在其他运动项目上未必如此）。

归因理论和自我效能感对教育的启示　在课堂中，学生会不断地接受有关自己学业表现的各种信息，这些信息把自己的表现或与他人表现比较，或与某种标准比较。这些反馈信息最终会影响学生的自我知觉（Bandura，1997；Schunk，2004）。归因理论的重要性在于它能帮助教师更好地理解学生是如何解释和利用这些反馈信息来提高成绩的，也能为教师如何给出激励作用最强的反馈提供建议（见Tollefson，2000）。特别是，归因理论表明，教师应该始终表扬学生的努力（由学生自己控制）而非其智力（无法由学生自己控制）（见Dweck，2007）。

图 10.2　“智力成就责任感问卷”中的部分题目

1. 如果老师让你升级，可能是因为
   a. 她喜欢你
   b. 你的表现（内部）
2. 如果你在学校的某次测验中取得了好成绩，原因可能是
   a. 你努力学习了（内部）
   b. 测验非常简单
3. 当你在学校中难以学懂某些内容时，通常是因为
   a. 教师讲得不清楚
   b. 你没有仔细听（内部）
4. 假定你的父母夸你在学校里表现不错，可能是因为
   a. 你确实做得不错（内部）
   b. 他们当时的心情很好
5. 假定你在某门课上的成绩不如往常那样好，可能的原因是
   a. 你没有像往常那样认真（内部）
   b. 有人干扰你，使你无法学习

资料来源：V. C. Crandall, W. Katkovsky, & V. J. Crandall, "Children’s Beliefs in Their Own Control of Reinforcement in Intellectual-Academic Achievement Situations," *Children Development*, *36*, 1965, pp. 91-109. © The Society for Research in Child Development, Inc. Reprinted by permission）

动机与自主学习

第 5 章中谈到的自主学习是指“产生于学生自发的想法和行为的学习，这些想法和行为系统地指向他们的学习目标”（Schunk & Zimmerman，2003，p. 59）。正如这一定义所清晰描述的，自主学习与学生的目标紧密相关。具有高度学习动机的学生与其他学生相比，更容易有意识地组织学习、制订学习计划，并记住他们学到的信息（Radosevich，Vaidyanathan，Yeo，& Radosevich，2004；Summers，2008；Zimmerman，2008）。例如，具有较强阅读动机的学生更可能自主阅读并使用有效的理解策略（Miller，Partelow，& Sen，2004）。这一动机可以有很多来源。其中一种来源是社会示范（Zimmerman & Kitsantas，2002），比如见到其他学生使用自我调节策略。另一种是设立目标，即鼓励学生去设立他们自己的学习目标。第三种是反馈，即让学生知道他们正在逐步地达成学习目标，如果反馈强调学生的努力和能力则尤为有效（Zimmerman，2008）。舒恩克和齐默尔曼（Schunk & Zimmerman，2003）认为，进行自主学习的动机与一般性的成就动机不同，因为自主学习要求学习者独立地为学习承担责任，而不是简单地服从老师的要求。弗雷德里克、布鲁曼费德和帕里斯（Fredericks，Blumenfeld，& Paris，2004）使用卷入（engagement）和投入（investment）来描述导致学生卷入自主学习，而非简单地完成作业或遵守规则的动机。阿古赞等人（Algozzine，Browder，Karvonen，Test，& Wood，2001）使用了含义类似的自我决定（self-determination）一词，并描述了一系列帮助那些残障个体成功地建立自我决定的策略。

链接　想了解更多有关自主学习的内容，请参见第5章。

链接　想了解更多建立自我决定的有效策略，请参见第12章。

理论应用于实践

给予学生具有激励性的反馈

如果学生认为自己过去的失败是由于缺乏智力或能力，那么他们就会认为自己在其他类似的任务中也难以取得成功，因而也就不会付出足够的努力（Juvonen，2000；Weiner，2000）。显然，认为自己会失败的信念会自我实现。因为持有这种观点，学生就不会有很强的动机去努力学习，而这反过来又导致再次失败。教师可能传达给学生的最具毁灭性的评价就是："朽木不可雕。"

链接
想了解更多有关个别化教学的内容，请参见第9章。

虽然很少有教师直接对学生这么说，但是这种看法会通过其他方式传达给学生，产生同样的后果。一种方式就是使用竞争性的评分制度（如分数的正态分布）以及公布分数，并强调学生的名次。这种做法使学生之间学业成绩上的微小差距在学生眼里被过度放大，而那些分数最低的学生可能感到自己永远也学不好。

相反，一些教师淡化分数和名次，并向学生传达这样一种期待（这种期待几乎总是正确的）：班上的所有学生都有能力学好。这样的教师会帮助学生认识到，成功的希望取决于自己的努力——一种内在的、可改变的因素。这种归因使学生产生这样的预期：如果自己尽最大努力，将来就会成功。

将成功归因于内部的稳定因素（"因为我聪明，所以成功了"）也不太具有激励作用。有能力的学生也需要认识到，成功来自努力而非智力或能力。如果教师强调努力程度是成败的主要原因，并且对学生的努力而不是智力进行奖励，那么比只强调智力的教师更有可能激发所有的学生付出最大的努力（Resnick，1998）。一些对学生的努力进行奖励的正式方法包括：奖励学生的进步；应用个别化教学，个别化教学将成功定义为学生在原有水平上的进步；将学生的努力程度作为考虑因素计入总分中，或对学生的努力进行单独的评分。

链接
想了解如何对学生的努力进行评分，请参见第13章。

动机与期望理论

期望理论（expectancy theory）作为一种动机理论，其依据是：个体力求成功的努力程度取决于他们对奖励的期望。阿特金森（Atkinson，1964）根据下面的公式发展了动机理论：

$$动机（M）=成功的主观可能性（Ps）\times 成功的诱因价值（Is）$$

这个公式被称为期望模型或**期望–效价模型**（expectancy-valence model）。因为在这个模型中，动机主要依赖于个体对奖励的期望（见 Pintrich，2003；Stipek，2006；Wigfield & Eccles，2000）。该理论的启示意义是：个体达到某目标的动机取决于个体对成功的可能性的估计（成功的主观可能性，*Ps*）以及所认为的成功的价值大小（成功的诱因价值，*Is*）。例如，假如马克说："我觉得如果我努力的话，我能够上光荣榜，上光荣榜对我来说是非常重要的。"那么，他很可能会努力地争取上光荣榜。不过，$M = Ps \times Is$ 这个公式的一个重要特征是相乘关系，意味着如果某人认为成功的可能性是零或者他认为成功没有价值，那么，其动机水平就会是零。如果马克非常想上光荣榜，但他又认为自己不可能成功，那么他就不会有动机。假如他上光荣榜的机会很大，但他并不看重上光荣榜，那么他也不会有动机。威格菲尔德（Wigfield，1995）发现，如果学生认为自己有能力成功，并且很看重学业的成功，

期望理论
一种动机理论，认为人们追求成功的努力取决于他们对奖励的期望。

期望–效价模型
将成功的可能性和诱因价值与动机联系起来的一种理论。

那么将这二者结合起来，去预测学生可能取得的成绩，将比用学生的真实能力去预测成绩更可靠。

阿特金森（Atkinson，1964）对期望理论的一项重要贡献是：他指出，在某些情况下，成功的可能性过高反倒会损害动机。如果马克的能力很强，对他来说，上光荣榜是轻而易举的事情，那么他就无需尽最大的努力。阿特金森（Atkinson，1958）对此做出的解释是：在成功的可能性和诱因价值之间存在着某种联系，即在困难的任务中获得成功的价值要大于完成简单任务的价值。由此推断，当成功可能性为中等的时候，动机最强。例如，两个实力相当的网球运动员进行比赛时，双方都会竭尽全力，而两个实力悬殊的运动员交手时则不会如此尽力：实力弱的运动员虽然很想赢，但是由于成功的可能性太小，因而不愿枉费努力；实力较强的运动员则认为取胜并不具有太大的价值，因而也不会尽其所能。近期的许多研究都证实了阿特金森的这一理论。研究发现，随着任务难度的增加，个体的动机也会不断增强，直到个体认为成功的可能性变得很小，或者不值得为成功付出那么多的努力（DeBacker & Nelson，1999）。这项研究及其他研究都表明，中等偏难的任务（但不是不可能完成的）比简单的任务对动机有更大的促进作用，更有利于学习（Brophy，1999；Wigfield & Eccles，2000）。

期望理论对教育的启示　期望理论对教育的最重要的启示是：对学生来讲，任务不能过难也不能过易。这也是教育者的共识。如果学生认为不管自己做什么，都能得到一个A，那么他们的动机就不会得到最大程度的激发。同样，如果一些学生认为，不管自己做什么，最后的结果都是失败，那么他们的动机就会很弱。所以，最好的评分制度是：对于大多数学生来说，获得A有难度，但有可能做到；而那些不努力的学生则有可能得到低分。对所有的学生来讲，成功都应当是可望而可及的，但也不是轻而易举的。

如何提高成就动机？

在教育领域，最重要的一类动机就是**成就动机**（achievement motivation）（McClelland & Atkinson，1948），即力求成功并选择以目标为导向的成功（或失败）活动的一般倾向。例如，弗伦奇（French，1956）进行了一项研究，要求学生选择一个合作伙伴共同完成一项复杂的任务。成就动机取向的学生倾向于选择一个擅长该任务的伙伴，而归属动机取向的学生（表达出被关爱和被接纳的需要）会选择一个友好的伙伴。即使在体验到失败时，成就动机取向的学生也比成就动机较弱的学生在任务上坚持更长的时间，并且将失败归因于缺乏努力（内部的、可改变的因素），而不是外部因素（如任务难度和运气）。简言之，成就动机取向的学生追求并期待成功，失败时会加倍努力，直至成功（见 Weiner，1992）。

INTASC 标准 2
人类发展与学习的知识

显然，成就动机高的学生在学校里更可能取得成功（Stipek，2006）。但是，究竟是高成就动机导致了学业成功，还是学业成功（由于能力或其他因素）导致了高成就动机？目前尚无定论。最初，成就动机受到家庭经验的强烈影响（Turner & Johnson，2003），但是当学生入学几年后，成功和动机就变得互为因果：成功诱发了获取更多成功的愿望，而这种愿望又导致了更多的成功（Dotterer，McHale，& Crouter，2009；Wigfield，Eccles，& Rodriguez，1998）。相反，那些在成就情境中没有体验过成功的学生可能会失去在这类情境中取得成功的动机，而将兴趣转向别

成就动机
对于体验成功，并参与由个人努力和能力决定成败的活动的渴望。

的方面。这些方面可能是社会活动，体育运动，甚至是违法犯罪活动。在这些活动中，他们有可能获得成功。成就动机一般随着学生在校越来越久而逐渐减弱，但这种趋势看起来不仅是由学生的天性，也是由初中和高中教育的自身特点造成的（Dotterer et al.，2009；Hidi & Harackiewicz，2000；Stipek，2006）。

动机与目标定向

一些学生的成就动机是指向**学习目标**（learning goals）（也称为任务目标或者掌握目标），而其他人则是指向**表现目标**（performance goals）（Brophy，2005；Harackiewicz & Linnenbrink，2005；Pintrich，2000）。具有学习目标的学生认为，学校学习的目的是能够掌握和胜任学校所教的知识和技能；具有表现目标的学生则认为，学习的目的是努力获得他人对自己能力的积极评价（以及避免消极的评价）。具有学习目标的学生喜欢选择较难的课程，迎接挑战。与之对比，具有表现目标的学生则更关注能否取得好分数，因而会选择简单的课程，避免挑战（Urdan & Mestas，2006）。

学习目标与表现目标 具有学习目标的学生和具有表现目标的学生在整体智力水平上并无差异，但是他们的课堂表现却截然不同。遇到困难时，具有表现目标的学生很容易气馁，表现会受到严重影响。相反，具有学习目标的学生会继续努力，其动机和表现可能确实提高（Pintrich，2000；Schunk，2005；Sins，va Joolingnen，Savelsbergh，& van Hout-Wolters，2008）。具有学习目标的学生会使用更多的元认知策略和自主学习策略（Greene，Miller，Crowson，Duke，& Akey，2004；Pajares，Britner，& Valiante，2000；Radosevich et al.，2004；Usher & Pajares，2008）。在同等能力的学生当中，具有学习目标的学生比具有表现目标的学生学到的更多（Shih，2005）。但另一方面，持有学习目标的学生，其考试分数可能并不能反映出他们的学习状况，因为他们在学习时可能更关注他们感兴趣的内容，而不是那些可能会在考试中考到的内容（Hulleman，Durik，Schweigert，& Harackiewicz，2008；Senko & Miles，2008）。那些认为自己能力较低，且具有表现目标的学生，更容易形成习得性无助，因为他们认为自己取得好成绩的可能性微乎其微（Midgley & Urdan，2001；Pajares et al.，2000；Usher & Pajares，2008）。有证据表明这些学生更容易作弊（Murdock & Anderman，2006）。那些认为自己能力较低，但具有学习目标的学生则关心自己学到了多少，而不与别人的成绩进行比较（Fuchs et al.，1997；Thorkildsen & Nicholls，1998）。遗憾的是，有证据表明，随着在校时间增长，学生的目标会逐渐地从学习或掌握目标转变为表现目标（Harackiewicz，Barron，Tauer，& Carter，2000；Stipek，2002）。不过，也有证据表明，如果教师强调班级的目标是学习和能力发展（而不是成绩），学生的学习成绩会更好（Maruyama & Elliot，2009；Usher & Pajares，2008，2009）。

对学习目标和表现目标进行对比研究的最重要意义在于，教师应该努力使学生相信，学业活动的目标是学习而不是分数（Anderman et al.，2001；Ryan & Patrick，2001；Wentzel，2000）。教师可通过强调学习内容的趣味性和实用意义，淡化分数及其他奖励来实现这一点。例如，教师可以说：“今天，我们将学习地球深处的哪些活动导致了剧烈的火山喷发！”而不是“今天我们要学习火山。都要注意听讲，这样你们明天才能考出好成绩。”教师尤其要注意避免使用高度竞争性的评分方式与诱因奖励制度。如果学生认为成功只有一种标准，而且只有少数人能够达到这个标准，那么，自认为能力低的学生就会早早放弃（Summers，2006）。表 10.2（摘自 Ames

学习目标

持有这种目标的学生，主要动机是获得知识和自我提升。又称为掌握目标。

表现目标

持有这种目标的学生，主要动机是获得他人的认可和取得好成绩。

表 10.2　课堂情境中的成就目标分析

情境维度	掌握目标	表现目标
成功的含义	改善，进步	高分，高水平的表现
看重的方面	努力/学习	高于他人的能力
满足的原因	努力学习，尝试挑战	比别人做得好
教师的取向	学生学到了多少	学生的成绩表现如何
对失误和错误的看法	学习的一部分	产生焦虑
关注的焦点	学习过程	与他人相比的成绩
努力的目的	学习新内容	得高分，成绩优于他人
评价标准	自身纵向进步	与常模比较

资料来源：C. Ame and J. Archer, "Achievement Goals in the Classroom", *Journal of Educational Psychology, 80*, p. 261. Copyright © 1988 by the American Psychological Association.

表 10.3　有助于促使学生产生掌握或任务目标的学校政策和教师策略

领域	目的	例子
任务	提高学习任务的内在吸引力。 使学习有意义。	教学要与学生的背景和经验相联系。 避免对出勤、分数和成绩进行奖励（无论金钱还是别的）。 促使学生设定目标，自主或自我调节。 使用课外活动，使学生将学习与生活联系起来。
自主性/责任感	给学生适度的自由让他们自主选择和承担责任。	布置作业时，提供多种选择。 询问学生对学校的意见，并认真对待。 教学中鼓励学生积极主动，对自己的学习进行评价。 让所有的学生都有机会充当领导者的角色。
认可	让所有的学生都有机会凭借学习获得认可。 认可追求目标过程中的进步。 认可寻求挑战的行为和创新行为。	鼓励对个体自身的最优成绩进行奖励。 淡化光荣榜或排名榜的重要性。 认可并宣传学生所从事的与学校学习有关的各种活动。
资源	鼓励设计并坚持使用有助于强化任务目标观念的教学策略。	以资金支持教师所采取的，与任务目标的确立相一致的行为。
分组	建立一种能接纳和赞赏所有学生的环境。 扩大学生社会交往的范围，尤其要注意有失败风险的学生。 促进学生社会技能的发展。	为合作学习、问题解决和决策提供机会。 为同伴间的互动提供时间和机会。 促进多个亚群体（团队、校内学习社团等）的发展，使学生在其中进行大量社会互动。 鼓励学生参加多个小组，以扩大同伴交往的范围。 停止按能力分班的做法。
评价	对学习过程进行评定和报告情况。 做法应与标准化测验相联系。 定义目标和标准。	尽量不公开把学生成绩或考试分数与常模相比，以淡化对成绩的社会性比较。 制订规则和程序，以给学生机会来改善自己的成绩（如，学习技能，等级）的机会。 建立能够描述学生的学习进步的评分和分数报告方式。 鼓励学生参与到评价过程当中。
时间	安排进度时，以学习任务的特点与学生的需求为主导。 提供机会使学生长时间、深度投入到学习活动中。	尽可能地让学生自定步调地学习。 提高学习进程的灵活性。 使教师能更好地掌控时间的使用，例如，模块式的时间安排。

资料来源：M. L. Maehr & E. M. Anderson, "Reinventing Schools for Early Adolescents", *The Elementary School Journal, 93* (5), 1993, pp. 593-610. Copyright © 1993 by The University of Chicago Press. Adapted by permission.

& Archer，1988）总结了具有掌握（学习）目标和表现目标的两类学生的差异。研究发现，课堂上的任务类型对学生是否采纳学习目标有很大的影响。有挑战性的、有意义的、与实际生活相联系的任务更容易使学生具有学习目标（Cushman，2006；Darling-Hammond & Ifill-Lynch，2006）。表 10.3（摘自 Maehr & Aderson，1993）总结出了一些策略，教师可以用它们促使学生采用学习目标即任务目标。

习得性无助

避免失败的动机的一种极端形式是**习得性无助**（learned helplessness）。习得性无助使学生认为不管自己做什么，都注定要失败或毫无意义："做什么都无济于事。"在学习情境中，习得性无助可能与个体对失败做出的内部、稳定的解释相关："我失败了，因为我笨。这意味着我总是要失败。"反复经历失败的学生可能会形成一种"防御性悲观主义"，以保护自己不受消极反馈的影响（Martin，Marsh，& Debus，2001）。

资格认证指南

教师资格考试中的案例研究可能要求你提出一种恰当的策略，通过训练学生将成功归因为可控的因素，尤其是努力，从而提升学生的动机。

习得性无助可能来源于父母或教师给予的前后不一、不可预测的奖惩，这会使学生相信，自己做什么也无法成功。例如，有学习障碍的学生比其他学生更容易对失败做出无助的行为反应（Pintrich & Schunk，2002）。教师要预防或减轻学生的习得性无助，可以通过：（1）给学生提供逐步走向成功的机会；（2）提供及时反馈；（3）对学生抱有恒定的期望，始终对学生负责。最后这一点尤为重要。

理论应用于实践

帮助学生克服习得性无助

习得性无助的概念来源于这样一种理论：学生学业失败的一种原因是不断地接收来自教师、同伴、在校经历以及自身的消极反馈，从而受到条件作用。大量的研究发现，如果学生总是失败，那么他们最终就会放弃努力。习得性无助成为他们的条件反应。

中小学教师可以采用各种方式来解决此问题，如归因训练、目标重建、使用自尊方案、确保成功的手段、积极的反馈体系。下面的几条一般原则对所有的学生都有帮助，尤其是那些有习得性无助倾向的学生。

INTASC 标准 7
教学计划技能

1. *发扬优点*。首先了解学生的长处，然后以此为起点。每个学生都有擅长做的事情。但要注意，这些长处必须是真实的，而不是编造出来的。例如，一个学生喜欢说话，但拙于写作。那么，就可以先让这个学生通过说话而不是写作来完成作业，在该生的自信心重建之后，再逐步让其进行写作。

2. *克服缺点*。不要贬低学生的缺点。要直截了当地帮学生克服缺点，但也要讲究策略。在上述例子中，教师可以与学生交谈，共同讨论写作时的难处，接着让学生制订一个提高写作能力的计划。对计划进行讨论，并签订一份如何完成计划的合约。

3. *运用先行组织者或指导发现法，温故知新*。一些学生对不熟悉的概念、技能或观点会感到有困难，而学生对那些与自己的经验有关的课程则学得较好。例如，高中数学教师可以通过给学生呈现实际生活中的问题来开始教学，比如计算买一个iPhone所产生的销售税。教师还可以让学生把校外遇到的数学问题拿到课堂中来。全班都可以参与解决一位学生的数学问题。

习得性无助

基于经验而形成的一种预期，即个体的行为最终都将导致失败。

4. *创设挑战性的活动，让学生主动地提出问题，并用自己的知识和技能加以解决*。

教师的期望与学生的成就

开学第一天，埃哈德先生点了一下名。忽然，他看到了一个有点儿熟悉的名字。“韦恩•克莱门茨？”

“到！”

“你是不是有个哥哥叫维克托？”

“是的。”

“我记得维克托。他很让人讨厌。我要对你多注意点。”

当他快点完名的时候，发现教室后面的几个男孩开始窃窃私语。“韦恩！我点名的时候，教室要保持安静。你难道没有听见吗？我就知道我必须对你严加看管！”

这段对话表明了教师如何确立对学生的期望以及这种期望又是如何自我实现的。埃哈德先生并不知道，韦恩是一个平时表现不错且有责任心的学生，与他的哥哥维克托迥然不同。但是，埃哈德先生基于对维克托的了解，想当然地认为韦恩也是一个让人讨厌的学生。当几个男孩都说话时，他单单批评了韦恩，使自己确信韦恩的确是个让人讨厌的学生。在韦恩受到若干次这样的对待后，我们可以想象，他会表现得正像埃哈德先生所预期的一样。

有关教师对学生的期望的研究普遍发现，学生的表现通常会提高（或下降）到与教师对他们的预期一致（Hinnant，O’Brien & Ghazarian，2009；Jussim & Harber，2005；Rubie-Davies，2007，2008）。尤其是在低年级中或是当教师对学生的真实成就水平了解甚少的时候。另外，还有证据表明，在教师有高期望的学校里学习的学生，其成绩要比其他学校的学生要好（Marks，Doane，& Secada，1998）。当然，学生的自我预期也至少同等重要。一项研究表明，当学生的自我预期高于当前表现时，他们的成绩一般会提高，而自我预期较当前表现低的学生，其成绩会下降（Anderman，Anderman，& Griesinger，1999）。

表达积极的期望　重要的一点是，教师要向学生传递这样一种期望：学生能够学好。而传递相反的期望——某某学生根本就没有能力学好，这是非常错误的，当然也很少有教师会直白地这样做。下面是几种婉转地表达积极期望或避免消极期望的方法。

1. 等待学生作答。罗（Rowe，1974）以及其他一些研究者发现，当教师对某学生有较高的期望时，等待他们回答问题的时间也较长。较长时间的等待向学生传达着高期望，由此也可以提高学生的成绩（Tobin，1987）。
2. 避免对学生进行不必要的成绩区分。评估结果和成绩等级应该是学生和教师之间的私密信息，不能公开。虽然学生一般都会知道谁比较好，谁比较差，但教师仍然可以成功地向所有学生传达这样的期望：不只是那些能力最强的学生，而是所有的学生都有能力学习（Weinstein，Madison，& Kuklinski，1995）。
3. 平等地对待所有的学生。给不同学业成就水平的学生提供同样多的回答问题的机会，花同样多的时间与每个学生在一起。尤其注意不要产生偏见。

链接
想了解更多有关对学生分组的内容，请参见第9章。

焦虑与成就

教育总是会造成焦虑。每个学生在学校生涯的某些时刻都体验过某种程度的焦

近来对高风险测试和成就的关注，使得学生、管理者和教师都对分数结果感到十分焦虑，你可以做些什么来缓解学生的焦虑?

虑，但是，对于某些学生而言，焦虑严重地阻碍了他们的学习或表现，尤其是在考试的时候（Cassady & Johnson，2002）。

学校中主要的焦虑源是对失败的恐惧以及由此而导致的自尊丧失（Pintrich & Schunk，2002）。成绩差的学生在学校中特别有可能体验到焦虑，但焦虑的绝不仅仅是他们。我们都知道，即使是能力强、成绩好的学生，也会因担心无法在任何学业任务上都做到完美而感到非常焦虑甚至恐慌。

焦虑对学生学习的干扰表现为几种方式。焦虑可能使学生一开始就难以学习知识，使学生不能运用或迁移已经学到的知识，无法在考试中展现自己掌握的知识（Bandalos，Yates，& Thorndike-Christ，1995）。焦虑的学生在表现情境中通常会过度自我关注，这会分散他们在目前任务上的注意力（Tobias，1992）。尤为常见的一种使人表现失常的焦虑是数学焦虑。许多学生（以及成人）在遇到数学题尤其是应用题时，经常会感到束手无策（Everson，Tobias，Hartman，& Gourgey，1993）。

教师可以使用许多策略来减少焦虑对学习和成绩的负面影响。显然，建立一种接纳的、舒适的、非竞争性的班级气氛有助于降低焦虑。交作业前给学生提供改错或改进质量的机会，进行清楚明确的教学（Wigfield & Eccles，1989）也可以帮助那些焦虑的学生。在考试情境中，教师可以采用多种方式来帮助焦虑的学生发挥他们的最佳水平。例如，避免使用时间限制，使学生有足够的时间去完成测验并进行检查；试卷一开始的问题要简单，逐渐增大难度；试卷也可使用标准的、一致的回答格式；训练考试焦虑的学生掌握考试技巧和放松技巧（Spielberger & Vagg，1995）。所有这些都可以对焦虑学生的考试成绩产生积极影响。

链接

用来训练考试焦虑学生的考试技巧的教学方案参见第14章。

教师如何提高学生的学习动机?

要学习，就必须付出努力。欧几里得是一位生活在公元前300年前后的希腊数学家，他撰写了第一本几何教科书。一天，国王问他，学几何有没有捷径，因为国王忙得没有那么多时间去学。欧几里得回答：“很抱歉，学习几何没有捷径。”学习任何其他学科也是如此：一分耕耘，一分收获。

本章的下面部分将讨论通过何种方式来激励学生付出学习必需的努力。

内在动机与外部动机

有时候，课程内容本身对学生很有吸引力，也很有用。这样，无需其他诱因，学生出于材料自身的趣味性也会愿意在这些内容上付出努力。例如，许多学生都愿意学习汽车维修和摄影，并学得很刻苦，即使学习这样的课程不一定得到学分或分数。对于这些学生而言，所喜欢的课程本身具有足够的**内在诱因**（intrinsic incentive）价值激励着他们去学习。还有的学生喜欢钻研某些专题，如昆虫、恐龙、著名历史人物等，他们学习这些内容几乎无需任何外界的激励或奖励（Gottfried & Fleming，

内在诱因

人们享受活动本身的乐趣，并因此受到激励。

2001；Schraw，Flowerday，& Lehman，2001）。那些具有较强“未来意识”（即愿意现在做对自己的将来有益的事情）的学生，学习的动机通常尤其强，即使在当前没有诱因的情况下也是如此（Husman & Lens，1999）。

但是，对大部分学生来说，学校中必须学习的许多内容，其本身从短期来看没有趣味性或用处。学生每年要上大约 900 个小时的课，仅靠内在动机也不足以使他们日复一日地对学习保持高度的热情。具体来讲，从小学到中学，学生的内在动机整体呈下降趋势（Gottfried & Fleming，2001；Sethi，Drake，Dialdin，& Lepper，1995），在每一个学年内也在下降（Corpus，McClintic-Gilbert，& Hayenga，2009）。因此，学校会使用多种**外部诱因**（extrinsic incentives），即学习材料本身所不能提供的一些奖励（Brophy，1998）。外部奖励包括很多类，例如表扬、分数、认可、奖品等等。

“学校决定不给教师们加薪，以免损害他们的内在动机。”

在本章开头的案例中，卡尔·刘易斯试图提高学生的内在动机和外部动机。他举行模拟制宪会议，是为了以此激起学生对学习内容的内在兴趣。他对学生的发言给予评定，在每堂课结束后都提供反馈，以此激发学生的外部动机。

莱珀的实验：奖励对动机的影响 对动机进行研究时，要考虑的一个重要问题是：提供外部奖励是否会削弱对活动的内在兴趣。有关该主题的一项经典研究是莱珀及其同事（Lepper et al.，1973）所做的实验。他们让学前儿童使用特制的画笔来画画，许多儿童画画时的热情都非常高。然后，研究者将儿童随机分为三组，告诉第一组儿童，如果他们能够为参观者画一幅画，就会得到奖励（优秀画家奖）。第二组儿童虽未得到事先告知，但在他们画完后，也意外地得到了同样的奖励（与儿童画得好不好无关）。第三组儿童没有获得任何奖励。接下来四天，记录儿童的自由活动情况。结果发现，受到奖励的第一组儿童用于绘画的时间约为第二组和第三组儿童所用时间的一半。由此，莱珀等人指出，许诺对儿童原本就具有内在兴趣的活动提供外部奖励，有可能使儿童认为从事原本不获得奖励的活动也会获得奖励，从而降低了其内在动机。后来的一项研究发现（Greene & Lepper，1974），仅仅告诉儿童他们的活动将（通过单向玻璃）被观察就能破坏内在动机，这与许诺提供奖励的影响类似。

外部诱因
奖励来自于活动以外，如认可或好的成绩。

奖励会破坏内在动机吗？ 在理解有关研究结果的意义时，很重要的一点是考虑研究的具体条件。上述实验所用的儿童是经过挑选的，这些儿童对使用画笔原本就具有内在兴趣，而那些没有兴趣的儿童则未参加实验。另外，用特制的画笔绘画这项活动也与学校中的大多数任务不同。许多儿童都喜欢在家里画画；但很少有学生会独立地学习语法和标点、做数学题或者学习化学元素的原子价，即使是那些对学校课程非常感兴趣的学生也很少这样。另外，许多创造力很强、自我激励程度很高的科学家在学生时代时，也因从事科学活动而常常受到成绩、优秀科学课题奖、奖学金等各种强化；而所有成功的艺术家都曾在某些时候因为他们的艺术创造而受到过奖励。比尔•科斯比（Bill Cosby）将他幼时对讲故事的兴趣归因于他的祖父。祖父给他讲《圣经》上的故事，假如他认真听，就会得到25美分。这些奖励当然没有削弱他对讲故事和听故事的内在兴趣。对年龄更大的学生用类似学校里的任务进行的研究总体上难以重复莱珀等人（Lepper et al.，1973）的研究结果（Cameron & Pierce，1994，1996；Eisenberger & Cameron，1998）。实际上，在更多情况下，使用奖励可以提高内在动机，尤其是在下列情况下：当奖励取决于任务完成的质量，而不是参与活动就能得到奖励时（Cameron，Pierce，Banko，& Gear，2005；Lepper，1983；

Ryan & Deci，2000）；奖励被看做是对能力的一种认可时（Rosenfield，Folger，& Adelman，1980）；任务的趣味性不高时（Morgan，1984）；给予社会性奖励（如表扬）而不是物质奖励时（Cameron，2001；Cameron & Pierce，1994；Ryan & Deci，2000）。卡梅伦对外部奖励破坏内在动机的情况进行了总结："这几种情况下会发生消极影响：任务本身具有较强的趣味性；奖励是物质的且预先告知的；不管任务是否完成或者表现好坏都提供奖励"（Cameron，2001，p. 40）。这些只是众多情形中的少数几种。班杜拉（Bandura，1986，p. 246）认为这几种情形"没有什么重要的社会意义，因为我们很少会不考虑人们的行为表现就给予大量奖励。"不过，德西、科斯特那和赖安（Deci，Koestner，& Ryan，2001）在承认很多种形式的外部诱因对动机具有积极的或中性作用的同时，还提出："很显然，将奖励作为一种激发动机的策略是有风险的，故我们仍然主张考虑采用能激发学生的兴趣，支持他们自主学习能力发展的教育做法"（Deci，Koestner，& Ryan，2001，p.50）。

有关外部奖励对内在动机的影响的研究提醒我们，如果学生即使不得到奖励也会进行某项活动，我们就要谨慎地使用物质奖励（见 Lepper，1998；Ryan & Deci，2000；Sansone & Harackiewicz，2000）。教师应该尽量使教学内容具有内在趣味性，避免使用不必要的物质奖励。但是，当确实需要使用外部奖励时，也应果断地使用（Ryan & Deci，2000）。一般来讲，在学生刚开始从事一项学习活动时，需要使用外部奖励；当学生体验到活动的乐趣并取得成功时，就可以逐渐停止外部奖励的使用（Stipek，2006）。同时也应牢记，在任何一个班级中，都会有这两类学生：有内在动机从事特定活动的学生和没有内在动机的学生。若要确保所有的学生都进行学习，那么结合使用内部和外部两种激励可能是一项必要的策略。

提高内在动机

课堂教学应该尽可能地提高学生的内在动机。无论是否同时使用外部诱因，提高内在动机对学习总是有益的（Covington，1999；Vansteenkiste，Lens，& Deci，2006）。也就是说，教师首先必须使学生对要呈现的教学内容感兴趣，接下来呈现的方式也要有吸引力，只有这样才能满足和提高学生对学习内容本身的好奇心。下面讨论一些具体的方法（也见 Brophy，1999，2008；Burden & Byrd，2003；Covington，1999；Stipek，2006）。

> **资格认证指南**
> 在教师资格考试中，你应该认识到内在动机在促进学生一生的成长和学习方面的重要价值。

激发兴趣 很重要的一点是，教师应该让学生相信接下来要呈现的内容是重要和有趣的，从而（如果可能的话）向学生说明所学内容对他们的用处（Bergin，1999；Brophy，2008；Tomlinson，2002）。例如，教师可以通过如下方式开始一节课，来增强学生学习百分数的内在动机：

> 今天我们开始学习百分数。百分数在我们的日常生活中非常有用。例如，你在商店里买东西时，售货员计算你要交的销售税，使用的就是百分数。我们给服务员小费的时候，用的也是百分数。我们经常听到类似"去年的价格上升了百分之七"这样的消息，这也是百分数。几年之后，你们中的许多人可能会在暑假里做些兼职工作。如果这些工作需要经手金钱，那么你们有可能时时都要用到百分数。

> **链接**
> 学生的兴趣在创造性问题解决和其他建构主义取向方面的重要性参见第8章。

把教学内容与学生的文化背景联系起来的例子作为课程导言尤为有效。例如，在开始对拉丁裔的学生讲授天文学的时候，教师可以说："几千年前，墨西哥和中美洲的人们已经有了历法，这些历法能对以后几个世纪内月亮和恒星的运行情况做出准确的预测。他们是如何做到这一点的呢？今天，我们就来学习行星、月亮和恒星是如何在可预测的轨道上运行的。"这种陈述的目的就是要激起学生对将要学习的内容的好奇心，由此增强学习的内在动机（Vacca，2006）。

INTASC 标准 4
多元教学策略

另一种增强学生内在兴趣的方式是给他们一定的选择空间，让他们自己决定学习什么内容，或用什么方式来进行学习（Cordova & Lepper，1996；Stipek，2006）。选择并不需要不受限制才能起激励作用。例如，可以让学生选择写一篇关于古代雅典的文章还是关于古代斯巴达的文章，或者选择独自学习还是分组学习。

保持好奇心　有经验的教师在教学过程中会用许多方式不断地激发、保持学生的好奇心。例如，科学课的教师经常运用一些演示使学生感到惊奇或困惑，以此吸引他们进一步探索。一枚漂浮的硬币使学生对液体的表面张力感到好奇，而点燃一张用酒精浸泡过的钞票（而又不损坏钞票），也肯定会激起学生对学习燃烧放热这部分内容的兴趣。格思里和科克斯（Guthrie & Cox，2001）发现，通过科学活动，让学生获得切身体验，能够极大地促进学生对书本上相关主题的学习。

链接
学生对课程内容和呈现方式的兴趣的重要性参见第7章。

向学生提出他们用现有知识无法解答的问题，使学生感到惊讶或挑战他们，这也能够激发学生的好奇心，并由此产生学习的内在动机（见 Bottge，2001）。一名七年级的英国教师在教授等值分数时，运用了这一原则。首先，他要求学生将 $\frac{8}{13}$ 和 $\frac{12}{20}$ 进行等分和再等分。通过两两合作，学生很快得出了 $\frac{4}{13}$ 和 $\frac{2}{13}$，$\frac{6}{20}$ 和 $\frac{3}{20}$。然后，这名教师让学生两次等分 $\frac{13}{20}$。学生犹豫了一段时间之后，得出了 $6\frac{1}{2}/20$ 和 $3\frac{1}{4}/20$。"唉呀！"他说，"这些分数里的分数让我很不舒服！难道没有另外一种方法来计算吗？""四舍五入？"一名学生说。"用小数？"另一名学生回答。最后，经过了很长时间的讨论和争论，学生意识到他们能够运用等值分数来解决这个问题：$\frac{13}{40}$ 和 $\frac{13}{80}$。先让学生进入一个熟悉的情境，然后再打破这种模式，使所有的学生都兴奋起来并积极地投入，这比一开始就单纯地教运算法则有效得多。在学生现有的理解水平下，让学生惊讶的内容对他们构成了挑战，使他们对以前没有考虑过的问题产生了强烈的好奇心。

使用多种有趣的呈现方式　除了使用有趣的材料外，材料呈现方式的变化也能提高学生学习的内在动机。例如，教师可以通过轮流使用录像、邀请嘉宾讲演、演示等方式来维持学生的兴趣。但是每种方式的使用都必须经过深思熟虑，以确保抓住教学目标，并使各种方式相互补充。计算机的使用可以提高大多数学生学习的内在动机（Lepper，1985）。若要提高所用材料的有趣性，则可以考虑这样一些方法，如使用具有情感色彩的材料（如危险、金钱、伤心、灾难等等），使用具体的而非抽象的事例，阐明材料间的因果联系，清晰地组织材料（Jetton & Alexander，2001；Schraw et al.，2001；Wade，2001）。

提高学生兴趣的一种有效方式是使用游戏和模拟。模拟或角色扮演是指让学生承担某种角色，并从事与角色相适应的活动。卡尔·刘易斯使用了模拟的方法来教授学生制宪会议这一事件。有许多教学方案可以对政府的各方面进行模拟。例如，学生可以作为议员，与其他人就投票进行交易，以满足选民的利益；或者学生可以通过扮演经济领域里的角色（农民、制造业者、消费者）来模拟微观经济的运作过程。具有创造性的教师长期以来一直通过自行设计各种模拟活动来进行教学。例如，教

这个学生有学习艺术的内在诱因。作为教师，你应该如何维持或增强她的动机？你应该如何向一个对该任务没有内在兴趣的学生呈现这一任务？

师可以让学生办一份自己的报纸；设计、生产并销售某件产品；建立并经营自己的银行。

模拟的优点是，它使学生从学科内部进行学习。对模拟的一些研究发现（见 Van Sickle，1986），虽然在教授事实和概念方面，模拟并不比传统的教学方式更有效，但是，这些研究所得到的一致结论是，模拟能够提高学生学习的兴趣、动机，增强情感学习（Dukes & Seidner，1978）。毫无疑问，模拟把一种新的知识——情感知识教给了学生。

非模拟性的游戏也可以提高学生学习某个学科的动机。拼字游戏是非模拟游戏的一个很流行的例子，团队游戏竞赛（TGT）（Slavin，1995a）是任何学科都可以采用的一种游戏方式。团队游戏的效果通常比个人游戏的效果好。团队游戏是一种合作学习的形式（见第 8 章），提供了团队成员之间相互帮助的机会，并且避免了个人游戏中存在的一个问题，即通常只有能力较强的学生才有获胜机会。如果所有的学生都在成员能力各异的团队里，那么大家就都有成功的机会。

帮助学生做出选择并设立自己的目标　一条重要的动机规律是：当目标是由个体自己设定而非别人强加的时，个体通常会付出更多的努力（Ryan & Deci，2000）。例如，学生可能会确立自己在家里至少读多少本书的目标，或者预期在下次小测验中起码要达到多少分。在设定下一个目标时，教师可以与学生讨论过去所设定目标的达成情况，然后为下周设定一个新的目标。这种目标设立策略能够提高学生的学业成绩和自我效能（Page-Voth & Graham，1999；Shih & Alexander，2000）。类似地，也有大量证据表明，儿童在参与自己选择的活动时动机水平更高，即使这种选择仅仅是在二者之间选择其一（Patall et al.，2008；Vokoun & Bigelow，2008）。

21世纪的学习

内在动机

在传统教学中，使用外部诱因一直都是必要的，如成绩和表扬，只有这样才能激励学生全力以赴。在将来，诱因可能依然十分重要，但是新的课堂教学技术有助于提升内在学习动机。录像、动画、演示和交互技术都可以为课堂增添多样性和趣味性，并让学生能扮演更多主动的角色。这不仅有助于学生对学校课程的学习，同时也能够使学生做好进入大社会的准备。在这个社会里，他们需要在结构性更低、灵活性更高的工作场合承担起自我激励和保持高效的责任。

问题：

- 根据目前你所学到的内在动机和外部动机的知识，你可以用什么方式激励学生去学习技术的应用？

提供学习的外部诱因的原则

教师要时刻想方设法提高学生学习的内在动机，同时也不能忽视学习的外部诱因（Brophy，2008；Hidi & Harackiewicz，2000）。并非每门课程本身都能让所有学生产生兴趣。教师必须采取措施来激发学生努力学习困难的内容。下面将讨论各种有助于激发学生学习动机的诱因。

表达明确的期待 学生需要清楚地了解自己应该做什么、将被如何评价以及成功之后会有什么收获。学生在某项任务上的失败通常是由于不知道到底要做什么（见 Anderson et al.，1985；Brophy，2008）。将期待明确地传达给学生是很重要的。例如，教师可以这样布置写作任务：

> 今天，我希望你们写这样一篇作文：如果托马斯·杰弗逊还活着的话，他会如何看待当今的美国政府。我希望你们大约写两页纸。这篇作文要对国家缔造者制订的政府计划和现今政府实际的运作方式进行比较。你们能越好地描述杰弗逊时代和当今的政府机构及其运作方式的异同，得分就越高。我同时也会对文章的独创性和观点的清晰性进行评分。作文在你们这六周的成绩里占比重很大，所以，我希望你们都能尽全力完成。

值得注意的是，这名教师明确地告诉了学生要写什么内容，篇幅应有多长，教师对作文如何进行评价以及这篇作文对成绩的重要性。这就很清楚地向学生表明，努力去写一篇好作文将会有所收获——在这个例子中，学生的收获主要表现为分数。如果教师只是说："我希望你们写一篇作文。作文的内容是：如果托马斯•杰弗逊还活着，他对现今美国政府的看法。"学生的作文也许会跑题；也许会写得过长或过短；也许只强调如果托马斯•杰弗逊活着会出现什么情况，而不对两个时代的政府加以比较。学生可能并不清楚，老师强调的究竟是文章的技术性细节还是内容。最后，学生也不知道他们付出的努力是否值得，不知道这篇作文的得分在总成绩中占多大的比重。

格雷厄姆、麦克阿瑟以及施瓦茨（Graham，MacArthur，& Schwartz，1995）的一项研究表明了提出具体任务要求的重要性。他们要求成绩较差的五年级和六年级学生对作文进行修改。修改要求分别是"修改你的作文"或"至少补充三个事例来充实你的作文"。结果发现，接受具体指导的学生写出的修改稿更长、质量更高，因为这些学生清楚地知道自己应该做什么。

提供明确的反馈 反馈（feedback）是指关于某人付出努力的结果的信息。本书所讲的反馈既指学生接受的有关自己各种表现的信息，又指教师获得的有关自己教学效果的信息。反馈可以作为一种诱因。对反馈的研究发现，在许多情况下，提供有关努力结果的信息可以作为一种很有效的奖励（Gibbons，Duffin，Robertson，& Thompson，1998）。但是，要使反馈成为一项有效的激励因素，它必须是明确、具体、及时的（Hattie & Timperley，2007）。这一点对所有的学生都很重要，对年幼的学生更是如此。例如，若要表扬学生某项任务完成得好，那就应该具体指明它好在何处：

链接 反馈也见第7章和第13章。

- "干得不错！我很高兴你能用字典中的检字表来查找练习本上的生词。"
- "我喜欢这个答案。这说明你对我一直讲的有关自由和责任的观点进行了思考。"

反馈
有关个体付出努力的结果的信息。

- “这是篇好文章。你首先陈述了自己的观点，然后列举了相关的事实来支持自己的观点。你在拼写和词汇选用方面也很仔细，我很高兴。”

具体的反馈既是信息性的也是激励性的（Kulhavy & Stock，1989）。它告诉学生他们做对了什么，这样他们就知道以后应该做什么。具体的反馈还可以帮助学生对成功形成努力归因（“因为你勤奋努力，所以你成功了”）。相反，如果学生仅仅受到表扬或得到一个高分，而没有得到任何具体的说明，那么他们就难以从中获取以后该怎么做才有可能获得成功的信息，并容易形成能力归因（“因为我聪明，所以成功了”）或外部归因（“成功一定是因为老师喜欢我，任务很简单或者我比较走运”）。在本章开头部分曾提到过，努力归因是使动机持久的最有效因素（Pintrich & Schunk，2002）。同样，对于错误或失败进行反馈时，如果反馈所强调的是成绩或行为表现本身（而不是学生的一般能力），并且能与成功的反馈交替使用，那么这样的反馈也能够提高学生的动机水平（见 Clifford，1990）。

提供及时的反馈　反馈的及时性也很重要（Kulik & Kulik，1988）。如果学生星期一完成的作业，直到星期五才得到反馈，那么反馈的信息价值和激励价值都会降低。首先，如果学生出现了错误，那么这一周他们在类似的问题上都会延续这种错误，而这种情况完全可以通过反馈加以避免。其次，行为和结果之间的时间间隔较长会使学生难以将二者联系起来。对于年幼的学生来讲尤其如此。如果他们得到的分数是给几天前的作业的评价，那么他们也许根本就不清楚自己为什么得了这么一个分数。

经常提供反馈　教师应该经常给学生反馈，以使他们尽最大的努力去学习。例如，如不经常给学生反馈，希望学生连续6周或9周都努力学习以改善成绩就是不现实的。行为学习理论的研究证明，不管一种奖励多么有效，如果奖励的次数不够频繁，则奖励对改善行为就没有多大作用。频繁地给予小奖励比偶尔地给予大奖励更能促进学生的学习。对考试频率的研究发现，经常使用一些简短的小测验来评估学生的进步，其效果要好于每隔一段较长的时间进行一次题量较大的考试（Dempster，1991）。研究还证明了课堂中多提问的重要性。经常向学生提问，可以使学生获得自己理解程度的相关信息，并且他们会因注意听讲而受到强化（如表扬、认可等）。

提高外部动机源的价值和可获得性　本章前面所讨论的期望理论认为，个体对成功的价值和实现可能性的估计共同决定了动机的强弱（见Wigfield & Eccles，2000）。这个理论的一个重要启示是：只有当学生看重教师所使用的诱因时，它才会具有激励作用。有的学生并不看重教师的表扬和分数，但很看重寄给家长的评语、延长课间休息的时间或在班级中的某种特权。

> **链接**
> 体现对进步和努力的认同的评分方法请参见第13章。

期望理论带来的另一点启示是：虽然对所有的学生来讲，如果尽力了，都应该有机会得到奖励，但是价值最大的奖励对任何人而言都不应轻易能得到。传统的评价制度并未依据这一原则，一些学生感觉取得 A 或 B 很容易，而另一些学生则认为，不管自己多么努力，成功的机会都很少。因此，优生和差生都不太可能尽最大的努力去学习。这就是为什么奖励学生的努力或进步，比只奖励取得高分更为重要的一个原因。例如，学生可以建立档案袋，放入自己的作文、设计方案和报告，这样他们就能看到自己是如何一点点进步的。不是所有的学生都能取得好成绩，但是所有

> **链接**
> 想了解更多有关学生档案袋的内容，请参见第13章。

的学生都能付出努力，超过自己先前的纪录，取得进步。所以，依据进步、努力等标准进行奖励通常更为可取，也更为公正（见第 13 章）。

有效地应用表扬

课堂教学中，表扬可用于许多方面，但最主要的是用于强化恰当的行为，以及对学生的正确行为给予反馈。总体来看，教育者应该经常使用表扬，对于低年级的学生和差生较多的班级，更应该经常使用表扬（Brophy，1998；Evans，1996）。但是，表扬的方式比次数更重要，当表扬针对某一行为且具体可信时，它就是一种有效的课堂激励因素（Sutherland, Wehby, & Copeland, 2000）。**相倚性表扬**（contingent praise）就是针对定义明确的行为，视学生表现而给出的表扬。例如，教师说："请打开课本，翻到 92 页，做 1 到 10 题"，然后只对那些听从指令的学生进行表扬。教师应当只对恰当的行为进行表扬。

链接
想了解更多有关用表扬作为强化物的内容，请参见第11章。

资格认证指南
在教师资格考试中回答案例题时，你应该了解，提供相倚性的、具体的、可信的表扬可以提高学生的动机。

具体性意味着教师对学生的具体行为而非一般性的良好表现进行表扬。例如，教师可以说："苏珊，我很高兴你按照要求开始写作了"，而不是"苏珊，你做得棒极了！"

可信的表扬是指对良好的表现给予真诚的表扬。布罗菲（Brophy，1981）指出，当成绩差的学生和捣乱的学生表现得很好时，教师往往言不由衷，表扬所用的语词往往与声调、姿势以及其他非言语线索不一致。图 10.3 是布罗菲（Brophy，1981）提出的有效表扬应遵循的原则。

除了表扬的相倚性、具体性和可信性之外，布罗菲的列表还包括一些重要的原则，其中有些原则在前面已论述过。例如，原则 7 和原则 8 都强调，表扬应该针对那些优于学生自己平时水平的行为表现，也就是说，如果学生平常就做得较好，那么就不宜对其达到平时水平的行为进行表扬。而对那些平时表现不佳但有所进步的行为，教师应该给予表扬。这指的就是前面讨论过的表扬的可获得性原则。对学生而言，表扬既非唾手可得，也非难以企及。表扬努力而不是智力或其他学生无法控制的因素，这是一条重要原则。原则 9 强调了这一点（见 Dweck，2007）。

相倚性表扬
表扬之所以有效，是因为它直接指向了具体的任务表现。

图 10.3　有效表扬的原则

如果使用恰当，表扬可以成为课堂教学中的有效激励因素。

有效表扬

1. 针对具体的良好行为给予表扬。
2. 对达到的成就进行具体说明。
3. 表现出自然、多样以及其他一些表明可信的特征，对学生的成就给予明确的关注。
4. 对达到具体标准的行为进行奖励（但也可奖励努力）。
5. 给学生提供有关自身能力以及完成任务的意义的信息。
6. 引导学生更好地认识与任务有关的自身行为，引导学生对问题解决进行思考。
7. 以学生过去的成绩为参照来评价学生当前的成绩。
8. 认可学生付出的努力或在困难（对该学生而言是困难的）任务上取得的成功。
9. 将成功归因为努力和能力，这意味着将来还会获得类似的成功。
10. 让学生关注他们自身与任务有关的行为。
11. 在任务完成后，鼓励学生赞赏与任务有关的行为，并对行为进行积极的归因。

资料来源：From Jere Brophy, "Teacher Praise: A Functional Analysis," *Review of Educational Research, 51*, p. 26.

相倚性的、具体的、可信的表扬是一种有效的课堂激励因素。作为一名教师，你应该如何使用表扬来激励你的学生？

教会学生自我表扬

越来越多的证据表明，学生可以学会自我表扬，这可以促进他们学业上的成功。例如，儿童可以学会在完成任务后，对自己进行心理上的安抚，还可以学会定期留意自己完成任务的情况（Corno & Kanfer，1993；Rolheiser & Hogaboam-Gray，1998）。这种策略也是自主学习中的一个关键成分（见 Schunk & Zimmerman，1997；Zimmerman，2008）。

网络链接

西北区域实验室（Northwest Regional Laboratory）有一些激发学生动机的相关资源，请访问 www.nwrel.org/request/oct00。芭芭拉·格罗斯·戴维斯（Barbara Gross Davis）的《教学工具》（*Tools for Teaching*）一书专门有一章对激发学生动机进行了讨论，相关内容可以在以下网址找到：Http://honolulu.hawaii.edu/intranet/committees/FacDevCom/Guidebk/teachtip/motiv.htm。

有意识的教师

运用你所了解的有关动机的知识来改善教学与学习

有意识的教师很清楚，虽然学生的动机来源和水平各不相同，但每个学生都有动机。有意识的教师也知道，教师在很多方面影响着学生的学习动机，教师能够竭尽全力来激发学生的动机，并加以正确引导。他们通过教学来帮助学生发现学习的意义，使学生为自己的成功感到自豪。

1. 我希望学生在课程结束后能了解什么、能做什么？这对于实现课程目标、使学生成为有能力的个体有什么作用？

有意识的教师对如何维持学生的动机会做出相应的规划。考虑一下，你如何发现并保持学生参与学习的动机。在进行长期和短期的规划时，应用动机的原理。回顾一下动机的主要研究成果，并将有指导意义的观点记在卡片上，贴在你的备课本上。

2. 在我的教学中应该考虑学生所具有的哪些知识、技能、需求和兴趣？

动机随不同的学生、不同的情境和不同的内容领域而发生变化。要确定学生目前的动机水平。你可以从多个方面来搜集显示学生动机的信息。例如，你可以在非正式的谈话和教学中对学生进行观察，也可以让他们根据提示作一些记录，如“什么因素让你在此次测验上得到这个成绩？”你可以对学生的回答和你的观察结果进行分析，收集有关动机的以下方面的信息：（1）学生目前处于马斯洛需要层次的哪个水平上？（2）学生倾向于追求成功，还是避免失败？（3）学生进行的归因是内部的还是外部的？稳定的还是不稳定的？可控的还是不可控的？（4）学生的目标主要指向掌握或说学习，还是仅仅指向表现和分数？

INTASC 标准 7 教学计划技能　INTASC 标准 8 评价学生的学习　INTASC 标准 9 职业承诺和责任

3. 我在学科内容、儿童发展、学习、动机以及有效教学策略等方面所掌握的哪些内容能够用于实现教学目标？

学生要想保持较高的动机水平，必须意识到付出努力就有可能获得成功。给学生提供的任务要让他们感到可能成功，但需要付出努力。例如，假设你在学生第一阶段的学习结束后，对成绩册进行核查，你发现有些学生的所有成绩都是 D 或 C，而有些学生却一直得 A，后者似乎学得很轻松。那么你就可以与每个学生进行单独交谈，询问他们为什么得到这样的成绩，希望今后会得到什么样的分数。根据你与学生的谈话，你可以设计难度水平适合学生的研究课题，同时与学生签订合约，使尚需进步的学生感到成功是有可能的。

在目标定向方面，一些学生具有表现目标而非更有意义的学习目标。你可以通过强调学习内容的实际意义，帮助学生转变观念，将其注意力从完成任务转到掌握内容上来。应淡化分数和奖励。例如，假设你班上的初中生有些过分关心作文分数及其在班上的排名情况。你可以使用档案袋评价法，要求学生对自己的进步进行评价。让学生根据自身进步来给自己评分，而不是与同伴的学业进行比较。

要有效地使用表扬。确保你的表扬是真诚的、具体的，并且是针对学生的适宜行为的。应在学生有良好的行为表现时再表扬，对事而不对人，并指出具体什么是良好表现："贾马尔，你将两种颜色调在一起，这样加深了画面的层次感，使画面看起来更真实。我喜欢！"

4. 哪些教学材料、技术、辅助手段和其他教学资源有助于实现我的教学目标？

要时刻注意寻找多方面的资源来激发内部和外部动机。例如，可以邀请家长或其他对你所讲授的课程内容有亲身经验的人参与到教学中，激发学生对学习内容的兴趣。如果学生听到一名炮手讲述了他在军队中每天如何利用三角学，那么学生就会对三角学更感兴趣。或者，当学生听到反种族隔离力量如何通过舆论使曼德拉重获自由时，他们可能会对如何撰写劝说性文章更感兴趣。

5. 我怎样评估学生达到目标的进度？

学生需要对自己的成功进行正确的归因。对学生进行观察，看他们是否认为努力会促进学习。当学生的归因不正确时要进行干预。努力帮助学生建立目标，让他们对自己的进步承担责任，并评价自己的学业。你可以与学生一起建立一个评价体系，对他们良好的行为表现、努力和进步给予奖励。

6. 如果个别学生或全班没有迈上成功之路，我该如何去做？我的补救计划是什么？

马斯洛认为，心理健康的目标就是自我实现。检查一下你的教学和学生的学习情况，看看你和学生满足了学生各种需要的程度以及实现学生潜能的程度。思考下列问题，寻找证据来回答它们：（1）环境是否安全、舒适，是否有助于鼓励学生面对挑战？（2）教学是否有意义？是否生动活泼？（3）学生是否在主动参与分析自己的进步和制订计划？

本章概要

什么是动机？

动机是激发、引导和维持行为的一种内部过程。动机的种类、强度、目标与指向各不相同。

动机理论有哪些？

在行为学习理论中，动机是强化的结果。但是，强化物的价值取决于许多因素，动机的强度在不同的学生身上是不同的。

在马斯洛的需要层次理论中，个体必须先满足他们的低级（缺失）需要，才能产生更高级（成长）的需要。马斯洛对最高层次的需要——自我实现的定义是，成就一个人有能力成就的一切的需要。

归因理论力求理解人们对成功和失败的解释。归因理论的一条核心假设是：个体总是试图保持一个积极的自我形象。所以，个体将好的事情归因于自己的能力，而将负面的事情归因于无法控制的因素。控制点可以是内部的（成功或失败取决于个人的努力或能力），也可以是外部的（成功或失败取决于运气或任务难度）。自主的学习者比受外部动机驱动的学生表现得更好，他们能够有意识地计划和管理自己的学习，因此能学到更多知识和技能。

期望理论认为，个体的动机依赖于他们对成功的机会和成功的价值的估计。当成功的可能性为中等时，动机最强。期望理论对教育的一条重要启示是，学习任务既不能太难，也不能太简单。

如何提高成就动机？

教师应该强调学习目标以及积极的或使自己感到有能力掌控事物的归因。持有学习目标的学生认为，学校学习的目的是为了获得知识、发展能力，而持有表现目标的学生将学习的目的看做获得积极评价和取得高分。持有学习目标的学生比表现目标的学生有更强的学习动机。习得性无助的学生认为他们无论做什么，最终都会失败。教师可以使用一些特殊的方案，如归因训练，来帮助学生摆脱习得性无助。教师的期待会对学生的动机和成绩产生显著影响。教师应该表达积极的期待，期望学生学有所成并克服焦虑。

教师如何提高学生的学习动机？

诱因是一种强化物，当个体做出某种特定的行为时，会期待得到这种强化物。内在诱因是指某些任务本身就具有足够的价值，能激励学生自主地从事这项活动。外部诱因包括分数、彩星和其他奖励。教师可以通过激发学生的兴趣、保持学生的好奇心、使用多种呈现方式、让学生设立自己的目标等方式，来提高其内在动机。提供外部诱因的方法主要包括：清晰地阐述期望获得的结果；明确、及时而频繁地反馈；提高奖励的价值并让它更易获得。表扬也是课堂上的一种奖励，相倚性的、具体的、可信的表扬最为有效。

关键术语

回顾本章中的以下关键术语：

动机	成就动机
缺失需要	学习目标
成长需要	表现目标
自我实现	习得性无助
归因理论	内在诱因
控制点	外部诱因
期望理论	反馈
期望–效价模型	相倚性表扬

自我评估：资格认证练习

指导语：本章开头的案例中所涉及的评价指标是各州的资格认证考试的常见考点。请重读开头的案例，回答下列问题：

1. 根据行为学习理论，卡尔·刘易斯的学生为什么具有学习制宪会议的动机？
   a. 为获得强化
   b. 为满足成长需要
   c. 为消除缺失需要
   d. 为使期望效应达到最大化
2. 刘易斯先生的学生认为，讲授制宪会议的课程是获得有关美国历史的信息的一种手段。这是一种什么类型的目标定向？
   a. 表现目标
   b. 学习目标
   c. 期望目标
   d. 自我调节目标
3. 贝斯·安德鲁斯是刘易斯先生班上一个害羞的女生。她需要向会议成员陈述《权利法案》的内容。如果贝斯是内控型的，那么她很可能将自己的成功归因为下面的哪一个因素？
   a. 任务要求很简单
   b. 老师的偏爱
   c. 认真的准备
   d. 运气好
4. 刘易斯先生想让学生努力学习，不管其能力水平或任务难度如何。他应该让学生形成哪种归因？
   a. 内部 – 稳定
   b. 内部 – 不稳定
   c. 外部 – 稳定
   d. 外部 – 不稳定
5. 下面哪种情况下，刘易斯先生最应该避免使用外部诱因？
   a. 当学生从事挑战性的任务时
   b. 当任务就学生能力提供了反馈时
   c. 当学生在没有外部诱因的情况下就有工作的动机时
   d. 当学生经历了大量的失败时
6. 用本章讲述的行为理论、需要理论、归因理论和期望理论对刘易斯先生的这一课以及学生的参与意愿进行分析。
7. 描述一下教师可以用来提高学生学习动机的方法。

本章提纲

什么是有效的学习环境

时间会对学习产生什么影响

- 利用分配的时间进行教学
- 有效利用投入时间
- 对任务投入过多时间
- 以学生为中心的课堂管理

什么样的做法有助于有效的课堂管理

- 良好的学年开端
- 确立课堂规则

处理日常不良行为的策略有哪些

- 最小干预原则
- 预防
- 非言语线索
- 表扬与不良行为相反的行为
- 表扬其他学生
- 言语提醒
- 反复提醒
- 运用后果

如何使用应用行为分析来管理更为严重的行为问题

- 学生的不良行为是如何得以维持的
- 应用行为分析的原则
- 应用行为分析的程序
- 行为方法的伦理道德

如何预防严重的行为问题

- 预防方案
- 识别不良行为的起因
- 坚持规则并实施
- 加强学生的出勤管理
- 实施干预
- 请求家庭参与
- 运用同伴调解
- 对抗欺凌
- 理智地运用后果

11

有效的学习环境

学习成果

学习本章后，你应当能够：

- 描述什么是有效学习的环境
- 了解时间对学习的影响
- 指出一些能促进课堂管理的做法
- 描述处理学生日常不良行为的策略
- 论述应用行为分析方法怎样用于管理更为严重的学生行为问题
- 论述怎样预防严重的行为问题

上课铃响了，伴随着铃声，茹莉亚·卡瓦略开始给十年级的一个班上英语课。

“今天，”她说道，“你们将扮演小偷，甚至要扮演比小偷更坏的角色。小偷只是偷你的钱财，而你们——”（她环视全班，稍作停顿以示强调）“——将偷窃更有价值的东西。你们将偷窃作者的写作风格。一个作者字斟句酌，历经多年才能形成其独特的写作风格。偷窃作者的写作风格就像偷窃一个人花了很多年才创造出来的一件艺术品一样，这很卑劣，但是你们要做的就是去偷窃。”

正在学生们专心听老师讲课的时候，马克和格洛丽亚这两个迟到的学生偷偷溜进了教室。马克做了一个“哎呀，我迟到了”的鬼脸，并以夸张的姿势踮着脚尖走向他的座位。卡瓦略没有关注他俩，同学们也没有。卡瓦略老师继续上课。

“你们准备对谁实施这种卑劣的行为？当然是海明威老爹。就是写短小精悍的句子，对事物细节格外关注的那个海明威。你们已经读过了《老人与海》，也读了《太阳照常升起》和《丧钟为谁而鸣》的选段。”

在卡瓦略讲话时，马克做了一个夸张的动作将书拿出来，并与他的同桌交头接耳。卡瓦略一边继续讲课，一边走向马克的座位。马克不再与同桌小声说话，而是开始听老师讲课。

“今天你们也可以当一回海明威。你们将窃用他的词汇、他的节奏、他的音步、他的明喻与隐喻，并将这些用在你们自己的文章中。”

卡瓦略首先让学生复习以前学过的海明威的写作风格的特点。

“每个人都想想，海明威是如何描述一位老妇人在干了整整一天活后是怎么爬上楼梯的？迈，你有什么看法？”

迈对老妇人进行了简短的描述。

“听起来相当不错。我很喜欢你对短句子的使用和对老妇人外表的描述。还有其他的看法吗？凯文？”

卡瓦略让几个学生按照海明威的写作风格进行描述，以此来强调她主要的教学目的。

卡瓦略说：“你们马上就有机会成为欧内斯特·海明威。像往常一样，你们将分成写作小组进行活动。但在开始前，请大家先回忆一下有效的小组学习的规则。谁能告诉我规则是什么？”

学生们自己说出了几条规则，如尊重他人、解释你的观点、确保人人参与、维护你的观点、讨论时保持低声等。

“很好，”卡瓦略说，“当我说开始时，你们就可以将桌子搬到一起，并开始构思文章。准备好了吗？开始。"

学生们迅速平稳地将桌子搬到一起，然后直接开始写作。在学生们搬桌子期间，卡瓦略将马克和格洛丽亚叫到她的讲桌前，询问迟到一事。格洛丽亚给出了一条合理的理由，但是马克已经习惯性地出现迟到和课堂捣乱行为了。

"马克，"卡瓦略说，"我对你的迟到和课堂表现很担心。我也向其他任课教师了解了一下，你在他们课上的表现比在我课上还差。放学后请到我这儿来，咱们看看是否有办法来解决这个问题。"

马克回到他的小组去写文章。卡瓦略巡视各个小组，鼓励做得比较好的学生。当她看见两个女生正在消磨时间时，她走过去，将手搭在其中一个女生的肩上，同时看着她的写作提纲。"这是好的开端，"她说，"咱们一起来看看下课前你能写多少。"

剩下的时间里，学生们兴奋而有序地写着作文，尽情地享受着"偷窃"海明威风格的乐趣。课堂就像一个蜂窝，学生们像蜜蜂一样忙碌着，投入地分享思想，彼此交换草稿，并互相修改作文。那天放学后，马克来到卡瓦略的办公室。

"马克，"她说，"对于你的迟到问题和在课堂上的捣乱行为，我们需要采取一些措施。你觉得我们该怎么解决这个问题？"

"格洛丽亚也迟到了。"马克辩解道。

"我们不谈格洛丽亚，现在只谈你的事情。你要对自己的行为负责。"

"好吧好吧，我保证以后一定准时。"

"那还不够。我们以前也进行过类似的谈话，这次我们需要另想一项计划。我知道你有能力在这门课上做得很好，但是你现在的所作所为难以达到这个目标，而且还干扰了其他同学。"

"我们来做个实验，"卡瓦略继续说，"我希望你每天都对自己的行为进行评价，而我也这样做。假如每周结束时，我们双方都认为你准时、表现好，那很好。否则，我就必须请你的父母到学校来，看能不能跟他们一起设计另一种方案。你愿意试一下吗？"

"好吧，我想可以。"

"太好了，我希望明天会有一个新的马克出现。我相信你不会让我失望的！"

运用你的经验

创造性思维 卡瓦略运用了什么样的课堂管理方法？她正在避免何种潜在问题的出现？

批判性思维 假定马克仍然迟到。设计一场与马克父母的讨论会。讨论的目的是什么？怎样实现这些目的？

批判性思维和创造性思维 列一个表格，分析年级水平和课堂管理策略这两个变量之间的关系。从分析卡瓦略的班级开始，在表格的横行中列出不同年级（例如，小学、初中和高中），表格的纵行则列出根据头脑风暴法产生的课堂管理策略。最后，考察在不同年级阶段，何种课堂管理策略是有效的。

INTASC标准5 课堂管理与动机

INTASC标准6 沟通技能

课堂管理

用于对课堂活动、教学、物理环境和其他方面进行组织，从而有效地利用时间、创造一个快乐和卓有成效的学习环境以及将行为问题和其他干扰最小化的一种方法。

什么是有效的学习环境？

若要提供有效的学习环境，教师需要应用某些策略来创造积极的、成果丰富的课堂学习体验，这些提供有效学习环境的策略通常被称为**课堂管理**（classroom management）。它们不仅包括对不良行为的预防和应对，而且包括有效利用课堂时间、创造一种有益于激发学生兴趣和探究欲望的课堂气氛，以及引入让学生投入思维和想象的各种活动等更重要的方面（Kunter，Baumert，& KÖller，2007；Martin，2008）。只是没有行为问题的班级无论从哪方面都还不能被认为是一个管理良好的班级。

有效教学是最有效的课堂管理方法（Evertson & Poole，2008）。如果学生参与组织良好的且自己感兴趣的活动，具有很强的学习动机，以及从事具有一定挑战性而又不超出其能力范围的学习任务，那么他们很少会出现严重的课堂行为问题。卡瓦略的例子证明了这一点。她的课堂管理非常出色，不是因为她的举止像教官一样严厉，而是因为她教授的课程很有趣，激发了学生的想象力和活力，有效地利用了课堂时间，并传达了一种目标感、对学生的高期望以及能感染学生的热情。然而，即使在一个管理良好的课堂中，也会有个别学生表现不佳。尽管卡瓦略主要关注行为问题的预防，但必要的时候，她也有能力进行干预，以确保学生的课堂行为不逾越可容许的范围（见 Emmer & Stough，2008）。对某些学生来说，瞥一眼、走近或者将手放在其肩膀上，都足以终止学生不适宜的课堂行为。但对于另一些学生，也许还需要让他们承担后果。即使在后一类情况下，卡瓦略也没有让学生的行为问题干扰她的课堂以及学生的学习活动。

本章关注的是有效学习环境的创设、课堂管理和课堂纪律。创设有效的学习环境包括对课堂活动、教学的组织管理以及布置物理环境，以促进时间的有效利用、创造愉快的和富有成效的学习环境，尽可能减少对教学活动的扰乱。课堂**纪律**（discipline）是指一些方法，它们用来预防行为问题出现，或者对已经出现的行为问题做出应对，以减少此类问题的再次发生（见 Charles，2008；Levin & Nolan，2010；Marzano，2003）。

并不存在什么神奇的魔力能够使教师成为一个有效的课堂管理者。营造一个有效的学习环境需要掌握一系列的技法，而任何一个教师都能了解和运用这些技法。本章论述的课堂管理和课堂纪律是以预防不良行为为主要目标的。理论依据是：有效的教学本身就是预防纪律问题的最好方法。尽管如此，再有效的教师都难免会遇到纪律问题，因此本章将讨论此类问题出现时的一些应对方法。

时间会对学习产生什么影响？

INTASC 标准 7
教学计划技能

显然，假如不花时间来教某个科目，学生就不可能学会。但教学时间的长短有一个通常范围，在该范围内时间的分配方式不同究竟会造成多大的差异？这已经成为许多研究关注的焦点（见 Adelman，Haslam，& Pringle，1996；National Education Commission on Time and Learning，1994）。尽管在教学上花更多时间明显会对学生的成绩产生积极的影响，但是，这种增加额外时间所产生的效果通常并不很强或并非处处可见（Gijselaers & Schmidt，1995；Karweit，1989）。具体而言，不同的学区在每天的上课时长以及学年的长短方面通常存在着差异，但这些差异对学生成绩产生的影响甚微（Karweit，1989）。更为重要的似乎是在课堂上怎样运用时间。**投入时间**（engaged time）或称**投入任务时间**（time on task）是一项时间测量指标，指实际花费在学习上的时间。时间指标是最常发现与学习相关的因素（如 Bodovski & Farkas，2007；Marks，2000；Rowan，Correnti，& Miller，2002）。换言之，有关时间的各方面中，最重要的是处于教师直接控制下的那方面，即课堂时间的组织和利用（Jones & Jones，2010；Marzano，2003）。

纪律
预防行为问题或为减少将来行为问题的出现而对其进行应对的方法。

投入时间或投入任务时间
学生主动投入在学习任务上的时间。

利用分配的时间进行教学

在学校中，时间是有限的资源。在一般的美国学校中，每年约有 180 天、每天 6 个小时的上课时间。教育活动的时间也可以通过布置家庭作业，或者（对一些学生

图 11.1 时间都到哪里去了？

对小学数学课的观察显示，学生在课堂上实际用于学习的时间仅仅是所安排的总教学时间的大约 60% 左右。

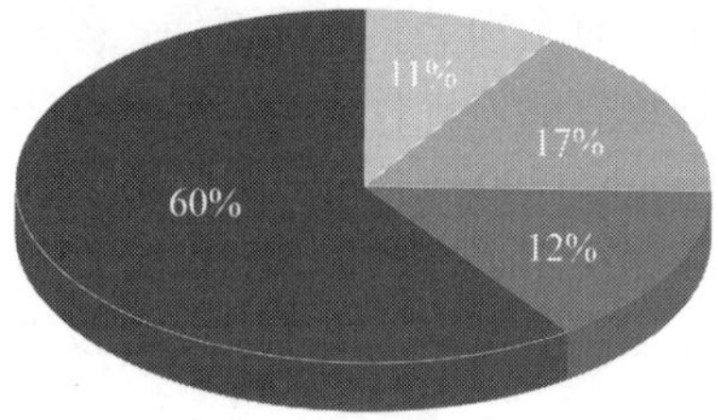

11%的天数没有上数学课

例如：实地考察、教师缺席、标准化测验、学校活动

非教学活动占用了17%的教学时间

例如：推迟开始上课的时间、发布通知、分发材料

12%的时间学生并没有真正参与学习活动

例如：削铅笔、做白日梦、发呆、很早就完成任务

学生只有60%的时间真正参与到教学活动中

资料来源：Based on data from N. L. Karweit and R. E. Slavin, "Measurement and Modeling Choices in Studies of Time and Learning", *American Educational Research Journal, 18*(2).

而言）参加课后活动或暑期学校来延长，但是能够用来教学的总时间基本上是确定的。这大约 6 个小时里必须安排教授各种课程的时间，另外还必须有一些时间用于午餐、休息、体育运动、课间休息、发布通知，等等。在一堂 40 到 60 分钟的课中，有多种因素减少了真正用于教学的时间。卡维特和斯莱文（Karweit & Slavin，1981）考察了从二年级到五年级的 12 个班级的数学课，图 11.1 反映了教学时间是如何分配和消耗的。

卡维特和斯莱文（Karweit & Slavin，1981）观察的班级选自马里兰州一个乡村小镇里面及周边的学校。总体来看，这些班级课堂活动组织良好，有条理，而且教师非常敬业，工作努力。学生整体上也有良好的行为表现，尊重教师的权威。然而，即使在这类非常好的学校中，普通学生真正用于学习数学的时间也只是所安排的总教学时间的大约 60% 左右。首先，大约有 20 个教学日花费在标准化测验、学校组织的活动、实地考察上，或因教师缺席而浪费。在上课的时间里，由于上课晚点、讨论将要进行的活动、发布通知、分发材料、约束学生的问题行为等一系列非教学活动，课堂时间也会被消磨掉。最后，即使在教授数学时，许多学生也没有真正地投入到教学活动中。一些学生在听课时或做课堂作业期间做白日梦，发呆，或者削铅笔等等；还有一部分学生无事可做，一方面可能是因为他们已经提前完成了布置的作业，另一方面也可能是因为教师尚未布置任务。卡维特和斯莱文通过观察而估计的 60% 这个数字，多少还是有些高估了。在一项规模更大的调查中，维因斯坦和米纳瑙（Weinstein & Mignano，1993）发现，小学生真正投入到学习任务上的时间大约只占常规教学时间的三分之一（另见 Hong，2001；Meek，2003）。

分配的时间

学生有机会进行学习的时间。

可利用的教学时间被称为**分配的时间** (allocated time)，即学生有机会学习的时间。当教师讲课时，学生能集中注意听讲。当学生有写作或其他的任务时，他们能在做中学。下面讨论一些能够使分配的时间最大化的方法（参见 Jones & Jones，2010）。

避免浪费时间 教学时间损失的一种情况是损失全天或者数节课时间。由于进行标准化测验以及恶劣的雨雪天气等事件的影响，时间的损失常常是无法避免的。我们当然也不情愿仅为了争取一两节课教学时间而放弃重要的实地考察或者学校的集体活动。然而，教学时间的频繁损失终究会干扰正常教学流程，最终导致学生没有足够的时间来掌握课程。

由于点名等常规的课堂管理手段占用时间，教师能够用于教学的时间受到限制。作为一名教师，怎样避免有效教学时间的损失呢?

充分利用全部的课堂时间并不是说每年挤出更多的教学时间，而是要向学生传递这样的信息：即学习是非常重要的事情，值得花费时间和精力。假如一名教师找个借口不进行教学，学生可能就会认为学习并不是一件严肃的事情。萨格尼克（Salganik，1980）在对巴尔的摩市中心的一所非常优秀的小学进行的调查研究中描述了以下例子。一名三年级的教师带学生到学校图书馆去，结果发现图书馆锁门了。她让一个学生去取钥匙，然后对其他等待的同学轻声说："让我们来做翻倍加法。9 加 9 等于多少？ 6 加 6 呢？" 学生们一起轻声地回答着。做这几分钟的加法运算能提高学生的成绩吗？当然不能。但是它会有助于学生形成这样的认识：学校是进行学习的，而不是消耗时间的。

避免迟到和早退 由于教师没有按时上课而损失的教学时间量是惊人的。在一名教师教全部科目的小学课堂中，这个问题尤为突出，因为没有铃声或其他固定的日程表来规定上课时间。在教师负责各自科目的中学阶段，这在一些学校里同样也是个问题，因为教师可能在上课前要花很长的时间来处理学生的迟到以及其他方面的问题。干净利落地按时上课对于营造一种目的明确的课堂氛围非常重要。假如学生知道教师不会准时上课，那么他们也懒得准时去上课，而这种态度使得以后要想准时上课就变得更加困难。在卡瓦略的课堂中，学生知道如果上课迟到，他们将错过一些有趣、好玩和重要的内容。因此，当上课铃响时，几乎所有的学生都已来到班上，并做好了上课的准备。

如果教师未到下课时间就提前结束教学，那么他们就欺骗了学生。与拖沓地开始上课或者不按时上课相比，提前结束教学的消极作用虽然小些，但也要尽量避免。应该事先明确你认为自己需要教学多少内容，准备比此更多的材料，以在提前完成讲课的情况下使用。

防止干扰 分配的教学时间损失的一个重要的原因是受到干扰。干扰可能是由外部因素引起的，例如发布通知或者需要填写由校长办公室发来的表格，干扰也可能是由教师或学生自己引起的。干扰不仅直接占用了教学时间，也中断了课堂教学的势头，分散了学生对手头任务的注意。

可以采取一些措施来防止干扰。例如，有些教师在教室的门外张贴"正在上课，请勿打扰！"的告示，以要求可能的打扰者稍后再来。还有一个教师会在小组教学时戴一顶特制的帽子，以提醒其他的二年级学生不要在此期间打扰她。有些教师不是立刻填写相关的表格或者处理其他的琐碎行政事务，而是让人将材料放在一个盒子中，等学生正在独立或分小组做作业时，或下课后再填写它们。

任何能推迟到课后做的事情，教师都应当尽量地推迟。例如，如果教师已经开始上课了，但有个学生迟到，那么教师应当继续上课，课后再处理学生迟到的问题。

处理日常事务 一些教师把太多的时间用于处理课堂中出现的琐碎事务。例如，一些小学教师在学生去吃午餐前或放学前都要逐个点名，这就浪费了很多时间，而这样做是没有必要的。在学生入学之初，许多教师就已经建立了规则，只有当大家都安静下来并准备好了，才让学生列队。列队去吃午餐所花费的时间只需几秒钟，而不是几分钟。

除此之外，其他活动也应该变得规范化。例如学生必须知道什么时间可以去洗手间、什么时间可以削铅笔，而在其他时间则不能做这些事情。教师收作业时，可以让学生从后向前传，或者从右向左传，或者让各组长去收作业。资料的分发也必须按一定程序进行。具体怎样完成这些任务并不重要，重要的是学生清楚地知道他们将要做什么。许多教师合理、规范地安排学生助手来分发和收集作业、向校领导通报信息、擦黑板并完成其他的常规工作。这些工作对教师来说可能是讨厌的烦扰，但学生却喜欢做。教师应当尽可能发挥学生的作用。

保持快节奏的教学 研究发现，如果教师在每节课上会讲到大量的内容，学生就会学得更多（Good & Brophy，2008）。快节奏的教学能够引起学生的兴趣，并能使他们把更多的时间投入任务。

减少维持课堂纪律的时间 维持学生课堂纪律的方法将在本章最后部分加以详细讨论，但有一个方面需要在这里强调一下，即尽可能地避免因维持课堂纪律而打断正常的教学进程，而这多数时候是可行的。对于教师经常遇到的不太严重的课堂行为问题而言，可以采用各种有效的方法，比如瞪学生一眼，不动声色地走向违反纪律的学生，或者做一个手势，如将手指放到嘴唇上以提醒学生保持安静。这些方法不会打断正常的课堂教学进程。例如，卡瓦略可以停止教学来训斥马克和格洛丽亚，但这样做将会浪费时间，也会干扰全班同学的注意。假如需要和违反纪律的学生谈论此事，可以在课后或者在放学后进行，而不是在上课时间。假如黛安娜和马丁没有按照要求去默读而是在说话，那么教师最好说：“黛安娜和马丁，下午三点钟到我这里来。”而不是即兴在全班大讲特讲专心做课堂作业的重要性。

> **链接**
> 想了解更多有关时间使用的重要性以及有效教学中的时间管理的内容，请参见第9章。

有效利用投入时间

投入时间（或称投入任务时间）是指每个学生实际投入到所布置的任务上的时间。分配的时间和投入时间是两个不同的概念，分配的时间是指全班可以投入到学习活动中的机会，而投入时间对不同的学生来说可能是不同的，它取决于学生在多大程度上专注于功课，有多强的意愿完成它。接下来的部分将讨论怎样使学生投入任务的时间达到最大化的一些策略。有关研究发现，根据下面的原则对教师进行培训，可以提高学生对学习活动的投入程度，在某些情况下还能促进学生的学习（Epstein，2008；Good & Brophy，2008；Jones & Jones，2010）。

进行有吸引力的教学 提高学生投入任务时间的最佳途径就是教授有趣的、有吸引力的、与学生的兴趣点密切相关的课程内容，学生关注这些内容，并渴望按教师的要求去做事（Emmer & Evertson，2009；Evertson et al.，2009；Weinstein & Mignano，2003）。这种策略的一条要求是教师要进行活跃的、快节奏的教学，以各种不同的方式呈现教学内容，不断给学生提供参与的机会，不过多地布置需要学生独立完成的课堂作业，尤其不要过多地布置没有任何检查与反馈的课堂作业（正如在小学阅读课的后续时段那样）。研究得到的一致结论是：教师讲课时学生的参与程度要比他们独立做课堂作业时的参与程度高很多（Evertson & Harris，1992）。在结构良好的合作学习中，学生的有效投入时间远远多于独立完成课堂练习的时候（Slavin，1990）。如果给学生提供多种主动参与学习活动的机会，也可见到学生的学习效果提高（Finn & Cox，1992）。

链接
想了解更多有关激发学生兴趣以及吸引学生注意的内容，请参见第7章。

保持势头　上课时保持势头是使学生始终高度参与学习活动的关键。术语势头指避免干扰或放慢速度（Kounin，1970）。在一个势头维持得很好的班级里，学生总是有事可做，而且一旦开始做事，就不会被打断。如果你在写文章时经常被电话、敲门或其他无关事件打扰，你便知道它们除了占用时间，还会分散注意力和阻滞写作进程。

链接
想了解更多有关激发学生兴趣以及吸引学生注意的内容，请参见第7章。

科宁（Kounin，1970）曾举例说明由教师引起的放慢速度和干扰的问题：

> 教师正在组织一个小组进行阅读，而其他儿童在做课堂作业。她坐在阅读小组的前面说："好，谁能告诉我下一章的题目是什么？"在点名让一个学生回答问题之前，她看了一下做课堂作业的其他学生，又说："等第二小组的同学安静下来写作业之后，我们再开始。"（事实上，大部分的同学已经在写课堂作业了。）然后，她看了一下做课堂作业的约翰，唠叨着："你找到铅笔了吗？"因为听不清约翰回答了些什么，这个教师站起来说："我想知道你究竟把铅笔怎么了。"停了两秒钟之后，又说："你把它吃了？"又停顿片刻。"怎么回事？它是什么颜色？没有铅笔你无法做作业。"教师回到她的桌子前，找了一支铅笔给约翰，说："我给你一支铅笔。明天早晨一定要把铅笔放在这里。不要对我说你又丢了。别把它弄得像旧的，把它削好。"（p. 104）

INTASC 标准 4
多元教学策略

这位教师本来忽略这种学生行为即可，而她却用一分多钟的时间来处理，她的做法破坏了阅读小组的势头。当然，在与这名儿童交谈期间，全班——无论是阅读小组还是课堂作业小组——都没有进行真正的学习，更糟糕的是，在这次意外事件之后，学生还需要花费更多的时间重新将注意力集中到功课上来。

科宁发现，势头与学生投入任务的总时间具有高度相关。布罗菲和伊伏特逊（Brophy & Evertson，1976）以及安德森、伊伏特逊和布罗菲（Anderson，Evertson，& Brophy，1979）的研究发现，势头与学生的成绩有关。

保持教学的流畅性　流畅性是科宁（Kounin，1970）所使用的另一个术语，指对有意义的教学流程的持续关注。没有过渡就直接从一个主题跳到另一个主题，或从课堂讲解生硬地转到其他活动中，这样的教学会使"活动流程戛然而止"（Kounin，1970，p. 97），而流畅的教学活动则避免了这种情况的发生。例如：

> 教师让其中的一个小组进行朗读。当她朝一个正在朗读的孩子走去时，经过教室里的鱼缸。她突然停下来，站在鱼缸前说："哦，我忘记喂鱼了！"然后，她从旁边的架子上找了一些鱼食，开始喂鱼，同时说："哎呀，看它们饿成什么样了啊！"然后，她转向一个女孩说："看，玛格丽特，你忘记喂鱼了。你看它们是多么饥饿。看，它们吃得多快呀。"（Kounin，1970，pp. 98–99）

这个例子说明了流畅性和势头的相关性：这位教师从课堂教学跳跃到家常事务

上，继而又跳跃到（不必要的）课堂纪律上，她打断了学生的朗读活动，并使得其他同学也难以集中到课堂学习上来。研究发现，与势头一样，流畅性与学生的投入时间（Kounin，1970）和成绩（Anderson et al.，1979；Brophy & Evertson，1976）之间的关系都相当密切。

处理过渡 过渡就是从一项活动向另一项活动的转换——如，从听课转到做课堂作业，从一门课转到另一门课，或从上课转到吃午饭等。研究发现，小学的班级中每天平均有31次主要过渡，大约占去了课堂时间的15%（Burns，1984）。过渡可以是课堂管理的裂缝，它最有可能将整体的课堂秩序分割开来；安德森及其同事（Anderson et al.，1979）以及伊伏特逊及其同事（Evertson et al.，1980）发现，教师处理活动间过渡的效率与学生的学习成绩有正相关。

资格认证指南

教师资格认证考试中，你可能会被要求讨论为什么教师对教学环节的过渡进行认真设计是重要的，并描述如果不认真进行过渡会引起什么结果。

以下是处理过渡时的三条规则：

1. 过渡时应给学生一个明确的信号，在此之前应已教会学生如何对这类信号作出反应。例如，在小学，教师用铃声或手势来提示学生应当立刻安静下来，听教师讲课。

2. 过渡之前，学生一定要熟知听到或看到信号后该做什么。例如，教师可能说：“当我说‘开始’时，希望你们都合上书，拿出昨天开始写的作文。都准备好了吗？好，开始！”让学生独立做课堂作业之前，教师可以先帮助他们熟悉这种活动，下面是一个例子：

教师：今天我们将查找字典中不同页码上的引导词。你们每个人手头上都应该有写着引导词的一张作业单和一本字典。同学们，请将作业单举起来。（学生们按照要求去做。）现在举起你们的字典。（学生按照要求去做。）很好。现在翻到82页。（教师走动着参见学生们做的情况。）看这页的上边，用手指着第一个引导词。（教师走动着参见学生们做的情况。）同学们，第一个引导词是什么？

学生：Carrot!

教师：很好。第一个引导词是Carrot。现在看同一页的右边。同学们，你们看到了哪个词？

学生：Carve!

教师：对。引导词是carrot和carve。现在翻到555页，查找引导词。（学生们按照要求去做。）同学们，555页的第一个引导词是什么？

学生：Scheme!

教师：同学们，第二个引导词呢？

学生：Scissors!

教师：好极了！现在你们自己做作业单上的第一道题，然后和你的同伴相互对照，看是否一致。

在要求学生做完作业单上的所有题目之前，教师应当检查是否所有的或者几乎所有的学生都做对了第一题。当然，原则就是确保学生们在完成任务之前已经明确地了解了他们将要做什么。

3. 多名学生同时进行过渡。应当训练学生以小组形式进行过渡，而不是一次一个学生地单独进行（Charles，2008）。教师通常应当对全班或者分好的小组给予指导：“同学们，我希望你们都安静、迅速地收起实验材料，准备下课。我看见第3桌的同学很安静，并做好了准备。请第3桌的同学排队。第6桌的同学排队。第1桌的同学……第4桌。其他的同学都安静地排好队。走吧！”

上课期间维持团体注意　维持团体注意是指使用课堂组织策略和提问技术，确保班上所有学生始终投入到课堂学习活动中，即使只让一个学生回答教师的提问时也是如此。在科宁曾提出的维持团体注意这个概念包括的基本成分中，研究发现，问责和团体警示这两个成分与学生投入任务的行为密切相关。

科宁用**问责**（accountability）来指“在朗读环节中，教师在多大程度上使学生对自己的表现负责”（Kounin，1970，p. 119）。提高问责的一种方法就是运用集体反应，让所有的学生拿出自己的作业以让教师看见，教师在学生中间巡视，以了解他们正在做什么，让其他学生注意某个学生的任务完成情况（例如，“请大家看苏珊娜在做什么，然后告诉我，你们是否同意她的回答。”）。虽然卡瓦略只让一些学生读自己的文章，但她让所有的学生都写好了一篇海明威式的描述，以提高他们的参与性和责任性。

这种策略所隐含的观点是：在课堂教学的每一个环节都要让所有的学生保持投入。一项对三年级和四年级学生的研究发现，他们平均每 6 分钟就举手一次，而平均 15 分钟才能被叫起来回答一次，有的学生甚至从来就没有参与过（Potter，1977）。这种程度的参与对于确保学生的注意是完全不够的。教师不仅要注意如何把所有的学生吸引到课堂活动中来，而且要注意避免安排那些使多数学生长时间只能做旁观者的活动。例如，一种非常常见的错误是：让一两个学生到黑板或电子设备上解决一道较费时的问题，或者朗读一篇很长的文章，而其他学生却无事可做。这种教学方法浪费了许多课堂时间，破坏了上课的势头，给不良行为打开了方便之门（Gump，1982）。

团体警示（group alerting）是指在讲授和讨论期间，教师用来维持所有学生注意力的提问策略。例如，在叫某个学生回答问题之前，先提出问题：“已知三角形 ABC 的边 AB、AC 的长度以及角 A 的大小，我们还能知道这个三角形的哪些方面……（停顿）……玛利亚？”注意，这种策略可以让全班同学都进行思考，直到玛利亚被点名。如果这样提问“玛利亚，已知三角形 ABC……”，其效果将大相径庭，因为只有玛利亚保持警觉。以随机顺序点名让学生回答问题是团体警示的另一种方式。让所有的学生明白，教师可能会就前一个同学的回答提出相关的问题则是第三种。如教师可能在玛利亚的回答之后问：“玛利亚使用的基本原理是什么？……拉尔夫？”

做课堂作业时维持团体注意　学生做课堂作业时，教师如在场则应监控学生的作业活动，随手检查个别学生的功课。这就意味着，教师应当在学生的课桌周围巡视，了解他们做得怎样。这有助于教师及时发现学生遇到的问题，以免他们浪费时间把作业做错，或因受挫而放弃。假如学生是在合作小组中完成作业，学生们虽然可以彼此检查，但教师仍需要检查每个小组，以了解他们的思路是否正确。

课堂自习为那些难以跟上全班同学进度的学生提供了一个很好的个别辅导的机会，但教师应控制住自己，不在个别学生身上花太长的时间。自习期间，教师与学生的交流应尽可能简短，因为如果与一个学生谈话时间过长，那么班上的其他同学可能遇到自己的难题，也可能走神。

明察秋毫　**明察秋毫**（withitness）是科宁（Kounin，1970）发明的另一个术语。明

问责
人们对自己的任务表现或决策的结果负责的程度。

团体警示
在讲授和讨论期间，用于促使学生维持注意的提问策略。

明察秋毫
教师能够时刻意识到学生的行为并做出反应的程度。

察秋毫就是指能证明教师对学生的行为保持时刻警觉的各种举动。科宁将这种警觉性称为“眼观六路”（having eyes in the back of one's head）。明察秋毫的教师能对学生的不良行为立刻作出应对，并且知道是谁发起了什么行为。而缺乏这种警觉性的教师会错误地训斥责任不大的学生，正如下面的例子所示：

> 和简坐在同一张桌子旁的露西和约翰开始低声说话。罗伯特看到他们说话，也加入进来。之后简咯咯地笑着，和约翰说着什么。玛丽靠过来，低声对简说话。就在这个时候，教师说道：“玛丽和简，不要说话！”（adapted from Kounin，1970，p. 80）

玛丽和简是最后参与到上课说话和大笑的事件中去的，教师只训斥她们，这就表明教师还不知道事情的原委。这种偶然的错误判断可能并不会造成太大的不良影响，但是若类似的事情多次发生，学生就会认为教师倾向于对他们的行为作出不恰当的反应。

不能明察秋毫的另一个例子是对一系列不良行为反应迟缓。露西和约翰的低声说话本来很容易被遏制在萌芽状态，如只需看他们一眼，或者将手指放到嘴唇上以示安静。等到低声说话发展到大笑并且波及其他学生时，就需要终止上课来处理该问题。

明察秋毫的一个主要成分就是不断地扫视全班，并与学生个人保持目光接触。几项研究发现，有效的课堂管理者经常用眼睛扫视课堂，监控活动的进程以及个别学生的行为（Brooks，1985；Evertson & Emmer，1982）。有效的课堂管理者有能力解读全班的情绪并做出应对。他们能注意到什么时候学生开始坐立不安，什么时候又表现出注意力减退的迹象，从而对这些现象作出反应，通过调整教学活动来重新吸引学生参与教学活动（Levin & Nolan，2010）。

一心多用　**一心多用**（overlapping）指教师在不中断上课或者进行其他的教学活动的情况下能够注意到各种干扰活动或者行为问题的能力。例如，一个教师在上阅读理解课时，发现一个学生正在看无关书。教师没有中断上课，而是走向这个学生，拿起她的书，合上，然后把书放到学生的课桌上，做这一切的同时继续向全班讲课。教师既处理了学生的不当行为，又没有放慢上课的进程，而班里的其他学生几乎没有注意到这件事情的发生。同样，卡瓦略只是走近那个低声说话的学生就终止了这一行为，而课程仍能正常进行。下面的例子也很好地说明了如何有效地运用一心多用的策略：

资格认证指南

教师资格考试中，你可能会被要求给出在具体案例中能帮助学生把注意力集中在任务上的建议。

> 教师坐在阅读小组中，露西站着大声阅读。做课堂作业的琼尼拿着他的练习册走向了教师。教师看了一下琼尼，然后回看了一下露西，向她点头，示意继续大声朗读。教师仍坐着，拿起了琼尼的练习册。她转向了露西，说：“那是一个难读的单词，你读对了。”她检查了琼尼练习册上的三个答案，说：“很好，你可以继续做下一页。”然后露西一边阅读，教师一边继续看阅读材料（Kounin，1970，p. 84）。

琼尼的行为打断了阅读组的正常学习活动，而优秀的课堂管理者则完全可以避免这一事件的发生，他们会布置足够多的作业来让所有的学生在阅读时段有事可做，同时对学生完成作业后再做什么也给予明确指导。例如，可以让同伴或其他小组成员来检查琼尼的作业。然而，有时候中断也是不可避免的。既要保持主要活动的继

一心多用

教师在不打断课堂教学的同时对行为问题做出反应的能力。

续进行，同时又要处理可能发生的中断，这种能力与课堂的总体秩序（Copeland，1983；Kounin，1970）和学生的成绩（Anderson et al.，1979；Brophy & Evertson，1976）有高度相关。

对任务投入过多时间

投入任务时间很少的课堂肯定不是一个管理良好的课堂。然而，教师可能走另一个极端，只强调投入任务时间，而不顾及其他方面。例如，在一项关于小学数学课的投入任务时间的研究中发现，某位教师基本上利用了整堂课的 100% 的时间。教师做到这一点的方法是在桌子间来回走动，观察学生注意力不集中的细微表现。在一学年结束时，这个班级的学生只学到了很少的数学知识。过于强调投入时间而不强调有吸引力的教学，这可能会产生布卢姆、普若和特奥多罗（Bloome，Puro，& Theodorou，1989）等人所说的**虚假参与**（mock participation）现象，即学生表面上看起来是专注于功课，但实际上并没有真正地参与到学习活动中。

几项研究发现，在学生行为表现相当良好的课堂里，增加投入任务时间并不能提高学生的成绩（Blackadar & Nachtigal，1986；Slavin，1986；Stallings & Krasavage，1986）。过于强调投入任务时间将有可能从几方面对学习产生不良影响。例如，与从事一成不变的简单任务相比，那些涉及创造性和不确定性的复杂任务一般会使投入任务时间减少（Evertson & Randolph，1995；Weinstein & Mignano，2003）。然而，只是为了保持较多的投入任务时间而不让学生从事复杂的或者具有不确定性的任务，这显然是一种拙劣的教学策略。维持课堂秩序是教学的一个重要目标，但仅是众多目标中的一个而已（见 Charles，2008；Levin & Nolan，2010）。

以学生为中心的课堂管理

值得注意的是，有关课堂管理的研究大多是在常规课堂中进行的，在这种按传统的方式组织起来的课堂中，学生很少有机会选择自己所从事的活动，彼此间的互动很少。而在更大程度上以学生为中心的课堂中，学生们的大部分时间都是在一起学习，完成一些开放性的课题、写作和实验。伊伏特逊和伦道夫（Evertson & Randolph，1995）讨论了对课堂管理的观念必须发生的一些转变。很明显，在以学生为中心的课堂中，课堂管理具有更强的参与性，主要由学生自己来设定行为的标准。同样明显的是，所期望达到的行为类型也是不同的。比如，很难想象一个以学生为中心的课堂会是沉默的。然而，在有些方面，以学生为中心的课堂管理要求与传统的课堂管理要求大同小异。规则仍然是必要的，而且必须不断地向学生说明规则并一以贯之地执行规则（Freiberg，Connell，& Lorentz，2001；Freiberg & Lamb，2009）。假如在以学生为中心的课堂中，学生被课堂活动的多样性、活跃程度以及社会性深深地吸引和鼓动，那么也就没有这么必要再强调纪律了（Weinstein & Mignano，2003）。然而，某些学生的不良行为干扰他人的学习也是不可避免的，教师必须采取措施来帮助这些学生遵守由全班同学共同协商所确定的规则。

虚假参与

学生看起来很投入但实际并未投入学习的情形。

下面的内容描述了在各种课堂情境中如何防止不良行为以及当不良行为发生时如何有效应对的通用策略。

什么样的做法有助于有效的课堂管理？

研究一致表明，一些基本的常规性计划以及基础工作有助于防止纪律问题的产生。这些简单的措施包括：良好的学年开端、布置教室以利于有效教学、制订课堂规则和程序并向学生清楚说明所期望出现的行为（Marzano，2003）。此外，在教师和学生之间建立关爱的联系有助于在班级内建立一种能减少行为问题的合作氛围（Crowe，2008；Freiberg & Lamb，2009；McNeely，Nonnemaker，& Blum，et al.，2002；Osher & Fleishman，2005）。

INTASC 标准 7
教学计划技能

对于不同的年级和不同的学生团体，其管理的重点有所不同。例如，对年龄小的学生，教师需要关注的是帮助学生掌握学校所期望的社会规范与行为（Epstein，2008；Evertson，Emmer，& Worsham，2009；Weinstein & Mignano，2003）。有些方法对改善小学儿童的行为是非常有效的，比如建立全校一致的行为标准，运用合作学习建立积极的人际关系并实现学业成功（Freiberg et al.，2001；O' Donnell，Hawkins，Catalano，Abbott，& Day，1995）。

在初中和高中，学生能理解规则和程序中所包含的基本原则，并且从理智上同意遵守这些规则和程序（Emmer，Evertson，2009；Evertson et al.，2009；Weinstein，2003）。同时，一些青少年拒绝权威而更看重同伴间所确立的规范。随着学生进入青春期，攻击性行为、旷课以及违法行为也在增加。在高年级，分班、科目细化和升学或许会为管理带来挑战，而那些习得性无助或者学业失败的学生，更是教师关注的重点。对于年龄较大的学生，教师更需要鼓励他们在遵守规则时以及学习过程中更多地进行自我管理。增加规则的透明度、加强规则执行的一致性、提高与家长交流的频率，诸如此类的策略对改善青少年的行为是非常有效的（Gottfredson，Gottfredson，& Hybl，1993）。

良好的学年开端

恩梅、伊伏特逊和安德森（Emmer，Evertson，Anderson，1980）以及伊伏特逊和恩梅（Evertson & Emmer，1982）研究了教师在学年开始的行为，并探讨了教师的该类行为与学生此后一年中的行为表现之间的相关性。他们发现，开学的最初几天对建立课堂秩序是非常关键的。他们对比了整个学年中能够保证大部分时间投入任务的教师与无法稳定地保证投入任务时间的教师。结果发现，在开学最初几天，有效的课堂管理者远比低效的课堂管理者更常参与以下几项活动（Evertson et al.，2009；另见 Wong & Wong，2004）。

你与你的学生建立的关系将会为课堂中的学习奠定基调。要建立一个卓有成效的课堂，你预计的最大挑战是什么？

1. 有效的管理者有一项清晰、具体的方案来引导学生掌握课堂规则和程序，并且花费必要的时间来执行该方案，直到学生知道如何排队、寻求帮助等等。

2. 即使有效的管理者计划以后要对学生分组，他们最初也与全班同学一起活动。他们始终参与到全班活动中，很少让个别学生处于无事可做或者无监督的状态。例如，有效的管理者很少只与个别学生一起活动，除非其他学生都在参与有意义的活动（Doyle，1984；Sanford & Evertson，1981）。
3. 有效的管理者在开学之初用更多的时间来介绍程序，讨论课堂规则（经常鼓励学生自己提出规则）。至少在开学初的第一个星期里，这些教师每天都会提醒学生注意课堂规则（Weinstein & Mignano，2003）。
4. 有效的管理者教给学生具体的程序。例如，一些教师让学生练习快速而安静地排队；另一些教师让学生学习在有铃声、闪灯、指令等提醒注意的信号时做出相应行为。
5. 有效的管理者所安排的第一项活动通常是简单而令人愉快的任务。第一堂课的学习材料是精心准备的，清晰地呈现而且富有变化。这些教师在开学第一天就能够使学生尽快开始学习，之后再逐渐地教授他们如何执行具体的学习程序，这样就能避免一次给他们过多的信息。
6. 有效的管理者能立刻采取应对措施，制止不良行为。

确立课堂规则

在开学之初，与课堂管理有关的头几件事之一就是确立课堂规则。这个过程要遵循三条原则：首先，课堂规则的数目不宜过多；第二，课堂规则对学生来说应该是有意义的、公正的；第三，要清晰地解释规则，并明确地把规则教给学生（Metzger，2002）。对课堂规则进行清晰的解释，其主要目的就是针对具体的程序给出道德上的依据（Kagan，Kyle，& Scott，2004）。例如，所有的学生都会理解和支持诸如“尊重他人财物”等规则。这条简单的规则既禁止像偷窃或破坏公物等明显的不良行为，也涉及将材料整理好、清扫垃圾、不在教科书上乱做标记等行为。可以要求学生一起确立规则，或者给出规则，让学生举出相应的例子。课堂讨论可以让学生形成一种参与感，即参与制订每个人都需要遵守的合理规则（Gathercoal，2001；Strout，2005）。当全班都认可这些规则时，那些违规者知道，他们违反的是集体规范，而不是教师随意制订的规则。通用的课堂规则如下：

1. 礼貌待人。不允许打断他人说话、在未轮到自己时擅自说话、取笑或嘲笑他人、欺凌、打架等等。
2. 尊重他人财物。
3. 专注于功课。教师或者其他同学讲话时要认真听讲，做课堂练习，出现干扰事件时要继续专注于功课，坐在位子上，铃响时坐在位子上准备上课以及听从教师指挥等等。
4. 举手以得到许可。不允许在未经许可的情况下大声叫喊或者离开座位寻求帮助。

21世纪的学习

有效利用时间

新技术使教师更容易创造高效的学习环境。除了通过使用短视频、互动设备以及其他手段使课堂变得有趣和有吸引力来提升学生的内部动机，教师还可以采用电子作答设备来不断获取学生学习水平的反馈信息，这样教师就能根据学生的具体需求设置针对性的课程，学生也能立刻了解自己的学习水平。采用这些设备，所有的学生都能同时快速地回答问题或输入自己的看法。教师可以在一张表或图中向全班展示答案或答对人数的百分比。教师可以立刻找出学生已经知道的或他们正在思考的内容，这样就能根据学生的学习调整自己的讲课内容。学生知道他们的知识会不断得到评估，而不再坐在那里希望被点名的是其他人。这些技术能把课堂活动的重点放在最有成果的内容和任务上，激励学生专心致志并以个人和小组为单位充满热情地进行学习。

问题：

- 尽可能多想出教学方式，用电子作答设备向这个年龄段的学生讲授你想教授的学科。其中哪些看起来促进学习的可能性最大？哪些最小？

处理日常不良行为的策略有哪些？

本章前面部分讨论的各种方法用于组织课堂活动以增加教学时间，尽可能少受学生随便讲话、擅自离开座位以及不集中注意等事件的干扰。提供有趣的课程、有效地运用课堂时间以及精心设计的教学活动都有助于预防大部分此类轻微行为问题，同样也可以预防许多较为严重的行为问题（Barr & Parrett，2001；Freiberg & Lapointe，2006）。例如，科宁（Kounin，1970）发现，如果教师的教学活动能够保证投入时间达到较高水平，则学生很少产生严重的行为问题。相反，若投入时间不够，则很容易产生严重的行为问题，这是因为许多行为问题的产生源于学生在学校中的挫败感或者厌倦感。能吸引学生，并给全体学生提供成功机会的教学可以预防此类行为问题。

然而，阻止或处理这些不良行为的方法并不仅包括有效的课堂教学以及充分运用课堂时间。除了使课堂活动结构化以降低行为问题发生的频率之外，教师还必须掌握一些其他策略来处理所发生的行为问题（Emmer & Stough，2001）。

教师要处理的大部分行为问题都是相对轻微的干扰，例如不遵守课堂的规则或程序。这些行为都不十分严重，但是它们影响着学习过程，因此必须处理。在使用维持课堂纪律的各种策略之前，思考一下使用这些策略的目的是非常重要的。学生在学校里除学习读、写、算等基本知识技能外，还要学习更多的内容。他们应该认识到，自己是有能力的学习者，学习是一种享受和满足。温馨的、为学生提供支持和接纳的课堂环境有助于形成这些积极的态度(Fay，2001)。另外，研究发现，全神贯注、不干扰自己和他人的行为与学生的成绩之间存在着显著的正相关（Finn，Pannozzo，& Voelkl，1995；Wentzel，1993）。

假如学生不尊重教师或者教师不尊重学生，就不可能营造一个健康的课堂环境。尽管教师应当让学生参与制订课堂规则，在组织课堂活动时考虑到学生的需求与想法，但教师是最终的领导者，他确立这些规则，并要求学生必须遵守和执行。这些课堂规则和程序应当成为学生的第二天性。那些在课堂中没有树立起权威地位的教师很可能要花费过多的时间来处理行为问题，或者对学生大声呵斥以试图进行有效的教学。此外，课堂结构和常规程序越清晰明了，教师可以给予学生的自由就越多。下面的部分将讨论处理典型的纪律问题的有关策略。

最小干预原则

处理常规的课堂行为问题时，最重要的原则是：教师应当运用那些能够起作用的最简单的干预策略中来纠正不当行为（Gathercoal，2001；Kyle & Rogien，2004）。许多研究发现，用于处理学生的纪律问题的时间量与学生的学习成绩之间具有负相关（Crocker & Brooker，1986；Evertson et al.，1980）。教师处理日常不良行为的主要目标是：以一种有效的方式达成目的，但不在非必要情况下中断正常教学进程（Charles，2008；Evertson et al.，2009；Jones & Jones，2010）。如果可能的话，在处理任何行为问题时，课堂教学都应该正常进行。表 11.1 列出了处理轻微不良行为的各种策略，这些策略是从干扰性最小到最大的连续体。本章后面的部分将讨论这些内容。

预防

最容易处理的行为问题是那些从来不会一开始就发生的问题。像我们在本章前部分所讲述的，教师可以通过呈现生动、有趣的课程，确定清晰的课堂规则和程序，使学生一直进行有意义的活动，或者运用其他有效的课堂管理技术来预防行为问题（Colvin，2004；Fay，2001；Jones & Jones，2010；Levin & Nolan，2010）。卡瓦略的课堂就是一个极好的例子。她的学生很少有不良行为出现，因为他们对课程很感兴趣，并且积极参与。

变化课程内容，运用不同的材料和方法，展示幽默和热情，以及运用合作学习或者基于项目的学习等教学模式，都能够减少因厌倦而引发的行为问题。教师可以将任务分解成几个更小的步骤，并帮助学生为他们的独立学习活动做好准备工作，以此来避免因材料过难或者任务过大而带来的挫败感。短暂的休息，变化活动形式，

表 11.1　最小干预原则

步骤	程序	例子
1	预防	教师展现出热情，安排多种活动，保持学生的兴趣。
2	非言语线索	坦尼亚迟交作业后，教师皱眉。
3	表扬与不良行为相反的正确行为	“坦尼亚，我听说你按时把科学展览的课题交去评分了。太棒了！”
4	表扬其他学生	“我发现你们大部分人今天都按时交了作业。对此我非常高兴。”
5	言语提醒	“坦尼亚，下一份作业请按时交上来。”
6	反复提醒	“坦尼亚，按时交作业是很重要的。”
7	后果	坦尼亚在课后用10分钟时间做下一次作业。

或者让学生在精神比较饱满的上午来学习有一定难度的科目都有助于降低疲劳。

理论应用于实践

一致性管理与合作守纪

一致性管理与合作守纪（CMCD）是最广泛地得到认可的全校范围内课堂管理方法之一（Freiberg，Huzinec，& Templeton，2009；Freiberg，Lapointe，2006；Freiberg et al.，2001）。CMCD 的焦点是让所有学生都参与扮演课堂中的领导角色，利用计时器来确保过渡活动尽快完成，并建立起可预测的日常规则，以此来预防行为问题。学生在班会上有机会分享自己的观点并解决争论。教师课堂提问时会抽签指定学生作答以确保公平性。一些 CMCD 的相关研究发现，这种程序不仅能够改善学生的行为，还能够促进他们阅读和数学技能的学习（Freiberg et al.，2009；Freiberg et al.，2001）。

网络链接

想了解更多有关课堂管理的信息，可以访问青少年与家庭研究中心的教师讨论论坛，www.indiana.edu/~cafs。还可以参考校园暴力预防中心的网页，www.ncdjjdp.org/cpsv。如果想登陆由教师自己创建的网站，可以访问 www.theteachersguide.com/ClassManagement.htm。还可以访问 www.education-world.com/a_curr/archives/classmanagement.shtml。想获得有关新教师和志于从教者的信息，请访问 www.adprima.com/managing.htm 和 www.nea.org/tools/ClassroomManagement.html。

非言语线索

INTASC 标准 6
沟通技能

教师运用简单的**非言语线索**（nonverbal cue）可以减少课堂中出现的多数不良行为，而无需中断课堂教学进程（Levin & Nolan，2007）。有时与表现不良的学生保持目光接触就足以制止其不良行为。例如，有两个学生正在交头接耳，教师只需用眼睛看着这两个学生或其中的一个就可以了。通常教师走到行为不良的学生身边也能制止其行为。如果以上方法不起作用，教师还可以把手轻轻放在学生的肩膀上（但对青少年要谨慎使用这种方式，因为他们可能对触碰很敏感）。这些非言语策略都明确地传递着同一种信息："我看见你正在做什么，我不喜欢你这样。快回到学习上来。"以非言语的方式传递这一信息，其优点是不需要打断课堂教学的进程。相反，言语批评有可能引起涟漪效应：当一个学生受到批评时，其他学生也停止了学习活动（Kounin，1970）。非言语线索不以打断多个学生的注意为代价处理一个学生的行为，而只针对行为不良的学生。像本章前面所阐述的，一个学生正在看与上课无关的书，教师一边轻手轻脚地走向她，将书收起来，一边继续上课。全班只有那一个学生关注了整个事件。

非言语线索
教师采用的目光接触、手势、身体接近或触碰，以便在不打断言语讲课的情况下进行交流。

表扬与不良行为相反的行为

对许多学生来说，表扬是一种强有力的激励。减少课堂上不良行为的一种策略就是表扬学生所做出的与你想消除的不良行为相反的行为。也就是说，在学生做得正确时当场表扬，例如，如果学生经常擅自离开座位，那么当他们能够在座位上认真学习时，教师就应当立即表扬他们。

表扬其他学生

表扬其他学生的良好行为常常可能使某学生也表现出类似的行为。例如，波利正在做小动作，这时教师可以说："我很高兴看到很多同学都在认真学习——杰克做得不错，卡罗尔注意力很集中，何塞和米歇尔也做得很好……" 最后，当波利也开始学习时，教师应当既往不咎，也对其良好行为给予表扬："我看见詹姆士、沃尔特和波利都在全神贯注地做功课。"

言语提醒

如果不能使用非言语线索，或者非言语线索不能奏效，那么简单的言语提醒有助于学生回到学习活动上来。当学生表现出不良行为时，教师应马上给予提醒，而延迟的提醒通常是无效的。如有可能，提醒时应当说明学生应该做的事，而不是追究此刻做错的事。例如，教师应当说："约翰，请自己做自己的作业。" 而不是说："约翰，别抄阿尔弗雷多的作业。" 与反面提醒相比，正面提醒表达了教师对学生的后续行为的更为积极的期望（Evertson，Emmer，& Worsham，2006）。此外，提醒应当是对事不对人。尽管学生的某具体行为可能令人难以容忍，但这个学生本人始终都应当是被班级接纳和欢迎的。

反复提醒

在大多数情况下，应用非言语线索、强化其他学生的良好行为或者予以简单的言语提醒，这些措施都足以终止一些轻微的不良行为。然而，有时学生故意不按教师的要求去做，或者与教师辩解、找各种借口，以此来试探教师的决心。如果学生了解到教师说话算数，并且将采取适当的措施来加强营造一种秩序良好的、具有建设性的课堂环境，那么他们就会逐渐放弃这种试探。

当学生不听从简单的提醒时，教师可使用的第一个策略就是反复提醒，无视学生的任何无关的理由或辩解。坎特和坎特（Canter & Canter，2002）将这种策略称为*重复法*（broken record）。如果学生有一个合理的问题需要讨论，教师可以进行处理，但是学生的争论和理由常常不外乎是一种因不愿坐下来学习而与教师纠缠的手段（见 Walker，Ramsey，& Gresham，2003a，b）。例如，回顾卡瓦略在处理马克的行为时是怎样避开讨论格洛里亚迟到一事的。

运用后果

当上述所有的做法都不能使学生服从明确而合理的要求时，最后一招就是让学生做出选择：要么服从，要么承担后果（Axelrod & Matthews，2003；Colvin，2004）。比如让学生在教室外面站几分钟，剥夺学生的部分休息时间或某些其他的权利，让学生放学后留下或者请学生家长来学校。因不服从教师要求而导致的后果应当具有这样的特点：让学生感到些许的不愉快，持续时间短，并且在行为发生之后尽可能早出现。必然性比严厉性更为重要。学生必须知道，不良行为必然导致某种后果，如同白昼之后是黑夜一样。运用严厉的或者长时间的惩罚（如剥夺一周内的休息），其弊端之一就是容易引发学生的仇视心理与敌对态度。此外，有时也难以将一项严厉的、长时间的惩罚执行到底。轻微但必然的惩罚后果实际上给学生传递着这样的信息："我不能容忍这种行为，但我很关心你，希望你能尽快回到班级的常规活动中来。"

当学生不服从要求时，教师在实施惩罚性的后果之前，必须保证能够实施该后果并在必要时坚持到底。当教师说"你要么马上学习，要么用5分钟的课间休息时间来做作业"的时候，必须确保有人能监督该学生的课间作业活动。模糊或空泛的威胁（"马上停止，否则让你吃不了兜着走"或者"马上学习，否则让你停学一个月！"）不仅是徒劳的，而且容易引发更多的问题行为。假如教师并没有打算坚持使用这些后果，那么学生也就学会了不予理睬。

实施后果后，教师要尽量避免再提及此事。例如，当学生在教室外罚站10分钟后回到班级中时，教师应予以接纳，避免进行任何讽刺或指责。学生现在应当有一个新的开始。

如何使用应用行为分析来管理更为严重的行为问题？

一些行为在操场上可能是合适的但在课堂中却属违规，前面已经讨论了如何处理它们。还有一些行为在任何地方都是不适当的，这些行为包括打架、偷窃、毁坏公物以及极为不尊重教师或其他的学校员工。相比平常的课堂不良行为，这些行为更少见，但却远比前者严重。第5章所讨论的行为学习理论可以直接应用到课堂管理中，对严重的行为问题做出有效的应对。简单来说，行为学习理论认为，得不到强化的或受到惩罚的行为，其出现的频率将减少。下面将讨论**应用行为分析**（applied behavior analysis）——一种依据行为主义的观点对课堂行为进行分析的方法，并就如何预防和处理不良行为提出具体的策略（Alberto & Troutman，2009；Malott，2008）。

> **网络链接**
>
> 想阅读有关应用行为分析的文章，可以访问剑桥行为研究中心的网页，网址为 www.behavior.org，并点击"关于行为分析"（About Behavioral Analysis）。

学生的不良行为是怎样得以维持的

> **应用行为分析**
> 应用行为学习原则来理解和改变行为的方法。

行为主义学习理论的一条基本原则是：如果某行为能够保持下去，那么该行为一定受到了某种强化。要想减少课堂中的不良行为，我们首先必须知道究竟是什么样的强化物在维持着不良行为（Chandler & Dahlquist，2006；Epstein，2008；Kauffman，Mostert，Trent，& Pullen，2006）。

课堂不良行为的最常见的强化物就是关注，这种关注来自于教师或同伴群体，或同时来自二者。一对一辅导模式下的学生很少表现出不良行为，这是因为学生不仅已经获得了成人的全部关注，而且也没有同学在场关注其任何不良行为。然而，在传统的课堂中，学生必须想尽一切办法才能得到教师对自己的关注，并且旁观的同伴可能对其不良行为进行鼓励和赞赏。

教师的关注　有时候，学生表现出不良行为是为了赢得教师的关注，即使这种关注带有否定态度。这种现象的普遍性已超出许多教师的想象。一名困惑的教师可能会说："我不知道内森出什么毛病了。我得整天和他待在一起，敦促他学习！有时候我气得吼他。我的话一点也不起作用，被他当成耳旁风。我批评他时，他居然还在笑！"

当学生做出的不良行为看上去是为了赢得教师的关注时，其处理方法相对简单一些：关注行为表现良好的学生，（尽可能地）忽视捣乱者。实在无法忽视其不良行为时，暂时隔离的方法（如，让学生站在一个安静的角落或者送到校长办公室）可能会奏效。

同伴的关注　学生产生不良行为的另一个常见原因是为了获得同伴的关注和赞赏。最典型的例子就是班级小丑，他们的所作所为就是为了逗乐班上的其他同学。然而，还有许多其他形式的不良行为也主要是由同伴的关注和赞赏引发的——事实上，很少有学生能够完全忽视自己的行为对其他同学的潜在影响。例如，拒绝服从教师要求的学生有意或无意地在考虑：这种挑衅行为在多大程度上影响着自己在同学心目中的地位（Hartup，2005）。

群体相倚
取决于所有学生行为表现的课堂奖励。

尽管学前儿童和小学低年级的学生也可能通过表现出不良行为来赢得同伴的关注，但是从三年级前后开始（而在初中或高中阶段表现得更为明显），学生的不良行为就很有可能是为了获得同伴的关注和支持。当学生进入青春期时，同伴群体所起的作用极其重要，同伴群体的标准开始倾向于独立而不服从权威。当大龄儿童和青少年参与到严重的违法犯罪活动中时（如破坏、偷窃和攻击），他们通常会得到犯罪同伴团伙的支持。

一些学生通过表现不良行为来获得同伴的关注。在课堂中教师如何对同伴支持的不良行为做出应对?

用来减少受到同伴支持的不良行为的策略在很大程度上不同于处理为了引起教师关注而产生的不良行为的策略。如果不良行为受到了同伴的强化，那么忽视的策略就难以奏效。例如，一个学生将书放在头上晃来晃去，惹得全班哄堂大笑，这种行为根本无法被忽视，因为只要全班同学感兴趣，这一行为就会继续保持下去（也有可能促使其他人效仿该行为）。再者，斥责只会让全班更多地注意该学生，更糟糕的是，它还可能提升该学生在同伴心目中的地位。与此类似，如果两个学生交头接耳，他们就在彼此强化着对方的不良行为，忽视他们的这种行为只会鼓励他们继续交谈。

对于受到同伴支持的不良行为，如果简单的提醒（例如走近该学生）不起作用，我们可以采取两种措施：一种是让违反纪律者离开课堂，使之无法得到同伴的关注；另一种就是使用**群体相倚**

（group contingencies），这一策略是根据全班（或班里的学生小组）中所有成员的表现来决定是否予以奖励。在群体相倚规则下，每个学生都因其他同学的良好行为表现而受益，因此同伴对不良行为的支持也随之消失。下面的部分将对群体相倚以及其他针对同伴支持的不良行为的管理策略进行更为详尽的讨论。

摆脱不愉快的状态或活动 不良行为的第三个重要的强化物是摆脱乏味、挫折、疲劳和不愉快的活动。第5章中曾论述过，强化物可以表现为逃离或者避免不愉快的刺激。一些学生把学校里发生的许多事都看做是不愉快的、乏味的，令人感到受挫或者厌倦的。对那些在学校里屡遭失败的学生来讲更是如此。但是，即使是那些能力与学习动机最强的学生，他们也时常感到乏味和受挫。学生经常单纯为了摆脱不愉快的活动而表现出不良行为，明显的例子包括频繁地请求允许去饮水、去洗手间或削铅笔等。与学生在合作学习或听讲时相比，他们在做独立的课堂作业时提出类似上述请求的可能性更大，因为对于对自身学业能力缺乏自信的学生而言，课堂作业可能使其产生受挫感或焦虑。试图摆脱乏味、挫折或者疲劳也可能是引发更加严重的不良行为的部分或惟一原因。某个学生表现出不良行为，其目的可能就是为了煽风点火。有时候学生表现出不良行为的目的就是想被逐出教室。显然，命令这样的学生去走廊或校长办公室会适得其反。

链接 想了解更多有关行为理论的内容，请参见第5章。

链接 想了解更多有关快慢班教学带来的问题的内容，请参见第9章。

处理因乏味、挫折或者疲劳等引发的不良行为的最好办法就是防患于未然。学生在有趣的、富于变化的和参与式的课堂中很少表现出不良行为。积极参与课堂活动的学生能够防止因乏味或疲劳引起的不良行为发生。使用合作学习或其他促使学生积极参与学习的方法，都有助于防止不良行为的产生。选择能确保所有学生高成功率的学习材料，确保学习活动对全体学生都具有挑战性但又不过难，教师就能使学生免于受挫。改变教学和评估方式以帮助学生获得成功，这也是处理因受挫而产生的行为问题的有效方法。

INTASC标准4 多元教学策略

应用行为分析的原则

前面所讲的行为管理策略（如非言语线索、提醒、轻微但必然的惩罚）可以看做是行为学习理论的非正式应用。使用这些策略，再运用有效的班级管理和参与式课程来预防不良行为，这就足以在大多数课堂中营造一个良好的学习环境。

然而，有时还需要更为系统的行为矫正方法。在课堂中，如果大多数学生表现良好，只有少数几个学生有顽固的行为问题，那么个体行为管理策略即可奏效。如果许多学生都有行为问题，尤其是有同伴支持的行为问题时，就需要采用全班行为矫正策略或群体相倚策略。这类策略常用于班上有许多成绩差的学生或者学习动机低的学生的情形，这类情形常见于特殊教育班级里，以及使用快慢班教学或其他班级间能力分组教学法的学校中。

在建立和使用任何一种应用行为分析程序时，都应遵循由行为观察到程序实施，再到程序评估的一系列步骤（见 Alberto & Troutman，2009；Jones & Jones，2010；Malott，2008；Walker，Colvin，& Ramsey，2003）。从某种程度上讲，任何应用行为分析程序都包含这里所列的步骤：

1. 识别一种或多种目标行为和强化物。
2. 确立目标行为的基线水平。

3. 选择强化物，确定强化的标准。
4. 如有必要，选择惩罚刺激，并确定惩罚的标准。
5. 在实施程序时，观察对象行为表现并与基线水平相比较。
6. 当行为管理程序起作用时，减少强化的频率。

个体行为管理策略对处理学校中个别学生的顽固行为问题是有效的。**行为矫正**（behavior modification）是系统地应用先前刺激和后果来改变行为（Alberto & Troutman，2009；Malott，2008；Walker，Shea，& Bauer，2007）。

识别目标行为和强化物　实施行为管理程序的第一步就是观察行为不良的学生，以识别出一种或几种行为，将其作为需要矫正的目标行为，并且观察是什么强化物维持着不良行为。观察的另一个目的就是确定行为的基线水平，以便与以后行为的改进相比较。一项结构化的个人行为管理程序旨在改变一种行为或者一系列密切相关的行为。试图同时矫正多种行为有可能无法纠正其中任何一种，因为学生无法清晰地了解到究竟应该做什么才会受到强化。

所确定的第一种目标行为应当是严重的、容易观察的，而且最重要的一点是其发生频率较高。例如，假定某个孩子隔几天就要在操场上与人打架，而且每小时有好几次擅离自己座位，那么你应该首先处理擅离座位的行为问题，之后再处理打架问题。具有讽刺意味的是，某种行为发生频率越高、持续时间越长，则越容易消除。这是因为教师可以经常运用积极的或消极的后果，使学生能够清楚地了解到自己的行为与行为导致的后果之间的联系。

在观察学生的行为时，尽量确定是什么强化物维持着目标行为。假如某个学生与他人在一起时表现出不良行为（如在未被许可的情况下说话、诅咒或取笑他人），或者某个学生的不良行为经常能吸引他人的注意（如搞笑），那么你就可以推断该行为是一种同伴支持的行为。假定某种行为并没有吸引同伴太多的关注，但总是需要教师的关注（如擅离座位），那么你就可能推断，支持该行为的正是你本人的关注。

确立基线行为　观察某个学生以了解其目标行为的发生频率。在此之前，你需要明确界定该行为的构成成分。例如，若目标行为是“打扰同学”，那么你需要确定有哪些具体的行为构成了“打扰”（可以是取笑、打断或者拿走别人的东西）。

选择强化物并确定强化标准　典型的课堂强化物包括表扬、特权和物质奖励。表扬对那些试图以不良行为来赢得教师关注的学生而言尤其有效。先从关注并表扬适当的行为入手来实施行为管理程序，以判断该方式是否有效。这种思路通常是可取的。但是，如果表扬不能奏效的话，就要准备运用更有效的强化物（见Alberto & Troutman，2009；Walker et al.，2007）。许多教师发现，当学生表现良好时，除了给予表扬外，诸如奖励小红星、“笑脸”的图标或者其他小奖品等也是有效的。一些教师还用橡皮章在学生的作业本中盖上表示高质量作业的特定标记。这些小小的奖励手段使教师的表扬更具体、可见，并且学生还可以把作业带回家，进而受到父母的表扬。表11.2就如何应用社会强化物和学生偏爱的活动来鼓励良好的行为提出了一些建议。

行为矫正
一种系统地应用先前刺激和后果来改变行为的方法。

表 11.2 社会强化物和偏爱的活动

社会强化物	
表扬的语句	
"真聪明。"	"继续保持好成绩。"
"想法很好。"	"感谢你的帮助。"
"你做了大量的工作。"	"现在你已经掌握了它。"
"你注意力很集中。"	"那个观点有意思。"
"你应当把这个给你父亲看一下。"	"你使它变得简单了。"
"非常感谢。"	"你的家庭作业有个好的开头。"
"我对此感到高兴。"	
接近	
并肩行走	和学生一起做游戏
并肩而坐	放学后一块学习
共进午餐	
身体接触	
触摸	握手
拥抱	手拉手
表情	
微笑	感兴趣的表情
使眼色	大笑
点头	
偏爱的活动	
第一个回家	做短小的游戏：如连点画，五子棋
为老师取送物品或信息	周末将班级喂养的宠物带回家
坐在自己想坐的地方	当组长
给全班讲一个笑话	看电影
聚会	摆弄磁铁或其他科学仪器设备
制作与学业有关的艺术品	和朋友一起阅读
选择课间休息时做的游戏	在图书馆自由支配时间
增加或延长课间休息	有人问自己喜欢做什么事情
帮助教师	为班级出游或某个项目做计划
参观另一个班级	

资料来源：Vernon F. Jones and Louise S. Jones, *Comprehensive Classroom Management* (4th ed.), p. 363. Copyright © 1995 by Allyn & Bacon. Adapted by permission.

必要时，选择惩罚刺激并确定惩罚标准 行为学习理论极力主张对适当的行为予以强化，但不赞同惩罚不当行为。这源于实践和伦理方面的考虑。惩罚往往会带来仇恨，故即使用惩罚解决了某个问题，也会产生其他问题。尽管惩罚也能像强化一样起作用，但还是应当避免使用，因为它不利于营造一个愉快、健康的课堂环境（Walker et al.，2007）。在某些情况下，给予某种惩罚是必要的。当强化策略无法使用或无效时，应该果断使用惩罚。然而，对不良行为实施惩罚（如剥夺学生的特权，但绝不能体罚），这应当是迫不得已的最后选择，绝不应该是首选的方案。惩罚实际上就是个体力图避免的令人不愉快的刺激。学校中常见的惩罚有训斥、被要求离开教室或被送到校长办公室、放学后留下或者剥夺课间休息。体罚（如打屁股）在美国的一些州和学区是非法的，在其他地方则是严格限制使用的，然而无论法律或政策是怎样规定的，学校都不应该使用体罚。对学校中学生的不良行为给予体罚，既无必要，也无效果（Jones & Jones，2010）。

奥 • 勒利和奥 • 勒利（O' Leary & O' Leary，1972）提出了七条有效且人道的惩罚原则：

1. 有节制地使用惩罚。
2. 让儿童明白为什么要受到惩罚。
3. 向儿童指出一种可获得积极强化的备选行为。
4. 强化那些与你希望减弱的行为相反的行为（例如，假定你要惩罚注意力不集中的行为，那么当学生注意力集中于功课时，要给予强化）。
5. 绝不使用体罚。
6. 处于愤怒或情绪不佳的状态时，绝不使用惩罚。
7. 惩罚某种行为应该在其出现之初而不是结束之后。

一种有效的惩罚方法称为**暂时隔离**（time out）。教师让有不良行为表现的学生到教室的某一角落，到教室外面的过道上，到校长或副校长的办公室，或者到另一位教师的班级去。如有可能，学生去的地方应当是没有趣味的，并且其他同学看不到该生。暂时隔离的优点是被隔离者无法得到其他同学的关注。因此，该方法尤其适用于那些主要受同伴关注的激励而表现出不良行为的学生。第 5 章描述的"坐冷板凳"就是暂时隔离的一个很好的例子。在体育课上让那些有不良行为表现的学生坐着看计时沙漏 3 分钟。即时地、一以贯之地运用这种后果能很快地从本质上消除不良行为（White & Bailey，1990）。

链接

想了解更多有关"坐冷板凳"惩罚手段的信息，请参见第5章以及图5.2。

教师应当尽量少用暂时隔离。但是，一旦使用，就应当镇静而坚定地去做。学生应当直接去指定的地方待着，直到规定的时间结束为止。暂时隔离的时间应当是简短的；通常 5 分钟就足够了。但是，隔离时间应当从学生到达隔离地点后开始算起；如果学生仍在叫嚷或争辩，那么这段时间不应计算在内。暂时隔离期间，任何人都不应与该生交谈，教师也不要训斥该生。教师应告诉学生为什么被暂时隔离，但不要进行更多的批评。假如将学生送到校长办公室，也应当请求校长不要与之交谈。

资格认证指南

教师资格认证考试可能要求你阐述你认为应用行为分析法怎样应用是恰当的。

减少强化的频率　某个强化程序实施一段时间后，一旦学生的行为有所改善，并且稳定在某个新的水平上，那么，强化的频率就可以减少。最初，适当行为每次出现时都能够获得强化；随着时间的推移，两次适当行为才获得一次强化，以后则逐渐地变为几次适当行为后才给予一次强化。减少强化的频率有助于持久地保持新行为，并且有助于把这种新行为迁移到其他情境中。

应用行为分析的程序

依托家庭的强化策略和每日报告卡程序是适用于个别学生的应用行为分析程序的例子。而群体相倚则是适用于全班的应用行为分析程序的例子。

暂时隔离

让有不良行为表现的学生暂时离开能够强化这一行为的环境。

依托家庭的强化　**依托家庭的强化策略**（home-based reinforcement strategies）属于最为可行和有效的课堂管理方法（见Barth，1979；Rhode，Jenson，& Reavis，1993；Walker et al.，2007）。教师让学生把每日或者每周报告卡带回家，家长则按照要求，依据教师的报告来给孩子提供某种特权或奖励。依托家庭的强化并不是一种新

依托家庭的强化策略

一种行为矫正策略，即学生在学校的良好行为表现被报告给家长，由家长进行奖励。

思想，佛蒙特州的单间校舍博物馆就展览了上至19世纪60年代使用的每周报告卡。

和其他同样有效的策略相比，依托家庭的强化具有一些独特的优势。第一，家长能比学校提供更多有效的奖励和特权享受。例如，家长决定着孩子是否可以看电视、玩电脑、电子游戏、逛商场以及与朋友外出。并且家长也知道自己的孩子喜欢什么，因此能比学校提供更加个性化的特权。第二，依托家庭的强化能经常给家长提供有关孩子的好消息。捣乱儿童的家长通常只有当孩子在学校犯错误时才能得到有关的信息，这不利于家长和学校建立良好的关系，也容易导致责备和指责。第三，依托家庭的强化易于管理和执行。通过让学生随身携带每日报告卡，教师可以让很多成人（如，其他教师、校车司机，操场或餐厅管理员等）参与到孩子的行为管理上来。最后，随着时间的推移，每日报告卡可被每周报告卡取代，然后是半月卡，最后变成学校通常使用的 6 周或 9 周报告卡，同时有效性并不降低。

每日报告卡 表11.3呈现了小学生霍默·希思的每日报告卡。他的教师卡萨女士在每次教学结束时对他的行为表现和作业进行评定，并安排餐厅管理员和操场管理员对霍默在她们面前的相关行为进行评价。霍默总是很负责地携带着自己的报告卡，并且认真地确认每项活动结束后教师或其他人员是否在报告卡上打分并签名。只要他得到30分，父母就同意给他一个特权：在睡觉前，父亲给他多讲一个故事，并且可以晚睡15分钟。如果他忘记将报告卡带回家，父母就可以认定他没有达标。假如霍默是初中生或高中生，或者他所在的小学采用分科式教学（即在不同的班级上不同的课程），那么他就需要让每科教师都在卡上打分并签名。显然，这种方法需要教师之间的合作。然而如果这种每日报告卡确实能显著减少学生的不良行为，提高其学习成绩，那么这些付出的确是值得的。有数十项研究已经证实了这种方法的有效性（Barth，1979）。

表 11.3 每日报告卡样例

运用依托家庭的强化程序的教师必须建立每日报告卡，以便评价学生的作业和行为，并将其通报给学生的家长。

学生：Homer H. 每日报告卡 日期：March 21

时段	行为	作业	教师
阅读	1 2 (3) 4	1 (2) 3 4	卡萨女士
数学	1 2 3 (4)	1 2 3 (4)	卡萨女士
午餐	1 2 (3) 4		梅森女士
休息	1 2 (3) 4		豪泽女士
语言	1 2 3 (4)	1 2 3 (4)	卡萨女士
科学/社会研究	1 2 (3) 4	1 2 (3) 4	卡萨女士
	1＝差 2＝一般 3＝良好 4＝优秀	1=没有完成作业 2=作业完成较差 3=作业完成较好 4=出色完成作业	

总评定等级：33 ☺ 分数要求：30

资料来源：E. Dougherty and A. Dougherty, "The Daily Report Card," *Psychology in the Schools,14*, pp. 191-195. Coryright © 1977 by the Clinical Psychologh Publishing Co., Inc., Brandon, Vermont. Reprinted with permission of John Wiley and Sons, Inc.

理论应用于实践

运用每日报告卡系统

建立和运用每日报告卡系统的具体步骤如下：

1. **确定每日报告卡中包括哪些行为。**选择报告卡中要记录的一种行为或者一系列行为。为每种行为设计一个分数等级表，并构建一张标准的报告卡表格。你所设计的每日报告卡可以比表11.3详细或简略些。例如，你或许对行为进行了更为精细的划分，如与他人相处、专注于功课以及遵守课堂规则。

2. **向家长解释该程序。**基于家庭的强化程序依赖于家长的参与，因此很关键的一环是要让家长了解该程序，并得到他们的配合。应当告诉家长每日报告卡意味着什么，如果孩子带回家的报告卡显示他们表现良好，家长应当奖励他们。教师给家长呈现这一方案时，应当说明如何奖励孩子。与家长的交流应当是简短的、积极的和非正式的，并且给家长这样一种感觉，即"我们将一起来完成此事"。这种程序主要用于奖励良好的行为，而不是惩罚不良行为。下面的例子列举的是家长在家里可能使用的一些奖励（改编自Walker et al.，2003）：

   - 和父母一起进行的特殊活动（如阅读、放风筝、建造模型、逛商店、玩游戏、去动物园）
   - 特殊的食物
   - 烘烤饼干或烹饪
   - 操作通常只能由大人们使用的某些设备（如洗碗机或者吸尘器）
   - 有机会玩特殊的游戏、玩具，使用特殊的技术或器材
   - 小的奖励物品（如彩页书、纸、漫画书籍、橡皮或贴纸）
   - 增加玩耍、看电视、玩电子游戏以及其他类似活动的时间
   - 与朋友度过愉快的一晚
   - 推迟睡觉或回家时间

   鼓励父母选用那些每天都可以给予的奖励物（也就是物美价廉的物品）。

   最好的奖励是那些能够建立密切的亲子关系的奖励，比如父母与孩子一起参与某种特殊的活动。许多在学校中表现出不良行为的儿童，他们在家里也可能表现出不良行为，并且与父母之间的关系也不尽如人意。每当孩子有值得骄傲的事情时，基于家庭的强化方案就为父母提供了一个机会，来展示他们对孩子的爱。与父亲共度一段特殊的美好时光，这种对在校良好行为的奖励尤其有价值，它有利于建立父子或父女之间的良好关系。

3. **当行为改善时，减少报告的频率。**基于家庭的强化程序起作用时，孩子的行为通常会产生显著的改善。一旦行为有所改善并且达到某个稳定水平后，就应该适时减少向家长报告的频率（当然，要让家长知道这种变化）。每日报告卡改为每周报告卡（奖励的力度更大，但频率降低）。我们曾在第5章中论述过，保持行为的最好方法就是增加两次强化之间的时间间隔。

群体相倚程序　**群体相倚程序**（group contingency program）是一种强化系统，即根据群体成员的行为来决定是否对整个群体进行奖励。教师经常使用群体相倚程序，例如"如果所有同学都能停止手中的活动，保持安静，我们就去吃午餐。"教师的

群体相倚程序
一种根据全班遵守或违反规则的行为来给予奖励或惩罚的程序。

这番话意味着：任何一位同学的行为都有可能让全班同学推迟吃午餐。或者教师可以说："如果全班在明天的测验中的平均分不低于90，那么本周剩下的几天里，大家就都不用交家庭作业了。"这种群体相倚依赖于所有成员的平均成绩而不是某个学生的成绩。

群体相倚的一个主要优点是相对比较容易实施。大部分情况下，全班要么都得到奖励，要么都得不到奖励，教师不需要对不同的学生区别对待。例如，教师说："如果全班同学今天上午都能遵守课堂规则的话，那么大家可以多休息 5 分钟。"假如全班获得了这个奖励，那么其中所有的人都一起获得。这样，教师不需要让几个学生休息更长的时间，而把其他学生叫回教室。

群体相倚所隐含的理论观点是：当根据每个成员的行为来决定群体是否受到奖励时，群体成员将会彼此鼓励同伴做出有助于群体获得奖励的行为（Slavin，1990）。群体相倚使得通常支持不良行为的同伴压力改变方向，反对不良行为。如果只有当所有的学生在整个上午都表现良好时，全班才能得到更长时间的课间休息，那么当琼做鬼脸或者奎恩粗鲁地与教师交谈时，没有谁会觉得这很让人开心。

群体相倚已经被成功地以多种形式应用于许多方面（Epstein，2008；Kauffman et al.，2006；Marzano，2003）。例如，巴瑞施及其同事（Barrish et al.，1969）在数学课上将四年级的一个班分成两个小组。当某一组中的任何一位成员违反课堂规则时，教师就在黑板上做一个标记。下课时，若小组得到的标记总共不超过 5 个（含 5 个），那么该组的所有成员在一天的课程结束后就可以参加一次课外活动。假如两个组的标记都超过 5 个，那么标记较少的那个组则可以参加课外活动。对一年级学生进行长期的追踪研究发现，这种方法能对儿童的生活产生持久而显著的影响（Bradshaw，Zmuda，Kellam，& Ialongo，2009；Ialongo，Poduska，Wethamer，& Keller，2001）。

资格认证指南

教师资格认证考试可能要求你描述哪些类型的课堂管理程序能使课堂讨论更富有成效。

理论应用于实践

建立群体相倚程序

如前所述，群体相倚行为管理程序可以只是一句简单的声明："同学们，假如你们今天上午都能坐在座位上，专注于功课，保持安静，那么你们课间就可以多休息 5 分钟。"然而，稍加组织与规划的程序能够增强群体相倚的效果。

1. **确定强化哪些行为。**与任何全班行为矫正程序一样，群体相倚程序的第一步就是制订一系列课堂规则。

2. **建立一个具有发展性的恰当的评分系统。**有三种基本的方式来实施群体相倚管理程序。第一种即是在每个教学时段或者每项活动期间评价课堂行为。也就是说，在小学班级中，在阅读、语文和数学等每堂课后，给予0~5分的评定。在初中班级中，可以在一个教学时段结束后给予一个总的评定，也可将行为评定与作业评定分开进行。假如他们的得分超过了预先确定的分数，则全班每天或者每周都将得到奖励。

   建立群体相倚程序的第二种方式就是每天多次对全班进行评定。例如，你可以将计时器设定为平均每10分钟响一次（但实际间隔从1到20分钟随机变化）。铃声响时，如果全班都遵守课堂规则，则全班将得到1分。在不使用计时器的情况下，也可以运用该程序。假如所有的学生都遵守课堂规则，那么教师就每隔10分钟左右给全班记1分。有些教师会准备一袋石子和一个广口瓶，只要全班遵守课堂规则，教师就不时地将石子放入瓶中。每颗石子可以换得30秒钟的课间休息时间。石子落进瓶子的声音告诉学生，他们做得很好。在初中，延长课间休息是不可能的，但可将每颗石子代表的30秒钟休息时间累积到星期五放学前的休息时段使用。

3. **考虑对严重不良行为扣分**。群体相倚奖励系统本身应当有助于改善学生行为。然而，仍有必要对偶尔出现的严重不良行为作出应对。例如，由于打架或者对教师的极端不尊重，教师可以从班级得分中每次扣掉10分。扣分时，不要与学生商讨。只是扣掉得分，向学生解释为什么扣分，并且提醒他们，只要他们遵守课堂规则，仍有可能将分数赢回来。
4. **当行为改善时，减少记分和强化的频率**。开始时，每天都应当使用群体相倚程序。当班级行为有所改善并且稳定在一个新的水平上大约1周时，你可以改用每周1次奖励。最终全班将完全不再依赖于这种评分奖励系统，但基于课堂行为的反馈和表扬仍要继续进行。
5. **如有必要，将群体相倚与个人相倚结合**。使用群体相倚并不排除对有需要的学生实施个体相倚。例如，在使用群体相倚的课堂上，如果学生仍表现出行为问题，则应当要求学生将每日报告卡或每周报告卡带回家交给父母。

行为方法的伦理道德

本章所描述的行为分析策略是非常有用的。如果能够恰当地运用这些策略，甚至最捣乱的学生的行为问题也能被控制在可管理的程度。然而，如果教师运用这类策略对学生进行过度的控制，则容易出现问题。他们过分关注让学生坐下来、保持安静、看上去有所获，以至于忽视了这样一个事实：学校是学习的场所而不是进行社会控制的场所。很多年前，维尼特和温克勒（Winett & Winkler，1972）写了一篇题为《当前课堂中的行为矫正：不要动、静下来、听话》的文章，文中指出，假如教师错误地认为一个安静的班级才是一个在学习的班级的话，那么基于行为矫正的课堂管理系统就被误用了。行为管理系统能够增加用于学习的时间，但除非在教学的质量、教学难度的适宜性以及学习的动机等方面都能够得到充分的保障，否则，增加的时间也可能被浪费掉（Emmer & Aussiker，1990）。

一些人反对应用行为分析，他们认为，这种方法是在贿赂学生去做他们应当无条件做的事情。然而，所有的课堂都在运用奖励和惩罚（如分数、表扬、训斥、停学等）。应用行为分析只是以更加系统的方式来运用奖励，并且尽可能地避免使用惩罚。

只有确认那些预防性的或者非正式的改善课堂管理的方法不足以营造一个积极的学习环境时，才可以运用应用行为分析。过度使用这些方法是有悖于伦理的。但是，当这些方法能处理严重的行为问题而教师却没有使用时，这同样也有悖于伦理。例如，对于有行为问题的儿童，教师应先使用积极的行为管理方法足够长的时间，来看看该方法是否能在没有更加严厉的措施的情况下解决行为问题。如果教师尚未采取该方法就让他们接受特殊教育、暂时停学，将他们开除，或者任其发展，这是不道德的。

如何预防严重的行为问题?

每个人都有不良行为。世界上几乎没有人从未做过一件他（或她）知道是错误的甚至是违法的事情。然而，一部分人的不良行为比其他人更为频繁或者更为严重，这样的学生给他们的教师和学校管理者（更不用说他们的父母和他们自己了）带来了无休止的麻烦和担忧。

严重的行为问题在不同的学生身上或者学校中发生的频率是不同的。被认为有严重的行为问题的学生大部分为男性。据估计，有严重的行为问题的男生人数是女生的 3~8 倍（Perkins & Borden，2003）。严重违法行为在贫穷家庭，尤其是城市中的贫穷家庭的学生身上表现得更普遍。家庭关系不良的学生远比其他学生更容易出现严重的不良行为与违法行为，学习成绩差和经常缺勤的学生也是这样（见 Hawkins et al.，2000；Herrenkohl，Maguin，Hill，Hawkins，& Abbott，2001；Perkins & Borden，2003）。

虽然学校在预防或管理严重的不良行为与违法行为方面起到重要的作用，但是这些行为不仅与学生和学校有关。违法行为经常涉及警察、法院、社会服务机构以及学生家长和同伴。然而，也有一些基本原则可用于预防违法行为和严重的不良行为。

预防方案

如本章前面所述，最容易处理的行为问题是那些从未发生过的行为问题。有许多方法已经被证明可有效地用于预防严重的行为问题。一种方法就是创设安全的、亲社会的课堂气氛，对不良行为及其预防方法进行公开讨论（Learning First Alliance，2001；Osher，Dwyer，& Jackson，2004；Stipek et al.，1999）。另一种方法就是给学生提供机会，让他们在有益于学校和社区的活动中去扮演亲社会的角色，如志愿者、辅导教师或领导者（Allen，2003；Freiberg & Lapointe，2006）。创设民主的、参与式的课堂，可让学生通过一些途径在积极的环境中获得认可和进行自我控制，从而降低冲动水平（Hyman & Snook，2000）。研究已经发现，规模较小、人文气氛较好的学校能减少欺凌和暴力（Pellegrini，2002）。能够提升学业成绩的方案通常也能同时影响行为（Barr & Parrett，2001）。这些策略将预防性活动融入学生日常生活，而不是针对它们进行专门的训练。

识别不良行为的起因

虽然有某些特征的学生要比其他学生更倾向于表现出不良行为，但导致不良行为的并不是这些特征本身。一些学生表现出不良行为，是因为他们觉得不良行为所带来的奖励要比良好行为带来的奖励更有价值。例如，在学校中没有体验过成功的学生可能认为，因努力学习和良好的行为表现而可能获得的奖励是微不足道的，因此他们转而追求来自别处的奖励。有些学生，尤其是那些在许多不同的方面都遭遇失败的学生，可能在所奉行的标准轻视学习成绩和亲社会行为的其他团体中找到了自己的适当位置（Wentzel，2003）。对违法同伴团伙在维持个体的不良行为中所起的作用怎样重视都不过分。青少年的违法乱纪行为通常表现为团伙作案，并且这些行为又受到反社会同伴群体规则的强化（Gardner & Steinberg，2005；Perkins & Borden，2003）。

坚持规则并实施

学生应遵守学校的规则，这种要求必须前后一贯地体现出来。例如，要立刻纠正乱涂乱画或者其他的破坏行为，这样其他学生就不会以为不良行为是司空见惯的、可接受的。然而，在执行规则时应当宽严相济，死板地实施“零容忍”政策通常会适得其反（Freiberg & Reyes，2008；Skiba，2000）。

加强学生的出勤管理

旷课和不良行为之间存在着高相关：当学生游离在学校外面时，他们经常会在社区中制造麻烦。有多种有效的方法可用于减少学生的旷课（Haslinger，Kelly，& O’Lara，1996；Lehr，Hansen，Sinclair，& Christenson，2003；Minke & Bear，2000）。布鲁克斯（Brooks，1975）曾要求有严重缺勤问题的高中生带上出勤卡，由任课教师在课后签名。学生每出勤一次都可以获得一张奖券，并且那些在课堂上表现良好且连续 5 天没有缺勤的学生可多得一张奖券。奖券可用来兑换各种不同的强化物。在实施该方案之前，这些学生的缺勤日数达 60%。实施该方案的过程中，缺勤日数降低至 19%。与此相对比，那些没有参与该方案、但有缺勤问题的学生，其缺勤日数从 59% 升至 79%。

巴伯和卡盖（Barber and Kagey，1977）制订了这样一个方案：根据学生的出勤情况来决定他们是否可以参加每月举行一次的聚会。聚会期间开展各种活动，学生能否参加其中的几项活动或所有活动取决于他们出勤的日数。这一方案显著地提高了整所小学的出勤率。

菲奥达里索、罗德曼、菲利普扎克和弗莱德曼（Fiordaliso，Lordeman，Filipczak，& Friedman，1977）使用了这样一种方案来提高学生的出勤率：那些经常逃学的高中生若能连续几天按时出勤，则学校就将这一好消息通知学生家长。至于连续出勤多少天才可以通知家长，以示奖励，这取决于学生以前逃学问题的严重程度。对于那些过去每个月逃学 6 天以上的学生而言，如果能连续出勤 3 天，就可以通知其家长。

INTASC 标准 4
多元教学策略

理论应用于实践

检查和联系

通过检查和联系这种模式，驻校监督员可以与学生、家庭和学校的工作人员一起工作，来提高学生出勤率和投入程度。这种程序已经被证明能够显著提升小学的出勤率（Lehr，Sinclair，& Christenson，2004），并能有效减少中学的辍学率，改善全校学生的整体表现（Sinclair，Christenson，Evelo，& Hurley，1998）。检查和联系包括以下一些要素（Lehr et al.，2004，p. 284）：

- **建立关系**。通过关注学生教育成就的长期承诺来培养相互之间的信任，促进开诚布公的交流。

- **对可变指标进行日常监控。**系统地检查退缩行为的警戒信号（出勤、学习表现、行为），这些信号很容易被学校工作人员观察到，并且可以通过干预得到改变。
- **个体化的及时干预。**提供针对学生个体需求而设计的支持手段，这些支持的基础是与学校的合作深度，家庭和学校产生的影响以及地方资源的优化配置。
- **长期的承诺。**承诺伴随学生及其家人2年以上，包括跟随学生在学校之间进行过渡，以及跟随变动性较大的学生在学校之间和方案之间进行过渡。
- **持久性的益处。**维持一个稳定的学业动机来源，熟悉学生及其家人的现况，以及总是传递这样一条信息："教育对你的未来十分重要。"
- **问题解决。**促进技能的习得以建设性地解决冲突，寻找解决的方法，而非一味抱怨某因素引发了冲突。
- **建立对学校和学习的归属感。**使学生有更多途径参加与学校相关的活动和事件并提高参与的主动性。

实施干预

课堂管理策略应当用来减少不良的行为，以免它恶化为违法行为。改善学生的在校行为以及提高学生在校的成绩，这些都有助于预防违法行为（Gresham，2005；Walker，Ramsey，& Gresham，2003a，b）。例如，霍金斯、郭、希尔、巴廷－皮尔逊和阿伯特（Hawkins，Guo，Hill，Battin-Pearson，& Abbott，2001）运用预防性的课堂管理方法，如本章所强调的各种方法以及交互式教学和合作学习，来帮助成绩较差的七年级学生。与控制组的学生相比，参与该实验方案的学生较少被勒令停学和开除，并且这些学生对学校有更为积极的态度，更有可能完成高中学业。弗莱贝格和拉庞特（Freiberg & Lapointe，2006）对其中一些较有应用前景的预防方法的研究进行了综述。应用行为分析程序还可以用于预防违法行为（Walker & Gresham，2003）。对那些有违法倾向的学生而言，群体相倚尤为有效，因为这种策略使他们不能从同伴处得到对不良行为的强化。

资格认证指南

教师资格认证考试可能在一起个案中描述冲突，要求你给出帮助学生发展有助于解决该冲突的社交技巧的建议。

请求家庭参与

请学生的家庭参与对严重的不良行为的管理。当学生有不良行为出现时，应当告知家长。假如不良行为持续出现，学校应与家长一起来制订方案，采用诸如依托家庭的强化程序，结合家庭和学校的力量对不良行为进行管理。

网络链接

想了解更多有关学校如何营造一种氛围来减少诸如嘲弄、欺凌和暴力行为的内容，请访问国际行为分析学会的网页：www.abainternational.org。要了解对行为的塑造，请访问 www.shapingbehavior.com/whatisaba.html。在 www.latitudes.org/behavioral_charts.html 网站，可以下载用于行为矫正的表格。

运用同伴调解

学生可以被训练成为同伴调解员，特别是用于解决同学之间的冲突。要求那些和其他同学有矛盾的学生将其问题交给同伴调解员去解决，而不是交给成人。同时，同伴调解员自己也可以主动寻找同学之间存在的人际交往问题，并提供帮助。研究发现，同伴调解员对解决从侮辱、不公正感到偷窃、肢体暴力等各种人际交往问题方面都是非常有效的（Johnson & Johnson，2001；Troop & Asher，1999）。然而，要使同伴调解员的工作真正有效，必须对他们进行精心的培训和监督（Latham，1997）。图 11.4 是一项冲突管理方案中所使用的同伴调解员指南。

图 11.4　同伴冲突管理

1. 自我介绍："你们好。我的名字叫_________。我是冲突调解员，这是我的同伴_________。"
2. 询问冲突双方："你们是想和我们一起解决问题还是想和教师一起解决问题？"如有必要，到一个安静的地方去解决问题。
3. 向对方说明："首先你们必须同意四个规则"：
   a. 同意解决问题。
   b. 不骂人。
   c. 不打断。
   d. 说实话。
4. 一号冲突调解员问学生甲："怎么回事？你作何感受？"一号冲突调解员主动倾听，重复学生甲所说的："哦，你说的是……"
5. 二号冲突调解员问学生乙："怎么回事？你作何感受？"二号冲突调解员主动倾听，重复学生乙所说的："哦，你说的是……"
6. 问学生甲："你有没有一种解决的方案？"问学生乙："你同意这个解决方案吗？"假如不同意，还可以问："你有其他的解决方案吗？"如此进行，直到双方都同意某一解决方案。
7. 让冲突双方彼此说出刚才同意的方案："你们能否给对方讲讲刚才达成一致的方案？"
8. 祝贺双方："谢谢你们努力解决问题。祝贺你们。"
9. 填写冲突管理报告表。

资料来源：Classroom Law Project, 6318 S. W. Corbett, Portland, OR 97201. Adapted by permission..

对抗欺凌

欺凌是各级学校都面临的一个普遍的问题，一些学生会反复捉弄弱小的同伴。欺凌在男生中尤其常见。1998 年，一项由美国国家儿童健康与人类发展研究所进行的调查发现，男生更有可能报告自己是欺凌者（26%）或被欺凌者（21%），而这两类角色在女生中的比例均为 14%（Levin & Nolan，2010）。这一比例在初中和高中比在小学更高（Sampson，2002）。欺凌对欺凌者和被欺凌者都会产生严重的负面影响，它会演变为不断升级的暴力，并且导致抑郁和焦虑。目前，网络欺凌也变得越来越常见，包括贬低、恶意谣言和一些社交网站

这些学生正在用同伴调解的方法来解决冲突。作为一个教师，你怎样指导学生调解员来处理涉及一组学生的冲突？

上的侮辱性图片（Patchin & Hinduja，2006）。

预防学校欺凌的有效方法包括以下要点（见 Emmer & Evertson，2009；Levin & Nolan，2010；Murawski，Lockwood，Khalili，& Johnston，2010；Olweus & Limber，1999）：

1. 在全校范围内制订和宣传反欺凌政策。
2. 在全校范围内教育学生，让他们了解欺凌及其消极后果。
3. 提供社交技能方面的训练，赞赏参与亲社会行为的学生。同理心、冲动控制和愤怒管理是尤其重要的技能（Frey，Hirschstein，& Guzzo，2000）。
4. 对经常发生欺凌行为的地点和活动进行监控。
5. 规定欺凌者须承担的后果。

网络链接

想了解有关对抗校园欺凌的方案，请访问 www.stopbullyingnow.com，www.clemson.edu/olweus 和 www.cfchildren.org/programs/str/overview。

理智地运用后果

除非有最严重的不良行为，一般应尽量避免运用停学（或者开除）作为惩罚方式（见 Curwin & Mendler，1999）。停学经常会加重旷课问题，一方面是学生因此而耽误了功课，另一方面学生有可能利用在校外的时间沾染其他不良行为。校内停课、放学后留校以及其他的惩罚则更为有效（Axelrod & Matthews，2003）。

当学生表现出不良行为时，应当给予惩罚，但是惩罚应简短。对学生进行暂时隔离是最常用的一种惩罚方式，对大部分学生都是有效的。此外，也可以应用特权剥夺。然而，不管运用哪种惩罚，都不应该持续太长时间。最好是让表现出不良行为的学生两天内不得参与橄榄球训练，而不是令其离开球队。一条原因是，一旦学生离开球队，学校就几乎不能给该生其他任何有价值的事物了。每个孩子的天性都有两面，他们既可以表现出良好行为，也可以表现出不良行为。学校必须既与每个孩子的不良行为斗争，又支持其良好行为。不允许学生重新返回教室获得与其他同学平等的地位，这种过于严厉的惩罚可能将孩子推向反社会的违法小团伙中去。当一个学生接受了诸如失去特权、放学后留校或者其他可能的惩罚后，学校必须重新完全接纳他们，将其作为全班的一员。

有意识的教师

运用你所了解的有关有效学习环境的知识来改进教学和学习

有意识的教师是课堂领导者，他们负责管理时间、活动和行为。作为课堂管理者，他们的成功关键在于具有强烈吸引力的、有意义的教学。有意识的教师通过建构一个积极、协调一致的课堂环境，以充分利用教学时间。这种课堂环境具有合理的纪律要求以及时间安排。他们能积极地预防不良行为，对可能出现的不良行为也预先拟定了一系列的应对措施。有意识的教师的行为说明他们深知：有效的学习环境的营造源于精心的计划和敏锐的监控。

1. 我希望学生在课程结束后能了解什么、能做什么？这对于实现课程目标、使学生成为有能力的个体有什么作用？

只有当学生富有成效地参与到教学中时，他们才能学得最好。制订一项旨在预防不良行为的管理计划。在开学前，列出有助于学生正确选择自己行为的各种策略。在你列出的一系列策略的上方，用加粗字写上：**教学应当激发学生的好奇心和创造性**！接下来列出有助于预防不良行为的关键词和简短的说明，例如：

公平：向学生表达真诚的关心，考虑学生的角度。始终如一地运用后果，不感情用事。

明察秋毫：记住要监控教室的各个角落。

研究表明，一些教师浪费了一半甚至更多的教学时间。制订一项方案来有效运用学生的时间，同时仔细监控你的教学时间。保证按时上课。当学生进入教室后，可以利用投影设备展示练习题或较难的思考题，以此开始一堂课的教学。在下课前，可以让学生做一次简短的独立练习，此时你可以帮助那些对本节课感到困难的学生。

2. 在我的教学中应该考虑学生所具有的哪些知识、技能、需求和兴趣？

感到厌倦或者有挫败感的学生或许发现，逃避做作业比完成作业似乎给自己带来更多的好处。你的教学应能激发学生的好奇心，并能兼顾到学习基础不同的学生。假定你在开始教授小数计算这一单元时，少数学生不遵守纪律。你对该单元的概念和技能进行任务分析后，发现这些学生缺乏一些先决技能：没有记住基本的四则运算知识。为了保证学生能顺利地学习小数计算，你可以让他们参见运算结果表。同时，你也可以组织一次数学运算竞赛，以促进学生掌握这些基本运算。

3. 我在学科内容、儿童发展、学习、动机以及有效教学策略等方面所掌握的哪些内容能够用于实现教学目标？

不同类型的不良行为需要不同水平的干预措施。从强度最低的措施开始，利用各种方式来处理不良行为。当学生表现出严重的不良行为时，要考虑他们行为的动机，考虑了学生的个人特点以及问题的根源后，再采取措施。通过采用非言语线索、身体接近以及暗示等简单的干预方式，可以处理大部分的不良行为。尽管如此，少数学生还会反复表现出不良行为。你可以运用依托家庭的强化程序，当学生在学校的行为有所改善时，他们就能有更多的时间从事自己喜爱的活动。

4. 哪些教学材料、技术、辅助手段和其他教学资源有助于实现我的教学目标？

有效的管理者在学年开始时就教授并强化课堂规则和程序。在学年的最初几天，花一些时间教给学生你所期望的行为。或许你可以请教有经验的同事，了解他们在学年第一天的活动计划。参考他们的建议，你可以制订这样的计划：（1）通过全班讨论来制订课堂规则；（2）说明各种违反或无视规则的行为要承担的后果；（3）教给学生以下活动的基本程序，如交家庭作业、收齐缺席同学的作业，进行有效的小组学习。

5. 我怎样评估学生达到目标的进度？

收集有关分配的时间和投入时间的即时信息。反思自己是否给每个学科分配了足够的时间，学生是否参与到有意义的学习活动中。回顾你对时间的利用情况，首先检查进度表以确定分配的时间是否适当。然后，记录一周内每次课的起止时间，以确定哪里浪费了时间。最后，检查学生的功课，以评价专注于功课的行为在多大程度上产生了有意义的学习。

教师为引导学生的行为做出努力后，要评价学生对此的反应。当不良行为持续出现或者你用了太多的时间来矫正该行为时，就要考虑改变策略。例如，当你无意中听到某些学生对成为“三点钟俱乐部”（放学后留校的惩罚措施）中的一员而洋洋自得时，你就需要重新考虑这种惩

INTASC 标准 7
教学计划技能

INTASC 标准 9
职业承诺和责任

罚方式是否有效。

6. 如果个别学生或全班没有迈上成功之路，我该如何去做？我的补救计划是什么？

经常了解课堂环境中动机氛围的强弱。收集多方面的信息来确定你所采取的策略是否有成效，学生是否开心和是否在学习。例如，让学生以匿名的方式写下他们对课堂情况的评价。尤其需要了解的是，他们是否感到对班级中发生的事情有许多话要说。在整理出大家相似或相同的看法之后，你可以用一节课的班会时间来确定新的目标。

本章概要

什么是有效的学习环境？

有效学习环境的营造需要教师运用策略来维持适当的行为，并对班级中的不良行为做出应对。让学生感到有趣、让他们持续参与进来和展现教师的热情，这些对于预防不良行为都是很重要的。有效学习环境的营造需要一系列技术，而教师能够掌握和应用这些技术。

时间会对学习产生什么影响？

增加分配的时间的主要方法包括避免推迟上课时间和提前结束课程，防止干扰，流畅而快速地处理日常事务，减少维持课堂纪律所用的时间，以及有效地运用投入时间。投入时间即投入任务时间是每个学生真正用于做功课的时间。教师可以通过多种方式来增加投入时间，如教授有趣的课程、保持势头、保持教学的流畅性、处理过渡环节、维持团体注意、明察秋毫以及一心多用。在以学生为中心的课堂中，大家共同参与课堂管理，学生要参与行为标准的制订。然而，规则仍然是必需的，并且要反复对学生说明规则并始终如一地执行规则。

什么样的做法有助于有效的课堂管理？

促进有效的课堂管理的做法主要包括良好的学年开端及制订课堂规则和程序。要向学生清楚地解释这些规则与程序，并且应当及时和公正地使用。

处理日常不良行为的策略有哪些？

课堂纪律的一个基本原则就是处理好日常的不良行为。最小干预原则是指应用最简单、但有效的方法。按照从干扰性最小到最大，可以将策略列为一个连续体：不良行为的预防；非言语线索，比如用目光接触阻止轻微的不良行为；表扬与不良行为相反的良好行为；表扬有良好表现的其他学生；不良行为出现后，立刻给予简单的言语提醒；反复言语提醒；当学生拒绝服从时，让其承担后果。对严重的行为问题，必须立即让学生承担确定的后果。通知学生的家长也是一种有效的方法。

如何使用应用行为分析来管理更为严重的行为问题？

日常不良行为和严重不良行为的最普遍的强化物是来自教师或同伴的关注。当学生表现出不良行为以试图赢得教师的关注时，一种有效的策略是尽可能关注正确的行为而忽视不良的行为。训斥经常成为不良行为的一种强化物。

对那些在学校中有顽固行为问题的学生，个体行为管理策略是有用的。在确立基线行为后，教师确定所用的强化物，如口头表扬或者小的物质奖励，同时也确定要使用的惩罚方式，如暂时隔离（让孩子离开能强化其不良行为的环境）。教师也应确立应用强化和惩罚的标准。

依托家庭的强化策略要求学生将每日或者每周报告卡带回家，指导家长如何根据这些品行报告来奖励孩子。实施该方案的步骤包括：确定每日报告卡包括哪些行为，向家长解释这项方案。

群体相倚程序是根据群体成员的行为表现来决定是否对整个群体进行奖励。

对行为管理技术的一种反对意见是它们可能过度控制学生。任何时候，行为管理策略都应该尽量使用表扬和强化等方式，而将惩罚作为最后的选择。

如何预防严重的行为问题？

很少有方法能完全保证不良行为不会发生，但一些基本的原则包括：清楚地解释和一以贯之地执行课堂规则，尽可能减少旷课，避免按能力分班，运用预防性的课堂管理策略，让家长参与对孩子的严重行为问题的处理，运用同伴调解，避免使用停学，运用简短的惩罚，惩罚后重新接纳学生。检查和联系是体现了以上多项原则的一种方案。

关键术语

回顾本章中的以下关键术语：

课堂管理
纪律
投入时间或投入任务时间
分配的时间
问责
团体警示
明察秋毫
一心多用
虚假参与
非言语线索
应用行为分析
群体相倚
行为矫正
暂时隔离
依托家庭的强化策略
群体相倚程序

自我评估：资格认证练习

指导语：本章开头的案例中所涉及的评价指标是各州的资格认证考试的常见考点。请重读开头的案例，回答下列问题：

1. 卡瓦略女士尽量避免课堂中发生行为问题和打断教学。下面哪个术语描述她和马克之间的互动？
   a. 管理
   b. 纪律
   c. 学习环境
   d. 教学

2. 根据有关研究，推测卡瓦略女士是如何在课堂中提高学生成绩的？
   a. 增加分配的时间，比正常的教学时间多10%
   b. 增加投入时间，使之100%地利用了分配的时间
   c. 增加投入时间，比正常的投入时间多10%
   d. 通过推迟上课时间和提前下课来减少分配的时间

3. 即使马克试图打断写作风格课时，卡瓦略女士也能继续进行。这称作：
   a. 投入时间
   b. 分配的时间
   c. 势头
   d. 一心多用

4. 卡瓦略在课堂中运用“最小干预原则”。她首先预防不适当的行为，如果不奏效，就使用非言语线索和言语提醒来处理不良行为。她已经将这些策略用于马克身上。假定在他们讨论之后，马克的行为并没有改变。那么她接下来该如何做？
   a. 运用后果
   b. 表扬适当的行为
   c. 要求学生解决这个问题
   d. 忽视这种行为

5. 每日报告卡、群体相倚方法、依托家庭的强化程序以及个体行为管理程序都基于：
   a. 自信训练
   b. 违法行为预防
   c. 行为学习理论
   d. 最小干预原则

6. 讨论运用个体行为管理和群体行为管理程序时的伦理问题。

7. 解释你将如何预防这些不良行为：随意讲话、取笑他人、打架。

12

特殊学习者

谁是特殊学习者

- “以人为本”的语言
- 特殊学生的类型以及接受服务的学生数量
- 智力落后学生
- 学习障碍学生
- 注意缺陷多动障碍学生
- 言语或语言障碍学生
- 情绪和行为障碍学生
- 自闭症谱系障碍学生
- 感官、身体和健康损伤的学生
- 天才学生

什么是特殊教育

- 《公法》第 94-142 号与 IDEA
- 系列特殊教育服务

什么是干预反应

- 层级一：预防
- 层级二：即时干预
- 层级三：强化干预
- 有关干预反应的研究

什么是纳入式教育

- 纳入式教育的有关研究

普通教育中对残障学生有效的策略有哪些

- 调整教学
- 教授学习策略和元认知意识
- 预防和早期干预
- 对阅读困难者的辅导和小组干预
- 计算机与残障学生
- 伙伴系统和同伴辅导
- 特殊教育团队
- 残障学生的社会整合

学习成果

学习本章后，你应当能够：

- 识别最常见类型的特殊学习者
- 描述界定特殊教育的法规与政策
- 讨论对高危学生的干预反应策略
- 讨论纳入式教育以及在纳入式教育情境中教师可以用来促进学习的方法

一天，多佛尔小学的副校长伊莱恩·瓦格纳刚上班就被秘书叫住了。

“早上好，”秘书说，“有位叫海伦·罗斯的女士想见您。她想让孩子到我们学校就读。她在您的办公室，看上去很焦虑。我给她倒了杯咖啡，让她平静下来。”

“谢谢您，贝思。”瓦格纳走进自己的办公室，向罗斯女士做了自我介绍。

“非常感谢您能见我，”罗斯女士说，“我们打算明年秋天搬到多佛尔来，我想在搬来之前先看看你们学校。我的孩子汤米该上二年级，安妮该上幼儿园了。我真的很担心汤米。他在现在的学校中学得很不好。都到春天了，他还基本不会阅读。老师说他可能有学习障碍，学校想安排他接受特殊教育，我不喜欢这个建议。他在家中是个正常、快乐的孩子。他若发现自己被当成‘异类’，可能会受打击，只是我希望采取最利于他成长的措施。我来这主要是想了解，你们怎样对待像汤米这样的孩子。”

“好的，”瓦格纳老师说，“我想告诉你的最重要的一点是：我们学校的教育理念是每一个孩子都能学习。我们的工作就是要找出如何与每个孩子沟通。当然，因为我们还不太了解汤米，所以现在还不能准确地告诉你将会怎么做，但有几件事情是很明确的。第一，我们会立即关注他的阅读问题。我们相信，如果我们能预防问题，那么重在预防，而如果我们已经尽最大努力了但问题仍然出现，我们会尽早使用最大强度的帮助。如果汤米确实有严重的阅读问题，我们可能会给他安排一对一的个别辅导，使他能很快追上其他二年级学生。第二，我们尽可能把他安排在普通班中。如果他确实需要接受特殊教育，我们也会提供的。但在这所学校，我们如果还没用尽一切解决学生学习问题的手段，就不会安排特殊教育安置测验，以确定学生是否真的需要接受这种教育。即使汤米确实符合特殊教育的标准，我们也会调整他的教育方案，使他在尽可能多的时候能与普通班一起学习。我们会为他量身定做适宜的教育方案。最后，我还要让你放心：你将在很大程度上参与决策，来解决汤米的有关问题；我们还会经常向你通报他的进步情况，也请你在家中配合，以确保他能学得好。”

“瓦格纳老师，这听上去很令人振奋。但是，你将如何既为汤米提供他所需要的帮助，又使他继续留在普通班中呢？”

“参观一下我们正在上课的班级，怎么样？”瓦格纳老师说，“也许参观之后，你会明白我所说的意思。”

瓦格纳老师陪同汤米的母亲经过明净的走廊，走廊的墙上展示着学生的活动项目、艺术作品和作文。她们来到埃斯波西托老师所教的二年级。这里充满了欢乐和兴奋。孩子们正在分小组活动，相互测量彼此的身高、手指和脚的长度。一些孩子正在试着想明白如何测量彼此的头围。另一位名叫帕克的教师正和其中的一些小组一起学习。

瓦格纳老师和罗斯女士返回走廊。瓦格纳老师说："我想让你看看我们是如何把有特殊需求的学生融入普通教学班的。你能分辨出哪些学生是有特殊需求的吗？"

"不能。"罗斯女士承认道。

"这就是我们希望做到的：在一个班级中，有特殊需要的学生能很好地融入课堂中，你无法把他们区分出来。帕克是低年级学生的特殊教育老师。在数学和阅读课上，她和埃斯波西托老师合作，教所有需要特殊教育的二年级学生。当然，帕克老师会帮助任何有困难的学生，而不只是帮助有特殊需要的学生；因为她的主要职责就是预防学生产生某些特殊问题。有时她与需要帮助的单个孩子或小组一起学习。她经常提前把要学习的技能教给这些孩子，以便为课上的学习做好充分的准备。比如，在这节课之前，她可能已经和部分孩子一起了解了测量的一些知识，这样上课时就比较容易理解这个概念了。"

瓦格纳老师和罗斯女士又来到阅览室旁边的一间小教室。瓦格纳透过窗户指着正在教一个孩子的老师："那是一位个别辅导教师，她正与一名阅读有困难的一年级学生一起学习。如果汤米在这儿的话，他也会这样做。我们首先会竭尽全力，尽量使孩子不掉队，这样就不用接受特殊教育，与同学们共同进步。"

瓦格纳老师带着罗斯女士参观了整个学校。在一个班上，一名有视力缺陷的孩子正在阅读计算机上的文章，屏幕上的字母有一英寸之大。在另一个班上，他们看到一位患有唐氏综合征的儿童正在一个合作学习小组中做科学课上的项目。在第三个教室中，一个坐在轮椅中的儿童正在引领全班讨论。

罗斯女士看得有些入迷了。

"我没想到学校还可以是这样的。我们就要搬到多佛尔来了，太让人兴奋了。对我的两个孩子来说，你们学校是非常理想的。我真希望两年前我们就搬来了！"

运用你的经验

合作学习 5人组成一个小组，讨论汤米以及与他类似的学生。5个人分别扮演瓦格纳老师、汤米以后的任课老师埃斯波西托、罗斯女士、特殊教育老师帕克以及学区的特殊教育负责人。讨论通过什么方式来判定汤米是否具有潜在的阅读学习障碍；如果确实存在阅读障碍，列出老师可能采取的策略。

合作学习 将小组中的4名同学两两配对，表演访谈。每个同学向与她配对的同学提问，如阅读障碍的表现是什么（或说怎样来识别阅读障碍），教师面对这种情况时应该如何处理。之后两名访谈者向小组分享从访谈中学到的知识。然后交换角色，再进行上述活动。

多佛尔小学主要围绕以下两种理念来组织教学活动：一是所有的儿童都能够学习；二是学校的责任是设法在普通教育班级中最大限度地满足每个儿童的需要。多佛尔小学致力于识别儿童的优势与存在的问题，尽可能为每个儿童提供最好的教育方案。每个学校都有这样的特殊儿童：如果能给予他们学习所需的具体支持，那么他们在学校中能够做得很好。本章描述了特殊儿童以及帮助他们充分发挥潜能的教育方案。

INTASC 标准 2 人类发展与学习的知识

INTASC 标准 3 因需施教

谁是特殊学习者？

从某种意义上说，每个儿童都具有特殊性。没有两个儿童在学习、行为方式、活动、偏好、技能和动机等方面是完全一样的。任何学生都会受益于根据其个性化需求而专门为其量身定做的教育方案。

资格认证指南

教师资格认证考试将会要求你鉴别学习方面的特殊问题大类，包括学习障碍、视觉和知觉困难、身体上的特殊困难。

但从可行性上说，学校不可能准确地满足每个学生的需要。为了保证效率，学校将学生分班，实施共同的教学活动。这种教学设计的目的是：以适度的投入使最大数量的学习者获得最大程度的收益。这种体制对绝大多数学生而言都能起到很好的作用，然而，某些学生难以适应这种模式。一些学生具有身体或感官残障，如听力或视觉的丧失或肢体残疾。如果不提供特殊帮助，他们将难以参与到普通班级的教育活动中去。另外一些学生存在智力落后，情绪、行为障碍或学习障碍，这使他们在缺乏帮助的情况下很难在普通班级中学习。此外，还有一些学生具有超常的天赋，普通班级的教师在缺乏帮助的情况下也难以满足他们的独特需求。

只有那些患有少数几种指定类型的残障或障碍的学生才有条件接受特殊教育服务。诸如“特异性学习障碍”、“智力落后”或“肢体损伤”等概括性的标签实际上囊括了多种不同的问题。

这类标签通常挥之不去，使得改变很难发生，而标签本身也可能成为学生发展的障碍。专业教育人员必须避免标签的某些使用方式，以防无意中使学生蒙上污名，非人化，在社会意义上从同伴群体中被孤立出来，或纵容对他们的任何形式的歧视（Hehir，2007）。**特殊学习者**（learners with exceptionalities）这个术语可用来描述任何在身体、心理或行为表现上与常人差异大（无论更高还是更低），需要额外的帮助或服务来满足其需求的个体。

残障和缺陷这两个术语不可互换。**残障**（disability）是指个体功能上的局限，这种局限阻碍个体身体或认知能力的运用。**缺陷**（handicap）是由社会、物理环境或残障者本人的态度施加给残障者的一种状态。例如，一个使用轮椅的学生的缺陷来自于没有轮椅坡道可用（Hallahan，Kauffman，& Pullen，2009）。

“以人为本”的语言

在用语言指代那些有残障的人时，重要的是要确保选用的词汇和术语应该表达出应有的尊重。我们要铭记两条基本原则（Smith，2001）：第一，以人为本。比如，可以把弗兰奇当成一个有某种学习障碍的学生，而不是“学习障碍儿童”。首先要认识到他是一个学生，他有学习障碍这一事实只是次要的。第二，避免把人等同于残障（Smith & Tyler，2010）。每个学生都有很多特征，残障只是其中的一个特征。根据残障来描述孩子是不公平的。下面几节将讨论学校中最常见的几类特殊学生的特征。

特殊学习者

任何因身体、智力或者行为表现同正常学习者差异大——无论更高还是更低——而需要接受额外的服务以满足自身需求的个体。

残障

功能受限，比如认知加工、身体或者感官能力受限等。

缺陷

由社会、物理环境或者个体自身的态度施加于残障个体的一种状态。

特殊学生的类型以及接受服务的学生数量

诸如视觉或听觉丧失等特殊问题相对比较容易界定和测量，而智力落后、学习障碍和情绪障碍则较难界定，并且随着时间的推移，这些定义也发生了变化。实际上，近几十年来，对特殊学生类型的划分法发生了巨大的改变（Hallahan et al.，2009）。自 20 世纪 70 年代中期开始，最容易界定的残障类别（如身体损伤）的儿童数目一直相当稳定。然而，被归为有学习障碍的学生数目持续增加，对“智力落后”类别的使用则大大减少。

图 12.1 显示了 2004 年内，6~21 岁的接受特殊教育服务的所有类别学生所占的百分比。这幅图包含几条重要信息：首先要注意到接受特殊教育的学生总数约为 9%，

图 12.1　根据IDEA中B部分的规定，2004年接受教育服务的6~21岁少年儿童有各种类型残障的人数百分比

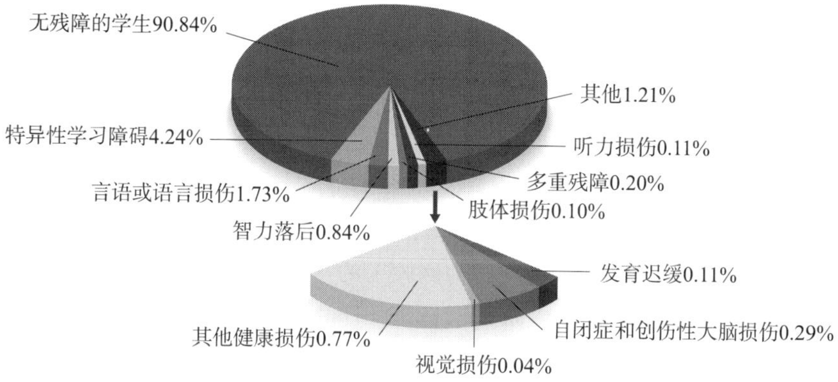

资料来源：U. S. Department of Education, Office of Special Education and Rehabilitative Services, *Annual Report to Congress on the Implementation of the Individuals with Disabilities Education Act* ,Washington, DC, 2006。

也就是说，11 名 6~21 岁的学生中就有 1 人被归入特殊之列。其中，最多的一部分有特异性学习障碍（占总数的 4.2%）或言语障碍（1.7%）。图 12.2 显示了 2004 年接受特殊教育的 6~21 岁各类残障学生的百分比（U.S. Department of Education，2006）。特异性学习障碍（占残障学生总数的 46.2%）、言语和语言损伤（18.9%）、智力落后（9.2%）远比身体或感官残障更常见。在由 25 名学生组成的班级里，平均有 1~2 个属于学习障碍的学生和 1 个言语损伤的学生。相比之下，在每 40 个班级里才有 1 名听力或视觉丧失者或者有身体残障的学生。

图 12.2　根据IDEA中B部分的规定，2004年接受特殊教育服务的学生占6~21岁残障学生总数的百分比

残障类型	占残障学生总数的百分比
特异性学习障碍	46.4%
言语或语言损伤	18.8%
智力落后	9.3%
情绪紊乱	7.9%
多重残障	2.2%
听力损伤	1.2%
肢体损伤	1.1%
其他健康损伤	8.4%
视觉损伤	0.4%
自闭症	2.7%
聋－盲	< 0.1%
创伤性大脑损伤	0.4%
发育迟缓 *	0.8%
其他残障	0.3%
所有残障	100%

*发育迟缓这个术语仅适用于9岁以下的儿童。

资料来源：U.S. Department of Education, *Annual Report to Congress on the Implementation of the Individuals with Disabilities Act* ,Washington, DC, 2006。

智力落后学生

6~21 岁的学生中大约有 1% 患有智力落后（U.S. Department of Education，2005）。**智力落后**（mental retardation）有多种定义。2002 年，美国智力落后学会（AAMR）对其定义如下：

> 智力落后是一种以心智机能和适应性行为两方面都显著受限为特征的障碍，表现在概念技能、社交技能和实用适应技能等方面。该障碍一般在 18 岁之前发生。（AAMR，2002，p. 1）

这个定义意味着智力落后者在智力测验上的得分很低，在个人独立性以及社会责任性方面难以达到相应年龄的预期标准（Hallahan et al.，2009；Smith & Tyler，2010）。此外，智力以及适应性行为方面的缺陷会在胎儿期到 18 岁之间的某个时间开始表现得相当明显。

智力落后的原因 智力落后的原因主要包括：遗传；染色体异常，如唐氏综合征（Turner & Alborz，2003）；母体中的母婴传播疾病，如风疹（德国麻疹）和梅毒；因母亲怀孕期间滥用酒精和可卡因而导致的胎儿化学物质依赖综合征；因分娩事故而导致的大脑缺氧；童年期疾病和事故，如脑炎和创伤性脑损伤；环境毒物污染，如铅中毒等（McDonnell，Hardman，& McDonnell，2003）。

> **链接**
> 想了解更多有关智商的内容，请参见第4章。

> **链接**
> 想了解更多有关智商测验的内容，请参见第14章。

智商（IQ） 为了更好地理解智力落后儿童的缺陷严重度的确定标准，首先要回忆第4章中**智商**（intelligence quotient）这个概念。IQ是从标准化测验分数转换得到的。一般认为，IQ在70以上是正常的。略多于2%的学生的IQ低于这个临界值。但是，按照AAMR的建议，教育专业人员不仅仅使用IQ这个单一指标来确定学生的认知缺陷严重程度。他们通常会考虑学生在学校和家庭中的表现、在其他测验中的分数以及文化背景。

智力落后的分类 过去对智力落后的分类主要依据个体在IQ测验上的得分。例如，1983年AAMR手册列举了4种不同程度的智力落后：轻度智力落后（IQ在50~55至70~75之间）、中度智力落后（IQ在35~40至50~55之间）、重度智力落后（IQ在20~25至35~40之间）、极度智力落后（IQ低于20~25）（Luckasson et al.，1992）。这种以IQ为依据的分类系统受到某些专业人员的质疑，他们认为当今的特殊教育强调所有的人都能够学习，并且教育和训练不可能完全分开（Smith，Polloway，Patton，& Dowdy，2008）。然而，许多学区仍然使用这种分类系统，或与此类似的简化分类系统。

目前 AAMR 的定义强调智力落后者在两个主要方面的能力表现：智力机能和适应性技能，并根据个体需要的支持对个体进行分类（Smith & Tyler，2010）。表 12.1 界定了智力落后者可能需要的四类服务及其相应的例子。

无论我们怎样定义上述类别，那些需要间歇支持或有限支持的轻度智力落后儿童都很少在入学前被鉴别出来（Hallahan et al.，2009）。大约 90% 的智力落后儿童属于轻度智力落后（U.S. Department of Education，1994）。

越来越多的证据表明，通过改善孕期护理，保证充足的营养，预防各种事故、疾病和接触有毒物质（如铅中毒）以及在儿童早期为其提供安全的、支持性的、刺激丰富的环境等措施，多达 50% 的智力落后病例可以防患于未然（Smith et al.，

> **智力落后**
> 通常在出生时就存在，最终会导致智力技能低于平均水平及适应性行为较差的一种缺陷。

> **智商（IQ）**
> 一种智力测试分数，智力处于平均水平的个体得分会接近100。

表 12.1　支持强度的界定及例子

支持的类型	界定及例子
间歇的	根据需要来提供支持。这种支持本身是间歇性的，或人们并不总是需要支持，或人们只在生命中的某些过渡期（如，失业或急性健康危机）需要短期的支持。这种间歇性的支持强度视具体情形可高可低。
有限的	其主要特征是在某一段时间内给予时长有限的持续支持，并非间歇性的。与其他更强水平的支持相比，该水平的支持强度所需的人力和花费相对较少（比如在从上学到成人期所接受的时长有限的就业培训或过渡性支持）。
大量的	其主要特征是至少在某些环境中（如在家工作）给予定期的支持（如每天），且没有时间限制（如长期支持和长期家庭生活支持）。
普遍的	其主要特征是在各种情境中提供经常性的、高强度的、维持其基本生存的支持。与大量的支持和有期限的支持相比，该类支持通常需要更多的人力且有更强的介入性。

资料来源：AAMR, *Mental Retardation: Definitions, Classification, and System of Supports,* p. 26. Copyright 2002 by American Association on Mental Retardation. Reprinted by permission.

2008）。研究发现，注重给婴儿提供刺激的早期强化干预方案、有效的学前教育方案、父母支持方案以及其他服务会持久影响那些有患智力落后风险的儿童的表现（Bradley et al.，1994；Campbell & Ramey，1994；Garber，1988；Noonan & McCormick，1993；Ramey & Ramey，1992）。即使是那些需要最大程度支持的智力落后儿童，也能从早期的强化干预方案中获益匪浅（Casto & Mastropieri，1986）。

下面的“理论应用于实践”部分列举了几种方式，说明普通教育班级中的教师如何帮助智力落后学生习得适应性行为技能。本章后面的部分将讨论具体如何为有特殊需求的学生调整教学方式。

理论应用于实践

教授适应性的行为技能

帮助智力落后学生获得适应性行为技能的教学目标与那些对所有学生都有价值的教学目标并无太大差异。每个学生都需要遵守学校的要求、发展人际关系、学习语言技能、在情绪方面成长和关注个人需求。教师可以通过在以下几个方面进行直接教学或提供支持来帮助学生（见 Hardman，Drew，Egan & Wolf，1996；Wehmeyer，2001）：

1. **遵守学校要求：**用心参与学习任务、组织工作、听从指令、管理时间以及提出问题。
2. **发展人际关系：**学习与他人合作，对环境中的社会线索做出反应，使用能被社会所接受的语言，对教师的指令和提示做出恰当的回应，提高社会意识。
3. **发展语言技能：**理解指令，交流需要和要求，表达观点，认真倾听，使用恰当的声调和音调。
4. **社会情绪发展：**寻求社会参与和互动（减少社会退缩），激发工作动机（减少工作回避、拖沓和无用功）。
5. **自我照料：**练习正确的个人卫生行为，自己穿衣，保管好个人财物，能够顺利地从一个地点到达另一个地点。

学习障碍学生

学习障碍（learning disabilities，LD）不单指一种缺陷，而是多种特异性障碍，它们被认为是脑或中枢神经系统的功能失调引起的。下面改写自全国学习障碍联合会所下的定义（National Joint Committee on Learning Disabilities，1988，p. 1）：

> 学习障碍是一个统称，指代多种不同的障碍。它们以在习得或使用听力、言语、阅读、写作、推理或计算能力方面存在的严重困难为特征。这些障碍源自个体本身，在一生中的任何时候都有可能出现。自我调节行为、社会知觉以及社会互动方面的问题可能会与学习障碍同时出现，但这些问题本身并不能构成学习障碍。学习障碍可能与其他有缺陷的状况伴随出现，但并不是由于这些状况而导致的。

识别学习障碍学生 哪些学生应归为学习障碍者？他们应该得到何种支持？在这两个问题上，根据对学习障碍的各种定义的不同解释，不同的州和学区有很大的不同（Bender，2008）。随着被确定为学习障碍的学生数量的增加，这种混乱更为突出。例如，在2004年，年龄在6~21岁的残障学生中，46.2%被确定有特异性学习障碍（U.S. Department of Education，2006）。但学习障碍学生人数的增加并不是由于高危儿童的总数增加了，而只是由于对学习障碍的界定发生了变化。

在一些学区，如果某个学生智商正常，但学习水平比正常学生低两个年级，则该学生可能被认为有学习障碍。学习障碍学生具有下面部分或全部的特征：

- 智力正常甚至还有些天赋
- 智力与学习成绩不相符
- 成就滞后
- 注意力缺陷或易分心
- 多动或冲动
- 动作协调能力以及空间关系能力较差
- 难以解决问题
- 知觉不正常，如颠倒字母、单词和数字
- 难以进行自我激励、自我调节的活动
- 完成作业时过分依赖教师和同伴
- 在记忆、思维或语言方面存在某些特异性障碍
- 社会技能不成熟
- 学习方法缺乏组织

长期以来，在判定学习障碍时都要求有证据表明，学生的实际表现与一项或多项认知机能测验（如 IQ 测验）所预测的表现存在明显的不一致（Meyer & Rose，2000；Siegel，2003）。实际操作中，许多儿童之所以被认定为有学习障碍，是由于他们在 IQ 测验的一个分量表与其他分量表之间，或者一项能力测验与其他能力测验之间存在显著差异。然而近年来，越来越多的研究者质疑对差异的偏重。例如，弗莱彻和同事（Fletcher et al.，1994）对阅读有困难的 7.5~9.5 岁的儿童进行了调查，发现某些儿童的 IQ 与他们的实际表现之间有较大的差异，而另一些儿童的（低）IQ 分数与他们较差的表现一致。在一系列覆盖范围广泛的成套评估中，二项指标

学习障碍
由智力落后或者情绪紊乱以外的原因引起的阻碍学业进步的障碍。

一致和不一致者的表现几乎相同。在两种情形中，学生缺乏的实际上是与阅读密切相关的技能。在数学障碍学生中也发现了类似的模式（Swanson & Jerman，2006）。其他许多研究（如，Francis，Shaywitz，Shaywitz，Stuebing & Fletcher，1996；Metsala，Stanovich & Brown，1998；Stanovich，Siegel & Gottard，1997）也得到了类似的结论。旧观念认为学习障碍有明确的界定，能够将它与低成就截然区分开来，而这些研究结果动摇了这样的观念（见 Hessler，2001；Stuebing et al.，2002）。

基于这些研究，2004 年修正的美国主要的特殊教育法 IDEA 不再将差异性作为学习障碍定义的一部分，并要求各州将学习障碍重新定义为：无法对基于已充分证实的原则的高质量教学作出反应。

学习障碍学生的特征　平均来说，学习障碍学生在学业方面的自尊要低于那些没有学习障碍的学生，尽管二者在非学业方面的自尊水平是相似的（Elbaum& Vaughn，2001；Kelly & Norwich，2004；Manning，Bear，& Minke，2001）。在大部分的社会性维度上，学习障碍儿童与那些成绩较差的学生有相似的表现（Bender，2008）。男生比女生更有可能被认定为有学习障碍。非裔美国人、拉丁裔人以及那些家长没上过大学的儿童，相对其在总人口中的比例而言，一般会被过多地安置在特殊教育班级中，而女生被安置在这类班级中的较少（Harry & Klingner，2007；O' Connor & Fernandez，2006）。过多地让男生和少数族裔学生接受特殊教育，这一做法引起了极大的关注（Waitoller，Artiles，& Cheney，2010）。2004年修正的IDEA要求各州和联邦政府对特殊教育安置中的种族差异进行监督并改变使这种差异持续存在的政策。

理论应用于实践
对学习障碍学生的教学

INTASC 标准 5
课堂管理与动机

INTASC 标准 7
教学计划技能

学习障碍有多种不同的类型，而且对不同年龄的学习障碍学生的教学会遇到不同的问题。不过，仍有一些普遍的原理可用于多种情境。一般而言，适用于正常学生的有效策略，同样也适用于学习障碍学生，只不过允许教师犯错误的空间更小。换言之，与其他学生相比，有学习障碍的学生更难从低水平的教学中受益。下面这些一般概念可以应用到对学习障碍学生的有效教学中（见 Bender，2008）：

1. **重在预防**。许多学习方面的缺陷会使学生被归入有学习障碍者，而它们多数可预防。例如，高质量的儿童早期教育方案和低年级教学能够显著地减少被识别为学习障碍的人数（Conyers et al.，Slavin，1996；Snow et al.，1998）。对阅读困难的一年级学生进行一对一的辅导对预防阅读障碍尤其有效（Morris et al.，2000；Slavin，Lake，Davis，& Madden，2009）。对大多数儿童都很有效的强调字母拼读法的早期阅读策略，对于大部分可能发展为阅读障碍的儿童也是必不可少的（Cavanaugh et al.，2004；Schneider，Roth，& Ennemoser，2000）。显然，最容易应对的学习障碍是那些并不一开始就出现的障碍。

   人们认识到，绝大多数被归为有学习障碍的儿童在阅读方面都存在困难，因此，2004 年修正的 IDEA 鼓励学校对有风险的学生提供经科学证实有效的阅读计划，允许学校将它们多达 15% 的 IDEA 经费用于学习障碍的预防和早期干预，以防止学习吃力的学生落后到需要障碍诊断的程度。

2. **教授“学会学习”的技能。**许多学习障碍学生缺乏有效的学习策略、应试策略等等。而这些策略是可以教授的。许多研究表明，直接给学习障碍学生教授各种学习策略和其他认知策略，可以显著地提高他们的学业成绩（Bryant，Ugel，Thompson，& Hampff，1999；Deshler，Ellis & Lenz，1996；Gersten，Fuchs，Williams，& Baker，2001；Harris et al.，2001；Jitendra，Edwards，Sacks，& Jacobson，2004；Swanson，2001）。

3. **不断反馈。**与其他学生相比，学习障碍学生如果得不到反馈或只得到很少的反馈，能持续富有成效地学习的可能性更小。如果能够对他们付出的努力给予频繁的反馈，尤其是对于其进步情况以及通过刻苦学习而获得的好成绩给予反馈，那么他们的表现会改善。例如，学习障碍儿童能够很好地完成简短、具体、立即得到批改的作业，但对那些需要较长时间才能完成的作业则感到困难。教师在布置需要较长时间才能完成的作业时，应该帮助学生设立多个阶段性目标，并就每个目标给予及时反馈（见Deshler et al.，1996）。

4. **运用教学策略，促使学生主动参与课程学习。**如果教师讲解时间过长，学习障碍学生会特别难以从中学到知识。而当他们主动参与时，通常能学得最好。这意味着当班上有学习障碍的学生时，教师应该大量地使用动手操作任务、合作学习或其他主动学习方法，但重要的是保证这些活动具有良好的结构、清晰的目标和功能（见Putnam，1998；Slavin，1995a；Slavin，Lake，Davis，& Madden，2009；Swanson & Hoskyn，1998）。

5. **运用有效的课堂管理方法。**许多学习障碍学生由于在信息加工和语言方面存在困难，所以在学校中会体验到许多挫折，因而表现出或轻或重的不良行为。有效的课堂管理方法，尤其是那些强调预防的方法，可以最大程度地减少不良行为的发生。例如，在方式多样、快节奏的教学中，提供许多参与活动和给出正确回答的机会，学习障碍学生就能够对此做出积极反应（Bender，2008；Mather & Goldstein，2001）。

6. **将补充教育与课堂教学协调起来。**许多学习障碍学生需要某些形式的补充教育，如小组辅导、资源教师、一对一的辅导或计算机辅助教学。无论给予何种形式的教育，它们都应与常规的课堂教学紧密保持一致（Vaughn，Bos，& Schumm，2007）。例如，假定一个学生正在课上学习《金银岛》，那么辅导员也应该帮助学生学习《金银岛》；如果一个学生正在数学课上学习分数，那么资源教师也应帮助学生掌握这部分内容。当然，有时补充教育无法完全与课堂教学相协调，例如当学生可能需要掌握一些学习策略或其他一些先决技能时。然而，教师应该竭尽所能将两者联系起来，使学生能够看到在补充教学中的额外付出获得了学习上的及时回报。不应强求那些在学习中遇到极大困难的学生同时消化二种方式完全不同、主题也不同的教学。

注意缺陷多动障碍（ADHD）

一种障碍，表现为因专注能力有限而导致注意力难以保持，症状包括冲动和多动行为。

注意缺陷多动障碍学生

注意缺陷多动障碍（attention deficit hyperactivity disorder，ADHD）学生由于专注能力有限，所以很难保持注意（Mash & Wolfe，2003）。ADHD的症状包括冲动行为和注意缺陷，有时也有多动行为。这些特征可以将ADHD学生与学习障碍学生区分开来，后者因为其他未知原因而导致注意缺陷（American Psychiatric Association，1994）。患 ADHD 的学生不一定适合接受特殊教育，除非他们还存在法律规定的某些障碍症状（Aleman，1990）。ADHD 是否应被单独划为一个诊断性类别，在此问题上存有很大争议（Swanson，Mink，& Bocian，1999）。据估计，约有 7.8% 的 4~17 岁的儿童被诊断为 ADHD（Brown，2007）。研究表明，有 ADHD 的男孩比女孩多，其比率为 4:1~9:1 不等（Kauffman & Landrum，2009）。ADHD 儿童可能表现得冲动，草率行事而不假思索，不分场合而随心所欲地行动，很难安静地坐着。他们通常要接受药物治疗，有许多种药物都可以使多动儿童变得更容易管理，并提高其学习成绩（Brown，2007；Evans et al.，2000）。但它们同时又有副作用，如失眠、体重减轻以及血压变化（Wilens，1998）。因此，只有在尝试过其他帮助儿童集中注意力的策略之后，才能够使用这些药物。

理论应用于实践

ADHD学生：教师的作用

ADHD 通常伴随着不专心、冲动和多动。从教育的角度来看，ADHD 学生由于缺乏必要的专注能力而可能表现出明显的学习问题、行为问题和社会交往问题。对普通班级的教师而言，如果班上有 ADHD 学生，则可以参照以下具体建议（见 Brown，2007；Kauffman & Landrum，2009；Smith，2001；Teeter，2000）：

- 确保学生理解所有的课堂纪律和程序。
- 为预防分心，需仔细考虑ADHD学生的座次安排，使之靠近教师。
- 坚决执行第11章讲述的有效的课堂管理原则。
- 要理解尽管某些行为是不可取的，但并不意味着学生故意不服从，因为有时他们可能无法控制自己的行为。
- 允许那些多动的学生有更多的机会去活动。
- 避免采用以惩罚或威胁为手段的行为管理系统。
- 充分考虑分组的意图以及该组中其他成员的需要，合理地将ADHD学生分组。
- 教学生管理自己的行为，包括自我监控、自我评价、自我强化和自我指导（Binder et al.，2000；Robinson，Smith，Miller，& Brownell，1999）。
- 使用每日报告卡或其他工具来向学生家庭传递信息，保持持续的沟通（参见第11章）。
- 与特殊教育专业人员合作，确立行为方案与教学计划，以处理注意力问题。

INTASC 标准 3
因需施教

INTASC 标准 5
课堂管理与动机

INTASC 标准 7
教学计划技能

资格认证指南
在教师认证考试的个案研究中，你可能会被要求给出建议来帮助一个注意广度有限的学生专心于听讲和对概念进行组织。

言语或语言障碍学生

言语和语言问题是最常见的障碍之一。大约每 40 名学生中就有 1 名学生有严重的交流障碍，需要接受言语治疗或其他特殊教育服务。

尽管言语和语言这两个术语常常混用，但二者的含义并不相同。语言是利用符号进行的思想交流，除了口头语言之外，还包括书面语言、符号语言、身体姿势以及其他交流方式。言语则是指声音的构成和次序。有言语障碍而没有语言障碍，或者有语言障碍而没有言语障碍，这些情形都是有可能出现的（Bernstein & Tiegerman-Farber，2009）。

言语障碍学生　言语障碍（speech disorders）表现为多种形式，最常见的是发音（即语音）障碍，如音节的遗漏、扭曲或替换。例如，一些学生难以发出r这个音，把“sorry”说成“sowee”。还有一些人发音时咬舌，把“*s*”说成“*th*”，“snake”说成“thnake”。

对幼儿园和一年级儿童来说，发音错误是很普遍的现象，从发展的角度看，这也是很正常的。随着在学校中逐年学习，这种问题会迅速减少。不论是否接受言语治疗，中度和重度的发音障碍问题将随着年级的升高而减少。鉴于此，言语治疗师对有轻度发音问题的学生通常不给予任何治疗。然而，如果某个学生的话语不能被理解，或发音问题引起学生心理上或社会交往方面的困难（如被嘲弄），那就需要接受言语治疗。

所有类型的言语障碍都是由言语病理学家或言语治疗师进行诊断和治疗的。任课教师在其中的作用不像在帮助其他残障学生时那么重要。然而，任课教师确实有一条关键作用，那就是接纳有言语障碍的学生。大多数的言语障碍最终会自愈，持续性的危害往往不是语音上的，而是心理上的，因为有言语障碍的学生大多经常遭受取笑和社会拒绝。教师可以通过几种方式来示范如何接纳言语障碍学生。第一，教师应该耐心对待口吃或说话困难的学生，绝不替这些学生说完他们的句子，也不允许其他学生这样做。第二，教师应避免让言语障碍的学生处于高压力的情境中，因为这类情境要求他们快速做出口头言语应答。第三，教师应该避免在班上矫正学生的发音。

> **链接**
> 想了解因英语水平有限而产生的语言问题，请参见第4章。

语言障碍学生　语言障碍（language disorders）指理解语言或用母语表达自己观点的能力受到损伤（Bernstein & Tiegerman-Farber，2009）。母语不是英语的学生由于英语口语水平有限而产生的语言问题不应被当成语言障碍。

> **链接**
> 想了解更多帮助来自处境不利家庭的儿童克服问题的学前和小学教育方案，请参见第9章。

在理解语言方面（接受性语言障碍）或传达信息方面（表达性语言障碍）存在的问题可能是由于听力损伤或发音损伤等生理问题导致的，否则就表明可能有智力落后或学习障碍。有些学生刚入学时有接受性或表达性语言障碍的表现，但这实际上是由于他们的母语不是英语，或者是英语的一种方言，从而很少接触标准的英语（Bonner-Tompkins，2001）。许多学前教育方案充分提供了标准英语基础的言语体验和直接教学，而这些方案已被证明可以有效地帮助那些来自处境不利家庭的儿童克服语言问题。

言语障碍
言语表达障碍，最常见于小学低年级学生中。

语言障碍
一个人在理解语言或者使用母语表达观点方面的能力障碍。

情绪和行为障碍学生

所有学生都有可能在学校生涯中的某一时段出现情绪问题，但大约有 1% 的学生具有非常严重、持久和弥散性的情绪障碍或精神障碍，需要接受特殊教育。与学习障碍的情形相似，在有严重情绪和行为障碍的学生中，男生人数远远多于女生人数，其比例为 3：1（Kauffman & Landrum，2009；U.S. Department of Education，2005）。

如学生的教育表现长期受到以下几种状况中任何一种的严重影响，该生就被界定为有**情绪和行为障碍**（emotional and behavioral disorders）：

1. 并非由智力、感官或健康因素导致的无法学习；
2. 无法与同伴和老师建立或保持令人满意的人际关系；
3. 在正常情况下表现出不适宜的行为或情感；
4. 整体上的、弥散性的不愉快或抑郁；
5. 易于产生与个人或学校问题有关的身体症状、疼痛或恐惧。

情绪和行为障碍的原因　长期而严重的情绪和行为障碍可能源于个体成长过程中多种潜在的因素（Jones，Dohrn，& Dunn，2004）。神经机能、心理过程、适应不良的经历、自我概念以及缺乏社会接纳，这些因素都有可能起作用（Smith et al.，2008）。其中一些因素，如家庭功能失调和虐待（Thompson & Wyatt，1999），还可能产生干扰，从而暂时影响孩子在学校中的学习。

对家庭产生影响的许多因素也会在一段时期内影响着孩子的安全感和自我价值。譬如，家庭结构的变化可能使孩子感到抑郁、愤怒、孤独，缺乏安全感，处于防备状态，这些情绪与行为在家庭出现离婚、搬家、弟妹出生、新来继父或继母、家庭成员死亡或罹患重病的情况下表现得更为突出。

在识别严重的情绪和行为障碍时所遇到的一个问题是：该术语涵盖多种行为类型，从攻击性或多动到退缩、不能交朋友，再到焦虑或恐惧症（Kauffman & Landrum，2009）。而且，情绪障碍儿童也常常具有其他类型的障碍，如学习障碍或智力落后；通常难以辨别究竟是情绪问题导致学习成绩下降，还是学业失败导致情绪问题。

情绪和行为障碍学生的特征　大量特征都与情绪和行为障碍相联系（Rosenberg，Wilson，Maheady，& Sindelar，2004）。更重要的是行为问题的严重程度。事实上，任何一种长期的、过度表现的行为都可能被看做是情绪紊乱的标志。然而，大多数被识别为有情绪和行为障碍的学生都表现出某些共同的特征，其中包括学习成绩差、人际关系不佳、缺乏自尊（Lewis & Sullivan，1996）。奎伊和韦里（Quay & Werry，1986）提出4种一般类别：品行障碍、焦虑－退缩、不成熟以及社会化－攻击障碍。例如，有**品行障碍**（conduct disorders）的学生通常具有以下特征：不服从、易分心、自私、嫉妒、破坏、无礼、反抗以及捣乱。奎伊和韦里指出，前3种类别代表的行为反映出适应不良，或是个人痛苦的根源。然而，与对他人的频繁攻击有关的社会化－攻击行为则可能与糟糕的家庭环境关联更密切，这样的环境对攻击行为进行示范或奖励，因此此类行为可能适应这样的环境（尽管它们确实是不健康、不恰当的行为）。将品行障碍归于情绪和行为障碍的做法是有争议的。从法律的角度来看，品行障碍的学生还必须患有规定的其他残障才能接受相应的特殊教育服务。IDEA长期以来都在保护那些情绪和行为障碍的儿童，使他们免于因破坏性行为而招致常规惩罚（如停学）。按照2004年重新批准的版本的规定，与儿童所患障碍有关的行为仍然免受惩罚，但无关的行为则不然。

> **情绪和行为障碍**
> 表现为学习、人际关系、情绪控制和行为方面出现问题的障碍。

> **品行障碍**
> 某些个体，例如长期不遵守纪律或捣乱者，所表现出的社会情绪障碍和行为障碍。

表现出攻击行为的学生　有品行障碍和社会化－攻击行为的学生可能经常打架、偷窃、损坏公物，不服从教师（Jones et al.，2004）。同学和教师通常都不喜欢他们，有时父母也不喜欢他们。他们通常对惩罚或威胁无动于衷，尽管他们可能很擅长逃避惩罚。有攻击性的学生不仅给学校和同伴造成威胁，而且也将自己置于极度

链接
想了解为表现出攻击行为的学生设计的行为管理方案，请参见第11章。

危险之中。这些学生在以后的生活中常常表现出严重的情绪问题，难以维持工作，甚至卷入犯罪，这些问题对男生尤为严重（Loeber & Stouthamer-Loeber，1998；van Goozen，Fairchild，Snoek，& Harold，2007）。对这些儿童有效的方法包括行为管理策略，例如第11章描述的几种策略（见Jones & Jones，2007）。

退缩和行为不成熟的学生 退缩、不成熟、低自尊或抑郁的儿童通常几乎没有朋友，或只能与比自己小得多的孩子一起玩耍。他们经常沉迷于幻想或白日梦之中，自我意象要么很卑微，要么很完美。有些人过分担忧自己的健康，身处压力之中时，他们会真的感到自己病了。一些学生表现出学校恐惧症，拒绝上学或者逃学。

当攻击性的儿童不表现出攻击性行为时，他们看上去是很正常的；但退缩和不成熟的儿童则不同，他们始终显得很古怪或笨拙。他们几乎总是受困于缺乏社交技能（见 Troop & Asher，1999）。

自闭症谱系障碍学生

1990 年，自闭症被正式认定为一类障碍。美国教育部把**自闭症**（autism）定义为一种严重影响个体的社会交往以及言语和非言语交流的发展性障碍。这种障碍通常在 3 岁之前就表现出来，并制约孩子的教育成就。自闭症儿童通常极度退缩，并且伴有非常严重的语言困难，甚至完全不说话。他们经常进行一些自我刺激活动，如摇摆、旋转物体，或者挥动自己的手。然而，他们可能在某些方面具有正常能力，甚至是过人的能力。

自闭症谱系障碍这个术语现在被用来描述一系列严重程度不同的自闭症，包括一种被称为阿斯伯格综合征（Asperger syndrome）的轻度的自闭症（National Research Council，2001；Sweeney & Hoffman，2004）。患有阿斯伯格综合征的儿童可能有能力在社会中生活，可以在学校里取得成功，但是在社会关系方面存在严重的问题。他们可能会回避目光接触、误解社会线索或表现出怪异行为。大约 166 个儿童中就有 1 个患有自闭症谱系障碍，尽管患有自闭症的儿童的数目远比这要少（Hallahan et al.，2009）。自闭症更常见于男孩，其原因目前尚不清楚（Friend & Bursuck，2008）。有人认为自闭症可能是因某种脑损伤或其他脑功能失调所致（Volkmar & Pauls，2003）。

自闭症无法治愈。何种干预是恰当的，取决于儿童的机能水平。干预的重点在于教会这些儿童一些对其他孩子来说理所当然的社会技能，比如进行目光接触、微笑、同别人打招呼等。国家研究委员会（National Research Council，2001）在一篇文献综述中得出结论：成功的策略包括逐步地系统教授沟通技巧、社交技能和认知技能。在普通教育班级中，让患有自闭症谱系障碍的儿童参与小组学习和安排一位同龄伙伴来帮助他们处理社交和学业问题都可让他们获益。

网络链接

想了解更多有关自闭症谱系障碍的信息，可以访问美国自闭症协会的官方网站（www.autismsociety.org）。也可以访问美国疾病控制与预防中心（CDC）（www.cdcfoundation.Org/healththreats/autism.aspx）和美国特殊儿童委员会（CEC）（www.cec.sped.org/AM/Template.cfm?Section=Autism_Asperger_s_Syndrome&Template=/TaggedPage/TaggedPageDisplay.cfm&TPLID=37&ContentID=5598）的网站。

自闭症

一类严重影响社会交往、言语和非言语交流以及学业成就的障碍。

感官、身体和健康损伤的学生

感官损伤（sensory impairments）是指视觉、听觉或其他通过身体感官接收信息的能力出现问题。身体障碍包括脑瘫、脊柱裂、脊髓损伤和肌肉营养不良等情况。健康障碍则包括艾滋病（AIDS）、抽搐障碍、糖尿病、胆囊纤维变性、镰刀状细胞贫血（见于非裔美国学生）以及由物质上瘾、儿童虐待或自杀未遂等其他原因造成的身体损伤（Hardman et al.，1996）。

视觉障碍学生　大多数学生的视力问题可以通过佩戴眼镜或其他矫正透镜加以矫正。**视力丧失**（vision loss）只有在无法矫正时，才被认为是一种障碍。每1000名儿童中约有1名儿童有视觉障碍。这种障碍常被称为失明或视力损伤。法律上对盲童的界定如下：较好的一只眼睛即使经过矫正后，其视力也只能达到20/200甚至更差，或者视野明显地比视力正常者窄。根据这个分类系统，有部分视力则意味着较好的那只眼睛经过矫正后，其视力介于20/70与20/200之间（Rogow，1988）。

如果认为法律上认定的盲人就没有任何视力，这实际上是一种错误观念。80%以上的盲人学生都可以阅读大字号或常规字号的书籍（Levin，1996）。为残疾人设计的辅助技术可以将文字材料放大、变得更清晰，这使更多学生可以正常参加班级活动（Boone & Higgins，2007）。这意味着通过调整常规的教学材料，可以教授许多视力丧失的学生。任课教师应该对孩子出现视力问题的信号保持警觉。毫无疑问，看东西有困难的儿童在许多学习领域都会产生困难，因为课堂教学通常使用大量的视觉材料。视力丧失通常有以下几种征兆：（1）儿童经常侧脑袋；（2）经常揉眼睛；（3）眼睛发红、发炎、发硬、充水；（4）阅读小号字时有困难，或不能分辨字母；（5）阅读之后，主诉晕眩或头疼（Sornson，2001）。如果教师注意到上述征兆中的任何一种，都应该建议学生进行视力检查。在视力问题对学生的学习和动机产生不良影响前，尽早地发现问题是非常重要的。

感官损伤
通过身体感官接收信息的能力出现的问题。

视力丧失
不能看清物体的症状不可矫正的程度。

听觉障碍
耳聋的程度；不可矫正的无法听清声音的症状。

耳聋或听觉困难的学生　**听觉障碍**（hearing disabilities）的范围包括从完全耳聋到可以通过助听器进行缓解的各种状况。可以根据恢复听力所需采取的措施来确定个体属于哪一类。对于轻度听力丧失的儿童，只需要让他们坐到教室前面就可以了。许多儿童通过听声音、看唇形就可以与你充分地交流。其他儿童则可能需要助听器，而那些有较严重的听力问题的个体则需要使用非言语的交流形式，如手语（见Radziewicz & Antonellis，2002）。阅读教学的方法也需要修改（Schirmer & McGough，2005）。弗莱克斯纳（Flexner，2001）指出，放大教师的声音或者使用计算机上的残疾人辅助技术来使声音变大和变清晰可以让大部分儿童受益（Boone & Higgins，2007）。请牢记以下建议：

有听觉损伤的学生，无论程度轻重，在一个忙碌的教室中都很容易被忽视。作为任课教师，为了全面满足听觉损伤学生的需求，你需要进行哪些考虑呢？

1. 让听力有问题的儿童坐在教室前面的中线两侧稍微偏向窗户处，以使得他们能借最好的光照看见你的脸。

2. 如果学生两只耳朵的听力不同，则应该让其坐在前面靠边的位置上，听力稍好的那只耳朵朝向你。
3. 说话时，尽可能地处在学生的视线范围内。
4. 宣布重要信息或进行教学时，应面向全班。说话时应避免背向学生。
5. 说话时不要使用夸张的唇动。
6. 学会怎样帮助佩戴助听器的儿童。

网络链接

有许多基于网络的资源可供特殊教育工作者使用。

满足特殊需求的家庭互助乐趣：http://www.family-friendly-fun.com/

该网站为有特殊需求的儿童提供了关于各种主题的大量资料。

特殊需求资源：http://www.edbydesign.com/specneedsres/links.html

该网站为特殊学习者展示了世界各地的学生、辅助技术以及其他一些资源。

特殊儿童网络资源：http://www.irsc.org/

该组织致力于为有特殊需求的学习者提供信息、活动和支持。

特殊需求机会窗口：http://snow.utoronto.ca/

该网站内容非常丰富，职业发展、学生活动和父母资源仅仅是其中的很少一部分。

儿童DREAMMS联合公司：http://www.dreamms.org/

记忆和动作技能有效改善的发展性研究（DREAMMS）机构是一家为父母和专业人员提供服务的非赢利机构，专门从事辅助性技术的发展、信息传播以及相关研究。

CAST（应用特殊技术中心）：http://www.cast.org/

CAST 是一个非赢利的教育组织，它运用技术为所有的人提供更多的机会，其中也包括有残障的人。

NCIP（全国改进特殊教育实践中心）：http://www2.edc.org/NCIP/

全国改善特殊教育实践中心自 1992 年至 1998 年间由联邦政府资助，通过帮助教育者以及为残障学生提供服务的相关人员更有效地使用辅助性的教学技术，来改善对残障儿童的教育成效。

技术使用联盟：http://www.ataccess.org/

技术使用联盟（ATA）是由依托社区的资源中心、开发者与销售商、会员及合作人组成的网络，致力于为残障儿童和成人提供信息和支持服务，使他们更多地运用标准化的、辅助性的技术以及信息技术。

缩小差距：http://www.closingthegap.com/

该网站为有残障的人们提供了创造性地使用计算机技术的丰富信息资源。它还提供目前有残障的个体以及和他们相处的专业人员所用技术的综合性考察。

互联网特殊教育资源（ISER）：http://www.iser.com

ISER 是一个全国范围的专业人员名录网，这些专业人员服务于学习障碍学生和特殊教育团体。这个网址可以帮助父母和看护者寻求当地的特殊教育专家，以便对学习障碍和注意缺陷多动障碍进行评价、治疗，寻求支持或者满足其他方面的特殊需求。

华盛顿大学适应性技术网站：http://www.washington.edu/doit

该网站收集了有关通过科技来帮助残障人士的大量出版物和视频资料。

天才学生

什么样的学生是有天赋的、有才能的？按父母的说法，几乎所有的孩子都是如此。事实上，许多学生在某些方面确实具有非凡的才能。以往，**天才**（giftedness）几乎完全是根据高智商或展现出的能力来界定的，如在数学或棋艺方面出色的表现；但现在这个概念涵盖了在多种不同的活动（如艺术）中能力出众的学生（Colangelo & Davis，2009；Olszewski-Kubilius，2003；Sternberg，2007）。高智商仍被认为是“天赋”和“才能”的定义中不可缺少的一部分（Steiner & Carr，2003），大部分被认为是天才的学生的智商都超过 130。然而，某些群体中，诸如女性、有残障的学生、成绩较差者以及来自少数族裔或种族群体的学生中的一些天才学生并未得到认可（Sternberg，2007）。大约 3%~5% 的学生被认为是有天赋和有才能的（Heller，Monks，Sternberg，& Subotnik，2000）。

天才学生的特征　在智力方面具有天赋的儿童通常有很强的动机（Colangelo & Davis，2009；Gottfried & Gottfried，2004），他们在学业上相当优秀，通常很早就学会了阅读。总体而言，他们在学校中的大多数科目上都表现得相当出色（Gallagher，1992）。刘易斯·推孟（Lewis Terman）1926年开始进行的天才儿童的研究是这一领域中最为重要的研究之一，其研究对象为1 528名智商超过140的儿童。推孟的研究推翻了人们过去的成见，即高智商的儿童很聪明，但身体素质以及社交能力较差。推孟发现，高智商的儿童实际上比其他孩子身体发育得更高大强壮，协调性更佳，并且会成为具有更好的社会适应能力、情绪更稳定的成年人（Terman & Oden，1959）。尽管天才学生可能由于追求完美而遭受挫折（Parker，1997），但他们依然具有很积极的自我概念（Hoge & Renzulli，1993）。

对天才学生的教育　怎样教育天才学生？在此问题上尚存争议（见Karnes & Bean，2001；Smutny，2003；Willard-Holt，2003；Winebrenner，2000）。有些方案是让那些在自然科学或艺术方面有天赋、有才能的学生进入特设的中学学习，还有一些方案是在普通学校中为高成就者开设特长班（见Olszewski-Kubilius，2003）。围绕天才学生的教育问题存在着“加速”与“充实”两种观点之争。“加速”观的拥护者（如Colangelo，Assouline，& Gross，2005；Pendarvis & Howley，1996）认为，应该鼓励天才学生快速地完成学校课程，可以跳级，早一点进入大学深造。而“充实”观的拥护者（如Feldhusen，1996；Gallagher，1992；Renzulli & Reis，1997）则坚持认为，为天才学生提供的方案不应当只是让他们快速地完成学校课程，还应当让他们更多地参与富有创造性的问题解决活动。

对天才学生的研究结果（主要根据学生成就的提高幅度）更多地支持加速方案而不是充实方案（Kulik & Kulik，1997；Rogers，2009）。当然，这有可能是因为充实方案所产生的效果难以测量，如创造力或问题解决能力的提高等。**加速方案**（acceleration programs）常常包括提早教授高等数学。该方案的一种变式是课程压缩，即教师跳过课程中的某些部分，因为能力很强的学生不需要这些内容（Willard-Holt，2003）。

充实方案（enrichment programs）有很多种形式。伦祖利和瑞思（Renzulli & Reis，2000）建议要注重三种类型的活动：一般的探究性活动，比如让学生在从事课题时自主对主题进行探讨；小组培训活动，比如提高创造力与问题解决技能的游戏和模拟活动；个人或小组对现实问题的调查，比如撰写书籍或文章、采访年长的人

> **天才**
> 卓越的智能、创造力或者才能。

> **加速方案**
> 通过超前学习使天才学生快速升学的教育。

> **充实方案**
> 对于迅速掌握了课堂内容的学生，通过设计任务或活动来拓宽或加深其知识的方案。

并记录口述历史、开展地质学和考古学的调查。

充实方案所存在的一个问题是：为天才学生设计的大部分活动实际上可以让所有的学生都受益（Borland，2008）。正是认识到这一点，目前许多学校都把充实方案中的许多活动融入常规课程中。这样，那些天才学生无需与同伴分开，其特殊需求也能获得满足（Colangelo & Davis，2009；Holloway，2003；Page，2000；Renzulli & Reis，2000；Van Tassel-Baska，1998）。这类活动包括更多地通过做课题来学习、做实验、独立研究以及合作学习。

什么是特殊教育？

特殊教育（special education）指为残障儿童提供的教育方案，以代替或补充常规的课堂教学。近年来特殊教育实践发生了巨大变化，并仍处于不断变革之中（见Hallahan et al.，2009；Smith et al.，2008；Sorrells，Rieth，& Sindelar，2004）。各个州和学区在确定特殊教育服务的标准时，联邦法规起着决定性的作用。

《公法》第94-142号与IDEA

直到20世纪60年代中期，特殊儿童的教育还与今天的状况大不相同。许多“有缺陷”的学生根本没有接受任何形式的特殊服务，而那些得到了特殊教育的人通常也只是进入为智力落后、情绪紊乱、视觉或听觉丧失的学生单独设立的学校或机构。20世纪60年代末，特殊教育体制受到谴责（见Semmel，Gerber & MacMillan，1994）。批评者指出，那些有严重残障的人往往被送进与外界隔绝的、不能充分提供教育服务的州立机构中，或被留在家里，根本不接受任何形式的服务；患有轻度残障的儿童（尤其是轻度智力落后的儿童）在与社会隔离的环境中接受特殊教育方案，而这些方案无法教给他们在社会中正常生活所需的技能。800万残障学龄儿童中，约有400万没有上学。

为此，1975年国会通过了通常被称为**《公法》第94-142号**（Public Law 94-142）的《缺陷儿童教育法案》。《公法》第94-142号对全美的特殊教育和普通教育产生了深刻影响。它规定了所有残障儿童必须接受的服务，并赋予这些孩子及其父母过去不曾拥有的合法权益。《公法》第94-142号的一项基本原则是：每个残障儿童都有权接受公费的、符合其需求的特殊教育。这意味着学区或州必须为有严重智力落后或残疾的儿童提供特殊教育，等等。

有两部法规对《公法》第94-142号最初的关注点进行了延伸。1986年，《公法》第99-457号规定：3~5岁儿童有权接受免费的、适宜的教育，同时也增加了针对严重残障的婴儿和学步幼儿的教育方案。1990年通过的《公法》第101-476号把《特殊教育法》的名称改为**《残障个体教育法案》**（Individusals with Disabilities Education Act，IDEA），要求学校在有残障的青少年达到16岁时，为他们规划如何接受进一步的教育或如何就业，以完成角色转变；该法案还把术语缺陷儿童改为残障儿童。

1997年通过了《公法》第105-17号，即《残障个体教育法案》1997年修正案，简称IDEA'97，最初版本的法规得到了再次批准，效力更强（National Information Center for Children and Youth with Disabilities，1998）。该法案的宗旨包括提高对残障儿童的教育期望，加强父母在残障儿童教育中的作用，确保普通班级教师参与到残

特殊教育

满足有智力、情绪或者身体残障的学生需求的教育方案。

《公法》第94-142号

1975年开始实施的联邦法律，该法律要求对符合条件的学生提供特殊教育服务。

《残障个体教育法案》（IDEA）

《公法》第101-476号，一项从1990年开始实施的联邦法律，这项法律将《公法》第94-142号改名，并增加了对残障青少年提供的服务种类。

障儿童的教育计划和评估中来，让残障学生参与州和地方进行的评估，并支持所有残障儿童教育者的职业发展（U.S. Department of Education，1998）。

IDEA 在 2004 年又进行了进一步的修正，被称为《公法》第 108-446 号，这就是《障碍个体教育改进法案》。这个版本强调了预防和早期干预，允许学校花费特殊教育经费来防止儿童的情况恶化到需要特殊教育服务的程度，从学习障碍的定义中删掉了 IQ 和成就之间差异的概念，要求各州监管并纠正特殊教育配置上种族不平等的情况，协调 IDEA 同其他改革的关系，特别是同"不让一个孩子掉队"（NCLB）的关系。表 12.2 概括了 2004 年版 IDEA 的主要条款。

> **资格认证指南**
> 在教师资格认证考试中，你应该知道，正是使残障儿童的生活正常化的努力使得将学生安置到最少限制的教育环境中的做法发展起来。

最少限制的环境　对普通教育班级的教师来说，IDEA最重要的规定是：必须把有残障的学生安置到能满足其需要的**最少限制的环境**（least restrictive environment）中去。这个规定为**纳入主流**（mainstreaming）这一做法提供了法律基础，该做法现被改称为纳入（inclusion）（Friend & Bursuck，2008；Friend & Shamberger，2008）。这意味着普通教育教师的班上很可能会有轻度残障（比如学习障碍、轻度智力落后、身体残疾或言语问题）的学生。这些学生或许每天有部分时间离开班级，去接受特殊教育。这也意味着普通教育学校中多会设立面向有严重残障学生的班级，这些学生也会与无残障同伴一起参加某些活动。

> **最少限制的环境**
> IDEA中的条款，要求在适当的情况下尽可能使障碍学生能够与无残障的同伴在一起接受教育。

> **纳入主流**
> 基于一个持续根据个体实际情况确定教育计划和方案的过程，让特殊儿童与无残障的同伴同时活动、一同接受教学以达到社会融合的做法。

个别化教育方案　IDEA的另一项重要规定是每个残障学生都必须有一项**个别化教育方案**（Individualized Education Program，IEP），以指导如何为他们提供服务。个别化教育方案阐述了学生存在的问题以及解决这些问题的具体步骤。一般情况下，该方案是由特殊教育教师、特殊教育督导、学校心理学家、校长、咨询员以及任课教师等学校教育专家组成的特殊服务委员会来拟定的。不同的州对这个特殊服务团队有不同的称谓，例如儿童学习团队、评价与检查团队。这种个别化教育方案必须得到学生的家长认可。采用个别化教育方案的思想基础是：给每个关心残障儿童教育的人提供机会，为儿童的教育方案献计献策。要求个别化教育方案得到家长的签字认可，其目的是确保家长明白并赞同学校计划对孩子实施的教育方案。如果孩子没有享受到学校承诺的服务，家长可以追究学校的责任。

> **个别化教育方案（IEP）**
> 为满足特殊学习者的需要而设计的方案。

根据法规，当需要通过评价来确定是否可以安排儿童接受特殊教育方案时，这种评价应当由合格的专业人员来实施。虽然普通教育班级的教师和特殊教育教师通常也参与到评价过程中，但是一般不允许教师施行用于安置决策的心理学测验（如智商测验）。

IDEA 在特殊教育的安置与方案方面为残障儿童及其家长提供了法律保护。例如，如果家长认为对孩子的诊断不正确，所采用的教育方案不适当，或者对孩子正在接受的服务不满意，那么他们就可以投诉学区。同时，IDEA 明确规定应当告知家长所有的安置决定、会议和方案的变动情况。

对 3 岁以下有特殊需求的儿童而言，通常要准备一项专门的方案，以

IEP会议是IDEA的成果。IEP会议召开的目的是什么？在这类会议中你起到什么作用？

表 12.2 2004年版IDEA的重点内容

条款	描述
最少限制的环境	残障儿童应与正常儿童享受尽可能一样的教育。
个别化教育方案	每个接受特殊教育的儿童一定要有个别化教育方案。
正当程序权利	儿童及其父母一定要参与特殊教育决策。
正当程序听证	如果在特殊教育服务方面有冲突，父母和学校可以要求进行公正的听证。
非歧视性评估	应该给学生提供本质上非歧视性的综合评估。
相关服务	如果需要，学校一定要提供相关的服务，比如身体治疗、咨询和接送。
免费、适当的公共教育	IDEA的基本要求是对所有有残障的学龄儿童提供免费、适当的公共教育。
调解或解决	父母有权寻求调解或法庭解决来处理同学校存在的分歧，他们可以选择这样做。使用调解不意味着取消或推迟正当程序听证。
权利转移	当学生达到州政府界定为成年的年龄时，学校应该通知学生家长和学生，将各种权利从父母那里转交给学生。
纪律	如尚未明确判断儿童的残障跟他们的不适当的行为是否有关，残障儿童不能被开除或在一个学年里累计停课10天或更多的天数。
州评估	采用恰当辅助措施后，残障儿童必须参加全学区或全州范围内的评估方案。必须为不能参与以上方案的学生开发备选方案。
过渡	过渡计划和方案一定要在残障学生达到16岁时启动。

资料来源：Tom E. K. Smith, Edward A. Polloway, James R. Patton, & Carol A. Dowdy, *Teaching Students with Special Needs in Inclusive Settings* (5th ed.), Table 1.5, p. 16. © 2008 Pearson Education, Inc. Reproduced by permission of Pearson Education, Inc.

重点关注这个儿童及其家庭，该方案称为个别化的家庭服务计划（IFSP）。而在学校教育的最后阶段，有特殊需求的青少年通常会在年满 17 岁前得到一份个别化的过渡计划（ITP）（Sax & Thoma，2002）。ITP 预测学生从学校生涯向就业以及成人生活过渡时可能有的需求。

系列特殊教育服务

个别化教育方案的一项重要作用就是给学生提供一种适合其需求的特殊教育方案。每个学区都为那些有特殊需要的儿童提供了一系列十分灵活的服务，其目的就是满足所有学生的独特需求。在实践中，按照从最少限制到最多限制，可以将这些系列服务组成一个连续体：

1. 为普通教育教师提供直接或间接的咨询和支持
2. 每天至多1小时的特殊教育
3. 每天1~3小时的特殊教育；资源方案
4. 每天超过3小时的特殊教育；自成体系的特殊教育
5. 特殊的走读学校
6. 特殊的寄宿学校
7. 留在家里/就医

一般情况下，与残障不太严重的学生相比，残障较为严重的学生往往接受那些限制较多的服务。例如，不宜将重度智力落后的学生安排到普通教育班级中去学习，而有言语问题或轻度学习障碍的学生则可能大部分时间或全部时间都在普通教育班级中学习。然而，残障的严重程度并不是安置学生的惟一标准，还需要针对不同学生的不同需求进行恰当的安置。例如，有严重肢体障碍而使用轮椅的学生，如果没有学习方面的问题，就很容易参与普通教育班级的学习，并能从中获益，但听力有缺陷的学生则难以从普通教育班级中受益。

除了那些有身体或感官残疾的学生外，很少有学生要去学校外接受特殊教育。通常绝大多数的学习障碍学生或言语障碍学生每天部分或绝大部分时间都在普通教育班级中学习，另在特殊教育资源教室里进行 1 小时或稍长时间的补充性学习。大多数有身体残疾的学生以及近一半的有情绪障碍的学生也都是按照这种方式进行学习的。大部分有特殊需求的其他学生也被安置在学校内的特殊班级里。下面将按照最少限制到最多限制的顺序来描述给残障学生提供的系列服务。

安置在普通教育班级　对许多有残障的学生来说，他们的特殊需要可以在普通教育班级中得到满足，很少甚至不需要其他帮助。例如，有轻度视觉或听觉丧失的学生可能仅需要坐到教室前排就可以了。如果教师能够应用各种策略来调整教学以适应学生的个别差异，那么轻度甚至中度的学习障碍学生在普通教育班级中也能得以满足需求。譬如，利用助教、辅导教师或家长志愿者，可以使有特殊需求的学生跟上普通教育班级的教学进度。任课教师可以经常地调整教学，使学生更易获得成功。例如，一位教师注意到，有知觉问题的学生在做算术题时遇到困难，因为他不能把数字排列整齐。教师给学生有线格的作业本，便很容易地解决了此问题。

整体来说，研究发现，面对有学习和行为问题的学生，教师能够使用的最有效的策略正是在普通教育班级中使用的策略（Lloyd，Singh & Repp，1991）。只有当在普通教育班级中已付出了巨大努力来满足学生的需求但未成功时，才可以考虑选择特殊教育（见 Smith et al.，2008；Vaughn et al.，2007）。

链接
根据学生差异调整教学的策略见第9章。

与咨询教师和其他专业人员协作　在协作（collaboration）中，几个专业人员一起合作来提供教育服务。普通教育班级中的残障学生可以从专业人员处受益，这些专业人员包括资源教室的咨询教师、学校心理学家、言语和语言专家，以及与普通教师合作来开发并实施恰当的教育活动的其他专业人员。许多学区为任课教师提供咨询人员，以帮助教师调整教学，满足残障学生的需求。咨询人员通常都接受过特殊教育以及普通教育方面的专业训练。他们可能会进入课堂，观察学生的行为，但通常情况下，他们只给任课教师提供解决问题的建议，而不是直接处理学生的问题（Warger & Pugach，1996）。研究发现，精心设计的咨询模式可有效地协助任课教师使那些有轻度残障尤其是有学习障碍的学生在普通教育班级中跟上进度（Rosenfield & Gravois，1996；Snell & Janney，2000）。

INTASC 标准 10
合作关系

对某些类型的残障来说，巡回教师为残障学生每周只提供几次特殊服务。这种巡回服务模式常用于为有言语和语言障碍的学生设计的方案中。

安置在资源教室　许多残障学生在教学日的大部分时间都被安置在普通教育班级中，其他时间则接受资源方案的教学。资源方案通常侧重于教授阅读、语文、数学，有时也教授其他科目。一项资源教室方案通常涉及少数几个学生和一个特殊教育教师。在理想情况下，资源教师和任课教师能够定期交流，协调彼此的教学方

协作
专业人员一起合作来提供教育服务的过程。

案；资源教师给普通教育班级教师提供建议，以在残障学生与普通教育班级一起上课时调整教学（Smith et al.，2008；Vaughn et al.，2007）。

有时，资源教师也在普通教育班级中工作。例如，资源教师和某个阅读小组一起学习，而任课教师则与另一个小组一起学习。这种教学安排可以避免将学生调出班级，因为调出班级既容易导致教学效率低下（因调换地点需要时间），也可能使学生由于在一段时间内被排除在班级之外而产生自卑。由普通教育教师和特殊教育教师一起进行的团队教学也可以加强教师之间的交流（Friend，2007）。

安置在特殊教育班级，部分时间纳入 许多残障学生被安置到由特殊教育教师任教的特殊班级中，但每天又有部分时间纳入到无残障学生组成的普通班级中。残障学生通常纳入到无残障学生的音乐课、美术课和体育课中，而纳入到社会调研、自然科学和数学课程中的比较少，纳入到阅读课程中的就更少了。这类特殊服务与资源教室模式的一个重要区别是：在资源教室模式中，学生的主要安置地点是普通教育班级，任课教师是主讲教师，对学生的教育方案负主要责任，而资源教师只提供补充性的支持。但是，当学生被安置到特殊教育班级、每天只有部分时间纳入到普通教育班级中时，情形则完全不同：特殊教育教师是主讲教师，担负着教育的主要责任。

自成体系的特殊教育 自成体系的特殊教育方案是在普通学校中设置与普通班级相分离的特殊教育班级。20世纪70年代初期的纳入主流运动开始之前，这种形式（以及针对智力落后儿童单独开办的学校）是安置残障学生的典型方式。在自成体系的教育方案中，学生主要接受特殊教育教师的教学，很少有机会参与普通教育的活动。

一些学生进入单独开办的特殊走读学校。这类学生或者患有严重的智力落后或身体残疾等严重残障，或者有可能扰乱普通教育班级，比如严重的情绪紊乱者。另外，还有少量的残障学生进入特殊的寄宿制学校，这类学校是专门为那些需要接受特殊治疗的严重残障学生而设立的。

相关服务 2004年版IDEA严格要求为残障儿童提供“相关服务”，规定了若要使残障儿童从普通或特殊教育中获益就必须提供给他们的服务。例如，学校心理学家要参与对残障学生的诊断，有时也参与个别化教育方案的拟定（Reschly，2003）。另外，他们可能针对行为和学习问题，对学生提供直接咨询或与任课教师协商。言语和语言治疗师通常以一对一的方式与有言语或语言问题的学生一起活动，但他们也可以给有类似问题的学生小组提供相应的指导。这些治疗师也与教师协商如何解决学生的困难。职业理疗师在医生的指导下来治疗那些身体运动有困难的学生。学校里的社会工作者和辅导员在学校和家庭之间起到重要的连接作用，当家庭中的问题影响到学生在学校中的学习与行为表现时，他们就要参与解决。

任课教师在残障学生的教育中起着重要作用。他们对学生是否需要接受特殊服务提出建议，参与对学生的评估，准备并实施个别化教育方案。下文的“理论应用于实践”部分将讨论任课教师为学生选择特殊教育服务的过程（见 Hallahan et al.，2009；Smith & Tyler，2010）。

理论应用于实践

准备个别化教育方案

最初的建议　准备个别化教育方案的第一个环节是建议学生进行相应的评估。父母、医生、校长或教师可以提出特殊教育安置评估的建议。最为常见的是由任课教师建议可能有学习障碍、智力落后、言语损伤或情绪紊乱的儿童接受测评。其他残障中，大部分都在学生入学前就被诊断出来。在大部分学校中，最初的提议将被交给校长，由校长与学区里的负责人员联系。

筛查与评估　一旦学生被建议去接受测评，就要决定是否进行测评。实际上，几乎所有的建议都被接受了。评价和安置小组参见学生的在校记录，并对任课教师及了解该学生的其他人进行访谈。如果小组成员决定进行测评，他们事先必须征得家长对全面评估的许可。

INTASC 标准 8
评价学生的学习

特殊服务小组的成员包括由学区指派的专业人员和学生的家长，如果可行的话也包括学生本人。如果评估建议提及学习或情绪问题，那么常常还需要学校心理学家或辅导咨询员的参与。如果评估建议提及言语或语言问题，那么通常要有言语病理学家或言语教师参与进来。通常由校长领导小组的工作，不过校长也可能指定一位特殊教育教师或其他专家来全面负责。

之后对学生进行测查，评估其长处和弱势。对于学习和情绪问题的测查通常是由学校心理学家进行的。专项成就测验（如阅读或数学评估）通常由特殊教育教师或阅读教师施行。任何一项评估都必须经过学生家长的同意。学生的作品档案、教师的评价、长期收集的其他信息也逐渐成为评估程序的重要组成部分（Smith & Tyler，2010）。

如果有可能的话，学校可以在建议学生接受特殊教育安置评估前先尝试进行干预。例如，可以先对有严重阅读问题的儿童进行一段时间的个别辅导，再确定其是否有阅读障碍。若某个儿童有行为问题，则可以先实施一项依托家庭的强化方案或其他行为管理方案。如果这些干预有效，就不必对儿童进行特殊教育，而可让他们在普通教育班级中学习。即使儿童确实需要特殊教育服务，安置前的干预也能提供有关何种类型的服务最可能有效的重要信息。干预在当前支持干预反应方案的政策下正变得非常普遍，该方法会在后文讨论。

撰写个别化教育方案　完成全面评估之后，特殊服务小组的成员一起来分析怎样安置学生才是最有利的。如果他们认为该学生有必要接受特殊教育，就会准备一份个别化教育方案。图12.3是个别化教育方案形成与实施过程的流程图。图12.4则是个别化教育方案的一个例子。通常由特殊教育教师或任课教师来准备个别化教育方案，或者两者共同来准备。学生家长在安置决定书上签字同意后，该决定才能生效。在许多学区，个别化教育方案也要得到家长的签字认可。这意味着家长可以拒绝让孩子接受特殊教育方案（有过拒绝的实例）。个别化教育方案至少应包含以下信息（见Bateman & Linden，1998）：

链接
想更多地了解依托家庭的强化策略，请参见第11章。

1. **对儿童目前成就水平的说明**。通常包括专项测验的结果、课堂表现的描述。可以利用行为评价核查表、作业样本或其他观察记录表来说明学生的长处与短处。
2. **预期达到的年度进步目标**。例如，某学生的预期目标是：在标准化的阅读测验中达到四年级水平；改善课堂行为，直至不会受任何纪律处分；学习一项职业教育方案中的一门基础课程。

图 12.3 个别化教育方案的流程图

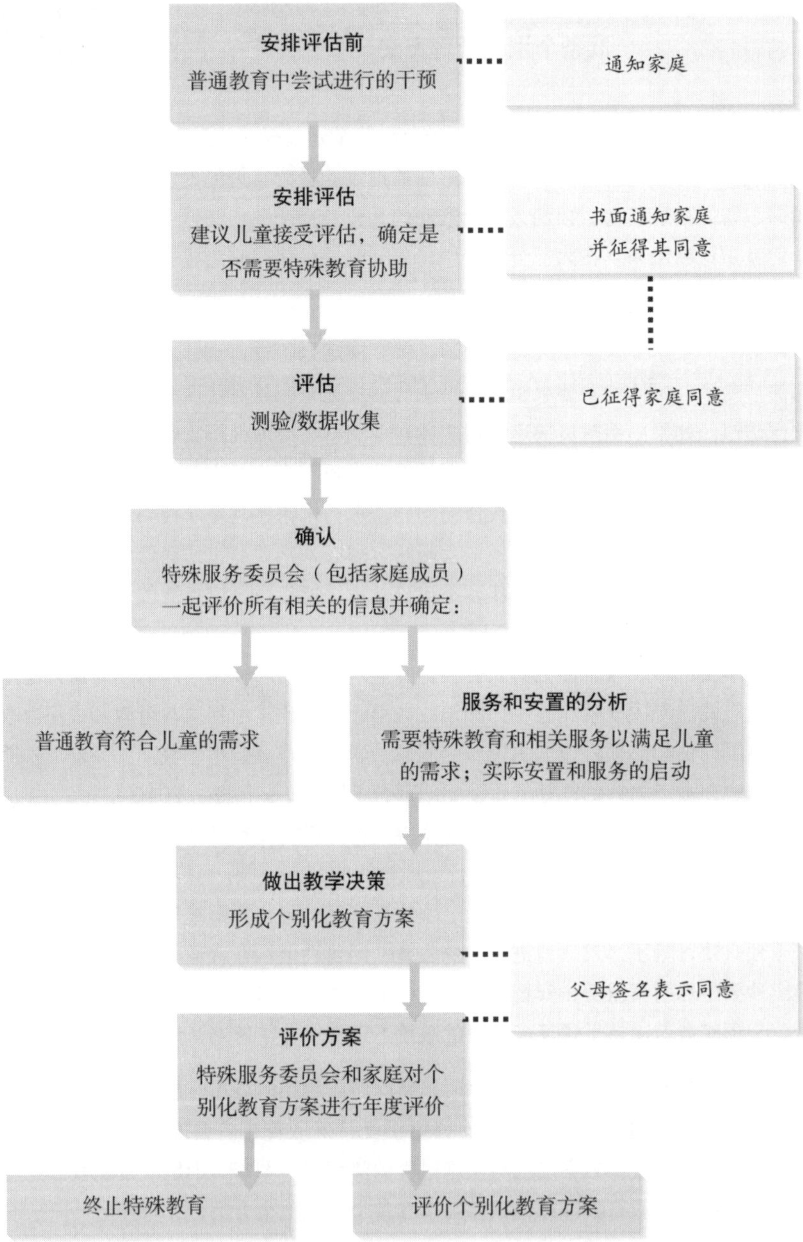

资料来源：Diane Pedrotty Rivera & Deborah Deutsch Smith, Teaching Students with Learning and Behavior Problems（3rd ed.）, p. 52. Copyright © 1997 by Allyn & Bacon. Reprinted by permission.

3. **中间（短期）教学目标。**为阅读困难的学生设立的短期目标可以是每月完成若干个相互独立的阅读理解单元的学习。为有情绪和行为问题的学生设立的目标则可以是改善与同伴的相处状况，不打架。

4. **说明将要提供的具体的特殊教育和相关服务，以及学生将在多大程度上参与普通教育方案。**例如，个别化教育方案可能具体说明某学生每周接受两次由言语治疗师实施的治疗，每次30分钟。为学习障碍学生设计的个别化教育方案则可能给出如下说明：资源教师每天进行45分钟的阅读教学；资源教师和任课教师协商如何调整普通课堂教学以满足该学生的特殊需求。智力落后学生可能被安置到自成体系的特殊教育班级中，不过个别化教育方案可能说明该学生将参与普通班级的体育课。个别化教育方案会具体说明任何在普通教育班级中为适应残障学生的需求而做的必要调整，如布置方便轮椅行进的坡道，使用大字号的课本或光盘。

5. **服务的预计起始时间及持续时间。**一旦制订了个别化的教学方案，就必须让学生在合适的时间内接受服务。不允许把学生列入等候安置名单。学区必须提供相应的服务或与服务提供方签订承包合约。

6. **每年不少于一次考察目标达成情况所用的评价标准及其程序。**个别化教育方案必须详细说明用于弥补学生缺陷的策略。方案尤其需要说明学生应该达到的目标是什么，如何实现这些目标，如何评估目标是否实现。关键的是，特殊教育服务应该着力于实现一组详细指定的学习或行为目标，而不是简单地把学生归到某类残障人士中，指出他们应得到一些服务。理想的情形是，轻度残障的学生所接受的特殊教育应该是短期的高强度治疗，使他们掌握适应普通课堂教育所必需的技能。但在太多的情况下，那些被安置在特殊教育班级中的学生，即使最初计划解决的问题已经得到矫正，也仍然无限期地留在特殊教育班级中。

个别化教育方案至少必须每年更新一次。这样，服务小组有机会来修改不起作用的方案，并且当学生不再需要接受特殊教育服务时，可以减少或终止服务。

图 12.4　个别化教育方案举例

个别化教育方案小组报告：10/01/2011

学生姓：史密斯　名：乔　MI：____　出生日期：04/18/2001　年级：4

父（母）姓：史密斯　名：胡安　关系：父亲

母语或别的沟通方式：无　需要译员：否

个别化教育方案会议讨论的目的（选择以下某一项）

__ 是否适合特殊教育：X 复审/修正IEP __ 重新评价 __ 残障重新评价结果的变化

邀请和联系父母：

联系方式：电话　联系人：校长　日期：09/20/2011　结果：已联系过

是否适合特殊教育：

个别化教育方案小组确定这个学生：__ 不适合　X 适合

主要残障：学习障碍/阅读障碍　次要残障：无

提供免费适当公共教育（FAPE）需要考虑的因素

考虑（标出）下面的每一项：

X 学生的优势	X 学生的沟通需要
X 父母在改善学生教育结果上的投入和关注	n/a 积极的行为干预、支持和促进学习的策略（如学生的行为阻碍学习）
X 对该生初评的结果或最近一次重新评价的结果	n/a 英语水平有限学生的语言需要
n/a 当前个别化教育方案年度目的与目标的进展	n/a 科技辅助设备或服务的需要
X 学生的预期需求或其他的事项	

年度目的和短期目标

用来判定当前学业成就水平和表现水平的资料：

评价	评价标准	时间计划	目标进展状态
S：学生的平时作业 D：有记录的观察 R：评定量表 T：标准化测试 O：其他（在上面说明）	__%正确率 __的__速度 __成就水平 其他（在上面说明）	周计划 日计划 月计划 其他（在上面说明）	1 完成/保持 2 以足以满足年度目标的速度在进行 3 以不能满足年度目标的速度在进行 4 没有制定 5 其他（在上面说明）

年度目标：乔可以独立阅读三年级水平的短篇故事，展现出解码和阅读理解技能的进步。

短期目标（每个目的之下至少 2 个）	评估	标准	时间计划
1. 日常生活中乔在阅读单个自然段和短的阅读材料（比如广告和笑话等）时，80%时间将可以独立运用阅读技能，展现出对技能的理解。	学生的平时作业；有记录的观察；其他（非正式阅读评估）	独立完成时80%的正确率；	月计划
2. 乔可以独立阅读一段话，并以80%以上正确率独立回答相关的问题。	学生的平时作业；其他（非正式阅读评估）	独立完成时80%的正确率；	月计划
3. 乔可以在有少量提示的情况下，以80%的正确率回答一些有关一个三段式故事的问题。			

日期	目标 1 状态	目标 2 状态	目标 3 状态	对进展的注释和资料
10/01/2010	1	1	2	在读1至2个自然段时，乔能够独立地使用自己的策略。需要加强更长段落的训练。

报告进度

_X_ 将按照为普通教育学生制定的例行报告周期，书面通知父母个别化教育方案的目标进度。

额外的报告：　方式：__________时间：____________________

补充性帮助/服务/人员支持

_X_ 个别化教育方案小组已考虑补充性帮助、服务和支持。下面列出了需要的服务。

补充性帮助、服务和支持	总时间、次数或条件	地点
辅助人员进行的辅导	每周3次，每次20分钟	三教室

特殊教育方案 / 相关服务

是否需要有特殊资质的教师？ 是/(否)　如果有，请说明：________________

特殊教育方案/服务法规序号	次数和持续时间	开始日期和地点

特殊的接送

_X_否___是，请说明：________________________________

承诺签名

____

学生

____

父母

____

父母

____

公共教育机构代表或其被指派者

____

普通教育教师

____

特殊教育教师或者特殊教育提供者

什么是干预反应?

干预反应（Response to Intervention）是 2004 年版 IDEA 重点强调的一种为学习障碍学生提供的方法。按照该方法，判断学生是否应接受特殊教育服务，主要不是基于测试的结果，而是基于他们从强度逐渐增大的教学中获益的能力（Fuchs & Fuchs，2006；Mellard & Johnson，2008；Smith et al.，2008）。

具体来说，可以为阅读困难的儿童安排小组矫正、一对一辅导、计算机辅助教学或者其他辅助手段来帮助他们跟上进度。只有当持续使用高强度的长期干预而没有产生任何效果时，才可以评估儿童以确定是否有学习障碍，而且即使在这个阶段做出诊断时，儿童对额外辅助的反应也与任何测试分数同等重要（Hoover，2009）。

干预反应被用来取代长期以来重视智商与表现间差异的评估法，而后者对实际表现的预测效果并不好（Fuchs & Fuchs，& Compton，2004）。干预反应的判断标准直接关注某些阅读问题，因为大部分筛查建议最初都是这些阅读问题引发的。干预反应也强调即时预防服务而不是等到儿童已经大幅落后才行动。

干预反应通常遵循对学习吃力学生提供服务的三级模型。图 12.5 阐明了这个概念，下面几段分别描述了这些层级。

层级一：预防

层级一使用整班策略来帮助所有儿童获取成功。例子包括给出清晰简洁的指令来确保所有学生都知道该做什么，教授学习策略和元认知技能，以小组为单位使用合作学习，使用有效的课堂管理策略（见 Fuchs & Fuchs，2006；Smith et al.，2008）。层级一包含的理念是使用有效的教学方法，并在没有任何特殊干预的情况下让更大范围的学生可以取得成功。也许对于 80% 的学生来说，这些预防策略已经足以满足其需求了。

层级二：即时干预

尽管经过全力预防，一些学生仍旧会落后并需要帮助。干预反应的理念是针对这些学生的需求提供帮助，而不是考虑特殊教育。比如，一个有阅读困难的学生可以从教师、教辅人员或志愿者那里接受单独辅导或小组辅导，这样，问题就能够尽快地得到解决，学生也可以在普通班级里继续学习。层级二的干预可以包括增加学

图 12.5　干预反应：支持的三级模型

层级一：预防	层级二：即时干预	层级三：强化干预
• 改进整班教学 • 使用可靠的整班改良措施 • 改进班级管理	• 提供可靠的一对一或小组辅导 • 提供额外的学习时间（课外或暑期教学） • 提供行为支持	• 提供高强度、可靠的一对一或小组辅导 • 提供额外的学习时间（课外或暑期教学） • 提供高强度的行为支持

干预反应
根据这类政策，只有当学习吃力的儿童对强化干预未做出反应时，才评估他们是否应接受特殊教育服务。

习时间（比如课外或者暑期项目），安排学生接受计算机辅助教学，或者其他方式来解决最直接的问题。可能有 15% 的学生需要层级二的帮助。

层级三：强化干预

层级三主要为在层级一和层级二中未能取得充分进步的学生提供进一步强化的干预，这部分学生占学习吃力者的 5%。这些学生有被安置接受特殊教育或留级的危险，而这两种干预都是非常昂贵和极具破坏力的。因此，层级三的干预应该强度高并持续较长时间，以达到让学生跟上进度的目的。层级三同层级二的策略很相似，不同之处在于强度和持续时长，具体策略可能包括由教师或教辅人员提供的一对一辅导、长期的小组辅导或者增加学习时间。这些服务的效果应当得到严密的监控，以确保学生取得充分的进步，并迅速识别和解决任何问题。

理论上，层级三的服务可以无限期持续，作为评估学生是否应接受特殊教育安置的一种替代方案。只有当尝试过所有可行的服务却仍不能解决学生问题的时候，才可以考虑特殊教育。

有关干预反应的研究

目前，干预反应是一种理念，但还没有一套成熟的方法，不过仍然有一些对三级模型的实践应用的研究。迄今为止，干预反应还仅仅在一些小规模的、受控制的研究中得到了评估（如，Speece，Case，& Molloy，2003；Vaughn et al.，2007），效果总体来说是比较好的，在更加真实的情境中的评估则产生了不一致的结论（Stahl，Keane，& Vukovic，2009；Struzziero，2009）。然而，要想确定这一政策对教学实践的意义并将其推广为全国性的政策，依然任重而道远（Fuchs & Fuchs，2006；Gersten & Dimino，2006；Klingner & Edwards，2006）。

什么是纳入式教育?

INTASC 标准 4
多元教学策略

《公法》第 94－142 号中，最少限制的环境这一条款使特殊教育以及普通教育实践发生了变革。如前所述，该条款要求将特殊学生安置到能满足其需要的最少限制的环境中（Friend & Shamberger，2008）。要了解最少限制的环境以及全纳教育的界定，见图 12.6。这条规定使得残障学生与无残障学生之间的接触大大增加。整体上，在系列特殊教育服务连续体中，所有类型的残障学生接受的教育服务都提升了一至二级。过去被安置在特殊教育学校的学生现在通常都被安置在普通学校中的特殊教育班级里。过去被安置在普通学校中的特殊班级的学生，尤其是那些有轻度智力落后或学习障碍的学生，现在大部分都被安置在普通班级中，并且在大部分时间都接受普通教育。

全纳教育
安排残障学生或高危学生接受普通教育环境中的全部教学，并为这些学生提供支持服务的教育方式。

全纳教育（full inclusion）运动号召让所有儿童都进入普通教育班级，并为他们提供适宜的帮助（见 Artiles，Kozleski，Dorn，& Christensen，2006；Sapon-Shevin，2001，2003）。全纳教育的拥护者认为，在实施个别化教育方案的过程中，调出式方案阻碍了普通教育者和特殊教育者之间建立有效的合作关系，而且与同学分离的过程也使得那些接受调出式方案的学生蒙羞。这些拥护者认为，特殊教育教师或辅助

图 12.6　术语：纳入式教育

纳入主流：

“以针对不同个体而设计、规划教育的持续进程为基础，使符合条件的特殊儿童与正常的同伴在相同时间接受相同的教育，并在社交方面整合为整体”（Kaufman et al.，1975，pp. 40-41）。

最少限制的环境：

《公法》94-142号（更名为《残障个体教育法案》，即IDEA）规定，在可行的情况下，最大程度地让残障儿童与无残障同伴一同接受教育。

纳入式教育：

“学生与同龄和同级的同伴一起进入当地的学校。它要求在某个特定的学区内，被确定为需要接受特殊服务的学生比例在所有的学校中应该是相对一致的。接受纳入式教育的学生不被单独地分到校内的特殊班级或特殊分部里”（National Association of State Boards of Education，1992，p. 12）。

全纳教育：

残障学生或学业高危学生在普通教育环境中接受教学；给学生提供支持性的服务。

部分纳入教育：

学生在大部分情况下都在普通教育环境中接受教学，但若另一种教学环境确实能够满足学生个别化的需求，则可以让学生进入这种环境接受教育。

专职人员的团队应该与任课教师合作，在普通教育班级中为学生提供服务（Fisher，Sax，& Grove，2000；Hanline & Daley，2002；Mcleskey & Waldron，2002；Ruder，2000；Sapon-Shevin，2001；Vaughn et al.，2007）。而全纳教育的反对者则认为，普通教育班级中的任课教师缺乏足够的培训和适宜的教学材料，而且给人数较多的大班上课却未得到充分的支持性服务也使得他们已经不堪重负。他们担心有特殊需求的儿童无法获得必要的服务（Kauffman，Lloyd，Baker & Riedel，1995；Shanker，1994/1995）。

许多（可能大部分）任课教师的班级中都有一些残障学生，这些学生通常每天都要有部分时间去接受某种类型的特殊教育服务。他们中大多数有学习障碍、言语障碍、轻度智力落后或情绪障碍。高质量的纳入模式能够提高这些学生的成绩和自信心。纳入式教育也使得残障学生与同伴互动，并掌握规范行为。然而，纳入式教育也存在问题。当残障学生的成绩低于班中其他同学时，一些教师会努力调整教学，以适应残障学生的需求，并且努力消除无残障学生对班中的残障学生经常表现出的消极态度（McLeskey & Waldron，2002；Pearl et al.，1998），这种态度会使全班成为一个社会整体的努力付诸东流。令人遗憾的是，一些任课教师对自己班上有残障学生感到不适应，而许多教师则感到自己不能满足这些学生的需求（Vaughn et al.，

这个有身体损伤的学生正在接受全纳教育。根据有关研究，与其他方法相比，全纳教育和纳入主流的方法有多大效果？作为一名教师，你会采取什么措施来促使该生的同伴对他的社会接纳呢？

2007）。纳入式教育的确为提供更有效的服务创造了机会，但这并不意味着它能保证课堂上确实会提供更好的服务（见 Kauffman，McGee，& Brigham，2004；Riehl，2000）。

纳入式教育的有关研究

纳入式教育常被称为纳入主流。有关它的研究主要关注学习障碍、轻度智力落后和轻度情绪障碍的学生，他们所具有的这些缺陷统称为“轻度学业障碍”（Holloway，2001；Smith et al.，2008）。一些研究对特殊教育班级和普通教育班级中的轻度学业障碍的学生进行了对比。当普通教育班级教师的教学方法能够兼顾大多数学生的能力水平时，轻度障碍学生在普通教育班级中整体上远比在特殊教育班级中学得更好。卡尔霍恩和埃利奥特（Calhoun & Elliott，1977）的研究堪称经典。他们对比了普通教育班级和特殊教育班级中有同等程度的轻度智力落后和情绪障碍的学生。两个班级使用同样的个别化的教学材料，由相同的教师（受过特殊教育方面的培训）轮班授课，以保证两种条件中的惟一差异就是是否有无障碍的同学。研究结果见图 12.7 所示。从图中可以看到，对障碍学生而言，普通教育班级是更好的选择。其他研究（如，Got tlieb & Weinberg，1999；Reynolds & Wolfe，1999；Saleno & Garrick-Duhaney，1999）所得到的结论则不太一致。

链接

对合作统整阅读与写作（CIRC）的探讨，请参见第8章。

也有一些研究考察了班中有学习障碍学生的普通教育班级的教学方案，结果发现，一种比较成功的策略就是使用个别化的教学方案。例如，与传统课堂中的纳入主流的学习障碍学生相比，那些接受合作统整阅读与写作（CIRC）方案（参见第 8 章）的纳入主流的学习障碍学生的学习成绩有明显的改善（Slavin，Madden & Leavey，1984a，b；Stevens & Slavin，1995b）。

纳入式教育的一项关键任务就是促进对学业障碍学生的社会接纳，一种一贯有效的方式就是把这些学生与无障碍同学组成合作学习小组（Nevin，1998；Putnam，1998）。例如，研究发现，在有学习障碍学生参与的普通班级中实施学生小组－成就区分（STAD）的分组方式，降低了对学习障碍学生的社会拒绝程度，并显著地提高了他们的学习成绩（Madden & Slavin，1983）。研究也发现，类似地，其他合作学习方案也提高了对轻度学业障碍学生的社会接纳程度（Slavin et al.，1984b；Slavin & Stevens，1991；Stevens & Slavin，1995b）。

纳入式教育是否有效，最为关键的一点就是任课教师与特殊教育教师间的

图 12.7 学生在普通教育班级和特殊教育班级中的成绩

在一个经典的研究中，情绪紊乱（ED）和可教育的智力落后（EMR）学生被分别安置在普通教育班级和特殊教育班级中，前者在三年的学习中取得了更高的成就水平。

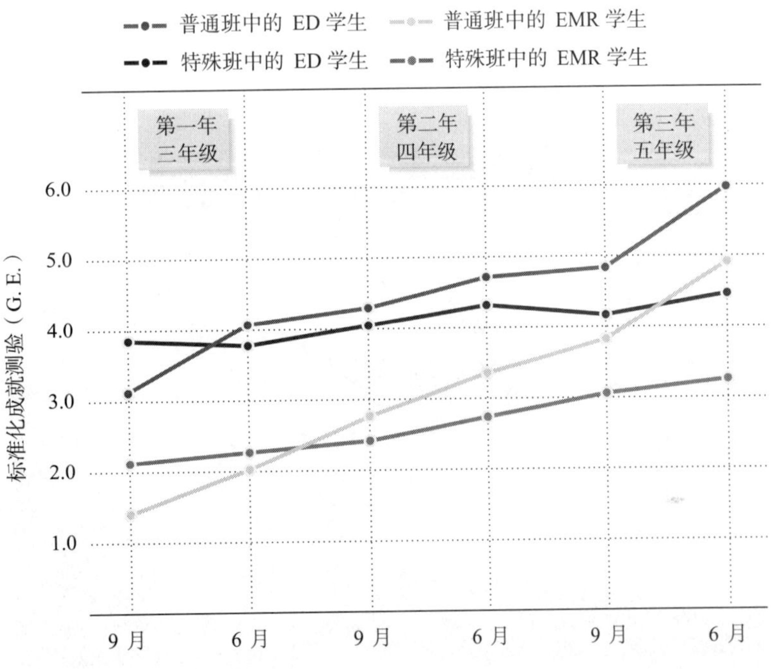

资料来源："Self-Concept and Academic Achievement of Educable Retarded and *Emotionally Disturbed*," Exceptional Children, 43（6）, p. 379-380. Copyright © 1977 by The Council for Exceptional Children. Reprinted with permission.

密切配合（Choate，2004；Friend & Bursuck，2008；Smith et al.，2008）。富克斯、富克斯与费恩斯特伦（Fuchs，Fuchs & Fernstrom，1993）的研究表明，两类教师的协作提高了障碍学生的学习成绩，并且经过一段时间，所有的学习障碍学生都真正融入了普通教育班级中。在该研究中，对于接受调出方案学习数学的儿童，结合课程进行经常性的考察，参照学校的普通数学教育方案评估他们在数学上的进步。特殊教育教师考察普通教育班级在数学学习上的成功标准，然后针对性地帮助他们在普遍教育情境中取得成功。当儿童达到相应的技能要求后，就被转到普通教育班级中，并进行后续的随访，以保证他们能顺利地在普通教育班级中学习。在一学年中，参与研究的所有 21 名学生都成功地进入到全日制的普通教育班级中学习，他们学到的知识也显著地多于控制组的学生。

INTASC 标准 10
合作关系

链接
想更多地了解学生小组–成就区分（STAD），请参见第8章。

对于那些不会被纳入传统主流教育模式的儿童，对他们实施全纳教育方案得到的效果又会怎样呢？有关这方面的研究仍很缺乏。有些研究描述了非常有效的全纳教育方案（如 Mahony，1997；Raison，Hanson，Hall，& Reynolds，1995；Villa & Thousand，2003），但同时也有研究报告了全纳教育的失败（如 Baines，Baines，& Masterson，1994）。有些研究比较了全纳教育方案与特殊教育方案的效果，发现二者几乎没有差异（如，Mock & Kauffman，2005；Zigmond，2003）。然而，把残障非常严重的学生也纳入到普通教育班级中这一做法的目标是很难评估的（见 McLeskey & Waldron，2002）。全纳教育是一个值得为之奋斗的目标，但必须小心谨慎，灵活行事（Capper，Kampschroer，& Keyes，2000；Downing，2001）。

普通教育中对残障学生有效的策略有哪些？

在一天中的部分或全部时间，绝大多数残障学生都在普通教育班级学习。教师可以通过使用以下策略帮助这些学生取得成功：调整教学来适应个体需求；教授学习策略；使用预防方法来避免学生陷入困难；当学习问题刚出现时提供早期强化干预。

调整教学

教师对普通教育班级中的残障学生所采取的有效教学行为实质上就是能提高全体学生成绩的行为（Swanson & Hoskyn，1989）。不过，教师在教学策略方面所做的某些调整可以更好地满足残障学生的需求。当发现学生在学习情境中对教学或学习材料感到困难时，建议经常调整或修改教学方式或学习材料（见 Carolan & Guinn，2007；Giangreco，2007）。如何做出具体的调整要视学生的需求而定，可能是教学形式方面的调整，也可能是改写教科书或者其他方面的调整。下面的“理论应用于实践”部分描述了针对纳入式教育的四种常见调整方式（也可参见 Browder，2001；Choate，2004；Smith et al.，2008；Vaughn et al.，2007）。

INTASC 标准 3
因需施教

理论应用于实践

调整教学以适应有特殊需求的学生

书面作业的格式调整 教师可以改变呈现作业的形式，而不必改变作业本身。之所以要改变作业的呈现格式，是因为可能存在以下几方面的问题：（1）作业太长；（2）页面上的内容太密集，学生无法把注意力集中在每个具体的条目上；（3）指导语信息量不足或含混不清；（4）没有提供作业样例，或者所提供的样例有误导作用，或者提供的样例不充分。这里要强调的一个重要概念就是：即使作业与学生的回答保持不变，教师仍可对作业呈现的方式进行调整（Kleinert & Kearns，2001）。

有时，任务要求或作业要求必须简化。例如，在作业指导语中，可用“圈出”来代替“在……周围画圈”。你也可以把指导语中常用到的单词教给学生（Bender，2008；Smith et al.，2008）。教导学生如何理解这些单词，可以帮助他们成为更独立的学习者。也可以改变作业范例或例题，使之更能贴切地反映作业或任务特征。

内容调整 在某些情况下，学生可能需要教师调整所呈现的教学内容。比如，呈现的新信息过多，致使学生无法快速完成加工活动；学生缺乏完成某项任务所必需的先决技能或概念。

对内容量进行调整时可采用的一种方法是将每个概念分开进行教学（Bryant，Smith，& Bryant，2008），并且在进行下一个概念的教学之前，要求学生必须掌握前面所学的概念。尽管这类调整将学习材料分为更小的单元，但最终所涵盖的内容都是相同的。

因学生缺乏基本的先决技能而需要调整教学，这种调整就如同在教授课程之前先解释单词或概念一样简单。但是，如果学生所缺乏的先决技能或概念并不容易解释清楚，或学生不具有学习这堂课所需要的技能，那么所需的调整就比较复杂。例如，假定数学应用题的解决需要用到以3位数为被除数的除法，而学生尚未学过这种技能。在这种情况下，就应该在教授应用题之前先教授以3位数为被除数的除法。

沟通方式的调整 对于某些学生，教师需要调整学生接收信息的方式或者学生在展示其所获得的具体知识时所采用的方式（Bender，2008）。如果阅读是获得信息的惟一方式，那么有些学生无法获得知识，但是如果用其他形式呈现信息，这些学生就能够学到知识。在考虑沟通方式时，应该有创造性。你可以让学生观看演示、幻灯片、电影、录像、电视节目、计算机程序或游戏，也可以让他们听录音、讲座及讨论或进行辩论。

如果学生不能按照作业要求作答，则需要进行另一类调整。例如，如果学生在书写方面存在问题，那么可以与学生进行个别交谈，要求学生口头说出有关的概念，并进行录音，或者让学生在班上做口头报告。也可以让学生通过画画、绘制示意图或制作模型或场景的方式来表现掌握的知识。

延长时间 对很多可能仅仅是行动缓慢或者在测试环境中感到焦虑的学生来说，延长完成活动和测试的时间是非常必要的（Sireci，Scarpati，& Li，2005）。

教授学习策略和元认知意识

许多学生由于没有学会学习，所以导致学校中的成绩欠佳。一些方案注重帮学生掌握记笔记、概括和记忆方法等策略，对有学习障碍的儿童与成人都是非常有效的（Deshler，2005；Mastropieri，Scruggs，& Berkeley，2007）。越来越多的研究正在找出各种策略，教授学习障碍学生使用元认知策略来理解他们所阅读的内容（Gersten et al.，2001，2009），学会"自我决定"技能，如独立学习或工作的能力（Algozzine et al.，2001）。

预防和早期干预

对学习障碍儿童进行纳入式教育还是特殊教育的争论主要围绕着那些学业成绩远低于同龄人的儿童展开。然而，如果他们接受过有效的预防方案和早期干预方案，其中的大部分儿童都能够取得学业成功（Snow，Burns，& Griffin，1998）。斯莱文（Slavin，1996）提出了"从不分流"的方案，该方案特别强调早期的强化干预，从而避免了全纳教育与特殊教育之间的两难问题。充足的干预可以使那些有学业失败风险的学生具备足够高的学习水平，从而完全不需要特殊教育服务。

INTASC 标准 4
多元教学策略

INTASC 标准 6
沟通技能

有确凿的证据表明，那些正在接受特殊教育的学生假如接受过有效的早期干预，他们中的相当一部分是无需接受特殊教育的。研究发现，一些优质的儿童早期教育方案，如佩里学前教育方案（Berrueta-Clement et al.，1984）、启蒙方案（Ramey & Ramey，1992）和密尔沃基方案（Garber，1998），都能使接受特殊教育的学习障碍和轻度智力落后儿童人数明显减少（Siegel，2003）。为阅读困难的一年级学习障碍学生提供一对一的个别辅导方案，也可以减少这类儿童接受特殊教育服务的人数（见下一节）。"让所有人都成功"这一方案将有效的早期教育方案、课程改革以及一对一的辅导方案结合起来，使接受特殊教育的人数减少了一半以上（Borman & Hewes，2003；Slavin，1996；Slavin & Madden，2001），并明显地提高了那些被认定为需要接受特殊教育服务的儿童的阅读成绩（Ross，Smith，Casey & Slavin，1995；Smith，Ross，& Casey，1994）。这些研究以及其他有关的研究结果都表明，如果能够更为广泛地采用预防和早期干预方案，则接受特殊教育服务的儿童人数会大为减少。

链接
想更多地了解"让所有人都成功"的方法，请参见第9章。

对阅读困难者的辅导和小组干预

因为阅读困难的学生几乎总是被安排接受对学习障碍者的特殊教育，因此，预防阅读失败并帮助那些在阅读方面已经出现落后的学生是非常重要的。从第 9 章中可以得知，对各种一对一辅导和小组辅导模式的研究都表明了它们对阅读困难者的阅读成绩产生了实质的积极效果（见 Slavin，Lake，Davis，& Madden，2009）。在对一个儿童进行阅读障碍评估之前，几乎始终应该先尝试对其进行辅导。

计算机与残障学生

计算机为残障学生提供了接受个别化教学的机会。利用计算机来帮助特殊儿童主要有四个方面的优势（Curry，2003；Hasselbring & Williams-Glaser，2000；Kamil，et al.，2000；Silver-Pacuilla & Fleischman，2006）。第一，在信息传递方式、强化的类别和频率、内容呈现的速率以及教学水平等方面，计算机为个别化的教学提供了便利（Anderson-Inman & Horney，2007；McKenna & Walpole，2007）。第二，计算机能够给予即时的、矫正性的反馈，并注重儿童在学习过程中的主动性（Boone &

链接
想了解更多有关计算机教学的内容，请参见第9章。

Higgins，2007）。第三，对那些易于分心的儿童来说，计算机能够吸引其注意力。第四，计算机教学具有激励性和耐性。对那些有身体残障的学生而言，计算机能在学习和交流信息方面为其提供诸多便利。比如，计算机可以为有视觉障碍的儿童放大阅读材料的字号或者朗读文章（Kamil et al.，2000；Poel，2007）。

接受特殊教育方案训练的儿童似乎很喜欢利用计算机进行学习。原本没有学习动机的学生也变得很热衷于学习。他们的控制感增强，因为他们所处的学习情境是积极的、富有激励性的，并且不具有威胁性。然而，计算机辅助教学能否真正地促进残障学生的学习，就目前的研究结果来看，其结论并不一致（MacArthur，Ferretti，Okolo，& Cavalier，2001；Malouf，Wizer，Pilato & Grogan，1990）。

资格认证指南
当在教师认证考试中回答个案研究题时，你应该熟悉用于帮助残障学生的适应性技术。

一种有效的使用计算机的方法是为学习困难的学生提供一些活动，使他们在这些活动中进行探索、建构和交流。文字处理软件能达到这些目的（Bender，2008），还有其他一些专门为残障儿童设计的方案（Meyer & Rose，2000；Wagmeister & Shifrin，2000）。图 12.8 给出了具体事例来说明如何利用计算机以及其他技术帮助残障学生。同样，第 9 章也描述了教育领域中科技应用的其他很多方式。

伙伴系统和同伴辅导

INTASC 标准 6
沟通技能

在普通教育课堂中，满足残障学生需求的一种方式是让没有残障的同学来帮助残障学生，运用伙伴系统来满足残障学生教学方面之外的需求，或者运用同伴辅导来帮助他们解决学习上的困难（Mastropieri et al.，2007）。

充当特殊教育学生的伙伴的志愿者能够帮助这些残障学生应对班级活动中的常规任务。例如，伙伴可以为丧失视觉的学生导盲，或者帮助有学习障碍的学生来理解指导语，或者在某些课上给予必要的提示或引导。在初中和高中阶段，伙伴还可以为听力丧失或学习障碍的学生记笔记或复印自己的课堂笔记。伙伴也能够帮助残

图 12.8 用于残障学生的适应性技术

对于运动控制受限的学生

- 光标和鼠标增强技术为那些缺乏足够的运动控制而无法使用键盘的学生提供了便利。经过训练，鼠标增强设备可以识别通过鼠标命令作出的手势。其他特性包括高可见度、颜色和动画光标等。
- 键盘定义程序可以让学生在他们的键盘上定义功能键，在减少击键次数的情况下来完成常见的任务。
- 虚拟键盘软件可以将计算机键盘的图案显示在屏幕上。学生可以在这种虚拟键盘上使用鼠标、轨迹球或者类似的指针设备“打字”，这样就可以代替在实物键盘上通过按键进行打字。

对于视觉缺陷学生

- 放大软件程序可以在显示器上显示放大的字体（从正常显示的2倍到16倍），也可以根据用户的需要选择前景色和背景色，这样可以使阅读变得轻松。
- 扫描仪可以让学生扫描文档，然后转换成可编辑的文字处理和表格文档。这些文档可以在屏幕上被放大和编辑或者被语音合成器读出来。
- 语音合成器读出屏幕上显示的活动窗口的内容、菜单选项或者录入的文本。它们也可以以声音文件格式保存文档。有声日历和计算器可以读出每一步操作和数学结果。
- 盲文阅读和写作软件可以让学生使用互联网，发送和接收电子邮件，将普通文字转换成盲文并建立文档。

对于听力缺陷学生

- 语音识别软件可以将话语转换成书面文本。可以通过编程来执行特殊的命令，比如，在接受一次简单的声音命令后引导使用者进入喜欢的网站。

对于学习障碍的学生

- 一些文字处理程序具有文字联想和缩写扩展程序，这样就可以让那些有身体残障和学习障碍的人使用键盘写得更快更容易。这两点特色有助于打字时减少击键次数，写得更有效率。
- 概念地图软件将知识的模型表现为概念地图，通过引导学生建构、探索、分享和评价概念地图来帮助他们理解概念之间的关系。

障学生在听课时翻到课本的正确页码，准备好上课的必要材料。伙伴的主要责任就是帮助有特殊需求的学生适应普通教育的课堂教学，解答问题，并指导其活动。运用伙伴资源可以使普通教育的任课教师关注关于教学活动的更重要的问题。

同伴互助可以为参与的各方包括教师提供多种好处。你认为这种关系的最大好处是什么?

在普通教育课堂中帮助残障学生的另一种方法就是运用同伴辅导（Fantuzzo，et al.，1992；Watkins & Wentzel，2008）。若要在课堂中运用同伴辅导，那么教师应该确保这些同伴辅导者是经过精心培训的。这意味着必须教授同伴辅导者如何通过示范和解释来为残障学生提供帮助，如何给予残障学生具体的、积极的、矫正性的反馈，何时允许残障学生自己单独活动。同伴辅导者和被辅导者都能从中受益：接受特殊教育的学生学到了学科概念，而辅导者也能更好地接纳和理解残障学生。有时，让年龄较大的残障学生辅导年龄较小的残障学生，通常双方都能受益（Osguthorpe & Scruggs，1986；Top & Osguthorpe，1987）。

链接

想了解更多有关同伴辅导的内容，请参见第9章。

特殊教育团队

当把残障学生安置到普通教育课堂中时，任课教师要经常与特殊教育工作者协作，确保残障学生能够成功地融入普通班级中（Friend，2007；Friend & Bursuck，2008；Smith et al.，2008；Snell & Janney，2000）。任课教师可以与特殊教育工作者一起参加有关的会议，特殊教育工作者也经常出现在课堂中，任课教师还可以定期地向特殊教育工作者进行咨询。无论采取哪种形式，任课教师和特殊教育工作者都必须认识到，他们每个人都具有自己的专长，而这些专长对于学生的成功都是至关重要的。在常规的课堂组织与管理、课程安排以及对学生表现的期望等方面，任课教师是专家；而在熟悉特定残障学生群体的特征、确定主流环境中残障学生在学习和行为上的长处和短处以及针对特定类型的残障而运用特定的教学技术等方面，特殊教育工作者则是专家。要使残障学生成功地融入普通教育课堂中，以上各方面知识缺一不可，因此普通教育的教师与特殊教育的教师非常有必要合作（Pawlowski，2001；Tucker，2001）。

资格认证指南

教师认证考试可能会要求你就组织同伴辅导来帮助残障学生给出你的建议，满足他们的需求。

INTASC 标准 10
合作关系

在学生被安置进普通教育课堂之前，任课教师与特殊教育工作者的沟通就应该开始，并且贯穿始终。两类教师都必须了解学生在每种情境中的近况，进而规划、协作形成一种有效的方案。只有做到这点后，才能开始为改善残障学生在普通班级中的成绩而设计和开展教学。此外，这也将使得一种情境中习得的技能与行为更有效地迁移到另一种情境中（见 Fuchs，Fuchs，Bahr，Fernstrom & Stecker，1990）。

INTASC 标准 6
沟通技能

残障学生的社会整合

将学生安置到普通教育班级中，这只是将学生整合到普通教育环境中的第一

21世纪的学习

纳入所有学习者

辅助科技的进步极大地丰富了对残障学生的教育方式。可以放大字体的计算机程序长期以来都被用来帮助有视觉障碍的学生，而交互式电子白板和其他全班授课技术得到了越来越多的使用，从而更容易为视觉障碍学生提供放大的字体和图片并使他们能够跟上正常班级的教学。同样地，我们有机会更多地使用视觉和交互内容，作为对课堂教学的补充。这些新技术的使用为学习障碍和有其他特殊需求的学生提供了替代的成功道路。在21世纪，教育成就的标准将会提高，但学生可以有多种方式来达到这些标准。

问题：

- 制作一个表格说明你的学生可能出现的学习障碍的类型。哪些技术对每种学生看起来尤其适用？

链接

想更多地了解如何教授适应技能以在社会情绪发展方面帮助学生，请参见第3章。

步。在教学整合的同时，也要对学生进行社会性整合（见 Wilkins，2000）。任课教师在社会性整合过程中扮演重要的角色。有大量的文献论述了教师的期望对学生的学习成绩和行为的影响。对残障学生而言，教师对待他们的态度不仅对师生之间的互动是非常重要的，而且在班级中其他无残障的学生面前也是重要的榜样。有关对待残障个体的态度的研究发现，有几种策略对普通教育班级的任课教师是非常有用的，它们通过影响无残障学生的态度，以此促进残障学生的有效社会整合。其中一种策略就是使用合作学习方法（Nevin，1998；Slavin & Stevens，1991；Stevens & Slavin，1995b）。研究还发现，社会技能训练能够促进对残障儿童的社会接纳（Troop & Asher，1999）。图 12.9 列举了几种把有障碍的中学生融入普通教育班级中的实用方式。

图 12.9　把有障碍的中学生纳入普通教育班级中

把有障碍的中学生纳入到普通教育班级中时，请记住以下要点：

有学习障碍的中学生

1. 详细教授自我记录策略，比如，问自己"我刚才注意了吗？"
2. 将新的学习材料与学习障碍学生的已有知识联系起来，从熟悉的信息中得出具体的启示。
3. 教授如何利用外部的记忆增强手段（如，列表和记笔记）。
4. 鼓励使用其他辅助设备来改善课堂表现（如，录音机）。

有情绪或行为障碍的中学生

1. 利用合作学习小组以及小组作业等方式，在课堂中建立各种积极的关系。
2. 让所有学生参与确定品行评价标准以及对良好行为和不良行为的奖惩方式。
3. 注重建立与行为障碍学生之间的积极关系，比如经常致以问候，在适当的时候与学生进行非正式的交谈，注意到学生表现的改善，明确地意识到学生的兴趣点所在。
4. 同教师协助组的成员密切合作，以关注教师行为可能对学生表现产生的消极影响或积极影响。
5. 认识到行为的改变通常是长期逐渐发生的，还会在一段时间内出现退步，有时还会有波动。

资料来源：Michael L. Hardman, Clifford J. Drew, & M. Winston Egan, *Human Exceptionality* (5th ed.). Copyright © 1996 by Allyn & Bacon. Adapted by permission.

有意识的教师

运用你所了解的特殊学习者的知识来改善教学与学习

有意识的教师尽心尽责地服务于每个学生。他们创设纳入性的环境，并致力于促进所有学生的学习。作为专家小组的成员，有意识的教师通过与其他成员的协作来满足特殊学生的特殊需求。

1. 我希望学生在课程结束后能了解什么、能做什么？这对于实现课程目标、使学生成为有能力的个体有什么作用？

思考为学生的学习所设定的目标。考虑每个目标在多大程度上适合有特殊需求的学习者。与其他专业人员一起形成正式的目标陈述，其中包括为班上有特殊需求的学生制订个别化教育方案，确定适宜的目标和教学方式。例如，迈克尔和雷内是两名有阅读障碍的学生，对你课上所教的课文感到困难；因此你去咨询特殊教育教师。你们一起翻阅了这两名学生各自的个别化教育方案，注意到阅读理解是这两个学生今年要达到的目标。你们一起讨论如何对课程目标和教学做必要的调整，以适应这两名学生的学习需求。你与学生的家长进行交流，他们或许能够告诉你他们所发现的有效策略，从中你可以得到不少的启示。

2. 在我的教学中必须考虑学生所具有的哪些知识、技能、需求和兴趣？

在学生正式地进入学校学习之前就应该开始识别学生在特殊教育方面的需求。当有特殊需求记录的学生分到你班上时，你应该适时与学生本人、学生家长以及专家讨论学生的喜好、过去成功的经历。对学生过去的记录进行恰当的评价。例如，视觉损伤的初中生安杰拉进入你的班级中。你可以与安杰拉及其父母和资源教师进行非正式的会谈。他们会告诉你帮助安杰拉的策略，而安杰拉也坦诚地谈论她的爱好以及烦恼的事情。他们还建议你去咨询曾教过安杰拉的某位同事，他去年非常成功地为安杰拉提供了一种支持性的环境，没有过多地让她使用视觉。你可以借助于支持性的技术来帮助安杰拉成功地参与课堂活动，比如利用计算机将课文的字体放大。

3. 我在学科内容、儿童发展、学习、动机以及有效教学策略等方面所掌握的哪些内容能够用于实现教学目标？

学生的某些特殊需求有可能尚未被识别出来。仔细观察，以发现学生需要额外支持的各种征兆。例如，上课时坐在后排的希拉常常望着窗外或显得很困惑。注意到她的发音存在一些偏差，你怀疑她有听觉损伤，并安排她去做听力测验。同时，你把她的座位移到前排，提供一些视觉刺激以提高直接教学效果。

4. 哪些教学材料、技术、辅助手段和其他教学资源有助于实现我的教学目标？

教师需要创设一种社会环境，以利于接纳每个学生。思考你如何才能鼓励学生相互接纳和帮助。例如，一名脑瘫的学生贾瑞德被安置到你的班级中。你应该给学生开个班会，讨论怎样欢迎一名新同学。你还让大家讨论今年应该在哪些方面相互帮助，并讨论这种观点：学生各有所长，通过合作，每人都能从中获益。如果这时一些学生竞相要求成为贾瑞德的伙伴，你可以让学生们填写“工作申请”，谋求成为新同学的“伙伴”。

5. 我怎样评价学生达到目标的进度？

教师需要运用来自多个来源的信息，确保有特殊需求的学生能够成功。你依据什么来判断学生保持着积极的自我概念？依据什么来判断伙伴的自我概念也得到了充实？依据什么来判断学生们正在学习？搜集各种信息，以确定学生在个体层面是否有所进步。例如，你和其他人一起对帕特里克的个别化教育方案的实施效果进行中期评估。为此，你拿出日常记事本，其中所记录的事件证明了学生们能够相互关心和相互帮助。你搜集的事例体现了帕特里克的幽默感以及他有关恐龙的令人赞叹的知识。你展示他的档案袋，其中的资料表明，帕特里克在字母识别和绘画方面有显著进步。但是，他在形状和数字识别方面的进步不明显，因此，你决定进行数学方面的强化训练。

INTASC 标准 8
评价学生的学习

INTASC 标准 10
合作关系

6. 如果个别学生或全班没有迈上成功之路，我该如何去做？我的补救计划是什么？

教学应该满足个体的需求。当你发现教学不能激励每一名学生时，应从多种策略中选择合适的策略来调整教学。例如，尽管你努力提供有意义的、有吸引力的教学，但是仍有一些学生学习吃力。你重新阅读了教学调整方面的笔记，比如个别化教学、合作学习、计算机和同伴辅导等。利用学生的社会化倾向，你可能选择同伴辅导。你对三个同伴辅导者进行学习策略方面的培训，并制订一个日程表，以便同伴辅导者和被辅导者每周在班里有三次交流，每次 20 分钟。

本章概要

谁是特殊学习者？

特殊学习者是指相对社会或学校的一般标准，那些有特殊教育需求的学生。由于学习者自身的某些内在原因，他们不能完成正常的学业任务，这使其成为特殊学习者。缺陷是由环境或自身等因素所施加的一种状态或阻碍；残障是一种功能上的局限，它干扰了个体的心理、身体或感官能力。特殊学习者的分类系统常常是主观规定的，且广受争议。而标签的使用也导致了对这些学生的不当对待，伤害了他们的自我概念。

在美国，大约 9% 的 6~21 岁的学生接受特殊教育。特殊学习者的例子有智力落后者、特异性学习障碍学生、言语或语言障碍学生、情绪障碍学生、行为障碍学生以及视觉或听觉损伤的学生。天才学生也被认为是特殊学生，他们有资格接受特殊的加速教育方案或充实教育方案。准确地鉴别特殊学习者、调整教学以满足他们的需要，这是一场持久战。

什么是特殊教育？

特殊教育方案是为障碍儿童提供的服务，用以代替或补充普通课堂教育方案。

《公法》第 99 – 457 号（1986 年）对《公法》第 94 – 142 号（1975 年）进行了修正，将学前儿童和有严重残障的婴儿也包括进来，现更名为《残障个体教育法案》（IDEA）。该法案规定，每个残障儿童都有权力享受公费的、适当的特殊教育。该法案的最新版本，2004 年版 IDEA，号召父母和任课教师更多地投入到残障儿童的教育中。最少限制的环境这条法规意味着有特殊需求的学生必须尽可能地融入普通教育班级中。IDEA 要求每名残障学生必须有为自己设计的个别化教育方案（IEP）。个别化教育方案的思想基础是：给每个关心残障儿童教育的人提供机会，参与制订儿童的教育方案。为特殊学生提供的系列服务包括：为普通教育教师提供支持，每天有部分时间在资源教室中接受特殊教育，在特殊教育班级中接受每天超过 3 小时的特殊教育，特殊的走读学校，特殊的寄宿制学校以及家庭和 / 或医院。

什么是干预反应？

干预反应（RTI）是指在安排困难学生接受特殊教育安置评估之前，在普通教育班级里使用教学调整和强化服务。干预反应方法一般提供给困难学生三个层级的干预：预防（全班），即时帮助（小组或个人）以及强化的、额外的帮助。

什么是纳入式教育？

纳入式教育意味着每天至少有部分时间把有特殊需求的学生安置到普通教育课堂中。在提供适当帮助的情况下，将所有儿童完全纳入普通教育课堂中是教育界的普遍目的。研究表明，纳入式教育能有效地提高许多学生的成就水平。当合作学习、伙伴系统、同伴辅导、计算机教学、教学调整以及社会技能的培训等作为课堂学习中的常规成分时，全纳教育更为有效。研究还发现，有些障碍尤其是阅读障碍是可以通过预防和早期干预方案加以预防的。

普通教育中对残障学生有效的策略有哪些？

普通教学课堂上的教师可以通过调整教学、修改学习材料、教授学生详细的学习策略、提供辅导和计算机练习等来帮助他们的残障学生取得成功。

关键术语

回顾本章中的以下关键术语：

- 特殊学习者
- 残障
- 缺陷
- 智力落后
- 智商（IQ）
- 学习障碍
- 注意缺陷多动障碍（ADHD）
- 言语障碍
- 语言障碍
- 情绪和行为障碍
- 品行障碍
- 自闭症
- 感官损伤
- 视力丧失
- 听觉障碍
- 天才
- 加速方案
- 充实方案
- 特殊教育
- 《公法》第 94－142 号
- 《残障个体教育法案》（IDEA）
- 最少限制的环境
- 纳入主流
- 个别化教育方案（IEP）
- 协作
- 干预反应
- 全纳教育

自我评估：资格认证练习

指导语：本章开头的案例中所涉及的评价指标是各州的资格认证考试的常见考点。请重读开头的案例，回答下列问题：

1. 多佛尔小学的副校长伊莱恩·瓦格纳和海伦·罗斯一起讨论罗斯的儿子汤米的有关问题。汤米目前在另外一所学校上学，学习上有困难。瓦格纳向罗斯夫人解释，汤米需要符合某些标准才能接受特殊教育服务。符合下面的哪一项即需要接受特殊教育服务？
   a. 该学生的智商必须是120或低于120。
   b. 该学生至少有一种已定义类型的残障。
   c. 该学生的学业排名必须低于第50个百分位数。
   d. 要求孩子接受特殊教育服务的所有家长都必须接受他们的孩子。

2. 假定你将成为汤米的新教师。如果他的母亲向你询问残障和缺陷的区别，你将如何回答？
   a. 残障是个体在认知功能上出现问题，而缺陷是个体在身体功能上出现问题。
   b. 残障是社会对个人施加阻碍的状况，而缺陷是指使个体失去某种能力的状况。
   c. 残障是个体在功能上的局限，这种局限干扰个体的身体能力或认知能力。缺陷是由社会、物理环境或个体自身的态度等强加给有残障的个体的一种状态。
   d. 残障和缺陷是同义词。

3. 下面哪种《公法》使得海伦·罗斯这样的父母在决定孩子的教育问题时具有更大的发言权？
   a. 《公法》第94－142号，《缺陷儿童教育法案》
   b. 《公法》第99－457号，《公法》第94－142号的修正案
   c. 《公法》第101－476号，《残障个体教育法案》
   d. 《公法》第105－17号，《残障个体教育法案》修正案

4. 副校长伊莱恩·瓦格纳告诉海伦·罗斯，即使汤米需要接受特殊教育服务，他也会被安置在“最少限制的环境”中。这对汤米意味着什么？
   a. 汤米将被尽可能地安置在普通教育班级中，必要时才将其调出，去接受特殊教育服务。
   b. 汤米将被安置在一个不限制其活动和学业选择的特殊教育班级中。
   c. 汤米适合于接受任何一种或全部的特殊教育服务。
   d. 汤米将接受公费的特殊教育服务。

5. 汤米的母亲海伦·罗斯对伊莱恩·瓦格纳说：“你们学校对纳入的理念听起来很适合汤米。为什么不是所有的学校都采纳它呢？有什么弊端吗？”瓦格纳老师了解纳入式教育的最新知识，她最可能做出何种回答呢？
   a. 资料表明，接受纳入式教育方案的学生在学业成绩上不如接受特殊教育的学生。
   b. 普通教育教师有时缺乏适当的培训和必要的材料，而且大班授课加上支持性的服务不足已使他们负担过重。
   c. 特殊教育专家不相信有学习障碍这回事。他们认为所有的学生都应该在普通教育班级中。
   d. 大多数普通教育班级中的学生家长觉得，为满足残障学生的需求而调整教学，这是不公平的。

6. 如果汤米被确定为有阅读障碍，你将如何为他制订个别化学习方案？

7. 将有特殊需求的学生安置到普通教育班级中，这种做法有什么利弊？

13

评估学生的学习

本章提纲

什么是教学目标以及如何运用教学目标

- 设计课程目标
- 使目标和评估相一致
- 应用教学目标分类
- 有关教学目标的研究

为什么评价很重要

- 作为反馈的评价
- 作为信息的评价
- 作为诱因的评价

如何评价学生的学习

- 形成性评价和总结性评价
- 常模参照评价和标准参照评价
- 将评价策略与目标相匹配

如何编制测验

- 成就测验的编制原则
- 使用细目表
- 编制选择性反应题目
- 编制建构性反应题目
- 编制和评价写作类题目
- 编制和评价问题解决题目

什么是真实性评价、档案袋评价和表现性评价

- 档案袋评价
- 表现性评价
- 表现性评价的有效性
- 表现性评价的评分标准

如何确定成绩等级

- 确立评级标准
- 运用字母等级
- 表现性评级
- 其他评级系统
- 给出成绩单上的等级

学习成果

学习本章后，你应当能够：

- 描述教学目标及其运用
- 理解评价的重要性
- 识别不同的评价类型
- 设计不同类型的测验问题
- 区分真实性评价、档案袋评价和表现性评价
- 识别不同的等级评定方法

萨利文先生正在给十一年级的学生上美国历史课，他津津乐道地讲着南北战争，学生们听得也很开心。萨利文先生讲了与这场战争有关的各种轶闻趣事，比如一场裸体战（一群南方同盟军在渡河时被发现）；“石墙”杰克逊因作战期间打了个盹而战败；一些妇女女扮男装参加战斗。他还讲述了南方同盟军（从加拿大）对佛蒙特州一所银行的突袭。他还分发了一些真正的新式铅弹和霰弹让学生传看。实际上，萨利文先生一连几周都在讲述战役、歌曲和将军们的个性特点及其缺陷。他还让学生计算当时要花多少南方政权货币才能买一块面包。在做完这项有趣的数学活动之后，他让学生把所有的材料都收起来，进行了一次测验。

测验只有一个问题：南北战争爆发的主要原因，其间发生的主要事件及其结果是什么？面对这道题，学生们感到愕然。

萨利文先生的课很有趣，也很吸引人。他采用了多种教学方式，也整合了其他学科中的一些技能。很显然，他的课达到了社会研究学习的一个重要目标：使学生对所学内容产生兴趣。然而，尽管萨利文先生的课很吸引人，但是他教的内容和测验的内容之间几乎没有联系。他和学生们就像正在进行一次愉快的旅行，但是，目的地究竟在何处呢？

运用你的经验

合作学习 四五个学生组成一组。在纸上画一条线，在线上标出1到100。1代表最差的教学，100代表最好的教学。大家分别在这个标尺上标出对萨利文先生的评价。每个人都解释自己的理由，然后，重新看一下评价分数，并进行修改，使之更准确。大家一起讨论萨利文先生可以使用哪些更有效的教学和评估方法。

在教授一堂课、一个单元、一门课程时，你怎样才能知道教学正在走向什么目标，你和你的学生是否即将达成这个目标？本章将讨论教学目标和评估、教学的目的，以及如何确定教学目标是否达成。目标是关于学生在学完一门课程之后应该知道什么、能够做什么的学习计划；教师设计的课程应有助于目标的实现。在课程结束时，对学生的评价必须表明学生对目标的实际掌握程度（Carr & Harris，2001；Marzano et al.，2001）。每个教师都应该清楚：全班要达到什么目标，如何达到以及如何知道是否达到。

什么是教学目标以及如何运用教学目标

INTASC 标准 7
教学计划技能

在今天的授课结束之后，你希望学生知道什么或能够做什么？在学完一门具体课程的一个单元之后，他们应该知道什么？在课程结束后，他们应该知道什么？正确回答这些问题是有意识的、高质量的教学的首要前提条件之一。教师就像是荒野中的引路人，带领一群新手前行。如果教师没有一张地图或者没有一份计划引领团队前往目的地，那么整个团队必然会迷失方向。萨利文先生的学生确实体验到了很多乐趣，但由于教师对通过课程讲授建立与南北战争相关的重要概念缺乏计划，学生也就不太可能掌握这些概念。

在课程开始前确立教学目标，这个环节非常关键，它为每节课提供了一个适宜的总体框架。如果缺乏这样的框架，教学就很容易偏离轨道，结果会使教师在一些细枝末节上花费过多的时间。一个高中生物教师将一学年的大部分时间都用在了教授生物化学上，学生对 DNA 的化学结构、红细胞、叶绿素、淀粉等了然于胸，但是对动物学、植物学、解剖以及高中生物课程中的其他核心问题却了解甚少。到了五月底，该教师开始焦头烂额，因为她发现在学年结束之前，还必须做许多实验。在接下来的几天中，学生们连续解剖了青蛙、眼球、大脑和猪的胚胎！显然，学生从这些仓促的实验中学到的东西很少，他们的生物学知识总体上也没有增长多少。这名教师没有一份总体的计划，只是临时决定每周（或许是每天）要教什么。因此，她未能把握全局，即高中生物课中通常公认要学习的重点知识的范围。虽然很少有教师会绝对地按照既定计划进行教学，但是制订计划的过程仍是很有帮助的。

教学目标（instructional objective），有时也称为*行为目标*（behavioral objective），是对学生在一段时间的教学后应当掌握的技能或概念的陈述。对教学目标进行陈述时，通常要包括对如何考核目标的明确说明（见 Mager，1997）。下面是教学目标的几个例子：

- 学生能在3分钟之内做对100道除法题（如，27除以3）。
- 学生至少能说出五项所有生命体都具有的机能（如呼吸，繁殖等）。
- 学生能写一篇文章，对梵高和高更的艺术风格进行比较。
- 给出命题“辨析：美国不应该参加第一次世界大战”，学生能够有理有据地支持或反对这条命题。

要注意的是，虽然因涉及的学习行为的类型以及要达到的能力水平不同，教学目标有很大差异，但它们都具有数个共同点。行为目标运动的开创者梅杰尔（Mager，1997）认为目标有三个部分：行为表现、条件和标准。表 13.1 给出了相关的解释和例子。

链接
想更多地了解作为有效教学一部分的课程计划和课程目标，请参见第7章。

设计课程目标

教学目标
对学生在一段给定时间的教学后应当掌握的技能或概念的陈述。

在实际教学中，一项行为目标的主干包括条件、行为表现及标准。首先，陈述在什么条件下来评价学习，例如：

表 13.1 一项行为目标的组成部分

	行为表现	条件	标准
定义	期望学习者做什么的目标陈述	对行为发生的条件的描述	尽可能地对可接受的行为表现的标准进行描述
回答的问题	学习者应该能做什么？	你希望学生在什么条件下可以做到？	必须做到多好？
例子	正确地使用形容词和副词	给出10个缺少修饰词的句子	给出10个句子，学生至少能正确地选择其中9个里的形容词或副词

- 给出10道测验题，学生能够……
- 在作文中，学生能够……
- 应用指南针和量角器，学生能够……

目标的第二部分通常是一个行为动词，表明学生能做什么，如（选自 Gronlund & Brookhart，2009）：

- 写出
- 区分
- 识别
- 匹配
- 比较和对比

最后，行为目标通常还包括对成功标准的陈述，如：

- ……3分钟之内所有的100道乘法题。
- ……至少5个派遣探险者去新大陆的国家。
- ……《宪法》和《联邦条例》分别规定的美国政府间的相同点和不同点至少各3条。

有时，成功的标准无法用正确答案的数量表示。即使这样，对成功标准的表述也要尽量清楚明确，如：

- 学生能够写一篇两页纸的论文，对《玩偶之家》描述的妇女的社会地位进行描述。
- 除了打鸡蛋以外，学生至少还能想出打蛋器的其他6种可能的用途。

列出具体的目标 教学目标必须与学科内容相适应。当学生必须掌握定义良好的技能或只有惟一正确答案的知识时，具体教学目标可以表述为如下形式：

- 给出10道两个同分母分数相加的题目，学生至少能答对9道。
- 给出10个缺少动词的句子，学生至少能选对8个句子中的动词。例如，My cat and I [has，have] birthdays in May. Each of us [want，wants] to go to college.
- 假定有一条4米长的绳子悬挂在天花板上，学生能在20秒内爬到绳子的顶端。

当然，有些教学内容不适合制订具体的教学目标。在这种情况下，教学目标采用量化的标准是不恰当的。例如，将教学目标表述为如下的形式：

- 对比美国20世纪初移民的境况和当今移民的境况，至少列举出5个相同点和5个不同点。

这种教学目标要求学生罗列异同，可它不能证明学生真正理解了所学主题。下面的描述虽不太具体，但更有意义：

- 写一篇论文，对美国20世纪初和当今移民的境况进行比较和对比。

这种较为一般的教学目标可以使学生更灵活地表达自己对问题的理解，也更能促进学生对问题的领会，而不只是记住某些异同点。

列出明确的目标 教学目标要足够明确才有意义。然而，有关移民的教学目标可能被这样描述：

- 学生将全面领会对美国社会发展有促进作用的种族多样性。

这种教学目标听起来很好，但是"全面领会"是指什么？这种教学目标既无助于教师的备课，也无助于学生理解将要学习的内容以及如何被评价。梅杰尔（Mager，1997，p. 20）列出了一些用来描述教学目标的词语，其中有些较含糊，可以有多种解释；而有些则较清楚，可以做准确的解释：

可作较多解释的词语	仅有较少解释的词语
知道	写出
理解	记诵
领会	识别
全面领会	分类
把握重点	解决
欣赏	构建

进行任务分析 在规划课程时，考虑讲授或分配学生完成任务所必须掌握的技能是很重要的。例如，教师可以让学生利用学校的图书馆，就自己感兴趣的主题写一篇简短的报告。这项任务看上去简单明了，但实际上会涉及各方面的技能：

- 知道字母表的顺序
- 使用图书馆的信息资源找到关于某个主题的图书
- 知道如何使用图书馆的信息资源和图书索引
- 从说明性材料中总结出主要观点
- 构思一篇简短报告或列出它的写作提纲
- 写出说明性段落
- 知道语言的使用技巧（如大写、标点符号以及习惯用法）

上述每一项技能又可以分解为一些子技能。教师必须了解完成每项学习任务所需的子技能，以确保学生知道如何做才能获得成功。在布置读书报告任务之前，教师必须确保学生知道如何使用图书馆的信息资源和图书索引等工具，确保学生能够理解和写出说明性材料。在让学生去图书馆查询资料之前，教师应该教授或复习这些技能。

同样，在教授一项新技能时，考虑构成该技能的所有子技能也是非常重要的。比如，做多项式除法、写化学反应式、寻找主题句与具体支持性信息等，每一项技能中都包含着许多子技能。图 13.1 列举了做比萨饼所需的各项技能：

图 13.1　技能层级的例子

学生在掌握主要技能（做比萨饼）之前，必须会使用烤箱、做面团、制作酱汁。在掌握主要技能之前，必须先学会这些子技能。各子技能之间是相互独立的，可以按照任意顺序进行学习。在做面团或制作酱汁之前，学生必须能阅读菜谱、称量出各种原料的用量。最后，若要阅读菜谱，先要了解菜谱中的缩略语分别代表什么意思。

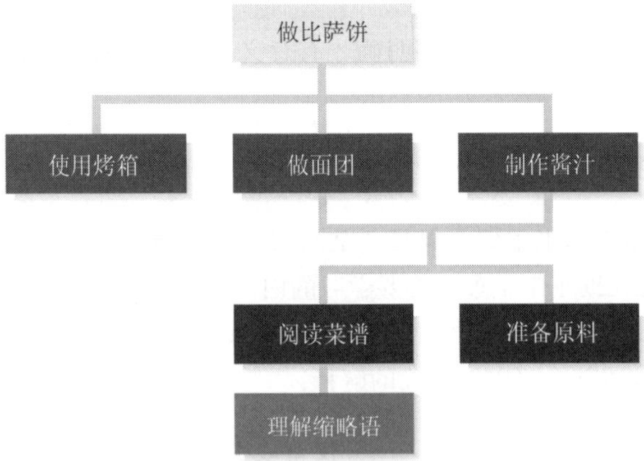

资料来源：The Center for Effective Performance, Inc.www.cepworldwide.com, 800-558-4237. Reprinted from *Preparing Instructional Objectives*, 3rd edition, by Robert Mager, copyright © 1997, with permission. All rights reserved.

任务分析
将任务分解成基本的子技能。

逆向设计
以这样的方式进行教学设计：先设定长远目标，然后设定单元目标，最后再设定每堂课的目标。

这种将任务或目标分解为较简单的组成部分的过程称为**任务分析**（task analysis）。设计课程时，可以通过三个步骤进行任务分析：

1. *确定先决技能*。在学习新内容之前，学生应已经知道什么？例如，在教多项式除法前，学生必须知道如何做减法、乘法和除法，并且能够通过借位或进位进行减法和乘法运算。
2. *确定子技能*。在实际教学中，要达到最终的大目标，必须先教会学生哪些子技能？仍以多项式除法为例。学生要学习估算、除、乘、减、检查、抄下后一位数，然后重复整个过程。在教学过程中，必须对每一步进行规划、教授和评价。
3. *设计如何将子技能组合为最终的技能*。任务分析的最后一步是将各种子技能重新整合为要讲授的完整过程。例如，学生也许会估算，会乘除法，但这并不意味着他们就能够做多项式除法。学生必须将子技能整合成一个可理解和练习的完整过程。

为什么完善的计划在学习及评价学习时都是一个关键步骤？为帮助你确定你的学生是否达到你设立的目标，你可以把何种持续评估有机地整合在课程中？

逆向设计　课程目标不只是一系列具体任务目标的简单相加；同样，学科目标也不只是一系列具体课程目标的简单相加。所以，教师一开始应该先将整个学科作为一个整体，列出宽泛的长远目标；然后将这些目标各分为几个大的单元，最后再确定具体的行为目标（见Gronlund & Brookhart，2009），这就是**逆向设计**

表 13.2　生命科学课程的教学目标举例

教师可以根据以下几点分配一门课的教学时间：（1）确定在本年或本学期内要学习的主题；（2）确定每一个主题要用几周的时间进行教学；（3）选择对应每个主题的单元；（4）确定每个单元要教几天；（5）确定每天的课程内容。

课程目标（分配的周数）	单元目标（分配的天数）	节课
科学方法 3 →	观察和测量 4 →	第一节课
生物的特征 3	预测和控制 2	问题
细胞 3	数据 3	观察
光合作用 3	实验 3	第二节课
呼吸 3	问题解决 3	用测量来检验观察
人体系统 4		第三节课
繁殖 4		长度的测量
环境 3		第四节课
适应 4		重量的测量
关系 3		体积的测量
平衡 3		

资料来源：Objectives adapted from Wong, Bernstein, and Shevick, *Life Science* (2nd ed.), 1978.

（backward planning）。例如，萨利文先生若想把南北战争这个单元教得更好，可以确定这样的教学目标：“学生能够理解南北战争爆发的主要原因、事件及其结果。”然后，他可以列出与原因、事件和结果有关的更为具体的一些目标，之后再围绕这些目标设计子单元和课时计划。表13.2以及后面的“理论应用于实践”专栏都给出了逆向设计的详细实例。

理论应用于实践

对课程、单元和每节课进行设计

在设计一门课程时，在开始教学前就确立长期、中期和短期的教学目标是很重要的。在给学生上第一堂课之前，教师需要对本学年的教学内容有一个总体的规划；对第一个单元（一系列彼此相关的课）教什么有一个较具体的计划；对第一堂课的教学要有一个更为具体的计划（如表 13.2 所示）。所有的州对每一门学科都确立了自己的标准，这些标准可以帮助指导你的教学设计。

表 13.2 是逆向设计的一个例子。首先确定课程目标，然后确定单元目标，最后设计具体的每一节课。课程目标中列出整个学年中需要教授的内容。教师可以用学年长度除以一级主题数量，计算出每个主题需要几周。只要给其他内容留下了足够的时间，某一主题内容所用的时间可长可短。表 13.2 中的任何一个主题内容都可以花一个学期的时间，但是在教授生命科学导论课时，这样做就不太恰当。教师在开始教学之前，必须首先慎重确定每个主题的内容所用的时间，以免前面几个主题用时过多，致使后面的内容没有充分的时间保证高质量教学。一些历史教师总是发现，到了五月中旬自己还在讲授第一次世界大战，

资格认证指南

在教师资格考试中，你可能会被要求从本州的课程标准中选择一套作为目的，设计出一个行为目标以达到该标准。

因而不得不在后面的几周之内仓促教完有关20世纪的大部分内容。

表 13.2 对要教授的内容进行了大体的时间分配。这种时间分配只是粗略的估计，应实时加以调整。

单元目标和单元测验 确定课程目标之后，第二个任务就是确立第一个单元的教学目标以及达到每一个目标所需的课时。在设计教学时就为每个单元都设计一套测验是一个不错的做法。在教学之前编制测验可以帮助教师关注教学中的重点内容。例如，在为期4周的南北战争的教学单元时，萨利文先生可能会认为，学生应当学习的最重要的内容是战争发生的原因、关于军事战役的若干要点、《解放黑奴宣言》的重要性、林肯的遇刺以及重建时期的历史等等，这些都应该是南北战争这一单元测验的重点。编制这样一份测验，可以帮助萨利文先生更好地把握不同内容的重要性。并不是说他不应该向学生讲述趣闻轶事或展示真实的武器，但提前编制测验能帮助他时刻考虑全局。

在单元教学结束后实际使用的测验，并不一定就是设计课程时所编制的。你可以根据实际教学的内容对原先的测验题目进行修改、添加和删除。但是，就事先确定要达到什么样的教学目标以及怎样评价目标的达成程度而言，其重要性不会因此而降低。

许多教科书都提供了单元教学目标和单元测验，这样可以使你的任务更容易些。但是，即使有现成的目标和测验，你也要仔细审视它们的内容，根据你自己的教学计划进行必要的调整。

如果你自己编制测验，可以参考本章后面给出的测验编制指南。要确保测验的内容涵盖了各种教学目标，并根据各个目标对整个课程的重要性的不同而分配不同的比例（也就是说，较重要的目标应该配有较多的测验题目）。测验不仅要对事实性知识的记忆进行考查，也要对高水平的思维能力进行考查。

课时设计和课时评价 逆向设计的最后一步就是每节课的设计。表13.2呈现的就是如何将一个给定的单元目标分配到每天的教学中。下一步就是设计每节课的内容。课时计划包括：一项课时目标，信息的呈现方式，学生的练习（如果需要的话），如何评估学生的理解程度等等。如有必要，教学设计还要包括对没有充分理解的学生（或全班）重新进行教学。

使目标和评估相一致

INTASC 标准 8
评价学生的学习

由于对教学目标的描述是从如何测查它们的角度进行的，因而目标显然是与**评估**（assessment）紧密相联的。评估是对学生在多大程度上掌握了为他们设定的学习目标的测量。学校中的大多数评估方式主要表现为考试和小测验或非正式的口头评估，如课堂中的提问。但是，学生也可以通过其他方式来展示其学习成果，如写论文、绘画、调试汽车部件或者烤制菠萝蛋糕。

评估的一个重要原则是：评估必须与目标有明确的联系。学生学到了教师教授的部分内容。教授的内容和测验内容之间的重叠幅度越大，学生在测验中的分数就越高，教师也越能够准确地确定是否需要进行额外的教学（Carr & Harris，2001；Marzano et al.，2001；Squires，2009）。教学应该与教学目标紧密相联，而二者又都必须与评估明确关联（Buhle & Blachowicz，2008/2009）。如果某个教学目标值得进行教学，那么它也值得进行测验，反之亦然。梅杰尔曾对这一观点进行了论述：

评估
对教学目标达成程度的测量。

> 在教七年级代数时，某教师就如何解简单方程式给学生提供了大量高水平的指导……但测验时，题目大多是应用题，结果学生做得特别差。这个教师对这种“测验妙法”所做的解释是：如果学生不能解应用题，那他们就没有“真正地理解”代数。也许这个教师是正确的。但是，解方程的技能和解应用题的技能有相当大的区别。如果他希望学生学会解应用题，那就应该教给学生如何去做（Mager，1975，p. 82）。

梅杰尔所举的这位代数教师的头脑中的确有一个目标（解应用题），但实际上，他是按照另一个目标（解方程）来教学的。如果他能够协调好目标、实际的教学以及评估这三者之间的关系，那他和他的学生都会更加满意，学生也能够有更好的机会学习如何解代数应用题。

对一个课程来说使目标具体化的一种方法是：在教学开始前就着手编制测验题（见 Gronlund & Waugh，2009）。这样教师就可以列出一般的**教授目标**（teaching objectives，也译作教学目标）（对学生通过接受老师的教学应该学到什么的明确阐述），然后使它们进一步清晰化，形成相当具体的**学习目标**（learning objectives）（在一系列课的教学结束后，学生应该能够表现出的具体行为）。举例如下：

教授目标	**具体的学习目标**
a. 通过一、二次的借位进行三位数减法计算的能力	a1. 237 −184　a2. 412 −298　a3. 596 −448
b. 理解埃德加·爱伦·坡在《渡鸦》中渲染气氛时对语言的运用	b1. 坡在第一节中渲染气氛后，又是如何强化这种气氛的？
c. 识别常见物质的化学分子式的能力	写出下列物质的化学分子式： c1. 水______ c2. 二氧化碳______ c3. 煤炭______ c4. 食盐______

链接
有关思维技能和批判性思维的内容，请参见第8章。

应用教学目标分类

在对教学目标和评估进行设计时，考虑到不同的技能和理解水平是非常重要的。例如，在二年级的科学课中讲授昆虫时，你也许既想传授知识（不同昆虫的名字），又想培养学生一系列良好的态度（如，昆虫对生态系统的重要性、科学是有趣的）。在其他一些科目的教学中，你要教授的也许是一些不同类型的事实和概念。例如，教授阅读中的主题句时，你可以先让学生复习主题句的定义，然后指出每段中的主题句，最后为自己原创的段落写出主题句。每一项活动都代表了对“主题句”这个概念不同程度的理解。如果学生只能完成其中的一种活动，就说明他们对这个概念的理解是不充分的。可以根据类型和复杂程度的不同，对这些课程目标进行分类。一种分类法或分类系统有助于教师对教学活动进行归类。

教授目标
对通过老师的教授，期望学生学到什么的明确阐述。

学习目标
在一系列课程结束后，学生应该表现出的具体行为。

教育目标分类
布卢姆对学习任务从简单到复杂进行的排序。

布卢姆分类法　1956年，本杰明·布卢姆（Benjamin Bloom）及其同事（Bloom，Englehart，Furst，Hill，& Krathwohl，1956）提出了**教育目标分类法**（taxonomy of

这些学生可能正处于布卢姆分类中的哪个阶段？教师应该如何将布卢姆分类法的所有阶段整合进这堂课中？

educational objectives），这对以后的教育研究和教育实践产生了深远的影响。布卢姆及其同事对目标的分类是从简单到复杂，或者说是从事实到概念。通常所说的认知领域中的布卢姆分类法主要包括以下成分（从简单到复杂）（Badgett & Christmann，2009；Marzano & Kendall，2007）：

1. 知识（回忆信息）：这是布卢姆的目标层次中最低水平的目标。知识是指记忆数学事实或公式、科学原理或动词的词形变化等目标。

2. 领会（对信息进行转换、解释或外推）：领会目标要求学生既能理解信息，又能够运用所学的信息。例如，解释一张示意图、一张曲线图或一则寓言的意思；推断出一个科学实验中所蕴含的原理；或者对故事将如何发展进行预测。

3. 应用（运用原理或抽象概念来解决新的或真实生活中的问题）：应用目标要求学生运用知识或原理解决实际问题。例如，应用几何学原理计算出注满某一容积已知的游泳池需要多少加仑水；运用温度和气压之间的关系原理，解释为什么同一个气球的体积在热天要比在冷天大。

4. 分析（将复杂的信息或观点分解为简单的部分，以理解各部分是如何组织和联系起来的）：分析目标要让学生发现复杂信息或观点中的内在结构。例如，对比美国的学校教育与日本的学校教育；理解在一个汽车发动机中汽化器和分离器是如何共同作用的；或者识别一则短故事的中心思想。

5. 综合（创造出先前不存在的产物）：综合目标需要学生运用技能创造出全新的产物。如，写一篇作文，推导出一条数学法则，设计一个科学实验以解决某一问题，或者造出一个新的外语句子。

6. 评价（根据某条标准进行判断）：评价目标要求根据一些标准进行价值判断。例如，可以要求学生根据灵活性、性能以及可用软件数量等方面来比较两台家用计算机的优劣。

由于布卢姆的分类是从简单到复杂排列的，所以有些人将它看做是从不重要（知识）到重要（综合、评价）的目标的排列。然而，这并不是布卢姆分类的真实意图。实际上，不同层次的教学目标适合于不同的目的以及不同发展阶段的学生（Marzano & Kendall，2007）。

布卢姆分类法的重要意义就在于使我们认识到，应该让学生掌握不同水平的技能。教师常常只关注那些可测量的知识和领会目标，而忘记了对很多技能而言，如果学生不能综合或运用它们，就不能认为学生已经熟练地掌握了它们（见 Iran-Nejad & Stewart，2007）。而另一些教师则走了另一个极端，尚未确定学生扎实地掌握了基本目标，就仓促地开始较高水平目标的教学。

应用行为内容矩阵 确保教学目标涵盖了不同水平内容的一个方法就是使用**行为内容矩阵**（behavior content matrix）。这是一张简单的图，表明了如何在不同的认知水平上教授和评估一项特定的概念或技能。表13.3是一个行为内容矩阵的例子。需要注意的是，在每个主题中，只列出了对应布卢姆分类法中某些水平的目标，而不是对

表 13.3　行为内容矩阵中的目标举例

一个行为内容矩阵可以提醒教师确定不同认知水平的教学目标。

目标类型	例1：圆的面积	例2：文章的主题思想	例3：非洲殖民地化
知识	给出圆的面积公式	给出主题思想的定义	用一份时间表来表示欧洲人是如何将非洲划分为殖民地的
领会		举例说明抓住主题思想的方法	解释标有欧洲各国管辖的殖民地的非洲地图
应用	应用圆的面积公式来解决实际生活中的问题		
分析		确定一篇文章的主题思想	对比各欧洲国家在非洲殖民的不同目的与手段
综合	根据圆的面积和立方体体积的知识，推导出圆柱体的体积公式	根据所读文章的主题思想，写一篇新文章	从一个班图人首领的角度来写一篇有关欧洲殖民者侵占非洲的文章
评价		评价这篇文章	

应所有水平的目标。分类法中某些水平不适用于某些主题，也没有必要在每个主题上都使用所有水平的目标。但是，在确立目标时，使用行为内容矩阵可以促使你考虑高于知识和领会水平的目标。

基础之上的目标　学习事实和技能并不是教学惟一重要的目标。有时，学生对某门课程或自身技能的感受与他们学到了多少知识至少是同等重要的。与态度和价值观有关的教学目标叫做**情感目标**（affective objectives）。很多人都认为，美国历史课或公民课的一个主要目的就是提高学生的爱国价值观和公民责任感。任何数学课的目的之一都是使学生对自己使用数学的能力产生自信。在设计教学时，同时考虑情感目标与认知目标是很重要的。对学习的喜爱、对学习的自信以及亲社会的、合作态度的发展都属于教师需要给学生设立的最重要的目标。斯滕伯格（Sternberg，2008）建议学校在3R目标（reading、'riting、'rithmetic；阅读、写作、算术）的基础上再补充3个R：推理、韧性、责任感（reasoning、resilience、responsibility）（也见Rothstein & Jacobsen，2009）。

有关教学目标的研究

设计教学目标有三个主要的原因。首先，该做法可以帮助教师组织自己的教学计划。梅杰尔（Mager，1997）指出，如果你不能确定自己的教学方向，那么就很可能偏离教学主线，而自己却全然不知。其次，确立教学目标有助于对评价进行指导。第三，人们认为确立教学目标能够提高学生的成绩。

尽管计划过分细致或刻板地执行缺乏弹性的计划都是不明智的做法，但许多有经验的教师都会确立、应用和重视事先设计的教学目标与评价。对确立清晰的教学目标的支持性证据中，最有说服力的证据是间接的。库利和莱因哈特（Cooley & Leinhardt，1980）发现，对于学生的阅读和数学成绩，最有力的一个预测因素是在多大程度上向学生教授了要考查的技能。这说明，当教学目标、实际教学以及评价这三者之间相互协调时，教学是最有效的。若要确保课堂教学旨在教给学生关键技能，即需要测查的重要技能，那么首要的一步就是对教学目标进行清楚而明确的阐述。

行为内容矩阵
根据认知水平对课程目标进行分类的一张图表。

情感目标
与学生的态度和价值观有关的目标。

传达给学生的教学目标的涵盖面要广，要能够包含整节课或整门课应当教授的全部内容，确保这一点是非常重要的。传达给学生的一套教学目标如果过于狭窄，隐患就是很容易使学生仅仅局限于某些信息，而忽视其他的事实和概念。

为什么评价很重要？

评价（evaluation）或称评估，是指学校中用来正式测量学生表现的所有方法（Gronlund & Waugh，2009；McMillan，2008；Popham，2005），包括课堂小测验、考试、评语和成绩等级。对学生的评价一般主要关注学业成绩，但是许多学校也对学生的行为和态度进行评价。许多小学都对学生的行为表现进行描述（如，“听从指令”，“专心听讲”，“与同学合作”，“善于利用时间”）。虽然从小学高年级到高中，对学生行为的描述依次减少，但许多高中仍在按照某些标准对学生的行为进行评价，如“努力学习”，“准备充分”，“有责任感”。

教师为什么要使用测验和成绩等级？因为教师必须用某种方式定期对学生的学习情况进行测查并据此对学习情况进行沟通。测验和成绩能够把学生在校的表现告诉教师、学生和家长。教师可以根据测验来确定自己的教学是否有效，哪些学生需要额外的帮助。学生则可以根据测验来检验自己的学习策略是否有效。家长需要知晓成绩以了解孩子的在校表现，成绩通常是学校和家庭沟通的一种惯常方式。学校有时需要根据测验和分数来对学生进行安排。各个州和各个学区也需要应用测验来评价学校，有时也评价教师。最终，大学根据学生的成绩以及标准化测验分数来决定录取谁。雇主在录用应聘人员时也要参考文凭、证书等基于成绩的各种证据。所以，教师必须对学生的学习进行评价，很少有人对此持反对意见。对测验使用情况的研究发现，使用测验的课程比不使用测验者能使学生学到更多（Dempster，1991；Haynie & Haynie，2008）。

对学生进行评价主要有六点目的（见 Gronlund & Waugh，2009）：

1. 为学生提供反馈
2. 为教师提供反馈
3. 为家长提供信息
4. 为选拔和认证提供信息
5. 为问责提供信息
6. 激励学生不断努力

链接

想更多地了解作为有效教学的成分之一的反馈，请参见第7章。

INTASC 标准 8
评价学生的学习

INTASC 标准 8
职业承诺与责任

评价

对学生在学业方面有时也包括其他方面的表现的测量，用来确定合适的教学策略。

作为反馈的评价

假定某商店老板尝试了几种策略来促销：首先在报纸上登广告，然后向商店附近的家庭发放传单，最后降价。但是，如果老板在试过每一种营销策略后，并没有对销售额进行记录和对比，那么他就对任何一种营销策略的有效性都一无所知，徒然浪费了时间与金钱。对于教师和学生来讲亦是如此。他们需要尽快知道，自己在某种活动中投入的时间和精力是否得到了学习改善的回报。

对学生的反馈 像商店老板一样，学生需要知道自己努力的结果（Hattie & Timperley，2007；Scriffiny，2008）。定期的评价可以给学生提供反馈，使学生了解自己的优势与不足（Sato & Atkin，2006/2007）。例如，教师让学生写作文，然后给予书面评语。一些学生也许会发现自己需要在文章的内容上再花点功夫，有的学生则发现在修饰语的使用方面有待改善，还有的学生发现自己存在着语言技术性细节方面的问题。比起只提供分数但没有任何解释的反馈，这样的信息更能提高学生的写作水平（Chappuis，Chappuis，& Stiggins，2009；Leahy，Lyon，Thompson，& Wiliam，2005）。

作为反馈的评价必须尽可能地具体才有效。例如，克罗斯和克罗斯（Cross & Cross，1980/1981）发现，与只收到字母等级评定的学生相比，那些既接受等级评定又接受评语反馈的学生，更倾向于认为自己在学校里的成功是由于努力而不是由于运气或其他外部因素。

对教师的反馈 对学生学习进行评价，其最重要的（也是经常被忽视的）功能之一就是给教师提供教学有效性的反馈。如果教师不知道学生是否掌握了教学的重点，那么也就不能认为自己是最有效的。课堂中的提问和在学生学习时进行观察，这些都能给教师提供学生学习情况的信息。而在许多科目中，为了获得能更为详细地表明学生进步情况的信息，有必要进行简短的、经常性的小测验和写作活动，以及检查学生的其他成果。精心设计的问题可以帮助教师理解学生的思维并发现学生对知识的误解（Burns，2005；Salend，2009）。评价也可以为校长或整个学校提供信息，指出学校或校内亚群体的哪些地方需要改进，并用于指导整体的教学改革（Hanna & Dettmer，2004；Kallick & Colosimo，2009；Lane & Beebe-Frankenberger，2004；Trumbull & Farr，2000）。

作为信息的评价

链接
想更多地了解为家长提供的信息，请参见第11章。

一张成绩报告单之所以被称为报告单，是因为它报告了有关学生进步情况的信息。评价的报告功能之所以重要，有以下几个原因：

为家长提供信息 首先，许多常规的学校评价（测验分数、彩星、奖状以及成绩单上的等级）能够使家长随时了解自己的孩子在学校的学习情况。例如，如果某个学生的成绩下降了，家长或许能够了解为何下降，并帮助孩子回到正轨。其次，分数和其他种类的评价能够建立起一种依托家庭的非正式强化体系。回忆第11章的有关内容，有许多研究发现，定期地将学生的好成绩通知给家长，并让家长对学生的良好表现进行强化，这种方式改善了学生的行为，也提高了学生的成就。即使很少要求家长这样做，多数家长也会自然地因孩子取得好成绩而给予强化，由此分数就成为一个重要而有效的激励因素。

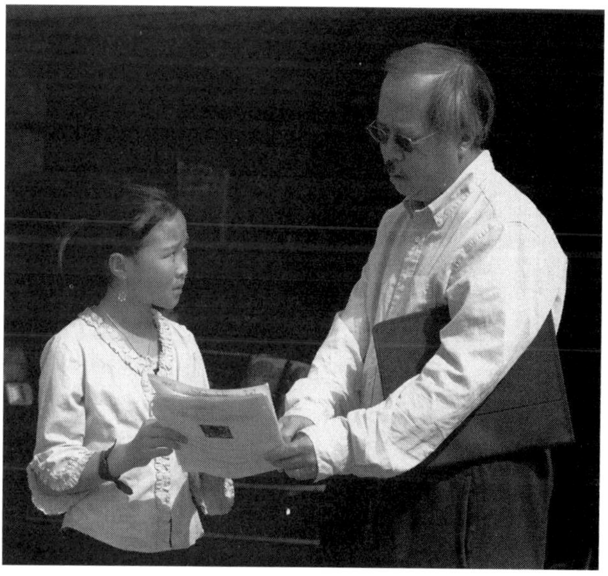

这个孩子正在与她的父亲讨论她的成绩单。作为教师，你怎样确保成绩单能提供反馈和信息，并能提供诱因？

为选拔提供信息 一些社会学家认为，为学生分配不同的社会角色是学校的一个基本目的：即使学校并没有真正地指定谁会成为屠夫、面包师或烛台制作工，但学校确实在很大程度上影响着谁将会成为体力工作

链接
想更多地了解有关能力分组的内容，请参见第9章。

者，谁将会成为技术工人，谁将会成为白领一族或专业人才。这种分类功能在多年的学校教育中会逐渐地显现出来。例如，在低年级，学生被分到不同的阅读小组；随后，一些九年级的学生能够学习代数，而另一些学生只能学习预备代数或普通数学。在高中，学生分别被分入特定科目的高级、基础或补习班进行学习。当然，最重大的分化是学生被不同的大学录取或接受不同的培养方案。并且，在整个学校生涯中，一些学生被选拔出来接受特殊教育，进入天才班或者其他录取名额有限的特殊项目。

与选拔密切相关的是资格认证，即应用测验来证明学生具有升学或从事各种职业活动的资格。例如，在美国的许多州和地方学区，学生要想从一个年级升入下一年级，或者从高中毕业，都必须通过最低能力测验。律师资格考试、医学院学生的通识测验，以及全国教师资格考试等针对教师的各种测验，都是资格认证测验的例子，它们控制着职业准入资格。

提供问责信息 对学生的评价通常也为评价教师、学校、学区甚至各州提供了资料。所有州都有某种形式的全州范围测验方案，各州可以按照学生的成绩对学校进行排名（Gandal & Vranek，2001；Linn，2000）。测验分数也经常用来评价校长、教师和主管人员。鉴于此，这类测验的实施一般都是非常严格的。

作为诱因的评价

评价的一项重要功能就是激励学生付出最大的努力。实际上，给予高分、星级、奖品等就是把它们用作对出色成绩的奖励。学生看重分数和奖品，主要是因为家长看重这些东西。一些高中生也很看重分数，因为分数对于他们进入录取标准高的大学很重要。

INTASC标准8
评价学生的学习

如何评价学生的学习？

评价策略必须适合评价的用途（McMillan，2008；O' Connor，2007，2009；Oosterhof，2009；Salend，2009）。若要了解在课堂教学中如何有效地使用评估，则需要了解形成性评价和总结性评价之间的不同以及常模参照解释和标准参照解释之间的不同。

资格认证指南
在教师资格考试中，可能会给出一个对学生成绩进行评价的案例，你需要判断这种评价属于形成性评价还是总结性评价。

形成性评价和总结性评价

形成性评价
用来确定是否需要进行额外教学的评价。

总结性评价
对学生在某个目标上的成就进行的最终评价。

评价可以分为两类：形成性评价和总结性评价。从本质上讲，形成性评价问的是："你现在做得怎样？怎样才能做得更好？"总结性评价问的则是："你过去这段时间做得怎样？"**形成性评价**（formative evaluation）的目的是告诉教师是否需要进行额外的教学，告诉学生是否需要进行额外的学习（Marzano，2010；Tomlinson，2007/2008）。形成性或称诊断性测验用来发现学生学习中的优势与不足，并在课程的中期对节奏和教学内容做适当的调整（Fisher & Frey，2009）。形成性测验也可以在教学过程中实施，通过口头的或简短的书面学习探查，或者在学生进行小组学习时观察他们的表现。形成性评价的有效性取决于评价的信息性、与正在进行的课程的联系程度、及时性和频率（Ainsworth & Viegut，2006；Dunn & Mulvenon，2009；Forgarty & Kerns，2009；McMillan，2008）。例如，在某些课后，经常进行小测验并即时评分，这可以用作形成性评价，它给教师和学生提供了反馈，有助于师生一起改善学生的学习。本书的第7章对于如何在课堂上有效地使用形成性评价进行了讨论。

相反，**总结性评价**（summative evaluation）是在教学单元结束后对学生的知识掌握情况进行的测验（如期末考试）。总结性评价可以经常进行，也可以偶尔进行，但必须具有信度，并且（一般来讲）应该准许在学生之间进行比较。总结性评价也应该与形成性评价以及课程目标紧密相联（Gronlund & Brookhart，2009）。

常模参照评价和标准参照评价

对学生成绩进行解释以使其具有某种程度的价值，这是评价中的重要一环。常模参照和标准参照的区别在于如何对学生的分数进行解释。

常模参照解释（norm-referenced interpretation）侧重将学生的分数与其他学生进行比较。例如，在课堂中，分数通常会使教师了解到某学生的成绩水平相对于班级其他成员如何。学生也可以有一个年级内或校内排名。在标准化的测验中，学生的分数可能与具有全国代表性的常模群体的成绩进行比较。

标准参照解释（criterion-referenced interpretation）注重评估学生对具体技能的掌握程度，而不考虑其他人在该技能上的成绩如何。好的标准参照评价应该与特定的教学目标或者当前课程中指定的内容紧密联系。表13.4对常模参照测验和标准参照测验的主要特征和目的进行了比较（也见Gronlund & Waugh，2009；Popham，2008）。

形成性评价几乎总是参照标准的。例如，在形成性测验中，教师想要知道谁还没有掌握热力学中的牛顿定律，而不关心本班在物理知识上排第1名、第15名或第30名的分别是谁。相反，总结性评价既可以是参照标准的，也可以是参照常模的。即使是参照标准的，教师通常也想知道，在总结性测验中每个学生相对其他学生考得如何。

链接
想进一步了解标准化测验，请参见第14章。

资格认证指南
教师资格考试中可能要求你评价在什么时候使用标准参照测验要比使用常模参照测验更恰当。

常模参照解释
将一个学生的成绩与其他学生的成绩进行比较的评估方式。

标准参照解释
评价学生对具体技能或知识领域的掌握程度的评估方式。

表 13.4　两种成就测验方法的比较

常模参照测验和标准参照测验分别适用于不同的目的，具有不同的特点。

特点	常模参照测验	标准参照测验
主要用途	调查性测验	掌握性测验
强调重点	测查个体之间的成绩差异	描述学生能够完成的任务
结果解释	将学生的成绩与其他个体相比较	将学生的成绩与明确、具体的成绩标准进行比较
内容覆盖面	一般包括较广泛的内容	一般集中在有限的一些学习任务上
测验设计的特性	经常使用细目表	经常使用详细的内容说明
题目选择程序	所选题目应最大程度地区分不同个体（获得最大的分数变异）；简单的题目通常被删除	包括所有的能充分反映其成绩的题目。无需为提高分数变异而改变题目难度或删除简单题目
成绩标准	成绩水平由学生在某一群体中的相对位置决定（如，在20名学生中排名第5）	成绩水平通常由绝对的标准决定（如，学生掌握了所有专业术语的90%）

资料来源：Adapted from Gronlund, *How to Make Achievement Tests and Assessments* (5th ed.), Figure 1.2, "Comparison of Two Approaches to Achievement Testing." p. 13.

将评价策略与目标相匹配

考虑目前为止所讨论过的所有因素，评价学生的最佳策略是什么？最好的回答是：没有单一的最佳策略（Popham，2005，2009）。达成某项评价目标的最佳方法或许并不适用于另一项目标。因此，教师必须根据不同的目的，选择不同类型的评价方式。至少应该使用两类评价：一类的目的是提供激励和反馈，另一类的目的是以大群体为参照，给出学生个体的排名。

INTASC 标准 5
课堂管理与动机

INTASC 标准 6
沟通技能

提供激励和反馈的评价 传统的成绩等级评价不足以鼓励学生付出最大的努力，也未能给教师和学生提供充分的反馈。成绩评价的主要问题在于：次数太少，相对学生表现过于滞后，没有与学生的具体行为相联系。研究发现，如果一个班级在课堂上对学生给出即时的测验成绩反馈，则这个班级的成就比那些反馈延迟的班级明显要高（Bangert-Drown，Kulik，Kulik，& Morgan，1991；Crooks，1988）。

分数没有成为理想诱因的另一个原因是：分数通常是基于比较性标准而给予的。事实上，能力强的学生很容易得到 A 或 B，而能力弱的学生则很难做到。因此，有些高成就的学生没有倾其全力去学习，而某些低能力的学生则放弃学习。正如第 10 章中所讲述的，如果学生认为获得一件奖励过于容易或过于困难，或者认为争取奖励主要取决于智力而非努力，那么这种奖励就是一种不理想的诱因（Chapman & King，2005；Wigfield & Eccles，2000）。

链接
有关奖励和动机的讨论参见第5章。

鉴于以上原因，应该把那些旨在更好地提供激励和反馈的评价补充到传统的评价体系中去。例如，教师每天让学生进行 5 到 10 题的小测验，并当堂反馈成绩。教师也可以让学生根据课堂上学习的主题，写每日的“小短文”。这给学生和教师提供了必要的信息，以调整其学习或教学策略，并纠正评价所揭露的缺陷（Shepard，2005）。如果教师能把每日小测验的分数作为计算最终成绩的一个因素，或者对完美地完成任务的学生给予某种特殊的认可或奖状，以此来强调小测验的重要性，那么，小测验分数就会成为一种有效的诱因，及时奖励有效的学习行为。很重要的一点是，要有一系列清晰而客观的标准，使学生有所参照，从而准确了解自己的得分依据。如果这一标准中的不同成就（分数）水平能够有具体的描述，同时也给出达到最高水平的课业范例（最好能够根据标准，列举每种成绩水平的典型例子），那么学生就能够明确地知道自己的成绩与标准相比处于何种水平（见 Stiggins，2007）。

链接
想了解什么样的奖励是不佳的诱因，请参见第10章。

链接
想了解更多有关过于容易获得的奖励的内容，请参见第10章。

与他人进行比较的评价 有时，教师需要了解并报告某个学生与他人相比的成绩水平。这类信息对家长（以及学生自身）也很重要，他们从中可以直观地了解学生的表现。例如，在科学方面具有非凡才能的学生应该了解到，不仅仅在班上或学校里，即使在整个州或全国，他们也是拔尖的。一般来讲，学生需要对自己的优势与不足有一个准确的认识，以指导他们对未来的决策。

比较性评价传统上是通过成绩评定或标准化测验实现的。与提供激励和反馈的评价不同，比较性评价无须经常进行。事实上，它所强调的是：对学生表现的评估必须公平、公正、可信。

链接
想了解更多有关分数等级和标准化测验的内容，请参见第14章。

为公平起见，对学生的表现进行的比较性评价和其他的总结性评价必须紧扣课程开始时所确立的教学目标，在形式上必须与提供激励和反馈的形成性评价相一致。没有一个教师希望看到这样的情况，即学生在每周的评估中成绩都很好，但由于形成性评价与总结性评价的形式不一致，致使学生在总结性评价中成绩很差。例如，如果总结性评价使用论述题，那么在之前的形成性评价中也应该经常包含论述

21世纪的学习

创造性与真实问题解决

自从一百多年前，美国的“进步时代”来临之后，教育者们就将创造性和真实问题解决技能推崇为教育的关键成果。但由于对这些技能做出可信的评价较为困难和耗时，与其他易于评估的事实性知识和技能相比，它们往往容易被忽视。新的评估软件尤其是自适应测验的出现，使得创造性和真实问题解决技能的定期评估变得更可行。这类软件使用电脑呈现出复杂的开放性问题，这些问题适合学生的确切能力水平。这些评价方式既可以用作经常性的基准评估，也可以用作总结性评估，它们可能很快就可以帮助教师更多地关注这些21世纪的必备技能，同时监测学生的发展，使他们成长为创造性的问题解决者。

问题：

- 在评价创造性时，有哪些潜在的困难？
- 你认为，因为一名学生被评价为缺乏创造性而惩罚他，这是符合伦理的吗？
- 你认为创造性应作为成绩等级的一个决定因素吗？
- 创造性是一项必需的生活技能吗？
- 在工作场合中，缺乏创造性可能会怎样成为一个问题？

题（Tileston & Darling，2008）。

要使总结性评估可信，有两个关键因素值得考虑。第一，教师应该进行多次评价（Brookhart，2007/2008；Popham，2008）。不能单凭一次测验就给出学生的成绩等级，因为如只进行一次测验，有太多因素会使结果出现意外。第二，教师应该在学生的学习结束之后，而不是进行的过程中进行测验。在学生学习完某个教学单元时，搜集总结性评价的信息，或利用单元测验和期末考试，都是比较好的做法。

如何编制测验？

一旦你明确了测验中要评估的概念领域，下一步就需要编制测验题目。编制出好的成就测验是有效教学的一项重要技能。这一部分将介绍编制成就测验的一些基本原理和实用方法（见 Popham，2008；Oosterhof，2009）。第 14 章还会将成就测验与标准化测验联系起来论述。

链接
想更多地了解成就测验与标准化测验之间的关系，请参见第14章。

成就测验的编制原则

格朗伦和布鲁克哈特（Gronlund & Brookhart，2009）提出了编制成就测验时应牢记在心的六条原则：

链接
想更多地了解标准化成就测验的特点与应用，请参见第14章。

1. 成就测验应该考查界定清晰的学习目标，这些学习目标与教学目标相一致。 也许成就测验最重要的一个原则就是：测验应该与课程目标以及实际教学相一致（Carr & Harris，2001；Gorin & Blanchard，2004；Gronlund & Waugh，2009；Hanna & Dettmer，2004；Squires，2009）。成就测验的内容不应使学生感到意外，相反，应该考查学生在多大程度上掌握了一节课或一门课应讲授的最重要的概念和技能。

这名学生正在进行成就测验。编制成就测验的原则有哪些?

2. 成就测验应该考查包含在教学当中的、具有代表性的学习任务样本。除了少数情况外（如乘法口诀），成就测验并不对学生应该掌握的每项技能和事实都进行评价，而是从所有的学习目标中进行取样。如果学生事先并不知道考试会出什么样的题目，那么他们为了考好就必须学习全部课程内容。不过，考试题目必须能够代表教学涵盖的所有目标（内容和技能）。例如，在英国文学课中，如果用8周的时间讲授莎士比亚的作品，用2周的时间讲授伊丽莎白时代的其他作者的作品，那么有关莎士比亚的测试题量应该约为其他作者的4倍。用于考查某一具体目标的题目必须紧扣该目标的核心。成就测验中的问题不允许有诱导性或含混不清。例如，对美国独立战争这一单元进行测验时，考题应该涉及战争的原因、重要事件和战争结局，而不是谁送乔治 • 华盛顿渡过了特拉华河（答案：约翰 • 格洛弗和他指挥的马波海德水手）之类的问题。

3. 成就测验中的题目类型应该最适宜测查期望的学习结果。成就测验的题目应该尽可能地与最终的教学目标紧密相联（Carr & Harris，2001；Flippo，2008；Strong，Silver，& Perini，2001）。例如，在数学问题解决领域，教师的目标之一是使学生能够解决与他们将在校外遇到的那些类似的问题，那么，这类测验就不宜采用配对题或多项选择题的形式。因为在现实生活中，我们不会从一组可能的解决方案中进行选择。

4. 成就测验应该与测验结果的特定用途相匹配。每种成就测验都有自己的要求。例如，诊断性测验应该关注学生可能需要帮助才能掌握的特定技能。小学数学的诊断性测验应该有一些被减数中含有零的减法题目（如，307减去127），这一技能是许多学生都感到棘手的。相反，用于预测学生未来成就的测验，则应该评价学生的一般能力和知识广度。形成性测验应该与近期的教学内容紧密相联，而总结性测验应该考查更大范围的知识和技能。

5. 成就测验应该尽可能地可信，但对测验结果的解释仍要谨慎。如果学生在两次测验中的排名相同，那么测验是可信的。一般来讲，成就测验的编制者通过使用相对大量的题目，少用几乎所有的学生都能答对或会答错的题目，以此来提高测验的信度（O' Connor，2009）。如果表述清晰的考题直接考查了已经实际讲授的教学目标，这类题目也能提高测验的信度。不过，无论测验设计者多么严谨地确保信度，都会出现一定的测量误差。学生有时心情愉快，有时情绪低落；对答案的猜测有时走运，有时不走运。有的学生很会考试，总能取得好成绩，而有的学生受考试焦虑困扰，其成绩远不能反映其已经掌握的实际知识和潜能。所以，不宜对任何一项单一测验分数的价值抱有过高的信心。任何测验分数都只是对学生真实知识和技能的一次估计，在对结果进行解释时，也应牢记这一点。

> **链接**
> 想了解更多有关成就测验的信度的内容，请参见第14章。

6. 成就测验应该能够改善学生的学习。各种成就测验，尤其是形成性测验，提供了学生进步情况的重要信息。例如，斯蒂金斯（Stiggins，2004）强调，为学习进行的评估要比对学习进行的评估更加重要。成就测验应被看做是教学过程的一部分，用于改善教学，指导学生的学习（Ainsworth & Viegut，2006；Black et al.，2004；Chappuis et al.，2009）。这就意味着在成就测验结束之后，应该及时将测验的结果反馈给学生；在形成性测验中，学生应当立即知道测验的分数。教师应该利用形成性测验和总结性测验的结果来指导教学，发现学生学习中的优势和不足，并由此确定适宜的教学进度。

理论应用于实践

确保评估的公正

虽然评估要公正是每个人都认可的原则，但无法直白地对评估的公正性进行界定。最新版本的《教育和心理测量标准》（*Standard of Educational and Psychological Testing*）给出了四种定义，并指出在文献中还有更多的定义（AERA/APA/NCME，1999）。公正是指：诚实的、无偏袒的、没有歧视的。除了符合伦理，公正性还有教学上的意义。公正的测验会鼓励学生在学习上花更多的时间，因为他们将会明白，成功只依赖于他们所知道的以及能够做到的（Oosterhof，2009）。

INTASC 标准 8
评价学生的学习

要使评价具有公正性，需要做好测验的四个阶段的工作：编写、实施、评分和解释。下面分别论述在这四个方面达到公正须采用的具体做法。

测验的编写　评价要以课程目标为依据。学生期待测验考查的是他们前段时间学习的内容。另外，测验不应该“诱导”学生得出错误的答案，也不应该让学生能依靠猜测或蒙混而获得高分。

应避免测验中的问题语境或问题表达方式对某些学生来说更熟悉，或更能引发某些学生的兴趣。编写测验时要解决的一项难题是：确保学生不会因为背景不同而处于不利或有利的地位。例如，与音乐、体育或者明星等有关的内容可能只对某些学生有吸引力。如果某些学生比其他学生对一些语言和主题更熟悉或更感兴趣，那么这类语言或主题就不宜使用。如果难以做到这一点，那至少也要有所平衡，使某些题目对某些学生有利，而另一些题目对其他学生有利。

测验的实施　确保所有的学生有相同的机会学习测验中考查的内容。不管学生是否尽力去学了，至少他们应该有平等的学习机会。如果给一些学生额外的学习时间和学习材料，其他学生就很可能认为自己受到了不公平的对待。

确保学生熟悉测验会用到的作答形式。如果某些学生对测验题目的类型感到无所适从，他们就不能有平等的机会来展示自己能做什么。如果存在这种情况的话，应事先让学生用相同题型进行练习，以帮助他们获得成功。

给学生充足的答题时间。教育领域中的大多数测验都不会考查那些在时间压力下会被用到的内容。为此，大多数评估看重质量而不是速度。给学生足够的时间，使几乎所有的学生都有机会回答每个问题，只有这样，速度的效应才不会对提高成绩造成阻碍。

测验的评分　应确保使用的评分标准做到：只要答案符合问题要求就给予满分，而不是要考生再给出题目要求之外的信息才能评满分。如果问题不能引导知识充足的学生给出在该题上取得满分的答案，那么这种题目就需要修改。如果有些学生的答案包含比题目要求更多的信息，为公平起见，也不应给他们奖励分数。由于真正的（也是隐藏的）题意没有明确写出，因此并不是所有的学生都能够理解这种题意。

测验的解释　要根据总结性的单元末评估来评价学生，而不是根据形成性评估，因为形成性评估主要用于对进行中的学习作出评估和管理。形成性评价应当是诊断性的，用于帮助学生完成学习活动。既然成绩是用于证明学生实际的掌握程度，那么成绩就应该根据学习之后进行的评估来确定。

应该综合多种评估形式来对学生成绩进行评定。因为不同的学生适合采用不同的评估形式：一些学生擅长选择性反应测验，一些学生擅长论文测验，一些学生在接受表现性评价时占优，还有的学生在论文和科研项目方面有优良表现。并且，成绩等级应基于多次评估。不仅要采取多种评估方式，还应该在不同的时间进行多次评估。有些因素可能使学生在测验中发挥失常，要确保找到了这些因素，从而尽可能降低失常分数的重要性。如果我们了解到某个学生并没有真正地发挥其水平，那么基于这样的测验而给出的成绩或者做出的重要决策不仅是不公正的，也是不准确的。

网络链接

DiscoverySchool.com 上可找到各种类型的评估标准、课程设计以及其他对教育者有用的信息：http://school.discoveryeducation.com/schrockguide/assess.html。想了解学生课题评估的标准，请访问 http://eduscapes.com/tap/topic53.htm。教育美国（Educate American，NREL）的网站上有关于测验改革的讨论，网址为 www.maec.org/educate/11.html。需要更多有关学生评估的资源，请见 www.iste.org/source/orders/excerpts/netssa.pdf。关于如何设计一套评分标准的网站是 http://assessment.aas.duke.edu/documents/CreatingaRubric.pdf。想了解更多有关如何设计课堂表现的评估和评分标准的内容，请访问 www.ericdigests.org/2005-2/scoring.html。

使用细目表

成就测验应该考查清晰具体的学习目标。编制测验的第一步就是确定要测量哪些概念领域以及每个概念需要多少题目。格朗伦和沃夫（Gronlund & Waugh，2009）建议教师为每个教学单元建立一份**细目表**（table of specifications），列出要达到的各种教学目标以及要评估的不同理解水平（也见 Guskey，2005）。理解水平可以与布卢姆的教育目标分类相对应（Bloom et al.，1956；Marzano & Kendall，2009）。布卢姆、黑斯廷斯和马多斯（Bloom，Hastings，& Madaus，1971）建议按照六个类别对每一目标的测验题目进行分类，如表 13.5 所示，这是化学课一个单元的细目表。

不同类型学科的细目表有所不同。细目表与本章前面讨论过的行为内容矩阵几乎等同，事实上也应该如此：行为内容矩阵用来列出某学科的目标，而细目表则对这些目标进行考查。

在编制出与细目表相对应的考试题目后，审查整个测验的完整性，并按照下列标准对测验进行评价：

1. 测验重点考查的内容与你日常教学中所强调的内容是否一致？（回忆本章开头的案例，萨利文先生就忽略了这条常识性的规则。）
2. 是否忽视了目标或重要的内容领域，或者对此强调得不够？
3. 测验是否包含了课程中所涉及的所有水平的教学目标？
4. 题目所用的表述方式与你在课堂中所用的方式以及阅读水平是否一致？
5. 问题的指导语是否即使对于那些理解指导语有困难的学生也是清晰明确的？
6. 测验考查的知识量与学生回答这些内容所需的时间之间是否有一个合理的权衡？

细目表

教学目标和预期的理解水平的列表，用来指导测验的编制。

表 13.4　两种成就测验方法的比较

A. 术语知识	B. 事实知识	C. 规则与原理知识	D. 使用过程与程序的技能	E. 转换能力	F. 应用能力
原子（1）		波义耳定律（12）		用图表示物质构成（22）	
分子（2）		气体的各种特性（13）			
元素（3）		原子理论（16）			写出并配平符合实验情境的反应式
化合物（4）	双原子气体（11）	化学分子式（19）		用分子式表示化合物（21）	（28）
双原子（5）					（23）
化学分子式（6）		阿伏伽德罗假说（14）			（24）
阿伏伽德罗常数（7）		盖-吕萨克定律（15）			（25）
摩尔（8）		质量与摩尔量换算（18）			（26）
原子量（9）		分子量（17）	分子量（20）		（27）
分子量（10）					（29）

资料来源：*Handbook on Formative and Summative Evaluation Of Student Learning* by B. S. Bloom, J. T. Hastings, and G. F. Madaus. Copyright 1971 by McGraw-Hill, Inc. Reproduced with permission of McGraw-Hill Companies, Inc., via Copyright Clearance Center.

7. 是否对每道简答题给出了答案范例或答案要点？每道题目的权重是否反映了它在整个测验中的相对重要性？

如果仅从纸笔测验中得到的信息给出评价，那么评价只能提供特定有限种类的信息来描述学生在校的进步。教师还必须运用其他一些资源和策略对学生课业进行全面的评价，如行为核查表、交谈、课堂模拟、角色扮演活动以及轶事记录等。为了使之系统化，你应该利用日记或日志来记录简洁而充分的信息，用于评估每个学生全学年的情况。

编制选择性反应题目

只需以正确或错误来计分而无需做出解释的测验题目称为**选择性反应题目**（selected-response items）。多项选择题、是非题、配对题是最常见的题型。这类题目的正确答案就在试题中，学生的任务就是将其选出来，而所选答案是否正确也一目了然。当然，每种题目各有优缺点。

选择性反应题目
在这种测验题目中，答题者可以从一个或更多可能的答案中进行选择，评分者不需要对分数进行解释。

多项选择题　一些教育者认为，**多项选择题**（multiple-choice items）是最有用、最灵活的一种测验形式（Badgett & Christmann，2009；Gronlund & Waugh，2009），它适合对大部分学科进行测验。多项选择题的基本形式是一个**题干**（stem），并附有若干个选项。题干可以是一个问题，或者是一条需要以选项进行补充的不完整陈述。不存在最佳的选项数目，但最常用的数目为四个或五个，其中一个为正确选项，其他选项为**干扰项**（distractor）或**陪衬项**（foil）。

多项选择题
由一个题干和若干个选项组成的测验题目。

题干
测验题目中的一个问题或者由选项进行补充的不完整陈述。

干扰项或陪衬项
多项选择题中不正确的答案选项。

下面是两种类型的多项选择题的例子。一种有问题式的题干，另一种有需要补全的题干：

1. 将等量的黄色和蓝色颜料混合，会得到什么颜色？
   a. 黑色
   b. 灰色
   c. 绿色（正确选项）
   d. 红色
2. 实际决定美国总统当选的是
   a. 所有登记的选民
   b. 国会代表
   c. 选举团（正确选项）
   d. 联邦最高法院

编写多项选择题时，应牢记两个目的：第一，有能力的学生应该能够选出正确答案，而不受错误选项的干扰；第二，应该尽量降低不了解学科知识的学生猜对正确答案的可能。若要达到这一目的，干扰项在不具备知识者看来应该是可能正确的，其用词和形式不应被轻易地识别为错误答案。所以，若要编写一道好的多项选择题，其任务之一就是确定两三个或者四个表面上合理的干扰项，同时避免它们具有迷惑性。

理论应用于实践

编制多项选择测验（附格式方面的建议）

下面是编制有效的多项选择题的一些指导原则（见 Badgett & Christmann，2009；McMillan，2008）：

1. 题干本身足够具体，无需附加说明。换言之，题干本身包含了足够的信息来为题干中的概念提供语境。下面是一个语境信息不充分的题干：

应用行为分析可以是
a. 经典性条件作用
b. 惩罚
c. 相倚性强化
d. 自我实现

修改后的题干如下：

下列哪个选项是应用行为分析在现代课堂上的应用重点？
a. 经典性条件作用
b. 惩罚
c. 相倚性强化（正确选项）
d. 自我实现

2. 避免使用语句冗长而复杂的题干，除非该题目意在测查学生处理新信息或解释段落的能力。题干不应太啰嗦，因为测验不是对课上的教学进行补充。

3. 题干与后面每个选项之间的语法关系要合理。另外，避免在每个选项的开头重复相同的短语或词语，这些重复的内容应该包含在题干中。在每个选项的开头使用相同的语法形式（如动词）是较好的做法。例如：

统计学的任务是：

a. 使对人类的调查更为准确、严谨

b. 促使社会科学像物理科学一样受到尊重

c. 预测人类行为

d. 精简大量数据，使之易于解释（正确选项）

4. 慎用绝对化的词语，如“从不”“所有”“没有一个”以及“总是”等。它们经常出现于错误的陈述中，因为若不允许例外则论断往往出现错误。在多项选择题中，这类词语经常给那些善于应试但又没有掌握概念的学生提供暗示。表示保留例外的词语，如“经常”“有时”“很少”“通常”“多数”“一般”“平常”等，经常出现在正确陈述（或正确回答）中，因此，这些词语和绝对化的词语都应该尽可能地避免使用，或至少在正确选项和干扰项中都出现。

5. 避免把正确的选项写成惟一有限定条件的选项（如包含“如果”条件从句）。同时，正确的选项也不应该是所有选项中最长的或最短的（最长的容易被猜测为是正确的，因为绝对正确的答案经常要求精确性和限定条件）。这些特征会使得正确选项过于突出。

6. 避免出现这种情况：同一测验中，某些题目的信息为其他题目提供了正确答案。

7. 避免某一选项包含其他选项。例如，选项“狗”和选项“赛特猎狗”不宜出现在同一个题目中，因为赛特猎狗也是一种狗。同样，应当谨慎地使用“以上所有答案”作为一个选项，因为这样会将可能的正确答案的范围缩小为一个或两个。下面这个例子就说明了学生在知之甚少的情况下怎样选对答案。即使学生只知道某一个选项是错的，也能够将可选答案从四个减至两个：

探讨新的教学方案对数学成绩的影响时，最有效的一种研究方式是：

a. 相关研究

b. 实验研究（正确选项）

c. 历史研究

d. 以上所有答案

如果学生知道“历史研究”不是正确答案，那么他就会知道 d 也是错误的，所以正确答案肯定是 a 或 b。

8. 测试结束后，与学生一起讨论测试题目，听取他们对每道试题的用词的诠释。学生对某些短语的理解经常与教师的本意完全不同。这种反馈有助于修改试题以完善下次测验，也能告诉你学生是怎样理解的。

9. 不要使用明显荒诞不经的选项。在一个没有学习过的学生眼中，所有的选项看起来都应该是合理的。

除了上述指导原则以外，下面还有几条有关试题格式的建议：

- 各选项应纵向排列，不宜并行排列。
- 使用字母而不是数字来标识选项，尤其在科学课程和数学课程的测验中。
- 根据语法规则，使题干与各选项的语词结构彼此吻合。例如，对于不完整陈述式的题干，每个选项只要不以专有名词开头，就都应该以小写字母开头。

- 避免仅在一个选项上重复题干中含有的单词或词组。
- 避免将正确答案过多放在某一字母位置上，也避免使正确答案位置呈现任何规律。正确答案应随机出现在不同的字母位置上。

图 13.2 中的小测验说明了学生可以怎样凭借考试技巧而不是理解知识内容通过考试。做一下这份小测验。

图 13.2 考试技巧小测验

以下测验是关于一个虚构的国家“测验国”的，使用你的考试技巧猜测这些题目的答案，它们都是十分糟糕的题目。

1. 测验国使用的是什么货币？
   a. 美元
   b. 比索
   c. 夸克
   d. 英镑
2. 描述测验国每年的降雨模式。
   a. 高地大部分多降雨，而低地干燥
   b. 多雨
   c. 干燥
   d. 多雪
3. 测验国的每个家庭中有多少孩子？
   a. 从不多于2个
   b. 通常为2至3个
   c. 总是至少3个
   d. 没有
4. 无论这道题问的是什么，正确答案应该是哪一项？
   a.
   b.
   c.
   d.

答案：
1. c（排除法）
2. a（带有限定词的较长的选项通常是正确的）
3. b（带有“总是”和“从不”的选项通常是错误的）
4. d（这一选项还未被用作正确答案）

是非题
一种多项选择题的形式，在需要比较两种备选答案时最为有用。

配对题
分两列呈现的测验题，每一列中的每个项目都与另一列中的一个或更多项目进行匹配。

是非题 多项选择题的另一种形式是**是非题**（true-false items）。这类题型的主要缺点是学生有50%的几率猜对正确答案。因此，这种题型应该少用。

配对题 **配对题**（matching items）通常以两列的形式呈现，如A列与B列。学生必须将A列中的每个项目与B列中的对应项目配对。指导语应该清楚地描述配对的依据。配对题可以涵盖广泛的内容，也就是说，大量的（但也不能太多）概念都可以呈现于两列中。每一列都应该包含相关的内容（对于不同类型的材料，可以使用多套配对题）。配对题主要考查的认知技能是回忆。

由于两列中的选项往往由教师设计为一一对应的，因此可以使用排除法来完成配对题。为了使学生更注意内容而不是形式，教师应该使 B 列中的选项数多于 A 列，或者允许重复使用 B 列中的选项。

编制建构性反应题目

建构性反应题目要求学生填写答案而不是选择答案。填空题是其中最简单的一种形式，它可以减少或消除评分时的不确定性。但意想不到的反应可能产生模糊的答案，使得教师对如何打分感到为难。建构性反应题目也可以采用简答题和论述题的形式。

填空题　当明显只有一个可能的正确答案时，最好的题型就是完形题或称填空题。如：

1. 德国最大的城市是 __________。
2. $198.00 的 15% 是 __________。
3. 电阻的计量单位是 __________。

填空题（completion items）的一个优点是几乎可以消除应试技巧的影响。例如，比较下面的题目：

1. 缅因州的首府是 _________。
2. 缅因州的首府是
   a. 萨克拉门托。
   b. 奥古斯塔。
   c. 朱诺。
   d. 波士顿。

即使某个学生不知道缅因州首府，他也能够从第二题中选择奥古斯塔，因为其他三个城市很容易被排除。但在第一题中，学生必须知道正确答案才能做对。填空题在数学考试中尤其有用，因为多项选择题很容易提示答案，或鼓励猜测。如：

$$\begin{array}{r} 4037 \\ -159 \\ \hline \end{array}$$

a. 4196
b. 4122
c. 3878（正确答案）
d. 3978

如果学生进行减法运算后，没有得到上面所列的任何一个答案，他们知道必须得重新计算。有时，学生可以通过估算来缩小选择范围而不必知道如何算出答案。

编制填空题时，避免模棱两可是很重要的。在某些学科测验中，要做到这一点很困难。因为在不完整句子未具体限定语境的情况下，有多种答案可以与它合理地搭配。下面是两个例子：

填空题
要求将答案填写在空格里的测验题目。

1. 黑斯廷斯战役爆发于 _________。（是时间还是地点？）

2. “H_2O”表示 ___________。（是水还是两个氢原子与一个氧原子？）

如果填空题中可能存在着不确定性，那最好将试题改为选择题型，比如多项选择。

编制和评价写作类题目

简答题要求学生用自己的话回答问题。**简答题**（short essay items）最常见的形式就是要求学生回答一个问题，答案少则一两句话，多则一页纸，即 100 至 150 个英语单词表达的内容。**论述题**（long essay items）的答案篇幅更长，也需要更多时间，给学生更多机会来显示自己组织和展开观点的能力。虽然简答题和论述题的答案长度有所不同，但编制和评分的原理是相似的。

写作类题目可以产生多种多样的答案，从定义术语，到对比重要的概念和事件。这类题目尤其适合考察学生的分析、综合和评价能力。所以，教师可以用这类考题来评价学生在教学目标的最高水平上组织材料、应用概念能力的发展。当然，对写作类题目的回答在很大程度上依赖于学生的写作技能以及表达思想的能力，所以，如果教师只使用写作类题目，就有可能低估那些确实掌握了所学内容，但不善于写作的学生的知识水平和努力程度。

教师在编制写作题时可能犯的一个严重错误是：不明确指出回答问题的大致详略程度以及答案的理想篇幅。只说明某道写作类题目在整张试卷中占多少分，这一般不足以让学生明白究竟写得多详细才算达标。下面是一个例子：

糟糕的写作题

论述加拿大总理在政治领域中的作用。

改进后的题目

从三个方面来比较加拿大总理和美国总统对各自选民承担的不同义务，并分别对比解释每一方面的差异。篇幅不超过五段。

请注意，修改后的题目阐明了几方面的具体要求：答案的长度（不超过五段）、需要考虑的方面（总理和总统之间的不同）、回答的要点数（三方面；如果要求“至少三方面”，则有可能引发不确定性）、要点的选定（对各自选民承担的不同义务）以及论述的方向和详尽程度（具体解释义务有何不同）。这样的题目可以引导学生做出合乎要求的回答，使教师能够更好地向考生说明评分标准。

写作类题目应该给出学生准备论述的具体信息。有些教师不愿意在题目中提及他们希望学生论述的内容，因为他们认为，在题目中提及某个词或短语就给出了太多的信息。但是如果题目不明确，不同的学生会做出不同的解读。其结果是，他们回答的是不同的问题，这样的测验肯定不会对所有的人都是公平的。

简答题

答案从一两句话到一页纸（100到150个单词）不等的测试题。

论述题

要求的答案超过一页纸的测试题。

除了允许学生用自己的语言表达思想之外，写作类题目还有其他许多优点，举例如下。这类题不容易通过猜测来回答。它们要求学生将几个概念整合在一条答案里，因此是一种高效的评价。它们还可用于考察创造能力，如写作天赋或建构假想事件时的想象力。它们也可以用于评价组织能力和流畅性。

写作类题目的一个缺点是评分时存在着信度问题。一些研究发现，让不同的教师对同一道写作题的答案分别评分，其结果差异很大，从优秀到不及格（Popham，

2005）。写作类题目的第二个缺点是评价过程比较费时。编制一道写作题可能比数道其他类型的题节省点时间，而这节省的时间最终又消耗在评分上。第三，写作类题目所需要的答题时间通常较长。因此，这类题型不宜用于考查范围广的学习内容。但是，通过使用这类题目，教师可以了解学生运用所学材料的熟练程度。考查的广度被牺牲掉，来换取的是深度。

下面是编制写作类题目的其他几点建议：

1. 同其他题型一样，写作类题目应与教学目标相一致。
2. 不要使用笼统的指导语，如“讨论”、“阐述你关于……的观点”、“写出你知道的有关……的全部知识”。应该仔细地选择指明作答方法的具体动词，如“比较”、“对比”、“辨别”、“列举并定义”以及“解释差异”等等。
3. 在实施测验之前，教师先试着写出一份答案，以此估计学生答题所需的时间。学生用时约是教师的4倍。
4. 修改题目，使学生能够清晰地了解答题要求。
5. 要求所有的学生做所有的题目。让学生自己选择做哪些题目，这看上去似乎很有吸引力，但根本上说是不公平的。首先，学生的选择能力有差异；其次，不同的题目的难度也不同；第三，如果学生知道可以自由选择做哪些题目，他们只要非常认真地学习其中某一部分内容就可以提高成绩了。

编制好写作类题目并清楚、详细地说明要求学生写出的内容后，你还必须清楚地知道如何对学生回答的各点内容评分。为此，你首先要写出答案范例或详细列出答案要点，引导学生将这些要点写入回答，将学生的回答与其相对照。如果你想用评语而不是字母等级，那么答案要点或答案范例也有助于你准确地指出学生答案中的错误、遗漏以及可取之处。如果使用字母等级进行评价，那你就应该将学生回答的内容点与答案范例进行对照，并根据标准答案中各要点的分值，给出相应的等级。

如果可能的话，你应该请同事对答案范例中的各要点及其分值的合理性进行评定。再进一步的话，还可以请这位同事按照所定标准，对一两个学生的答案进行评分，以进一步提高评分的信度（见 Langer & Colton，2005）。当然，你也应该帮助同事们做类似的事情。

涉及写作类题目的一条争议是：评分时是否要考虑语法、拼写或其他技术性细节？假如要考虑，那对它们赋予多大的权重？如果你确实需要评定这些因素，那么你应该分别对内容和技术性细节评分，让学生知道评分的依据是什么。

在教学中运用评价的一种有效方法是给出一套或多套评分标准，并在测验之前就让学生了解。评分标准像样例一样，应该是一般性的，适用于很多写作题。学生可以了解到他们成就的哪些方面有可能获得积极的评价，并且可以通过练习确保他们的答卷能展现这些关键要点。你可以向学生展示一些往年的（匿名）答卷，以更好地阐释评分标准。图 13.3 是一例高中数学问题解决题目的评分标准。

问题解决评估

一种测验，它要求学生组织、选择和应用复杂的程序，这些程序包含至少数个重要的步骤或成分。

编制和评价问题解决题目

在数学、自然科学、社会科学等许多学科中，教学目标都包括问题解决技能的发展。因此，对学生的问题解决能力进行评价是很重要的（Badgett & Christmann，2009；McMillan，2008）。**问题解决评估**（problem-solving assessment）要求学生组织、选择和应用复杂的程序，这些程序包括至少数个重要步骤或成分。评价学

链接

想了解更多有关问题解决的内容，请参见第8章。

图 13.3 马里兰高中数学简短建构性反应题目的一般标准

水平 3

能运用合理的策略找到对该问题情境的正确解答；数学表达式完全正确；解释和（或）证明符合逻辑，表述清晰，论证充分、恰当，可以为解答提供支持，没有重大数学错误。答案表明考生对问题有透彻的理解和分析。

水平 2

对合理策略的运用不完整或不充分，可能给出也可能未给出正确的解答；数学表达式基本正确；解释和（或）证明可为解答提供支持，看上去无误，但可能不充分或不完整；答案表明考生对问题有基本的理解和分析。

水平 1

很少或没有尝试运用合理的策略，或者使用了不恰当的策略，可能给出也可能未给出正确答案；数学表达式不完整或有所遗漏；解释和（或）证明中有严重的推理错误，不完整或有所遗漏。答案表明考生对问题只有很少的理解和分析。

水平 0

答案完全不正确或不相关；也可能没有给出任何答案，或者给出“我不知道”的回答。

解释是指学生用数学语言来表达自己如何解决问题。

证明是指学生运用数学法则来支持解决问题过程中的推理，或者展示解法的正确性。这可能包括恰当的定义、公设和定理。

完全正确表示很少出现各种小错误，如遗漏变量名、颠倒数轴方向或者比例尺不统一。

基本正确表示可能出现一些小错误，如遗漏变量名、颠倒数轴方向或者比例尺不统一。

资料来源：W. D. Schafer, G. Swanson, N. Bene, & G. Newberry, "Effects of Teacher Knowledge of Rubrics on Student Achievement in Four Content Areas," *Applied Measurement in Education, 14*, 2001, pp. 151-170.

理论应用于实践

检测学生在写作类题目中是否蒙混过关

对写作类考题没有做好充分准备的学生可能试图在考试中蒙混过关，除非学生对问题给出了具体的答案，否则就不应该给分。下面是一些常见的蒙混类型：

1. 学生以陈述的形式对问题进行重复（用语稍加修改），并指出这一主题的重要性。（“教学中的评估是极度重要的。很难想象缺乏评估的教学能有效。”）
2. 学生围绕其熟悉的主题进行回答，并使其看起来符合题目所问的问题。（一个学生可能很了解测验，但不了解表现性评价，当被要求对测验和表现性评价进行比较时，这名学生可能会非常详细地描述测验，并多次指出，表现性评价特别适合用于评价本测验所评价的这一类型的学习。）
3. 学生在回答中大量使用基本概念，无论他们是否理解这些概念。（要求学生围绕任意一种评价技术来写作，学生可能会在答案中频繁提到“信度”和“效度”的重要性。）
4. 学生尽可能地写出教师的基本信念。（“在编写或选择这种类型的测验之前，必须从学生表现的方面来表述教学目标。”）

生在每个步骤或成分上的表现是很重要的。

下面是一道七年级的数学题以及某七年级学生的答案。该例之后有关评价问题解决的讨论适用于所有的学科领域。

问题

假设 A、B 两个赌徒在玩一种游戏，如果某人输了，则付给对方的钱数应该与对方此时所拥有的钱数相同。假定 A 赢了第一局和第三局，B 赢了第二局。三局结束时，二人各有 12 美元。请问：游戏开始时每人各有多少钱？你是如何得出答案的？

某学生的答案：

第 N 局后	A	B
3	$12.00	$12.00
2	6.00	18.00
1	15.00	9.00
开始	$7.50	$16.50

起初我先从第一局考虑，想来想去，也找不到一种答案使最后的钱数都是12。后来，我决定从第三局开始，倒推过来。果然奏效！

你如何客观地评价这样的回答？与评价简答题的答案类似，你准备评价标准的第一步是写出一个答案范例，或者写出问题解决过程中所必需的关键成分或步骤，后者可能更可行。与写作类题目相似，问题解决题目的答案可能由数种不同方法得出，但它们可能都是正确的。所以，答案要点列表要有灵活性，能够兼容所有正确的回答。

理论应用于实践

同伴评价

在合作学习中经常使用的一种评价方法是：在教师对学生的作业进行评价之前，先让学生根据一组具体的标准进行互评。这种方法尤其常用于创造性写作以及数学问题解决（不如在前者上常用）（Reynolds，2009；Smith，2009）。同伴评价不影响学生的分数或成绩等级，但是能为学生提供反馈，用于修改作品或解法。图 13.4 可用于指导学生对对比性的写作任务进行同伴评价。先由同伴对表格中的各项进行评价，在充分完成的项目上打勾；然后，教师也按同样的方式进行评价。同伴和教师也可以直接在学生的文章上做出标记，并提出修改建议。同伴评价是对写作者的一种形成性评价，同时也给了评价者一个宝贵的机会，使他们从教师的视角出发，了解什么构成优秀的写作。

INTASC 标准 6
沟通技能

评价问题解决题目　问题解决中包含一些重要的成分，这些成分适用于大多数学科，如理解问题、系统地分析问题、得到一个合理的答案。下面是一个详细的核查表，列出了多数问题解决中所共有的要点，可以指导你在评价学生的问题解决能力时决定不同要点的权重。

问题解决评价要点

- □ 1. 问题的组织
  - □ a. 用表格、曲线图或图表等来表述
  - □ b. 表述手段与问题匹配
  - □ c. 对问题有全面的理解
- □ 2. 程序（数学：试误、逆推、实验过程、经验归纳）
  - □ a. 尝试了一种可行的方法
  - □ b. 所使用的程序最终解决了问题
  - □ c. 计算（如果有的话）正确

图 13.4 对比性写作的同伴评价示例

标准	同伴	教师
内容 1. 说明了概念间有何相似性		
2. 说明了概念间有何差异性		
3. 组织良好		
4. 起始句很好		
5. 总结句很好		
技术性细节 1. 拼写正确		
2. 语法正确		
3. 标点正确		
4. 至少2页纸		

□ 3. 问题的解决（数学：表格、数字、图形、曲线图等）

□ a. 答案合理

□ b. 答案经过了验证

□ c. 答案正确

□ 4. 有关所给信息的细节的逻辑及应用信息的逻辑是正确的。

如果你想对含有正确要点的答案给予一部分分数，或者想让学生知道自己回答的价值，你必须设计方法以始终一致地做到这一点。下面是一些建议：

1. 对于写作测验、数学问题解决、上机作业或其他需要分别评价各阶段完成质量的任务，你都应该先写出答案范例。
2. 详细地告诉学生所给分数的意义，以说明学生答卷的价值。

下面的例子描述了数学、社会科学或语文中答案范例的要点。

数学样例 给学生下面的问题：

在网球单淘汰赛中，有40名选手角逐单打冠军。请问需要进行多少场比赛可以决出冠军？

评价

□ a. 学生使用图形、表格、图表、方程式等来表述问题，证明学生理解了问题。（3分）

□ b. 运用了一种有可能得到正解的解决方法，如系统地试误、经验归纳、排除法、逆推法等。（5分）

□ c. 得出了正确答案。（3分）

教师根据课程内容以及测验目的确定所评价的三种要素的权重，据此对它们给予不同的分值。如果教师知道学生有能力在头脑中完成问题解决过程，那么即使这些过程并没有全部反映于学生的作答步骤中，教师也应对正确答案给满分。但重要的一点是防止产生晕

轮效应（halo effect）。如果教师知道这是某个学生的答案，并且根据对该生的印象而调整评分时，就会出现晕轮效应。相同的答案应该得到相同的分数，无论这个答案是谁作出的。使用详细的评分标准或评分指导可以使评分更客观，避免产生晕轮效应。

社会科学或语文样例　要求学生就下面的问题写出100个词的小论文：

> 根据因纽特人和纳瓦霍人生存的气候条件，对两个人群制作工具的情况进行对比和比较。

评价

- □ a. 能准确而具体地回忆出因纽特人和纳瓦霍人所生存的气候条件（1分）以及所用工具（1分）。
- □ b. 论文中思维连贯，有逻辑性。（3分）
- □ c. 对不同气候条件下使用不同工具的理由进行了合理论述。（3分）
- □ d. 对两个人群及其制作工具情况的异同进行了比较和对比分析。（8分）
- □ e. 有总结和结束句。（1分）

这两个例子也为其他学科领域的题目评价提供了参照。与笼统地给出对错的评判相比，对学生的大部分努力给予一定的分数当然更能全面地评价学生的进步。上述二例说明，当不宜使用多项选择题、是非题、填空题和配对题等简单的题型来评估能力时，如何有条理地进行客观评价。在评价学生答案中的各个成分时，也不一定必须用分值表示。在许多情况下，使用某种评语或许更有意义。**评语**（evaluative descriptors）是就学生对某一试题、某一问题或某一课题的完成过程中的优缺点进行的陈述。在上述数学样例中，教师对要素a的评语可以是："你制作的图表非常好，这表明你理解了问题。但是你在把几个重要数字填入图表中时，好像有些粗心。"

注意，这些样例都同评分标准一样，可以运用到各种各样的主题中。在教学中，如果教师和学生能就这些评分要点进行讨论，学生就能更好地理解学习目标；在教学以及形成性评价中，教师和学生也会有一种可以使用的共同语言。

什么是真实性评价、档案袋评价和表现性评价？

INTASC标准8
评价学生的学习

在传统测验受到诸多指责后（如，Rothberg，2001；Shepard，2000；Thompson，2001），批评者们开发并应用了替代性的评价系统，该类系统旨在避免典型的多项选择测验中存在的问题。新的测评系统中所蕴涵的核心思想是：要求学生展示自己的学习，或者展示自己能够利用学校里学到的知识和技能来完成一些实际的工作（Burke，2009；Carey，2001；Marzano et al.，2001）。例如，要求学生保留档案袋，设计一种测量风速的方法，按一定比例绘出某种赛车的模型，或者为现实生活中的某个读者群写点东西。这类测验被称为真实性评价或表现性评价（Belgrad，Burke，& Fogarty，2008）。这些替代性评价的目的之一就是让学生在真实的情境中展示其成就。例如，在阅读课中，真实性评价测验要求学生对较长的段落进行阅读和解释，并展示自己对阅读策略的元认知意识（Roeber & Dutcher，1989；Valencia，Pearson，Perters，& Wixson，1989）。在科学课中，真实性评价可以包括要求学生自己设计并操作一项实验。在写作课中，要求学生写真实的信件或新闻报道。在数学课中，学生可以解决一些需要运用洞察力和创造力的复杂的实际问题。真实性测验有时需要

晕轮效应
由于受到对答题者平时看法的影响而出现的偏差。当一个教师知道哪一个回答是哪一个学生作出的，并根据对该学生的印象调整评分时，就出现了这一效应。

评语
就学生对某一试题、问题或课题的完成情况的优缺点进行的陈述。

学生整合不同领域的知识，例如，将代数知识用于了解并操作某项科学实验及报告实验结果。

■ 档案袋评价

替代性评价的一种常见形式是**档案袋评价**（portfolio assessment）：搜集和评价学生在一段较长时间内的作品样本（Burke，2009；McMillan，2008）。教师可以收集学生的作文、研究项目以及其他一些能反映他们高层次能力的作品，以此评价学生一段时间取得的进步。例如，许多教师要求学生保留一个写作档案袋，其中包括从最初的草稿到最后的作品，以反映作品的完善过程。档案袋也可以装日记、读书报告、艺术作品、计算机打印稿以及反映问题解决能力发展的论文等（Belgrad，Burke，& Fogarty，2008）。档案袋材料越来越多地在计算机上保存，以作为纸质档案的补充（Diehm，2004；Niguidula，2005）。图 13.5 是对学生的写作档案袋进行评价的标准示例。

图 13.5　应用档案袋方法评价学生写作能力的标准示例

优秀表现	←评价指标的连续体→	有待改善
	多样性	
阅读面广，体裁多样	有一些变化	很少或没有变化 作品没有广度或深度
	过程	
样本反映了发现或关键的学习经历	过程阐述的方式不灵活、机械化	很少应用过程来反思成就
	反应	
投入到故事中 讨论关键问题 有证据表明做了批判性的质疑	有个人反思，但关注面狭窄	对孤立事件的简单复述
	自我评价	
多维 多角度的观察 建立有意义的目标 记录自己的进步	正在形成洞察力 注意到某些具体方面 有限的目标确立 粗浅地意识到进步	关注点单一且性质太过宽泛 设定的目标太宽泛或无目标
	个别成分	
有效驾驭各个不同要素： 组织、连贯性、表面特征等	显示出正在上升的驾驭能力； 存在一些错误，但主要观点清晰	有待改进： 观点、文本特征、表面特征杂乱
	问题解决	
应用多种资源处理问题 喜欢解决问题和学习新方法	使用有限的资源 想一蹴而就地解决问题	显得无助 遇到难题就气馁
	目的性/用途	
利用阅读或写作来达到不同的目标，包括与他人交流	利用阅读和写作来实现他人的目标	冷漠，对抗

资料来源：Cathy Collins Block, *Teaching the Language Arts: Expanding Thinking through Student Centered Instruction.*

档案袋评价

对收集到的学生的作品进行评价，从而反映出学生的成长、反思和成就。

当教师要对学生进行评价以通报其家长，或为了校内的其他目的时，档案袋评价就有重要作用。在一以贯之的、公开的评分标准下，将该种评价与应要求进行的评价结合使用，可以给家长和学生本人提供有关学生一段时间内进步情况的有力证据（Burke，2009）。

资格认证指南

教师资格考试中可能会给出一个案例，要求你设计一种恰当的方法来运用档案袋评价。

网络链接

想了解关于评价尤其是表现性评价和档案袋评价的报告、新闻和发表的其他文献，请访问位于加利福尼亚大学洛杉矶分校的国家评价、标准、学生测验研究中心（National Center for Research on Evaluation, Standards, and Student Testing, CRESST）网址 www.cresst.org。想参见与评价和其他教育问题有关的文章、多媒体信息，请访问乔治·卢卡斯教育基金会（George Lucas Educational Foundation）的网站 www.edutopia.org/assessment。另有州立教育委员会网站 www.ecs.org/html/IssueSection.asp?issueid=12&s=Other+Web+Sites，其中有一系列关于评价的网站。

理论应用于实践

在课堂中使用档案袋

计划和组织

- 建立学生的档案袋时要有一份灵活的总体计划。使用档案袋的目的是什么？需要什么样的材料？何时以及如何获得这些材料？应用什么标准来反思和评价这些材料？
- 为学生提供足够的时间去准备和讨论档案袋的内容。档案袋评价要比讲评纸笔测验花费更多的时间和思考。
- 可以先建立学生在某一方面的学习和成就档案，然后随着你和学生对档案袋评价程序有更多的了解，再逐渐地将其他方面的有关内容加入档案袋。例如，档案袋评价方式尤其适用于对学生写作过程的评价。
- 档案袋中所选择的材料应能反映学生在一些重要目的和目标上的熟练度进步状况。能反映多种目标的材料可以使档案袋评价更高效。
- 至少选择两类材料：必选材料（Arter & McTighe，2001；Murphy & Underwood，2000）或称核心材料，以及其他一些可选作品样本。每个学生都有必选材料即核心材料，它们反映了进步状况，而可选作品样本能够表明每个学生的独特方法、兴趣和优势。
- 在每个档案袋上面都要有一份目标和目的清单以及必选材料的清单，在清单上另留出空间，用于记录可选材料。这可以使你和学生跟踪档案袋里的内容变化。

实施

- 为了节省时间，确保档案袋中的材料是学生的代表性作品，还应把档案袋的完善整合到正在进行的课堂活动中，以提高其真实性。
- 让学生负责档案袋材料的准备、选择、评价、归档以及更新。年幼的学生需要在教师的指导下完成这些活动。
- 在档案袋中选一些材料，给学生示范如何用它们进行反思和自我评价，使他们意识到自己采用了什么样的过程，学到了什么，还需要学习什么以及下次如何改善。

- 要有选择性。档案袋并不是随意地将答卷样本、录像或录音、图画、网页或其他一些成果收集起来。相反，它应该精选能代表学生学习情况的材料。随意地添加材料很快会使档案袋过于繁杂而无法管理。
- 利用档案袋中的信息来确定学生在技能发展序列上处于哪一位置。
- 分析档案袋中的材料，以深入了解学生的知识和技能水平。这样，你就能更好地理解学生的优势、需求、思考过程、前科学概念、错误概念、犯错模式以及发展的各基点。
- 利用档案袋的信息来记录和赞许学生的学习，向学生家长以及学校中的有关人员通报学生的成就，改善课堂教学和调整其方向。如果档案袋的使用并未和改善教学相联，那么它就没有意义。（有关档案袋评价的指导意见，请参见Belgrad et al.，2008；Burke，2009；Stiggins，2000。）

表现性评价

要求学生在现实生活中实际展示知识或技能的测验叫**表现性评价**（performance assessments）（Foster & Noyce，2004；McMillan，2008；Popham，2005）。例如，可以要求九年级的学生口头完成一份历史课题：阅读近年发生的某起重要事件的资料，之后对相关人员进行访谈。这份口头历史作业在几周之内完成，其质量可以反映学生对社会学习方面的有关概念的掌握程度。威金斯（Wiggins，1993）也曾经描述了这样一个评价案例：在学年的最后两周，要求学生运用该学年中学到的所有知识，分析一堆由各种固体和液体混合而成的半固态物。有些学校要求学生提交自己制作的精致“展品”，如花费几个月的时间才完成的课题，以此展现其学习能力。有一定时间限制的表现性评价可能要求学生做实验，回答有关一篇较长文章的问题，进行不同体裁的写作，或解决实际的数学问题。

表现性评价
对学生在现实生活中完成任务的能力的评价，而不只是评价对知识的展示。也叫做真实性评价。

这名学生的表现正受到同班同学的评价。使用表现活动或小组活动来评价学生，这种方法有哪些优点和缺点？

表现性评价的有效性

传统的标准化测验受到的最严厉的指责之一就是：它们使教师只注重教授正好会出现于测验中的、范围狭窄的一些技能（见 Popham，2004）。如何使表现性评价更有效呢？至少从理论上讲，应当能够编制需要全面理解学科内容的测验，这样的测验才值得作为教学导向。

例如，思考一下图 13.6 所示的科学课中的表现性测验。假定学生将要进行一个实验，以解决类似图中所示的问题（并非图中原题）。若要想教学生应对这类测验，惟一的方法就是教给学生有关电、实验以及问题解决策略等方方面面的信息（见 Shepard，1995）。

暂且抛开所有的可行性问题以及表现性测验的实施和评分的费用问题，这种新的测验形式能否解决标准化测验存在的所有问题，目前尚不清楚。例如，谢弗森、巴克斯特和派因（Shavelson，Baxter，& Pine，1992）对科学课中的表现性评价进行了研究（图 13.6 即摘自他们的研究结果）。他们发现，对学生在这类测验中表现的评分是有信度的，但是，不同的表现性评价，其分数的模式有很大的差异，并且学生的得分与其能力倾向的关系仍比与学生实际学习的内容的关系更为密切（也见 Educational Testing Service，1995；Linn，1994；Supovitz & Brennan，1997）。

图 13.6　表现性评价活动举例

探寻神秘的盒子中究竟都有些什么东西。盒子中有下面 5 种不同的东西。

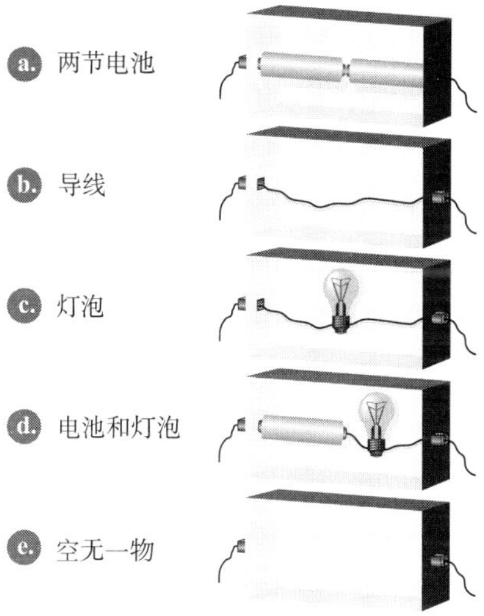

试着将每个盒子连接在一个电路中，这有助于你推测盒子中的东西。你可以以任何方式使用灯泡、电池和导线等物品。

资料来源：R. J. Shavelson, G. P. Baxter, and J. Pine, "Performance Assessments: Political Rhetoric and Measurement Reality," *Educational Researcher, 21*(2), p. 23, 1992.

表现性评价的评分标准

通常，表现性评价计分所依据的评分标准事先具体说明了每种活动中应该具有的表现（Andrade，2007/2008；Burke，2009；Popham，2005）。图 13.7（摘自 Taylor，1994）所呈现的评价标准主要用于考察学生对所读故事中人物性格的发展进行的论述。

表现性评价任务同写作类题目有一点相似：学生可以采用多种方式解决问题。因此，对于表现性测验而言，学生理解各种评分标准同样是非常重要的。为此，可采用的方法之一就是写出数种通用的评分标准，这些标准可以灵活地用于评价学生的各方面表现。图 13.3 是一套已经运用到高中数学课上的通用评分标准。研究者认为，在课堂教学中使用这种标准能够提高学生成就（Schafer，Swanson，Bené，& Newberry，2001）。

设计表现性评价比较费时，并且为了防止评分时陷于主观性，还需要进行练习。但是有几种经过深思熟虑、编制完好的表现性测验可使用，例如用作对整个单元的所有或大部分教育目标的总结性评价（见图 13.8）。

资格认证指南

在教师资格考试中，你可能会被要求举出一例表现目的，并设计出一个行为目标、一项活动和一种对学生学习的评价，以达到这一目的。

图 13.7　评分标准样例：目标表现、表现标准以及对不同分值的表现的描述

表现

对文学作品中的人物性格发展的论述

表现标准

- 确定人物的性格特点
- 至少从三个方面描述故事进程中人物性格的发展
- 从故事中摘选适当内容来印证每种性格特点
- 描述人物性格对故事情节的作用
- 至少摘选三处来说明作者关于人物性格对整个故事所起作用的观点
- 为支持论点而引用的文中信息是恰当的

评分标准

4分 论文中对人物性格的发展及其对故事情节的作用的描述透彻、完整、有见地。提供了充分的支持性证据来促使我们考虑作者的观点。所有的文章选段都使我们深入地理解作者对人物的看法。

3分 论文中对人物性格的发展及其对故事情节的作用的描述完整。提供了充分的支持性证据来促使我们考虑作者的观点。大部分的文章选段都使我们深入地理解作者对人物的看法。

2分 论文中对人物性格的发展或者对故事情节的作用的描述完整。提供了一些支持性证据来促使我们考虑作者的观点。大部分的文章选段都使我们深入地理解作者对选段中描述的人物特征的看法。

1分 论文中对人物性格的发展或者对故事情节的作用的描述基本完整。提供了印证作者观点的证据，但并非都具有说服力。文章选段很少使我们深入地理解作者对选段中描述的人物特征的看法。

0分 论文不完整，明显地缺乏标准中所要求的各种表现，或者跑题。

资料来源：Catherine Taylor, "Assessment for Measurement or Standards," *American Educational Research Journal, 31*(2), pp. 231-262, 1994.

图 13.8 学期评价

心理课题展评分标准

√ **我们的心理学课题……**

■（25分）提供了背景信息——引用其他研究，解释我们对该问题的兴趣，阐述该问题的基本原理。（背景信息越好、越详细、越适用于该问题，分数越高。）

简短例子："我们感兴趣的是服饰如何影响行为。我们盛装打扮时总是自我感觉更好，我们也会认为在穿着良好的人之间较少发生暴力行为。科恩和科恩（Cohen & Cohen，1987）发现，穿校服的学生在考试中的成绩要高出10%，被记过的次数也更少。因此我们想进一步探讨这一问题。"

■（25分）对研究进行描述（摘要——关于你的课题的概括性的陈述，100单词以内。）

简短例子：本研究调查了学业成就和校服穿着之间的关系。我们调查了宾夕法尼亚州德里郡的三所学校的学业成绩和记过数量。调查发现，穿校服后学生表现出成绩的提高和行为问题的减少。

■（40分）有一个可测量的假设，其中对变量进行了具体定义和区分。

■（25分）至少用一张曲线图、图表或其他图形化要素对数据进行直观总结。别人看到曲线图或图表后应该能清楚地了解研究的变量和结果。

■（10分）附上用来收集数据的任何空白调查量表或其他量表。

■（40分）写明研究程序，确切地告诉读者我们都做了什么事。

简短例子："我们花了三天，调查了100个学生和30个老师。"

■（30分）有一部分用来解释数据，指出假设是否准确。

简短例子："我们的数据表明我们的假设是正确的：分数提高了30%，表明学生的成绩有所改善，而……"（同样要进行解释。如果你只说"我们是对的"或"我们的假设是正确或错误的"，你最多只能得到一半分数。）

■（30分）有一部分用来指出研究的意义——它为什么是重要的。

简短例子："这是一项重要的研究，因为它反映了许多人都没有意识到的一种偏见，也指出了一种提高学生成绩和减少行为问题的方式。它进一步……"

■（50分）是交互的。读者可以进行测试、观看录像、做小测验等。（可以通过很多方式做到这一点。例如，假如测验较长，可以让读者做其中的一部分，或放映一段研究程序的录像。）

总分：275

资料来源：Chuck Greiner, high school psychology teacher, James M. Bennett High School, Salisbury, MD.

如何确定成绩等级？

教师所面对的一项最复杂而又往往具有争议性的任务就是给学生的课业评定等级（Guskey & Bailey，2001；Marzano，2001；O' Connor，2007，2009；Scriffiny，2008）。有必要进行等级评定吗？显然，对学生进行某种形式的总结性评价是必要的，而且大多数学校都将某种类型的等级评定作为主要的评价形式。

INTASC 标准 5
课堂管理与动机

确立评级标准

评级标准有多种类型，但不管教师所在的是哪一级学校，大家公认的一点是：需要对他们给出的成绩等级的意义进行解释（Gusky & Bailey，2001；Marzano，2000）。分数至少应该能够表明学生的成果在班级中的相对值。分数还应该能够帮助学生更好地理解自己应该达到什么水平以及如何改进。

运用字母等级的教师和学校可以赋予字母如下的含义：

A = 最好；杰出的；成绩优秀
B = 很好，但不是最好；中上
C = 能胜任，但成果或表现不突出；一般
D = 刚及格，但表示出严重的不足；中下
F = 不及格；明显有严重的不足

运用字母等级

所有的学区都有一种在报告单上给出成绩等级的政策或常用做法。大多数学区使用的是 A – B – C – D – F 或者是 A – B – C – D – E 的字母等级，但也有很多学校（尤其是小学）使用“优秀 – 令人满意 – 不令人满意”评定系统的诸多变式（Marzano，2000；O' Connor，2009）。还有一些仅仅报告百分等级。不同学区的评分标准有很大差异。中学通常对每门学科分别给出一个等级，但大多数小学和个别中学不仅对成绩表现进行评价，也对学生的努力或行为进行评价。

虽然给出字母等级的标准可能由学校管理机构来制订，但评定标准通常是由每个教师依据非常广泛的指导原则来确定的。事实上，很少有教师给一半的学生 A 或者给许多学生不及格，但在这两个极端之间，教师有很大的发挥空间（见 Guskey，2009；O' Connor，2009）。

绝对评级标准　可以根据绝对或相对的标准进行评级。绝对评级标准可以由一些预先设定的、达到某一等级所必需的百分比组成。例如：

等级	正确的百分比
A	90 – 100%
B	80 – 89%
C	70 – 79%
D	60 – 69%
F	低于 60%

绝对标准的另一种形式是标准参照评级。教师预先确定什么样的表现分别代表学生对教学目标的掌握程度为优秀（A）、中上（B）、一般（C）、中下（D）、不及格（F）。

绝对百分比标准的一个重要缺陷是：学生的分数可能取决于测验的难度。例如，在是非测验中，一个学生即使只知道 20% 的答案，剩余题目全靠猜测（在随机水平上能正确回答其他 80% 的题目中的一半），那他也能通过这次考试（假定通过的百分比标准是 60%）。但是，如果测验很难，不可能靠猜测来完成，那么达到 60% 正确将是一个很高的分数。所以，绝对百分比标准应该与标准参照等级结合使用。也就是说，在大多数情况下，教师可以使用 60 – 70 – 80 – 90 的百分比标准。同时，对学生认为较容易的测验，教师要制订较高的标准；对较难的测验，则制订较低的标准，并让学生知道这些标准。

绝对评级标准存在的另一个问题是，每种等级涵盖的表现水平范围通常是很不同的，尤其是 F。等级为 F 的学生也许很接近 D 等级，也许与“及格”相差甚远。虽然其他等级中也存在这种情况，但由于 F 等级的跨度较大（从 0% 到 60%），因而其不确定性就更大。另外，F 等级导致的后果通常也比较严重。

相对评级标准　教师根据学生在班级或年级中的排名进行评级，这种评级系统叫做**相对评级标准**（relative grading standard）。一种传统的相对评级形式就是具体说明百分之几的学生能够得A、B，等等。有一种形式叫基于曲线的评级，即根据学生在预先设定的分数分布上的位置来确定他们的分数等级。

使用相对评级标准的好处是可以将学生的分数与其他人的分数联系起来，而不必考虑测验的难度。但是，相对评级标准也存在着严重的弊端（见 O' Connor，2009）。其中一条是，由于获得 A 和 B 的人数是确定不变的，因此，与低成就班级中的学生相比，高成就班级中的学生必须取得高很多的分数才能得 A 或 B——这种情况容易被认为是不公平的。教师处理这个问题的方法通常是给高成就班级相对较多的 A 或 B。相对评级的另一弊端是：它会引发学生间的竞争。如果一个学生得了 A，就会减少其他学生得 A 的机会。竞争可能阻碍学生的互助，损害同学之间的人际关系（Krumboltz & Yeh，1996）。

近几年，严格地基于曲线或按照 A、B 的固定数目进行评分的做法在持续减少。一方面，等级整体上给得偏高；现在给予 A 和 B 的数量比以前多，C 也不再表示中等水平的本来意义，而经常代表着中下水平。安德森（Anderson，1994）曾对八年级的学生进行了一项全国范围的调查，要求学生报告自六年级以来自己所得的英语分数。结果总结如下：

大多是 A：31%
大多是 B：38%
大多是 C：23%
大多是 D：6%
大多低于 D：2%

对数学的调查结果与此相似，生源多为贫困家庭的学校仅比中产阶级学校的分数等级稍低。学生自我报告的分数可能比其实际得分要高些，但当今的平均等级仍然很可能是 B，而不是 C。

相对评级标准
根据学生在班级或年级中的排名而进行的评级。

最常用的评级方法包括以下几步：教师考虑学生在测验中的得分以及测验的难

度和班级的整体表现，然后依据获得 A 和 B 的“合理人数”以及不及格的“合理人数”来对学生进行评级。各位教师在估算具体的合理人数时存在很大的差异，但学校对多少学生应该得 A，多少学生该得不及格一般都有不成文的规定。

表现性评级

传统的评级方式最大的局限性之一在于：虽然它可以表明学生与其他人相比做得如何，但不能提供学生知道什么以及能做什么的信息。在英语课上得 B 的学生也许很失望，也许长舒一口气，这取决于他的期望。但这样的分数不能告诉家长或教师该学生能做什么，需要做些什么以求进步，优势与弱项是什么。另外，每个学科只给出一个单一的分数，这可能强化这样一种观念：学生的能力有高有低，或学习动机有强有弱，而淡化了所有的学生都在进步这一观念。

有些学校为克服这种局限性，采用了另外一种评级方法，即*表现性评级*（Guskey，2009）。在表现性评级中，教师要确定学生知道什么，能够做什么，然后用家长和学生都能够理解的方式表达出来（Guskey，2006）。图 13.9（摘自 Wiggins，1994）是按五年级期末标准的语文成绩评估的一个实例，该标准是对五年级学生掌握程度的一系列预期。家长看到这类表格之后，就会了解到自己的孩子朝学区规定必须具备的那类表现取得了怎样的进步。值得注意的是，尽管这份表格说明了一个学生与他人相比做得如何，但其强调的重点则是学生随着时间的推移所取得的进步。

表现性评级的评分标准 使用表现性评级的一条关键要求是搜集能够证明学生在一个发展序列上所处表现水平的作品样本。对学生在课程中完成的作品（如作文、实验报告、课题）进行搜集和评价，这叫*档案袋评价*（Burke，2009），本章前面已讨论过。另一种评价方式就是让学生完成一些测验，在这些测验中，学生能够展示自己运用和整合知识、技能的能力以及判断能力。大多数表现性评级都以某种方式将档案袋评价和要求进行的表现性测验综合起来。在每种情况下，学生的表现通常都是根据一定标准来评价的。这些标准要么是对部分熟练、熟练和精通的表现进行的描述，要么说明了学生在发展序列中所处的位置。

其他评级系统

人们将其他几种评级方法与创新性教学方法结合起来使用。在*合约式评分体系*中，学生可以通过协商来确定究竟需要完成多少任务或是达到何种表现水平才能获得某个等级。例如，学生可能同意在一个评定期内完成五篇规定长度的读书报告以获得 A。**掌握性评级**（mastery grading）需要建立一个掌握的标准，如在某个测验中，正确率为 80% 或 90% 时才算掌握。达到该标准的所有学生都能获得 A。第一次没有获得 A 的学生可以接受纠正性教学，然后进行补考以努力达到掌握的标准（Guskey，2009）。最后，许多教师给学生评级时将学生的进步或努力程度作为根据，通常也结合传统的评级方法。按照这种方式，比同学稍差一些的学生也仍然可以获得反馈来证实自己在进步（见 Tomlinson，2008）。

掌握性评级

评级需要建立一个掌握的标准，如在考试中答对 80% 或 90% 的题目。第一次没有达到标准的学生可以接受纠正性教学，并再次进行考试以达到掌握标准。

让学生补考 许多教师都允许学生补考，尤其是当学生第一次不及格时。如果补考能给学生提供一次额外学习和掌握班级所学内容的机会，这无疑是非常好的。例如，给学生两天的时间来学习刚考过的内容，然后进行另一种形式的考试（这次考

图 13.9 表现性评级标准样例

樱桃溪学区，波尔顿社区小学，公平竞争进步成绩单（语文部分）

学生姓名：____________________ 三年级______四年级______

教师：____________________ 学年____________________

基于表现的毕业要求主要强调学生掌握的熟练程度。课程以及书面进度报告旨在帮助学生为完成这一任务而做好准备。日期（如3/12）则表明按照五年级学年末的标准，学生的表现处于进步连续体的哪个位置。

	基础的	熟练的	精通的
语文熟练水平1 倾听、解释言语与非言语线索以建构意义。	主动倾听，显示自己的理解，用提问和复述来澄清。	有目的地主动倾听，显示自己的理解，用提问和复述来澄清。	有目的地主动倾听，显示自己的理解，用提问和复述来澄清，对信息进行归类、分析与应用。
语文熟练水平2 在正式和非正式的情境中，通过言语来清晰、连贯地表达意义。	恰当地告知、解释、论证或说服。组织一段发言，并应用词汇来传达信息。	恰当地告知、解释、论证或说服。组织一段正式的发言，并应用词汇来传达信息。	恰当地告知、解释、论证或说服。组织一段有细节及过渡的正式发言，符合主题，词汇恰当 。根据听众和主题，运用目光接触、手势以及其他恰当的表达方式。
语文熟练水平3 在阅读过程中，通过与文章的交互、识别各种阅读材料的不同要求、应用增进理解的恰当策略，来建构意义。	阅读不同的材料，理解字面意思。通过相关信息，回忆和构建知识。开始使用策略来提高流畅性，阅读不同材料时调整速度。	阅读不同的材料，理解字面意思和引申意义。综合并探索信息，进行推论。评判作者的意图，分析材料的意义和价值。使用策略来提高流畅性，阅读不同材料时调整速度。	阅读不同的材料，理解并进行推论，通过相关的信息来回忆和构建知识。使用策略来提高流畅性，阅读不同材料时调整速度。
语文熟练水平4 能够进行这样的写作：传达意图与意义，运用有效的写作策略，体现书面语规范以清晰地交流。	恰当地进行命题和自选主题的写作。中心思想清晰，细节少。文章的开头、中间和结尾较空洞。句式缺少变化，有错误。	恰当地进行命题和自选主题的写作。中心思想清晰，细节生动，条理清晰， 句式有变化，通过编辑减少了错误。选用恰当的语态和单词。	恰当地进行命题和自选主题的写作。将观点、细节和事例彼此相联。有效的组织和条理化 ，有意义的句式结构，通过编辑消除了大多数错误。选用恰当的语气和单词。

与班级中的其他学生相比，您的孩子在语文方面

注：教师在每个空格里做记号，以表明学生在语文方面的情况。

1	2	3	评分时期
			表现很好
			表现出应有的进步
			需要练习和帮助

资料来源：Grant Wiggins, "Toward Better Report Cards," *Educational Leadrship, 52*(2), 1994, pp. 28-37. Copyright © 1994 by the Center on Learning, Assessment, and School Structure. Reprinted by permission of the author.

试不应与第一次考试相同，否则会致使学生只学习考过的内容）。由于获得了额外学习的机会，学生将获得比其实际考试成绩低一个等级的评分。这样做也会带来一种隐患：如果学生知道自己有机会补考，他们可能会在第一次考试之后才开始努力学习。但一般来讲，以允许学生考第二次的方式让那些愿意付出更多努力的学生提高成绩是一种好做法。一些学校会给出A、B、C或未完成的等级，并允许给学生额外的时间和支持，直到所有学生都至少达到C为止（Kenkel，Hoelscher，& West，2006）。

给出成绩单上的等级

大多数学校每年要发出 4~6 次成绩单，也就是每 6 周或 9 周一次。成绩单上的等级通常由下列的某些因素共同决定（Guskey & Bailey，2001；Marzano，2000；O' Connor，2007；Reeves，2008）：

- 小测验和考试的分数
- 论文和课题的分数
- 家庭作业的分数
- 课堂作业的分数
- 课堂参与（学业行为，回答问题等等）
- 行为态度（课堂行为，是否拖沓，态度）
- 努力程度

以上因素的排列顺序是：从最正式且最可靠的成就测查方法到作为学习指标最不可靠者。最前面的两种是总结性评价，几乎人人都认为它们适合用作等级评定。随后的两种是典型的形成性评价，反映了学习尚未完成时的进展。由于形成性评价不能反映教学单元结束时学生的学习状况，因而不如总结性评价适用。最后三个因素可能影响成绩，但它们本身并不是学习成绩。如果依据这三个因素进行评级，则有可能错误地传达有关学生的信息（O' Connor，2007）。教师通常对不同的因素赋予不同的权重，如声明平时小测验占 30%、期末考试占 30%、家庭作业占 20%、课堂参与占 20%。这样做可以让学生知晓，教师最看重哪些方面。

当把若干次分数综合起来用于评定成绩时，会产生的一个重要问题是如何处理缺少的作业，如家庭作业（O' Connor，2009；Reeves，2008）。一些教师将未交的作业判为 0 分，而 0 分是极具破坏性的（它与最基本的及格分数相差很远，因此对学生而言，要弥补这个损失几乎是不可能的）。这种做法只能被视为惩罚性的。比较好的一种做法是将等级转换成一套合理的数值（如，A = 4、B = 3 等等），对缺少的作业计 0 分。为了说明这两种方法的差异，假定一个学生在五次作业中有一次未交。假如她缺少的作业计为 0 分，那么她的分数是 92、86、0、73、91，平均分数是 68.4，即 60 – 70 – 80 – 90 的评级体系中的 D。假如将她的分数转化为字母等级，她的平均分则为 2.6 分，稳稳达到 C。

有时学生在某次考试或小测验中的成绩对该生而言异常低。这种不太正常的表现或许受到一些非学业因素的影响，如家里或学校中的某些干扰因素。有必要与学生就这次测验进行私下交流，从中也许能发现一些值得关注的问题，也可以给学生补考的机会。一些教师将学生成绩中的一个最低分去掉，以免因偶然的一次失误而使学生遭受惩罚。

成绩单评级的一个重要原则是：等级不应该使学生感到意外。学生应该知道他们的等级是如何计算出来的，课堂作业和家庭作业是否计算在内，是否包括了课堂参与和努力因素。清晰明了的评分标准可以在很大程度上避免学生因没想到成绩这么低而对教师产生抱怨，更为重要的是，可以让学生准确地了解到，怎样做才能提高自己的成绩（Guskey，2009；Reeves，2008）。

许多学校在评定期的中间会给出一个暂定的等级。这可以使学生及早知道自己做得如何，在学生看起来会出问题时给予警示。这种做法的一种变式是：只有当学生可能得 D 或 F 时才给一个临时成绩。并且，为等级增加评论，向学生解释需要怎么做才能获得一个更高的等级，这可以有效地维持学生的动机，帮助学生提高成绩（Black et al.，2004）。

另一个重要的原则是成绩应该保密。学生没有必要知道其他人的成绩，将分数公开只能导致学生中的妒忌攀比。最后，重申成绩等级只是对学生进行评价的一种方法，这是非常重要的。书面评语也可以为家长和学生提供一些有用的信息（Marzano，2000）。计算机评分软件目前得到了广泛应用，然而，古斯基（Guskey，2009）提醒教师，在使用这些省时的软件时应谨慎，避免让电脑程序做出那些本应该由教师做出的决策。

有意识的教师

运用你所了解的有关评估学生学习的知识来改善教学与学习

有意识的教师对学生的评估方式与教学目标和实际教学吻合。他们运用评估结果来调整自己的教学，为学生、家庭和社区提供重要的反馈。有意识的教师能够意识到，没有任何一种测验能完美地适用于所有的情形。他们使用各种不同的评估方式来达到各种不同的目的，适应各种不同的情境。

1. 我希望学生在课程结束后能了解什么、能做什么？这对于实现课程目标、使学生成为有能力的个体有什么作用？

评价学习时应遵循的一条核心原则是：测验必须与学习目的和教学有直接联系。事先应具体阐明学生将要学习什么。设计教学来帮助学生掌握这些内容，然后根据阐明的目的来评价学生的学习。

由于教学目标范围广、种类多，教师应该采取一种条理性强的方法。列出不同领域（如认知、情感）以及具体化水平不同的教学目标（如长期目的和课程目标，以及布卢姆的目标分类法中的不同理解水平的目标）。例如，你可以先了解所在州以及学区对你教授的年级和科目的要求，然后开始本学年的教学设计。拿出五本教师版课本，翻到每本的范围与次序示意图，该图说明了内容和学习目标。这种过程使得你能够考察和评价教学材料的多样性及其指定的理解水平。

2. 在我的教学中应该考虑学生所具有的哪些知识、技能、需求和兴趣？

形成性评价可以使教师了解学生的已有经验、偏好和需求。经常运用形成性评价来搜集学生的态度和已有知识等方面的信息。例如，在开始地理课的某单元之前，你可以访谈各小组学生。你可以展示各种岩石和矿物，倾听学生关于这些岩石的谈话。你的笔记可以记录学生对该话题的热情以及他们在课外了解岩石的丰富经验。假如学生没有这些先前经验，那么你只能上比较简单的课程，而你现在可以运用这些信息来设计一个更为精深的教学单元。

3. 我在学科内容、儿童发展、学习、动机以及有效教学策略等方面所掌握的哪些内容能够用于实现教学目标？

学生的准备程度会影响到他们在测验或其他评估标准上的表现。检查一下你的评估方法是否真正地评估了你试图评估的教学目标。例如，假定某些学生在每周的数学作业中都能成功地解决较难的应用题，但在一次全校性的成就测验中，他们却出人意料地在问题解决部分得到很低的分数。你对这些考题进行分析时，想知道是否是学生的阅读能力而不是问题解决能力影响了考试成绩。为了检验你的假设，你将类似的题目朗读给学生，结果他们都做出了正确的回答。这促使你去为这些学生寻求辅导或其他形式的帮助。

INTASC 标准 7 教学计划技能　INTASC 标准 8 评价学生的学习　INTASC 标准 9 职业承诺与责任

4. 哪些教学材料、技术、辅助手段和其他教学资源有助于实现我的教学目标？

评估应该对所有学生都具有挑战性，但对任何学生而言，都不应该是不可能通过的。评价应该公正地考察教学目标，而不是学生的一般能力倾向。请确认一下你对所有学生的施测方式是否都一致。例如，在编制每周的小测验时，你可以遵循头脑中的整体模式：将回忆水平的题目放在开头，因为此类题目可让所有或大部分学生立即成功地证明其掌握了知识；后面的题目应该测查较高水平的理解，即使对准备最充分的学生也能构成挑战，使他们将学到的知识运用到新的情境中。

5. 我怎样评估学生达到目标的进度？

评估相当于反馈，运用评估信息来调整教学和后续的评估。假定在检查学生的写作档案袋时，你从中发现了对教学具有重要指导作用的信息。例如，学生的反思表明，他们似乎认为写自传式文章特别有意义，而其他形式的写作意义不太大。你可以根据学生对自传式写作的兴趣，要求他们不论进行何种体裁的写作，都尽量结合自己的生活经验来进行构思。

要使评价成为学生努力学习的诱因，就必须让学生认识到评价的重要性。要保证你的学生认为目标是重要的，评价是公正、一致的，评价标准是清楚的。例如，如果你在木工课上让学生设计一个架子，你可以将优劣各异的架子样品给学生展示出来。你可以要求学生运用头脑风暴法来讨论搭建一个质量上乘的架子应具有的特点，让学生讨论现实生活中质量低劣的架子造成的不良后果。学生们想象着粗制滥造的架子可能导致的灾难，对这种产品嘲笑不已。根据学生讨论的结果，你可以制订一套评分标准，并在学生着手工作时，将标准发给大家。

6. 如果个别学生或全班没有迈上成功之路，我该如何去做？我的补救计划是什么？

对某种特定的情境而言，成功的评估应该是有效而可信的。在学生和同事的帮助下，对你测验的信度和效度进行检查。例如，在编制完某个单元的总结性测验后，让同事来评价一下试卷中的问题是否恰当地考查了特定部分的内容。当学生做完测验后，让他们从头审视试卷，对其公正性进行评价。你还可以让他们写出在该单元中学到的、但试卷中没有考查的概念。

本章概要

什么是教学目标以及如何运用教学目标？

研究证实了教学目标或称行为目标的作用，这些目标是对学生在一节课、一个单元或一门课程的教学之后，应该知道什么以及能够做什么的清晰阐述。这些阐述还具体描述了各种表现水平和评估的标准。在课程设计中，任务分析有助于制订目标，逆向设计有助于从学科的总体目标中细化出具体的目标。目标与评估紧密相联。布卢姆的教育目标分类法将目标从简单到复杂进行了分类，包括知识、领会、应用、分析、综合和评价。行为内容矩阵可保证教学目标涵盖各种不同的水平。

为什么评价很重要？

对学生的表现或学习情况进行正式测查是重要的，它给学生和教师提供了反馈、为家长提供了信息、为选拔和认证提供了指导标准，也为评估学校以进行问责提供了数据，同时还可以作为激励学生努力的一种诱因。

如何评价学生的学习？

评价策略包括形成性评价、总结性评价、常模参照评价（将一个学生的分数与其他学生的分数进行比较）和标准参照评价（将学生的分数与掌握的标准进行比较）。可以通过考试和实际表现等方式来评价学生。基于评价的目的采用的评价方法才是恰当的。例如，如果测验的目的是要了解学生是否掌握了课堂上学到的一条关键概念，那么标准参照的形成性小测验或表现性评价是最为合适的。

如何编制测验？

编制测验是为了找出证据证明学生的学习达到了教学目标。成就测验的编制应该遵守以下六条原则：（1）测量的是定义明确的学习目标；（2）应该从教学中包括的学习任务中抽取有代表性的样本来考查；（3）题目类型应该最适宜测查希望达到的学习结果；（4）与测验结果的具体用途相一致；（5）应该尽可能地可信，对结果的解释要谨慎；（6）能促进学生的学习。细目表有助于在编制测验时使它与教学目标保持一致。测验题目的类型包括：多项选择题、是非题、填空题、简答题、写作类题目和问题解决题。每种类型的题目都有其最适用途、优势与不足。例如，如果你想了解学生如何思考、分析、综合，或者评价课程内容的某些方面，那么简答题也许最为合适，前提是你有时间来实施这种测验和评判学生的答案。

什么是真实性评价、档案袋评价和表现性评价？

档案袋评价和表现性评价要求学生通过完成作品或直接解决实际问题来展示其学习，这可以避免纸笔多项选择测验的某些不足。表现性评价通常是根据评价标准来进行评分的，这些标准事先说明了应做到的表现。

如何确定成绩等级？

小学和中学的评级体系是不同的。例如，在小学，采用非正式的评估方式可能更恰当；而在中学，字母等级的评定变得越来越重要。评级标准可以是绝对的，也可以是相对的（基于曲线的评分）。表现性评级是使教师确定学生知道什么、能做什么的一种方法。表现性评级的一条关键要求是：精选的学生作品能够代表其真实表现水平。另一种方法是对学生进行测验，使学生通过测验来展示自己的能力。其他评级体系包括合约式评级和掌握性评级。成绩报告单上的成绩一般是各种分数的平均值，包括测验、家庭作业、课堂作业、课堂参与、行为态度以及努力程度。

关键术语

回顾本章中的以下关键术语：

教学目标
任务分析
逆向设计
评估
教授目标
学习目标
教育目标分类
行为内容矩阵
情感目标
评价
形成性评价
总结性评价

常模参照解释
标准参照解释
细目表
选择性反应题目
多项选择题
题干
干扰项或陪衬项
是非题
配对题
填空题
简答题
论述题

问题解决评估
晕轮效应
评语
档案袋评价
表现性评价
相对评级标准
掌握性评级

自我评估：资格认证练习

指导语：本章开头的案例中所涉及的评价指标是各州的资格认证考试的常见考点。请重读开头的案例，回答下列问题：

1. 萨利文先生这一次难以将自己所教的内容与所测验的内容联系起来。下列哪种评价工具最有可能帮助萨利文先生解决问题？

   a. 多项选择测验

   b. 教学目标

   c. 传统的教学策略

   d. 开卷测验

2. 萨利文先生可以用图表来表示如何根据教学目标在不同的认知水平上教授概念或技能。该图表称为：

   a. 任务分析

   b. 逆向设计

   c. 行为内容矩阵

   d. 细目表

3. 萨利文先生可以运用下列哪种方法来加强所教内容与所测验的内容之间的联系？

   a. 在测验中包含所有的教学内容。

   b. 使用是非题、多项选择题、配对题、简答题、论述题、问题解决题等所有题型的测验。

   c. 脱离教学目标的限制。

   d. 根据测验结果的具体用途来设计测验。

4. 萨利文先生使用了哪些评价形式？

   a. 总结性评价

   b. 能力倾向评价

   c. 情感评价

   d. 任务分析

5. 萨利文先生为什么要建立一个细目表？

   a. 表明针对不同的教学目标而需要评价的学习类型

   b. 依据具体的标准来考察学生的表现

   c. 对学生进行比较

   d. 确定学生的掌握程度

6. 简要论述评价的重要性。

7. 写出教学目标；运用布卢姆的教育目标分类法来设计一个细目表；确立教学计划；就该学习主题编制一个小测验。

本章提纲

什么是标准化测验以及如何使用

- 选拔和安置
- 诊断
- 评价和问责
- 学校改善

标准化测验有哪些类型

- 能力倾向测验
- 常模参照成就测验
- 标准参照成就测验
- 标准的设定

如何解释标准化测验

- 百分位数
- 年级当量分数
- 标准分数

标准化测验和课堂测验的使用应当关注哪些问题

- 测验效度
- 测验信度
- 测验偏差
- 计算机测验的实施

教育者如何对学生的成就负责

- 不让一个孩子掉队
- 奥巴马政府的教育政策
- 基准评估
- 数据驱动改良
- 增效评估系统
- 为残障学生调整测验
- 为英语学习者调整测验

14

标准化测验和问责

学习成果

学习本章后，你应当能够：

- 明确标准化测验的定义及其用途
- 识别不同类型的标准化测验
- 描述如何解释标准化测验
- 说出标准化测验和课堂测验中需要关注的一些问题
- 论述教师如何对学生的成就负责

詹妮弗·特兰是林肯小学五年级的教师。最近她约见了学生安妮塔·麦凯的家长。

见到安妮塔的家长时，特兰老师说："麦凯先生，麦凯太太，你们好！很高兴你们能来。请坐，我们现在就开始吧。首先要告诉你们的是：我为我们班有安妮塔这样的学生而感到高兴。她总是那么快乐，又那么乐于助人。她在许多科目上都学得很好，尽管在个别科目上我要稍重视一下。在我们交谈之前，你们有什么问题要问我吗？"

麦凯夫妇说，他们认为安妮塔这一年表现得不错，他们渴望了解她目前的表现。

"好的。首先，我知道你们已经看过了安妮塔的加州成就测验结果，我们把这些测验简称为'CATs'。大多数家长不理解测验分数的含义，所以我会尽量地加以解释。我们先看一看她的数学。正如你们所了解的，安妮塔的数学成绩一直很好，她的分数和等级也证明了这一点。她上次成绩单的总成绩是 A，在数学计算方面的百分位数是 90。这就是说，她的成绩好于全国 90% 以上的五年级学生。在数学概念和应用方面，她的成绩差不多同样好——百分位数是 85。"

麦凯太太问到："这个'年级当量'是什么意思？"

"这个分数应当表示某个学生相对于其所在年级水平的成绩。例如，安妮塔的年级当量分数是 6.9，这表示她的得分超过五年级水平一学年还多。"

麦凯先生问到："这是否意味着她可以跳过六年级的数学？"

特兰教师笑着说："我想可能不行。这不太好解释，6.9 的年级当量分数是快读完六年级的学生做五年级的测验应当取得的分数。这并不意味着安妮塔已经掌握了六年级的知识。而且，我们对任何学生的测验成绩都采取谨慎的态度，更多地根据学生的日常表现和课堂测验来判断其学习情况。拿安妮塔来说，这次标准化 CAT 上的成绩与她平时在课堂上的表现是非常吻合的。但是，我可以让你们看看不太吻合的例子。你们肯定清楚安妮塔的阅读成绩一向是相当不错的，但她在阅读理解上的分数远远低于其他多数科目。她的百分位数只有 30，这几乎落后于年级水平一年。我感到很吃惊，因为我认为安妮塔的阅读出色。我让她做了另一份测验：格蕾口头阅读测验（Gray Oral Reading Test）。该测验以个别施测的方式进行，这样能够更好地反映出学生的阅读情况。在格蕾阅读测验中，安妮塔的得分达到了年级水平。我知道她的阅读表现在班上的排位，这个分数更能反映它，所以我认为她的阅读理解是不成问题的。"

"但安妮塔在学习中还存在着我重视的一些问题，这从她的标准化测验中无法反映出来。她在语言技术性细节和语言表达上的百分位数接近 70。这个分数可能会让你们认为安妮塔的语文成绩很好，事实上她语言能力的许多方面也不错。然而，我认为安妮塔的写作还有些问题。我保存了学生这一年中的写作档案，这是安妮塔的。她的写作有进步，但我认为她还可以写得再好很多。你们看一下，她的拼写、标点符号和语法都很棒，但是，她写的文章非常短，只是罗列事实。你们知道，我们不为写作评定字母等级，而是用一种评定表格描述学生以熟练写作为目标的进步。根据她的档案袋材料，我将她的写作评定为熟练水平，但若要达到高级水平，我就希望她写得更长些，并且能真正发挥其想象力。她可以口头讲出很棒的故事，但由于她太担心语言技术性细节上出现错误，因此写作时很保守。假期中你们可以鼓励她写日记，如果其他写作练习有意义也可以做。"

麦凯太太问："如果她在语言标准测验上的成绩很好，这难道不能说明她的语文很好吗？"

"测验分数可以告诉我们一些信息，但不能告诉我们所有的信息。"特兰教师说，"在考察简单的学习内容时，比如数学计算和语言技术性细节，CAT 是一种很好的测验。但是如果要让它告诉我们孩子们实际能够做什么，它就没这么有用了。这就是为什么我用档案袋保存学生在写作、数学问题解决以及科学等科目中的作业的原因。学生要运用习得的技能来完成真实的任务、解决现实的问题，我想了解他们这方面的能力究竟发展得如何。事实上，既然我们已经大致了解了安妮塔的成绩以及标准化测验结果，那么我们来看看她的档案袋中的材料，这样我想你们对她在学校中的表现会有更好的了解。"

运用你的经验

合作学习和创造性思维 通过短剧来表演家长和教师关于测验分数的面谈。不同的组员自愿扮演麦凯先生、麦凯太太和特兰教师的角色。另一个人来扮演主持人，以澄清面谈中出现的误解，使面谈能够进行下去。

批判性思维 从这个案例中你了解到哪些内容？你还想了解什么内容？你从中学到了什么？就安妮塔在写作、数学和科学科目中的标准化测验分数和档案袋评估而言，特兰教师是否告诉了我们需要知道的一切内容？

詹妮弗•特兰和麦凯夫妇的对话说明了成绩和标准化测验的一些作用与局限性。CAT 和格雷口头阅读测验为特兰老师提供了一些信息，这些信息确实把安妮塔在某些方面的成绩与全国常模联系起来了；安妮塔的成绩使得特兰老师能够在一些方面了解相对于班级里的其他同学而言，安妮塔学得如何。但无论是标准化测验还是成绩等级，都不能像档案袋以及行为观察那样详细、全面地反映其学习情况。总之，将经过慎重解释的标准化测验、成绩等级、档案袋以及其他课堂评价结合起来，才可以对安妮塔的学业成绩进行真实的评估。每一种评估方法都有其价值，在做出教育决策时，应该评估各方面的信息。

什么是标准化测验以及如何使用？

INTASC 标准 8
评价学生的学习

你是否还记得参加各科 SAT、ACT 或其他大学入学考试的情景？你是否想过这些测验是如何编制而成的，这些分数意味着什么，你的得分在多大程度上能够代表你真正知道什么或者真正能做什么？各科 SAT 和其他大学入学考试都是**标准化测验**（standardized tests）的例子。与第 13 章中所论及的教师自编测验不同，一个标准化测验通常是针对一定的学生群体设计的，之后在相同的“标准化”的条件下，对成千上万名背景相似的学生施行。这样做使得测验编制者能够建立常模，任何个体的分数都可以与该常模进行比较。比如，有一个可代表全国四年级学生的样本，如果该学生样本在含有 50 个题项的标准化测验中平均答对 37 个，那么 37 分就是这项测验的的四年级“全国常模”，该分数即为高于与低于“全国常模”者的分界线。

传统的标准化测验受到了诸多批评与争议，目前人们可以使用许多其他的替代评估方式。然而，人们仍然为了各种目的而将各种类型的标准化测验用于所有水平的教育评估。本章将讨论如何使用标准化测验以及为什么要使用标准化测验，如何解释测验分数以及怎样将其用于重要的教育决策。本章还将讨论为什么人们用标准化测验来敦促学区、学校和教师对学生的表现负责，以及“不让一个孩子掉队”这一主要关注问责的重要联邦法案是怎样增加风险的。本章也将论及对标准化测验的批评以及正在开发的、正在讨论的和已投入使用的替代测验。

标准化测验的目的通常是提供一个标准以将学生个体或群体与之比较，而这样的标准是教师自编测验所无法提供的。例如，家长向教师询问他们的女儿在数学上的学习情况。教师说:“她学得不错，在上次数学测验中，满分 100，她得了 81 分。”，这种信息用于某些目的已经足够了。但对其他目的，家长或许想要了解更多的信息。比如，与班上其他同学的分数相比，81 分意味着什么？与学校内、学区、全州或全国的其他学生相比，情况又如何呢？在某些情况下，81 分可能意味着这个女孩有资格加入为有数学天赋的学生而设计的特殊课程；而在其他情况下，这个分数可能意味着需要接受补救教学。再比如，这位教师发现，这次的数学测验中全班的平均正确率为 85%。那么该班与其他上数学课的班或全国的学生相比，其成绩又如何呢？教师自编的测验不能提供诸如此类的信息。

标准化测验的编制通常是非常严谨的，以提供有关学生成就水平的准确信息。通常，课程专家确定某一年龄的学生在某门学科中应该知道什么或应该会做什么。然后他们编写题目，以考察学生应当掌握的各种知识或技能。在各种学生群体中试施测这些题目，如果某些题目是几乎所有的学生都能够答对的，或者是几乎所有的学生都不能答对的，则这类题目一般将被删除。同样，那些让人感到题意不明或有歧义的题目也要被删除。此外还要仔细地考察分数的分布形态。如果做对了大多数题目的学生们在某道特定的题目上的平均得分并未超过总分很低的学生们，那么这道题目也一般会被删除。

最后，测验的最终版被编制出来，并对全国范围内选取的更大的学生群体施测。人们一般会努力确保样本群体与将要最终使用该测验的学生总体相似。例如，十一年级的几何测验的学生样本可以从城市、乡村和郊区，从全国不同地区，从私立和公立学校等抽取，然后对这些十一年级的学生样本进行施测；测验可以对具有不同数学水平的学生样本施行。还应该注意将各种族裔背景的学生都加入样本中。这些步骤是为了建立测验的**常模**（norm），常模代表了中等水平的学生在这项测验上的得分情况（Aiken & Groth-Marnat，2006；Popham，2008）。最后，要编制一本测验手册，解释如何施测、评分和解释测验结果。至此，这项测验就可以投入广泛使用了。测验编制的过程使得这项测验的分数的意义超越了特定班级或学校的限制，并可以有多种不同的使用方式。标准化测验的重要功能包括学生安置、诊断、评价和学校改善等。

标准化测验

通常是在全国范围内使用的商业化测验，设计的目的是提供准确的、有意义的信息，反映学生相对于同年龄或同年级其他学生水平的表现。

常模

可被用作解释未来受测者分数的标准，这些标准来自于同受测者相似的样本群体。

链接

想了解更多有关班级间能力分组和班级内能力分组的内容，请参见第9章。

选拔和安置

标准化测验常常被用于选拔将要录取或安置到特定教育方案中的学生。比如，你在高中时可能参加过学业评定测验（SAT）或美国大学测验方案（ACT），这些测验有助于大学录取委员会做出决定，是否将你接纳为一名学生。同样地，将天赋和才能超常的学生安置到特殊的教育方案中，也可能依据标准化测验分数。标准化测验成绩提供的信息以及其他有关信息可帮助教育者决定是否将学生安置到特殊教育的方案中，或将学生分配到不同的能力小组中。比如，高中可能使用标准化测验来决定安置或建议哪些学生进入大学预备班、普通班或职教班。小学可以使用标准化测验来决定把哪些学生分到阅读小组中。一些大学将标准化测验达到一定的分数作为学习某些课程的先决条件。有时标准化测验还用于考察是否具备某种资格，如升入高年级、高中毕业或职业准入的资格。比如，多数州将标准化测验用作教师资格认证过程的一部分。

诊断

标准化测验常被用于诊断个别学生的学习问题或学习特长。例如，对学习较差的学生进行一系列测验，以确定其是否有学习障碍或智力落后。同时，标准化测验也能够识别出需要补救的特殊缺陷。教师经常使用阅读技能的诊断性测验来确定学生的具体阅读问题，如特兰老师使用的格蕾口头阅读测验。例如，某项诊断性测验可能表明学生的解码能力很强，而阅读理解能力很差；或者学生的计算能力很强，但缺乏问题解决能力。更为精确的诊断性测验可能给教师提供这样的信息：在物理学习中，某学生对物态部分掌握良好，但其对科学测量的掌握欠佳；或者在外语学习中，某学生对语法理解得很好，但语言表达不是很好。设计精妙的评估有助于教师确定学生的认知风格以及对复杂概念的理解程度。

评价和问责

"不让一个孩子掉队"方案的首要目标是：不管学生在哪里上学，都要在全国范围内平衡教育环境。高风险测验如何达到这个目的？

也许标准化测验最普遍的用途就是评价学生的进步以及学校和教师教学的有效性。例如，学区和州通过使用测验评价学校在学生的整体表现方面取得的提升，来让教育者对学生的成就负责。家长通常也希望了解，与同年级水平孩子的典型情况相比，自己孩子究竟表现得如何。对于单个学生而言，教师只有将标准化测验与其他信息（比如学生在学校或其他情境中的真实表现）综合起来考虑，标准化测验的分数才有意义，特兰老师的做法就是一个很好的例子。许多学生在标准化测验上得分很低，但他们在学校、大学或工作中表现得很出色；

这或是因为他们不擅长应试，或是因为标准化测验无法测量出某些重要的技能。不过，也有一些学生在标准化测验中最能展现出自己的成就。对问责及相关教育政策的进一步论述，见本章后面的内容“教育者如何对学生的成就负责？”

学校改善

标准化测验有助于改善教育进程。一些标准化测验的结果为恰当地安置学生提供了信息，也提供了实施补救时非常重要的诊断性信息。另外，当发现某些方面薄弱时，成就测验也能够指导课程的发展和修订（见 Kallick & Colosimo，2009）。标准化测验在指导和咨询中也能够发挥其作用，它不仅可以用于成就测验和能力倾向测验，也可以用于比较专业化的测量，如职业兴趣调查以及其他用于学生咨询的心理学量表。

资格认证指南

在教师认证考试中，你可能会被要求给标准化测验下定义并论述它们的目的。

学校常常借助学业成就测验来评价不同的教育方案或策略的相对有效性。例如，假如某教师或学校尝试使用一种新的教学策略，测验有助于揭示该种新策略是否比以前的方法更有效。州和学区范围内的测验结果常常是民众用于评价当地学校教育水平的一项指标。有时测验也被用来评定学校教师在教学方面相对的长处和弱点。然而，教育学生是一个复杂的过程，若要评价教师、教学方案或者学校就需要信息，而标准化测验只提供了其中的一小部分。

标准化测验有哪些类型？

学校情境中通常使用三种类型的标准化测验：能力倾向测验、常模参照成就测验以及标准参照成就测验（Aiken & Groth-Marnat，2006；Popham，2008）。**能力倾向测验**（aptitude test）用以评估学生的能力。它的目的是预测学生学习或完成某种特定任务的能力，而不是测量学生已经掌握了多少。使用最广泛的能力倾向测验测量了一般智力；而其他许多更加具体的测验测量了特殊的能力倾向，比如工艺操作能力、知觉能力或阅读准备程度。例如，SAT 的目的是预测一名学生的大学学习的能力倾向。一项能力倾向测验的成功与否取决于其对个体实际表现的预测效果。例如，对幼儿施测的阅读准备程度测验如果不能准确地预测他们在一、二年级时的阅读情况优劣，那么它就没什么用处。

成就测验（achievement test）被用于以下几方面：（1）预测学生在以后的某科学习中的成就，（2）诊断学生存在的困难，（3）作为衡量学生进步的形成性测验，（4）作为学习的总结性测验。

常模参照成就测验是对学生在特定内容领域内的知识掌握程度的评估，领域可以是数学、阅读或西班牙语等。用于参照的常模就是从具有代表性的学生样本群体得到的结果，可以将得分与之进行比较。编制这些测验的专门目的就是揭示学生之间的差异，而这些差异应源自教学质量和学生学习质量的差异，而不是学校间在课程设置上的差异。因此，常模参照测验所评估的只是任何一所学校所教授技能中的一部分，而不是全部。一项常模参照成就测验涉及的范围不能太宽泛，因为它要在全国范围内使用，而对某一特定的科目而言，各学区开设的课程有差异。例如，假设一些七年级学生学习了二进制算术或文氏图，而其他地区的七年级学生则没有学习这些内容，那么此类内容将不会出现于全国性的数学测验中。

能力倾向测验

用以测量一般能力并预测未来表现的一种测验。

成就测验

测量在一种特定的背景下学生学到了多少知识的一种标准化测验。

标准参照成就测验也对学生掌握的学科内容知识进行评估，但它不将每个学生的成绩与全国常模进行比较，而是意在考察学生在多大程度上掌握了某种详细界定的技能。标准参照测验所提供的信息是很具体的："安大略的五年级学生中，有37%的学生可以在地图上填上西欧主要国家的名字。"或者"在亚历山大·汉密尔顿高中的十二年级的学生中，有93%的人知道升高密闭容器中气体的温度将会增大气体的压强。"有时标准参照测验被用于学校间或学区间的比较，但是通常不使用代表性的常模群体。如果一组课程专家认定伊利诺伊的每位五年级的学生都应当能在地图上填写出南美主要国家的名字，那么对这一题目的预期就是100%；至于伊利诺伊的五年级学生在该题目上的得分是优于还是差于其他州的学生，这不是主要问题。重要的是，从总体来看，学生在这个题目上每年都有进步。

能力倾向测验

链接

想进一步了解学生在一般智力、特殊能力倾向、能力和学习风格等方面的差异，请参见第4章。

尽管从理论上讲，能力倾向测验、常模参照测验和标准参照测验彼此不同，但实际上它们之间存在相当多的交叉。比如，对能力倾向的测量通常是通过评价个体在一个定义非常宽泛的领域中的成绩来进行的，因此，学校中的学习会影响学生的能力倾向测验分数，并且如果某学生在某种类型的测验中成绩良好的话，那么他在另一种测验中的成绩通常也很好（Popham，2008）。

一般智力测验 学校中最常见的一种能力倾向测验是**智力**（intelligence）测验，或称学校学习的一般能力倾向测验。智力测验中最常用的分数表示方法就是智商即IQ，当然有时也使用其他类型的分数。

"根据你的职业能力倾向测验，你最适合的工作就是用2号铅笔填涂机读卡。"

设计智力测验的目的是为个体在许多领域中的智力机能的能力倾向提供一般性的指标。智力本身被看做是处理抽象信息、学习和解决问题的能力（Sternberg，Jarvin，& Grigorenko，2009），而智力测验关注的正是这些技能。智力测验给学生呈现多种有待回答和解决的问题。

智商的测量 20世纪初，法国心理学家艾尔弗雷德·比奈为了识别那些因有严重学习障碍而不能从常规的课堂教学中受益的儿童，率先提出了智商的测量问题。比奈编制的智力测验量表测查了多种心理特性与技能，如记忆、知识、词汇和问题解决。比奈对大量不同年龄的学生进行施测，建立了测验中的整体表现的常模（预期）。他把IQ表示为**心理年龄**（mental age）（特定年龄的学生所得到的平均测验分数）与**实际年龄**（chronological age）的比值再乘以100。例如，某个6岁儿童（实际年龄=6）的分数处于所有6岁儿童的平均水平（心理年龄=6），那么这个儿童的IQ就是100（6/6×100=100）。如果一个6岁儿童的分数处于7岁儿童的平均水平（心理年龄=7），那么这个儿童的IQ大约为117（7/6×100=117）。

智力
一般的学习能力倾向，通常以处理抽象信息和问题解决的能力来测量。

心理年龄
特定实际年龄的个体所得到的平均测验分数。

实际年龄
个体以年数计的年龄。

随着时间的推移，将心理年龄与实际年龄相比较的计算方法逐渐被舍弃，现在IQ被界定为：在任一年龄阶段，IQ的平均值都是100，标准差为15（标准差是对分数离散程度的一种度量，本章下文将给出定义）。大多数分数在平均值附近，还有少量分数远离（高于或低于）平均值。理论上讲，所有个体中，大约有68%的个体的IQ分数位于离平均数一个标准差的范围内，也就是从85分（比平均数低1个标准差）到115分（比平均数高1个标准差）；有95%的个体的IQ分数在离平均数两个标准差的范围内（介于70与130之间）。

设计智力测验的目的是为个体在许多领域中的智力机能的能力倾向提供一般性的指标。使用最广泛的各种测验中包含许多不同的量表。图 14.1 展示了类似于韦氏成人智力量表中所用的一些题目（Wechsler，1955）。每项不同的量表分别测量了不同的智力成分。大多数情况下，如果某人在一项量表上得分较高，那么在其他量表上也会表现不错，但并非总是这样。比如，某人可能在一般理解力和相似点方面成绩很好，而在代数推理方面不太好，在拼图方面成绩很差。

链接

探讨IQ分数在区分特殊学习者或者特殊教育服务方面的用途，请参见第12章。

智力测验可个别施测，也可团体施测。像奥蒂斯—勒农心理能力测验、洛奇—桑代克智力测验和加州心理成熟度测验等，通常作为对智力倾向的一般性评估而对大的学生团体施测。这些团体测验在准确性或详细程度方面都比不上由训练有素的心理学家个别施行的智力测验，如个别施测的韦氏儿童智力测验第四版（WISC-IV）或斯坦福—比奈测验。例如，对学生进行评估以确定其是否需要接受特殊教育时，通常要采用个别施测的测验（最常用的是 WISC-IV），同时结合使用其他类型的测验。

IQ 分数很重要，因为它们与学校成绩具有相关性。平均来看，IQ 分数高的学生

言语分量表

1. 一般理解力
   人们为什么购买火灾保险？
2. 数学推理
   如果一打（12个）鸡蛋需要6角钱，那么一个鸡蛋需要多少钱？
3. 相似点
   羊毛和棉花在哪些方面相似？
4. 数字记忆广度
   仔细听。当我说完后，马上把这些数字说出来。

   7 – 3 – 4 – 1 – 8 – 6

   现在我将说出更多的数字，希望你按照从后往前的顺序将它们说出来。

   3 – 8 – 4 – 1 – 6

操作分量表

5. 数形替代

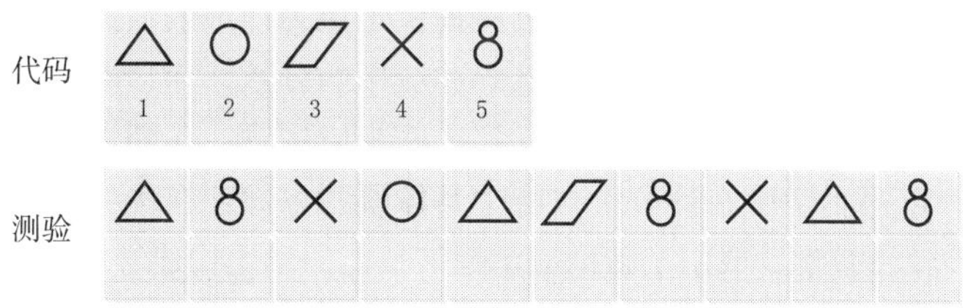

6. 拼图
   使用所给的4块图形，拼成这样：

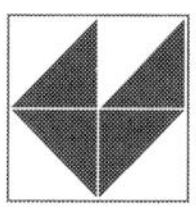

资料来源：Robert L. Thorndike & Elizabeth P. Hagen, *Measurement and Evaluation in Psychology and Education* (4th ed.), pp. 302-303. Copyright © 1986. Reprinted by permission of Prentice Hall, Upper Saddle River, New Jersey.

图 14.1　智力测验中的题项示例

智力测验关注诸如处理抽象信息和问题解决等方面的技能。这里所用的例子与韦氏成人智力量表中所使用的题目相似。

一般会取得良好的成绩，在成就测验上得分更高，等等。大约到 6 岁时，儿童的 IQ 分数一般会达到相对稳定的水平，而且直到成年，大多数人的 IQ 都保持不变。然而，由于学校教育或环境的其他影响，一些人的 IQ 测得值也会发生明显的变化（Ceci，1991）。

多因子能力倾向成套测验 能力倾向测验的另一种形式是**多因子能力倾向成套测验**（multifactor aptitude battery），这些测验对具体的技能进行了更为详细的分类。目前有许多种这类测验，内容领域和侧重点各不同。这些测验包括学习能力测验，如 SAT；小学和中学测验，如能力倾向区分测验、认知能力测验以及认知技能测验；阅读准备程度测验，如城市地区阅读准备程度测验；学前儿童的各种发展量表。大多数测验不仅仅提供整体的能力倾向分数，至少还提供言语和非言语能力倾向的分测验分数。通常情况下，分测验分数会被进一步细分，以描述各种更具体的能力。

常模参照成就测验

能力倾向测验关注一般的学习潜能以及在校内外获得的各种知识；成就测验则主要关注传统上在学校中教授的技能和能力。一般而言，标准化成就测验主要有四种类型：成就测验组、诊断性测验、单科成就测验以及标准参照成就测验（Aiken & Groth-Marnat，2006；Popham，2008）。

成就测验组 加州成就测验、艾奥瓦基本技能测验、基本技能综合测验、斯坦福成就测验以及城市地区成就测验都属于标准化**成就测验组**（achievement batteries）。这些测验用于测量个体或群体在各个不同的学科领域中的成就。成就测验组包括许多小的测验，每个小测验涉及一个不同的学科领域。通常在几天的时间内，对一个群体分别施测这些小测验。学校中所使用的各种成就测验组在结构和内容上都是相似的。然而，由于这些测验在教学目标以及选取的学科内容方面存在着细微的差异，所以在选用某项特定的测验之前，有必要仔细地探明该测验与具体的学科课程是否匹配，与学校的目标是否吻合。通常情况下，成就测验组有几种不同的形式，分别对不同的年龄或年级水平使用，以便在几年的时间内对学生的成就进行监控。

诊断性测验 与成就测验组不同，**诊断性测验**（diagnostic tests）通常关注某个具体的内容领域，并强调对重要技能的考察，这些技能对于掌握该领域内容是至关重要的。因此，与其他成就测验相比，诊断性测验提供了更为详细的信息。比如，一项标准化数学测验常常提供关于数学计算、概念和应用的分数，而诊断性测验则给出在更具体的技能上的得分，如小数的加法或解决两步应用题。诊断性测验大多用于阅读和数学领域，以揭示学生在这两类技能中具体哪些方面存在优势或不足。测验结果可用于指导补救性教学，或用于帮助应掌握该技能的学生构建学习活动。

学科领域成就测验 教师编制了大多数的课堂测验以评估学生在具体学科中的技能水平。然而，各个学区可以购买到几乎涵盖了所有学科的特定成就测验。这些测验存在的一个问题是：除非它们与特定的课程以及课堂教学策略配套，否则就不能充分地考察已经教授过的内容。如果要使用标准化成就测验来评价具体学科领域的学习水平，则应当严格地考察测验内容是否与学区课程、学生所接受的教学以及学区或州的标准和评估方式相匹配。

多因子能力倾向成套测验

预测学生学习各种具体技能和一系列类型知识的能力的一种测验。

成就测验组

包括一些小测验的标准化测验，主要用来测查特定学科领域的知识。

诊断性测验

针对具体技能的测验，经常用来识别学生的需要并对教学提供指导。

标准参照成就测验

标准参照测验在许多方面不同于常模参照测验（Aiken，2003；McMillan，2007；Popham，2008）。标准参照测验也可以采用成就测验组、诊断性测验或单科测验的形式。常模参照测验适用于那些使用不同课程的各个学校；而标准参照测验则不同，它最适用于考察有一组明确目标的内容领域。就许多测验而言，可由学区、校领导或教师来选择具体的目标。测验中的题目经过选择，以与具体的教学目标相匹配。通常情况下，可用 3~5 个题目来测量一个目标。因此，标准参照测验可以指出每个学生或全班学生已经掌握了哪些目标，测验结果可用于指导后续的教学或补救性教学。鉴于此，标准参照测验有时被称为目标参照测验。

链接
想了解更多有关常模参照测验和标准参照测验的定义的内容，请参见第13章。

标准参照测验在计分和解释结果的方式上不同于其他成就测验。在标准参照测验中，重要的通常是每个目标的得分。例如，测验结果可以表明有多少学生可以进行二个两位数的乘法，或者有多少人能够正确地书写商业信函。此外，标准参照测验解释学生在总测验或特定目标上的分数时，根据的是成绩合格的某种标准，而不是群体的成绩。驾驶员测验和飞行员测验都是标准参照测验的例子，这些测验主要用于确定谁可以驾驶汽车或飞行，而不是确定谁处于驾驶员或飞行员中的前 20%。向教师施行的测验也是标准参照测验。

资格认证指南
在教师认证考试中，你可能需要知道，相比于常模参照测验，标准参照测验将会更详尽地告诉你每个学生在课程的具体方面学到了多少。

标准参照测验的分数报告方式通常是学生在每个目标上做对的题目数。教师可以利用这些数据来评估学生是否已经达到了目标。

标准的设定

当标准参照测验被用于确定某门学科或某个主题的掌握程度时，必须使用某种程序来确定测验分数的临界点，以代表高低不同的熟练水平（Popham，2008）。用于确立**临界分数**（cutoff score）的大部分方法都依赖教师以及其他教育者组成的代表小组的专业判断。有资质的专业人员将会考察测验中的每道题目，并且能够判断达到某种熟练水平的学生正确完成该题目的概率。之后，他们根据这种概率来确定代表掌握或熟练的临界分数。在资格认证考试以及许多州及学区的问责程序中，都非常普遍地使用类似的程序来设定标准。

如何解释标准化测验？

学生参加完标准化测验后，其试卷通常被送到阅卷中心或测验出版方那里，以进行计算机评分。学生的原始分（每个分项测验中的得分）被转换成一个或多个**转换分数**（derived scores），如百分位数、年级当量分数或正态曲线当量分数，这些分数可以将每个学生的分数与构建测验常模用的群体联系起来。下面将描述这些统计量（见 Aiken，2003；McMillan，2008；Popham，2008）。

临界分数
被认定为对一门学科达到掌握水平所需的最低分数。

转换分数
根据原始分数计算出来的值，这个值是将学生的成绩与常模团体成绩相比较得来的（比如百分位数和年级当量分数）。

百分位数
一种转换分数，它指明了常模团体中取得的原始分低于某个特定分数的学生的百分比。

百分位数

一个**百分位数**（percentile score）或百分等级（有时在测验报告中简写成 %ILE）表明了在常模团体中分数低于某个特定分数的学生的百分比。例如，某学生的成绩处于某个常模团体的中位数位置（即分数高于该生的人数与低于该生的人数相等），那么该生将得到一个 50 的百分等级，因为其分数超过了常模团体中其他 50% 的人。如果你将 30 名学生的测验分数从低到高排序，那么第 25 名学生的分数将位于第 83 个百分位数（25/30×100=83.3）。

年级当量分数

资格认证指南

在教师认证考试中，你可能需要知道，一个学生在一项标准化数学测验中的年级当量分数是7.3，将表明这个学生的表现同处于七年级学年第3个月的学生在同一项测验上的表现一样好；但如果学生还未读七年级，7.3的年级当量分数并不意味着该生具有完成七年级学业的能力。

年级当量分数（grade-equivalent scores）将学生的分数与某一特定的年级水平的平均分数联系起来。我们假设某常模团体在五年级初进行的阅读测验中的原始分平均为 70，则这个分数的年级当量分数被定为 5.0。如果六年级学生的常模团体在 9 月份的测验中的分数为 80，则将该分数的年级当量分数定为 6.0。现在假设有一名五年级的学生，其原始分为 75 分，介于 5.0 和 6.0 之间，因此将该生的年级当量分数定为 5.5。小数点之后的数字表示“月份”，所以，年级当量分数 5.5 就读作“5 年零 5 个月”。理论上讲，在五年级读了 3 个月的学生的年级当量分数是 5.3(5 年零 3 个月），其他则以此类推。通常情况下，只计算常规学年的 10 个月，即从头年的 9 月至第二年的 6 月。

年级当量分数的优点是易于解释，直观明了。例如，若一名普通学生每年提高 1 个年级当量分数，我们则认为其达到了预期水平。如果某学生的成绩比年级水平低 2 年（比如，九年级的某学生的分数仅达到七年级学生的正常水平），这也让我们从中了解到该生成绩的落后程度。

然而，年级当量分数只应被视为一个粗略的近似值（Gronlund，2003），原因之一是学生的成绩并非逐月地稳步提高。另外，即使分数距离预期应该达到的年级水平很远，这也并不意味着存在实质性的差距。某四年级学生的年级当量分数为 7.4，并不能从任何角度证明该生已可以开始学校七年级的功课。这个分数只是表示该生已经透彻地掌握了四年级的课程，其成绩与七年级学生在四年级测验中的成绩一样好。显然，一名普通的七年级学生所掌握的内容远远多于四年级测验中所能考查的。因此，年级当量分数为 7.4 的四年级学生与得分相同的七年级学生之间是没有真正的可比性的。他们所接受的测验也非常不同。

年级水平预期值的界定会发生变化，这也是年级当量分数难以解释的原因。例如，20 世纪 80 年代后期，纽约市的学校管理者兴奋地报告说，有 67% 的学生的阅读水平达到或高于年级水平。这种对平均分进行的重新定义被称为“沃伯冈湖效应”。（在幽默作家盖瑞森•凯勒所讲的沃伯岗湖中的神秘小镇里，“所有的孩子都在平均分以上”。）在纽约，得分“在平均水平以上”的学生远超 50%（Cannell，1987）。这使得测验编制者重新修订了测验常模。结果，纽约市的学校管理者声称，他们仅有 49% 的学生的阅读水平达到或高于年级水平（Fiske，1989）。现在，“沃伯冈湖效应”又卷土重来，在大多数标准化测验上，得分“达到年级水平”或“高于全国常模”的学生数量远超过 50%。由于常模是随不同的测验而变化的，因此，对于有多少学生达到了某给定水平的结论应该持有谨慎的态度。相比之下，更有意义的是关注学生如何随时间的推移而变化，或者比较两个学区、学校以及亚群体在同一项测验上的成绩。

年级当量分数

将学生原始分数与不同年级水平常模团体学生获得的平均分数相联系的标准分数。

标准分数

几种分数根据分数在正态曲线上的位置来描述测验结果。正态曲线描述了分数的分布，其中大部分分数位于平均数附近；在离平均数越远的位置上，分数越少；分数在平均数左右两侧对称分布。**正态分布**（normal distribution）的频数图是一条钟形曲线。图 14.2 的频数分布来自一次平均分数为 50 的测验。图中的每个叉号（×）代表一名获得某个分数的学生；50 分处有 10 个叉号，表明有 10 名学生获得了这个分数。9 名学生获得了 49 分，另有 9 名学生获得了 51 分，其他分数以此类推。60 分以上或 40 分以下的学生人数非常少。图 14.2 所示的正态分布在自然界中是很普遍的。例如，成人总体的身高和体重通常是正态分布的。标准化测验的编制是为了确保极少有人做对或做错全部题目，因此，在这些测验上的分数通常也呈典型的正态分布。

标准差 与正态分布有关的一个重要概念是**标准差**（standard deviation，SD），标准差是对分数的离散程度的度量。粗略地说，标准差是分数与平均数之间差异的平均量。例如，考虑下面两列分数：

A 列		B 列
85		70
70		68
65	<平均数>	65
60		62
45		60
标准差：14.6		标准差：4.1

注意，这两列的平均数（65）是相同的，但在其他方面则非常不同，A 列的分数比 B 列更分散。这可以从 A 列的标准差（14.6）远比 B 列的标准差（4.1）大这一事实中反映出来。一列分数的标准差大小表明了分数分布的离散程度。而且，当分数或其他数据遵循正态分布时，我们可以预测有多少个分数将分布在与平均数相差若干个标准差的范围之内。正如图 14.3 所示，在任何正态分布中，大约 34% 的分数将分布在平均数与高于平均数 1 个标准差（+1 SD）的范围之内；同样，大约 34% 的分数将分布在平均数与低于平均数 1 个标准差（–1 SD）的范围之内。如果把范围扩大到平均数与距平均数两个标准差之间，那么大约 95% 的分数会被包括于其中。

在描述标准化测验的分数时，通常根据这些分数与平均数相差多少个标准差来进行。例如，构建 IQ 分数常模的方式使得其平均数为 100，标准差为 15。这表明一个普通人的得分将

正态分布

一种钟形的、对称的分数分布，在这样的分布中大部分分数分布于平均数附近，随着离平均数的距离越来越大，出现的分数也越来越少。

标准差

表示分数分布中离散程度的统计量。

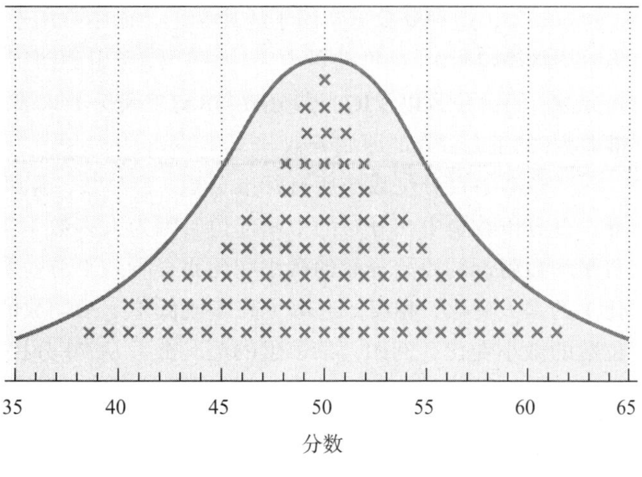

图 14.2 构成正态曲线的分数频数

如果有 100 人参加测验，每个人的分数用叉号在图上标示出来，结果就构成了一条正态曲线。在正态分布中，大多数分数处在平均数位置或在平均数附近（在这个例子中平均数为 50）。离平均数越远的分数，频数越小。

图 14.3 标准差

当测验分数遵循正态分布时，用标准差来表示某个分数与平均数的差距，可以说明百分之多少的分数高于或低于它。

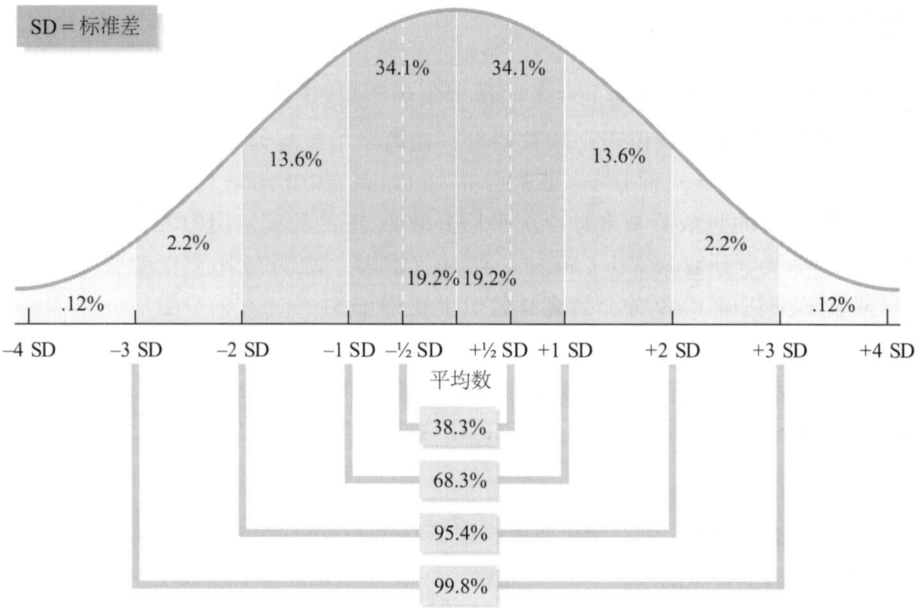

会是 100，比平均数高 1 个标准差的人得分是 115，比平均数低 1 个标准差的人得分是 85，等等。因此，从理论上讲，大约有 68% 的 IQ 分数（即稍多于 2/3）将会分布于 85（–1 SD）和 115（+1 SD）之间。SAT 分数的常模也是依照标准差构建的，语言和数学量表的平均数被定为 500，标准差为 100。这意味着 2/3 以上的分数将分布在 400 和 600 之间。对于 IQ 分数而言，95% 将分布于 70（–2 SD）和 130（+2 SD）之间；对于 SAT 量表而言，95% 将分布于 300~700 之间。

标准九 有时人们也使用另一种标准分数，即**标准九分数**（stanine score）（stanine 这个单词由<u>sta</u>ndard和<u>nine</u>两个单词合并而成）。标准九的平均数是5，标准差是2，所以每个标准九代表0.5个标准差。标准九分数以整数形式报告，因此标准九分数为7（+1 SD）的人实际上是在高于平均数0.75 SD至1.25 SD的范围内。

正态曲线当量分数 另一种有时使用的标准分数形式是**正态曲线当量分数**（normal curve equivalent，NCE）。正态曲线当量分数的变化范围是1~99，平均数是50，标准差约为21。NCE分数之间的间隔是相等的（而百分位数并非如此），除此之外，NCE分数在许多方面与百分位数是相似的。另外一种形式的标准分数是**Z分数**（z-score），这种分数更常用于统计学上，而不常用于报告标准化测验结果。Z分数将平均数设定为0，标准差设定为1。图14.4所示如何用Z分数、标准九、正态曲线当量分数、百分位数以及IQ当量分数与SAT当量分数来表示一组平均正确率为70%、标准差为5的正态分布的原始分数。

标准九分数

一类范围从1到9的标准分数，平均数是5，标准差是2。

正态曲线当量分数

一套范围从1到99的标准分数，平均数是50，标准差约为21。

Z分数

一种平均数是0，标准差是1的标准分数。

注意图中百分位数与所有标准分数（Z 分数、标准九、NCE、IQ 和 SAT）的差异。百分位数集中在分布的中间部位，因为大多数学生的得分接近平均数。这意味着平均数附近的原始分数的微小变化将会导致百分位数（低于此分数的学生的百分比）的很大变化。相反，远离（高于或低于）平均数的原始分数的变化只引起百分位数的微小变化。例如，某学生的测验分数从 70 分提高到 75 分，这 5 分的提高使得该生从第 50 个百分等级提高到第 84 个百分等级，即提高了 34 个百分等级。但是，当从 75 分提高到 80 分时，同样提高了 5 分，但其百分等级只提高了 14 个。更为极

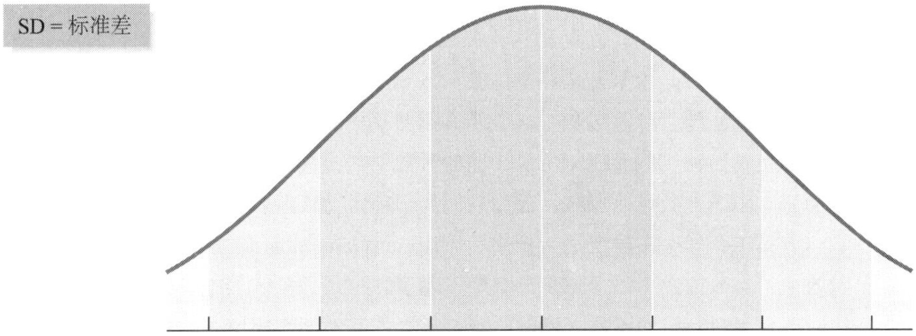

	−3 SD	−2 SD	−1 SD	平均数	+1 SD	+2 SD	+3 SD
原始分数（正确的百分比）	55	60	65	70	75	80	85
Z分数	−3	−2	−1	0	+1	+2	+3
标准九		1	3	5	7	9	
正态曲线当量分数	1	8	29	50	71	92	99
IQ	55	70	85	100	115	130	145
SAT	200	300	400	500	600	700	800
百分位数	1	2	16	50	84	98	99

图 14.4　不同类型分数之间的关系

正态分布的原始分数可以用多种方法来呈现。每种呈现方法是由其平均数、高分和低分之间的极差以及标准差间距来决定的。

端的情况是，分数从 80 升到 85 时，5 分的提高只使百分等级增加了 1 个，即百分等级从 98 提高到 99。

鉴于百分等级评定的这种特点，我们在解释百分等级的变化时应该非常谨慎。例如，如果一名教师夸耀："我们班的普通学生提高了 23 个百分等级（从 50 到 73），而你们班的聪明学生也仅提高了 15 个百分等级（从 84 到 99）。我确实对他们下了很大的工夫！" 实际上，这位自吹者的学生的原始分数只提高了 3 分即 0.6 个标准差，而另一位教师所教的学生的原始分数却提高了 10 分，也就是提高了 2 个标准差！

理论应用于实践

解释标准化测验分数

新领地考试（Terra Nova）是一种被广泛使用的标准化的学业成就测验，1997 年由麦格劳－希尔教育测评中心（CTB/McGraw-Hill）发行。下面将对如何解释该测验所得的结果给予指导。其他在全国广泛使用的标准化测验（如加州成就测验、艾奥瓦基本技能测验和斯坦福成就测验等）也采用了相似的报告形式。

班级记录单　图14.5是根据第一节方案编成的二年级阅读班的学生（皆为化名）用一项新领地测验（CTBS/5）进行前后测而得到的真实班级成绩单的部分内容。

识别信息　首先看表格的顶端。它标明了两次测验的时间：上学年末（前测）和本学年末（后测）。年级水平（2.7）表明在后测时，学生达到二年级的第7个月（即四月；九月计为第零个月）的水平。表格底部的左侧标明了测验日期、学校、学区、测验常模以及"周数"（自开学起的周数）。

分数 在每一列下面，用两种指标来表示测验分数。NP代表全国百分等级；NCE代表正态曲线当量分数。以第五个儿童马文 • 米勒（Marvin Miller）为例。在一年级结束时，他在阅读上的全国百分等级是49，表明其得分高于49%的一年级学生。到了二年级，他的百分等级提高到76。然而在NCE中，他的分数从49提高到65。测验表格中显示，他提高了16个NCE。NCE分数可以加减，因为它们处于等距量表上，而百分位数则不能加减。现在再看一下第二个学生布里坦尼 • 杜弗利（Brittany Duphily）。从一年级到二年级，她在阅读测验中的百分位数（以及NCE分数）下降了。这是否意味着她在二年级所掌握的比在一年级时还要少呢？显然不是。然而，与二年级的其他同学相比，她的成绩确实差一些。为了更好地理解这一问题，我们可以设想一下：一个女孩在四年级时跑步很快，名列第三。但是一年后，她在五年级的跑步排名却到了第12位。事实上，该女生不仅没有跑慢，而且很可能比以前跑得更快，只是其他人的进步更大而已。

总结 在表格的底部是对整个学区的二年级学生的测验成绩的总结（一个班级或学校的总结与此类似）。这些分数是以中位数的百分位数（这个学区的中等学生的分数）以及中位数的全国百分位数来表示的，后者说明了本学区与其他学区相比究竟处于何种水平上。例如，这个学区二年级的中等学生在阅读测验中的得分比全国二年级学生中的35.3%都高。最后一组数据表明了全国二年级学生的平均NCE分数以及一年级NCE分数（42.5）与二年级NCE分数（41.6）的差值。NCE上0.9分的下降是很小的，说明从与其他学区的儿童比较来看，本学区的儿童一年级与二年级的相对阅读水平基本持平。

个体档案报告 与大多数标准化测验一样，新领地测验为每个儿童提供了详细的测验结果分析。图14.6是一个三年级学生玛丽亚•奥瑟夫（Maria Olthof）的例子（报告是真实的，但不是她的真名）。

常模参照分数 报告单的顶端是玛丽亚在14个量表上的得分，这一系列分数用6种方式表示。第一种方式是年级当量分数。在阅读中，玛丽亚的年级当量分数是2.0，表明她的分数就是刚上二年级的普通学生的典型分数。她的NCE是35，同样也表明其成绩显著低于年级水平。（一般情况下，50分的NCE被认为是“达到年级水平”。）跳过量表分数，该部分内容不可解释。玛丽亚的当地百分位数表明：与班上、学校或学区中的其他孩子相比，她的阅读成绩非常差（无论怎样界定“当地”）。百分位数为1，这可能是最低的分数了。

“正确的数目”这一栏不言自明。在阅读测验中，玛丽亚的全国百分位数表明，其分数仅优于全国 24% 的三年级学生。“NP 范围”则是指如果玛丽亚接受多次相同的测验，可能得到的百分位数的范围。也就是说，即使学生的知识或技能水平恒定，运气、粗心大意、测验条件、动机等等因素在每次测验时也都可能有不同，取决于所有这类因素，学生可能获得的分数总会在一个范围内变动。右上方的图形表明了全国百分位数的范围，其中的菱形标明了实际的百分位数。第 25 和第 75 个百分位数之间的阴影部分表明了“正常范围”。尽管玛丽亚自己的“NP 范围”预示着她发挥出色时的得分可能达到正常范围，但她的阅读测验分数确实比全国的正常范围要低。

值得注意的是，全国百分位数图表的底部是用标准九的量表来表示的。请回忆一下，标准九分数的范围是 1~9，5 分代表全国平均数。

资格认证指南

在教师认证考试中，你可能要有能力选择、编制和使用同被评价的学习结果相适配的评估策略和工具。

各个目标上的成绩 个体档案报告单中的其余部分则把玛丽亚的测验分解为每个领域中的分项技能。分数的分解可以为解释总分提供一些有用的信息。以玛丽亚的数学分数为例。“目标成绩索引”一栏反映出她除了在问题解决这个分量表上的成绩比较差以外，在其他各个分量表上的成绩都比较好。对玛丽亚而言，问题解决的得分比较低，这可能是由于她的阅读问题，或许她需要在该项技能上多下工夫。然而，对这类分量表分析的解释应当非常谨慎。测验所涉及的项目比较少，并且与玛丽亚所学的内容缺乏明确的联系。这意味着如果补充更为精细的诊断性数学测验，课堂评估就能更加准确地说明玛丽亚的优势、弱点以及对教学的需求。

图 14.5　标准化测验的班级记录单样例

当一个班的学生参加的前测和后测是同一项标准化测验时，可以应用类似于下面表格的形式来对比结果。

CTB MACMILLAN/MCGRAW-HILL

PRE-POST CLASS RECORD SHEET　　PRE-TEST: CTBS/5 MA　　TITLE 1 READING　　170508

CLASS: GRD.2 TCH 3　　POST-TEST: CTBS/5 MA　　GRADE 2.7　　PAGE 1

STUDENTS	FORM/LEVEL	SCORES	READING READ	VOCAB	CMPST	LANGUAGE LANG	MECH	CMPST	MATHEMATICS MATH	COMPU	CMPST	TOTAL SCORE ++	SCI	SOCIAL STDY	SPELL	WORD ANLYS
BEACHY JULIA M		PRE NP	98			94			76			94				
BIRTH DATE: 5/ 4/90		POST NP	55			81			62			70				
PRE GRADE: 1.7	A-11															
POST GRADE: 2.7	A-12	PRE NCE	94			83			65			82				
CODES/PRE: 3916720000.........		POST NCE	53			69			57			61				
CODES/POST: 391672.......1.....		DIFF	-41			-14			-8			-21				
DUPHILY BRITTN D		PRE NP	79			70			88			82				
BIRTH DATE: 9/25/90		POST NP	53			58			70			62				
PRE GRADE: 1.7	A-11															
POST GRADE: 2.7	A-12	PRE NCE	67			61			74			70				
CODES/PRE: 6613080000.........		POST NCE	52			54			61			57				
CODES/POST: 661308.......1.....		DIFF	-15			-7			-13			-13				
HARRISON ROBERT L		PRE NP	44			30			19			28				
BIRTH DATE: 5/23/90		POST NP	63			34			42			46				
PRE GRADE: 1.7	A-11															
POST GRADE: 2.7	A-12	PRE NCE	47			39			32			37				
CODES/PRE: 4039710000.........		POST NCE	57			41			46			48				
CODES/POST: 403971.......1.....		DIFF	10			2			14			11				
KNOX CARLY M		PRE NP	99			* 99			99			99				
BIRTH DATE: 7/ 9/90		POST NP	84			64			56			71				
PRE GRADE: 1.7	A-11															
POST GRADE: 2.7	A-12	PRE NCE	99			99			99			99				
CODES/PRE: 8441620000.........		POST NCE	71			57			53			62				
CODES/POST: 844162.......1.....		DIFF	-28			-42			-46			-37				
MILLER MARVIN R		PRE NP	49			85			70			73				
BIRTH DATE: 5/11/90		POST NP	76			86			39			71				
PRE GRADE: 1.7	A-11															
POST GRADE: 2.7	A-12	PRE NCE	49			72			61			63				
CODES/PRE: 2905390000.........		POST NCE	65			73			44			62				
CODES/POST: 290539.......1.....		DIFF	16			1			-17			-1				
MOORE RICHAR J		PRE NP	58			66			86			75				
BIRTH DATE: 8/26/90		POST NP	54			76			80			72				
PRE GRADE: 1.7	A-11															
POST GRADE: 2.7	A-12	PRE NCE	54			59			73			64				
CODES/PRE: 352384.............		POST NCE	52			65			68			63				
CODES/POST: 352384.......1.....		DIFF	-2			6			-5			-1				

PRE-TEST DATE: 4/14/97
QUARTER MONTH: 31
NORMS: CTBS/5 1996
PATTERN (IRT)
POST-TEST DATE: 4/22/98
QUARTER MONTH: 31
NORMS: CTBS/5 1996
PATTERN (IRT)

SCHOOL: SCHOOL 1
DISTRICT: ANY DISTRICT
CITY: ANY CITY
STATE: CA

++ TOTAL SCORE CONSISTS OF READING, LANGUAGE, MATHEMATICS　　*: MAXIMUM OR MINIMUM SCORE

NP: NATIONAL PERCENTILE
NCE: NORMAL CURVE EQUIVALENT
DIFF: DIFFERENCE (POST-SCORE MINUS PRE-SCORE)
DIFFERENCES ARE NOT REPORTED FOR NATIONAL PERCENTILES

CTBID: 98268Q273549001-03-00094-000051

图 14.5 标准化测验的班级记录单样例（续）

CTB MACMILLAN/MCGRAW–HILL

TITLE 1 READING

170508 170 11508

PRE-POST CLASS RECORD SHEET
DISTRICT: ANY DISTRICT

PRE-TEST: CTBS/5 MA
POST-TEST: CTBS/5 MA

GRADE 2

PAGE 1

DISTRICT SUMMARY	SCORES	READING: READ	READING: VOCAB	READING: CMPST	LANGUAGE: LANG	LANGUAGE: MECH	LANGUAGE: CMPST	MATHEMATICS: MATH	MATHEMATICS: COMPU	MATHEMATICS: CMPST	TOTAL SCORE ++	SCI	SOCIAL STDY	SPELL	WORD ANLYS
	PRE MDNP POST MDNP	40.4 35.3			39.2 32.5			34.3 36.3			33.0 34.0				
	PRE NPMN POST NPMN	36 35			39 35			36 38			36 36				
	PRE MNCE POST MNCE DIFF	42.5 41.6 -0.9			44.0 42.1 -1.9			42.5 43.4 0.9			42.5 42.3 -0.2				
** NUMBER OF STUDENTS = 95		91			91			93			90				
PRE-TEST FORM/LEVEL A-11															
POST-TEST FORM/LEVEL A-12															

PRE-TEST DATE: 4/14/97
QUARTER MONTH: 31
NORMS: CTBS/5 1996
PATTERN (IRT)
POST-TEST DATE: 4/22/98
QUARTER MONTH: 31
NORMS: CTBS/5 1996
PATTERN (IRT)
CITY: ANY CITY
STATE: CA

++ TOTAL SCORE CONSISTS OF READING, LANGUAGE, MATHEMATICS

MDNP: MEDIAN NATIONAL PERCENTILE
NPMN: NATIONAL PERCENTILE OF MEAN NORMAL CURVE EQUIVALENT
MNCE: MEAN NORMAL CURVE EQUIVALENT
DIFF: DIFFERENCE (POST-SCORE MINUS PRE-SCORE)
DIFFERENCES ARE NOT REPORTED FOR NATIONAL PERCENTILES

**: SUMMARIES DO NOT INCLUDE STUDENTS WHO WERE RETAINED OR WHO SKIPPED A GRADE

CTBID: 98268Q273549001-03-00078-000002

资料来源：Reproduced with permission of The McGraw-Hill Companies.

图 14.6　标准化测验的个体测验记录样例

对参加标准化测验的个体成绩的报告可能包括总分以及在具体内容目标上的分项分数。

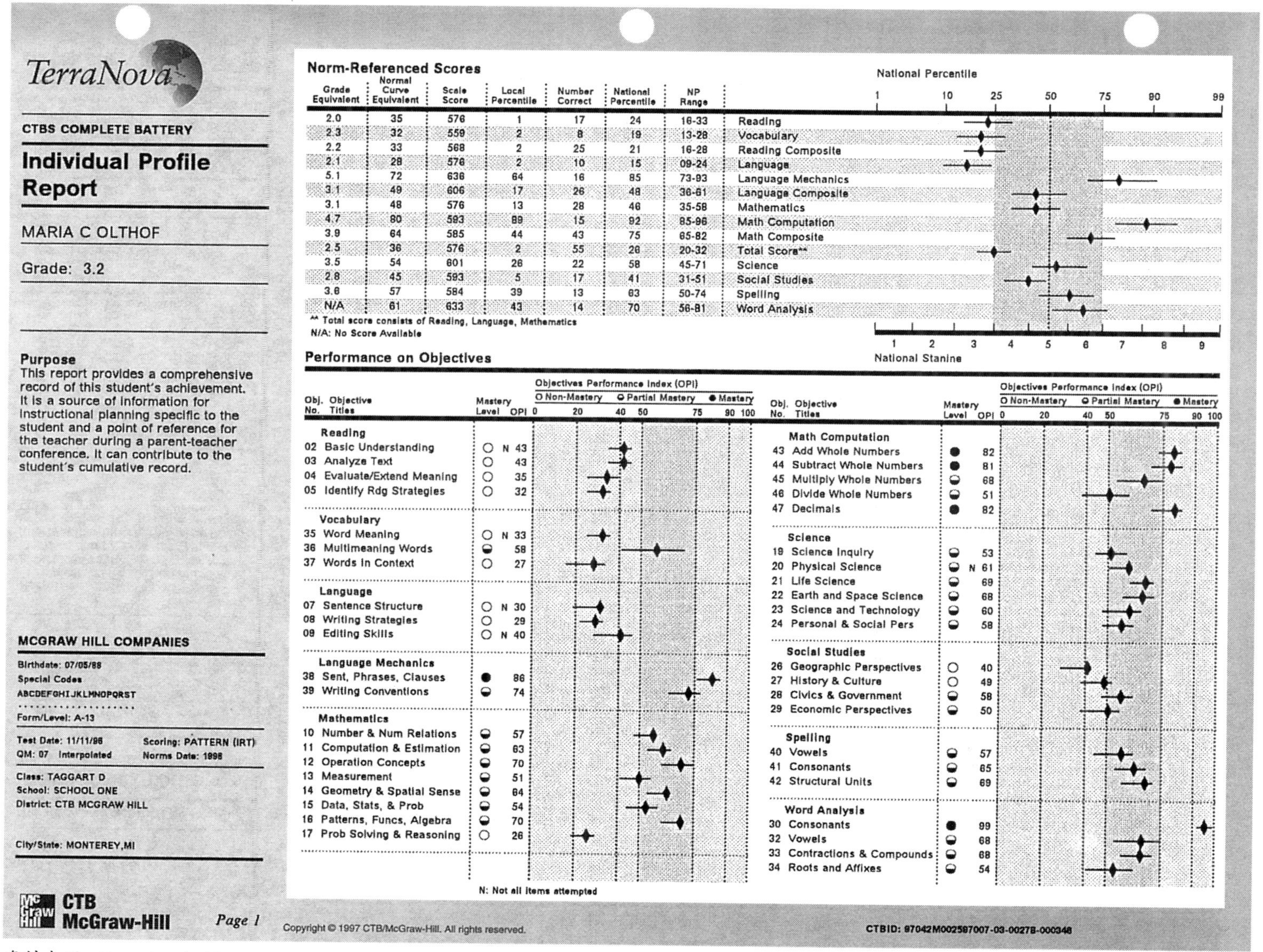

TerraNova

CTBS COMPLETE BATTERY

Individual Profile Report

MARIA C OLTHOF

Grade: 3.2

Purpose

This report provides a comprehensive record of this student's achievement. It is a source of information for instructional planning specific to the student and a point of reference for the teacher during a parent-teacher conference. It can contribute to the student's cumulative record.

MCGRAW HILL COMPANIES

Birthdate: 07/05/88
Special Codes
ABCDEFGHIJKLMNOPQRST
Form/Level: A-13

Test Date: 11/11/96　Scoring: PATTERN (IRT)
QM: 07　Interpolated　Norms Date: 1996

Class: TAGGART D
School: SCHOOL ONE
District: CTB MCGRAW HILL

City/State: MONTEREY,MI

CTB McGraw-Hill　Page 1

Norm-Referenced Scores

Grade Equivalent	Normal Curve Equivalent	Scale Score	Local Percentile	Number Correct	National Percentile	NP Range	
2.0	35	576	1	17	24	16-33	Reading
2.3	32	559	2	8	19	13-28	Vocabulary
2.2	33	568	2	25	21	16-28	Reading Composite
2.1	28	576	2	10	15	09-24	Language
5.1	72	638	64	16	85	73-93	Language Mechanics
3.1	49	606	17	26	48	36-61	Language Composite
3.1	48	576	13	28	46	35-58	Mathematics
4.7	80	593	89	15	92	85-96	Math Computation
3.9	64	585	44	43	75	65-82	Math Composite
2.5	36	576	2	55	26	20-32	Total Score**
3.5	54	601	26	22	58	45-71	Science
2.8	45	593	5	17	41	31-51	Social Studies
3.8	57	584	39	13	63	50-74	Spelling
N/A	61	633	43	14	70	56-81	Word Analysis

** Total score consists of Reading, Language, Mathematics
N/A: No Score Available

National Percentile: 1　10　25　50　75　90　99
National Stanine: 1　2　3　4　5　6　7　8　9

Performance on Objectives

Objectives Performance Index (OPI): ○ Non-Mastery　◒ Partial Mastery　● Mastery　(0　20　40　50　75　90　100)

Obj. No.	Objective Titles	Mastery Level	OPI
	Reading		
02	Basic Understanding	○	N 43
03	Analyze Text	○	43
04	Evaluate/Extend Meaning	○	35
05	Identify Rdg Strategies	○	32
	Vocabulary		
35	Word Meaning	○	N 33
36	Multimeaning Words	◒	58
37	Words in Context	○	27
	Language		
07	Sentence Structure	○	N 30
08	Writing Strategies	○	29
09	Editing Skills	○	N 40
	Language Mechanics		
38	Sent, Phrases, Clauses	●	86
39	Writing Conventions	◒	74
	Mathematics		
10	Number & Num Relations	◒	57
11	Computation & Estimation	◒	63
12	Operation Concepts	◒	70
13	Measurement	◒	51
14	Geometry & Spatial Sense	◒	64
15	Data, Stats, & Prob	◒	54
16	Patterns, Funcs, Algebra	◒	70
17	Prob Solving & Reasoning	○	26

N: Not all items attempted

Obj. No.	Objective Titles	Mastery Level	OPI
	Math Computation		
43	Add Whole Numbers	●	82
44	Subtract Whole Numbers	●	81
45	Multiply Whole Numbers	◒	68
46	Divide Whole Numbers	◒	51
47	Decimals	●	82
	Science		
19	Science Inquiry	◒	53
20	Physical Science	◒	N 61
21	Life Science	◒	69
22	Earth and Space Science	◒	68
23	Science and Technology	◒	60
24	Personal & Social Pers	◒	58
	Social Studies		
26	Geographic Perspectives	○	40
27	History & Culture	○	49
28	Civics & Government	◒	58
29	Economic Perspectives	◒	50
	Spelling		
40	Vowels	◒	57
41	Consonants	◒	65
42	Structural Units	◒	69
	Word Analysis		
30	Consonants	●	99
32	Vowels	◒	68
33	Contractions & Compounds	◒	68
34	Roots and Affixes	◒	54

CTBID: 97042M002587007-03-00278-000346

资料来源：Reproduced with permission of The McGraw-Hill Companies..

标准化测验和课堂测验的使用应当关注哪些问题?

近年来，标准化测验越来越多地被用来评估教师、学校和学区。如前所述，目前美国的大多数州都有全州范围的测验方案，要求所选定的某个年级的学生进行标准参照成就测验和标准化成就测验，或两者择一。教育部门则通过分析这些测验的成绩来对该州的教育方案进行总体评估，对各学区、各学校以及各教师的成绩进行个别比较。这些比较都属于问责程序的一部分。问责是与标准化测验的使用和滥用有关的议题之一。有关测验、标准以及其他相关主题的议题在美国教育领域争论得最为激烈（Chatterji，2002；Gallagher，2003）。近年来，测验领域有了很大的发展，提出了很多改进计划。

测验效度

我们使用测验分数来对我们当前测量的学生进行推断。测验的**效度**（validity）是指这些推断在多大程度上是合理的（Aiken & Groth-Marnat，2006；McMillan，2008；Moss，Girard，& Haniford，2006；Popham，2008）。由于各种测验的目的各不相同，因此用于评价测验效度的证据类型也是不同的。例如，如果某测验是用于帮助教师和管理者确定哪些学生可能会对理解教学的某个或多个方面有困难，则关注的重点就是测验能多准确地预测未来的学业成就。但是，如果测验目的是描述一组学生目前的成就水平，那么关注的重点则是描述的准确性。简言之，效度所关注的就是测验与它应达到的目的之间的相关度（Aiken & Groth-Marnat，2006）。

效度
对一项测验在多大程度上适合其预期用途的测量指标。

由于测验在学校中和教育进程中具有多种作用，因此，有三类效度证据是测验使用者所关心的，它们分别是：内容、效标以及结果。

内容证据
对测验内容和之前的教学内容匹配程度的测量标准。

效度的内容证据　测验有用性的一条最重要的标准就是看它是否评价了使用者希望它评价的内容，这在成就测验中尤为重要（Popham，2008）。这条标准叫做**内容证据**（content evidence），是对所教的（或是应该教的）内容与所测的内容之间重叠程度的一种评估。它是内容专家通过把测验内容与州或学区的标准，或者与学科或方案的目标进行仔细的比较后决定的。例如，如果一项测验强调的是历史年代和事件，而课程以及州或学区的标准强调的是历史的主要观点，那么该测验就不能被视为有效。

效标相关证据
效度的一种常用证据，当测验分数同相关特质的另一种测量分数之间具有相关时，则表明存在该证据。

效度的效标相关证据　**效标相关证据**（criterion-related evidence）是通过考察该测验分数与其他各种测验分数之间的关系而得来的。效标相关证据基于对各种评估方式的理解，将这些分数与预期的结果进行比较。例如，某一测验效度的**预测证据**（predictive evidence）可以度量该测验有多大能力预测将来的行为。如果我们使用某项测验来预测学生未来的学业成就，那么考察测验效度的一种方法就是把该测验的分数与学生后续成就的某项度量联系起来。如果该测验与后续的成就之间存在着适当水平的相关，那么该测验以后就可以用来为学生提供预测性的信息。例如，已知各科SAT和ACT的测验分数与大学成绩之间具有相当程度的相关，因此许多大学的招生负责人利用这些测验分数（并结合高中成绩以及其他信息）来决定录取与否。

预测证据
效标相关证据的一种，当一个测验分数可以预测另一个与该测验有关的特质的测验分数时，就表明存在该证据。

同时证据
效标相关证据的一种，当一项测验的分数与相同特质或一种非常相似的特质的一种测量分数存在相关时，就表明存在该证据。

效度的效标相关证据的另外一种形式是**同时证据**（concurrent evidence）。它判定该测验与另一个测验测量的内容领域是否相同。例如，若要用某种个体智商测验代替某种团体智商测验，那么人们首先要知道的是：两种测验是否能够得出可比较的分数。如果在同一项研究中让同一组学生参加这两项测验，就可对两组测验分数之间的关系进行评估。

同时证据的另一种形式叫做**区别证据**（discriminant evidence）。例如，我们可能希望成就测验与某些变量之间具有相对独立性。比如，操作能力倾向的某种测验应该与受测者组装机器的能力相关，而不应该与言语能力倾向或性别具有很高的相关，因为言语能力倾向是另一种不同的技能，而性别因素与所测技能没有多大关系。

区别证据

一种效度证据，当教育或心理理论预测某项测验的分数与其他一些特质的测量分数之间不应该相关，且实际的测验分数同这些特质的一项或多项测量分数之间也确实不存在相关的时候，就表明存在该证据。

测验信度

效度涉及测验所要测量的技能和知识，而测验的**信度**（reliability）涉及对技能和知识的测量准确性（Aiken & Groth-Marnat，2006；Popham，2008）。测验分数应当是受测学生所掌握的技能和知识的产物，但是，当实施某项测验时，与测验本身和施测的环境有关的一些因素可能会使测验结果不准确。理论上讲，如果让一个学生接受两次平行测验，他在两次测验中应该得到相同的分数。要探讨两次分数有差异的程度，就涉及信度这一主题。模棱两可的测验题目、题目具体内容的差异、走运或不走运的猜测、不稳定的动机以及焦虑等测验的这些随机特征都会影响测验分数，并导致各次平行测验产生不同的分数。此外，在写作或者其他测量表现的方式上，评分者之间的差异也会降低信度。如果观察到个体在同一测验的两次施测中得到近似的分数，那么就可以认为该测验具有信度。如果分数非常不一致，那么任何一次测验分数都不太可信。一般来说，测验越长、题目间彼此越相似，信度就越高。

信度

对同一批学生在不同的时间多次接受测验获得的分数的一致性的测量标准。

信度一般是以一项系数来衡量的，系数在理论上处于 0~1 之间。系数越大，测验越可信。通常情况下，良好的标准化成就测验的信度系数应该达到 0.90 以上。信度要考察的问题是：测验对学生进行测量时的一致性程度。而效度要考察的问题是：测验分数在多大程度上反映了我们所关心的内容。因此，一个测验不可能只有效度而无信度，但可能只有信度而无效度。一个有信度无效度的例子是，如果教师根据学生的身高来决定学科分数的高低，你对此有何反应？教师对身高的评价是高度可信的（身高可以被精确地测量），但是基于身高而给予的分数不能有效地说明你所掌握的知识或技能。现在设想在一个创造性测验中，要求学生描述开瓶器的新用途。如果评价者在对学生的反应的评分上不能达成共识，或者这个测验与 6 个月后学生在同样测验上得分差异太大，那么这个测验就缺少信度，因而也不可能被视为有效。

这些学生将在今年参加全国性的标准化能力倾向测验和成就测验。测验结果对他们所有人会同样公平吗？为什么？

测验偏差

对传统的标准化测验的一些主要批评意见与信度和效度问题有关（见 Linn，2000）。批评者们认为这类测验：

资格认证指南

教师认证考试可能需要你理解与测验评估有关的问题，比如测验效度、测验信度、偏差和评分问题。

- 会提供有关美国学校中学习情况的虚假信息（Bracey，2003）。
- 对某几类学生不公平（即对其不利的偏差）（如，来自不同背景的学生，英语水平有限的学生，女生以及低收入家庭的学生）（见Lissitz & Schafer，2002；Orfield & Kornhaber，2001；Scheurich，Skrla，& Johnson，2000；Suzuki，Ponterotto，& Meller，2000）。
- 有可能破坏教学和学习的进程，经常使教学纯粹只是为了应试（Cizek，1999；Darling-Hammond & Falk，1997；Rotberg，2001）。
- 把时间、精力和注意力都集中于易于测试的简单技能上，而不考虑高层次的思维技能和创造性努力（Campbell，2000；Popham，2008）。

在解释标准化测验分数时的一个主要问题是：有可能对来自低收入家庭的学生或不同背景的学生产生**偏差**（bias）（Lissitz & Schafer，2002；Suzuki et al.，2000）。从某种意义上来说，这是一个测验效度的问题：使一类学生拥有不公平优势的测验不能被看做是有效的。最令人担心的问题是，测验题目所评价的知识或技能对某个群体或某种文化而言可能是人尽皆知的，但对另一群体却未必如此，由此产生偏差。例如，如果某项测验有一篇关于海滩旅行的阅读理解文章，那么该文章对那些生活环境远离海滩的学生和那些无法支付海滩旅行费用的学生就有可能不公平。一篇关于万圣节的文章可能对于那些耶和华见证人（基督教的一个分支）成员来说是不公平的，因为他们不庆祝万圣节。

测验发行者会定期评价测验题目是否存在偏差（称为*题项偏差*）。对学生中的某些人口统计学群体（如性别或种族）而言，如果他们在某些题目上的得分高于或低于基于测验整体成绩所预期的值，就要将这些题目标示出来进行评估。这些题目通常会被交给一个由不同的人口统计学群体代表所组成的委员会，他们很可能决定删除这些题目。与此有关的另一个议题是敏感性。毫无疑问，任何带有明显的文化或性别刻板印象的测验都是不可接受的。例如，如果某个测验总是把医生称为表示男性的“他”，或者只给底层劳动者起拉丁裔姓名，那么这样的测验就不宜使用。

计算机测验的实施

偏差

测验的一个不良特征，主要指测验题项的内容对某些学生存在歧视。

计算机自适应

一种评估途径，在这种评估中计算机被用来呈现题目，每道题目的呈现都取决于应试者对先前题目的回答。

利用计算机来实施测验的方式越来越普遍。其中一种最简单的形式是：所有的学生都接受相同的多项选择题（按相同的顺序）测验，就如同在座位上参加典型的纸笔测验一样。但计算机的运用使得根据学生的具体情况来选择适宜的测验题成为可能。在**计算机自适应**（computer-adaptive）的施测过程中（Olson，2005；Wainer，2000），在一道题目后面会出现什么题目是由学生是否答对了前一道题决定的，如果回答正确就会出现更难的题目，在错误回答之后则会呈现更容易的题目。随着测验的进行，对学生在整个测验中的表现的评估也得到了连续不断的更新。利用计算机来呈现测验可以真正地节省时间。在正确率相当的情况下，学生通常只需纸笔测验1/3的时间即可完成同样的内容。而且，计算机自适应的测验能够确定学生掌握的最高层次内容中的某组特定技能，并给出有关这些技能的更加准确的信息，从而避免将时间浪费在那些极其简单或者根本不可能完成的题目上。

网络链接

想了解更多与教育测量原理相关的问题，请访问国家教育测量委员会（NCME）的网站（www.ncme.org）、弗吉尼亚联邦大学的詹姆斯•麦克米兰（James McMillan）的网站（http://pareonline. net/ getvn. asp?v=7&n=8）（为教师和管理者提供了基本测量原则）和教学、学习与评估中心的网站（www.iuk.edu/~koctla/ assessment/9principles.shtml）（上面有对学生学习进行评估的良好做法的九原则）。也可以在 NCREL 网站（www.ncrel.org/sdrs/areas/issues/ methods/assment/as700.htm）上参见“反思评价及其在教育改良中的作用”。除此之外还有国家教育评估促进中心（National Center for the Improvement of Educational Assessment）网站（www.nciea.org）和国家教育测试和公共政策委员会（National Board on Educational Testing and Public Policy）网站（www.bc.edu/ research /nbetpp）。

教育者如何对学生的成就负责？

让教师、学校和学区对学生的学习负责，这方面的努力近年来还有逐渐增多的趋势。美国所有的州、加拿大的大部分省份以及英格兰（和其他国家）都执行了常规的标准化测验方案，并且以学校为单位公布结果。很多学区在州测验的基础上又补充了其他测验，这些测验包括每年几次为帮助指导教学以满足州标准的“基准评估”。可想而知，校长和其他管理人员看这些分数就像商人看利润报表一样。标准化测验正逐渐成为“高风险”测验，这意味着测验结果对教育者的意义很重要，对学生本人也越来越重要。比如，现在许多州和学区都要求学生在州测验中的分数达到某一特定水平才可以升入高年级或者从高中毕业。许多州和学区发布学校报告卡，卡上列有测验分数、出勤、留级和停学等方面的资料；这些资料可能被刊载于报纸上，或者以其他方式公诸于众。测验分数常被用于做出校长、主管领导的聘用、解聘、提职或调离等决策，有时也用于做出关于教师的决策。

网络链接

想学习更多与问责和州水平评估相关的问题，请访问全美州教育官理事会（CCSSO）的网站（www.ccsso.org）。CCSSO 是一个在 50 个州主导幼儿园到十二年级教育的公职官员组织。想了解有关特许学校问责的信息，请访问 www.uscharterschools.org/pub/uscs docs/r/account.htm。想了解与残障学生有关的问责和评估问题，请访问 www.cehd.umn.edu/NCEO/OnlinePubs/NCLBdisabilities.html。想了解高等教育中州水平评估的历史背景，请访问 www.stanford.edu/group/ncpi/unspecified/assessment states/pdf/Metropolitan.pdf。想了解州评估网站的链接列表，可以访问网页 www.bc.edu/research/nbetpp/weblinks.html，也见国家教育问责中心网站（www.ecs.org/ html/project.asp?projectID=26）。

问责运动的兴起部分源于公众对教育的信心的丧失。有些高中毕业生不会阅读或计算，这种状况使立法者（以及其他人）非常担忧，因此要求学校设定更高的标准，学生必须达到这些标准（McDermott，2007）。

然而，也有很多人批评问责运动（Hamilton，Stecher，& Yuan，2008；Rotberg，2001；Ryan & Shepard，2008；Sirotnik，2002；Thompson，2001）。许多人认为学校只教学生要考的内容，只强调阅读和数学，而忽视自然科学和社会学习等方面的内容（Marx & Harris，2006）；只强调易于测量的目标（如标点符号），而忽视更重要的但难以测量的目标（如行文）。许多教育者指出，问责评价没有考虑到学校面对的挑战各有不同（Barton，2007/2008）。一个学校或班级的测验成绩差，这可能是由于学生来自处境不利的背景，或者英语还说得不好，而不是由于他们接受的教学质量差。由于高度贫困学校的经费总是比其他学校的少，因此学生的学习机会可能更少（Orfield & Kornhaber，2001；Starratt，2003）。学生流动性很大，在社会经济地位较低的城市地区中尤为普遍，这意味着学校要为那些只在该校学习了数周或数月的学生负责。学校每年的成绩都是在变动的，学校可能会由于这些没有统计学意义的微小变化而受到奖励或惩罚（Fuller，Wright，Gesicki，& Kang，2007；Hess，2008/2009；Ho,2008；Kelly & Monczunski，2007；Linn & Haug，2002）。高风险测验使得学校和学区采取一些对策，不让那些可能得低分的学生参加考试，从而达到人为拔高分数的目的，比如将更多的儿童分到特殊教育班级中；把更多的学生划归英语水平有限之列，或者让更多的学生留级（Booher-Jennings & Beveridge，2007；Linn，2000）。许多观察者注意到，在超乎寻常的压力下，教师有时会使用不道德的手段去提高学生的分数（Hamilton et al.，2008；Popham，2005）。

一些研究人员（比如 Amrein & Berliner，2003；Bracey，2003；Ellmore & Fuhrman，2001；Neill，2003）已经开始怀疑增加问责是否会真正带来更高的成绩。卡诺依和勒布（Carnoy & Loeb，2002）发现采用严格的问责制度的州仅较其他州的国家教育进展评估（NAEP）分数略高，然而尼尔和盖勒（Neill & Gaylor，2001）以及埃姆瑞恩和柏琳娜（Amrein & Berliner，2003）却发现，拥有严格问责制度的州同其他州相比在 NAEP 上的得分更低。在芝加哥对升入高年级标准的研究发现：同标准实施前相比，学生的学习动机更高（Roderick & Engel，2001），成就也更高（Roderick，Jacob，& Bryk，2002）。

尽管对问责运动存在着这样或那样的指责，但对问责的需求是客观事实（Gandal & Vranek，2001；Scherer，2001）。问责的一个好处是敦促教师和学校更多地关注那些如不被关注就可能掉队的学生，或者去帮助那些最需要帮助的学生。各个州也越来越多地将分数分解开来通报，这意味着它们要对各个少数族群的学生、英语水平有限的学生以及其他弱势群体的学生的进步分别负责。这促使学校领导去关注确保全体学生都取得进步的方法（Scheurich et al.，2000）。问责的另一个好处是鼓励学校探索更有效的教学方法，并确保对所尝试的教学新举措进行常规性的评价（Kennedy，2003；Streifer，2002；Gandal & McGiffert，2003；Lane & Beebe-Frankenberger，2004）。

州问责测验的依据是州标准（Strong et al.，2001）。对于教师、校长或学科专家来说，了解这些标准是非常关键的，可以帮助学生获得更好的测试成绩（Carr & Harris，2001）。与含糊的目标相比，能够理解的目标更容易被实现。

问责测验所依据的标准通常是由不同的利益相关群体确定的，这些群体包括教师、家长、雇主和研究者，他们会表达对应该教什么、学什么的判断。经过一个达成共识的过程，教育者以及非教育者对界定州或学区所要求的内容领域提出各种观点，州或学区通过评估将观点汇总。这个过程促使教育领导人和政策制订者搞清楚他们想要孩子们学习什么，这可以帮助他们制订同这些目标一致的政策（Gandal &

Vranek，2001）。

不让一个孩子掉队

不让一个孩子掉队（No Child Left Behind，NCLB）法案是布什政府最重要的教育政策。当前 NCLB 正在接受大幅修订，如果这些修订通过就一定会被重新命名。在美国教育部网站（www.ed.gov）可以参见更新。

NCLB 的评估条款由以下几部分组成（见 Center on Education Policy，2003；The Education Trust，2003；Stecher，Hamilton，& Gonzales，2003；U.S. Department of Education，2002）。

1. *年度测验*。依照 NCLB，所有州都必须测试学生的阅读和数学。在 NCLB 执行之前，绝大多数州旨在问责的测试只对部分年级的儿童进行。依照 NCLB，各州测验三年级到八年级，另加一个高中年级。一些州开发了它们自己的测验，一些州与公司签订合同开发定制的测验，也有一些州购买了商品化测验，例如本章中描述过的那些。

2. *分解报告分数*。依照 NCLB，各州报告每所学校的测验分数时必须针对学校中的亚群体：每个族裔群体、特殊教育学生、贫困学生和英语水平有限的学生。一个特定类别中的学生必须达到最小人数，才可以被认为是 NCLB 意义上的一个亚群体，该最小人数对各州不同。学校和学区须对每个亚群体负责，由此，就不会再出现即使有一个或多个亚群体并未取得进步，而只要平均分数高便可视为成功的情况。

3. *充足的年度进步*。在所有的州评估中，所有学校中的所有亚群体都应当取得充足的年度进步（AYP）。这在每一个州都有着不同的定义，但定义的实质都是要求每个亚群体取得高水平的分数，或者达到熟练水平的学生比例逐渐提升。并且，如果没有分数的学生过多（为了防止学校未能从一些低成就学生那里收来试卷的情况），就不能认为亚群体取得了充足的年度进步。对绝大多数学校而言，充足的年度进步是 NCLB 的最重要的方面，学校和学区领导都殚精竭虑确保每个群体都能取得进步。

"那么现在，让我们来看一下都有哪些人今年取得了充足年度进步……"

4. *不能达到充足年度进步的后果*。依照 NCLB，学校有一个或更多亚群体不能达到所在州的充足年度进步标准会产生各种不同的后果，这取决于学校有多少年没有达到这一标准。2 年或更长时间没有达到充足年度进步的学校就必须为孩子们提供补充教育服务，通常是放学后或者暑假中的小组辅导。同样，这些学校也应该为家长提供将孩子转入更成功的学校的机会，尽管实际上很少有家长利用这样的机会。如果学校在接下来的几年里仍不能达到充足年度进步，他们就需要承担更严重的后果，最后可能会导致学校的重组（用新员工团队替换原来的团队）、停办或被州政府接管，尽管这些措施实际上很少被采用。

不让一个孩子掉队（NCLB）
一项联邦法案，该法案要求从三年级到八年级外加高中的学生要进行年度测验，还要求学校取得充足年度进步，并为不能达到标准的学校提供帮助。

对NCLB的批评　尽管NCLB法案得到了共和与民主两党的支持，奥巴马政府也继续对基于测验的问责提供支持，但NCLB的问责条款还是受到了教育者强烈的批评，其中绝大多数的批评可以被归纳为以下几个主要方面：

1. *过度和范围狭窄的测验*。NCLB 延续了对孩子们过度使用标准化测验的趋势，这些测验多为选择题，很多教育者都表达了对此的担心。（McGill-Franzen & Allington，2006；Popham，2003；Sadker & Zittleman，2004）。特别是，因为NCLB重点关注阅读和数学，很多教育者担心科学、社会研究、美术、音乐和其他任何涉及创造性或者深度理解的内容都会被排挤出去（Cawelti，2006；Guilfoyle，2006）。

"当然我们仍然会为美术腾出时间。比方说，现在我们练习在方块里画阴影。"

2. 标准的州际差异。因为NCLB让各州自己进行测验，设定通过标准以及其他可决定学校是否达到充足年度进步的因素，故各州之间存在非常大的差异。比如，西北评价协会（Northwest Evaluation Association）的一项研究发现（NWEA，2003）：按蒙大拿州标准达到熟练水平的八年级学生在西北评价协会的一项测验中的成绩百分位数是36，然而怀俄明州的学生在同样的测验中必须拿到89的百分位数才能在州里被评为熟练。此外，各个州在需要多少名学生才能组成亚群体方面也存在着差异，因此，要求高的州（有的要求50名学生，有的少到只有5名）不必为它们在特殊教育亚群体或者别的小规模亚群体里的学生负责，而其他测验分数相当的州可能有很多学校因为要对更多的学生亚群体负责而未能达到充足年度进步的标准。结果是，一些州绝大多数的学校都不能达到充足年度进步标准，而另外一些州几乎没有学校存在困难。在联邦教育法上，奥巴马政府改革的一个重点是降低这些州际差异，强化国家标准。

链接

想了解有关主体族群学生和少数族群学生之间的成就差距的内容，请参见第4章。

3. 对NCLB资金投入不足。NCLB已经为联邦教育资金带来了实质的增长，但是还远没有达到它的许多倡导者所期望的数额（Center on Education Policy，2004）。问题在于大部分新增资金都用在了所要求的附加测验、补充教育服务以及帮助家长将孩子转入新学校等方面。

理论应用于实践

教授应试技巧

随着标准化测验在评价学生、教师和学校方面所起的作用越来越重要，学生为参加这些测验所做的准备也变得越来越重要。当然，让学生为测验做准备的最佳方式是好好教会他们学习内容（Salend，2009；Schmidt & Cogan，2009；Tileston & Darling，2008）。然而，学校也需要帮助很多学生变得善于应付考试，那样的话他们就能在标准化测验中展现出他们真正知道的东西，得到可能得到的最高分数。

链接

想了解更多有关在讲授元认知意识和学习技巧的背景下教授应试技巧的内容，参见第6章。

在帮助学生做好标准化测验中涉及很多伦理问题（Popham，2008；Salend，2009）。比如，一种帮助学生取得好分数的方法是提前获知这些测验题项并教给学生答案。很明显，这就是在作弊。但当老师们知道哪些主题会在考试中出现并只讲授这些内容的时候，这种情况在伦理上的定性则模糊得多。比如，如果一项标准化测验不评估罗马数字，一个数学老师可能就会跳过这个主题而将更多的时间投入那些将会被测试的目标。这种做法被批评为"应试教学"。然而，也有人会争辩说，考察那些没有被教授过的知识对学生是不公平的，因此，教学应该同测验紧密地保持一致（Popham，2008；Tileston & Darling，2008）。问题是标准化测验仅能从全部教学内容中抽取很少的一部分来评估。因此，假如根据测验考察的目标调整教学，而排除掉其他所有内容，就会导致课程覆盖面非常狭窄。因为存在这种将教学仅仅局限于近期考试内容的诱惑，维持测验安全是很重要的。在测验前，具体的测验题目是不能分享给教师的。

除了将教学内容同总体的测验目标相匹配，通常还有很多方法来帮助学生学习如何应试。研究发现，学生可以被教得善于应付考试，而这可以提高他们的标准化测验分数（Bangert-Drowns，Kulik，Kulik，& Morgan，1991；Scruggs，White，& Bennion，1986）。也可以教给学生一些应对考试焦虑的策略。这些策略有时能帮助孩子们以更强的自信和更少的压力面对考试（Flippo，2008；Schutz & Davis，2000）。

也有人质疑过帮助学生为 SAT 做准备的方案的有效性。因为 SAT 测量的是认知技能，教学方案或许可以提高分数。研究人员一致认为针对 SAT 所测量的技能的辅导（特别是长期辅导）是有效的，特别是对少数族裔学生和成就低的学生（Becker，1990）。

一些帮助学生为标准化测验做准备的方法包括（见 Flippo，2008；Tileston & Darling，2008）：

1. 向学生提供使用相同形式题目的练习。比如，如果一次测验将会使用多项选择的形式，则在日常课堂小测验和考试中让学生做一些类似的训练。如果一次测验将会使用不寻常的形式，比如言语类比推理（例如大：小：：诚实：______），则向学生提供使用这种题型的练习。
2. 建议学生跳过困难或者耗时的题目，之后再回到这些题目上来。
3. 如果在测验中进行猜测不被罚分，建议学生在所有的题目上都填上答案。如果对猜测有罚分的话，应该鼓励学生在通过排除一个或更多选项来缩小选择范围后再进行猜测。
4. 建议学生在选择一个选项前阅读选择题中的全部选项。有时几个答案都是正确的，但是一定有一个是最好的。
5. 建议学生利用他们所有可用的时间。如果他们完成得比较早，应该回过头来再检查答案。

NCLB产生的影响　NCLB已经显著地改变了美国教育的局面。詹宁斯和伦特娜（Jennings & Rentner，2006）在教育政策中心（Center on Education Policy）进行的调查描述了NCLB的“十大影响”。

1. *州和学区官员报告州测验的成绩提高了，但是不清楚这是否有意义。*实施 NCLB 后，州测验分数有所提高（Center on Education Policy，2009a,b）。然而，近 20 年来，绝大多数州的州测验分数都提高了，国家教育进展评估的分数却几乎没有任何改变。由此，批评者指出，州测验分数表面上的提高是由于别的原因，而不是由于学生学习上的真正进步（例如，McGill-Franzen & Allington，2006）。

2. *学校花费更多的时间在阅读和数学上，有时为此而牺牲非测试科目。*因为 NCLB 问责仅仅集中在阅读和数学上，很多学校（71%，根据 Jennings & Rentner，2006）因此减少了其他科目的学习时间，比如社会研究和科学。

3. *学校在测验分数以及调整一致上集中了更多的注意力。*学校领导学会了紧盯他们学校的测验分数，并尽可能地使教师们将教学集中在州测验要考的目标上，甚至集中在题型上。

4. *表现较差的学校只是在进行改良而不是大刀阔斧的重组。*NCLB 期望不能达到充足年度进步的学校做出重大改变，从在全校范围内采取新的改革模式到彻底的重组。但是，这样的变化并没有发生。相反，绝大多数学校仍在继续混日子，只进行小幅度改进并期待下次会有更好的运气。

5. *教师在展现教学资质方面有所进步*。NCLB 要求教师和教辅人员的资格需要达到最低标准。对于有资格讲授第一节项目的教师，这意味着至少具有学士学位和展示相关学科领域的教学能力（Berry，Hoke，& Hirsch，2004；Rebell & Hunter，2004；U.S. Department of Education，2002）。由于缺乏足够的高资质的教师，尤其是在市中心和乡村地区，阻碍了管理者达到这一要求。教育政策中心（Center on Education Policy，2007）进行的一项调查发现，州官员认为 NCLB 的这部分要求并没有产生实效。

6. *学生参加了更多的测验*。为了遵守 NCLB，所有的州每年都必须要对三年级到八年级，外加一个高中年级（通常是十一年级）进行测验，而此前绝大多数州仅仅选取部分年级进行测验。此外，在提高年末测验分数的压力下，基准评估的使用大大增多了。这种测验每年进行三到五次，给教育人员提供信息以预测他们的学生在州评估中将会表现如何。

7. *学校更加关注特定群体的成就*。依照 NCLB，学校要为每一个学生亚群体的成就负责：非裔美国学生，拉丁裔学生和白人学生；特殊教育学生；低收入家庭学生。正因如此，学校领导报告他们比以往更加关注亚群体的分数了（见 Haycock，2006）。NCLB 的这些条款也引发了大量围绕对残障学生和英语学习者的评估的争论。

8. *州“需要改进”清单上的学校百分比相当大*。有 10% 的学校被列为“需要改进”，这意味着它们已经连续两年没能达到充足年度进步目标。然而，各州达到标准的学校百分比差异很大，这是因为各州在测验难度和计算充足年度进步的方法上存在重大差异。

依照 NCLB，需要改进的学校里的学生有机会转入更成功的学校。但这实际很少发生，只有 2% 的符合条件的学生转入了新学校。需要改进学校里的学生同样也有资格接受“补充教育服务”，通常是课后小组教学。但是，只有 20% 的符合条件的学生接受这样的服务。学校领导对以上二种补救措施的益处持怀疑态度，研究也没有发现任何积极效果。

9. *联邦政府在教育中充当了更为重要的角色*。根据美国宪法，教育是州的责任，在传统上，这也是由地方负责的。NCLB 极大地提高了联邦政府在各级学校教育上的参与程度，人们也认为美国教育部严格执行了 NCLB 的条款。联邦政府在教育中的积极角色在奥巴马政府中得到了延续。

10. *实施 NCLB 后，州和学区在单个学校运作中的职责更大，但缺乏足够的资金来实现它们的新职责*。州教育部门监督 NCLB 的遵守以及为需要改进的学校和学区提供帮助的职责更重。学区的作用也增强了。然而，州和学区都没有接收到充分执行其新职责所需的足够资金，至少它们是这么报告的。不过，NCLB 还是削弱了校长和学校职员的权力和自主性，而增强了学区和州的权力。

至少，NCLB 已经极大地增加了学校、学区和州承担的问责压力。自 NCLB 生效以来，尽管在州测验上有一些提升（Center on Education Policy，2007），但全国测验只出现了很小的进步（Bracey，2006；Fuller，Wright，Gesicki，& Kang，2007）。总之，《时代》杂志在帮助学校进步方面给了 NCLB 不及格的评价（Wallis & Steptoe，2007），但却赞扬了它注重为全体学生进行问责。

网络链接

想了解更多有关教育政策中心对“不让一个孩子掉队”的调查，请访问 www.cep-dc.org。美国教育部的官方网站有关 NCLB 的网址是 www.ed.gov/nclb/landing.jhtml。对 NCLB 的批评参见 http://nochildleft.com；www.educationsector.org。

奥巴马政府的教育政策

在编写这本书时，奥巴马政府在教育部部长阿恩•邓肯的带领下，正在继续执行 NCLB 引入的许多政策，但同时政府和国会也在致力于做出许多改变。当前政府政策的主要特征如下。

1. 对学生的测验分数保持严格的问责。教育部部长邓肯正在推动各州将学生的测验分数同他们的教师个体联系起来，这些信息将用来决定教师是否有资格留任或晋升。
2. 政府正在推动各州建立区域性或全国性的合作组织，在标准和评估上达成一致，部分或者完全地消除各州在定义成功方面的差异。
3. 政府正在鼓励各州对长期以来都未能成功的学校进行重大改革，比如停办，解雇部分或者全部职员，采用经过验证的转型模式，或者允许它们变成特许学校。特许学校是一种公办学校，这种学校不属于任何学区，由一些组织独立运作，具有较大的自主权，比如雇佣和解雇教师、选择课程、制订其自身的政策。
4. 政府非常赞成特许学校，并正推动州政府提高每年开办特许学校数目的上限。
5. 作为奥巴马政府美国再投资和改革法案（American Reinvestment and Reform Act，ARRA）的一部分，大量的钱被投入了教育，因此政府有能力促使州和学区跟从政府的工作重点，否则就不能得到ARRA的资金。

对绝大多数教师来说，奥巴马政府的政策不会带来重大的变化。拨给学校的主要新增资金在很多地方正被经济衰退所抵消，同时基于测验的问责仍然十分重要。

基准评估

在沉迷于测验的美国学校里，你可能认为最不需要做的事情就是进行更多的测验。然而许多学区和州正在进行**基准评估**（benchmark assessments），一年中评估学生三、五次甚至八次，通常是在阅读和数学方面。

基准评估的流行是容易理解的。学校为了提高州测验分数本已受到不小的压力，NCLB 则加重了压力。然而州测验次数太少，并且出分较晚，所以分数在调整教学策略或练习上没有多大用处。比如，绝大多数州举行测验是在春天，等到报告分数的时候已经是夏天或者秋天了。一所学校可能到七月份才会发现数学分数不乐观，但这时学校已经为来年分派过资源和做过计划了。比如，四年级测验分数给出的信息对参加测验的这些学生没有用处，对五年级学生或者下一届四年级学生而言也可能来得太迟而没多少价值。

基准评估

为了帮助教师知道学生是否正向州标准定义的成功前进而每几个月进行一次的简短测验。

教育者很早就认识到了这个问题并试图寻求解决方案。今天，多种多样的基准评估已经可以使用了，设计它们的目的是给你提供关于学生进步的有用的早期信息。许多学区甚至教师个人也设计并应用了他们自己的基准评估。基准评估可以让你发现每个学生、班级、亚群体和学校在州标准、州和学区重点标准的每个评估目标上的表现，这样你就可以有的放矢地在最需要的地方开展专业发展和改良（Ainsworth & Viegut，2006；Fogarty & Kerns，2009；Odden & Archibald，2009）。

基准评估允许学校为其成就“把脉”，但是和在医学中一样，把脉不能等同于治疗。医生和患者下一步要做的事情才是关键的。同样地，基准评估告诉学校它们正在走向哪里，哪里需要关注，但是尚未发现基准评估的使用本身可以提高学生成就。

基准评估是开明教育者手中有用的工具，但是它们只是孩子们当前成就的指标。作为学区和学校改良综合策略的一部分，基准评估可以起到关键的辅助作用，但也仅仅是一种辅助作用（Chappuis & Chappuis，2007/2008）。如果我们准备占用孩子们更多宝贵的课堂时间来做测验，我们一定要明智地使用这些结果并主动地加强核心教学和学习。

数据驱动改良

使用数据来驱动改良是学校和学区中的大趋势，而使用基准评估的倾向是该趋势的一部分。**数据驱动改良**（data-driven reform）不仅仅是简单地参见州测验分数。参与这种改良的学校领导按照分项技能、亚群体、年级水平和其他类别整理州测验和基准评估中的信息，加入出勤和学校里使用的退学者教育方案信息来找出学校难题的“根本原因”（Hamilton et al.，2008）。然后他们仔细考虑他们所面临难题的可能的解决方案，理想的方案应该具有强有力的证据来证明其效果（见 Coalition for Evidence Based Policy，2003；Slavin et al.，2010；Odden，2009；Towne，Wise，& Winters，2005），实施这些解决方案，然后继续监测基准评估数据和测验数据来看是否起了作用。

赫里蒂奇和陈（Heritage & Chen，2005）论述了数据驱动改良的一种方法，使用一个叫做“优质学校组合”（Quality School Portfolio，QSP）的基于网络的工具来帮助学校领导整理和理解数据，他们还描述了使用数据来指导学校改良的程序：

1. *确定什么是你想知道的。*基于数据的改良应该从教育者想要解决的一个难题或者想要回答的一个问题开始。没有人关注那些对他们想知道的东西毫无价值的数据。

2. *收集数据。*参与基于数据改良的教育者整理已有的数据并收集新数据来回答他们此前提出的问题。这些数据可以包括州测验和基准测验、附加评估（比如州测验中不包含的写作或者数学问题解决评估）、关于教师使用的材料和方案的信息、教师和学生的态度，以及其他任何可在就当前考虑的改良措施做决策时提供指导的数据（Bernhardt，2003，2005）。

3. *分析结果。*下一步就是整理数据。首先简单地计算平均数，然后使用数据来检验对学校正尽力解决的难题产生原因的想法。比如，设想一个学校的数学分数比其期望的低。学校的一个委员会检查了州测验分数和一年四次的基准分数，这些分数表现的全是同一件事情：分数低且没有长进。难道是教师们没有侧重于所有接受

数据驱动改良

强调仔细分析数据并对需要加强的领域实施已验证有效的方案的学校改良策略。

测验的技能吗？委员会参见测验各部分的分数（例如分数、几何、数学应用题），发现它们都是较低的。这个问题是在某些亚群体中孤立存在吗？委员会参见了男孩子和女孩子、非裔美国人、拉丁裔人和白人的分数。他们发现了一种令人惊奇的模式：女孩子们似乎表现得特别差。委员会安排了课堂考察想看看究竟发生了什么。当他们返回来讨论他们的发现时，他们对数据就有了一个全新的视角。像教科书上建议的那样，学校的教师们大量使用了传统的讲课方式和问题解决活动。在很多班级里，一群活跃的男孩子主导了各种各样的讨论，而绝大多数女孩子感觉厌倦并感到自己孤立在班级活动之外。他们发现，有的班里绝大多数女孩子从不参加活动并且在 50 分钟的课里一句话都不说。将这些定量数据同他们的观察结合起来，委员会认定问题可能在于教学方法不能吸引全体学生参与。

4. 设定优先顺序和目标。在基于数据的改良中，仅仅了解这些数据是远远不够的，学校必须根据数据采取行动。第一步行动是为学校可以尝试的解决方案设定优先顺序和目标。目标应该关注学生成就，是可测量的、现实的、可以达成的（Bernhardt, 2005）。在上述数学成绩不佳的学校的案例里，委员会设定了提升全体学生数学成绩的目标，特别关注女孩子，拟定一个计划来严密监控一年四次的基准评估数据。

5. 开发策略。基于数据的改良中最重要的一步就是开发具体的策略来解决发现的问题。学校领导需要考虑他们观察到的问题的可能解决方案。例如，为了解决成就问题，学校可能会参见联邦的有效教育策略资料中心（What Works Clearinghouse）网站（www.ies.ed. gov/ncee/wwc）或者“最佳证据百科全书”（Best Evidence Encyclopedia）网站（www. bestevidence.org），这两个网站都总结了从幼儿园预备班到十二年级的教育方案研究的科学综述。

在上述数学成绩不佳的学校的案例里，委员会成员查找“最佳证据百科全书”，发现有很好的证据支持小学数学中的合作学习。他们推断这将会促进所有学生的参与。他们找到当地的培训师帮助教师为在数学中使用合作学习做好准备，经过一段时间，他们开始看到学校的数学基准分数提高了。后来，当州测验分数公布后，委员会高兴地看到全体学生的数学分数提高了，而女孩子尤其有进步，在所有班级里，她们现在都已经全身心地参与到数学课中去了。

艾伦•奥登和他的同事们（Odden, 2009；Odden & Archibald, 2009）对在州问责测验中成绩提高特别多的学校和学区进行了研究。研究者发现，成功的学校和学区遵循上述途径。它们仔细参见自己的数据，确定有需求的领域，选择并精心实施经过验证的方案，不间断地使用数据来追踪在实施新策略过程中的成功。约翰•霍普金斯大学的数据驱动教育改良中心（Center for Data-Driven Reform in Education, CDDRE）在 7 个州的 59 个高度贫穷学区评估了一项此类学区改良方案，发现了明显的进步，特别是在阅读方面（Slavin et al., 2010）。然而，进步并不是当开始使用数据分析工具时就出现了，而是当这些学区的学校开始选择和实施已被验证有效的阅读和数学方案时才出现的。

增效评估系统

在全部问责评估中都存在的一个重要问题是如何应对学校生源参差不齐的现实。与服务中产阶级社区的学校相比，那些服务区域里有许多处境不利者或者英语学习者学生的学校在力求达到标准时会面临更大的困难。一些州采用的一种解决方案是关注增效评估，它判定一所学校为它的学生增加了多少知识。此类方案中最广为人知的是教育增效评估系统（Educational Value-Added Assessment System，EVAAS），这一系统首先在田纳西州使用（名为 TVAAS），后来扩展到了其他一些州。其理念是：尽管帮助学生通过州测验是一项对每一所学校来说难度各不相同的挑战，但无论学生从何种基线水平开始学习，都可以根据学校帮助学生提高的幅度，对它们进行更加合理的比较（Sanders，2000）。尽管这一理念听起来很有吸引力，但增效评估模型在技术层面上受到了批评（例如 Amrein-Beardsley，2008，2009；McCaffrey，Lockwood，Koretz，Louis，& Hamilton，2004），比如可能不精确，未考虑学生的风险因素以及存在其他一些问题。需要注意的是使用增效评估分数作为问责的基础仍无法解决起点不同的问题，因为高度贫困的学校在增效指标上取得高分的可能性仍然较小。

网络链接

想了解更多有关数据驱动改良的内容。请访问有效教育策略资料中心网站（www.ies.ed.gov/ncee/wwc），最佳证据百科全书网站（www. bestevidence.org），数据驱动教育改良中心网站（www.cddre.org），评价、标准和学生测验研究中心（Center for Research on Evaluation，Standards，and Student Testing，CRESST）网站（www.cse.ucla.edu），教育信托（The Education Trust）网站（www2.edtrust.org/edtrust），教育政策研究联盟（Consortium for Policy Research in Education）网站（www.cpre.wceruw.Org），或者教育资源策略（Education Resource Strategies，ERS）学区资源配置建模器（District Resource Allocation Modeler，DREAM）网站（www.erstools.org/mydream）。

为残障学生调整测验

残障学生如何参加标准化测验？这个问题在 NCLB 实施后已经变得更加重要。NCLB 要求残障学生作为一个亚群体在测验分数上应该有所进步，以使学校达到充足年度进步的标准。

一些调整措施是不存在争议的，比如对有视力问题的学生放大字号。针对学习障碍学生的调整措施则存在相当大的争议，如延长测验时间和为这些学生念出题目。赛瑞希和同事们（Sireci et al.，2005）对多项关注各种调整的效果的研究进行了综述。他们发现，延长测验时间会提高所有学生的分数（不仅仅是那些残障学生），尽管残障学生比其他学生受益更多，而读出测试题目则主要使残障学生受益。考虑到这些发现，对政策制订者来说，重要的一点是在问责体系中对可以使用调整和不可使用调整的情况分别确立清晰的指导方针，从而避免分数出现利于任何一方的偏差。

为英语学习者调整测验

由于 NCLB 关注对所有亚群体的成就问责，它也加强了对英语学习者参加测验的关注。很明显，不说英语的学生不可能在一项用英语呈现的测验中做出有意义的回答，但如果不让英语学习者参加测验，隐患就是他们的需求会得不到充分的满足（Kieffer，Lesaux，Rivera，& Francis，2009）。州问责体系（比如在得克萨斯）已经

有意识的教师

运用你所了解的有关标准化测验的知识来改善教学与学习

有意识的教师知道标准化测验可以提供一些关于教师、学校和学生的当前表现的信息，尽管这些信息比较有限。有意识的教师能够解释标准化分数，并使用这些标准化测验的结果来做出决策。学生学习情况的全貌是庞杂的，而有意识的教师依赖其他的评估标准来对其进行全面了解。

1. 我希望学生在课程结束后能了解什么、能做什么？这对于实现课程目标、使学生成为有能力的个体有什么作用？

探明标准化测验在你的工作中所起的作用。与有经验的同事以及领导进行交谈，以确定标准化测验在你的实际教学工作中起多大的作用。询问学区和当地对使用标准化测验的要求。设想你是该学区入职第一年的教师。午餐时，你与有经验的同事进行交谈。这次交谈使你感到了学区中围绕标准化测验的紧迫感。鉴于家长和社区成员对年终的学业成绩有极大的兴趣，你可能会花些时间来反思自己对标准化测验的看法。你或许会问自己："标准化测验在多大程度上测量了我们认为有价值的东西？标准化测验可以给学校提供哪些有用的信息？我们该怎样继续讲授复杂的思维方法同时也能帮助学生应试？"你打电话给有经验的同事，安排第二次的午餐会谈，以讨论你对此类棘手问题的答案。

2. 在我的教学中应该考虑学生所具有的哪些知识、技能、需求和兴趣？

教师可以利用正式的标准化测验来获得有关学生需求的信息，如运用诊断性测验来识别学习问题以及认知优势。设想一个例子，敏迪的阅读水平似乎远远高于她的同伴。她能够对阅读材料进行深层次的分析。尽管她是一个自觉的学生，但有时表现出对课程的厌倦。你可以联系学校心理咨询师，了解正规测验的程序，以确定为敏迪提供针对拥有天赋、才能超常的学生的特殊教学是否合适。

3. 我在学科内容、儿童发展、学习、动机以及有效教学策略等方面所掌握的哪些内容能够用于实现教学目标？

教师使用的评价应该能够反映每个学生在几个不同领域中的具体表现。随机选择一名学生，问自己对该生的进步有多少了解。调整你对标准化测验、成绩等级以及其他评价方式的使用，以便提供有关学生学习的更为完整的信息。尽管你快速浏览了每名学生上学年的标准化分数，并且手头还有写满了字母等级的记分薄，但你可能发现自己仍然不能对许多学生迄今的努力情况给予准确、可信的描述。为了更全面地了解学生的学习，你可以通过观察来搜集基于实际表现的资料，通过日志记录和兴趣问卷来搜集态度方面的资料。

4. 哪些教学材料、技术、辅助手段和其他教学资源有助于实现我的教学目标？

公众越来越有兴趣保持对教师和学校的问责。请参见学校的年度报告以及报纸上的报道等有关资料，以了解公众对你的成功的认识。你认为这些公开发表的信息在多大程度上是一项对学校（以及你本人）成功与否的有效度量？假设最近一篇报纸文章将你班学生在学区的平均成绩定为第 48 个百分位数。文章的标题是"愉快市的七年级学生在标准化测验中取得良好成绩！"你该如何解读呢？

5. 我怎样评估学生达到目标的进度？

在使用标准化测量时，教师应该保持谨慎。考察该学区所用的测验的内容效度、预测效度和结构效度等有关信息。了解与测验偏差有关的信息。如果在教师手册上并没有提供有关信息，你应该打热线电话，询问作者用什么方法检测了不利于少数族裔学生以及英语学习者学生的偏差。

6. 如果个别学生或全班没有迈上成功之路，我该如何去做？我的补救计划是什么？

如果学生参加了一项对他们有影响（如升级）的标准化测验，一定要检查测验分数以确保它们都是有意义的。如果你观察到某学生在课堂上的表现很好，但本次测验的成绩对该生而言太差，那么询问该学生是否可以重考，最好使用另一种形式的测验。

INTASC 标准 7　教学计划技能

INTASC 标准 8　评价学生的学习

INTASC 标准 9　职业承诺与责任

在低年级学生中使用了西班牙语测验。其他调整还包括改写测验以简化指导语或者题目、提供额外时间或者同时以两种语言（英语和考生母语）呈现测验。

本章概要

什么是标准化测验以及如何使用？

标准化测验指的是在内容、施测和评分上都保持统一，从而使班级间、学校间和学区间的测验结果可以进行比较的测验。诸如 SAT 和 CTBS 这样的标准化测验测量了个人相对于标准或常模的表现或能力；测验是针对学校、州或者全国的其他许多学生设计的，这些标准或常模也是为这些学生建立的。标准化测验分数被用于选拔和安置，比如升级或大学入学；用于诊断和补救；用于评价学生在各个学科领域的熟练水平或进步程度；用于评价教学策略、教师和学校。

标准化测验有哪些类型？

诸如一般智力测验、多因子成套测验等能力倾向测验，主要用于预测学生的一般能力以及学习准备状况。个别施测或团体施测的智商测验意在测量个体在认知领域的能力倾向。成就测验用于评估学生在不同学科领域的熟练程度。诊断性测验关注具体学科内容，以发现掌握情况中的优势和不足。常模参照测验将个体的分数与参加测验的其他人的分数进行比较，以此来解释分数的意义。标准参照测验则基于确定的成绩标准来解释分数。

如何解释标准化测验？

将原始分数转换而得到的各种分数主要包括百分位数，即在常模团体中低于某一特定分数的百分比；年级当量分数，即年级和月份，分数代表该时间典型的表现水平；标准分数，与分数的正态分布对照的学生成绩。标准分数包括标准九（基于分数的标准差）、正态曲线当量分数（基于将分数同正态分布比较）、Z 分数（分数在平均分之上或之下的位置）。

标准化测验和课堂测验的使用应当关注哪些问题？

测验以及测验题目必须有效度——即测验以多高的质量测量了应测内容。具有预测效度意味着测验准确地预测未来的成就。具有信度则是指在不同地点或时间施测某项测验时，其测验结果是一致的。任何形式的测验偏差都会降低效度。与标准化测验有关的其他问题还包括测验内容的伦理性、学生对测验的准备程度、测验分数的使用、测验与课程的关系以及计算机化施测。

教育者如何对学生的成就负责？

对教育者在学生成就方面的问责越来越强。测验分数经常被用来决定教育者的聘用、解聘和升职。批评者指出，因为学生的起点不同，让教师为学生的进步负责是不公平的，同时这也可能鼓励为测验而教学或者采用策略使标准化分数人为地抬高。问责的一个好处是增加了学校的压力，使学校关注那些如不被关注就可能掉队的学生。由于问责测验依靠的标准围绕学生应该学会的内容，所以问责测验有助于澄清学习目标。

关键术语

回顾本章中的以下关键术语：

标准化测验
常模
能力倾向测验
成就测验
智力
心理年龄
实际年龄
多因素能力倾向成套测验
成就测验组
诊断性测验
临界分数
转换分数
百分位数
年级当量分数
正态分布
标准差
标准九分数
正态曲线当量分数
Z 分数
效度
内容证据
效标相关证据
预测证据
同时证据
区别证据
信度
偏差
计算机自适应
不让一个孩子掉队（NCLB）
基准评估
数据驱动改良

自我评估：资格认证练习

指导语：本章开头的案例中所涉及的评价指标是各州的资格认证考试的常见考点。请重读开头的案例，回答下列问题：

1. 特兰女士对安妮塔的家长讲了用于评估安妮塔学业能力的多种可行的成就测量方法。特兰女士可能使用下面哪一种评估来预测安妮塔以后的成绩？

   a. 安置测验
   b. 成就测验
   c. 能力倾向测验
   d. 诊断性测验

2. 如果安妮塔在标准化测验上的得分正好等于平均分，那么特兰女士将会做出何种解释？

   a. 百分位数=90；标准九=0；Z=20
   b. NCE=50；Z=0；百分位数=50
   c. GE=7.2；标准九=5；NCE=45
   d. Z=1；NCE=60；百分位数=50

3. 特兰女士告诉麦凯夫妇，安妮塔在CAT上的年级当量分数为6.9。这说明了什么？

   a. 安妮塔似乎做好了学习七年级功课的准备。
   b. 安妮塔发现这个测验太简单。
   c. 安妮塔的成绩与处于六年级学年末的学生一样好。
   d. 安妮塔的百分位数是6.9。

4. 特兰女士把她的学生在数学测验中的分数与另一班的学生进行对比，发现两个班的数学测验平均分都是75，但是她班上的学生的分数分散程度大很多。这意味着特兰女士的测验结果有更大的

   a. 平均数。
   b. 中位数。
   c. 标准差。
   d. 正态曲线。

5. 如果安妮塔在多次CAT测验中的得分比较一致，则可以说这个测验有

   a. 预测效度。
   b. 内容效度。
   c. 结构效度。
   d. 信度。

6. 写一篇小论文，描述标准化测验的优点以及存在的主要问题。

7. 绝对评分标准和相对评分标准的优点和缺点各是什么？

参考文献

Abrami, P., Bernard, R., Borokovski, E., Wade, A., Surkes, M., Tamim, R., & Zhang, D. (2008). Instructional interventions affecting critical thinking skills and dispositions: A State 1 meta-analysis. *Review of Educational Research, 78*(4), 1102–1134.

Ackerman, P., Beier, M., & Boyle, M. (2005). Working memory and intelligence: The same or different constructs? *Psychological Bulletin, 131*(1), 30–60.

Adams, A., Carnine, D., & Gersten, R. (1982). Instructional strategies for studying content area texts in the intermediate grades. *Reading Research Quarterly, 18,* 27–53.

Adams, G. L., & Engelmann, S. (1996). *Research on Direct Instruction: 25 years beyond DISTAR.* Seattle, WA: Educational Achievement Systems.

Adams, J. L. (1974). *Conceptual blockbusting.* San Francisco: Freeman.

Adelman, N. E., Haslam, M. B., & Pringle, B. A. (1996). *The uses of time for teaching and learning.* Washington, DC: U.S. Department of Education.

Adesope, O., Lavin, T., Thompson, T., & Ungerleider, C. (2009, April). *A systematic review and meta-analysis on the cognitive benefits of bilingualism.* Paper presented at the annual meeting of the American Educational Research Association, San Diego, CA.

AERA/APA/NCME. (1999). *Standards for educational and psychological testing.* Washington, DC: American Educational Research Association.

Aiken, L. R. (2003). *Psychological testing and assessment* (11th ed.). Boston: Allyn & Bacon.

Aiken, L. R., & Groth-Marnat, G. (Eds.). (2006). *Psychological testing and assessment* (12th ed.). Boston: Pearson Education Group.

Aikens, N., & Barbarin, O. (2008). Socioeconomic differences in reading trajectories: The contribution of family, neighborhood, and school contexts. *Journal of Educational Psychology, 100*(2), 235–251.

Ainsworth, L., & Viegut, D. (2006). *Common formative assessments.* Thousand Oaks, CA: Corwin.

Alba, R. D. (1990). *Ethnic identity.* New Haven, CT: Yale University Press.

Alber, S. R., & Heward, W. L. (2000). Teaching students to recruit positive attention: A review and recommendations. *Journal of Behavioral Education, 10,* 177–204.

Alberto, P., & Troutman, A. (2009). *Applied behavior analysis for teachers* (8th ed.). Upper Saddle River, NJ: Merrill.

Alberto, P., & Troutman, A. C. (2006). *Applied behavior analysis for teachers* (7th ed.). Upper Saddle River, NJ: Prentice-Hall/Merrill.

Aleman, S. R. (1990). *Attention deficit disorder.* Washington, DC: Education and Public Welfare Division of the Congressional Research Service.

Alexander, G. A., Graham, S., & Harris, K. R. (1998). A perspective on strategy research: Progress and prospects. *Educational Psychology Review, 10*(2), 129–154.

Alexander, P. (2004). In the year 2020: Envisioning the possibilities for educational psychology. *Educational Psychologist, 39*(3), 149–156.

Alexander, P. A. (1992). Domain knowledge: Evolving themes and emerging concerns. *Educational Psychologist, 27,* 33–51.

Alexander, P. A., & Jetton, T. L. (1996). The role of importance and interest in the processing of text. *Educational Psychology Review, 8*(1), 89–121.

Alexander, P. A., Kulikowich, J. M., & Jetton, T. L. (1994). The role of subject-matter knowledge and interest in the processing of linear and nonlinear texts. *Review of Educational Research, 64,* 201–252.

Alexander, P. A., & Murphy, P. K. (1994, April). *The research base for APA's learning-centered psychological principles.* Paper presented at the annual meeting of the American Educational Research Association, San Francisco.

Alfassi, M. (1998). Reading for meaning: The efficacy of reciprocal teaching in fostering reading comprehension in high school students in remedial reading classes. *American Educational Research Journal, 35*(2), 309–332.

Algozzine, B., Browder, D., Karvonen, M., Test, D. W., & Wood, W. M. (2001). Effects of interventions to promote self-determination for individuals with disabilities. *Review of Educational Research, 71*(2), 219–277.

Allen, L., & Seth, A. (2004). Bridging the gap between poor and privileged. *American Educator, 28*(2), 34–42.

Allen, R. (2003). The democratic aims of service learning. *Educational Leadership, 60*(6), 51–54.

Allensworth, E. (2005). Dropout rates after high-stakes testing in elementary school: A study of the contradictory effects of Chicago's efforts to end social promotion. *Evaluation and Policy Analysis, 27*(4), 341–364.

Allington, R., & McGill-Franzen, A. (2003). The impact of summer setback on the reaching achievement gap. *Phi Delta Kappan, 85*(1), 68–75.

Allington, R. L., & McGill-Franzen, A. (1989). School response to reading failure: Instruction for Chapter 1 and special education students in grades two, four, and eight. *Elementary School Journal, 89*(5), 529–542.

Allspach, J., & Breining, K. (2005). *Gender differences and trends over time for the SAT reasoning test.* Princeton, NJ: Educational Testing Service.

Al-Namlah, A. S., Fernyhough, C., & Meins, E. (2006). Sociocultural influences on the development of verbal mediation: Private speech and phonological decoding in Saudi Arabian and British samples. *Developmental Psychology, 42,* 117–131.

Alvermann, D. E., Smith, L., & Readence, J. (1985). Prior knowledge activation and the comprehension of compatible and incompatible text. *Reading Research Quarterly, 20,* 420–436.

Ambert, A. M. (1997). *Parents, children, and adolescents: Interactive relationships and development in context.* New York: Haworth.

American Association of University Women. (2002). *Harrassment-free hallways: How to stop sexual harassment in schools.* Washington, DC: Author.

American Association on Mental Retardation (AAMR). (2002). *Mental retardation: Definition, classification, and systems of supports* (10th ed.). Washington, DC: Author.

American Psychiatric Association. (1994). *Diagnostic and statistical manual of mental disorders* (4th ed.). Washington, DC: Author.

American Psychological Association. (1992). *Working draft report of the APA Presidential Task Force on Psychology in Education.*

American Psychological Association. (1997). *Learner-centered psychological principles: A framework for school redesign and reform.* Washington, DC: Author.

Ames, C., & Archer, J. (1988). Achievement goals in the classroom: Students' learning strategies and motivation processes. *Journal of Educational Psychology, 80,* 260–267.

Amrein, A., & Berliner, D. (2003). The effects of high-stakes testing on student motivation and learning. *Educational Leadership, 60*(5), 32–38.

Amrein-Beardsley, A. (2008). Methodological concerns about the education value-added assessment system. *Educational Researcher, 37*(2), 65–75.

Amrein-Beardsley, A. (2009). The unintended, pernicious consequences of staying the course. *International Journal of Education Policy and Leadership, 4*(6), 1–13.

Anagnostopoulos, D. (2006). "Real Students" and "True Demotes": Ending social promotion and the moral ordering of urban high schools. *American Educational Research Journal, 43*(1), 5–42.

Ancheta, A. (2006). Civil rights, education research, and the courts. *Educational Researcher, 35*(1), 26–29.

Anderman, E. M., Anderman, L. H., & Griesinger, T. (1999). The relation of present and possible academic selves during early adolescence to grade point average and achievement goals. *The Elementary School Journal, 100*(1), 3–18.

Anderman, E. M., Eccles, J. S., Yoon, K. S., Roeser, R., Wigfield, A., & Blumenfeld, P. (2001). Learning to value mathematics and reading: Relations to mastery and performance-oriented instructional practices. *Contemporary Educational Psychology, 26*(1), 76–95.

Anderson, J. (1994). *What do student grades mean? Differences across schools.* Washington, DC: U.S. Department of Education, Office of Educational Research and Improvement.

Anderson, J. R. (1985). *Cognitive psychology and its implications* (2nd ed.). San Francisco: Freeman.

Anderson, J. R. (1990). *Cognitive psychology and its implications* (3rd ed.). New York: Freeman.

Anderson, J. R. (1995). *Learning and memory: An integrated approach.* New York: Wiley.

Anderson, J. R. (2005). *Cognitive psychology and its implications* (6th ed.). New York: Worth.

Anderson, J. R., & Bower, G. (1983). *Human associative memory.* Washington, DC: Winston.

Anderson, J. R., Greeno, J. G., Reder, L. M., & Simon, H. (2000). Perspectives on learning, thinking, and activity. *Educational Researcher, 29*(4), 11–13.

Anderson, J. R., Reder, L. M., & Simon, H. A. (1996). Situated learning and education. *Educational Researcher, 25*(4), 5–11.

Anderson, L. M., Brubaker, N. L., Alleman-Brooks, J., & Duffy, G. G. (1985). A qualitative study of seatwork in first-grade classrooms. *Elementary School Journal, 86,* 123–140.

Anderson, L. M., Evertson, C. M., & Brophy, J. E. (1979). An experimental study of effective teaching in first-grade reading groups. *Elementary School Journal, 79,* 193–223.

Anderson, T. H., & Armbruster, B. B. (1984). Studying. In P. D. Pearson (Ed.), *Handbook of reading research.* New York: Longman.

Anderson-Inman, L., & Horney, M. (2007). Supported eText: Assistive technology through text transformations. *Reading Research Quarterly, 42*(1), 153–160.

Andrade, H. (2007/2008). Self-assessment through rubrics. *Educational Leadership, 65*(4), 60–63.

Anthony, J. L., & Lonigan, C. J. (2004). The nature of phonological awareness: Converging evidence from four studies of preschool and early grade school children. *Journal of Educational Psychology, 96*(1), 43–55.

Antil, L., Jenkins, J., Wayne, S., & Vadasy, P. (1998). Cooperative learning: Prevalence, conceptualizations, and the relation between research and practice. *American Educational Research Journal, 35*(3), 419–454.

Applebee, A. Langer, J., Nystrand, M., & Gameran, A. (2003). Discussion-based approaches to developing understanding: Classroom instruction and student performance in middle and high school English. *American Educational Research Journal, 40,* 685–730.

Archer, J. (2007). Information exchange. *Technology counts 2007,* 37–41. Retrieved June 1, 2007, from www.edweek/go/tc07

Arends, R. I. (2004). *Learning to teach* (6th ed.). New York: Worth.

Arlin, M. (1990). Wisdom: The art of problem finding. In R.J. Sternberg (Ed.), *Wisdom: Its nature, origins, and development* (pp. 230–243). New York: Cambridge University Press.

Armony, J., Chochol, C., Fecteau, S., & Belin, P. (2007). Laugh (or cry) and you will be remembered. *Psychological Science, 18,* 1027–1029.

Armstrong, T. (1994). *Multiple intelligences in the classroom.* Alexandria, VA: Association for Supervision and Curriculum Development.

Arnold, M. L. (2000). Stage, sequence, and sequels: Changing conceptions of morality, post-Kohlberg. *Educational Psychology Review, 12,* 365–383.

Aronson, E., Blaney, N., Stephan, C., Sikes, J., & Snapp, M. (1978). *The jigsaw classroom.* Beverly Hills, CA: Sage.

Aronson, E. A. (1995). *The social animal.* New York: Freeman.

Aronson, J. (2002). Stereotype threat: Contending and coping with unnerving expectations. In J. Aronson & D. Cordova (Eds.), *Improving education: Classic and contemporary lessons from psychology* (pp. 279–301). New York: Academic Press.

Aronson, J., & Steele, C. (2005). Stereotypes and the fragility of human competence, motivation, and self-concept. In C. Dweck & E. Elliot (Eds.), *Handbook of competence and motivation.* New York: Guilford.

Arter, J., & McTighe, J. (2001). *Scoring rubrics in the classroom.* Thousand Oaks, CA: Corwin.

Artiles, A., Kozleski, E., Dorn, S., & Christensen, C. (2006). Chapter 3: Learning in inclusive education research—Re-mediating theory and methods with a transformative agenda. *Review of Research in Education, 30*(1), 65–108.

Arzubiaga, A., Noguerón, S., & Sullivan, A. (2009). The education of children in immigrant families. *Review of Research in Education, 33,* 246–271.

Ashcraft, M. H., & Radvansky, G. A. (Eds.). (2010). *Cognition* (5th ed.). Boston: Prentice Hall.

Asher, N. (2007). Made in the (multicultural) U.S.A.: Unpacking tensions of race, culture, gender, and sexuality in education. *Educational Researcher, 36*(2), 65–73.

Atkins, J., & Ellsesser, J. (2003). Tracking: The good, the bad, and the questions. *Educational Leadership, 61*(2), 44–47.

Atkinson, J. W. (1958). Towards experimental analysis of human motivation in terms of motive expectancies and incentives. In J. W. Atkinson (Ed.), *Motives in fantasy, action, and society.* Princeton, NJ: Van Nostrand.

Atkinson, J. W. (1964). *An introduction to motivation.* Princeton, NJ: Van Nostrand.

Atkinson, R., Levin, J., Atkinson, L., Kiewra, K., Meyers, T., Kim, S., Renandya, W., & Hwang, Y. (1999). Matrix and mnemonic text-processing adjuncts: Comparing and combining their components. *Journal of Educational Psychology, 91*(2), 342–357.

Atkinson, R. C., & Raugh, M. R. (1975). An application of the mnemonic keyword method to the acquisition of Russian vocabulary. *Journal of Experimental Psychology: Human Learning and Memory, 104,* 126–133.

Atkinson, R. C., & Shiffrin, R. M. (1968). Human memory: A proposed system and its component processes. In K. Spence & J. Spence (Eds.), *The psychology of learning and motivation* (Vol. 2). New York: Academic Press.

Atkinson, R. K., Derry, S. J., Renkl, A., & Wortham, D. (2000). Learning from examples: Instructional principles from the worked examples research. *Review of Educational Research, 70*(2), 181–214.

Attewell, P., & Battle, J. (1999). Home computers and school performance. *The Information Society, 15*(1), 1–10.

August, D., & Shanahan, T. (Eds.). (2006a). *Developing literacy in second-language learners.* Mahwah, NJ: Erlbaum.

August, D., & Shanahan, T. (2006b). Synthesis: Instruction and professional development. In D. August & T. Shanahan (Eds.), *Developing literacy in second-language learners* (pp. 351–364). Mahwah, NJ: Erlbaum.

Ausubel, D. P. (1963). *The psychology of meaningful verbal learning.* New York: Grune and Stratton.

Ausubel, D. P., & Youssef, M. (1963). Role of discriminability in meaningful parallel learning. *Journal of Educational Psychology, 54,* 331–336.

Aviram, A. (2000). From "computers in the classroom" to mindful radical adaptation by education systems to the emerging cyber culture. *Journal of Educational Change, 1*(4), 331–352.

Axelrod, S., & Matthews, S. (2003). *How to manage behavior.* Austin, TX: Pro-Ed.

Ayaduray, J., & Jacobs, G. M. (1997). Can learner strategy instruction succeed? The case of higher order questions and elaborate responses. *System, 25*(4), 561–570.

Azzam, A. (2009). Why creativity now? A conversation with Sir Ken Robinson. *Educational Leadership, 67,* 22–26.

Baddeley, A. (1999). *Essentials of human memory.* Philadelphia: Psychology Press.

Badgett, J., & Christmann, E. (2009). *Designing elementary instruction and assessment.* Thousand Oaks, CA: Corwin.

Badke, W. (2009). Stepping beyond Wikipedia. *Educational Leadership, 66*(6), 54–58.

Bahrick, H. P., & Hall, L. K. (1991). Lifetime maintenance of high school mathematics. *Journal of Experimental Psychology, 120,* 20–33.

Bailey, J., & Burch, M. (2005). *Ethics for behavior analysis.* Mahwah, NJ: Erlbaum.

Baillargeon, R. (2002). The acquisition of physical knowledge in infancy: A summary in eight lessons. In U. Goswami, (Ed.), *Blackwell handbook of childhood cognitive development* (pp. 47–83). Malden, MA: Blackwell.

Baines, L., Baines, C., & Masterson, C. (1994). Mainstreaming: One school's reality. *Phi Delta Kappan, 76*(1), 39–40, 57–64.

Baker, S., Gersten, R., & Keating, T. (2000). When less may be more: A two-year longitudinal evaluation of a volunteer tutoring program requiring minimal training. *Reading Research Quarterly, 35*(4), 494–519.

Baker, S., Gersten, R., & Lee, D. S. (2002). A synthesis of empirical research on teaching mathematics to low-achieving students. *The Elementary School Journal, 103*(1), 51–73.

Balfanz, R., & Legters, N. (2004). *Locating the dropout crisis.* Baltimore, MD: Johns Hopkins University, Center for Social Organization of Schools.

Balfanz, R., & MacIver, D. (2000). Transforming high-poverty urban middle schools into strong learning institutions: Lessons from the first five years of the Talent Development Middle School. *Journal of Education for Students Placed at Risk, 5*(1 & 2), 137–158.

Bali, V., Anagnostopoulos, D., & Roberts, R. (2005). Toward a political explanation of grade retention. *Evaluation and Policy Analysis, 27*(3), 133–155.

Ball, D., & Forzani, F. (2007). What makes education research "educational"? *Educational Researcher, 36*(9), 529–540.

Bandalos, D. L., Yates, K., & Thorndike-Christ, T. (1995). Effects of math self-concept, perceived self-efficacy, and attributions for failure and success on test anxiety. *Journal of Educational Psychology, 87*(4), 611–623.

Bandura, A. (1965). Influence of models' reinforcement contingencies on the acquisition of imitative responses. *Journal of Personality and Social Psychology, 28*(2), 117–148.

Bandura, A. (1986). *Social foundations of thought and action: A social-cognitive theory.* Englewood Cliffs, NJ: Prentice-Hall.

Bandura, A. (1997). *Self-efficacy: The exercise of control.* New York: Freeman.

Bandura, A. (2001). Social cognitive theory: An agentic perspective. *Annual Review of Psychology, 52,* 1–26.

Bangert-Drowns, R. L. (1993). The word processor as an instructional tool: A meta-analysis of word processing in writing instruction. *Review of Educational Research, 63*(1), 69–93.

Bangert-Drowns, R. L., Hurley, M., & Wilkinson, B. (2004). The effects of school-based writing-to-learn interventions on academic achievement: A meta-analysis. *Review of Educational Research, 74*(1), 29–58.

Bangert-Drowns, R. L., Kulik, C. C., Kulik, J. A., & Morgan, M. (1991). The instructional effect of feedback in test-like events. *Review of Educational Research, 61*(2), 213–238.

Bangert-Drowns, R. L., Kulik, J. A., & Kulik, C. L. (1986, April). *Effects of frequent classroom testing.* Paper presented at the annual meeting of the American Education Research Association, San Francisco.

Banich, M. T. (2004). *Cognitive neuroscience and neuropsychology* (2nd ed.). Boston: Houghton-Mifflin.

Banks, J. A. (2006). *Cultural diversity and education: Foundations, curriculum, and teaching* (5th ed.). Boston: Pearson.

Banks, J. A. (2008). *An introduction to multicultural education* (4th ed.). Boston: Pearson.

Banks, J. A. (Ed.). (2009). *Teaching strategies for ethnic studies* (8th ed.). Boston: Pearson.

Barab, S., Gresalfi, M., & Arici, A. (2009). Why educators should care about games. *Educational Leadership, 67*(1), 76.

Barbato, R. (2000). *Policy implications of cooperative learning on the achievement and attitudes of secondary school mathematics students.* Unpublished doctoral dissertation, Fordham University.

Barber, B., Eccles, J., & Stone, M. (2001). Whatever happened to the jock, the brain, and the princess? Young adult pathways linked to adolescent activity involvement and social identity. *Journal of Adolescent Research, 16,* 429–455.

Barber, R. M., & Kagey, J. R. (1977). Modification of school attendance for an elementary population. *Journal of Applied Behavior Analysis, 10,* 41–48.

Barnhill, G. P. (2005). Functional behavioral assessment in schools. *Intervention in school and clinic, 40,* 131–143.

Barr, R. (1987). Content coverage. In M. J. Dunkin (Ed.), *International encyclopedia of teaching and teacher education.* New York: Pergamon.

Barr, R. D., & Parrett, W. H. (1995). *Hope at last for at-risk youth.* Boston: Allyn & Bacon.

Barr, R. D., & Parrett, W. H. (2001). *Hope fulfilled for at-risk and violent youth* (2nd ed.). Boston: Allyn & Bacon.

Barrish, H. H., Saunders, M., & Wolf, M. M. (1969). Good behavior game: Effects of individual contingencies for group consequences on disruptive behavior in a classroom. *Journal of Applied Behavior Analysis, 2,* 119–124.

Barth, R. (1979). Home-based reinforcement of school behavior: A review and analysis. *Review of Educational Research, 49,* 436–458.

Barton, P. (2003). *Parsing the achievement gap: Baselines for tracking progress.* Princeton, NJ: Educational Testing Service.

Barton, P. (2007/2008). The right way to measure growth. *Educational Leadership, 65*(4), 70–73.

Bateman, B., & Linden, M. (1998). *Better IEPs* (3rd ed.). Longmont, CO: Sopris West.

Battin-Pearson, S., Newcomb, M., Abbott, R., Hill, K., Catalano, R., & Hawkins, D. (2000). Predictors of early high school dropout: A test of five theories. *Journal of Educational Psychology, 92*(3), 568–582.

Battistich, V., Watson, M., Solomon, D., Lewis, C., & Schaps, E. (1999). Beyond the three R's: A broader agenda for school reform. *The Elementary School Journal, 99*(5), 415–432.

Baumeister, R. F., & Leary, M. R. (1995). The need to belong: Desire for interpersonal attachments as a fundamental human motivation. *Psychological Bulletin, 117*(3), 497–529.

Baxter, S. (1994). The last word on gender differences. *Psychology Today, 27*(2), 51–53.

Bebell, D., O'Dwyer, L., Russell, M., & Seeley, K. (2004). *Estimating the effect of computer use at home and in school on student achievement.* Paper presented at the annual meeting of the American Educational Research Association, San Diego, CA.

Beck, I., & McKeown, M. (2001). Inviting students into the pursuit of meaning. *Educational Psychology Review, 13*(3), 225–242.

Beck, I., & McKeown, M. (2007). Increasing young low-income children's oral vocabulary repertoires through rich and focused instruction. *The Elementary School Journal, 107*(3), 251–272.

Beck, I., McKeown, M., & Kucan, L. (2002). *Bringing words to life: Robust vocabulary instruction.* New York: Guilford Press.

Becker, B. E., & Luthar, S. S. (2002). Social-emotional factors affecting achievement outcomes among disadvantaged students: Closing the achievement gap. *Educational Psychologist, 37*(4), 197–214.

Becker, C., & Lee, M. (2009). *The interactive whiteboard revolution: Teaching with IWBs.* Victoria, Australia: ACER Press.

Becker, H. J. (1990). Coaching for the scholastic aptitude test: Further synthesis and appraisal. *Review of Educational Research, 60*(3), 373–417.

Becker, H. J. (2000). Who's wired and who's not: Children's access to and use of computer technology. *Children and Computer Technology, 10*(2), 44–75.

Becker, H. J. (2001, April). *How are teachers using computers in instruction?* Paper presented at the annual meeting of the American Educational Research Association, Seattle, WA.

Bee, H., & Boyd, D. (Eds.). (2010). *The developing child* (12th ed.). Boston: Allyn & Bacon.

Beebe-Frankenberger, M., Bocian, K. L., MacMillan, D. L., & Gresham, F. M. (2004). Sorting second grade students with academic deficiencies: Characteristics differentiating those retained in grade from those promoted to third grade. *Journal of Educational Psychology, 96,* 204–215.

Behrman, R. E. (1997). Children and poverty. *The Future of Children, 7*(2), 4–16.

Belgrad, S., Burke, K., & Fogarty, R. (2008). *The portfolio connection: Student work linked to standards* (3rd ed.). Thousand Oaks, CA: Corwin.

Bell, D. (2004). *Silent covenants: Brown v. Board of Education and the unfulfilled hopes for racial reform.* New York: Oxford University Press.

Bender, W. N. (Ed.). (2008). *Learning disabilities: Characteristics, identification, and teaching strategies* (6th ed.). Boston: Pearson.

Benjafield, J. G. (1992). *Cognition.* Englewood Cliffs, NJ: Prentice-Hall.

Bereiter, C. (1995). A dispositional view of transfer. In A. McKeough, J. Lupart, & A. Marini (Eds.), *Teaching for transfer: Fostering generalization in learning.* Mahwah, NJ: Erlbaum.

Bergin, D. (1999). Influences on classroom interest. *Educational Psychologist, 34*(2), 87–98.

Bergstrom, J. M., & O'Brien, L. A. (2001). Themes of discovery. *Educational Leadership, 58*(7), 29–33.

Berk, L. E. (2006). *Child development* (7th ed.). Boston: Allyn & Bacon.

Berk, L. E. (Ed.). (2009). *Child development* (8th ed.). Boston: Pearson.

Berko, J. (1985). The child's learning of English morphology. *Word, 14,* 150–177.

Bernard-Powers, J. (2001). Gender effects in schooling. In C. F. Diaz (Ed.), *Multicultural education for the 21st century.* New York: Longman.

Bernhardt, V. (2003). No schools left behind. *Educational Leadership, 60*(5), 26–30.

Bernhardt, V. (2005). Data tools for school improvement. *Educational Leadership, 62*(5), 66–69.

Bernstein, D. K., & Tiegerman-Farber, E. (Eds.) (2009). *Language and communication disorders in children* (6th ed.). Boston: Allyn & Bacon.

Berrueta-Clement, J. R., Schweinhart, L. J., Barnett, W. S., Epstein, A. S., & Weikart, D. P. (1984). *Changed lives.* Ypsilanti, MI: High/Scope.

Berry, B., Hoke, M., & Hirsch, E. (2004). The search for highly qualified teachers. *Phi Delta Kappan, 85*(9), 684–689.

Bertsch S., Pesta B. J., Wiscott R., & McDaniel M. A. (2007). The generation effect: A meta-analytic review. *Memory & Cognition, 35,* 201–210.

Bettmann, E. H., & Friedman, L. J. (2004). The Anti-Defamation League's A Word of Difference Institute. In W. G. Stephan & W. P. Vogt (Eds.), *Education programs for improving intergroup relations.* New York: Teachers College Press.

Beyer, B. K. (1988). *Developing a thinking skills program.* Boston: Allyn & Bacon.

Beyer, B. K. (1998). *Improving student thinking: A comprehensive approach.* Boston: Allyn & Bacon.

Biancarosa, C., & Snow, C. E. (2006). *Reading next—A vision for action and research in middle and high school literacy: A report to Carnegie Corporation of New York* (2nd ed.). Washington, DC: Alliance for Excellent Education.

Biddle, B., & Berliner, D. (2002). Unequal school funding in the United States. *Educational Leadership, 59*(8), 48–59.

Biemiller, A. (2004). Teaching vocabulary in the primary grades: Vocabulary instruction needed. In J. F. Baumann & E. J. Kame'enui (Eds.), *Vocabulary instruction: Research to practice* (pp. 28–40). New York: Guilford Press.

Bigge, M. L., & Shermis, S. S. (2004). *Learning theories for teachers* (6th ed.). Boston: Pearson.

Binder, L. M., Dixon, M. R., & Ghezi, P. M. (2000). A procedure to teach self-control to children with attention deficit hyper-activity disorder. *Journal of Applied Behavior Analysis, 33,* 233–237.

Birney, D., Citron-Pousiy, J., Lutz, D., & Sternberg, R. (2005). The development of cognitive and intellectual abilities. In M. Borstein & M. Lamb (Eds.), *Developmental science: An advanced textbook* (5th ed., pp. 327–358). Hillsdale, NJ: Erlbaum.

Bitter, G. G., & Legacy, J. M. (2008). *Using technology in the classroom* (7th ed.). Boston: Pearson.

Blachman, B., Schatschneider, C., Fletcher, J., Francis, D., Clonan, S., Shaywitz, B., & Shaywitz, C. (2004). Effects of intensive reading remediation for second and third graders and a one year followup. *Journal of Educational Psychology, 96*(3), 444–461.

Blachowicz, C., Fisher, P., Ogle, D., & Watts-Taffe, S. (2006). Vocabulary: Questions from the classroom. *Reading Research Quarterly, 41*(4), 524–539.

Black, J. (2003). Environment and development of the nervous system. In M. Gallagher & R. J. Nelson (Eds.), *Handbook of psychology: Vol. 3. Biological psychology* (pp. 655–665). Hoboken, NJ: Wiley.

Black, M. M., & Krishnakumar, A. (1998). Children in low-income, urban settings. Interventions to promote mental health and well-being. *American Psychologist, 53*(6), 635–646.

Black, P., Harrison, C., Lee, C., Marshall, B., & Wiliam, D. (2003). Working inside the black box: Assessment for learning in the classroom. *Phi Delta Kappan, 86*(1), 8–21.

Black, P., Harrison, C., Lee, C., Marshall, B., & Wiliam, D. (2004). *Assessment for learning.* New York: Open University Press.

Blackadar, A. R., & Nachtigal, P. (1986). *Cotapaxi/Westcliffe follow-through project: Final evaluation report.* Denver, CO: Mid-Continental Regional Educational Laboratory.

Blair, C. (2004). Learning disability, intelligence, and fluid cognitive functions of the prefrontal cortex: A developmental neuroscience approach. *Learning Disabilities: A Contemporary Journal, 2*(1), 22–29.

Bligh, D. (2000). *What's the use of lectures?* San Francisco: Jossey-Bass.

Block, C., & Duffy, G. (2008). Research on teaching comprehension. In C. Block & S. Parris (Eds.), *Comprehension instruction: Research-based best practices* (2nd ed., pp. 19–37). New York: Guilford.

Block, K. K., & Peskowitz, N. B. (1990). Metacognition in spelling: Using writing and reading to self-check spelling. *Elementary School Journal, 91,* 151–164.

Blok, H., Oostdam, R., Otter, M. E., & Overmaat, M. (2002). Computer-assisted instruction in support of beginning reading instruction: A review. *Review of Educational Research, 721*(1), 101–130.

Bloom, B. S. (1986). Automaticity: The hands and feet of genius. *Educational Leadership, 43,* 70–77.

Bloom, B. S., Englehart, M. B., Furst, E. J., Hill, W. H., & Krathwohl, O. R. (1956). *Taxonomy of educational objectives: The classification of educational goals. Handbook 1: The cognitive domain.* New York: Longman.

Bloom, B. S., Hastings, J. T., & Madaus, G. F. (1971). *Handbook on formative and summative evaluation of student learning.* New York: McGraw-Hill.

Bloome, D., Puro, P., & Theodorou, E. (1989). Procedural displays and classroom lessons. *Curriculum Inquiry, 19*(3), 265–291.

Blumenfeld, P. C., Marx, R. W., Soloway, E., & Krajcik, J. (1996). Learning with peers: From small group cooperation to collaborative communities. *Educational Researcher, 25*(8), 37–40.

Boden, M. A. (1980). *Jean Piaget.* New York: Viking Press.

Bodovski, L., & Farkas, G. (2007). Mathematics growth in early elementary school: The roles of beginning knowledge, student engagement, and instruction. *The Elementary School Journal, 108*(2), 115–131.

Boekaerts, M. (1995). Self-regulated learning: Bridging the gap between metacognitive and metamotivational theories. *Educational Psychologist, 30*(4), 195–200.

Boekaerts, M. (2006). Self-regulation and effort investment. In E. Sigel & K. A. Renninger (Eds), *A handbook of child psychology: Vol. 4. Child psychology in practice* (pp. 345–377). Hoboken, NJ: Wiley.

Boekaerts, M., Pintrich, P. R., & Zeidner, M. (Eds.). (2000). *Handbook of self-regulation.* San Diego, CA: Academic Press.

Bolhuis, S. (2003). Towards process-oriented teaching for self-directed life-long learning: A multidimensional perspective. *Learning and Instruction, 13,* 327–347.

Bong, M. (2001). Between- and within-domain relations of academic motivation among middle and high school students: Self-efficacy, task-value, and achievement goals. *Journal of Educational Psychology, 93*(1), 23–34.

Bong, M., & Skaalvik, E. (2003). Academic self-concept and self-efficacy: How different are they really? *Educational Psychology Review, 15*(1), 1–40.

Bonner-Tompkins, E. (2001, May/June). Effective practices for serving limited English proficient students with disabilities. *Gaining Ground.* Washington, DC: Council of Chief State School Officers.

Booher-Jennings, J., & Beveridge, A. (2007). Who counts for accountability? High-stakes test exemptions in a large urban school district. In A. Sadovnik, J. O'Day, G. Bohrnstedt, & K. Borman (Eds.), *No Child Left Behind and the reduction of the achievement gap: Sociological perspectives on federal education policy.* New York: Routledge.

Boom, J., Brugman, D., & van der Heijden, P. G. M. (2001). Hierarchical structure of moral stages assessed by a sorting task. *Child Development, 72,* 535–548.

Boone, R., & Higgins, K. (2007). The role of instructional design in assistive technology research and development. *Reading Research Quarterly, 42*(1), 134–160.

Borg, M. (1998). Tests of the internal/external frames of reference model with subject-specific academic self-efficacy and frame-specific academic concepts. *Journal of Educational Psychology, 90*(1), 102–110.

Borgman, C., Abelson, H., Dirks, L., Johnson, R., Koedinger, K., Linn, M., Lynch, C., et al. (2008). *Fostering learning in the networked world: The cyberlearning opportunity and challenge: A 21st century agenda for the National Science Foundation.* Washington, DC: National Science Foundation.

Borja, R. R. (2007). Teaching assistants. *Technology counts 2007,* 18–22. Retrieved Dec. 1, 2007, from www.edweek/go/tc07

Borko, H. (2004). Professional development and teacher learning: Mapping the terrain. *Educational Researcher, 33*(8), 3–15.

Borland, J. H. (2008). Gifted students. In T. L. Good (Ed.), *21st century learning* (Vol. 2, pp. 141–149). Thousand Oaks, CA: Sage.

Borman, G. (2002/2003). How can Title I improve achievement? *Educational Leadership, 60*(4), 49–53.

Borman, G., Benson, J., & Overman, L. (2005). Families, schools, and summer learning. *The Elementary School Journal, 106*(2), 131–150.

Borman, G., & Dowling, N. M. (2006). Longitudinal achievement effects of multiyear summer school: Evidence from the Teach Baltimore randomized field trial. *Educational Evaluation and Policy Analysis, 28*(1), 25–48.

Borman, G., & Hewes, G. (2003). Long-term effects and cost effectiveness of Success for All. *Educational Evaluation and Policy Analysis, 24*(2), 243–266.

Borman, G., & Kimball, S. (2005). Teacher quality and educational quality: Do teachers with higher standards-based evaluation ratings close student achievement gaps? *The Elementary School Journal, 106*(1), 3–20.

Borman, G., Stringfield, S., & Slavin, R. (Eds.). (2001). *Title I: Compensatory education at the crossroads.* Mahwah, NJ: Erlbaum.

Borman, G. D. (1997). *A holistic model of the organization of categorical program students' total educational opportunities.* Unpublished doctoral dissertation, University of Chicago.

Borman, G. D., & Boulay, M. (2004). *Summer learning: Research, policies, and programs.* Mahwah, NJ: Erlbaum.

Borman, G. D., & D'Agostino, J. V. (2001). Title I and student achievement: A quantitative synthesis. In G. D. Borman, S. C. Stringfield, & R. E. Slavin (Eds.), *Title I: Compensatory education at the crossroads* (pp. 25–57). Mahwah, NJ: Erlbaum.

Borman, G. D., D'Agostino, J. V., Wong, K. K., & Hedges, L. V. (1998). The longitudinal achievement of Chapter I students: Preliminary evidence from the Prospects study. *Journal of Education for Students Placed at Risk, 3*(4), 363–399.

Borman, G. D., Goetz, M., & Dowling, N. (2009). Halting the summer achievement slide: A randomized field trial of the kindergARTen summer camp. *Journal of Education for Students Placed at Risk, 14*(2), 133–147.

Borman, G. D., Hewes, G. M., Overman, L. T., & Brown, S. (2003). Comprehensive school reform and achievement: A meta-analysis. *Review of Educational Research, 73*(2), 125–230.

Borman, G. D., & Overman, L.T. (2004). Academic resilience in mathematics among poor and minority students. *The Elementary School Journal, 104*(3), 177–195.

Borman, G. D., Slavin, R. E., Cheung, A., Chamberlain, A., Madden, N. A., & Chambers, B. (2007). Final reading outcomes of the national randomized field trial of Success for All. *American Educational Research Journal, 44*(3), 701–731.

Bornstein, P. H. (1985). Self-instructional training: A commentary and state-of-the-art. *Journal of Applied Behavior Analysis, 18,* 69–72.

Bottge, B. A. (2001). Using intriguing problems to improve math skills. *Educational Leadership, 58*(6), 68–72.

Bottoms, J. E., Feagin, C. H., & Han, L. (2005). *Making high schools and middle grades schools work.* Atlanta, GA: Southern Regional Education Board.

Bower, G. H., Clark, M. C., Lesgold, A. M., & Winzenz, D. (1969). Hierarchical retrieval schemes in recall of categorized word lists. *Journal of Verbal Learning and Verbal Behavior, 8,* 323–343.

Bower, G. H., & Karlin, M. B. (1974). Depth of processing pictures of faces and recognition memory. *Journal of Experimental Psychology, 103,* 751–757.

Boykin, A. W. (1994a). Afrocultural expression and its implications for schooling. In E. R. Hollins, J. E. King, & W. C. Hayman (Eds.), *Teaching diverse populations.* Albany: State University of New York Press.

Boykin, A. W. (1994b). Harvesting culture and talent: African American children and educational reform. In R. Rossi (Ed.), *Schools and students at risk* (pp. 116–130). New York: Teachers College Press.

Boykin, A. W. (2000). The talent development model of schooling: Placing students at promise for academic success. *Journal of Education for Students Placed at Risk, 5*(1 & 2), 3–25.

Bracey, G. (2003). The 13th Bracey report on the condition of education. *Phi Delta Kappan, 84*(8), 616–621.

Bracey, G. (2006). Dropping in on dropouts. *Phi Delta Kappan, 87*(10), 798.

Braddock, J. H., & Dawkins, M. P. (1993). Ability grouping, aspirations, and attainments: Evidence from the National Educational Longitudinal Study of 1988. *Journal of Negro Education, 62*(3), 1–13.

Braddock, J. H., Dawkins, M. P., & Wilson, G. (1995). Intercultural contact and race relations among American youth. In W. D. Hawley & A. W. Jackson (Eds.), *Toward a common destiny: Improving race and ethnic relations in America.* San Francisco: Jossey-Bass.

Bradley, R. H., Whiteside, L., Mundfrom, D. J., Casey, P. H., Caldwell, B. M., & Barrett, K. (1994). Impact of the Infant Health and Development Program (IHDP) on the home environments of infants born prematurely and with low birthweight. *Journal of Educational Psychology, 80,* 531–541.

Bradshaw, C., Zmuda, J., Kellam, S., & Ialongo, N. (2009). Longitudinal impact of two universal preventive interventions in first grade on educational outcomes in high school. *Journal of Educational Psychology, 101*(4), 926–937.

Branch, C. (1998). *Adolescent gangs: Old issues, new approaches.* Philadelphia: Brunner/Mazel.

Bransford, J., Brown, A., & Cocking, R. (Eds.). (1999). *How people learn: Brain, mind, experience, and school.* Washington, DC: National Academies Press.

Bransford, J. D., Burns, M. S., Delclos, V. R., & Vye, N. J. (1986). Teaching thinking: Evaluating evaluations and broadening the data base. *Educational Leadership, 44*(2), 68–70.

Bransford, J. D., & Stein, B. S. (1993). *The ideal problem solver* (2nd ed.). New York: W. H. Freeman.

Bretzing, B. B., & Kulhavy, R. W. (1981). Note taking and passage style. *Journal of Educational Psychology, 73,* 242–250.

Broden, M., Hall, R. V., Dunlap, A., & Clark, R. (1970). Effects of teacher attention and a token reinforcement system in a junior high school special education class. *Exceptional Children, 36,* 341–349.

Brookes-Gunn, J., & Duncan, G. (1997). The effects of poverty on children. *Children and Poverty,* 7(2) 55–71.

Brookhart, S. (2007/2008). Feedback that fits. *Educational Leadership, 65*(4), 54–59.

Brookhart, S., Moss, C., & Long, B. (2008). Formative assessment that empowers. *Educational Leadership, 66*(3), 52–57.

Brooks, B. D. (1975). Contingency management as a means of reducing school truancy. *Education, 95,* 206–211.

Brooks, D. M. (1985). Beginning of the year in junior high: The first day of school. *Educational Leadership, 42,* 76–78.

Brophy, J. (1981). Teacher praise: A functional analysis. *Review of Educational Research, 51,* 5–32.

Brophy, J. (1999). Toward a model of the value aspects of motivation in education: Developing appreciation for particular learning domains and activities. *Educational Psychologist, 34*(2), 75–85.

Brophy, J. (2005). Goal theorists should move on from performance goals. *Educational Psychologist, 40*(3), 167–176.

Brophy, J. (2008). Developing students' appreciation for what is taught in school. *Educational Psychologist, 43*(3), 132–141.

Brophy, J. E. (1998). *Motivating students to learn.* Boston: McGraw-Hill.

Brophy, J. E., & Evertson, C. M. (1976). *Learning from teaching: A developmental perspective.* Boston: Allyn & Bacon.

Browder, D. M. (2001). *Curriculum and assessment for students with moderate and severe disabilities.* New York: Guilford.

Brown, K., Morris, D., & Fields, M. (2005). Intervention after grade 1: Serving increased numbers of struggling readers effectively. *Journal of Literacy Research, 37*(1), 61–94.

Brown, T. (2007). A new approach to attention deficit disorder. *Educational Leadership, 64*(5), 22–28.

Bruner, J. S. (1966). *Toward a theory of instruction.* New York: Norton.

Bruning, R. H., Schraw, G. J., Norby, M. M., & Ronning, R. R. (2004). *Cognitive psychology and instruction* (4th ed.). Columbus, OH: Merrill.

Bryant, A. L., & Zimmerman, M. A. (2002). Examining the effects of academic beliefs and behaviors on changes in substance use among urban adolescents. *Journal of Educational Psychology, 94*(3), 621–637.

Bryant, D. P., Smith, D. D., & Bryant, B. R. (2008). *Teaching students with special needs in inclusive classrooms.* Boston: Allyn & Bacon.

Bryant, D. P., Ugel, N., Thompson, S., & Hampff, A. (1999). Instructional strategies for content-area reading instruction. *Intervention in School and Clinic, 34*(5), 293–302.

Buhle, R., & Blachowicz, C. (2008/2009). The assessment double play. *Educational Leadership, 66*(4), 42–47.

Bulgren, J., Deshler, D., Schumaker, J., & Lenz, B. (2000). The use and effectiveness of analogical instruction in diverse secondary content classrooms. *Journal of Educational Psychology, 92*(3), 426–441.

Bulgren, J. A., Lenz, B. K., Schumaker, J. B., Deshler, D. D., & Marquis, J. G. (2002). The use and effectiveness of a comparison routine in diverse secondary content classrooms. *Journal of Educational Psychology, 94*(2), 356–371.

Bunge, S. A., & Zelazo, P. D. (2006). A brain-based account of the development of rule use in childhood. *Current Directions in Psychological Science, 15*(3), 118–121.

Burden, P. R. (2000). *Powerful classroom management strategies: Motivating students to learn.* Thousand Oaks, CA: Corwin.

Burden, P. R., & Byrd, D. (2003). *Methods for effective teaching.* Boston: Allyn & Bacon.

Burden, P., & Byrd, D. (2010). *Methods for effective teaching* (5th ed.). Boston: Allyn & Bacon.

Burkam, D., LoGerfo, L., Ready, D., & Lee, V. (2007). The differential effects of repeating kindergarten. *Journal of Education for Students Placed at Risk, 12*(2), 103–136.

Burke, K. (2009). *How to assess authentic learning.* Thousand Oaks, CA: Corwin.

Burns, M. (2005). Looking at how students reason. *Educational Leadership, 63*(3), 26–31. Retrieved November 29, 2006, from www.ascd.org/authors/ed_lead/el200511_burns.html

Burns, R. B. (1984). How time is used in elementary schools: The activity structure of classrooms. In L. W. Anderson (Ed.), *Time and school learning: Theory, research, and practice.* London: Croom Helm.

Burns, R. B., & Mason, D. A. (2002). Class composition and student achievement in elementary schools. *American Educational Research Journal, 39*(1), 207–233.

Burris, C., Heubert, J., & Levin, H. (2004). Math acceleration for all. *Educational Leadership, 61*(5), 68–71.

Burris, C., Heubert, J., & Levin, H. (2006). Accelerating mathematics achievement using heterogeneous grouping. *American Educational Research Journal, 43*(1), 105–136.

Burt, M. R., Resnick, G., & Novick, E. R. (1998). *Building supportive communities for at-risk adolescents.* Washington, DC: American Psychological Association.

Bussey, K. (1992). Lying and truthfulness: Children's definitions, standards, and evaluative reactions. *Child Development, 63,* 129–137.

Butcher, K. (2006). Learning from text with diagrams: Promoting mental model development and inference generation. *Journal of Educational Psychology, 98*(1), 182–197.

Byerly, S. (2001). Linking classroom teaching to the real world through experiential instruction. *Phi Delta Kappan, 82*(9), 697–699.

Byrne, B., Fielding-Barnsley, R., & Ashley, L. (2000). Effects of preschool phoneme identity training after six years: Outcome level distinguished from rate of response. *Journal of Educational Psychology, 92*(4), 659–667.

Byrnes, J. (2001). *Cognitive development and learning* (2nd ed.). Boston: Allyn & Bacon.

Byrnes, J., & Miller, D. (2007). The relative importance of predictors of math and science achievement: An opportunity-propensity analysis. *Contemporary Educational Psychology, 32*(4), 599–629.

Byrnes, J. P. (2008). *Cognitive development and learning in instructional contexts* (3rd ed.). Boston: Pearson.

Calderón, M. (1999). Teacher learning communities for cooperation in diverse settings. *Theory into Practice, 38*(2), 94–99.

Calderón, M. (2001). Curricula and methodologies used to teach Spanish-speaking limited English proficient students to read English. In R. Slavin and M. Calderón (Eds.), *Effective programs for Latino students.* Mahwah, NJ: Erlbaum.

Calderón, M. (2007). *Teaching reading to English language learners, grades 6–12.* Thousand Oaks, CA: Corwin.

Calderón, M., August, D., Slavin, R. E., Durán, D., Madden, N. A., & Cheung, A. (2004). *The evaluation of a bilingual transition program for Success for All.* Baltimore, MD: Johns Hopkins University, Center for Research on the Education of Students Placed at Risk.

Calderón, M., Hertz-Lazarowitz, R., & Slavin, R. E. (1998). Effects of bilingual cooperative integrated reading and composition on students making the transition from Spanish to English reading. *Elementary School Journal, 99*(2), 153–165.

Calderón, M. E., & Minaya-Rowe, L. (2003). *Designing and implementing two-way bilingual programs.* Thousand Oaks, CA: Corwin.

Calhoon, M., Al Otaiba, S., Cihak, D., King, A., & Avalos, A. (2007). The effects of a peer-mediated program on reading skill acquisition for two-way bilingual first-grade classrooms. *Learning Disability Quarterly, 30*(3), 169–184.

Calhoun, G., & Elliott, R. (1977). Self-concept and academic achievement of educable retarded and emotionally disturbed children. *Exceptional Children, 44,* 379–380.

Calkins, L. M. (1983). *Lessons from a child: On the teaching and learning of writing.* Exeter, NH: Heinemann.

Callender, A., & McDaniel, M. (2009). The limited benefits of rereading educational texts. *Contemporary Educational Psychology, 34*(1), 30–41.

Cameron, J. (2001). Negative effects of reward on intrinsic motivation—a limited phenomenon: Comment on Deci, Koestner, and Ryan (2001). *Review of Educational Research, 71*(1), 29–42.

Cameron, J., & Pierce, W. D. (1994). Reinforcement, reward, and intrinsic motivation: A meta-analysis. *Review of Educational Research, 64,* 363–423.

Cameron, J., & Pierce, W. D. (1996). The debate about rewards and intrinsic motivation: Protests and accusations do not alter the results. *Review of Educational Research, 66*(1), 39–51.

Cameron, J., Pierce, W. D., Banko, K., & Gear, A. (2005). Achievement-based rewards and intrinsic motivation: A test of cognitive mediators. *Journal of Educational Psychology, 97*(4), 641–655.

Campbell, D. (2000). Authentic assessment and authentic standards. *Phi Delta Kappan, 81*(5), 405–407.

Campbell, F. A., & Ramey, C. T. (1994). Effects of early intervention on intellectual and academic achievement: A follow-up study of children from low-income families. *Child Development, 65,* 684–698.

Campbell, J., & Mayer, R. E. (2004, April). *Concrete manipulatives: For whom are they beneficial?* Paper presented at the annual meeting of the American Educational Research Association, San Diego, CA.

Campbell, L., Campbell, B., & Dickerson, D. (2004). *Teaching and learning through multiple intelligences.* Boston: Pearson.

Canada, G. (2000). Raising better boys. *Educational Leadership, 57*(4), 14–17.

Canfield, J., & Siccone, F. (1995). *101 ways to develop students' self-esteem and responsibility.* Boston: Allyn & Bacon.

Cannell, J. J. (1987). *Nationally normed elementary achievement testing in America's public schools: How all fifty states are above the national average.* Daniels, WV: Friends for Education.

Canter, L., & Canter, M. (2002). *Assertive discipline: Positive behavior management for today's schools.* Seal Beach, CA: Lee Canter & Associates.

Cappella, E., & Weinstein, R. (2001). Turning around reading achievement: Predictors of high school students' academic resilience. *Journal of Educational Psychology, 93*(4), 758–771.

Capper, C. A., Kampschroer, E. F., & Keyes, M. W. (2000). *Meeting the needs of students of all abilities: How leaders go beyond inclusion.* Bloomington, IN: Phi Delta Kappan.

Caprara, G., Fida, R., Vecchione, M., Del Bove, G., Vecchio, G., Barbaranelli, C., & Bandura, A. (2008). Longitudinal analysis of the role of perceived self-efficacy for self-regulated learning in academic continuance and achievement. *Journal of Educational Psychology, 100*(3), 525–534.

Capron, C., & Duyme, M. (1991). Children's IQ's and SES of biological and adoptive parents in a balanced cross-fostering study. *Cahiers de Psychologie Cognitive, II,* 323–348.

Cardelle-Elawar, M. (1990). Effects of feedback tailored to bilingual students' mathematics needs on verbal problem solving. *Elementary School Journal, 91,* 165–175.

Carey, L. M. (2001). *Measuring and evaluating school learning* (3rd ed.). Boston: Allyn & Bacon.

Carlo, M. S., August, D., McLaughlin, B., Snow, C. E., Dressler, C., Lippman, D., Lively, T., & White, C. (2004). Closing the gap: Addressing the vocabulary needs of English language learners in bilingual and mainstream classrooms. *Reading Research Quarterly, 39*(2), 188–215.

Carnegie Corporation of New York. (1989). *Turning points: Preparing American youth for the 21st century.* New York: Author.

Carney, R. N., & Levin, J. R. (1998). Do mnemonic memories fade as time goes by? Here's looking anew! *Contemporary Educational Psychology, 23*(3), 276–297.

Carney, R. N., & Levin, J. R. (2002). Pictorial illustrations still improve students' learning from text. *Educational Psychology Review, 14*(1), 5–26.

Carnoy, M., & Loeb, S. (2002). Does external accountability affect student outcomes? A cross-state analysis. *Educational Evaluation and Policy Analysis, 24*(4), 305–331.

Carolan, J., & Guinn, A. (2007). Differentiation: Lessons from master teachers. *Educational Leadership, 64*(5), 44–47.

Carpenter, S., & Pashler, H. (2007). Testing beyond words: Using tests to enhance visuospatial map learning. *Psychonomic Bulletin & Review, 14,* 474–478.

Carpenter, T. P., & Fennema, E. (1992). Cognitively guided instruction: Building on the knowledge of students and teachers. *International Journal of Educational Research, 17,* 457–470.

Carpenter, T. P., Fennema, E., Fuson, K., Hiebert, J., Human, P., Murray, H., Olivier, A., & Wearne, D. (1994, April). *Teaching mathematics for learning with understanding in the primary grades.* Paper presented at the annual meeting of the American Educational Research Association, New Orleans, LA.

Carpenter, T. P., Fennema, E., Peterson, P. L., Chiang, C. P., & Loef, M. (1989). Using knowledge of children's mathematics thinking in classroom teaching: An experimental study. *American Educational Research Journal, 26,* 499–531.

Carr, J. F., & Harris, D. E. (2001). *Succeeding with standards: Linking curriculum, assessment, and action planning.* Alexandria, VA: ASCD.

Carroll, J. B. (1963). A model of school learning. *Teachers College Record, 64,* 723–733.

Carroll, J. B. (1989). The Carroll model: A 25-year retrospective and prospective view. *Educational Researcher, 18,* 26–31.

Carter, C. J. (1997). Why reciprocal teaching? *Educational Leadership, 54*(6), 64–68.

Carter, L. F. (1984). The sustaining effects study of compensatory and elementary education. *Educational Researcher, 13*(7), 4–13.

Carver, S. M., & Klahr, D. (2001). *Cognition and instruction: Twenty five years of progress.* Mahwah, NJ: Erlbaum.

Case, R. (1998). The development of conceptual structures. In W. Damon (Ed.), *Handbook of child psychology* (Vol. 2, pp. 851–898). Hoboken, NJ: Wiley.

Casey, B., Giedd, J., & Thomas, K. (2000). Structural and functional brain development and its relation to cognitive development. *Biological Psychology, 54,* 241–257.

Cassady, J. C., & Johnson, R. E. (2002). Cognitive anxiety and academic performance. *Contemporary Educational Psychology, 27,* 270–295.

Castagno, A., & Brayboy, B. (2008). Culturally responsive schooling for indigenous youth: A review of the literature. *Review of Educational Research, 78*(4), 941–993.

Casto, G., & Mastropieri, M. A. (1986). The efficacy of early intervention programs: A meta-analysis. *Exceptional Children, 52,* 417–424.

Cavanaugh, C., Kim, A.-H., Wanzek, J., & Vaughn, S. (2004). Kindergarten reading interventions for at-risk students: Twenty years of research. *Learning Disabilities: A Contemporary Journal, 2*(1), 1–8.

Cawelti, G. (2006). The side effects of NCLB. *Educational Leadership, 64*(3), 64–68.

Ceci, S. & Williams, W. (Eds.). (2009). *Why aren't more women in science? Top researchers debate the evidence* (pp. 47–55). Washington, DC: American Psychological Association.

Ceci, S. J. (1991). How much does schooling influence general intelligence and its cognitive components? A reassessment of the evidence. *Developmental Psychology, 27,* 703–722.

Center for Public Education. (2008). *High-performing, high-poverty schools: Research review.* Fairfax, VA: Caliber Associates.

Center on Education Policy. (2003). *State and federal efforts to implement the No Child Left Behind Act.* Washington, DC: Author.

Center on Education Policy. (2004). *From the Capitol to the classroom: Year 2 of the No Child Left Behind Act.* Washington, DC: Author.

Center on Education Policy. (2007). *Has student achievement increased since No Child Left Behind?* Washington, DC: Author.

Center on Education Policy. (2009a). *Answering the question that matters most: Has student achievement increased since No Child Left Behind?* Washington, DC: Author.

Center on Education Policy. (2009b). *State test score trends through 2007–08: Are achievement gaps closing and is achievement rising for all?* Washington, DC: Author.

Cepeda, N. J., Pashler, H., Vul, E., Wixted, J. T., & Rohrer, D. (2006). Distributed practice in verbal recall tasks: A review and quantitative synthesis. *Psychological Bulletin, 132,* 354–380.

Chambers, B., Cheung, A., Madden, N., Slavin, R. E., & Gifford, R. (2006). Achievement effects of embedded multimedia in a Success for All reading program. *Journal of Educational Psychology, 98*(1), 232–237.

Chambers, B., Cheung, A., Slavin, R., Smith, D., & Laurenzano, M. (2010). *Effective early childhood programmes: A best-evidence synthesis.* York, England: Institute for Effective Education, University of York.

Chambers, B., Slavin, R. E., Madden, N. A., Abrami, P. C., Tucker, B. J., Cheung, A., & Gifford, R. (2008). Technology infusion in Success for All: Reading outcomes for first graders. *Elementary School Journal, 109*(1), 1–15.

Chandler, L., & Dahlquist, C. (2006). *Functional assessment: Strategies to prevent and remediate challenging behavior in school settings.* Upper Saddle River, NJ: Prentice-Hall.

Changeux, J.-P. (2004). [Review of the book *The physiology of truth: Neuroscience and human knowledge.*] *Educational Leadership, 62*(4), 92.

Chapman, C., & King, R. (2005). *Differentiated assessment strategies.* Thousand Oaks, CA: Corwin.

Chapman, E. (2001, April). *More on moderations in cooperative learning outcomes.* Paper presented at the annual meeting of the American Educational Research Association, Montreal, Canada.

Chapman, J., Tunmer, W., & Prochnow, J. (2000). Early reading-related skills and performance, reading self-concept, and the development of academic self-concept: A longitudinal study. *Journal of Educational Psychology, 92*(4), 703–708.

Chappuis, J. (2005). Helping students understand assessment. *Educational Leadership, 63*(3), 39–43.

Chappuis, S., & Chappuis, J. (2007/2008). The best value in formative assessment. *Educational Leadership, 65*(4), 14–19.

Chappuis, S., Chappuis, J., & Stiggins, R. (2009). The quest for quality. *Educational Leadership, 67*(3), 14–20.

Charles, C. M. (2008). *Building classroom discipline* (9th ed.). Boston: Allyn & Bacon.

Chatterji, M. (2002). Models and methods for examining standards-based reforms and accountability initiatives: Have the tools of inquiry answered pressing questions on improving schools? *Review of Educational Research, 72*(3), 345–386.

Chatterji, M. (2006). Reading achievement gaps, correlates, and moderators of early reading achievement: Evidence from the Early Childhood Longitudinal Study (ECLS) kindergarten to first grade sample. *Journal of Educational Psychology, 98*(3), 489–507.

Chen, J.-Q. (2004). Theory of multiple intelligences: Is it a scientific theory? *Teachers College Record, 106,* 17–23.

Chen, Z., & Daehler, M. (2000). External and internal instantiation of abstract information facilitates transfer in insight problem solving. *Contemporary Educational Psychology, 25*(4), 423–449.

Cheung, A., & Slavin, R. E. (2005). Effective reading programs for English language learners and other language-minority students. *Bilingual Research Journal, 29*(2), 241–267.

Children's Defense Fund. (2009). *Child poverty.* Washington, DC: Author. Also available at www.childrensdefense.org

Chin, C. W. T. (1998, April). *Synthesizing metacognitive interventions: What training characteristics can improve reading performance?* Paper presented at the annual meeting of the American Educational Research Association, San Diego, CA.

Cho, M.-H., & Bergin, D. (2009, April). *Review of self-regulated learning models and implications for theory development.* Paper presented at the annual meeting of the American Educational Research Association, San Diego, CA.

Choate, J. (2004). *Successful inclusive teaching* (4th ed.). Boston: Pearson.

Chorzempa, B., & Graham, S. (2006). Primary-grade teachers' use of within-class ability grouping in reading. *Journal of Educational Psychology, 98*(3), 529–541.

Christian, D., & Genesee, F. (Eds.). (2001). *Bilingual education.* Alexandria, VA: TESOL.

Christopher, S. (2007/2008). Homework: A few practice arrows. *Educational Leadership, 65*(4), 74.

Cizek, G. J. (1999). *Cheating on tests: How to do it, detect it, and prevent it.* Mahwah, NJ: Erlbaum.

Clark, C. M., Gage, N. L., Marx, R. W., Peterson, P. L., Stayrook, N. G., & Winne, P. H. (1979). A factorial experiment on teacher structuring, soliciting, and reacting. *Journal of Educational Psychology, 71,* 534–552.

Clark, J. (1990). *Patterns of thinking: Integrating learning skills with content teaching.* Boston: Allyn & Bacon.

Clark, J. M., & Paivio, A. (1991). Dual coding theory and education. *Educational Psychology Review, 3*(3), 149–210.

Clark, K. (2009). The case for structured English immersion. *Educational Leadership, 66*(7), 42–47.

Clark, R. E. (Ed.). (2001). *Learning from media: Arguments, analysis, and evidence.* Greenwich, CT: Information Age.

Cleary, T. J., & Zimmerman, B. J. (2004). Self-regulation empowerment program: A school-based program to enhance self-regulated and self-motivated cycles of student learning. *Psychology in the Schools, 41,* 537–550.

Clements, D. H., & Battista, M. T. (1990). Constructivist learning and teaching. *Arithmetic Teacher, 38,* 34–37.

Clifford, M. M. (1990). Students need challenge, not easy success. *Educational Leadership, 48*(1), 22–26.

Coalition for Evidence Based Policy. (2003). *Identifying and implementing educational practices supported by rigorous evidence: A user friendly guide.* Washington, DC: U.S. Department of Education.

Cochran-Smith, M. (1991). Word processing and writing in elementary classrooms: A critical review of related literature. *Review of Educational Research, 61*(1), 107–155.

Cognition and Technology Group at Vanderbilt. (1996). Looking at technology in context: A framework for understanding technology and education research. In D. C. Berliner & R. C. Calfee (Eds.), *Handbook of educational psychology* (pp. 807–840). New York: Macmillan.

Cohen, E. G. (1986). *Designing groupwork: Strategies for the heterogeneous classroom.* New York: Teachers College Press.

Cohen, E. G. (1992, April). *Complex instruction in the middle school.* Paper presented at the annual meeting of the American Educational Research Association, San Francisco.

Cohen, E. G. (1994a). *Designing groupwork: Strategies for the heterogeneous classroom* (2nd ed.). New York: Teachers College Press.

Cohen, E. G. (1994b). Restructuring the classroom: Conditions for productive small groups. *Review of Educational Research, 64*(1), 1–35.

Cohen, E. G. (2004). Producing equal-status interaction amidst classroom diversity. In W. G. Stephan & W. P. Vogt (Eds.), *Education programs for improving intergroup relations.* New York: Teachers College Press.

Cohen, L. B., & Cashon, C. H. (2003). Infant perception and cognition. In R. M. Lerner, M. A. Easterbrooks, & J. Mistry (Eds.), *Handbook of psychology: Vol. 6. Developmental psychology* (pp. 65–89). Hoboken, NJ: Wiley.

Coie, J. D., Dodge, K. A., & Kupersmidt, J. (1990). Peer group behavior and social status. In S. R. Asher & J. D. Coie (Eds.), *Peer rejection in children* (pp. 17–59). New York: Cambridge University Press.

Colangelo, N., Assouline, S., & Gross, M. U. M. (2005). *A nation deceived: How schools hold back America's brightest students.* Iowa City, IA: International Center for Gifted Education and Talent Development.

Colangelo, N., & Davis, G. A. (Eds.). (2009). *Handbook of gifted education* (3rd ed.) Boston: Allyn & Bacon.

Colby, C., & Kohlberg, L. (1984). Invariant sequence and internal consistency in moral judgment stages. In W. Kurtines & J. Gewirts (Eds.), *Morality, moral behavior, and moral development.* New York: Wiley-Interscience.

Cole, D. A. (1991). Change in self-perceived competence as a function of peer and teacher evaluation. *Developmental Psychology, 27,* 682–688.

Cole-Henderson, B. (2000). Organizational characteristics of schools that successfully service low-income African American students. *Journal of Education for Students Placed at Risk, 5*(1–2), 77–91.

Coles, G. (2004). Danger in the classroom: "Brain Glitch" research and learning to read. *Phi Delta Kappan, 85*(5), 344–357.

Coley, R. L., & Chase-Lansdale, P. L. (1998). Adolescent pregnancy and parenthood. *American Psychologist, 53*(2), 152–166.

Colom, R., Flores-Mendoza, C., & Rebello, I. (2003). Working memory and intelligence. *Personality and Individual Differences, 34,* 33–39.

Colvin, G. (2004). *Managing the cycle of acting-out behavior in the classroom.* Longmont, CO: Sopris West.

Comer, J. (2005). Child and adolescent development: The critical missing focus in school reform. *Phi Delta Kappan, 86*(10), 757–763.

Comer, J. P. (1990). *Maggie's American dream.* New York: Plume.

Comer, J. P., Haynes, N. M., Joyner, E. T., & Ben-Avie, M. (1996). *Rallying the whole village: The Comer process for reforming education.* New York: Teachers College Press.

Comprehensive School Reform Quality Center (CSRQ). (2006a). *CSRQ center report on elementary comprehensive school reform models.* Washington, DC: American Institutes for Research.

Comprehensive School Reform Quality Center (CSRQ). (2006b). *CSRQ center report on middle and high school comprehensive school reform models.* Washington, DC: American Institutes for Research.

Connolly, B., & Smith, M. W. (2002). Teachers and students talk about talk: Class discussions and the way it should be. *Journal of Adolescent and Adult Literacy, 46*(1), 16–26.

Connor, C. M., Son, S. H., Hindman, A. H., & Morrison, F. J. (2004). *Teacher qualifications, classroom practices, and family characteristics: Complex effects on first-graders' vocabulary and early reading outcomes.* Ann Arbor: University of Michigan, Department of Psychology.

Conway, M. A., Cohen, G., & Stanhope, N. (1991). Very long-term memory of knowledge acquired through formal education: Twelve years of cognitive psychology. *Journal of Experimental Psychology: General, 120,* 395–409.

Conyers, L., Reynolds, A., & Ou, S. (2003). The effect of early childhood intervention and subsequent special education services: Findings from the Chicago child–parent centers. *Educational Evaluation and Policy Analysis, 25*(1), 75–95.

Cook, A., & Tashlik, P. (2004). *Talk, talk, talk,: Discussion based classrooms.* New York: Teachers College Press.

Cook, J. L., & Cook, G. (2007). *The world of children.* Boston: Allyn & Bacon.

Cook, T., Murphy, R. F., & Hunt, H. D. (2000). Comer's school development program in Chicago: A theory-based evaluation. *American Educational Research Journal, 37*(2), 535–597.

Cook, T. D., Habib, F., Phillips, M., Settersten, R. A., Shagle, S., & Degirmencioglu, M. (1999). Comer's school development program in Prince George's County, Maryland: A theory-based evaluation. *American Educational Research Journal, 36*(3), 543–597.

Cooley, W. W., & Leinhardt, G. (1980). The instructional dimensions study. *Educational Evaluation and Policy Analysis, 2,* 7–26.

Cooper, H., Charlton, K., Valentine, J. C., & Muhlenbruck, L. (2000). Making the most of summer school: A meta-analytic and narrative review. *Monographs of the Society for Research in Child Development, 65*(1, Serial No. 260), 1–118.

Cooper, H., Robinson, J. C., & Patall, E. (2006). Does homework improve academic achievement? *Review of Educational Research, 76*(1), 1–62.

Cooper, H., & Valentine, J. C. (2001). Using research to answer practical questions about homework. *Educational Psychologist, 36*(3), 143–153..

Cooper, R. (1998). Urban school reform: Student responses to detracking in a racially mixed high school. *Journal of Education for Students Placed at Risk, 4*(3), 259–275.

Cooper, R., & Slavin, R. E. (2004). Cooperative learning: An instructional strategy to improve intergroup relations. In W. G. Stephan & W. P. Vogt (Eds.), *Education programs for improving intergroup relations.* New York: Teachers College Press.

Copeland, W. D. (1983, April). *Classroom management and student teachers' cognitive abilities: A relationship.* Paper presented at the annual convention of the American Educational Research Association, Montreal, Canada.

Corbett, D., Wilson, B., & Williams, B. (2005). No choice but success. *Educational Leadership, 62*(6), 8–13.

Cordova, D. I., & Lepper, M. R. (1996). Intrinsic motivation and the process of learning: Beneficial effects of contextualization, personalization, and choice. *Journal of Educational Psychology, 88*(4), 715–730.

Corkill, A. J. (1992). Advance organizers: Facilitators of recall. *Educational Psychology Review, 4,* 33–67.

Corkum, P., Humphries, K., Mullane, J., & Theriault, F. (2008). Private speech in children with ADHD and their typically developing peers during problem-solving and inhibition tasks. *Contemporary Educational Psychology, 33*(1), 97–115.

Cornelius-White, J. (2007). Learner-centered teacher-student relationships are effective: A meta-analysis. *Review of Educational Research, 77*(1), 113–143.

Corno, L. (2000). Looking at homework differently. *The Elementary School Journal, 100*(5), 529–548.

Corno, L. (2008). On teaching adaptively. *Educational Psychologist, 43*(3), 161–173.

Corno, L., & Kanfer, R. (1993). The role of volition in learning and performance. *Review of Research in Education, 19,* 301–341.

Corpus, J., McClintic-Gilbert, M., & Hayenga, A. (2009). Within-year changes in children's intrinsic and extrinsic motivational orientations: Contextual predictors and academic outcomes. *Contemporary Educational Psychology, 34*(2), 154–166.

Correnti, R. (2009, March). *Examining CSR Program effects on student achievement: Causal explanation through examination of implementation rates and student mobility.* Paper presented at the 2nd annual conference of the Society for Research on Educational Effectiveness, Washington, DC.

Cose, E. (2004). *Beyond Brown v. Board: The final battle for excellence in American education.* A report by Ellis Cose to the Rockefeller Foundation.

Costa, A. (2008). The thought-filled curriculum. *Educational Leadership, 65*(5), 20–25.

Cote, C., Thompson, R., Hanley, G., & McKerchar, P. (2007). Teacher report and direct assessment of preferences for identifying reinforcers for young children. *Journal of Applied Behavior Analysis, 40,* 157–166.

Covington, M. (1999). Caring about learning: The nature and nurturing of subject-matter appreciation. *Educational Psychologist, 34*(2), 127–136.

Cox, B., & Hopkins, C. (2006). Building on theoretical principles gleaned from Reading Recovery to inform classroom practice. *Reading Research Quarterly, 41*(2), 254–267.

Cox, B. D. (1997). The rediscovery of the active learner in adaptive contexts: A developmental-historical analysis of transfer of training. *Educational Psychologist, 32,* 41–55.

Craik, F. I. M. (2000). Memory: Coding processes. In A. Kazdin (Ed.), *Encyclopedia of psychology.* Washington, DC: American Psychological Association.

Crawford, J. (1989). Instructional activities related to achievement gain in Chapter I classes. In R. E. Slavin, N. L. Karweit, & N. A. Madden (Eds.), *Effective programs for students at risk.* Boston: Allyn & Bacon.

Creswell, J. W. (2002). *Research design: Qualitative, quantitative, and mixed methods approaches* (2nd ed.). Thousand Oaks, CA: Sage.

Crévola, C. A., & Hill, P. W. (1998). Evaluation of a whole-school approach to prevention and intervention in early literacy. *Journal of Education for Students Placed at Risk, 3*(2), 133–157.

Crocker, R. K., & Brooker, G. M. (1986). Classroom control and student outcomes in grades 2 and 5. *American Educational Research Journal, 23,* 1–11.

Crooks, T. J. (1988). The impact of classroom evaluation practices on students. *Review of Educational Research, 58,* 438–481.

Cross, L. H., & Cross, G. M. (1980/1981). Teachers' evaluative comments and pupil perception of control. *Journal of Experimental Education, 49,* 68–71.

Crowe, C. (2008). Solving behavior problems together. *Educational Leadership, 66*(3), 44–47.

Crutcher, R. J., & Ericsson, K. A. (2003). The effects of practice on mnemonic encodings involving prior knowledge and semantic memory. *Journal of Experimental Psychology: Learning Memory and Cognition, 29*(6), 1387–1389.

Cruz, L., & Cullinan, D. (2001). Awarding points, using levels to help children improve behavior. *Teaching Exceptional Children, 33*(3), 16–23.

Cuban, L., Kirkpatrick, H., & Peck, C. (2001). High access and low use of technology in high school classrooms: Explaining an apparent paradox. *American Educational Research Journal, 38*(4), 813–834.

Cummings, E. M., Braungart-Rieker, J. M., & Du Rocher-Schudlich, T. (2003). Emotion and personality development in childhood. In R. M. Lerner, M. A. Easterbrooks, & J. Mistry (Eds.), *Handbook of psychology: Vol. 6. Developmental psychology* (pp. 211–239). Hoboken, NJ: Wiley.

Curry, C. (2003). Universal design accessibility for all learners. *Educational Leadership, 61*(2), 55–60.

Curwin, R. E., & Mendler, A. N. (1999). Zero tolerance for zero tolerance. *Phi Delta Kappan, 81*(2), 119–120.

Cushman, K. (2006). Help us care enough to learn. *Educational Leadership, 63*(5), 34–37.

Cutshall, S. (2009). Clicking across cultures. *Educational Leadership, 67*(1), 40–44.

Daniels, H. (2001). *Vygotsky and pedagogy.* New York: Routledge.

Dansereau, D. F. (1985). Learning strategy research. In J. Segal, S. Chipman, & R. Glaser (Eds.), *Thinking and learning skills: Relating instruction to basic research, Vol. 1.* Hillsdale, NJ: Erlbaum.

Dantonio, M., & Beisenherz, P. (2001). *Learning to question, questioning to learn.* Boston: Allyn & Bacon.

Darling-Hammond, L. (2006). Securing the right to learn: Policy and practice for powerful teaching and learning. *Educational Researcher, 35*(7), 13–24.

Darling-Hammond, L. (2008). Teacher quality definition debates: What is an effective teacher? In T. L. Good (Ed.), *21st century learning: Vol. 2* (pp. 12–22). Thousand Oaks, CA: Sage.

Darling-Hammond, L., Ancess, J., & Ort, S. W. (2002). Reinventing high school: Outcomes of the coalition campus schools project. *American Educational Research Journal, 39*(3), 639–673.

Darling-Hammond, L., & Falk, B. (1997). Using standards and assessments to support student learning. *Phi Delta Kappan, 79*(3), 190–201.

Darling-Hammond, L., Gendler, T., & Wise, A. D. (1990). *The teaching internship: Practical preparation for a licensed profession.* Santa Monica, CA: RAND.

Darling-Hammond, L., & Ifill-Lynch, O. (2006). If they'd only do their work! *Educational Leadership, 63*(5), 8–13.

Darling-Hammond, L., & Richardson, N. (2009). Teacher learning: What matters? *Educational Leadership, 66*(5), 46–55.

Datnow, A., Lasky, S., Stringfield, S., & Teddlie, C. (2005). Systemic integration for educational reform in racially and linguistically diverse contexts: A summary of the evidence. *Journal of Education for Students Placed at Risk, 10*(4), 441–453.

David, J. (2008). Project-based learning. *Educational Leadership, 65*(5), 80–84.

David, J. (2009). Teaching media literacy. *Educational Leadership, 66*(6), 84–86.

Davis, H. (2008). Development: 3–5. In T. L. Good (Ed.), *21st century learning* (Vol. 1, pp. 82–92). Thousand Oaks, CA: Sage.

Dawson, T. L. (2002). New tools, new insights: Kohlberg's moral judgement stages revisited. *International Journal of Behavioral Development, 26,* 154–166.

DeBacker, T., & Nelson, R. M. (1999). Variations on an expectancy-value model of motivation in science. *Contemporary Educational Psychology, 24*(2), 71–94.

DeBell, M., & Chapman, C. (2006). *Computer and internet use by students in 2003.* Washington, DC: National Center for Education Statistics, U.S. Department of Education.

Deci, E., Koestner, R., & Ryan, R. (2001). Extrinsic rewards and intrinsic motivation in education: Reconsidered once again. *Review of Educational Research, 71*(1), 1–27.

Deci, E. L., & Ryan, R. M. (Eds.). (2002). *Handbook of self-determination research.* Rochester, NY: University of Rochester Press.

De Jong, T., & van Joolingen, W. R. (1998). Scientific discovery learning with computer simulations of conceptual domains. *Review of Educational Research, 68*(2), 179–201.

Delamont, S. (2002). Gender and education. In D. L. Levinson, P. W. Cookson, Jr., & A. R. Sadovnik (Eds.), *Education and sociology: An encyclopedia* (pp. 273–279). New York: Routledge Falmer.

de La Paz, S., & Graham, S. (2002). Explicitly teaching strategies, skills, and knowledge: Writing instruction in middle school classrooms. *Journal of Educational Psychology, 94*(2), 687–698.

De Lisi, R., & Staudt, J. (1980). Individual differences in college students' performance on formal operations tasks. *Journal of Applied Developmental Psychology, 1,* 201–208.

Delpit, L. (1995). *Other people's children: Cultural conflict in the classroom.* New York: New Press.

Dembo, M., & Eaton, M. (2000). Self-regulation of academic learning in middle-level schools. *The Elementary School Journal, 100*(5), 472–490.

Dempster, F. N. (1989). Spacing effects and their implications for theory and practice. *Educational Psychology Review, 1,* 309–330.

Dempster, F. N. (1991). Synthesis of research on reviews and tests. *Educational Leadership, 72*(8), 71–76.

Dempster, F. N., & Corkill, A. J. (1999). Interference and inhibition in cognition and behavior: Unifying themes for educational psychology. *Educational Psychology Review, 11*(1), 1–74.

Denton, C. A., Anthony, J. L., Parker, R., & Hasbrouck, J. E. (2004). Effects of two tutoring programs on the English reading development of Spanish-English bilingual students. *The Elementary School Journal, 104*(4), 289–305.

Deshler, D., Palincsar, A., Biancarosa, G., & Nair, M. (2007). *Informed choices for struggling adolescent readers.* Newark, DE: International Reading Association.

Deshler, D. D. (2005). Adolescents with learning disabilities. *Learning Disabilities Quarterly, 28*(2), 122–123.

Deshler, D. D., Ellis, E. S., & Lenz, B. K. (1996). *Teaching students with learning disabilities: Strategies and methods* (2nd ed.). Denver: Love.

DeVries, R. (2008). Piaget and Vygotsky: Theory and practice in early education. In T. L. Good (Ed.), *21st century learning* (Vol. 1, pp. 184–193). Thousand Oaks, CA: Sage.

deWinstanley, P. A., & Bjork, E. L. (2004). Processing strategies and the generation effect: Implications for making a better reader. *Memory & Cognition, 32*(6), 945–955.

Díaz-Rico, L. T. (2004). *Teaching English learners: Strategies and methods.* Boston: Allyn & Bacon.

Díaz-Rico, L. T., & Weed, K. Z. (2010). *The crosscultural, language, and academic development handbook: A complete K–12 reference guide* (4th ed.). Boston: Allyn & Bacon.

Dick, W., Carey, L., & Carey, J. O. (Eds.). (2009). *The systematic design of instruction* (7th ed.). Upper Saddle River, NJ: Merrill.

Diehm, C. (2004). From worn-out to web-based: Better student portfolios. *Phi Delta Kappan, 85*(10), 792–795.

Dillon, A., & Gabbard, R. (1998). Hypermedia as an educational technology: A review of the quantitative research literature on learner comprehension, control, and style. *Review of Educational Research, 68*(3), 322–349.

Dlott, A. (2007). A (pod)cast of thousands. *Educational Leadership, 64*(7), 80–82.

Dong, Y. (2009). Linking to prior learning. *Educational Leadership, 66*(7), 26–31.

Dooling, D. J., & Lachman, R. (1971). Effects of comprehension on retention of prose. *Journal of Experimental Psychology, 8,* 216–222.

Dornbusch, S. (1994). *Off the track*. Paper presented at the annual meeting of the Society for Research on Adolescence, San Diego, CA.

Dotterer, A., McHale, S., & Crouter, A. (2009). The development and correlates of academic interests from childhood through adolescence. *Journal of Educational Psychology, 101*(2), 509–519.

Downing, J. E. (2001). *Including students with severe and multiple disabilities in typical classrooms.* Baltimore: Brookes.

Doyle, W. (1984). How order is achieved in classrooms: An interim report. *Journal of Curriculum Studies, 16,* 259–277.

Drabman, R., Spitalnik, R., & O'Leary, K. (1973). Teaching self-control to disruptive children. *Journal of Abnormal Psychology, 82,* 10–16.

Driscoll, A., & Nagel, N. G. (2008). *Early childhood education, birth–8: The world of children, families, and educators* (4th ed.). Boston: Pearson.

Driscoll, M. P. (2000). *Psychology of learning for instruction* (2nd ed.). Boston: Allyn & Bacon.

Driscoll, M. P. (2005). *Psychology of learning for instruction* (3rd ed.). Boston: Allyn & Bacon.

Droz, M., & Ellis, L. (1996). *Laughing while learning: Using humor in the classroom.* Longmont, CO: Sopris West.

Dryfoos, J. G. (1998). *Safe passage: Making it through adolescence in a risky society.* New York: Oxford University Press.

Duck, L. (2000). The ongoing professional journey. *Educational Leadership, 57*(8), 43–45.

Duell, O. K. (1994). Extended wait time and university student achievement. *American Educational Research Journal, 31*(2), 397–414.

Duffy, G. G., & Roehler, L. R. (1986). The subtleties of instructional mediation. *Educational Leadership, 43*(7), 23–27.

Dugger, W. (2001). Standards for technological literacy. *Phi Delta Kappan, 82*(7), 513–517.

Duke, N., Bennett-Armistead, V., & Roberts, E. (2003). Bridging the gap between learning to read and reading to learn. In D. Barone & L. Morrow (Eds.), *Literacy and young children: Research-based practices* (pp. 226–242). New York: Guilford.

Duke, N. K. (2000). For the rich it's richer: Print experiences and environments offered to children in very low- and very high-socioeconomic status first-grade classrooms. *American Educational Research Journal, 37*(2), 441–478.

Dukes, R., & Seidner, C. (1978). *Learning with simulations and games.* Beverly Hills, CA: Sage.

Dunkin, M. J., & Biddle, B. J. (1974). *A study of teaching.* New York: Holt, Rinehart and Winston.

Dunn, K., & Mulvenon, S. (2009). A critical review of research on formative assessment: The limited scientific evidence of the impact of formative assessment in education. *Practical Assessment, Research & Evaluation, 14*(7), 1–11.

Dunn, R., & Dunn, K. (1993). *Teaching secondary students through their individual learning styles.* Boston: Allyn & Bacon.

Durso, F. T., & Coggins, K. A. (1991). Organized instruction for the improvement of word knowledge skills. *Journal of Educational Psychology, 83,* 108–112.

Dweck, C. (2007). The perils and promises of praise. *Educational Leadership, 65*(2), 34–39.

Dynarski, M. (2008/2009). Researchers and educators: Allies in learning. *Educational Leadership, 66*(4), 48–53.

Dynarski, M., Agodini, R., Heaviside, S., Novak, T., Carey, N., Campuzzano, L., Means, B., et al. (2007). *Effectiveness of reading and mathematics software products: Findings from the first student cohort.* Washington, DC: Institute of Education Sciences.

Ebeling, D. G. (2000). Adapting your teaching to any learning style. *Phi Delta Kappan, 82*(3), 247–248.

Eccles, J. S., Wigfield, A., & Byrnes, J. (2003). Cognitive development in adolescence. In R. M. Lerner, M. A. Easterbrooks, & J. Mistry (Eds.), *Handbook of psychology: Vol. 6. Developmental psychology* (pp. 325–350). Hoboken, NJ: Wiley.

Echevarria, J., Vogt, M. E., & Short, D. (Eds.). (2008). *Making content comprehensible for English learners: The SIOP model.* Boston: Allyn & Bacon.

Eckensberger, L. H. (1994). Moral development and its measurement across cultures. In W. J. Lonner & R. S. Malpass (Eds.), *Psychology and culture* (pp. 75–79). Boston: Allyn & Bacon.

Eden, G. F., Van Meter, J. W., Rumsey, J. M., Maisog, J. M., Woods, R. P., & Zeffiro, T. A. (1996). Abnormal processing of visual motion in dyslexia revealed by functional brain imaging. *Nature, 382,* 66–69.

Educational Testing Service. (1995). *Performance assessment: Different needs, difficult answers.* Princeton, NJ: Author.

Education Commission of the States. (2000). *Technology: Equitable access in schools.* Denver, CO: Author.

The Education Trust. (2003). *ESEA: Myths versus realities. Answers to questions about the No Child Left Behind Act.* Washington, DC: Author.

Egan, K. (1989). Memory, imagination, and learning: Connected by the story. *Phi Delta Kappan, 70,* 455–459.

Egan, K. (2008). Learning in depth. *Educational Leadership, 66*(3), 58–64.

Ehri, L. C., Dreyer, L. G., Flugman, B., & Gross, A. (2007). Reading Rescue: An effective tutoring intervention model for language-minority students who are struggling readers in first grade. *American Educational Research Journal, 44,* 414–448.

Eichenbaum, H. (2003). Memory systems. In M. Gallagher & R. J. Nelson (Eds.), *Handbook of psychology: Vol. 3. Biological psychology* (pp. 543–558). Hoboken, NJ: Wiley.

Einerson, M. (1998). Fame, fortune, and failure: Young girls' moral language surrounding popular culture. *Youth and Society, 30,* 241–257.

Eisenberg, N. (2001). The core and correlates of affective social competence. *Social Development, 10,* 120–124.

Eisenberger, R., & Cameron, J. (1998). Reward, intrinsic interest, and creativity: New findings. *American Psychologist, 53*(6), 676–679.

Eisenberger, R., Pierce, W. D., & Cameron, J. (1999). Effects of rewards on intrinsic motivation—negative, neutral, and positive: Comment on Deci, Koestner, and Ryan (1999). *Psychological Bulletin, 125,* 677–691.

Eisner, E. (2006). The satisfactions of teaching. *Educational Leadership, 63*(6), 44–47.

Elbaum, B., & Vaughn, S. (2001). School-based interventions to enhance the self-concept of students with learning disabilities: A meta-analysis. *The Elementary School Journal, 101*(3), 303–330.

Elias, L. J., & Saucier, D. M. (2006). *Neuropsychoogy: Clinical and experimental foundations.* Boston: Allyn & Bacon.

Eliot, L. (2009). *Pink brain, blue brain.* Boston: Houghton Mifflin Harcourt.

Ellis, A. K. (2001a). Authentic and performance assessment. In A. K. Ellis (Ed.), *Research on educational innovations.* Larchmont, NY: Eye on Education.

Ellis, A. K. (2001b). Cooperative learning. In A. K. Ellis (Ed.), *Research on educational innovations.* Larchmont, NY: Eye on Education.

Ellis, A. K. (2001c). Innovations from brain research. In A. K. Ellis (Ed.), *Research on educational innovations.* Larchmont, NY: Eye on Education.

Ellis, J., Semb, G. B., & Cole, B. (1998). Very long-term memory for information taught in school. *Contemporary Educational Psychology, 23,* 419–433.

Ellmore, R. F., & Fuhrman, S. H. (2001). Holding schools accountable: Is it working? *Phi Delta Kappan, 83*(1), 67–72.

Else-Quest, N., Shibley, J., Goldsmith, H., & Van Hulle, C. (2006). Gender differences in temperament: A meta-analysis. *Psychological Bulletin, 132*(1), 33–72.

Embry, D. D. (2002). The good behavior game: A best practice candidate as universal behavior vaccine. *Clinical Child and Family Psychology Review, 5,* 273–297.

Emerson, M. J., & Miyake, A. (2003). The role of inner speech in task switching: A dual-task investigation. *Journal of Memory and Language, 48,* 148–168.

Emmer, E. T., & Aussiker, A. (1990). School and classroom discipline programs: How well do they work? In O. C. Moles (Ed.), *Student discipline strategies.* Albany: State University of New York Press.

Emmer, E. T., & Evertson, C. M. (Eds.). (2009). *Classroom management for middle and high school teachers.* Upper Saddle River, NJ: Pearson.

Emmer, E. T., Evertson, C. M., & Anderson, L. M. (1980). Effective classroom management at the beginning of the school year. *Elementary School Journal, 80,* 219–231.

Emmer, E. T., & Gerwels, M. C. (2002). Cooperative learning in elementary classrooms: Teaching practices and lesson characteristics. *The Elementary School Journal, 103*(1), 75–91.

Emmer, E. T., & Stough, L. M. (2001). Classroom management: A critical part of educational psychology, with implications for teacher education. *Educational Psychologist, 36*(2), 103–112.

Emmer, E. T., & Stough, L. M. (2008). Responsive classroom management. In T. L. Good (Ed.), *21st century learning: Vol. 1* (pp. 140–148). Thousand Oaks, CA: Sage.

Engelkamp, J., & Dehn, D. M. (2000). Item and order information in subject-performed tasks and experimenter-performed tasks. *Journal of Experimental Psychology: Learning, Memory, & Cognition, 26,* 671–682.

Engle, R. W. (2001). What is working memory capacity? In H. L. Roediger, J. S. Nairne, I. Neath, & A. M. Suprenant (Eds.), *The nature of remembering: Essays in honor of Robert G. Crowder* (pp. 297–314). Washington, DC: American Psychological Association.

Engle, R. W., Nations, J. K., & Cantor, J. (1990). Is "working memory capacity" just another name for word knowledge? *Journal of Educational Psychology, 82*(4), 799–804.

Englert, C. S., Raphael, T. E., Anderson, L. M., Anthony, H. M., & Stevens, D. D. (1991). Making strategies and self-talk visible: Writing instruction in regular and special education classrooms. *American Educational Research Journal, 28,* 337–372.

Ennemoser, M., & Schneider, W. (2007). Relations of television viewing and reading: Findings from a 4-year longitudinal study. *Journal of Educational Psychology, 99*(2), 349–368.

Ensminger, M. E., & Slusarcick, A. L. (1992). Paths to high school graduation or dropout: A longitudinal study of a first grade cohort. *Sociology of Education, 65,* 95–113.

Entwisle, D., Alexander, L., & Olson, L. S. (2001). Keep the faucet flowing: Summer learning and home environment. *American Educator, 25*(3), 10–15.

Epstein, A. (2008). An early start on thinking. *Educational Leadership, 65*(5), 38–43.

Epstein, J. L., & Van Voorhis, F. L. (2001). More than minutes: Teachers' roles in designing homework. *Educational Psychologist, 36*(3), 181–193.

Epstein, J. L., Sanders, M. G., Salinas, K., Simon, B., Van Voorhis, F., & Jansorn, N. (2002). *School, family and community partnerships: Your handbook for action* (2nd ed.). Thousand Oaks, CA: Corwin.

Ericsson, K. A., & Kintsch, W. (1995). Long-term working memory. *Psychological Review, 102,* 211–245.

Erikson, E. H. (1963). *Childhood and society* (2nd ed.). New York: Norton.

Erikson, E. H. (1968). *Identity, youth and crisis.* New York: Norton.

Erikson, E. H. (1980). *Identity and the life cycle* (2nd ed.). New York: Norton.

Espy, K. A., Molfese, D. L., Molfese, V. J., & Modglin, A. (2004). Development of auditory event-related potentials in young children and relations to word-level reading abilities at age 8 years. *Annals of Dyslexia, 54*(1), 9–38.

Estrada, V., Gómez, L., & Ruiz-Escalante, J. (2009). Let's make dual language the norm. *Educational Leadership, 66*(7), 54–58.

Evans, G. (2004). The environment of childhood poverty. *American Psychologist, 59,* 77–92.

Evans, S. W., Pelham, W. E., Smith, B. H., Bukstein, O., Gnagy, E. M., Greiner, A. R., Altenderfer, L., & Baron-Myak, C. (2000). Dose-response effect of methylphenidate on ecologically valid measures of academic performance and classroom behavior in adolescents with ADHD. *Experimental and Clinical Psychopharmacology, 9*(2), 163–175.

Evans, T. D. (1996). Encouragement: The key to reforming the classrooms. *Educational Leadership, 54*(1), 81–85.

Everson, H., & Millsap, R. (2004). Beyond individual differences: Exploring school effects on SAT scores. *Educational Psychologist, 39*(3), 157–172.

Everson, H., Tobias, S., Hartman, H., & Gourgey, A. (1993). Test anxiety and the curriculum: The subject matters. *Anxiety, Stress, and Coping, 6,* 1–8.

Evertson, C., Emmer, E., & Worsham, M. E. (2006). *Classroom management for elementary teachers* (7th ed.). Boston: Allyn & Bacon.

Evertson, C. M., & Emmer, E. T. (1982). Effective management at the beginning of the year in junior high classes. *Journal of Educational Psychology, 74,* 485–498.

Evertson, C. M., Emmer, E. T., & Brophy, J. E. (1980). Predictors of effective teaching in junior high mathematics classrooms. *Journal for Research in Mathematics Education, 11,* 167–178.

Evertson, C. M., & Harris, A. H. (1992). What we know about managing classrooms. *Educational Leadership, 49*(7), 74–78.

Evertson, C. M., & Poole, I. R. (2008). Proactive classroom management. In T. L. Good (Ed.), *21st century learning: Vol. 1* (pp. 131–139). Thousand Oaks, CA: Sage.

Evertson, C. M., & Randolph, C. H. (1995). Classroom management in the learning-centered classroom. In A. C. Ornstein (Ed.), *Teaching: Theory into practice.* Boston: Allyn & Bacon.

Evertson, C. M., Weade, R., Green, J., & Crawford, J. (1985). *Effective classroom management and instruction: An exploration of models.* Nashville, TN: Vanderbilt University.

Evertson, E., Emmer, E., & Worsham, M. (2009). *Classroom management for middle and high school teachers.* Boston: Allyn & Bacon.

Fahey, J. A. (2000). Who wants to differentiate instruction? We did.... *Educational Leadership, 58*(1), 70–72.

Fantuzzo, J. W., King, J. A., & Heller, L. R. (1992). Effects of reciprocal peer tutoring on mathematics and school adjustment: A component analysis. *Journal of Educational Psychology, 84,* 33–39.

Fantuzzo, J. W., Polite, K., & Grayson, N. (1990). An evaluation of reciprocal peer tutoring across elementary school settings. *Journal of School Psychology, 28,* 309–323.

Farmer, T., Leung, M.-C., Pearl, R., Rodkin, P., Cadwallader, T., & Van Acker, R. (2002). Deviant or diverse peer groups? The peer affiliations of aggressive elementary students. *Journal of Educational Psychology, 94*(3), 611–620.

Farrell, T. (2009). *Teaching reading to English language learners: A reflective guide.* Thousand Oaks, CA: Corwin.

Fashola, O. S. (2002). *Building effective after school programs.* Thousand Oaks, CA: Corwin.

Fay, J. (2001). The classroom of your dreams. In B. Sornson (Ed.), *Preventing early learning failure.* Alexandria, VA: ASCD.

Feldhusen, J. F. (1996). How to identify and develop special talents. *Educational Leadership, 53*(5), 66–69.

Feldman, R. S. (Ed.). (2010). *Child development.* Upper Saddle River, NJ: Prentice-Hall.

Fellows, N. J. (1994). A window into thinking: Using student writing to understand conceptual changes in science learning. *Journal of Science Teaching, 31,* 985–1001.

Fennema, E., Carpenter, T. P., Jacobs, V. R., Franke, M. L., & Levi, L. W. (1998). A longitudinal study of gender differences in young children's mathematical thinking. *Educational Researcher, 27*(5), 6–11.

Fennema, E., Franke, M. L., Carpenter, T. P., & Carey, D. A. (1993). Using children's mathematical knowledge in instruction. *American Educational Research Journal, 30*(3), 555–583.

Ferguson, R., & Mehta, J. (2004). An unfinished journey: The legacy of Brown and the narrowing of the achievement gap. *Phi Delta Kappan, 85*(9), 656–669.

Ferriter, B. (2009a). Learning with blogs and wikis. *Educational Leadership, 66*(5), 34–39.

Ferriter, B. (2009b). Taking the digital plunge. *Educational Leadership, 67*(1), 85.

Feuerstein, R. (1980). *Instrumental enrichment: An intervention program for cognitive modifiability.* Baltimore: University Park Press.

Feuerstein, R., & Kozulin, A. (1995). The bell curve: Getting the facts right. *Educational Leadership, 52*(7), 71–74.

Fidalgo, R., Torrance, M., & Garcia, J.-N. (2008). The long-term effects of strategy-focused writing instruction for grade six students. *Contemporary Educational Psychology, 33*(4), 672–693.

Fielding, L. G., Anderson, R. C., & Pearson, P. D. (1990). *How discussion questions influence children's story understanding* (Tech. Rep. No. 490). Champaign: University of Illinois, Center for the Study of Reading.

Finn, J. D., & Cox, D. (1992). Participation and withdrawal among fourth-grade pupils. *American Educational Research Journal, 29*(1), 141–162.

Finn, J. D., Pannozzo, G. M., & Achilles, C. M. (2003). The "whys" of class size: Student behavior in small classes. *Review of Educational Research, 73*(3), 321–368.

Finn, J. D., Pannozzo, G. M., & Voelkl, K. E. (1995). Disruptive and inattentive-withdrawn behavior and achievement among fourth graders. *The Elementary School Journal, 95*(5), 421–434.

Fiordaliso, R., Lordeman, A., Filipczak, J., & Friedman, R. M. (1977). Effects of feedback on absenteeism in the junior high school. *Journal of Educational Research, 70,* 188–192.

Fisch, S., & Truglio, R. (2000). *G is for growing: 30 years of research on* Sesame Street. Mahwah, NJ: Erlbaum.

Fisher, C. W., Berliner, D. C., Filby, N. N., Marliave, R., Cahen, L. S., Dishaw, M. M., & Moore, J. E. (1978). *Teaching behaviors, academic learning time, and student achievement: Final report of Phase III-B, beginning teacher evaluation study* (Tech. Rep.V-1). San Francisco: Far West Laboratory for Educational Research and Development.

Fisher, D. (2006). Keeping adolescents "alive and kickin" it: Addressing suicide in schools. *Phi Delta Kappan, 87*(10), 784–786.

Fisher, D., & Frey, N. (2007). *Checking for understanding: Formative assessment techniques for your classroom.* Alexandria, VA: ASCD.

Fisher, D., & Frey, N. (2008). Releasing responsibility. *Educational Leadership, 66*(3), 32–37.

Fisher, D., & Frey, N. (2009). Feed up, back, forward. *Educational Leadership, 67*(3), 20–25.

Fisher, D., Sax, C., & Grove, K. (2000). The resilience of changes promoting inclusiveness in an urban elementary school. *The Elementary School Journal, 100*(3), 213–228.

Fiske, E. B. (1989, July 12). The misleading concept of "average" on reading tests changes, and more students fall below it. *The New York Times.*

Fitzgerald, J., & Graves, M. (2004/2005). Reading supports for all. *Educational Leadership, 62*(4), 68–71.

Flanagan, C. (1993). Gender and social class: Intersecting issues in women's achievement. *Educational Psychologist, 28*(4), 357–378.

Flavell, J. (2004). Theory-of-mind development: Retrospect and prospect. *Merrill-Palmer Quarterly, 50,* 21–45.

Flavell, J. H. (1986, January). Really and truly. *Psychology Today, 20*(1), 38–44.

Flavell, J. H. (1996). Piaget's legacy. *Psychological Science, 7*(4), 200–203.

Fleischman, S. (2006). Moving to evidence-based professional practice. *Educational Leadership, 63*(6), 87–90.

Fleith, D. (2000). Teacher and student perceptions of creativity in the classroom environment. *Roeper Review, 22,* 148–153.

Fletcher, J. D. (1992). Individualized systems of instruction. In M. C. Alkin (Ed.), *Encyclopedia of educational research* (6th ed., pp. 612–620). New York: Macmillan.

Fletcher, J. M., Shaywitz, S. E., Shankweiler, D. P., Katz, L., Liberman, I. Y., Stvebing, K. K., Francis, D. J., Fowler, A. E., & Shaywitz, B. A. (1994). Cognitive profiles of reading disability: Comparisons of discrepancy and low achievement definitions. *Journal of Educational Psychology, 86,* 6–23.

Flexner, C. (2001). Enhancing the listening environment for early learning success. In B. Sornson (Ed.), *Preventing early learning failure.* Alexandria, VA: ASCD.

Flippo, R. (2008). *Preparing students for testing and doing better in school.* Thousand Oaks, CA: Corwin.

Florez, I. R. (2008). Early childhood education: The developmentally appropriate practice debate. In T. L. Good (Ed.), *21st century learning* (Vol. 1, pp. 396–404). Thousand Oaks, CA: Sage.

Flouri, E., & Buchanan, A. (2004). Early father's and mother's involvement and child's later educational outcomes. *British Journal of Educational Psychology, 74*(2), 141–153.

Fogarty, R. (Ed.). (1993). *The multiage classroom.* Palatine, IL: IRI/Skylight.

Fogarty, R., & Kerns, G. (2009). *inFormative assessment: When it's not about a grade.* Thousand Oaks, CA: Corwin.

Foos, P. W., Mora, J. J., & Tkacz, S. (1994). Student study techniques and the generation effect. *Journal of Educational Psychology, 86*(4), 567–576.

Forness, S. R., & Kavale, K. A. (2000). What definitions of disabilities say and don't say: A critical analysis. *Journal of Learning Disabilities, 33*(3), 239–256.

Fosnot, C. (Ed.). (2005). *Constructivism: Theory, perspectives, and practice* (2nd ed.). New York: Teachers College Press.

Foster, D., & Noyce, P. (2004). The mathematics assessment collaborative: Performance testing to improve instruction. *Phi Delta Kappan, 85*(5), 367–374.

Francis, B., & Skelton, C. (2005). *Reassessing gender and achievement.* New York: Routledge.

Francis, D. J., Shaywitz, S. E., Shaywitz, B. A., Stuebing, K. K., & Fletcher, J. M. (1996). Developmental lag versus deficit models of reading disability: A longitudinal, individual growth curves analysis. *Journal of Educational Psychology, 88*(1), 3–17.

Franklin, R. D., Allison, D. B., & Gorman, B. S. (Eds.). (1997). *Design and analysis of single-case research.* Mahwah, NJ: Erlbaum.

Fredricks, J. A., Blumenfeld, P. C., & Paris, A. H. (2004). School engagement: Potential of the concept, state of the evidence. *Review of Educational Research, 74*(1), 59–109.

Freiberg, H., Huzinec, C., & Templeton, S. (2009). Classroom management—a pathway to student achievement: A study of fourteen inner-city elementary schools. *The Elementary School Journal, 110*(1), 63–80.

Freiberg, H., & Lamb, S. (2009). Dimensions of person-centered classroom management. *Theory into Practice, 48,* 99–105.

Freiberg, H., & Lapointe, J. (2006). Research-based programs for preventing and solving disciplinary problems. In C. Evertson & C. Weinstein (Eds.), *Handbook of classroom management: Research, practice, and contemporary issues.* Mahwah, NJ: Erlbaum.

Freiberg, H. J., Connell, M. L., & Lorentz, J. (2001). Effects of consistency management on student mathematics achievement on seven Chapter I elementary schools. *Journal of Education for Students Placed at Risk, 6*(3), 249–270.

Freiberg, H. J., & Driscoll, A. (Eds.). (2005). *Universal teaching strategies* (4th ed.). Boston: Pearson.

Freiberg, H. J., & Reyes, A. (2008). Zero tolerance: A reconsideration of practice and policy. In T. L. Good (Ed.), *21st century learning* (Vol. 1, pp. 149–160). Thousand Oaks, CA: Sage.

French, E. G. (1956). Motivation as a variable in work partner selection. *Journal of Abnormal and Social Psychology, 55,* 96–99.

Frey, K., Hirschstein, M., & Guzzo, B. (2000). Second step: Preventing aggression by promoting social competence. *Journal of Emotional and Behavioral Disorders, 8,* 102–112.

Friedman, L. (2003). Promoting opportunity after school. *Educational Leadership, 60*(4), 79–82.

Friend, M. (2007). The coteaching partnership. *Educational Leadership, 64*(5), 48–53.

Friend, M., & Bursuck, W. D. (Eds.). (2008). *Including students with special needs: A practical guide for classroom teachers* (5th ed.). Upper Saddle River, NJ: Pearson.

Friend, M., & Shamberger, C. T. (2008). Inclusion. In T. L. Good (Ed.), *21st century learning* (Vol. 2, pp. 124–131). Thousand Oaks, CA: Sage.

Friend, R. (2001). Effects of strategy instruction on summary writing of college students. *Contemporary Educational Psychology, 26*(1), 3–24.

Fries, S., Dietz, F., & Schmid, S. (2008). Motivational interference in learning: The impact of leisure alternatives on subsequent self-regulation. *Contemporary Educational Psychology, 33*(2), 119–133.

Fuchs, D., & Fuchs, L. (2006). Introduction to response to intervention: What, why, and how valid is it? *Reading Research Quarterly, 41*(1), 92–128.

Fuchs, D., & Fuchs, L. S. (1997). Peer-assisted learning strategies: Making classrooms more responsive to diversity. *American Educational Research Journal, 34*(1), 174–206.

Fuchs, D., Fuchs, L. S., Bahr, M. W., Fernstrom, P., & Stecker, P. M. (1990). Mainstream assistance teams: A scientific basis for the art of consultation. *Exceptional Children, 56,* 493–513.

Fuchs, D., Fuchs, L. S., & Compton, D. L. (2004). Identifying reading disability by responsiveness to instruction: Specifying measures and criteria. *Learning Disability Quarterly, 27,* 216–227.

Fuchs, D., Fuchs, L. S., & Fernstrom, P. (1993). A conservative approach to special education reform: Mainstreaming through trans environmental programming and curriculum-based measurement. *American Educational Research Journal, 30,* 149–177.

Fuchs, L., Fuchs, D., Finelli, R., Courey, S., & Hamlett, C. (2003). Expanding schema-based transfer instruction to help third graders solve real-life mathematical problems. *American Educational Research Journal, 41*(2), 419–445.

Fuchs, L., Fuchs, D., Finelli, R., Courey, S., Hamlett, C., Sones, E., & Hope, S. (2006). Teaching third graders about real-life mathematical problem solving: A randomized controlled study. *The Elementary School Journal, 106*(4), 293–312.

Fuchs, L. S., Fuchs, D., Bentz, J., Phillips, N. B., & Hamlett, C. L. (1994). The nature of student interactions during peer tutoring with and without prior training and experience. *American Educational Research Journal, 31*(1), 75–103.

Fuchs, L. S., Fuchs, D., & Karns, K. (2001). Enhancing kindergartners' mathematical development: Effects of peer-assisted learning strategies. *The Elementary School Journal, 101*(5), 495–510.

Fuchs, L. S., Fuchs, D., Karns, K., Hamlett, C. L., Katzaroff, M., & Dutka, S. (1997). Effects of task-focused goals on low-achieving students without learning disabilities. *American Educational Research Journal, 34*(3), 513–543.

Fuchs, L. S., Fuchs, D., Kazdan, S., & Allen, S. (1999). Effects of peer-assisted learning strategies in reading with and without training in elaborated help giving. *The Elementary School Journal, 99*(3), 201–221.

Fuller, B., Wright, J., Gesicki, K., & Kang, E. (2007). Gauging growth: How to judge NCLB? *Educational Researcher, 36*(5), 268–278.

Fuson, K. C. (1992). Research on whole number addition and subtraction. In D. Grouws (Ed.), *Handbook of research on mathematics teaching and learning* (pp. 243–275). New York: Macmillan.

Gabler, I. C., & Schroeder, M. (2003). *Constructivist methods for the secondary classroom.* Boston: Allyn & Bacon.

Gaddy, M. L. (1998, April). *Reading and studying from highlighted text: Memory for information highlighted by others.* Paper presented at the annual meeting of the American Educational Research Association, San Diego, CA.

Gage, N. L., & Needels, M. C. (1989). Process-product research on teaching: A review of criticism. *Elementary School Journal, 89,* 253–300.

Gagnon, G. W., & Collay, M. (2001). *Designing for learning: Six elements in constructivist classrooms.* Thousand Oaks, CA: Corwin.

Galambos, N. L., & Costigan, C. L. (2003). Emotional and personality development in adolescence. In R. M. Lerner, M. A. Easterbrooks, & J. Mistry (Eds.), *Handbook of psychology: Vol. 6. Developmental psychology* (pp. 351–372). Hoboken, NJ: Wiley.

Gall, M., Ward, B., Berliner, D., Cahen, L., Winne, P., Glashoff, J., & Stanton, G. (1978). Effects of questioning techniques and recitation on student learning. *American Educational Research Journal, 15,* 175–199.

Gallagher, C. J. (2003). Reconciling a tradition of testing with a new learning paradigm. *Educational Psychology Review, 15*(1), 83–99.

Gallagher, J. J. (1992). Gifted persons. In M. C. Alkin (Ed.), *Encyclopedia of educational research* (6th ed., pp. 544–549). New York: Macmillan.

Gamoran, A., Nystrand, M., Berends, M., & LePore, P. C. (1995). An organizational analysis of the effects of ability grouping. *American Educational Research Journal, 32,* 687–715.

Gandal, M., & McGiffert, L. (2003). The power of testing. *Educational Leadership, 60*(5), 39–42.

Gandal, M., & Vranek, J. (2001). Standards: Here today, here tomorrow. *Educational Leadership, 59*(1), 6–13.

Ganesh, T., & Berliner, D. (2004, April). *Practices of computer use in elementary education: Perceived and missed opportunities.* Paper presented at the annual meeting of the American Educational Research Association, San Diego, CA.

Garber, H. L. (1988). *The Milwaukee Project: Preventing mental retardation in children at risk.* Washington, DC: American Association on Mental Retardation.

Garcia, E., & Jensen, B. (2007). Helping young Hispanic learners. *Educational Leadership, 64*(6), 34–39.

Garcia, E., Jensen, B., & Scribner, K. (2009). The demographic imperative. *Educational Leadership, 66*(7), 8–13.

Garcia, J. (1993). The changing image of ethnic groups in textbooks. *Phi Delta Kappan, 75*(1), 29–35.

Gardner, H. (2000). *Intelligence reframed: Multiple intelligences for the 21st century.* New York: Basic Books.

Gardner, H. (2003, April). *Multiple intelligences after twenty years.* Paper presented at the annual meeting of the American Educational Research Association, Chicago.

Gardner, H. (2004). *Multiple intelligences: New horizons, in theory and practice.* New York: Basic Books.

Gardner, H., & Moran, S. (2006). The science of multiple intelligences theory: A response to Lynn Waterhouse. *Educational Psychologist, 41*(4), 227–232.

Gardner, M., & Steinberg, L. (2005). Peer influence on risk taking, risk preference, and risky decision making in adolescence and adulthood: An experimental study. *Developmental Psychology, 41,* 625–635.

Garvey, C. (1990). *Play* (enlarged ed.). Cambridge, MA: Harvard University Press.

Gathercoal, F. (2001). *Judicious discipline* (5th ed.). San Francisco: Caddo Gap Press.

Gathercole, S. E., Pickering, S. J., Ambridge, B., & Wearing, H. (2004). The structure of working memory from 4 to 15 years of age. *Developmental Psychology, 40,* 177–190.

Gay, G. (2004). The importance of multicultural education. *Educational Leadership, 61*(4), 30–34.

Gee, J., & Levine, M. (2009). Welcome to our virtual worlds. *Educational Leadership, 66*(6), 48–53.

Gelman, R. (2000). Domain specificity and variability in cognitive development. *Child Development, 71,* 854–856.

Gelman, R. (2006). Young natural-number arithmeticians. *Current Directions in Psychological Science, 15*(4), 193–197.

Gelman, R., & Brenneman, K. (1994). Domain specificity and cultural variation are not inconsistent. In L. A. Hirschfeld & S. Gelman (Eds.), *Mapping the mind: Domain specificity in cognition and culture.* New York: Cambridge University Press.

Genesee, F., Lindholm-Leary, K., Saunders, W., & Christian, D. (2005). English language learners in U.S. schools: An overview of research findings. *Journal of Education for Students Placed at Risk, 10*(4), 363–385.

Gentner, D., Loewenstein, J., & Thompson, L. (2002). Learning and transfer: A general role for analogical encoding. *Journal of Educational Psychology, 94*(2), 393–408.

George, P. S. (2005). A rationale for differentiated instruction in the regular classroom. *Theory into Practice, 44,* 185–193.

Gerdes, D., & Ljung, E.J. (2009). The students have the answers. *Educational Leadership, 67*(1), 71–75.

Gersten, R., Baker, S., Shahahan, T., Linan-Thompson, S., Collins, P., & Scarcella, R. (2007). *Effective literacy and English language instruction for English learners in the elementary grades* (NCEE 2007–4011). Washington, DC: Institute of Education Sciences, U.S. Department of Education.

Gersten, R., Chard, D., Jayanthi, M., & Baker, S. (2006). *Experimental and quasi-experimental research on instructional approaches for teaching mathematics to students with learning disabilities: A research synthesis.* Signal Hill, CA: Center on Instruction/RG Research Group.

Gersten, R., Chard, D., Jayanthi, M., Baker, S., Morphy, P., & Flojo, J. (2009). Mathematics instruction for students with learning disabilities: A meta-analysis of instructional components. *Review of Educational Research, 79*(3), 1202–1242.

Gersten, R., & Dimino, J. (2006). RTI (response to intervention): Rethinking special education for students with reading difficulties (yet again). *Reading Research Quarterly, 41*(1), 99–107.

Gersten, R., Fuchs, L. S., Williams, J. P., & Baker, S. (2001). Teaching reading comprehension strategies to students with learning disabilities: A review of research. *Review of Educational Research, 71*(2), 279–320.

Giaconia, R. M., & Hedges, L.V. (1982). Identifying features of effective open education. *Review of Educational Research, 52,* 579–602.

Giangreco, M. (2007). Extending inclusive opportunities. *Educational Leadership, 64*(5), 34–38.

Gibbons, A. S., Duffin, J. R., Robertson, D. J., & Thompson, B. (1998, April). *Effects of administering feedback following extended problem solving.* Paper presented at the annual meeting of the American Educational Research Association, San Diego, CA.

Giedd, J. N. (2004). Structural magnetic resonance imaging of the adolescent brain. In R. E. Dahl & L. P. Spear (Eds.), *Adolescent brain development. Vulnerabilities and opportunities. Annals of the New York Academy of Sciences* (Vol. 1021). New York: The New York Academy of Science.

Gijselaers, W. H., & Schmidt, H. G. (1995). Effects of quantity of instruction on time spent on learning and achievement. *Educational Research and Evaluation, 1*(2), 183–201.

Gilligan, C. (1982). *In a different voice: Sex differences in the expression of moral judgment.* Cambridge, MA: Harvard University Press.

Gilligan, C., & Attanucci, J. (1988). Two moral orientations: Gender differences and similarities. *Merrill-Palmer Quarterly, 34,* 223–237.

Ginsburg-Block, M., Rohrbeck, C., & Fantuzzo, J. (2006). A meta-analytic review of social, self-concept, and behavioral outcomes of peer-assisted learning. *Journal of Educational Psychology, 98*(4), 732–749.

Giorgis, C., & Glazer, J. I. (2009). *Literature for young children: Supporting emergent literacy, ages 0–8* (6th ed.). Boston: Allyn & Bacon.

Glantz, M. D., Johnson, J., & Huffman, L. (Eds.). (2002). *Resilience and development: Positive life adaptations.* New York: Kluwer.

Glaser, C., & Brunstein, J. (2007). Improving fourth-grade students' composition skills: Effects of strategy instruction and self-regulation procedures. *Journal of Educational Psychology, 99*(2), 297–310.

Glassman, M. (2001). Dewey and Vygotsky: Society, experience, and inquiry in educational practice. *Educational Researcher, 30*(4), 3–14.

Gleason, J. B., & Ratner, N. B. (Eds.). (2009). *The development of language* (7th ed.). Boston: Pearson.

GLSEN. (2009). *The experiences of lesbian, gay, bisexual, and transgender middle school students.* New York: Author.

Goddard, R. D., Hoy, W. K., & Hoy, A. W. (2000). Collective teacher efficacy: Its meaning, measure, and impact on student achievement. *American Educational Research Journal, 37*(2), 479–507.

Goddard, R. D., Hoy, W. K., & Woolfolk Hoy, A. (2004). Collective efficacy beliefs: Theoretical developments, empirical evidence, and future directions. *Educational Researcher, 33*(3), 1–13.

Goldberg, A., Russell, M., & Cook, A. (2003). The effect of computers on student writing: A meta-analysis of studies from 1992 to 2002. *Journal of Technology, Learning, and Assessment, 2*(1), 1–51. Available at www.jtla.org

Goldman-Segall, R., & Maxwell, J. W. (2003). Computers, the Internet, and new media for learning. In W. M. Reynolds & G. E. Miller (Eds.), *Handbook of psychology: Vol. 7. Educational psychology* (pp. 393–427). Hoboken, NJ: Wiley.

Goldschmidt, P., & Wang, J. (1999). When can schools affect dropout behavior? A longitudinal multilevel analysis. *American Educational Research Journal, 36*(4), 715–738.

Good, T., & Brophy, J. (2003). *Looking in classrooms* (9th ed.). Boston: Allyn & Bacon.

Good, T., & Brophy, J. (2008). *Looking in classrooms* (10th ed.). Boston: Allyn & Bacon.

Good, T., & Grouws, D. (1979). The Missouri Mathematics Effectiveness Project: An experimental study in fourth-grade classrooms. *Journal of Educational Psychology, 71,* 355–362.

Good, T., Grouws, D., & Ebmeier, H. (1983). *Active mathematics teaching.* New York: Longman.

Good, T. L., & Brophy, J. E. (2008). *Looking in classrooms* (10th ed.). Boston: Allyn & Bacon.

Good, T. L., Mulryan, C., & McCaslin, M. (1992). Grouping for instruction in mathematics: A call for programmatic research on small group processes. In D. Grouws (Ed.), *Handbook of research on mathematics teaching and learning* (pp. 165–196). New York: Macmillan.

Goodlad, J. I. (1983). *A place called school.* New York: McGraw-Hill.

Gordon, P. (1957). *The social system of the high school: A study in the sociology of adolescence.* Glencoe, IL: Free Press.

Gorin, J. S., & Blanchard, J. S. (2004, April). *The effect of curriculum alignment on elementary mathematics and reading achievement.* Paper presented at the annual meeting of the American Educational Research Association, San Diego, CA.

Goswami, U. (2004). Neuroscience and education. *British Journal of Educational Psychology, 74*(1), 1–14.

Gottfredson, D. C., Gottfredson, G. D., & Hybl, L. G. (1993). Managing adolescent behavior: A multiyear, multi-school study. *American Educational Research Journal, 30*(1), 179–215.

Gottfried, A. E., & Fleming, J. S. (2001). Continuity of academic intrinsic motivation from childhood through late adolescence: A longitudinal study. *Journal of Educational Psychology, 93*(1), 3–13.

Gottfried, A. E., & Gottfried, A. W. (2004). Toward the development of a conceptualization of gifted motivation. *Gifted Child Quarterly, 48*(2), 121–132.

Gottlieb, J., & Weinberg, S. (1999). Comparison of students referred and not referred for special education. *The Elementary School Journal, 99*(3), 187–200.

Gould, M., & Gould, H. (2003). A clear vision for equity and opportunity. *Phi Delta Kappan, 85*(4), 324–328.

Grafman, J. (1994). Alternative frameworks for the conceptualization of frontal lobe functions. In F. Boller & J. Grafman (Eds.), *Handbook of neuropsychology* (Vol. 9). San Diego, CA: Elsevier.

Grafman, J., Spector, L., & Ratterman, M. (2005). Planning and the brain. In R. Morris & G. Ward (Eds.), *The cognitive psychology of planning* (pp. 181–198). Hove, England: Psychology Press.

Graham, S. (2006). Strategy instruction and the teaching of writing: A meta-analysis. In C. MacArthur, S. Graham, & J. Fitzgerald (Eds.), *Handbook of writing research* (pp. 187–207). New York: Guilford Press.

Graham, S., MacArthur, C., & Schwartz, S. (1995). Effects of goal setting and procedural facilitation on the revising behavior and writing performance of students with writing and learning problems. *Journal of Educational Psychology, 87*(2), 230–240.

Graseck, S. (2009). Teaching with controversy. *Educational Leadership, 67*(1), 45–49.

Graves, D. (1983). *Writing: Teachers and children at work.* Exeter, NH: Heinemann.

Graves, M. (2007). Conceptual and empirical bases for providing struggling readers with multifaceted and long-term vocabulary instruction. In B. M. Taylor & J. E. Ysseldyke (Eds.), *Effective instruction for struggling readers, K–6* (pp. 55–83). New York: Teachers College Press.

Green, M. (1989). *Theories of human development.* New York: Prentice-Hall.

Greenberg, M. T., Weissberg, R., O'Brien, M., Zins, J., Fredericks, L., Resnick, H., & Elias, M. (2003). Enhancing school-based prevention and youth development through coordinated social, emotional, and academic learning. *American Psychologist, 58,* 466–474.

Greene, B. A., Miller, R. B., Crowson, M., Duke, B. L., & Akey, K. L. (2004). Predicting high school students' cognitive engagement and achievement: Contributions of classroom perceptions and motivation. *Contemporary Educational Psychology, 29*(4), 462–482.

Greene, D., & Lepper, M. R. (1974). How to turn play into work. *Psychology Today, 8,* 49–54.

Greene, J., & Azevedo, R. (2007). A theoretical review of Winne and Hadwin's model of self-regulated learning: New perspectives and directions. *Review of Educational Research,* 77(3), 334–372.

Greene, J. P. (1997). A meta-analysis of the Rossell & Baker review of bilingual education research. *Bilingual Research Journal, 21,* 2–3.

Greenfield, P., & Cocking, R. (Eds.). (1994). *Cross-cultural roots of minority child development.* Hillsdale, NJ: Erlbaum.

Greeno, J., & Goldman, S. (Eds.). (1998). *Thinking practices in mathematics and science learning.* Mahwah, NJ: Erlbaum.

Greeno, J. G., Collins, A. M., & Resnick, L. R. (1996). Cognition and learning. In D. C. Berliner & R. C. Calfe (Eds.), *Handbook of educational psychology* (pp. 15–46). New York: Macmillan.

Greenwood, C. R., Terry, B., Utley, C. A., Montagna, D., & Walker, D. (1993). Achievement, placement, and services: Middle school benefits of Classwide Peer Tutoring used at the elementary level. *School Psychology Review, 22*(3), 497–516.

Gregory, G. H., & Chapman, C. (2001). *Differentiated instructional strategies: One size doesn't fit all.* Thousand Oaks, CA: Corwin.

Gresham, F. (2005). Methodological issues in evaluating cognitive-behavioral treatments for students with behavioral disorders. *Behavioral Disorders, 30*(3), 213–225.

Gronlund, N. E. (2003). *Assessment of student achievement* (7th ed.). Boston: Allyn & Bacon.

Gronlund, N. E., & Brookhart, S. M. (2009). *Gronlund's writing instructional objectives* (8th ed.). Upper Saddle River, NJ: Pearson.

Gronlund, N. E., & Waugh, C. K. (2009). *Assessment of student achievement.* Upper Saddle River, NJ: Pearson.

Grusec, J. E., & Goodnow, J. J. (1994). Impact of parental discipline methods on the child's internalization of values. *Developmental Psychology, 30,* 4–19.

Guay, F., Marsh, H. W., & Boivin, M. (2003). Academic self-concept and academic achievement: Developmental perspectives on their causal ordering. *Journal of Educational Psychology, 95*(1), 124–136.

Guilfoyle, C. (2006). NCLB: Is there life beyond testing? *Educational Leadership, 64*(3), 8–13.

Gump, P. V. (1982). School settings and their keeping. In D. L. Duke (Ed.), *Helping teachers manage classrooms* (pp. 98–114). Alexandria, VA: ASCD.

Gunter, M. A., Estes, T. H., & Schwab, J. (2003). *Instruction: A models approach* (4th ed.). Boston: Allyn & Bacon.

Gureasko-Moore, S., DuPaul, G., & White, G. (2006). The effects of self-management in general education classrooms on the organizational skills of adolescents with ADHD. *Behavior Modification, 30,* 159–183.

Guskey, T. (2003). How classroom assessments improve learning. *Educational Leadership, 60*(5), 7–11.

Guskey, T. (2005). Mapping the road to proficiency. *Educational Leadership, 63*(3), 32–37.

Guskey, T. (2006). Making high school grades meaningful. *Phi Delta Kappan, 87*(9), 670–675.

Guskey, T. (Ed.). (2009). *Practical solutions for serious problems in standards-based grading.* Thousand Oaks, CA: Corwin.

Guskey, T., & Anderman, E. (2008). Students at bat. *Educational Leadership, 66*(3), 8–15.

Guskey, T. R., & Bailey, J. M. (2001). *Developing grading and reporting systems for student learning.* Thousand Oaks, CA: Corwin.

Guthrie, J., & Wigfield, A. (2000). Engagement and motivation in reading. In M. Kamil, P. Mosenthal, P. Pearson, & R. Barr (Eds.), *Handbook of reading research* (Vol. 3, pp. 403–422). Mahwah, NJ: Erlbaum.

Guthrie, J. T., & Cox, K. (2001). Classroom conditions for motivation and engagement in reading. *Educational Psychology Review, 13*(3), 283–302.

Gutiérrez, R., & Slavin, R. E. (1992). Achievement effects of the nongraded elementary school: A best evidence synthesis. *Review of Educational Research, 62*(4), 333–376.

Hadwin, A. F. (2008). Self-regulated learning. In T. L. Good (Ed.), *21st century learning* (Vol. 1, pp. 175–183). Thousand Oaks, CA: Sage.

Hakuta, K., Butler, Y. G., & Witt, D. (2000). *How long does it take English learners to attain proficiency?* The University of California Linguistic Minority Research Institute, Policy Report 2000/1.

Halford, G., & Andrews, G. (2006). Reasoning and problem solving. In D. Kuhn & R. Siegler (Eds.), *Handbook of child psychology: Vol. 2* (6th ed., pp. 557–608). Hoboken, NJ: Wiley.

Hall, R., & Greeno, J. (2008). Conceptual learning. In T. L. Good (Ed.), *21st century learning* (Vol. 1, pp. 212–224). Thousand Oaks, CA: Sage.

Hallahan, D. P., Kauffman, J. M., & Pullen, P. C. (2009). *Exceptional learners: Introduction to special education* (11th ed.). Boston: Pearson.

Hallinan, M. T. (2004). *The detracking movement.* Palo Alto, CA: Stanford University, The Hoover Institute.

Halpern, D., Aronson, J., Reimer, N., Simpkins, S., Star, J., & Wentzel, K. (2007). Encouraging girls in math and science: IES practice guide (NCER 2007-2003). Washington, DC: Institute of Education Sciences, U.S. Department of Education.

Halpern, D. F., Hansen, C., & Riefer, D. (1990). Analogies as an aid to understanding and memory. *Journal of Educational Psychology, 82,* 298–305.

Halpern, D. F., & LaMay, M. L. (2000). The smarter sex: A critical review of sex differences in intelligence. *Educational Psychology Review, 12*(2), 229–246.

Halpern, J. M., & Schulz, K. P. (2006). Revisiting the role of the prefrontal cortex in the pathophysiology of ADHD. *Psychological Bulletin, 132,* 560–581.

Hamburg, D. A. (1992). *Today's children: Creating a future for a generation in crisis.* New York: Times Books.

Hamilton, L., Stecher, B., & Yuan, K. (2008). *Standards-based reform in the United States: History, research, and future directions.* Washington, DC: Center on Education Policy.

Hamman, D., Berthelot, J., Saia, J., & Crowley, E. (2000). Teachers' coaching of learning and its relation to students' strategic learning. *Journal of Educational Psychology, 92*(2), 342–348.

Hand, B., & Treagust, D. F. (1991). Student achievement and science curriculum development using a constructive framework. *Schools, Science, and Mathematics, 91,* 172–176.

Hanline, M. F., & Daley, S. (2002). "Mom, will Haelie always have possibilities?" *Phi Delta Kappan, 84*(1), 73–76.

Hanna, G. S., & Dettmer, P. A. (2004). *Assessment for effective teaching: Using context-adaptive planning.* Boston: Pearson.

Hanson, S. L., Morrison, D. R., & Ginsburg, A. L. (1989). The antecedents of teenage fatherhood. *Demography, 26,* 579–596.

Harackiewicz, J., Barron, K., Tauer, J., & Carter, S. (2000). Short-term and long-term consequences of achievement goals: Predicting interest and performance over time. *Journal of Educational Psychology, 92*(2), 316–330.

Harackiewicz, J., & Linnenbrink, E. (2005). Multiple achievement goals and multiple pathways for learning: The agenda and impact of Paul R. Pintrich. *Educational Psychologist, 40*(2), 75–84.

Hardman, J. L., Drew, C., Egan, M., & Wolf, B. (1996). *Human exceptionality: Society, school, and family* (5th ed.). Boston: Allyn & Bacon.

Hareli, S., & Weiner, B. (2002). Social emotions and personality inferences: A scaffold for a new direction in the study of achievement motivation. *Educational Psychologist, 37*(3), 183–189.

Harpaz, Y., & Lefstein, A. (2000). Communities of thinking. *Educational Leadership, 58*(3), 54–57.

Harris, K. R., & Alexander, P. A. (1998). Integrated, constructivist education: Challenge and reality. *Education Psychology Review, 10*(2), 115–127.

Harris, K. R., & Graham, S. (1996a). *Making the writing process work: Strategies for composition and self-regulation.* Cambridge, MA: Brookline.

Harris, K. R., & Graham, S. (1996b). Memo to constructivists: Skills count, too. *Educational Leadership, 53*(5), 26–29.

Harris, K. R., Graham, S., & Mason, L. (2006). Improving the writing, knowledge, and motivation of struggling young writers: Effects of self-regulated strategy development with and without peer support. *American Educational Research Journal, 43*(2), 295–340.

Harris, K. R., Graham, S., & Pressley, M. (2001). Cognitive strategies in reading and written language. In N. N. Singh & I. Beale (Eds.), *Current perspectives in learning disabilities: Nature, theory and treatment.* New York: Springer-Verlag.

Harris, P. (2002). Learning-related visual problems in Baltimore City: A long-term program. *Journal of Optometric Vision Development, 33*(2), 75–115.

Harris, R. (2007). Virtual salt. Retrieved January 5, 2010, from www.virtualsalt.com/evalu8it.htm

Harry, B., & Klingner, J. (2007). Discarding the deficit model. *Educational Leadership, 64*(5), 16–21.

Hart, B., & Risley, T. R. (1995). *Meaningful differences in the everyday experience of young American children.* Baltimore: Brookes.

Harter, S. (1998). The development of self-representations. In W. Damon (Ed.), *Handbook of child psychology* (Vol. 3, pp. 553–618). New York: Wiley.

Harter, S., Whitesell, N. R., & Kowalski, P. (1992). Individual differences in the effects of educational transitions on young adolescents' perceptions of competence and motivational orientation. *American Educational Research Journal, 29,* 777–807.

Hartup, W. W. (2005). Peer Intraction: What causes what? *Journal of Abnormal Child Psychology, 33,* 387–394.

Haslinger, J., Kelly, P., & O'Lara, L. (1996). Countering absenteeism, anonymity, and apathy. *Educational Leadership, 54*(1), 47–49.

Haspe, H., & Baddeley, J. (1991). Moral theory and culture: The case of gender. In W. Kurtines & J. L. Gewirtz (Eds.), *Handbook of moral behavior and development* (Vol. 1, pp. 223–250). Mahwah, NJ: Erlbaum.

Hasselbring, T., & Williams-Glaser, C. H. (2000). Use of computer technology to help students with special needs. *Children and Computer Technology, 10*(2), 102–122.

Hattie, J., Bibbs, J., & Purdie, N. (1996). Effects of learning skills interventions on student learning: A meta-analysis. *Review of Educational Research, 66*(2), 99–136.

Hattie, J., & Marsh, H. W. (1996). The relationship between research and teaching: A meta-analysis. *Review of Educational Research, 66*(4), 507–542.

Hattie, J., & Timperley, H. (2007). The power of feedback. *Review of Educational Research, 77*(1), 81–112.

Hauser-Cram, P., Sirin, S. R., & Stipek, D. (2003). When teachers' and parents' values differ: Teachers' ratings of academic competence in children from low-income families. *Journal of Educational Psychology, 95*(4), 813–820.

Havens, J. (2003). Student web pages—a performance assessment they'll love. *Phi Delta Kappan, 84*(9), 710–711.

Hawkins, J. D., Guo, J., Hill, K., Battin-Pearson, S., & Abbott, R. (2001). Long-term effects of the Seattle social development intervention on school bonding trajectories. *Applied Developmental Sciences, 5,* 225–236.

Hawkins, J. D., Herrenkohl, T. I., Farrington, D. P., Brewer, D., Catalano, R. F., Harachi, T. W., & Cothern, L. (2000). *Predictors of youth violence.* Washington, DC: Office of Juvenile Justice and Delinquency Prevention.

Hay, D., Payne, A., & Chadwick, A. (2004). Peer relations in childhood. *Journal of Child Psychology and Psychiatry, 45,* 84–108.

Haycock, K. (2001). Closing the achievement gap. *Educational Leadership, 58*(6), 6–11.

Haycock, K. (2006). No more invisible kids. *Educational Leadership, 64*(3), 38–42.

Haynie, W., III, & Haynie, G. (2008). *Effects of test taking on retention learning: A meta-analysis of eight quasi-experiments.* Paper presented at the annual meeting of the American Educational Research Association, San Diego, CA.

Headley, K. (2008). Improving reading comprehension through writing. In C. Block & S. Parris (Eds.), *Comprehension instruction: Research-based best practices* (2nd ed., pp. 214–225). New York: Guilford.

Hehir, T. (2007). Confronting abelism. *Educational Leadership, 64*(5), 8–15.

Heller, K. A., Monks, F. J., Sternberg, R. S., & Subotnik, R. F. (2000). *International handbook of giftedness and talent* (2nd ed.). New York: Pergamon.

Hempenstall, K. (2008). Corrective reading: An evidence-based remedial reading intervention. *Australasian Journal of Special Education, 32*(1), 23–54.

Henig, J. (2008/2009). The spectrum of education research. *Educational Leadership, 66*(4), 6–11.

Henson, K. T. (2004). *Constructivist teaching strategies for diverse middle-level classrooms.* Boston: Pearson.

Henson, R. K. (2002). From adolescent angst to adulthood: Substantive implications and measurement dilemmas in the development of teacher efficacy research. *Educational Psychologist, 37*(3), 137–150.

Herbert, J., & Stipek, D. (2005). The emergence of gender differences in children's perceptions of their academic competence. *Applied Developmental Psychology, 26,* 276–295.

Heritage, M., & Chen, E. (2005). Why data skills matter in school improvement. *Phi Delta Kappan, 86*(9), 707–710.

Herrenkohl, T. I., Maguin, E., Hill, K. G., Hawkins, J. D., & Abbott, R. D. (2001). Developmental risk factors for youth violence. *Journal of Adolescent Health, 26,* 176–186.

Herrera, S. G., & Murry, K. G. (2005). *Mastering ESL and bilingual methods.* Boston: Allyn & Bacon.

Hersh, R. (2009). A well-rounded education for a flat world. *Educational Leadership, 67*(1), 50–53.

Hess, F. (2008/2009). The new stupid. *Educational Leadership, 66*(4), 12–17.

Hessler, G. L. (2001). Who is really learning disabled? In B. Sornson, (Ed.), *Preventing early learning failure.* Alexandria, VA: ASCD.

Heymann, S. J., & Earle, A. (2000). Low-income parents: How do working conditions affect their opportunity to help school-age children at risk? *American Educational Research Journal, 37*(3), 833–848.

Heyns, B. (2002). Summer learning. In D. L. Levinson, P. W. Cookson, Jr., & A. R. Sadovnik (Eds.), *Education and sociology: An encyclopedia* (pp. 645–650). New York: Routledge Falmer.

Hicks-Bartlett, S. (2004). Forging the chain: "Hands across the campus" in action. In W. G. Stephan & W. P. Vogt (Eds.), *Education programs for improving intergroup relations.* New York: Teachers College Press.

Hidi, S., & Harackiewicz, J. M. (2000). Motivating the academically unmotivated: A critical issue for the 21st century. *Review of Educational Research, 70*(2), 151–179.

Hiebert, E. (1983). An examination of ability groupings for reading instruction. *Reading Research Quarterly, 18,* 231–255.

Hiebert, E. H. (1996). Revisiting the question: What difference does Reading Recovery make to an age cohort? *Educational Researcher, 25*(7), 26–28.

Hiebert, J., Carpenter, T. P., Fennema, E., Fuson, K., Human, P., Murray, H., Olivier, A., & Wearne, D. (1996). Problem solving as a basis for reform in curriculum and instruction: The case of mathematics. *Educational Researcher, 25*(4), 12–21.

Hiebert, J., & Wearne, D. (1993). Instructional tasks, classroom discourse, and student learning in second grade. *American Educational Research Journal, 30,* 393–425.

Hiebert, J., Wearne, D., & Taber, S. (1991). Fourth graders' gradual construction of decimal fractions during instruction using different physical representations. *Elementary School Journal, 91,* 321–341.

Higgins, S., Falzon, C., Hall, L., Moseley, D., Smith, F., Smith, H., & Wall, K. (2005). *Embedding ICT in the literacy and numeracy strategies: Final report.* Newcastle, UK: University of Newcastle.

Hill, J., & Flynn, K. (2006). *Classroom instruction that works with English language learners.* Alexandria, VA: ASCD.

Hill, N. E. (2001). Parenting and academic socialization as they relate to school readiness: The roles of ethnicity and family income. *Journal of Educational Psychology, 93*(4), 686–697.

Hill, W. F. (2002). *Learning: A survey of psychological interpretations* (7th ed.). Boston: Allyn & Bacon.

Hinnant, J., O'Brien, M., & Ghazarian, S. (2009). The longitudinal relations of teacher expectations to achievement in the early school years. *Journal of Educational Psychology, 101*(3), 662–670.

Hirsh, S. A., & Hord, S. M. (2008). Role of professional learning in advancing quality teaching and student learning. In T. L. Good (Ed.), *21st century learning* (Vol. 2, pp. 337–350). Thousand Oaks, CA: Sage.

Hmelo-Silver, C., Duncan, R., & Chinn, C. (2007). Scaffolding and achievement in problem-based inquiry learning: A response to Kirschner, Sweller, and Clark (2006). *Educational Psychologist, 42*(2), 99–107.

Ho, A. (2008). The problem with "proficiency": Limitations of statistics and policy under No Child Left Behind. *Educational Researcher, 37*(6), 351–360.

Hock, M., Schumaker, J., & Deshler, D. D. (2001). The case for strategic tutoring. *Educational Leadership, 58*(7), 50–52.

Hodgkinson, H. (2008). *Demographic trends and the federal role in education.* Washington, DC: Center on Education Policy.

Hoerr, T. (2009). How book groups bring change. *Educational Leadership, 66*(5), 80–84.

Hoff, E. (2003). Language development in childhood. In R. M. Lerner, M. A. Easterbrooks, & J. Mistry (Eds.), *Handbook of psychology: Vol. 6. Developmental psychology* (pp. 171–193). Hoboken, NJ: Wiley.

Hoffer, T., & Nelson, C. (1993, April). *High school effects on coursework in science and mathematics.* Paper presented at the annual meeting of the American Educational Research Association, Chicago.

Höffler, T., & Leutner, D. (2006). *Instructional animation versus static picture: A meta-analysis.* Poster presented at the annual meeting of the American Educational Research Association, San Francisco.

Hoffman, D. (2009). Reflecting on social emotional learning: A critical perspective on trends in the United States. *Review of Educational Research, 79*(2), 533–556.

Hoffman, M. L. (1993). Affective and cognitive processes in moral internalization. In E. T. Higgins, D. Ruble, & W. Hartup (Eds.), *Social cognition and social development* (pp. 236–274). Cambridge, England: Cambridge University Press.

Hoffman, S. D., Foster, E. M., & Furstenberg, F. F. (1993). Reevaluating the costs of teenage childbearing. *Demography, 30,* 1–13.

Hogan, T., Rabinowitz, M., & Craven, J. A., III. (2003). Representation in teaching: Inferences from research of expert and novice teachers. *Educational Psychologist, 38*(4), 235–247.

Hoge, R. D., & Renzulli, J. S. (1993). Exploring the link between giftedness and self-concept. *Review of Educational Research, 63,* 449–465.

Hollingsworth, J., & Ybarra, S. (2009). *Explicit Direct Instruction (EDI): The power of the well-crafted, well-taught lesson.* Thousand Oaks, CA: Corwin.

Holloway, J. (2003). Grouping gifted students. *Educational Leadership, 61*(2), 89–91.

Holloway, J. H. (2000). The digital divide. *Educational Leadership, 58*(2), 90–91.

Holloway, J. H. (2001). Inclusion and students with learning disabilities. *Educational Leadership, 58*(6), 88–89.

Holt, D. G., & Willard-Holt, C. (2000). Let's get real: Students solving authentic corporate problems. *Phi Delta Kappan, 82*(3), 243–246.

Hong, G., & Raudenbush, S. (2005). Effects of kindergarten retention policy on children's cognitive growth in reading and mathematics. *Evaluation and Policy Analysis, 27*(3), 205–244.

Hong, G., & Yu, B. (2007). Early-grade retention and children's reading and math learning in elementary years. *Educational Evaluation and Policy Analysis, 29*(4), 239–261.

Hong, L. K. (2001). Too many intrusions on instructional time. *Phi Delta Kappan, 82*(9), 712–714.

Hood, M., Conlon, E., & Andrews, G. (2008). Preschool home literacy practices and children's literacy development: A longitudinal analysis. *Journal of Educational Psychology, 100*(2), 252–271.

Hoover, J. (2009). *RTI assessment essentials for struggling learners.* Thousand Oaks, CA: Corwin.

Hoover-Dempsey, K., Walker, J., Sandler, H., Whetsel, D., Green, C., Wilkins, A., & Closson, K. (2005). Parental involvement: Model revision through scale development. *The Elementary School Journal, 106*(2), 85–104.

Hopfenberg, W. S., & Levin, H. M. (1993). *The accelerated schools resource guide.* San Francisco: Jossey-Bass.

Hopkins, C. J. (1998). "I'm here to help—what do you want me to do?" A primer for literacy tutors. *The Reading Teacher, 52*(3), 310–312.

Horn, S. S., Drill, K. L., Hochberg, M. J., Heinze, J., & Frank, T. (2008). Development: 6–8. In T. L. Good (Ed.), *21st century learning* (Vol. 1, pp. 93–102). Thousand Oaks, CA: Sage.

Howard, G. (2007). As diversity grows, so must we. *Educational Leadership, 64*(6), 16–22.

Howard, P. (2000). *The owner's manual for the brain: Everyday applications from mind-brain research.* Austin, TX: Bard.

Howes, C., & Matheson, C. C. (1992). Sequences in the development of competent play with peers: Social and social pretend play. *Developmental Psychology, 28,* 961–974.

Howes, C., & Rodning, C. (1992). Attachment security and social pretend play negotiations: Illustrative study #5. In C. Howes, O. Unger, & C. C. Matheson (Eds.), *The collaborative construction of pretend: Social pretend play functions* (pp. 89–98). Albany: State University of New York Press.

Hruby, G., & Hynd, G. (2006). Decoding Shaywitz: The modular brain and its discontents. [Review of the book *Overcoming dyslexia: A new and complete science-based program for reading problems at any level.*] *Reading Research Quarterly, 41*(4), 544–566.

Hubbard, L., & Mehan, H. (1997, March). *Scaling up an untracking program: A co-constructivist process.* Paper presented at the annual meeting of the American Educational Research Association, Chicago.

Hubbard, L., & Mehan, H. (1998). Scaling up an untracking program: A co-constructed process. *Journal of Education for Students Placed at Risk, 4*(1), 83–100.

Huebner, T. (2008). Balancing the concrete and the abstract. *Educational Leadership, 66*(3), 86–88.

Huebner, T. (2009). Encouraging girls to pursue math and science. *Educational Leadership, 67*(1), 90–92.

Huey, E. D., Krueger, F., & Grafman, J. (2006). Representations in the human prefrontal cortex. *Current Directions in Psychological Science, 15*(4), 167–171.

Hughes, F. (2010). *Children, play, and development.* Thousand Oaks, CA: Sage.

Huguet, P., & Regner, I. (2007). Stereotype threat among schoolgirls in quasi-ordinary classroom circumstances. *Journal of Educational Psychology, 99,* 345–360.

Hulleman, C., Durik, A., Schweigert, S., & Harackiewicz, J. (2008). Task values, achievement goals, and interest: An integrative analysis. *Journal of Educational Psychology, 100*(2), 398–416.

Hunter, M. (1982). *Mastery teaching.* El Segundo, CA: TIP Publications.

Hunter, M. (1995). Mastery teaching. In J. H. Block, S. T. Everson, & T. R. Guskey (Eds.), *School improvement programs* (pp. 181–204). New York: Scholastic.

Hurley, E. (2000, April). *The interaction of culture with math achievement and group processes among African American and European American children.* Paper presented at the annual meeting of the American Educational Research Association, New Orleans, LA.

Hurn, C. J. (2002). IQ. In D. L. Levinson, P. W. Cookson, Jr., & A. R. Sadovnik (Eds.), *Education and sociology: An encyclopedia* (pp. 399–402). New York: Routledge Falmer.

Hurry, J., & Sylva, K. (2007). Long-term outcomes of early reading intervention. *Journal of Research in Reading, 30*(3), 227–248.

Husman, J., & Lens, W. (1999). The role of the future in student motivation. *Educational Psychologist, 34*(2), 113–125.

Hyde, J., & Mertz, J. (2009). Gender, culture, and mathematics performance. *Proceedings of the National Academy of Sciences, 106*(8), 801–807.

Hyerle, D. (1995). Thinking maps: Seeing is understanding. *Educational Leadership, 53*(4), 85–89.

Hyman, I. A., & Snook, P. A. (2000). Dangerous schools and what you can do about them. *Phi Delta Kappan, 81*(7), 488–501.

Hymel, S., Bowker, A., & Woody, E. (1993). Aggressive versus withdrawn unpopular children: Variations in peer and self-perceptions in multiple domains. *Child Development, 64,* 879–896.

Ialongo, N., Poduska, J., Wethamer, L., & Keller, S. (2001). The digital impact of two first-grade preventive interventions on conduct problems and disorder in early adolescence. *Journal of Emotional and Behavioral Disorders, 9*(3), 146–160.

Igo, L.B., Bruning, R., & McCrudden, M. (2005). Exploring differences in students' copy-and-paste decision making and processing: A mixed-methods study. *Journal of Educational Psychology, 72*(3), 165–178.

Inagaki, K., & Hantano, G. (2006). Young children's conception of the biological world. *Current Directions in Psychological Science, 15*(4), 177–181.

Inhelder, B., & Piaget, J. (1958). *The growth of logical thinking from childhood to adolescence.* New York: Basic Books.

Iran-Nejad, A., & Stewart, W. (2007, April). *What's wrong with Bloom's cognitive taxonomy of educational objectives?* Paper presented at the annual meeting of the American Educational Research Association, Chicago.

Ireson, J., & Hallam, S. (2001). *Ability grouping in education.* London: Sage.

Ivey, G., & Fisher, D. (2006). Then thinking skills trump reading skills. *Educational Leadership, 64*(2), 16–21.

Jacobs, J., Lanza S., Osgood, D., Eccles, J., & Wigfield, A. (2002). Changes in children's self-competence and values: Gender and domain differences across grades one through twelve. *Child Development, 73,* 509–527.

Jaffee, S., & Hyde, J. S. (2000). Gender differences in moral orientation: A meta-analysis. *Psychological Bulletin, 126,* 703–726.

Jagacinski, C. M., & Nicholls, J. G. (1990). Reducing effort to protect perceived ability: "They'd do it but I wouldn't." *Journal of Educational Psychology, 82,* 15–21.

Jagers, R. J., & Carroll, G. (2002). Issues in educating African American children and youth. In S. Stringfield & D. Land (Eds.), *Educating at-risk students* (pp. 48–65). Chicago: National Society for the Study of Education.

James, A. (2007). *Teaching the male brain: How boys think, feel, and learn in school.* Thousand Oaks, CA: Corwin.

James, A. (2009). *Teaching the female brain: How girls learn math and science.* Thousand Oaks, CA: Corwin.

James, W. (1912). *Talks to teachers on psychology: And to students on some of life's ideals.* New York: Holt.

Janzen, J. (2008). Teaching English language learners in the content areas. *Review of Educational Research, 78*(4), 1010–1038.

Jenkins, J. R., Peyton, J. A., Sanders, E. A., & Vadasy, P. F. (2004). Effects of reading decodable texts in supplemental first-grade tutoring. *Scientific Studies of Reading, 8,* 53–85.

Jennings, J., & Rentner, D. (2006). Ten big effects of the No Child Left Behind Act on public schools. *Phi Delta Kappan, 88*(2), 110–113.

Jennings, P., & Greenberg, M. (2009). The prosocial classroom: Teacher social and emotional competence in relation to student and classroom outcomes. *Review of Educational Research, 79*(1), 491–525.

Jensen, E. (2000). Brain-based learning: A reality check. *Educational Leadership, 57*(7), 76–80.

Jensen, E., & Nickelsen, L. (2008). *Deeper learning: Seven powerful strategies for in-depth and longer-lasting learning.* Thousand Oaks, CA: Corwin.

Jesse, D., & Pokorny, N. (2001, April). *Understanding high achieving middle schools for Latino students in poverty.* Paper presented at the annual meeting of the American Educational Research Association, Seattle.

Jetton, T. L., & Alexander, P. A. (2001). Interest assessment and the content area literacy environment: Challenges for research and practice. *Educational Psychology Review, 13*(3), 303–318.

Jimerson, S. R., Anderson, G. E., & Whipple, A. D. (2002). Winning the battle and losing the war: Examining the relation between grade retention and dropping out of high school. *Psychology in the Schools, 39,* 441–457.

Jitendra, A., Edwards, L., Sacks, G., & Jacobson, L. (2004, April). *What research says about vocabulary instruction for students with learning disabilities.* Paper presented at the annual meeting of the American Educational Research Association, San Diego, CA.

Jitendra, A., Star, J., Starosta, K., Leh, J., Sood, S., Caskie, G., Hughes, C., & Mack, T. (2009). Improving seventh grade students' learning of ratio and proportion: The role of schema-based instruction. *Contemporary Educational Psychology, 34*(3), 250–264.

Joe, S., Joe, E., & Rowley, L. (2009). Consequences of physical health and mental illness risks for academic achievement in grades K–12. *Review of Research in Education, 33,* 283–309.

Johnson, A. P. (2009). *What every teacher should know about action research.* Upper Saddle River, NJ: Pearson.

Johnson, D. W., & Johnson, R. T. (1999). *Learning together and alone: Cooperative, competitive, and individualistic learning.* Boston: Allyn & Bacon.

Johnson, D. W., & Johnson, R. T. (2001). *Teaching students to be peacemakers: A meta-analysis.* Paper presented at the annual convention of the American Educational Research Association, Seattle, WA.

Johnson, L. D., O'Malley, P. M., & Bachman, J. G. (2001). *Monitoring the future: National survey results on drug use, 1975–2000: Vol. 1, secondary school students.* Bethesda, MD: National Institute on Drug Abuse.

Johnson, P. (2009). The 21st century skills movement. *Educational Leadership, 67*(1), 8–15.

John-Steiner, V., & Mahn, H. (1996). Sociocultural approaches to learning and development: A Vygotskian framework. *Educational Psychologist, 31*(3 & 4), 191–206.

John-Steiner, V., & Mahn, H. (2003). Sociocultural contexts for teaching and learning. In W. M. Reynolds & G. E. Miller (Eds.), *Handbook of psychology: Vol. 7. Educational psychology* (pp. 125–151). Hoboken, NJ: Wiley.

Jones, M., Levin, M., Levin, J., & Beitzel, B. (2000). Can vocabulary-learning strategies and pair-learning formats be profitably combined? *Journal of Educational Psychology, 92*(2), 256–262.

Jones, S., & Dindia, K. (2004). A meta-analytic perspective on sex equity in the classroom. *Review of Educational Research, 74*(4), 443–472.

Jones, V., Dohrn, E., & Dunn, C. (2004). *Creating effective programs for students with emotional and behavior disorders.* Boston: Pearson.

Jones, V., & Jones, L. (Eds.). (2010). *Comprehensive classroom management* (9th ed.). Upper Saddle River, NJ: Merrill.

Jones, V. F., & Jones, L. S. (2004). *Comprehensive classroom management* (7th ed.). Boston: Allyn & Bacon.

Jones, V. F., & Jones, L. S. (2007). *Comprehensive classroom management* (8th ed.). Boston: Allyn & Bacon.

Jordan, W. J., McPartland, J. M., Legters, N. E., & Balfanz, R. (2000). Creating a comprehensive school reform model: The talent development high school with career academies. *Journal of Education for Students Placed at Risk, 5*(1 & 2), 159–181.

Joyce, B. R., Weil, M., & Calhoun, E. (2004). *Models of teaching* (7th ed.). Boston: Allyn & Bacon.

Juel, C. (1996). What makes literacy tutoring effective? *Reading Research Quarterly, 31,* 268–289.

Jukes, I., Dosaj, A., & Macdonald, B. (2000). *NetSavvy: Building information literacy in the classroom* (2nd ed.). ERIC No. ED450685.

Jung, J. (2010). *Alcohol, other drugs, and behavior* (2nd ed.). Thousand Oaks, CA: Sage.

Jussim, L., & Harber, K. D. (2005). Teacher expectations and self-fulfilling prophecies: Knowns and unknowns, resolved and unresolved controversies. *Personality and Social Psychology Review, 9,* 131–155.

Juvonen, J. (2000). The social functions of attributional face-saving tactics among early adolescents. *Educational Psychology Review, 12*(1), 15–32.

Juvonen, J., Nishina, A., & Graham, S. (2000). Peer harassment, psychological adjustment, and school functioning in early adolescence. *Journal of Educational Psychology, 92*(2), 349–359.

Juvonen, J., & Weiner, B. (1993). An attributional analysis of students' interactions: The social consequences of perceived responsibility. *Educational Psychology Review, 5,* 325–345.

Kagan, S. (1992). *Cooperative learning resources for teachers.* San Juan Capistrano, CA: Resources for Teachers.

Kagan, S., Kyle, P., & Scott, S. (2004). *Win-win discipline.* San Clemente, CA: Kagan Publishing.

Kagan, S., Zahn, G. L., Widaman, K. F., Schwartzwald, J., & Tyrrell, G. (1985). Classroom structural bias: Impact of cooperative and competitive classroom structures on cooperative and competitive individuals and groups. In R. E. Slavin, S. Sharan, S. Kagan, R. Hertz-Lazarowitz, C. Webb, & R. Schmuck, (Eds.), *Learning to cooperate, cooperating to learn.* New York: Plenum.

Kahlenberg, R. E. (2000). The new economic school desegregation. *Educational Leadership, 57*(7), 16–19.

Kalichman, S. C. (1996). *Answering questions about AIDS.* Washington, DC: American Psychological Association.

Kallick, B., & Colosimo, J. (2009). *Using curriculum mapping and assessment data to improve learning.* Thousand Oaks, CA: Corwin.

Kallison, J. M. (1986). Effects of lesson organization on achievement. *American Educational Research Journal, 23,* 337–347.

Kalyuga, S., Chandler, P., Tuovinen, J., & Sweller, J. (2001). When problem solving is superior to studying worked examples. *Journal of Educational Psychology, 93*(3), 579–588.

Kamil, M. L., Borman, G. D., Dole, J., Kral, C. C., & Salinger, T. (2008). *Improving adolescent literacy: Effective classroom and intervention practices* (NCEE 2008-4027). Washington, DC: Institute of Education Sciences, U.S. Department of Education.

Kamil, M. L., Intrator, S. M., & Kim, H. S. (2000). The effects of other technologies on literacy and literacy learning. In M. L. Kamil, P. B. Mosenthal, P. D. Pearson, & R. Barr (Eds.), *Handbook of reading research* (Vol. 3, pp. 771–788). Mahwah, NJ: Erlbaum.

Kane, M. S., Hambrick, D. Z., & Conway, A. R. A. (2005). Working memory capacity and fluid intelligence are strongly related concepts: Comment on Ackerman, Beier, & Boyle (2005). *Psychological Bulletin, 131*(1), 66–71.

Kannapel, P. J., & Clements, S. K. (2005). *Inside the black box of high-performing high-poverty schools: A report from the Prichard Committee for Academic Excellence.* Lexington, KY: Prichard Committee for Academic Excellence.

Kapur, S., Craik, F. I. M., Tulving, E., Wilson, A. A., Hoyle, S., & Brown, G. M. (1994). Neuroanatomical correlates of encoding in episodic memory: Levels of processing effect. *Proceedings of the National Academy of Sciences, 91,* 2008–2011.

Karges-Bone, L. (2000). *Lesson planning: Long-range and short-range models for grades K–6.* Boston: Allyn & Bacon.

Karnes, F. A., & Bean, M. (Eds.). (2001). *Methods and materials for teaching the gifted.* Waco, TX: Prufrock Press.

Karpicke, J. D., & Roediger, H. L. (2007). Repetition during retrieval is the key to long-term retention. *Journal of Memory and Language, 43,* 508–529.

Karpov, Y. V., & Bransford, J. D. (1995). L. S. Vygotsky and the doctrine of empirical and theoretical learning. *Educational Psychologist, 30,* 61–66.

Karpov, Y. V., & Haywood, H. C. (1998). Two ways to elaborate Vygotsky's concept of mediation. *American Psychologist, 53*(1), 27–36.

Karweit, N. (1989). Time and learning: A review. In R. E. Slavin (Ed.), *School and classroom organization.* Hillsdale, NJ: Erlbaum.

Karweit, N. L., & Slavin, R. E. (1981). Measurement and modeling choices in studies of time and learning. *American Educational Research Journal, 18,* 157–171.

Kasten, W. C., & Lolli, E. M. (1998). *Implementing multiage education.* Norwood, MA: Christopher–Gordon.

Katzir, T., & Paré-Blagoev, J. (2006). Applying cognitive neuroscience research to education: The case of literacy. *Educational Psychologist, 41*(1), 53–74.

Kauffman, J., McGee, K., & Brigham, M. (2004). Enabling or disabling? Observations on changes in special education. *Phi Delta Kappan, 85*(8), 613–620.

Kauffman, J. M., & Landrum, T. J. (2009). *Characteristics of emotional and behavioral disorders of children and youth* (9th ed.). Upper Saddle River, NJ: Pearson.

Kauffman, J. M., Lloyd, J. W., Baker, J., & Riedel, T. M. (1995). Inclusion of all students with emotional or behavioral disorder? Let's think again. *Phi Delta Kappan, 76*(7), 542–546.

Kauffman, J. M., Mostert, M. P., Trent, S. C., & Hallahan, D. P. (2002). *Managing classroom behavior: A reflective case-based approach* (3rd ed.). Boston: Allyn & Bacon.

Kauffman, J. M., Mostert, M. P., Trent, S. C., & Pullen, P. L. (2006). *Managing classroom behavior: A reflective case-based approach* (4th ed.). Boston: Allyn & Bacon.

Kazdin, A. E. (2001). *Behavior modification in applied settings* (6th ed.). Belmont, CA: Wadsworth.

Keenan, T., & Evans, S. (2010). *An introduction to child development.* Thousand Oaks, CA: Sage.

Kelly, N., & Norwich, B. (2004). Pupils' perceptions of self and of labels: Moderate learning difficulties in mainstream and special schools. *British Journal of Educational Psychology, 74*(3), 411–435.

Kelly, S., & Monczunski, L. (2007). Overcoming the volatility in school-level gain scores: A new approach to identifying value added with cross-sectional data. *Educational Researcher, 36*(5), 279–287.

Kemple, J. J. (1997). *Career academies: Communities of support for students and teachers: Further findings from a 10-site evaluation.* New York: MDRC.

Kenkel, S., Hoelscher, S., & West, T. (2006). Leading adolescents to mastery. *Educational Leadership, 63*(7), 33–37.

Kennedy, E. (2003). *Raising test scores for all students: An administrator's guide to improving standardized test performance.* Thousand Oaks, CA: Corwin.

Kennedy, J. H. (1990). Determinants of peer social status: Contributions of physical appearance, reputation, and behavior. *Journal of Youth and Adolescence, 19,* 233–244.

Kennedy, M. (2006). From teacher quality to quality teaching. *Educational Leadership, 63*(6), 14–19.

Kennedy, M. M. (2008). Teachers thinking about their practice. In T. L. Good (Ed.), *21st century learning* (Vol. 1, pp. 21–30). Thousand Oaks, CA: Sage.

Kerr, M., Stattin, H., Biesecker, G., & Ferrer-Wreder, L. (2003). Relationships with parents and peers in adolescence. In R. M. Lerner, M. A. Easterbrooks, & J. Mistry (Eds.), *Handbook of psychology: Vol. 6. Developmental psychology* (pp. 395–419). Hoboken, NJ: Wiley.

Kidron, Y., & Darwin, M. (2007). A systematic review of whole-school improvement models. *Journal of Education for Students Placed at Risk, 12*(1), 9–35.

Kidron, Y., & Fleischman, S. (2006). Promoting adolescents' prosocial behavior. *Educational Leadership, 63*(7), 90–91.

Kieffer, M., Lesaux, N., Rivera, M., & Francis, D. (2009). Accommodations for English language learners taking large-scale assessments: A meta-analysis on effectiveness and validity. *Review of Educational Research, 79*(3), 1168–1201.

Kiewra, K. A. (1991). Aids to lecture learning. *Educational Psychologist, 26,* 37–53.

Kilgore, S., Doyle, D., & Linkowsky, L. (1996). The modern red schoolhouse. In S. Stringfield, S. Ross, & L. Smith (Eds.), *Bold plans for school restructuring: The new American schools development corporation designs.* Mahwah, NJ: Erlbaum.

Kim, J. (2006). Effects of a voluntary summer reading intervention on reading achievement: Results from a randomized field trial. *Educational Evaluation and Policy Analysis, 28*(4), 335–355.

Kim, S. E. (2001, April). *Meta-analysis of gender differences in test performance using HLM.* Paper presented at the annual meeting of the American Educational Research Association, Seattle, WA.

King, A. (1992). Facilitating elaborative learning through guided student-generated questioning. *Educational Psychologist, 27,* 111–126.

King, A. (1994). Guiding knowledge construction in the classroom: Effects of teaching children how to question and how to explain. *American Educational Research Journal, 31*(2), 338–368.

King, A. (1997). Ask to think—tell why: A model of transactive peer tutoring for scaffolding higher level complex learning. *Educational Psychologist, 32*(4), 221–235.

King, A. (1998). Transactive peer tutoring: Distributing cognition and metacognition. *Educational Psychology Review, 10*(1), 57–74.

King, A. (1999). Teaching effective discourse patterns for small-group learning. In R. J. Stevens (Ed.), *Teaching in American schools.* Upper Saddle River, NJ: Merrill/Prentice-Hall.

King, A., Staffieni, A., & Adelgais, A. (1998). Mutual peer tutoring: Effects of structuring tutorial interaction to scaffold peer learning. *Journal of Educational Psychology, 90*(1), 134–152.

King, E. W. (2002). Ethnicity. In D. L. Levinson, P. W. Cookson, Jr., & A. R. Sadovnik (Eds.), *Education and sociology: An encyclopedia* (pp. 247–253). New York: Routledge Falmer.

Kirby, D. (2000). What does the research say about sexuality education? *Educational Leadership, 58*(2), 72–75.

Kirschner, P., Sweller, J., & Clark, R. (2006). Why minimal guidance during instruction does not work: An analysis of the failure of constructivist, discovery, problem-based, experiential, and inquiry-based teaching. *Educational Psychologist, 41*(2), 75–86.

Kirschner, P., & van Merrenboer, J. J. G. (2008). In T. L. Good (Ed.), *21st century learning* (Vol. 1, pp. 244–253). Thousand Oaks, CA: Sage.

Klahr, D., & Nigam, M. (2004). The equivalence of learning paths in early science instruction: Effects of direct instruction and discovery learning. *Psychological Science, 15*(10), 661–667.

Klein, J. D., & Schnackenberg, H. L. (2000). Effects of informal cooperative learning and the affiliation motive on achievement, attitude, and student interactions. *Contemporary Educational Psychology, 25*(1), 332–341.

Klein, P. D. (1999). Reopening inquiry into cognitive processes in writing-to-learn. *Educational Psychology Review, 11*(3), 203–270.

Klein, S. F. (1994). Continuing the journey toward gender equity. *Educational Researcher, 23*(8), 13–21.

Kleinert, H. L., & Kearns, J. F. (2001). *Alternate assessment: Measuring outcomes and supports for students with disabilities.* Baltimore: Paul H. Brookes.

Kline, P. (2001). Teaching to all of a child's intelligences. In B. Sornson (Ed.), *Preventing early learning failure.* Alexandria, VA: ASCD.

Klingner, J., & Edwards, P. (2006). Cultural considerations with response to intervention models. *Reading Research Quarterly, 41*(1), 108–117.

Knapp, M. S. (1995). *Teaching for meaning in high-poverty classrooms.* New York: Teachers College Press.

Knapp, M. S., Shields, P. M., & Turnbull, B. S. (1995). Academic challenge in high-poverty classrooms. *Phi Delta Kappan, 76*(10), 770–776.

Knapp, M. S., & Woolverton, S. (1995). Social class and schooling. In J. A. Banks & C. A. M. Banks (Eds.), *Handbook of research on multicultural education.* New York: Macmillan.

Knight, C. B., Halpin, G., & Halpin, G. (1992, April). *The effects of learning environment accommodations on the achievement of second graders.* Paper presented at the annual meeting of the American Educational Research Association, San Francisco.

Knobel, M., & Wilber, D. (2009). Let's talk 2.0. *Educational Leadership, 66*(6), 20–25.

Kobayashi, K. (2005). What limits the encoding effect of note-taking? A meta-analytic examination. *Contemporary Educational Psychology, 30*(2), 242–262.

Koch, J. (2003). Gender issues in the classroom. In W. M. Reynolds & G. E. Miller (Eds.), *Handbook of psychology: Vol. 7. Educational psychology* (pp. 259–281). Hoboken, NJ: Wiley.

Kohlberg, L. (1963). The development of children's orientations toward moral order. I: Sequence in the development of human thought. *Vita Humana, 6,* 11–33.

Kohlberg, L. (1969). Stage and sequence: The cognitive–developmental approach to socialization. In D. A. Golsin (Ed.), *Handbook of socialization theory and research* (pp. 347–380). Chicago: Rand McNally.

Kohlberg, L. (1978). Revisions in the theory and practice of moral development. In W. Damon (Ed.), *New directions for child development* (No. 2, pp. 83–87). San Francisco: Jossey-Bass.

Kohlberg, L. (1980). High school democracy and educating for a just society. In M. L. Mosher (Ed.), *Moral education: A first generation of research and development* (pp. 20–57). New York: Praeger.

Konig, A. (1995, March/April). *Maternal discipline and child temperament as contributors to the development of internalization in your children.* Paper presented at the biennial meeting of the Society for Research in Child Development, Indianapolis, IN.

Koppelman, K., & Goodhart, L. (2005). *Understanding human differences: Multicultural education for a diverse America.* Boston: Pearson.

Koppelman, K., & Goodhart, L. (2008). *Understanding human differences: Multicultural education for a diverse America* (2nd ed.). Boston: Pearson.

Kornhaber, M., Fierros, E., & Veenema, S. (2004). *Multiple intelligences: Best ideas from research and practice.* Boston: Allyn & Bacon.

Kosonen, P., & Winne, P. H. (1995). Effects of teaching statistical laws of reasoning about everyday problems. *Journal of Educational Psychology, 87*(1), 33–46.

Kounin, J. (1970). *Discipline and group management in classrooms.* New York: Holt, Rinehart and Winston.

Kozulin, A., & Presseisen, B. Z. (1995). Mediated learning experience and psychological tools: Vygotsky's and Feuerstein's perspectives in a study of student learning. *Educational Psychologist, 30,* 67–75.

Kramarski, B., & Mevarech, Z. R. (2003). Enhancing mathematical reasoning in the classroom: The effects of cooperative learning and metacognitive training. *American Educational Research Journal, 40*(1), 281–310.

Krinsky, R., & Krinsky, S. G. (1996). Pegword mnemonic instruction: Retrieval times and long-term memory performance among fifth grade children. *Contemporary Educational Psychology, 21*(2), 193–207.

Kristof, N. D. (2009, April 15). How to raise our I.Q. *The New York Times.* Retrieved July 27, 2009, from www.nytimes.com/2009/04/16/opinion/16kristof.html

Kroesbergen, E. H., Van Luit, J. E. H., & Maas, C. J. M. (2004). Effectiveness of explicit and constructivist mathematics instruction for low-achieving students in the Netherlands. *The Elementary School Journal, 104*(3), 233–251.

Krug, D., Davis, T. B., & Glover, J. A. (1990). Massed versus distributed reading: A case of forgetting helping recall? *Journal of Educational Psychology, 82,* 366–371.

Krumboltz, J. D., & Yeh, C. J. (1996). Competitive grading sabotages good teaching. *Phi Delta Kappan, 78*(4), 324–326.

Kucan, L., & Beck, I. L. (1997). Thinking aloud and reading comprehension research: Inquiry, instruction, and social interaction. *Review of Educational Research, 67*(3), 271–299.

Kugler, E., & Albright, E. (2005). Increasing diversity in challenging classes. *Educational Leadership, 62*(5), 42–45.

Kuhara-Kojima, K., & Hatano, G. (1991). Contribution of content knowledge and learning ability to the learning of facts. *Journal of Educational Psychology, 83*(2), 253–263.

Kuhn, D. (2006). Do cognitive changes accompany developments in the adolescent brain? *Perspectives on Psychological Science, 1*(1), 59–67.

Kulhavy, R. W., & Stock, W. A. (1989). Feedback in written instruction: The place of response certitude. *Educational Psychology Review, 1*(4), 279–308.

Kulik, J. A. (2003). *Effects of using instructional technology in elementary and secondary schools: What controlled evaluation studies say* (SRI Project Number P10446.001). Arlington, VA: SRI International.

Kulik, J. A., & Kulik, C.-L. (1988). Timing of feedback and verbal learning. *Review of Educational Research Journal, 21,* 79–97.

Kulik, J. A., & Kulik, C.-L. (1997). Ability grouping. In N. Colangelo & G. A. Davis (Eds.), *Handbook of gifted education* (2nd ed., pp. 230–242). Boston: Allyn & Bacon.

Kunter, M., Baumert, J., & Köller, O. (2007). Effective classroom management and the development of subject-related interest. *Learning and Instruction, 17*(5), 494–509.

Kutnick, P., Ota, C., & Berdondini, L. (2008). Improving the effects of group working in classrooms with young school-aged children: Facilitating attainment, interaction and classroom activity. *Learning and Instruction, 18*(1), 83–95.

Kyle, P., & Rogien, L. (2004). *Opportunities and options in classroom management.* Boston: Pearson.

Ladd, G. W., & Troop-Gordon, W. (2003). The role of chronic peer difficulties in the development of children's psychological adjustment problems. *Child Development, 55,* 1958–1965.

Ladson-Billings, G. (2006). From the achievement gap to the education debt: Understanding achievement in U.S. schools. *Educational Researcher, 35*(7), 3–12.

Lahaderne, H. (1968). Attitudinal and intellectual correlates of attention: A study of four sixth-grade classrooms. *Journal of Educational Psychology, 59,* 320–324.

Lampert, M. (1986). Knowing, doing, and teaching multiplication. *Cognition and Instruction, 3,* 305–342.

Land, D., & Legters, N. (2002). The extent and consequences of risk in U.S. education. In S. Stringfield & D. Land (Eds.), *Educating at-risk students* (pp. 1–28). Chicago: National Society for the Study of Education.

Land, M. L. (1987). Vagueness and clarity. In M. J. Dunkin (Ed.), *International encyclopedia of teaching and teacher education.* New York: Pergamon.

Landrum, T. J., & Kauffman, J. M. (2006). Behavioral approaches to classroom management. In C. M. Evertson & C. S. Weinstein (Eds.), *Handbook of classroom management.* Mahwah, NJ: Erlbaum.

Landrum, T. J., & McDuffie, K. A. (2008). Behavioral. In T. L. Good (Ed.), *21st century learning* (Vol. 1, pp. 161–167). Thousand Oaks, CA: Sage.

Lane, K. L., & Beebe-Frankenberger, M. (2004). *School-based interventions: The tools you need to succeed.* Boston: Pearson.

Langer, G., & Colton, A. (2005). Looking at student work. *Educational Leadership, 62*(5), 22–27.

Langer, J. A. (2001). Beating the odds: Teaching middle and high school students to read and write well. *American Educational Research Journal, 38*(4), 837–880.

Lapkoff, S., & Li, R. (2007). Five trends for schools. *Educational Leadership, 64*(6), 8–17.

Larivée, S., Normandeau, S., & Parent, S. (2000). The French connection: Some contributions of French-language research in the post-Piagetian era. *Child Development, 71,* 823–839.

Larrivee, B. (1985). *Effective teaching behaviors for successful mainstreaming.* New York: Longman.

Latham, A. S. (1997). Peer counseling: Proceed with caution. *Educational Leadership, 55*(2), 77–78.

Latham, P. (2002). Teaching and learning primary mathematics: The impact of interactive whiteboards. *BEAM Research Papers.* Retrieved September 23, 2004, from www.beam.co.uk/pdfs/RES03.pdf

Lauer, P. A., Akiba, M., Wilkerson, S., Apthorp, H., Snow, D., & Martin-Glenn, M. L. (2006). Out-of-school-time programs: A meta-analysis of effects for at-risk students. *Review of Educational Research, 76*(2), 275–313.

Laupa, M. (1991). Children's reasoning about three authority attributes: Adult status, knowledge, and social position. *Developmental Psychology, 27,* 321–329.

Lave, J. (1988). *Cognition in practice.* Boston: Cambridge Press.

Leahy, S., Lyon, C., Thompson, M., & Wiliam, D. (2005). Looking at how students reason. *Educational Leadership, 63*(3), 26–31.

Learning First Alliance. (2001). *Every child learning: Safe and supportive schools.* Washington, DC: Author.

Lee, C. (2008). Synthesis of research on the role of culture in learning among African American youth: The contributions of Asa G. Hilliard, III. *Review of Educational Research, 78*(4), 797–827.

Lee, C. D. (2000, April). *The state of knowledge about the education of African Americans.* Paper presented at the annual meeting of the American Educational Research Association, New Orleans, LA.

Lee, J. (2004). Multiple facets of inequity in racial and ethnic achievement gaps. *Peabody Journal of Education, 79*(2), 51–73.

Lee, J., & Bowen, N. (2006). Parent involvement, cultural capital, and the achievement gap among elementary school children. *American Educational Research Journal, 43*(2), 193–218.

Lee, O. (2005). Science education with English language learners: Synthesis and research agenda. *Review of Educational Research, 75*(4), 491–530.

Lee, V. E., & Burkam, D. T. (2003). Dropping out of high school: The role of school organization and structure. *American Educational Research Journal, 40*(2), 353–393.

Lehr, C. A., Hansen, A., Sinclair, M. F., & Christenson, S. L. (2003). Moving beyond dropout prevention to school completion: An integrative review of data based interventions. *School Psychology Review, 32,* 342–364.

Lehr, C. A., Sinclair, M. F., & Christenson, S. L. (2004). Addressing student engagement and truancy prevention during the elementary school years: A replication study of the Check & Connect model. *Journal of Education for Students Placed at Risk, 9*(3), 279–301.

Leinhardt, G., & Steele, M. D. (2005). Seeing the complexity of standing to the side: Instructional dialogues. *Cognition and Instruction, 23,* 87–163.

Lepper, M. R. (1983). Extrinsic reward and intrinsic motivation: Implications for the classroom. In J. M. Levine & M. C. Wang (Eds.), *Teacher and student perceptions: Implications for learning* (pp. 281–317). Hillsdale, NJ: Erlbaum.

Lepper, M. R. (1985). Microcomputers in education. Motivational and social issues. *American Psychologist, 40,* 1–18.

Lepper, M. R. (1998). A whole much less than the sum of its parts. *American Psychologist, 53*(6), 675–676.

Lepper, M. R., Greene, D., & Nisbett, R. E. (1973). Undermining children's intrinsic interest with extrinsic rewards: A test of the overjustification hypothesis. *Journal of Personality and Social Psychology, 28,* 129–137.

Lessow-Hurley, J. (2005). *The foundations of dual language instruction.* Boston: Pearson.

Leu, D. J., Jr. (2000). Literacy and technology: Deictic consequences for literacy education in an information age. In M. L. Kamil, P. B. Mosenthal, P. D. Pearson, & R. Barr (Eds.), *Handbook of reading research* (Vol. 3, pp. 743–770). Mahwah, NJ: Erlbaum.

Levenstein, P., Levenstein, S., & Oliver, D. (2002). First grade school readiness of former participants in a South Carolina replication of the Parent-Child Home Program. *Journal of Applied Developmental Psychology, 23,* 331–353.

Lever-Duffy, J., McDonald, J., & Mizell, A. (2003). *Teaching and learning with technology.* Boston: Pearson.

Lever-Duffy, J., & McDonald, J. B. (2008). *Teaching and learning with technology* (3rd ed.). Boston: Allyn & Bacon.

Levin, A. V. (1996). Common visual problems in the classroom. In R. H. A. Haslam & P. J. Valletutti (Eds.), *Medical problems in the classroom: The teacher's role in diagnosis and management* (pp. 161–180). Austin, TX: Pro-Ed.

Levin, J., & Nolan, J. F. (2007). *Principles of classroom management* (5th ed.). Boston: Allyn & Bacon.

Levin, J., & Nolan, J. F. (Eds.). (2010). *Principles of classroom management: A professional decision-making model* (6th ed.). Boston: Pearson.

Levin, J. R., O'Donnell, A. M., & Kratochwill, T. R. (2003). Educational/psychological intervention research. In W. M. Reynolds & G. E. Miller (Eds.), *Handbook of psychology: Vol. 7. Educational psychology* (pp. 557–581). Hoboken, NJ: Wiley.

Levine, C., Kohlberg, L., & Hewer, A. (1985). The current formulation of Kohlberg's theory and a response to critics. *Human Development, 28,* 94–100.

Levy, S. (2008). The power of audience. *Educational Leadership, 66*(3), 75–79.

Lewin, L. (2001). *Using the Internet to strengthen curriculum.* Alexandria, VA: ASCD.

Lewis, M., & Sullivan, M. W. (Eds.). (1996). *Emotional development in atypical children.* Mahwah, NJ: Erlbaum.

Li, G., & Wang, W. (2008). English language learners. In T. L. Good (Ed.), *21st century learning* (Vol. 2, pp. 97–104). Thousand Oaks, CA: Sage.

Lin, T., & Anderson, R. (2008). Reflections on collaborative discourse, argumentation, and learning. *Contemporary Educational Psychology, 33*(3), 443–448.

Lindeman, B. (2001). Reaching out to immigrant parents. *Educational Leadership, 58*(6), 62–66.

Lindholm-Leary, K. (2004/2005). The rich promise of two-way immersion. *Educational Leadership, 62*(4), 56–59.

Linebarger, D., Kosanic, A., Greenwood, C., & Doku, N. (2004). Effects of viewing the television program *Between the Lions* on the emergent literacy skills of young children. *Journal of Educational Psychology, 96,* 297–308.

Linn, R. L. (1994). Performance assessment: Policy promises and technical measurement standards. *Educational Researcher, 23*(9), 4–14.

Linn, R. L. (2000). Assessments and accountability. *Educational Researcher, 29*(2), 4–15.

Linn, R. L., & Haug, C. (2002). Stability of school-building accountability scores and gains. *Educational Evaluation and Policy Analysis, 24*(1), 29–36.

Lissitz, R., & Schafer, W. (2002). *Assessment in educational reform: Both means and ends.* Boston: Allyn & Bacon.

Lloyd, J. W., Singh, N. N., & Repp, A. C. (Eds.). (1991). *The Regular Education Initiative: Alternative perspectives on concepts, issues, and models.* DeKalb, IL: Sycamore.

Loeber, R., & Stouthamer-Loeber, M. (1998). Development of juvenile aggression and violence. *American Psychologist, 53*(2), 242–259.

Lomawaima, K. T., & McCarty, T. L. (2002). When tribal sovereignty challenges democracy: American Indian education and the democratic ideal. *American Educational Research Journal, 39*(2), 279–305.

Lomawaima, T., & McCarty, T. (2006). *To remain an Indian: Lessons in democracy from a century of Native American education.* New York: Teachers College Press.

Lorch, R. F., Lorch, E. P., & Inman, W. E. (1993). Effects of signaling topic structure on text recall. *Journal of Educational Psychology, 85,* 281–290.

Losey, K. M. (1995). Mexican American students and classroom interaction: An overview and critique. *Review of Educational Research, 65,* 283–318.

Lou, Y., Abrami, P. C., & d'Apollonia, S. (2001). Small group and individual learning with technology: A meta-analysis. *Review of Educational Research, 71*(3), 449–521.

Lou, Y., Abrami, P. C., Spence, J. C., Poulsen, C., Chambers, B., & D'Apollonia, S. (1996). Within-class grouping: A meta-analysis. *Review of Educational Research, 66*(4), 423–458.

Loury, G. C. (2002). *The anatomy of racial inequality.* Cambridge, MA: Harvard University Press.

Loveless, T. (1998). The tracking and ability grouping debate. *Fordham Report, 2*(8), 1–27.

Lowther, D., Ross, S., & Morrison, G. (2003). *When each one has one: The influences on teaching strategies and student achievement of using laptops in the classroom.* Paper presented at the annual meeting of the American Educational Research Association, Seattle, WA.

Lubienski, S., & Lubienski, T. (2006). School sector and academic achievement: A multilevel analysis of NAEP mathematics data. *American Educational Research Journal, 43*(4), 651–698.

Lucas, S. R., & Gamoran, A. (2002). Tracking and the achievement gap. In J. E. Chubb & T. Loveless (Eds.), *Bridging the achievement gap* (pp. 171–198). Washinton, DC: Brookings.

Luckasson, R., Coulter, D., Polloway, E., Reiss, S., Schalock, R., Snell, M., Spitalnik, D., & Stark, J. (1992). *Mental retardation: Definitions, classification, and systems of supports* (9th ed.). Washington, DC: American Association on Mental Retardation.

Lundeberg, M., & Mohan, L. (2008). Gender issues and schooling. In T. L. Good (Ed.), *21st century learning* (Vol. 2, pp. 288–296). Thousand Oaks, CA: Sage.

Lyons, C. A., Pinnell, G. S., & DeFord, D. E. (1993). *Partners in learning: Teachers and children in reading recovery.* New York: Teachers College Press.

Lysynchuk, L. M., Pressley, M., & Vye, N. J. (1990). Reciprocal teaching improves standardized reading-comprehension performance in poor comprehenders. *Elementary School Journal, 90,* 469–484.

Lyytinen, H., Guttorm, T. K., Huttunen, T., Hamalainen, J., Leppanen, P. H. T., & Vesterinen, M. (2005). Psychophysiology of developmental dyslexic: A review of findings including studies of children at risk for dyslexia. *Journal of Neurolinguistics, 18,* 167–195.

Maag, J. (2001). Rewarded by punishment: Reflections on the disuse of positive reinforcement in schools. *Exceptional Children, 67,* 173–186.

Maag, J. W., Rutherford, R. B., & DiGangi, S. A. (1992). Effects of self-monitoring and contingency reinforcement on on-task behavior and academic productivity of learning disabled students: A social validation study. *Psychology in the Schools, 29,* 157–172.

MacArthur, C., Ferretti, R., Okolo, C., & Cavalier, A. (2001). Technology applications for students with literacy problems: A critical review. *The Elementary School Journal, 101*(3), 273–302.

Macedo, D. (2000). The illiteracy of English-only literacy. *Educational Leadership, 57*(4), 63–67.

MacIver, D. J., Reuman, D. A., & Main, S. R. (1995). Social structuring of the school: Studying what is, illuminating what could be. *Annual Review of Psychology, 46,* 375–400.

MacKenzie, A. A., & White, R. T. (1982). Fieldwork in geography and long-term memory. *American Educational Research Journal, 19,* 623–632.

Madden, N. A., & Slavin, R. E. (1983). Effects of cooperative learning on the social acceptance of mainstreamed academically handicapped students. *Journal of Special Education, 17,* 171–182.

Maehr, M. L., & Anderman, E. M. (1993). Reinventing schools for early adolescents: Emphasizing task goals. *The Elementary School Journal, 93*(5), 593–610.

Mager, R. F. (1975). *Preparing instructional objectives.* Belmont, CA: Fearon.

Mager, R. F. (1997). *Preparing instructional objectives*. Atlanta, GA: CEP.

Maguire, E. A., Gadian, D. G., Johnsrude, I. S., Good, C. D., Ashburner, J., Frackowiak, R. S. J., & Frith, C. D. (2000). Navigation-related structural change in the hippocampi of taxi drivers. *Proceedings of the National Academy of Sciences, 97*(8), 4398–4403.

Maheady, L., Harper, G. F., & Mallette, B. (1991). Peer-mediated instruction: Review of potential applications for special education. *Reading, Writing, and Learning Disabilities, 7,* 75–102.

Maher, F. A., & Ward, J. V. (2002). *Gender and teaching.* Mahwah, NJ: Erlbaum.

Mahony, M. (1997). Small victories in an inclusive classroom. *Educational Leadership, 54*(7), 59–62.

Malott, R., Malott, M., & Trojan, E. (2000). *Punishment.* In R. Malott, M. Malott, & E. Trojan, *Elementary principles of behavior* (4th ed., pp. 56–79). Upper Saddle River, NJ: Prentice Hall.

Malott, R. W. (Ed.). (2008). *Principles of behavior* (6th ed.). Upper Saddle River, NJ: Pearson.

Malouf, D. B., Wizer, D. R., Pilato, V. H., & Grogan, M. M. (1990). Computer-assisted instruction with small groups of mildly handicapped students. *Journal of Special Education, 24,* 51–68.

Mandeville, G. K. (1992). Does achievement increase over time? Another look at the South Carolina PET program. *The Elementary School Journal, 93*(2), 117–129.

Mandeville, G. K., & Rivers, J. L. (1991). The South Carolina PET study: Teachers' perceptions and student achievement. *The Elementary School Journal, 91,* 377–407.

Manna, P. (2008). *Federal aid to elementary and secondary education: Premises, effects, and major lessons learned.* Washington, DC: Center on Education Policy.

Manning, B. H. (1988). Application of cognitive behavior modification: First and third graders' self-management of classroom behaviors. *American Educational Research Journal, 25,* 193–212.

Manning, M. A., Bear, G. G., & Minke, K. M. (2001, April). *The self-concept of students with learning disabilities: Does educational placement matter?* Paper presented at the annual meeting of the American Educational Research Association, Seattle, WA.

Manning, M. L., & Baruth, L. G. (1995). *Students at risk.* Boston: Allyn & Bacon.

Manning, M. L., & Baruth, L. G. (2009). *Multicultural education of children and adolescents* (5th ed.). Boston: Pearson.

March, J., Gershwin, D., Kirby, S., & Xia, N. (2009). *Retaining students in grade: Lessons learned regarding policy design and implementation.* Arlington, VA: RAND.

March, T. (2005/2006). The new www: Whatever, whenever, wherever. *Educational Leadership, 63*(4), 14–19.

Marcia, J. E. (1991). Identity and self-development. In R. M. Lerner, A. C. Petersen, & E. J. Brooks-Gunn (Eds.), *Encyclopedia of adolescence* (Vol. 1, pp. 527–531). New York: Garland.

Marks, H., Doane, K., & Secada, W. (1998). Support for student achievement. In F. Newmann et al. (Eds.), *Restructuring for student achievement: The impact of structure and culture in 24 schools.* San Francisco: Jossey-Bass.

Marks, H. M. (2000). Student engagement in instructional activity: Patterns in the elementary, middle, and high school years. *American Educational Research Journal, 37*(1), 153–184.

Marsh, E., Roediger, H., Bjork, R., & Bjork, E. (2007). The memorial consequences of multiple-choice testing. *Psychonomic Bulletin & Review, 14,* 194–199.

Marsh, H. W. (1993). The multidimensional structure of academic self-concept: Invariance over gender and age. *American Educational Research Journal, 30,* 841–860.

Martella, R. C., Nelson, J. R., & Marchand-Martella, N. E. (2003). *Managing disruptive behaviors in the schools.* Boston: Allyn & Bacon.

Martin, A. (2008). Enhancing student motivation and engagement: The effects of a multidimensional intervention. *Contemporary Educational Psychology, 33*(2), 239–269.

Martin, A., & Dowson, M. (2009). Interpersonal relationships, motivation, engagement, and achievement: Yields for theory, current issues, and educational practice. *Review of Educational Research, 79*(1), 327–365.

Martin, A. J., Marsh, H. W., & Debus, R. L. (2001). Self-handicapping and defensive pessimism: Exploring a model of predictors and outcomes from a self-protection perspective. *Journal of Educational Psychology, 93*(1), 87–102.

Martinez, M. (2006). What is metacognition? *Phi Delta Kappan, 87*(9), 696–699.

Martinez, S., & Harper, D. (2008). Working with tech-savvy kids. *Educational Leadership, 66*(3), 64–70.

Marx, R., & Harris, C. (2006). No Child Left Behind and science education: Opportunities, challenges, and risks. *The Elementary School Journal, 106*(5), 467–478.

Marzano, R. (2003). Using data: Two wrongs and a right. *Educational Leadership, 60*(5), 56–60.

Marzano, R. (2009). Six steps to better vocabulary instruction. *Educational Leadership, 67*(1), 83.

Marzano, R. (2010). When students track their progress. *Educational Leadership, 67*(4), 87–88.

Marzano, R., & Kendall, J. (2007). *The new taxonomy of educational objectives.* Thousand Oaks, CA: Corwin.

Marzano, R., & Kendall, J. (2009). The new taxonomy of educational objectives (2nd ed.). Thousand Oaks, CA: Corwin.

Marzano, R., & Pickering, D. (2007). The case for and against homework. *Educational Leadership, 64*(6), 74–79.

Marzano, R. J. (2000). *Transforming classroom grading.* Alexandria, VA: ASCD.

Marzano, R. J., Pickering, D. J., & Pollock, J. E. (2001). *Classroom instruction that works: Research-based strategies for increasing student achievement.* Alexandria, VA: ASCD.

Mash, E. J., & Wolfe, D. A. (2003). Disorders of childhood and adolescence. In G. Stricker & T. A. Widigner (Eds.), *Handbook of psychology: Vol. 8. Clinical psychology* (pp. 27–64). Hoboken, NJ: Wiley.

Maslow, A. H. (1954). *Motivation and personality.* New York: Harper & Row.

Mason, D. A. (1995). Grouping students for elementary school mathematics: A survey of principals in 12 states. *Educational Research and Evaluation, 1*(4), 318–346.

Mason, D. A., & Good, T. L. (1993). Effects of two-group and whole-class teaching on regrouped elementary students' mathematics achievement. *American Educational Research Journal, 30*(2), 328–360.

Mason, L. H. (2004). Explicit self-regulated strategy development versus reciprocal questioning: Effects on expository reading comprehension among struggling readers. *Journal of Educational Psychology, 96*(2), 283–296.

Massey, C. (2008). Development: PreK–2. In T. L. Good (Ed.), *21st century learning* (Vol. 1, pp. 73–81). Thousand Oaks, CA: Sage.

Mastropieri, M. A., Scruggs, T. E., & Berkeley, S. (2007). *Educational Leadership, 64*(5), 54–60.

Mather, N., & Goldstein, S. (2001). *Learning disabilities and challenging behaviors.* Baltimore: Brookes.

Mathes, P., & Babyak, A. (2001). The effects of peer-assisted literacy strategies for first-grade readers with and without additional mini-skills lessons. *Learning Disabilities Research & Practice, 16*(1), 28–44.

Mathes, P. G., Denton, C. A., Fletcher, J. M., Anthony, J. L., Francis, D. J., & Schatschneider, C. (2005). The effects of theoretically different instruction and student characteristics on the skills of struggling readers. *Reading Research Quarterly, 40*(2), 148–182.

Mathes, P. G., Torgeson, J. K., & Allor, J. H. (2001). The effects of peer-assisted literacy strategies for first-grade readers with and without additional computer-assisted instruction in phonological awareness. *American Educational Research Journal, 38*(2), 371–410.

Mathes, P. G., Torgesen, J. K., Clancy-Menchetti, J., Santi, K., Nicholas, K., Robinson, C., & Grek, M. (2003). A comparison of teacher-directed versus peer-assisted instruction to struggling first-grade readers. *The Elementary School Journal, 103*(5), 461–479.

Matthews, J., Ponitz, C., & Morrison, F. (2009). Early gender differences in self-regulation and academic achievement. *Journal of Educational Psychology, 101*(3), 689–704.

Mattingly, D. J., Prisllin, R., McKenzie, T. L., Rodriguez, J. L., & Kayzar, B. (2002). Evaluating evaluations: The case of parent involvement programs. *Review of Educational Research, 72*(4), 549–576.

Mayer, R. (2008a). Applying the science of learning: Evidence-based principles for the design of multimedia instruction. *American Psychologist, 63*(8), 757–769.

Mayer, R. (2008b). Information processing. In T. L. Good (Ed.), *21st century learning: Vol. 1* (pp. 168–174). Thousand Oaks, CA: Sage.

Mayer, R. E. (2001). *Multimedia learning.* New York: Cambridge University Press.

Mayer, R. E. (2009). *Multimedia learning* (2nd ed). New York: Cambridge University Press.

Mayer, R. E., & Wittrock, M. C. (1996). Problem-solving transfer. In D. C. Berliner & R. C. Calfee (Eds.), *Handbook of educational psychology* (pp. 47–62). New York: Macmillan.

McCaffrey, D. F., Lockwood, J. R., Koretz, D., Louis, T. A., & Hamilton, L. (2004). Models for value-added modeling of teacher effects. *Journal of Educational and Behavioral Statistics, 29*(1), 67–101.

McCaleb, J., & White, J. (1980). Critical dimensions in evaluating teacher clarity. *Journal of Classroom Interaction, 15,* 27–30.

McCallum, R. S., & Bracken, B. A. (1993). Interpersonal relations between school children and their peers, parents, and teachers. *Educational Psychology Review, 5*(2), 155–176.

McCarthey, S. J. (2008). Writing. In T. L. Good (Ed.), *21st century learning* (Vol. 1, pp. 336–342). Thousand Oaks, CA: Sage.

McClelland, D. C., & Atkinson, J. W. (1948). The projective expression of needs: II. The effect of different intensities of the hunger drive on thematic apperception. *Journal of Experimental Psychology, 38,* 643–658.

McComb, E. M., & Scott-Little, C. (2003). *After-school programs: Evaluations and outcomes.* Greensboro, NC: SERVE.

McCombs, J. S., Kirby, S. N., & Mariano, L. T. (2009). *Ending social promotion without leaving children behind: The case of New York City.* Arlington, VA: RAND.

McCormick, C. B. (2003). Metacognition and learning. In W. M. Reynolds & G. E. Miller (Eds.), *Handbook of psychology: Vol. 7. Educational psychology* (pp. 79–102). Hoboken, NJ: Wiley.

McDaniel, M., Roediger, H., & McDermott, K. (2007). Generalized test-enhanced learning from the laboratory to the classroom. *Psychonomic Bulletin and Review, 14,* 200–206.

McDaniel, M. A., & Dannelly, C. M. (1996). Learning with analogy and elaborative interrogation. *Journal of Educational Psychology, 88*(3), 508–519.

McDermott, K. (2007). "Expanding the moral community" or "Blaming the victim"? The politics of state education accountability policy. *American Educational Research Journal, 44*(1), 77–111.

McDonnell, J., Hardman, M., & McDonnell, A. (2003). *An introduction to persons with moderate and severe disabilities.* Boston: Allyn & Bacon.

McElvany, N., & Artelt, C. (2009). Systematic reading training in the family: Development, implementation, and initial evaluation of the Berlin Parent-Child Reading Program. *Learning and Instruction, 19*(1), 79–95.

McGill-Franzen, A., & Allington, R. (2006). Contamination of current accountability systems. *Phi Delta Kappan, 87*(10), 762–766.

McHale, S. M., Dariotis, J. K., & Kauh, T. J. (2003). Social development and social relationships in middle childhood. In R. M. Lerner, M. A. Easterbrooks, & J. Mistry (Eds.), *Handbook of psychology: Vol. 6. Developmental psychology* (pp. 241–265). Hoboken, NJ: Wiley.

McKenna, M., & Walpole, S. (2007). Assistive technology in the reading clinic: Its emerging potential. *Reading Research Quarterly, 42*(1), 140–145.

McKenzie, G. (1979). Effects of questions and testlike events on achievement and on-task behavior in a classroom concept learning presentation. *Journal of Educational Research, 72,* 348–350.

McKenzie, G. R., & Henry, M. (1979). Effects of testlike events on on-task behavior, test anxiety, and achievement in a classroom rule-learning task. *Journal of Educational Psychology, 71,* 370–374.

McKeown, M. G., & Beck, I. L. (1998). Talking to an author: Readers taking charge of the reading process. In R. Calfoe & N. Nelson (Eds.), *The reading–writing connection* (pp. 112–130). Chicago: National Society for the Study of Education.

McKeown, M. G., & Beck, I. L. (2004). Transforming knowledge into professional development resources: Six teachers implement a model of teaching for understanding text. *The Elementary School Journal, 104*(5), 391–408.

McLeskey, J., & Waldron, N. L. (2002). School change and inclusive schools: Lessons learned from practice. *Phi Delta Kappan, 84*(1), 65–72.

McLoyd, V. C. (1998). Economic disadvantage and child-development. *American Psychologist, 53*(2), 185–204.

McMillan, J. (2008). *Assessment essentials for standards-based education.* Thousand Oaks, CA: Corwin.

McMillan, J. H. (2007). *Classroom assessment* (4th ed.). Boston: Allyn & Bacon.

McNeely, C. A., Nonnemaker, J. M., & Blum, R. W. (2002). Promoting school connectedness. *Journal of School Health, 72*(4), 138–146.

McPartland, J. M., Balfanz, R., Jordan, W. J., & Legters, N. (2002). Promising solutions for the least productive American high schools. In S. Stringfield & D. Land (Eds.), *Educating at-risk students* (pp. 148–170). Chicago: National Society for the Study of Education.

McVee, M., Dunsmore, K., & Gavelek, J. (2005). Schema theory revisited. *Review of Educational Research, 75*(4), 531–566.

Mead, S. (2006). *The truth about boys and girls.* Washington, DC: Education Sector.

Means, B. (2001). Technology use in tomorrow's schools. *Educational Leadership, 58*(4), 57–61.

Meek, C. (2003). Classroom crisis: It's about time. *Phi Delta Kappan, 84*(8), 592–595.

Meichenbaum, D. (1977). *Cognitive behavior modification: An integrative approach*. New York: Plenum.

Mellard, D., & Johnson, E. (2008). *RTI: A practitioner's guide to implementing Response to Intervention*. Thousand Oaks, CA: Corwin.

Mercer, J. (2010). *Child development*. Thousand Oaks, CA: Sage.

Merickel, A., Linquanti, R., Parrish, T. B., Pérez, M., Eaton, M., & Esra, P. (2003). *Effects of the implementation of Proposition 227 on the education of English language learners, K–12: Year 3 report*. San Francisco: WestEd.

Merrill, D. C., Reiser, B. J., Merrill, S. K., & Landes, S. (1995). Tutoring: Guided learning by doing. *Cognition and Instruction, 13*(3), 315–372.

Mertler, C. A., & Charles, C. M. (2011). *Introduction to educational research* (7th ed.). Boston: Pearson.

Metsala, J. L., Stanovich, K. E., & Brown, G. D. A. (1998). Regularity effects and the phonological deficit model of reading disabilities: A meta-analytic review. *Journal of Educational Psychology, 90*(2), 279–293.

Metzger, M. (2002). Learning to discipline. *Phi Delta Kappan, 84*(1), 77–84.

Mevarech, Z. R. (1991). Learning mathematics in different mastery environments. *Journal of Educational Research, 84,* 225–231.

Meyer, A., & Rose, D. H. (2000). Universal design for individual differences. *Educational Leadership, 58*(3), 39–43.

Meyer, L. A. (1984). Long-term academic effects of the Direct Instruction Project follow through. *The Elementary School Journal, 84*(4), 380–394.

Meyers, J., Gelzheiser, L., Yelich, G., & Gallagher, M. (1990). Classroom, remedial and resource teachers' views of pullout programs. *Elementary School Journal, 90*(5), 531–545.

Mickelson, R. A. (2002). Race and education. In D. L. Levinson, P. W. Cookson, Jr., & A. R. Sadovnik (Eds.), *Education and sociology: An encyclopedia* (pp. 485–494). New York: Routledge Falmer.

Midgley, C., & Urdan, T. (2001). Academic self-handicapping and achievement goals: A further examination. *Contemporary Educational Psychology, 26*(1), 61–75.

Midgley, C. M. (1993). Motivation and middle level schools. In M. L. Maehr & P. R. Pintrick (Eds.), *Advances in motivation and achievement* (Vol. 8, pp. 217–274). Greenwich, CT: JAI Press.

Miller, D., Partelow, L., & Sen, A. (2004, April). *Self-regulatory reading processes in relation to fourth-graders' reading literacy.* Paper presented at the annual meeting of the American Educational Research Association, San Diego, CA.

Miller, D. J., Glover, D., Averis, D., & Door, V. (2005). The interactive whiteboard—a literature survey. *Technology, Pedagogy, and Education, 14*(2), 155–170.

Miller, P. H. (1993). *Theories of developmental psychology* (3rd ed.). New York: Freeman.

Mills, G. E. (2007). *Action research: A guide for the teacher researcher* (3rd ed.). Upper Saddle River, NJ: Pearson.

Miltenberger, R. G. (2001). *Behavior modification: Principles and procedures* (2nd ed.). Belmont, CA: Wadsworth.

Minke, K. M., & Bear, G. C. (Eds.). (2000). *Preventing school problems—promoting school success.* Bethesda, MD: National Association of School Psychologists.

Mishel, L., & Roy, J. (2006). Accurately assessing high school graduation rates. *Phi Delta Kappan, 88*(4), 287–292.

Mitchell, K. J., & Johnson, M. K. (2009). Source monitoring 15 years later: What have we learned from fMRI about the neural mechanisms of source memory? *Psychological Bulletin, 135*(4), 638–677.

Mock, D. R., & Kauffman, J. M. (2005). The delusion of full inclusion. In J. W. Jacobson, J. A. Mulick, & R. M. Foxx (Eds.), *Fads: Dubious and improbable treatments for developmental disabilities* (pp. 113–128). Mahwah, NJ: Erlbaum.

Moors, A., & De Houwer, J. (2006). Automaticity: A theoretical and conceptual analysis. *Psychological Bulletin, 132*(2), 297–326.

Mora, J. (2009). From the ballot box to the classroom. *Educational Leadership, 66*(7), 14–19.

Moran, S., Kornhaber, M., & Gardner, H. (2006). Orchestrating multiple intelligences. *Educational Leadership, 64*(1), 22–29.

Morgan, M. (1984). Reward-induced decrements and increments in intrinsic motivation. *Review of Educational Research, 54,* 5–30.

Morris, D., Tyner, B., & Perney, J. (2000). Early steps: Replicating the effects of a first-grade reading intervention program. *Journal of Educational Psychology, 92,* 681–693.

Morris, J. E. (1999). What is the future of predominantly black urban schools? The politics of race in urban education policy. *Phi Delta Kappan, 81*(4), 316–319.

Morrow, L. M. (2009). *Literacy development in the early years: Helping children read and write* (6th ed.). Boston: Pearson.

Mosenthal, J., Lipson, M., Torncello, S., Russ, B., & Mekkelsen, J. (2004). Contexts and practices of six schools successful in obtaining reading achievement. *The Elementary School Journal, 104*(5), 343–368.

Moss, P., Girard, B., & Haniford, L. (2006). Validity in educational assessment. *Review of Research in Education, 30,* 109–162.

Mosteller, F., & Boruch, R. (Eds.). (2002). *Evidence matters: Randomized trials in educational research.* Washington, DC: Brookings.

Muñoz, M. A., Dossett, D., & Judy-Gullans, K. (2004). Educating students placed at risk: Evaluating the impact of Success for All in urban settings. *Journal of Education for Students Placed at Risk, 9*(3), 261–277.

Murawski, W., Lockwood, J., Khalili, A., & Johnston, A. (2010). A bully-free school. *Educational Leadership, 67*(4), 75–78.

Murayama, K., & Elliot, A. (2009). The joint influence of personal achievement goals and classroom goal structures on achievement-relevant outcomes. *Journal of Educational Psychology, 101*(2), 432–447.

Murdock, T. B., & Anderman, E. (2006). Motivational perspectives on student cheating: Toward an integrated model of academic dishonesty. *Educational Psychologist, 41*(3), 129–145.

Murdock, T. B., Hale, N. M., & Weber, M. J. (2001). Predictors of cheating among early adolescents: Academic and social motivations. *Contemporary Educational Psychology, 26*(1), 96–115.

Murji, S., & DeLuca, J. W. (1998). Preliminary validity of the cognitive function checklist: Prediction of tower of London performance. *Clinical Neuropsychologist, 12,* 358–364.

Murphy, K. P., & Alexander, P. A. (2000). A motivated exploration of motivation technology. *Contemporary Educational Psychology, 25*(1), 3–53.

Murphy, S., & Underwood, T. (2000). *Portfolio practices: Lessons from schools, districts, and states.* Norwood, MA: Christopher-Gordon.

Murray, H., Olivier, A., & Human, P. (1992). The development of young students' division strategies. In W. Geeslin & K. Graham (Eds.), *Proceedings of the sixteenth international conference for the psychology of mathematics instruction* (Vol. 2, pp. 152–159). Durham, NH.

Nasir, N., & Hand, V. (2006). Exploring sociocultural perspectives on race, culture, and learning. *Review of Educational Research, 76*(4), 449–476.

National Assessment of Educational Progress. (2008). *NAEP 2008 trends in academic progress.* Washington, DC: U.S. Department of Education.

National Center for Education Statistics (NCES). (2004). *Language minorities and their educational and labor market indicators—recent trends.* Washington, DC: U.S. Department of Education.

National Center for Education Statistics (NCES). (2007). *The condition of education*. Washington, DC: U.S. Department of Education.

National Education Commission on Time and Learning. (1994). *Prisoners of time: Schools and programs making time work for students and teachers.* Washington, DC: Author.

National Governors' Association. (1993). *Ability grouping and tracking: Current issues and concerns.* Washington, DC: Author.

National Information Center for Children and Youth with Disabilities. (1998). *Office of Special Education Programs' IDEA amendments of 1997 curriculum.* Retrieved December 1, 1998, from www.nichcy.org/Trainpkg/trainpkg.htm

National Institute for Literacy. (2008). *Developing early literacy.* Jessup, MD: Author.

National Institute of Allergy and Infectious Diseases. (2002). *HIV infection in adolescents: Fact sheet.* Rockville, MD: National Institutes of Health.

National Institute on Drug Abuse. (2005). *Marijuana abuse.* Bethesda, MD: Author

National Joint Committee on Learning Disabilities. (1988). (Letter to NJCLD member organization). Washington, DC: Author.

National Reading Panel. (2000). *Teaching children to read: An evidence-based assessment of the scientific research literature on reading and its implications for reading instruction.* Rockville, MD: National Institute of Child Health and Human Development.

National Research Council. (1995). *Losing generations: Adolescents in high-risk settings.* Hyattsville, MD: American Psychological Association.

National Research Council. (2000). *Improving intergroup relations among youth.* Washington, DC: Author.

National Research Council. (2001). *Non-technical strategies to reduce children's exposure to inappropriate material on the Internet.* Washington, DC: National Academies Press.

Natriello, G. (2002). At-risk students. In D. L. Levinson, P. W. Cookson, Jr., & A. R. Sadovnik (Eds.), *Education and sociology: An encyclopedia* (pp. 49–54). New York: Routledge Falmer.

Navaez, D., Getz, I., Rest, J. R., & Thoma, S. J. (1999). Individual moral judgment and cultural ideologies. *Developmental Psychology, 35,* 478–488.

Neale, D. C., Smith, D., & Johnson, V. G. (1990). Implementing conceptual change teaching in primary science. *Elementary School Journal, 91,* 109–131.

Neill, M. (2003). Leaving children behind: How No Child Left Behind will fail our children. *Phi Delta Kappan, 85*(3), 225–228.

Neill, M., & Gaylor, K. (2001). Do high-stakes graduation tests improve learning outcomes? Using state-level NAEP data to evaluate the effects of mandatory graduation tests. In G. Orfield & M. L. Kornhaber (Eds.), *Raising standards or raising barriers? Inequality and high-stakes testing in public education* (pp. 107–126). New York: Century Foundation Press.

Neisser, U., Boodoo, G., Bouchard, T. J., Boykin, A. W., Brody, N., Ceci, S. J., Halpern, D. F., Loehlin, J. C., Perloff, R., Sternberg, R. J., & Urbina, S. (1996). Intelligence: Knowns and unknowns. *American Psychologist, 51,* 77–101.

Nelson, J., & Stage, S. (2007). Fostering the development of vocabulary knowledge and reading comprehension through contextually-based multiple meaning vocabulary instruction. *Education and Treatment of Children, 30*(1), 1–22.

Nelson, J. R., & Carr, B. A. (2000). *The Think Time Strategy for schools.* Denver, CO: Sopris West.

Nesbit, J., & Adesope, O. (2006). Learning with concept and knowledge maps: A meta-analysis. *Review of Educational Research, 76*(3), 413–448.

Neufield, B., & Roper, D. (2003). *Coaching: A strategy for developing instructional capacity.* Providence, RI: Annenberg Institute.

Neuman, S. (2007). Changing the odds. *Educational Leadership, 65*(2), 16–21.

Neuman, S. B. (1995). Reading together: A community-based parent tutoring program. *The Reading Teacher, 49*(2), 120–129.

Neuman, S. B., & McCormick, S. (1995). *Single-subject experimental research.* Newark, DE: International Reading Association.

Nevin, A. (1998). Curriculum and instructional adaptations for including students with disabilities in cooperative groups. In J. W. Putnam (Ed.), *Cooperative learning and strategies for inclusion* (pp. 49–66). Baltimore: Paul H. Brookes.

Newbern, D., Dansereau, D. F., Patterson, M. E., & Wallace, D. S. (1994, April). *Toward a science of cooperation.* Paper presented at the annual meeting of the American Educational Research Association, New Orleans, LA.

Newcomb, A. F., & Bagwell, C. L. (1998). The developmental significance of children's friendship relations. In W. M. Bukowski, A. F. Newcomb, & W. W. Hartup (Eds.), *The company they keep: Friendships in childhood and adolescence* (pp. 289–312). New York: Cambridge University Press.

Newell, A., & Simon, H. (1972). *Human problem solving.* Englewood Cliffs, NJ: Prentice-Hall.

Ng, J., Lee, S., & Park, Y. (2007). Contesting the model minority and perpetual foreigner stereotypes: A critical review of literature on Asian Americans in education. *Review of Research in Education, 31,* 95–130.

Niaz, M. (1997). How early can children understand some form of "scientific reasoning"? *Perceptual and motor skills, 85,* 1272–1274.

NICHD Early Child Care Research Network. (2005). A day in third grade: A large-scale study of classroom quality and teacher and student behavior. *The Elementary School Journal, 105,* 305–323.

Nieto, S. (2009). From surviving to thriving. *Educational Leadership, 66*(5), 8–13.

Nieto, S., & Bode, P. (2008). *Affirming diversity: The sociopolitical context of multicultural education* (5th ed.). Boston: Pearson.

Niguidula, D. (2005). Documenting learning with digital portfolios. *Educational Leadership, 63*(3), 44–47.

Nitsch, K. E. (1977). *Structuring decontextualized forms of knowledge.* Unpublished doctoral dissertation, Vanderbilt University.

Noddings, N. (2008). All our students thinking. *Educational Leadership, 65*(5), 8–13.

Noonan, M. J., & McCormick, L. (1993). *Early intervention in natural environments.* Pacific Grove, CA: Brooks/Cole.

Northcutt, N., & McCoy, D. (2004). *Interactive qualitative analysis.* Thousand Oaks, CA: Sage.

Nucci, L. (1987). Synthesis of research on moral development. *Educational Leadership, 44,* 86–92.

Nucci, L. P. (2009). *Nice is not enough: Facilitating moral development.* Columbus, OH: Merrill Pearson.

Nussbaum, E. (2008). Collaborative discourse, argumentation, and learning: Preface and literature review. *Contemporary Educational Psychology, 33*(3), 345–359.

NWEA (Northwest Evaluation Association). (2003). *The state of state standards: Research investigating proficiency levels in fourteen states.* Seattle, WA: Author.

Nzinga-Johnson, S., Baker, J., & Aupperlee, J. (2009). Teacher–parent relationships and school involvement among racially and educationally diverse parents of kindergartners. *The Elementary School Journal, 110*(1), 81–91.

Oakes, J. (1985). *Keeping track: How schools structure inequality.* New Haven, CT: Yale University Press.

Oakes, J. (1995). Two cities: Tracking and within-school segregation. In L. Miller (Ed.), *Brown plus forty: The promise.* New York: Teachers College Press.

Oakes, J., & Guiton, G. (1995). Matchmaking: The dynamics of high school tracking decisions. *American Educational Research Journal, 32*(1), 3–33.

Oakes, J., & Lipton, M. (1994). Tracking and ability grouping: A structural barrier to access and achievement. In J. I. Goodlad & P. Keating (Eds.), *Access to knowledge: The continuing agenda for our nation's schools.* New York: The College Board.

Oakes, J., Quartz, K., Ryan, S., & Lipton, M. (2000). *Becoming good American schools: The struggle for civic virtue in school reform.* San Francisco: Jossey-Bass.

Oakes, J., & Wells, A. S. (1998). Detracking for high student achievement. *Educational Leadership, 55*(6), 38–41.

O'Connor, C., & Fernandez, S. D. (2006). Race, class, and disproportionality: Reevaluating the relationship between poverty and special education placement. *Educational Researcher, 35*(6), 6–11.

O'Connor, C., Hill, L., & Robinson, S. (2009). Who's at risk in school and what's race got to do with it? *Review of Research in Education, 33,* 1–34.

O'Connor, K. (2007). *A repair kit for grading: 15 fixes for broken grades.* Princeton, NJ: Educational Testing Services.

O'Connor, K. (2009). *How to grade for learning, K–12* (3rd ed.). Thousand Oaks, CA: Corwin.

O'Connor, M. C. (1998). Can we trace the "efficacy of social constructivism"? In P. D. Pearson & A. Iran-Nejad (Eds.), *Review of research in education* (pp. 25–72). Washington, DC: American Educational Research Association.

Odden, A. (2009). *IO strategies for doubling student performance.* Thousand Oaks, CA: Sage.

Odden, A., & Archibald, S. J. (2009). *Doubling student performance and finding the resources to do it.* Thousand Oaks, CA: Corwin.

O'Donnell, A. M., & Dansereau, D. F. (1992). Scripted cooperation in student dyads: A method for analyzing and enhancing academic learning and performance. In R. Hertz-Lazarowitz & N. Miller (Eds.), *Interaction in cooperative groups: The theoretical anatomy of group learning* (pp. 120–144). New York: Cambridge University Press.

O'Donnell, A. M., Dansereau, D. F., & Hall, R. H. (2002). Knowledge maps as scaffolds for cognitive processing. *Educational Psychology Review, 14*(1), 71–86.

O'Donnell, J., Hawkins, J. D., Catalano, R. F., Abbott, R. D., & Day, L. E. (1995). Preventing school failure, drug use, and delinquency among low-income children: Long-term intervention in elementary schools. *American Journal of Orthopsychiatry, 65*(1), 87–100.

Ogbu, J. (2004). Collective identity and the burden of "acting white" in black history, community, and education. *The Urban Review, 36*(1), 1–35.

Ogletree, C. J. (2004). *All deliberate speed: Reflections on the first half-century of Brown v. Board of Education.* New York: Norton.

Ohler, J. (2006). The world of digital storytelling. *Educational Leadership, 63*(4), 44–47.

Ohler, J. (2009). Orchestrating the media collage. *Educational Leadership, 66*(6), 8–13.

O'Leary, K. D., & O'Leary, S. G. (1972). *Classroom management: The successful use of behavior modification.* New York: Pergamon.

Olson, A. (2005). Improving schools one student at a time. *Educational Leadership, 62*(5), 37–41.

Olszewski-Kubilius, P. (2003). Gifted education programs and procedures. In W. M. Reynolds & G. E. Miller (Eds.), *Handbook of psychology: Vol. 7. Educational psychology* (pp. 487–510). Hoboken, NJ: Wiley.

Olweus, D. (1994). Bullying at school: Basic facts and effects of a school-based intervention program. *Journal of Child Psychology and Psychiatry, 35,* 1171–1190.

Olweus, D., & Limber, S. (1999). *Blueprints for violence prevention: Bullying prevention program.* Boulder: Institute of Behavioral Science, University of Colorado.

Oosterhof, A. (2009). Developing and using classroom assessments (4th ed.). Upper Saddle River, NJ: Pearson.

Orfield, G., & Frankenberg, E. (2007). The integration decision. *Education Week, 26*(43), 34, 44.

Orfield, G., Frankenberg, E., & Lee, C. (2003). The resurgence of school segregation. *Educational Leadership, 60*(4), 16–21.

Orfield, G., & Kornhaber, M. L. (Eds.). (2001). *Raising standards or raising barriers? Inequality and high-stakes testing in public education.* New York: Century Foundation Press.

Orfield, G., & Lee, C. (2004). *Brown at 50: King's dream or Plessy's nightmare?* Cambridge, MA: The Civil Rights Project, Harvard University.

Osguthorpe, R. T., & Scruggs, T. E. (1986). Special education students as tutors: A review and analysis. *Remedial and Special Education, 7*(4), 15–25.

Osher, D., Dwyer, K., & Jackson, S. (2004). *Safe, supportive and successful schools step by step.* Longmont, CO: Sopris West.

Osher, D., & Fleischman, S. (2005). Positive culture in urban schools. *Educational Leadership, 62*(6), 84–86.

Packard, B., & Babineau, M. E. (2008). Development: 9–12. In T. L. Good (Ed.), *21st century learning* (Vol. 1, pp. 103–112). Thousand Oaks, CA: Sage.

Padrón, Y. N., Waxman, H. C., & Rivera, H. H. (2002). Issues in educating Hispanic students. In S. Stringfield & D. Land (Eds.), *Educating at-risk students* (pp. 66–88). Chicago: National Society for the Study of Education.

Page, R. N. (1991). *Lower track classrooms: A curricular and cultural perspective.* New York: Teachers College Press.

Page, S. W. (2000). When changes for the gifted spur differentiation for all. *Educational Leadership, 58*(1), 62–65.

Page-Voth, V., & Graham, S. (1999). Effects of goal setting and strategy use on the writing performance and self-efficacy of students with writing and learning problems. *Journal of Educational Psychology, 91*(2), 230–240.

Pajares, F., Britner, S. L., & Valiante, G. (2000). Relation between achievement goals and self-beliefs of middle school students in writing and science. *Contemporary Educational Psychology, 25*(4), 406–422.

Palincsar, A. S., & Brown, A. L. (1984). Reciprocal teaching of comprehension fostering and comprehension monitoring activities. *Cognition and Instruction, 2,* 117–175.

Pallas, A. M. (2002). High school dropouts. In D. L. Levinson, P. W. Cookson, Jr., & A. R. Sadovnik (Eds.), *Education and sociology: An encyclopedia* (pp. 315–320). New York: Routledge Falmer.

Panskeep, J. (1998). Attention deficit hyperactivity disorders, psychostimulants, and intolerance of childhood playfulness: A tragedy in the making? *Current Directions in Psychological Science, 7*(3), 91–97.

Parillo, V. N. (2008). *Understanding race and ethnic relations* (3rd ed.). Boston: Allyn & Bacon.

Paris, S., Cross, D., & Lipson, M. (1984). Informal strategies for learning: A program to improve children's reading awareness and comprehension. *Journal of Educational Psychology, 76,* 1239–1252.

Paris, S. G., & Paris, A. H. (2001). Classroom applications of research on self-regulated learning. *Educational Psychologist, 36*(2), 89–101.

Parkay, F. W. (2006). *Social foundations for becoming a teacher.* Boston: Allyn & Bacon.

Parker, W. D. (1997). An empirical typology of perfectionism in academically talented children. *American Educational Research Journal, 34*(3), 545–562.

Parkhurst, J. T., & Asher, S. R. (1992). Peer rejection in middle school: Subgroup differences in behavior, loneliness, and interpersonal concerns. *Developmental Psychology, 28,* 231–241.

Parten, M. (1932). Social participation among preschool children. *Journal of Abnormal and Social Psychology, 27,* 243–269.

Partnership for 21st Century Skills. (2009). *Framework for 21st century learning.* Retrieved May 1, 2010, from www.21stcenturyskills.org

Patall, E., Cooper, H., & Robinson, J. (2008). Parent involvement in homework: A research synthesis. *Review of Educational Research, 78*(4), 1039–1101.

Patchin, J., & Hinduja, S. (2006). Bullies move beyond the schoolyard: A preliminary look at cyberbullying. *Youth Violence and Juvenile Justice, 4*(2), 148–169.

Patrick, B., Hisley, J., & Kempler, T. (2000). "What's everybody so excited about?": The effects of teacher enthusiasm on student intrinsic motivation and vitality. *Journal of Experimental Education, 68,* 217–236.

Pavan, B. N. (1992). The benefits of nongraded schools. *Educational Leadership, 50*(2), 22–25.

Pawlowski, K. F. (2001). The instructional support team concept in action. In B. Sornson (Ed.), *Preventing early learning failure.* Alexandria, VA: ASCD.

Pea, R. D. (1993). Learning scientific concepts through material and social activities: Conversational analysis meets conceptual change. *Educational Psychologist, 28*(3), 265–277.

Pearl, R., Farmer, T. W., Van Acker, R., Rodkin, P. C., Bost, K. K., Coe, M., & Henley, W. (1998). The social integration of students with mild disabilities in general education classrooms: Peer group membership and peer-assessed social behavior. *The Elementary School Journal, 99*(2), 167–185.

Pellegrini, A. D. (2002). Bullying, victimization, and sexual harassment during the transition to middle school. *Educational Psychologist, 37*(3), 151–163.

Pellegrini, A. D., & Bartini, M. (2000). A longitudinal study of bullying, victimization, and peer affiliation during the transition from primary school to middle school. *American Educational Research Journal, 37*(3), 699–725.

Pendarvis, E., & Howley, A. (1996). Playing fair: The possibilities of gifted education. *Journal for the Education of the Gifted, 19,* 215–233.

Perfetti, C. A. (2003). The universal grammar of reading. *Scientific Studies of Reading,* 7(1), 3–24.

Perfetto, G. A., Bransford, J. D., & Franks, J. J. (1983). Constraints on access in a problem solving context. *Memory and Cognition, 11,* 24–31.

Perkins, D. F., & Borden, L. M. (2003). Positive behaviors, problem behaviors, and resiliency in adolescence. In R. M. Lerner, M. A. Easterbrooks, & J. Mistry (Eds.), *Handbook of psychology: Vol. 6. Developmental psychology* (pp. 373–394). Hoboken, NJ: Wiley.

Perkins-Gough, D. (2006). Do we really have a "boy crisis"? *Educational Leadership, 64*(1), 93–94.

Perry, K., & Weinstein, R. (1998). The social context of early schooling and children's school adjustment. *Educational Psychologist, 33*(4), 177–194.

Persell, C. H. (1997). Social class and educational equality. In J. A. Banks & C. A. M. Banks (Eds.), *Multicultural education: Issues and perspectives* (pp. 87–107). Boston: Allyn & Bacon.

Peterson, L. R., & Peterson, M. J. (1959). Short-term retention of individual verbal items. *Journal of Experimental Psychology, 58,* 193–198.

Petrill, S. A., & Wilkerson, B. (2000). Intelligence and achievement: A behavioral genetic perspective. *Educational Psychology Review, 12*(2), 185–199.

Pettig, K. L. (2000). On the road to differentiated practice. *Educational Leadership, 58*(1), 14–18.

Peverly, S., Ramaswamy, V., Brown, C., Sumouski, J., Alidoust, M., & Garner, J. (2007). What predicts skill in lecture note taking? *Journal of Educational Psychology, 99*(1), 167–180.

Phelan, P., Yu, H. C., & Davidson, A. L. (1994). Navigating the psychosocial pressures of adolescence: The voices and experiences of high school youth. *American Educational Research Journal, 31,* 415–447.

Phillips, J. L. (1975). *The origins of intellect: Piaget's theory* (2nd ed.). San Francisco: Freeman.

Piaget, J. (1952a). *The language and thought of the child.* London: Routledge and Kegan-Paul.

Piaget, J. (1952b). *The origins of intelligence in children.* New York: Basic Books.

Piaget, J. (1964). *The moral judgment of the child.* New York: Free Press.

Piaget, J., & Inhelder, B. (1956). *The child's conception of space.* Boston: Routledge and Kegan-Paul.

Pietsch, J., Walker, R., & Chapman, E. (2003). The relationship among self-concept, self-efficacy, and performance in mathematics during secondary school. *Journal of Educational Psychology, 95*(3), 589–603.

Pine, J., & Aschbacher, P. (2006). Students' learning of inquiry in "inquiry" curricula. *Phi Delta Kappan, 88*(4), 308–313.

Pinker, S. (1997). *How the mind works.* New York: Norton.

Pinnell, G. S., DeFord, D. E., & Lyons, C. A. (1988). *Reading Recovery: Early intervention for at-risk first graders.* Arlington, VA: Educational Research Service.

Pinnell, G. S., Lyons, C. A., DeFord, D. E., Bryk, A. S., & Seltzer, M. (1994). Comparing instructional models for the literacy education of high risk first graders. *Reading Research Quarterly, 29,* 8–38.

Pintrich, P. (2000). Multiple goals, multiple pathways: The role of goal orientation in learning and achievement. *Journal of Educational Psychology, 92*(3), 544–555.

Pintrich, P. R. (2003). A motivational science perspective on the role of student motivation in learning and teaching contexts. *Journal of Educational Psychology, 95*(4), 667–686.

Pintrich, P. R., & Schunk, D. H. (2002). *Motivation in education: Theory, research, and applications* (2nd ed.). Upper Saddle River, NJ: Merrill/Prentice-Hall.

Pittard, V., Bannister, P., & Dunn, J. (2003). *The big picture: The impact of ICT on attainment, motivation, and learning.* London: Department for Education and Skills.

Plucker, J. A., Beghetto, R. A., & Dow, G. T. (2004). Why isn't creativity more important to educational psychologists? Potential, pitfalls, and future directions in creativity research. *Educational Psychologist, 39*(2), 83–96.

Poel, E. (2007). Enhancing what students can do. *Educational Leadership, 64*(5), 64–67.

Polite, L., & Saenger, E. B. (2003). A pernicious silence: Confronting race in the elementary classroom. *Phi Delta Kappan, 85*(4), 274–278.

Pomerantz, E., Moorman, E., & Litwack, S. (2007). The how, whom, and why of parents' involvement in children's academic lives: More is not always better. *Review of Educational Research,* 77(3), 373–410.

Pomerantz, E. M., Altermatt, E. R., & Saxon, J. L. (2002). Making the grade but feeling distressed: Gender differences in academic performance and internal distress. *Journal of Educational Psychology, 94*(2), 396–404.

Pool, H., & Page, J. A. (Eds.). (1995). *Beyond tracking: Finding success in inclusive schools.* Bloomington, IN: Phi Delta Kappan Educational Foundation.

Pope, A. W., & Bierman, K. L. (1999). Predicting adolescent peer problems and antisocial activities: The relative roles of aggression and dysregulation. *Developmental Psychology, 35,* 335–346.

Popham, J. (2005). How to use PAP to make AYP under NCLB. *Phi Delta Kappan, 86*(10), 787–791.

Popham, W. (2009). Diagnosing the diagnostic test. *Educational Leadership, 66*(6), 90–91.

Popham, W. J. (2003). *Teach better, test better: The instructional role of assessment.* Alexandria, VA: ASCD.

Popham, W. J. (2004). "Teaching to the test": An expression to eliminate. *Educational Leadership, 62*(3), 82–83.

Popham, W. J. (2006). Diagnostic assessment: A measurement mirage? *Educational Leadership, 64*(2), 90–93.

Popham, W. J. (2008). *Classroom assessment: What teachers need to know* (5th ed.). Boston: Pearson.

Potter, E. F. (1977, April). *Children's expectancy of criticism for classroom achievement efforts.* Paper presented at the annual convention of the American Educational Research Association, New York.

Poulin, F., Cillessen, A. H. N., & Coie, J. D. (1997). Children's friends and behavioral similarity in the social contexts. *Social Development, 6,* 224–236.

Powell, D. R. (1995). *Enabling young children to succeed in school.* Washington, DC: American Educational Research Association.

Premack, D. (1965). Reinforcement theory. In D. Levine (Ed.), *Nebraska symposium on motivation.* Lincoln: University of Nebraska Press.

Prensky, M. (2005/2006). Listen to the natives. *Educational Leadership, 63*(4), 8–13.

Pressley, M. (2003). Psychology of literacy and literacy instruction. In W. M. Reynolds & G. E. Miller (Eds.), *Handbook of psychology: Vol. 7. Educational psychology* (pp. 333–355). Hoboken, NJ: Wiley.

Pressley, M., & Harris, K. R. (1994). Increasing the quality of educational intervention research. *Educational Psychology Review, 6*(3), 191–208.

Pressley, M., Harris, K. R., & Marks, M. B. (1992). But good strategy instructors are constructivists! *Educational Psychology Review, 4,* 3–31.

Pressley, M., Raphael, L., & Gallagher, J. (2004). Prodience, St. Mel School: How a school that works for African American students works. *Journal of Educational Psychology, 96*(2), 216–235.

Pressley, M., Roehrig, A. D., Raphael, L., Dolezal, S., Bohn, C., Mohan, L., Wharton-McDonald, R., Bogner, K., & Hogan, K. (2003). Teaching processes in elementary and secondary education. In W. M. Reynolds & G. E. Miller (Eds.), *Handbook of psychology: Vol. 7. Educational psychology* (pp. 153–175). Hoboken, NJ: Wiley.

Pressley, M., Tannenbaum, R., McDaniel, M. A., & Wood, E. (1990). What happens when university students try to answer prequestions that accompany textbook material? *Contemporary Educational Psychology, 15,* 27–35.

Pressley, M., & Yokoi, L. (1994). Motion for a new trial on transfer. *Educational Researcher, 23*(5), 36–38.

Prichard, J., Bizo, L., & Stratford, R. (2006). The educational impact of team skills training: Preparing students to work in groups. *British Journal of Educational Psychology, 76,* 119–148.

Pugh, K., & Bergin, D. (2006). Motivational influences on transfer. *Educational Psychologist, 41*(3), 147–160.

Puma, M. J., Jones, C. C., Rock, D., & Fernandez, R. (1993). *Prospects: The congressionally mandated study of educational growth and opportunity* (Interim Report). Bethesda, MD: Abt Associates.

Puma, M. J., Karweit, N., Price, C., Ricciuti, A., Thompson, W., & Vaden-Kiernan, M. (1997). *Prospects: Final report on student outcomes.* Cambridge, MA: Abt Associates.

Puntambekar, S., & Hübscher, R. (2005). Tools for scaffolding students in a complex learning environment: What have we gained and what have we missed? *Educational Psychologist, 40*(1), 1–12.

Putnam, J. W. (Ed.). (1998). *Cooperative learning and strategies for inclusion* (2nd ed.). Baltimore: Paul H. Brookes.

Quay, H. C., & Werry, J. S. (Eds.). (1986). *Psychopathological disorders of childhood* (3rd ed.). New York: Wiley.

Radosevich, D., Vaidyanathan, V., Yeo, S., & Radosevich, D. (2004). Relating goal orientation to self-regulatory processes: A longitudinal field test. *Contemporary Educational Psychology, 29*(3), 207–229.

Radziewicz, C., & Antonellis, S. (2002). Considerations and implications for habilitation of hearing-impaired children. In D. K. Bernstein & E. Tiegerman-Farber (Eds.), *Language and communication disorders in children* (5th ed.). Boston: Allyn & Bacon.

Rafoth, M. A., Leal, L., & De Fabo, L. (1993). *Strategies for learning and remembering: Study skills across the curriculum.* Washington, DC: National Education Association Professional Library.

Raison, J., Hanson, L. A., Hall, C., & Reynolds, M. C. (1995). Another school's reality. *Phi Delta Kappan, 76*(6), 480–484.

Ramey, C. T., & Ramey, S. L. (1992). *At risk does not mean doomed.* Birmingham: Civitan International Research Center, University of Alabama.

Ramey, C. T., & Ramey, S. L. (1998). Early intervention and early experience. *American Psychologist, 53*(2), 109–120.

Ramirez, A., & Soto-Hinman, I. (2009). A place for all families. *Educational Leadership, 66*(7), 79–82.

Ramirez-Smith, C. (1995). Stopping the cycle of failure: The Comer model. *Educational Leadership, 52*(5), 14–19.

Raudenbush, S. W., Rowan, B., & Cheong, Y. F. (1993). Higher order instructional goals in secondary schools: Class, teacher, and school influences. *American Educational Research Journal, 30*(3), 523–553.

Ready, D., LoGerfo, L., Burkam, D., & Lee, V. (2005). Explaining girls' advantage in kindergarten literacy learning: Do classroom behaviors make a difference? *The Elementary School Journal, 106*(1), 21–38.

Rebell, M., & Hunter, M. (2004). "Highly qualified" teachers: Pretense or legal requirement? *Phi Delta Kappan, 85*(9), 690–696.

Reed, S. (2006). Cognitive architectures for multimedia learning. *Educational Psychologist, 41*(2), 87–98.

Reeves, D. (2003). *High performance in high poverty schools: 90/90/90 and beyond.* Cambridge, MA: Center for Performance Assessment, Harvard Graduate School of Education.

Reeves, D. (2005). "If I said something wrong I was afraid." *Educational Leadership, 62*(4), 72–75.

Reeves, D. (2006). Preventing 1,000 failures. *Educational Leadership, 64*(3), 88–89.

Reeves, D. (2008). Effective grading practices. *Educational Leadership, 65*(5), 85–87.

Reeves, D. (2009). Three challenges of web 2.0. *Educational Leadership, 66*(6), 87–88.

Reeves, D. B. (Ed.) (2007). *Ahead of the curve: The power of assessment to transform teaching and learning.* Bloomington, IN: Solution Tree.

Reid, D., & Knight, M. (2006). Disability justifies exclusion of minority students: A critical history grounded in disability studies. *Educational Researcher, 35*(6), 18–23.

Reid, R., & Lienemann, T. O. (2006). Self-regulated strategy development for written expression with students with attention deficit hyperactivity disorder. *Exceptional Children, 73,* 53–68.

Reimann, P., & Schult, T. J. (1996). Turning examples into cases: Acquiring knowledge structures for analogical problem solving. *Educational Psychologist, 31,* 123–132.

Rekrut, M. D. (1992, April). *Teaching to learn: Cross-age tutoring to enhance strategy acquisition.* Paper presented at the annual meeting of the American Educational Research Association, San Francisco.

Renkl, A. (2002). Learning from worked-out examples: Instructional explanations supplement self-explanations. *Learning & Instruction, 12,* 149–176.

Renzulli, J. S., & Reis, S. M. (1997). The schoolwide enrichment model: New directions for developing high-end learning. In N. Colangelo & G. A. Davis (Eds.), *Handbook of gifted education* (2nd ed., pp. 136–154). Boston: Allyn & Bacon.

Renzulli, J. S., & Reis, S. M. (2000). The schoolwide enrichment model. In K. A. Heller, F. J. Mönks, R. Subotnik, & R. J. Sternberg (Eds.), *International handbook of giftedness and talent* (2nd ed., pp. 367–382). New York: Pergamon.

Reschly, D. J. (2003). School psychology. In W. M. Reynolds & G. E. Miller (Eds.), *Handbook of psychology: Vol. 7. Educational psychology* (pp. 431–453). Hoboken, NJ: Wiley.

Resnick, L. (1998, April). *From aptitude to effort: A new foundation for our schools.* Paper presented at the annual meeting of the American Educational Research Association, San Diego, CA.

Rest, J., Edwards, L., & Thoma, S. (1997). Designing and validating a measure of moral judgment: Stage preference and stage consistency approaches. *Journal of Educational Psychology, 89*(1), 5–28.

Reynolds, A. (2009). Why every student needs critical friends. *Educational Leadership, 67*(3), 54–57.

Reynolds, A., Temple, J., Robertson, D., & Mann, E. (2002). Age 21 cost-benefit analysis of the Title I Chicago child–parent centers. *Educational Evaluation and Policy Analysis, 24*(4), 267–303.

Reynolds, A., & Wolfe, B. (1999). Special education and school achievement: An exploratory analysis with a central-city sample. *Educational Evaluation and Policy Analysis, 21*(3), 249–269.

Reynolds, A. J. (1991). Early schooling of children at risk. *American Educational Research Journal, 28*(2), 392–422.

Reynolds, W. M., & Miller, G. E. (2003). Current perspectives in educational psychology. In W. M. Reynolds & G. E. Miller (Eds.), *Handbook of psychology: Vol. 7. Educational psychology* (pp. 3–20). Hoboken, NJ: Wiley.

Rhode, G., Jenson, W. R., & Reavis, H.K. (1993). *The tough kid book.* Longmont, CO: Sopris West.

Rice, E. P. (1996). *The adolescent: Development, relationships, and culture.* Boston: Allyn & Bacon.

Rice, F. P., & Dolgin, K. G. (Eds.). (2008). *The adolescent: Development, relationships, and culture* (12th ed.). Boston: Pearson Education Group.

Richardson, W. (2008). Footprints in the digital age. *Educational Leadership, 66*(3), 16–19.

Richardson, W. (2009). Becoming network-wise. *Educational Leadership, 66*(6), 26–31.

Riehl, C. (2006). Feeling better: A comparison of medical research and education research. *Educational Researcher, 35*(5), 24–29.

Riehl, C. J. (2000). The principal's role in creating inclusive schools for diverse students: A review of normative, empirical, and critical literature on the practice of educational administration. *Review of Educational Research, 70*(1), 55–81.

Rifkin, J. (1998). The sociology of the gene. *Phi Delta Kappan, 79*(9), 649–657.

Ritchhart, R., & Perkins, D. (2008). Making thinking visible. *Educational Leadership, 65*(5), 57–63.

Roach, A., & Elliott, S. (2006). The influence of access to general education curriculum on alternate assessment performance of students with significant cognitive disabilities. *Educational Evaluation and Policy Analysis, 28*(2), 181–194.

Robinson, D. H., Katayama, A. D., Beth, A., Odom, S., & Hsieh, Y. P. (2004). *Training students to take more graphic notes: A partial approach.* Austin: University of Texas.

Robinson, D. H., Robinson, S. L., & Katayama, A. D. (1999). When words are represented in memory like pictures: Evidence for spatial encoding of study materials. *Contemporary Educational Psychology, 24*(1), 38–54.

Robinson, D. H., & Skinner, C. H. (1996). Why graphic organizers facilitate search processes: Fewer words or computationally efficient indexing. *Contemporary Educational Psychology, 21*(2), 166–180.

Robinson, F. P. (1961). *Effective study.* New York: Harper & Row.

Robinson, T., Smith, S., Miller, M., & Brownell, M. (1999). Cognitive behavior modification of hyperactivity-impulsivity and aggression: A meta-analysis of school-based studies. *Journal of Educational Psychology, 91*(2), 195–203.

Roderick, M., & Engel, M. (2001). The grasshopper and the ant: Motivational responses of low-achieving students to high-stakes testing. *Educational Evaluation and Policy Analysis, 23*(3), 197–227.

Roderick, M., & Nagaoka, J. (2005). Retention under Chicago's high-stakes testing program: Helpful, harmful, or harmless? *Evaluation and Policy Analysis, 27*(4), 309–340.

Roeber, E., & Dutcher, P. (1989). Michigan's innovative assessment of reading. *Educational Leadership 46*(7), 64–69.

Roediger, H., & Karpicke, J. (2006). The power of resting memory: Basic research and implications for educational practice. *Perspectives on Psychological Science, 1,* 181–210.

Roeser, R., Eccles, J., & Sameroff, A. (2000). School as a context of early adolescents' academic and social-emotional development: A summary of research findings. *The Elementary School Journal, 100*(5), 443–472.

Rogers, K. B. (2009, April). *Academic acceleration and giftedness: The research from 1990 to the present: A best-evidence synthesis.* Paper presented at the annual meeting of the American Educational Research Association, San Diego, CA.

Rogoff, B. (2003). *The cultural nature of human development.* London: Oxford University Press.

Rogoff, B., & Chavajay, P. (1995). What's become of research on the cultural basis of cognitive development? *American Psychologist, 50,* 859–877.

Rogow, S. M. (1988). *Helping the visually impaired child with developmental problems: Effective practice in home, school, and community.* New York: Teachers College Press.

Rohrbeck, C. A., Ginsburg-Block, M. D., Fantuzzo, J. W., & Miller, T. R. (2003). Peer-assisted learning interventions with elementary school students: A meta-analytic review. *Journal of Educational Psychology, 94*(2), 240–257.

Rose, A., & Rudolph, K. (2006). A review of sex differences in peer relationship processes: Potential tradeoffs for the emotional and behavioral development of girls and boys. *Psychological Bulletin, 132*(1), 98–131.

Rosenberg, M., Wilson, R., Maheady, L., & Sindelar, P. (2004). *Educating students with behavioral disorders.* Boston: Pearson.

Rosenfield, D., Folger, R., & Adelman, H. F. (1980). When rewards reflect competence: A qualification of the overjustification effect. *Journal of Personality and Social Psychology, 39,* 368–376.

Rosenfield, S. A., & Gravois, T. A. (1996). *Instructional consultation teams: Collaborating for change.* New York: Guilford.

Rosenshine, B. (2008). Systematic instruction. In T. L. Good (Ed.), *21st century learning* (Vol. 1, pp. 235–243). Thousand Oaks, CA: Sage.

Rosenshine, B., & Meister, C. (1994). Reciprocal teaching: A review of research. *Review of Educational Research, 64,* 479–530.

Rosenshine, B., Meister, C., & Chapman, S. (1996). Teaching students to generate questions: A review of the intervention studies. *Review of Educational Research, 66*(2), 181–221.

Rosenshine, B.V. (1980). How time is spent in elementary classrooms. In C. Denham & A. Lieberman (Eds.), *Time to learn.* Washington, DC: National Institute of Education.

Roseth, C., Johnson, D., & Johnson, R. (2008). Promoting early adolescents' achievement and peer relationships: The effects of cooperative, competitive, and individualistic goal structures. *Psychological Bulletin, 134*(2), 223–246.

Ross, J. A., Rolheiser, C., & Hogaboam-Gray, A. (1998, April). *Impact of self-evaluation training on mathematics achievement in a cooperative learning environment.* Paper presented at the annual meeting of the American Educational Research Association, San Diego, CA.

Ross, S. M., Smith, L. J., Casey, J., & Slavin, R. E. (1995). Increasing the academic success of disadvantaged children: An examination of alternative early intervention programs. *American Educational Research Journal, 32,* 773–800.

Ross, S. M., Smith, L. J., Lohr, L., & McNelis, M. (1994). Math and reading instruction in tracked first grade classes. *The Elementary School Journal, 95*(2), 105–119.

Rosser, R. A. (1994). *Cognitive development: Psychological and biological perspectives.* Boston: Allyn & Bacon.

Rosser, R. A. (2003). Scientific reasoning. *Encyclopedia of cognitive science.* London: Nature Publishing Group.

Rosser, R. A., Stevens, S., & Ruiz, B. (2006). Cognitive markers of adolescent risk taking: A correlate of drug abuse in at-risk individuals. *The Prison Journal, 85,* 83–96.

Rossi, R. J., & Stringfield, S. C. (1995). What we must do for students placed at risk. *Phi Delta Kappan, 71*(1), 73–76.

Rossman, G. B., & Rallis, S. F. (2003). *Learning in the field: An introduction to qualitative research* (2nd ed.). Thousand Oaks, CA: Sage.

Rotberg, I. C. (2001). A self-fulfilling prophecy. *Phi Delta Kappan, 83*(2), 170–171.

Roth, W.-M., & Lee, Y.-J. (2007). "Vygotsky's neglected legacy": Cultural-historical activity theory. *Review of Educational Research, 77*(2), 186–232.

Rotherham, A., & Willingham, D. (2009). 21st century skills: The challenges ahead. *Educational Leadership, 67*(1), 16–21.

Rothstein, R. (Ed.). (2004). *Class and schools: Using social, economic, and educational reform to close the black-white achievement gap.* Washington, DC: Economic Policy Institute.

Rothstein, R., & Jacobsen, R. (2009). Measuring social responsibility. *Educational Leadership, 66*(8), 14–19.

Rotter, J. (1954). *Social learning and clinical psychology.* Englewood Cliffs, NJ: Prentice-Hall.

Rowan, B., Correnti, R., & Miller, R. (2002). *What large-scale, survey research tells us about teacher effects on student achievement: Insights from the Prospects study of elementary schools.* Philadelphia: Consortium for Policy Research in Education, University of Pennsylvania.

Rowan, B., & Miracle, A. (1983). Systems of ability grouping and the stratification of achievement in elementary schools. *Sociology of Education, 56,* 133–144.

Rowe, M. B. (1974). Wait time and rewards as instructional variables, their influence on language, logic, and fate control. I: Wait time. *Journal of Research in Science Teaching, 11,* 81–94.

Rubie-Davies, C. (2008). Teacher expectations. In T. L. Good (Ed.), *21st century learning:* (Vol. 1, pp. 254–264). Thousand Oaks, CA: Sage.

Rubie-Davies, C. M. (2007, September). *Teacher expectations, student achievement, and perceptions of student attitudes.* Paper presented at the Biennial Conference of the Educational Association for Research in Learning and Instruction, Budapest, Hungary.

Rubin, B. C. (2003). Unpacking detracking: When progressive pedagogy meets students' social worlds. *American Educational Research Journal, 40*(2), 539–573.

Rubin, D. (2007). A basic-systems model of episodic memory. *Perspectives on Psychological Science, 1,* 277–311.

Ruble, D. N., Eisenberg, R., & Higgins, E. T. (1994). Developmental changes in achievement evaluation: Motivational implications of self-other differences. *Child Development, 65,* 1095–1110.

Ruder, S. (2000). We teach all. *Educational Leadership, 58*(1), 49–51.

Rummel, N., Levin, J. R., & Woodward, M. M. (2002). Do pictorial mnemonic text-learning aids give students something worth writing about? *Journal of Educational Psychology, 94*(2), 327–334.

Rust, F. (2008). Early childhood education: Curriculum and programs. In T. L. Good (Ed.), *21st century learning* (Vol. 1, pp. 388–395). Thousand Oaks, CA: Sage.

Ryan, A. M., & Patrick, H. (2001). The classroom social environment and changes in adolescents' motivation and engagement during middle school. *American Educational Research Journal, 38*(2), 437–460.

Ryan, K., & Ryan, A. (2005). Psychological processes underlying stereotype threat and standardized math test performance. *Educational Psychologist, 40*(1), 53–63.

Ryan, K., & Shepard, L. (2008). The future of test-based educational accountability. New York: Routledge.

Ryan, R. M., & Deci, E. L. (2000). Intrinsic and extrinsic motivations: Classic definitions and new directions. *Contemporary Educational Psychology, 25*(1), 54–67.

Sachs, J. (2000). The activist professional. *Journal of Educational Change, 1*(1), 77–95.

Sackett, P., Kuncel, N., Arneson, J., Cooper, S., & Waters, S. (2009). Does socioeconomic status explain the relationship between admissions tests and post-secondary academic performance? *Psychological Bulletin, 135*(1), 1–22.

Sadker, D., & Sadker, M. (2003). *Teachers, schools, and society* (6th ed.). New York: McGraw-Hill.

Sadker, M., & Sadker, D. (1994). *Failing at fairness: How America's schools cheat girls.* New York: Charles Scribner's Sons.

Sadker, M., & Sadker, D. (2006). Questioning skills. In J. Cooper (Ed.), *Classroom teaching skills* (8th ed., pp. 104–150). Boston: Houghton Mifflin.

Sadker, M., Sadker, D., & Long, L. (1997). Gender and educational equality. In J. A. Banks & C. A. M. Banks (Eds.), *Multicultural education: Issues and perspectives* (pp. 131–149). Boston: Allyn & Bacon.

Sadker, M., & Zittleman, L. (2004). Test anxiety: Are students failing tests or are tests failing students? *Phi Delta Kappan, 85*(10), 740–744.

Safer, N., & Fleischman, S. (2005). How student progress monitoring improves instruction. *Educational Leadership, 62*(5), 81–83.

Saffran, E. M., & Schwartz, M. F. (2003). Language. In M. Gallagher & R. J. Nelson (Eds.), *Handbook of psychology: Vol. 3. Biological psychology* (pp. 595–627). Hoboken, NJ: Wiley.

Saleh, M., Lazonder, A., & de Jon, T. (2007). Structuring collaboration in mixed-ability groups to promote verbal interaction, learning, and motivation of average-ability students. *Contemporary Educational Psychology, 32*(3), 314–331.

Salend, S. (2009). *Classroom testing and assessment for ALL students.* Thousand Oaks, CA: Corwin.

Saleno, S., & Garrick-Duhaney, L. (1999). The impact of inclusion on students with and without disabilities and their educators. *Remedial and Special Education, 20*(2), 114–126.

Salganik, M. W. (1980, January 27). Teachers busy teaching make city's 16 "best" schools stand out. *Baltimore Sun,* p. A4.

Salinger, T., & Fleischman, S. (2005). Teaching students to interact with text. *Educational Leadership, 64*(1), 90–93.

Salomon, G., & Perkins, D. N. (1998). Individual and social aspects of learning. In P. D. Pearson & A. Iran-Nejad (Eds.), *Review of research in education* (pp. 1–24). Washington, DC: American Educational Research Association.

Sampson, R. (2002). *Bullying in schools.* Washington, DC: U.S. Department of Justice.

San Antonio, D., & Salzfass, E. (2007). How we treat one another in school. *Educational Leadership, 64*(8), 32–39.

Sanders, M. G., Allen-Jones, G. L., & Abel, Y. (2002). Involving families and communities in the education of children and youth placed at-risk. In S. Stringfield & D. Land (Eds.), *Educating at-risk students* (pp. 171–188). Chicago: National Society for the Study of Education.

Sanders, W. L. (2000). Value-added assessment from student achievement data: Opportunities and hurdles. *Journal of Personnel Evaluation in Education, 14*(4), 329–339.

Sandoval, J. (1995). Teaching in subject matter areas: Science. *Annual Review of Psychology, 46,* 355–374.

Sanford, J. P., & Evertson, C. M. (1981). Classroom management in a low SES junior high: Three case studies. *Journal of Teacher Education, 32,* 34–38.

Sansone, C., & Harackiewicz, J. M. (Eds.). (2000). *Intrinsic and extrinsic motivation.* Orlando, FL: Academic Press.

Sapon-Shevin, M. (2001). Schools fit for all. *Educational Leadership, 58*(4), 34–39.

Sapon-Shevin, M. (2003). Inclusion: A matter of social justice. *Educational Leadership, 61*(2), 25–28.

Sato, M., & Atkin, J. (2006/2007). Supporting change in classroom assessment. *Educational Leadership, 64*(4), 76–79.

Savell, J. M., Twohig, P. T., & Rachford, D. L. (1986). Empirical status of Feuerstein's "Instrumental Enrichment" (FIE) technique as a method of teaching thinking skills. *Review of Educational Research, 56,* 381–409.

Sax, C. L., & Thoma, C. A. (2002). *Transition assessment: Wise practices for quality lives.* Baltimore: Brookes.

Schacter, D. L. (2001). *The seven sins of memory: How the mind forgets and remembers.* Boston: Houghton Mifflin.

Schacter, J. (2000). Does individual tutoring produce optimal learning? *American Educational Research Journal, 37*(3), 801–829.

Schafer, W. D., Swanson, G., Bené, N., & Newberry, G. (2001). Effects of teacher knowledge of rubrics on student achievement in four content areas. *Applied Measurement in Education, 14,* 151–170.

Schafer, W. E., & Olexa, C. (1971). *Tracking and opportunity.* Scranton, PA: Chandler.

Scharf, M., & Hertz-Lazarowitz, R. (2003). Social networks in the school context: Effects of culture and gender. *Journal of Personal Relationships, 20*(6), 843–859.

Scherer, M. (2001). How and why standards can improve student achievement: A conversation with Robert J. Marzano. *Educational Leadership, 59*(1), 14–19.

Scheurich, J., Skrla, L., & Johnson, J. (2000). Thinking carefully about equity and accountability. *Phi Delta Kappan, 82*(4), 293–299.

Schiff, M., & Lewontin, R. (1986). *Education and class: The irrelevance of IQ genetic studies.* New York: Oxford University Press.

Schifter, D. (1996). A constructivist perspective on teaching and learning mathematics. *Phi Delta Kappan, 77*(7), 492–499.

Schirmer, B., & McGough, S. (2005). Teaching reading to children who are deaf: Do the conclusions of the National Reading Panel apply? *Review of Educational Research, 75*(1), 84–117.

Schmidt, W., & Cogan, L. (2009). The myth of equal content. *Educational Leadership, 67*(3), 44–47.

Schmoker, M. (1999). *Results: The key to continuous school improvement.* Alexandria, VA: ASCD.

Schmoker, M. (2006). *Results now: How we can achieve unprecedented improvements in teaching and learning.* Alexandria, VA: ASCD.

Schneider, B. (2002). Social capital: A ubiquitous emerging conception. In D. L. Levinson, P. W. Cookson, Jr., & A. R. Sadovnik (Eds.), *Education and sociology: An encyclopedia* (pp. 545–550). New York: Routledge Falmer.

Schneider, W. (1993). Domain-specific knowledge and memory performance in children. *Educational Psychology Review, 5,* 257–273.

Schneider, W., Roth, E., & Ennemoser, M. (2000). Training phonological skills and letter knowledge in children at risk for dyslexia: A comparison of three kindergarten intervention programs. *Journal of Educational Psychology, 92*(2), 284–295.

Schnotz, W. (2002). Towards an integrated view of learning from text and visual displays. *Educational Psychology Review, 14*(1), 101–120.

Schofield, J. W. (1995). Review of research on school desegregation's impact on elementary and secondary school students. In J. A. Banks & C. A. M. Banks (Eds.), *Handbook of research on multicultural education.* New York: Macmillan.

Schraw, G., Flowerday, T., & Lehman, S. (2001). Increasing situational interest in the classroom. *Educational Psychology Review, 13*(3), 211–224.

Schunk, D. (2000). *Learning theories* (3rd ed.). Upper Saddle River, NJ: Merrill/Prentice-Hall.

Schunk, D. (2005). Self-regulated learning: The education legacy of Paul R. Pintrich. *Educational Psychologist, 40*(2), 85–94.

Schunk, D. H. (2004). *Learning theories: An educational perspective* (4th ed.). Columbus, OH: Merrill/Prentice-Hall.

Schunk, D. H., & Pajares, F. (2004, April). *Self-efficacy in education: Issues and future directions.* Paper presented at the annual meeting of the American Educational Research Association, San Diego, CA.

Schunk, D. H., & Zimmerman, B. J. (1997). Social origins of self-regulatory competence. *Educational Psychologist, 32*(4), 195–208.

Schunk, D. H., & Zimmerman, B. J. (2003). Self-regulation and learning. In W. M. Reynolds & G. E. Miller (Eds.), *Handbook of psychology: Vol. 7. Educational psychology* (pp. 59–78). Hoboken, NJ: Wiley.

Schutz, A. (2006). Home is a prison in a global city: The tragic failure of school-based community engagement strategies. *Review of Educational Research, 76*(4), 691–744.

Schutz, P. A., & Davis, H. A. (2000). Emotions and self-regulation during test taking. *Educational Psychologist, 35*(4), 243–246.

Schwartz, N. H., Ellsworth, L. S., Graham, L., & Knight, B. (1998). Assessing prior knowledge to remember text: A comparison of advance organizers and maps. *Contemporary Educational Psychology, 23*(1), 65–89.

Schweinhart, L. J., & Weikart, D. P. (1998). High/Scope Perry Preschool Program effects at age twenty-seven. In J. Crane (Ed.), *Social programs that work* (pp. 148–162). New York: Russell Sage Foundation.

Scriffiny, P. (2008). Seven reasons for standards-based grading. *Educational Leadership, 66*(2), 70–74.

Scruggs, T. E., White, K. R., & Bennion, K. (1986). Teaching test-taking skills to elementary-grade students: A meta-analysis. *Elementary School Journal, 87,* 69–82.

Secada, W. G., Chavez-Chavez, R., Garcia, E., Munoz, C., Oakes, J., Santiago-Santiago, I., & Slavin, R. (1998). *No more excuses: The final report of the Hispanic dropout project.* Washington, DC: U.S. Department of Education.

Selman, R. L. (1981). The child as a friendship philosopher. In S. R. Asher & J. M. Gottman (Eds.), *The development of children's friendships* (pp. 242–272). Cambridge, UK: Cambridge University Press.

Semb, G. B., & Ellis, J. A. (1994). Knowledge taught in school: What is remembered? *Review of Educational Research, 24,* 253–286.

Semmel, M. I., Gerber, M. M., & MacMillan, D. L. (1994). Twenty-five years after Dunn's article: A legacy of policy analysis research in special education. *Journal of Special Education, 27,* 481–495.

Sénéchal, M., & Young, L. (2008). The effect of family literacy interventions on children's acquisition of reading from kindergarten to grade 3: A meta-analytic review. *Review of Educational Research, 78*(4), 880–907.

Senko, C., & Miles, K. (2008). Pursuing their own learning agenda: How master-oriented students jeopardize their class performance. *Contemporary Educational Psychology, 33*(4), 561–583.

Sethi, S., Drake, M., Dialdin, D. A., & Lepper, M. R. (1995, April). *Developmental patterns of intrinsic and extrinsic motivation: A new look.* Paper presented at the annual meeting of the American Educational Research Association, San Francisco.

Shaffer, D., Squire, K., Halverson, R., & Gee, J. (2005). Video games and the future of learning. *Phi Delta Kappan, 87*(2), 104–111.

Shanahan, T. (1998). On the effectiveness and limitations of tutoring reading. In P. D. Pearson & A. Iran-Nejad (Eds.), *Review of research in education* (pp. 217–234). Washington, DC: American Educational Research Association.

Shanker, A. (1994/1995). Full inclusion is neither free nor appropriate. *Educational Leadership, 52*(4), 18–21.

Sharan, S., Kussell, P., Hertz-Lazarowitz, R., Bejarano, Y., Raviv, S., & Sharan, Y. (1984). *Cooperative learning in the classroom: Research in desegregated schools.* Hillsdale, NJ: Erlbaum.

Sharan, S., & Shachar, C. (1988). *Language and learning in the cooperative classroom.* New York: Springer.

Sharan, Y., & Sharan, S. (1992). *Expanding cooperative learning through group investigation.* New York: Teachers College Press.

Shavelson, R. J., Baxter, G. P., & Pine, J. (1992). Performance assessments: Political rhetoric and measurement reality. *Educational Researcher, 21*(4), 22–27.

Shaywitz, S. (2003). *Overcoming dyslexia: A new and complete science-based program for reading problems at any level.* New York: Knopf.

Shaywitz, S., & Shaywitz, B. (2004). Reading disability and the brain. *Educational Leadership, 61*(3), 7–11.

Shaywitz, S., & Shaywitz, B. (2007). What neuroscience really tells us about reading instruction: A response to Judy Willis. *Educational Leadership, 64*(5), 74–78.

Shepard, L. (2005). Linking formative assessment to scaffolding. *Educational Leadership, 63*(3), 66–71.

Shepard, L. A. (1995). Using assessment to improve learning. *Phi Delta Kappan, 52*(5), 38–43.

Shepard, L. A. (2000). The role of assessment in a learning culture. *Educational Researcher, 29*(7), 4–14.

Shih, M., & Sanchez, D. (2005). Perspectives and research on the positive and negative implications of having multiple racial identities. *Psychological Bulletin, 131*(4), 569–591.

Shih, S. (2005). Taiwanese sixth graders' achievement goals and their motivation, strategy use, and grades: An examination of the multiple goal perspective. *The Elementary School Journal, 106*(1), 39–58.

Shih, S., & Alexander, J. (2000). Interacting effects of goal setting and self- or other-referenced feedback on children's development of self-efficacy and cognitive skill within the Taiwanese classroom. *Journal of Educational Psychology, 92*(3), 536–543.

Shore, R. (2008). *The power of pow! Wham!* New York: Sesame Workshop.

Shuler, C., (2007). *D is for digital.* New York: Sesame Workshop.

Shulman, J., Lotan, R. A., & Whitcomb, J. A. (1998). *Groupwork in diverse classrooms: A cookbook for educators.* New York: Teachers College Press.

Shulman, L. S. (2000). Teacher development: Roles of domain expertise and pedagogical development. *Journal of Applied Developmental Psychology, 21,* 129–135.

Siegel, L. S. (2003). Learning disabilities. In W. M. Reynolds & G. E. Miller (Eds.), *Handbook of psychology: Vol. 7. Educational psychology* (pp. 455–486). Hoboken, NJ: Wiley.

Siegler, R. (2006). Microgenetic analyses of learning. In D. Kuhn & R. Siegler (Eds.), *Handbook of child psychology: Vol. 2* (6th ed., pp. 464–510). Hoboken, NJ: Wiley.

Siegler, R. S. (1998). *Children's thinking* (3rd ed.). Upper Saddle River, NJ: Prentice Hall.

Silver-Pacuilla, H., & Fleischman, S. (2006). Technology to help struggling students. *Educational Leadership, 63*(5), 84–85.

Simmons, D. C., Fuchs, L. S., Fuchs, P., Mathes, P., & Hodge, J. P. (1995). Effects of explicit teaching and peer tutoring on the reading achievement of learning-disabled and low-performing students in regular classrooms. *The Elementary School Journal, 95*(5), 387–408.

Simpkins, M., Cole, K., Tavalin, F., & Means, B. (2002). *Increasing student learning through multimedia projects.* Alexandria, VA: ASCD.

Sinclair, M. F., Christenson, S. L., Evelo, D. L., & Hurley, C. (1998). Dropout prevention for high-risk youth with disabilities: Efficacy of a sustained school engagement procedure. *Exceptional Children, 65*(1), 7–21.

Singer, J., Marx, R. W., Krajcik, J., & Chambers, J. C. (2000). Constructing extended inquiry projects: Curriculum materials for science education reform. *Educational Psychologist, 35*(4), 165–178.

Sins, P., va Joolingnen, W., Savelsbergh, E., & van Hout-Wolters, B. (2008). Motivation and performance within a collaborative computer-based modeling task: Relations between students' achievement goal orientation, self-efficacy, cognitive processing, and achievement. *Contemporary Educational Psychology, 33*(1), 58–77.

Sio, U., & Ormerod, T. (2009). Does incubation enhance problem solving? A meta-analytic review. *Psychological Bulletin, 135*(1), 94–120.

Sireci, S., Scarpati, S., & Li, S. (2005). Test accommodations for students with disabilities: An analysis of the interaction hypothesis. *Review of Educational Research, 75*(4), 457–490.

Sirin, S. (2005). Socioeconomic status and academic achievement: A meta-analytic review of research. *Review of Educational Research, 75*(3), 417–453.

Sirotnik, K. A. (2002). Promoting responsible accountability in schools and education. *Phi Delta Kappan, 83*(9), 662–673.

Skiba, R. (2000). *Zero tolerance, zero evidence: An analysis of school disciplinary practice.* Bloomington: Indiana Education Policy Center.

Skinner, E., & Greene, T. (2008). Perceived control, coping, and engagement. In T. L. Good (Ed.), *21st century learning* (Vol. 1, pp. 121–130). Thousand Oaks, CA: Sage.

Slavin, R., & Lake, C. (2008). Effective programs in elementary mathematics; A best-evidence synthesis. *Review of Educational Research, 78*(3), 427–515.

Slavin, R. E. (1986). The Napa evaluation of Madeline Hunter's ITIP: Lessons learned. *Elementary School Journal, 87,* 165–171.

Slavin, R. E. (1987a). Ability grouping and student achievement in elementary schools: A best-evidence synthesis. *Review of Educational Research, 57,* 293–336.

Slavin, R. E. (1987b). Grouping for instruction in the elementary school. *Educational Psychologist, 22,* 109–127.

Slavin, R. E. (1990). Ability grouping and student achievement in secondary schools: A best-evidence synthesis. *Review of Educational Research, 60,* 471–499.

Slavin, R. E. (1991). Cooperative learning and group contingencies. *Journal of Behavioral Education, 1,* 105–115.

Slavin, R. E. (1994a). *Using student team learning* (4th ed.). Baltimore: Johns Hopkins University, Center for Research on Elementary and Middle Schools.

Slavin, R. E. (1994b). School and classroom organization in beginning reading: Class size, aides, and instructional grouping. In R. E. Slavin, N. L. Karweit, B. A. Wasik, & N. A. Madden (Eds.), *Preventing early school failure: Research on effective strategies.* Boston: Allyn & Bacon.

Slavin, R. E. (1995a). *Cooperative learning: Theory, research, and practice* (2nd ed.). Boston: Allyn & Bacon.

Slavin, R. E. (1995b). Cooperative learning and intergroup relations. In J. Banks (Ed.), *Handbook of research on multicultural education.* New York: Macmillan.

Slavin, R. E. (1996). Neverstreaming: Preventing learning disabilities. *Educational Leadership, 53*(5), 4–7.

Slavin, R. E. (1997/1998). Can education reduce social inequality? *Educational Leadership, 55*(4), 6–10.

Slavin, R. E. (2002). The intentional school: Effective elementary education for all children. In S. Stringfield & D. Land (Eds.), *Educating at-risk students* (pp. 111–127). Chicago: National Society for the Study of Education.

Slavin, R. E. (2003). A reader's guide to scientifically based research. *Educational Leadership, 60*(5), 12–16.

Slavin R. E. (2008a). Comprehensive school reform. In C. Ames, D. Berliner, J. Brophy, L. Corno, & M. McCaslin (Eds.), *21st century education: A reference handbook* (pp. 259–266). Thousand Oaks, CA: Sage.

Slavin, R. E. (2008b). What works? Issues in synthesizing educational program evaluations. *Educational Researcher, 37*(1), 5–14.

Slavin, R. E. (2009). Cooperative learning. In G. McCulloch & D. Crook (Eds.), *International encyclopedia of education.* Abington, UK: Routledge.

Slavin, R. E. (2010). Cooperative learning. In P. Peterson, E. Baker, & B. McGaw (Eds.), *International encyclopedia of education* (3rd ed.). Oxford, UK: Elsevier.

Slavin, R. E. (in press). Classroom applications of cooperative learning. In K. Harris, S. Graham, & T. Urdan (Eds.), *APA educational psychology handbook.*

Slavin, R. E., & Cheung, A. (2005). A synthesis of research on language of reading instruction. *Review of Educational Research, 75*(2), 247–284.

Slavin, R.E., Cheung, A., Groff, C., & Lake, C. (2008). Effective reading programs for middle and high schools: A best evidence synthesis. *Reading Research Quarterly, 43*(3), 290–322.

Slavin, R. E., & Fashola, O. S. (1998). *Show me the evidence: Proven and promising programs for America's schools.* Thousand Oaks, CA: Corwin.

Slavin, R. E., Holmes, G., Madden, N., Chamberlain, A., & Cheung, A. (2010). *Effects of a data-driven district-level reform model.* Baltimore: Center for Research and Reform in Education, Johns Hopkins University.

Slavin, R. E., & Karweit, N. L. (1982, August). *School organizational vs. developmental effects on attendance among young adolescents.* Paper presented at the annual convention of the American Psychological Association, Washington, DC.

Slavin, R. E., & Karweit, N. L. (1984, April). *Within-class ability groupings and student achievement: Two field experiments.* Paper presented at the annual convention of the American Educational Research Association, New Orleans, LA.

Slavin, R. E., Karweit, N. L., & Wasik, B. A. (1994). *Preventing early school failure: Research on effective strategies.* Boston: Allyn & Bacon.

Slavin, R. E., Lake, C., Chambers, B., Cheung, A., & Davis, S. (2009). Effective reading programs for the elementary grades: A best-evidence synthesis. *Review of Educational Research, 79*(4), 1391–1465.

Slavin, R. E., Lake, C., Davis, S., & Madden, N. (2009). *Effective programs for struggling readers: A best-evidence synthesis.* Manuscript submitted for publication.

Slavin, R. E., Lake, C., & Groff, C. (2009). Effective programs in middle and high school mathematics: A best-evidence synthesis. *Review of Educational Research, 79*(2), 839–911.

Slavin, R. E., & Madden, N. A. (1987, April). *Effective classroom programs for students at risk.* Paper presented at the annual convention of the American Educational Research Association, Washington, DC.

Slavin, R. E., & Madden, N. A. (Eds.). (2001). *One million children: Success for All.* Thousand Oaks, CA: Corwin.

Slavin, R. E., Madden, N. A., Chambers, B., & Haxby, B. (Eds.). (2009). *Two million children: Success for All.* Thousand Oaks, CA: Corwin.

Slavin, R. E., Madden, N. A., & Karweit, N. L. (Eds.). (1989). *Effective programs for students at risk.* Boston: Allyn & Bacon.

Slavin, R. E., Madden, N. A., & Leavey, M. (1984a). Effects of team assisted individualization on the mathematics achievement of academically handicapped and nonhandicapped students. *Journal of Educational Psychology, 76,* 813–819.

Slavin, R. E., Madden, N. A., & Leavey, M. B. (1984b). Effects of cooperative learning and individualized instruction on mainstreamed students. *Exceptional Children, 84,* 409–422.

Slavin, R. E., Madden, N. A., & Stevens, R. J. (1994). Cooperative integrated reading and composition: Applications for the language arts classroom. In R. J. Stahl (Ed.), *Cooperative learning in language arts: A handbook for teachers.* Boston: Addison-Wesley.

Slavin, R. E., & Stevens, R. J. (1991). Cooperative learning and mainstreaming. In J. W. Lloyd, N. N. Singh, & A. C. Repp (Eds.). *The regular education initiative: Alternative perspectives on concepts, issues, and models* (pp. 177–191). Sycamore, IL: Sycamore.

Slotte, V., & Lonka, K. (1999). Review and process effects of spontaneous note-taking on text comprehension. *Contemporary Educational Psychology, 24*(1), 1–20.

Smagorinsky, P., & Smith, M. W. (1992). The nature of knowledge in composition and literary understanding: The question of specificity. *Review of Educational Research, 62*(3), 279–305.

Smith, D. D., (2001). *Introduction to special education: Teaching in an age of opportunity.* Boston: Allyn & Bacon.

Smith, D. D., & Tyler, N. C. (Eds.). (2010). *Introduction to special education* (7th ed.). Upper Saddle River, NJ: Merrill.

Smith, H., Higgins, S., Wall, K., & Miller, J. (2005). Interactive whiteboards: Boon or bandwagon? A critical review of the literature. *Journal of Computer-Assisted Learning, 21,* 91–101.

Smith, K. (2009). From test takers to test makers. *Educational Leadership, 67*(3), 26–31.

Smith, L., & Land, M. (1981). Low-interference verbal behaviors related to teacher clarity. *Journal of Classroom Interaction, 17,* 37–42.

Smith, L. J., Ross, S. M., & Casey, J. P. (1994). *Special education analyses for Success for All in four cities.* Memphis, TN: University of Memphis, Center for Research in Educational Policy.

Smith, S. S. (2002). Desegregation. In D. L. Levinson, P. W. Cookson, Jr., & A. R. Sadovnik (Eds.), *Education and sociology: An encyclopedia* (pp. 141–149). New York: Routledge Falmer.

Smith, T. E. C., Polloway, E. A., Patton, J. R., & Dowdy, C. A. (2008). *Teaching students with special needs in inclusive settings* (5th ed.). Boston: Allyn & Bacon.

Smutny, J. (2003). *Gifted education: Promising practices.* Bloomington, IN: Phi Delta Kappan.

Snell, M. E., & Janney, R. (2000). *Collaborative teaming.* Baltimore: Brookes.

Snow, C. (2006). Cross-cutting themes and future research directions. In D. August and T. Shanahan (Eds.), *Developing literacy in second-language learners* (pp. 631–652). Mahwah, NJ: Erlbaum.

Snow, C. E., Burns, S. M., & Griffin, P. (Eds.). (1998). *Preventing reading difficulties in young children.* Washington, DC: National Academies Press.

Snow, R. E. (1992). Aptitude theory: Yesterday, today, and tomorrow. *Educational Psychologist, 27*(1), 5–32.

Snowman, J. (1984). Learning tactics and strategies. In G. Phye & T. Andre (Eds.), *Cognitive instructional psychology.* New York: Academic Press.

Snyderman, M., & Rothman, S. (1987). Survey of expert opinion on intelligence and aptitude testing. *American Psychologist, 42,* 137–144.

Solso, R. L. (2001). *Cognitive psychology* (6th ed.). Boston: Allyn & Bacon.

Somekh, B., Haldane, M., Jones, K., Lewin, C., Steadman, S., Scrimshaw, P., Sing, S., et al. (2007). *Evaluation of the primary schools whiteboards expansion project: Report to the Department for Education and Skills.* Manchester, UK: Manchester Metropolitan University.

Sornson, N. (2001). Vision and learning. In B. Sornson (Ed.), *Preventing early learning failure.* Alexandria, VA: ASCD.

Sorrells, A. M., Rieth, H., & Sindelar, P. (2004). *Critical issues in special education: Access, diversity, and accountability.* Boston: Pearson.

Sousa, D. (2001). *How the brain learns* (2nd ed.). Boston: Allyn & Bacon.

Sousa, D. (2005). *How the brain learns to read.* Thousand Oaks, CA: Corwin.

Sousa, D. (2008). *How the brain learns mathematics.* Thousand Oaks, CA: Corwin.

Specht, L. B., & Sandling, P. K. (1991). The differential effects of experiential learning activities and traditional lecture classes in accounting. *Simulation and Games, 2,* 196–210.

Spector, J. E. (1992). Predicting progress in beginning reading: Dynamic assessment of phonemic awareness. *Journal of Educational Psychology, 84*(3), 353–363.

Speece, D., Case, L., & Molloy, D. (2003). Responsiveness to general education as the first gate to learning disabilities identification. *Learning Disabilities: Research and Practice, 18*(3), 147–156.

Spencer, M. B., Noll, E., Stoltzfus, J., & Harpalani, V. (2001). Identity and school adjustment: Revisiting the "acting white" assumption. *Educational Psychologist, 36*(1), 21–30.

Sperling, G. A. (1960). The information available in brief visual presentations. *Psychological Monographs, 74*(498).

Spiegel, D. L. (2005). *Classroom discussion: Strategies for enhancing all students, building higher-level thinking skills, and strengthening reading and writing across the curriculum.* New York: Scholastic.

Spielberger, C., & Vagg, P. (Eds.). (1995). *Test anxiety: Theory, assessment, and treatment.* Washington, DC: Taylor & Francis.

Sprenger, M. (2009). Focusing the digital brain. *Educational Leadership, 67*(1), 34–39.

Squires, D. A. (2009). *Curriculum alignment: Research based strategies for increasing student achievement.* Thousand Oaks, CA: Corwin Press.

Stahl, K. A. D., Keane, A., & Vukovic, R. (2009, April). *Investigating the effects of a Response to Intervention framework in New York City.* Paper presented at the meeting of the American Educational Research Association, San Diego, CA.

Stallings, J., & Krasavage, E. M. (1986). Program implementation and student achievement in a four-year Madeline Hunter follow-through project. *Elementary School Journal, 87,* 117–138.

Stallings, J. A., & Kaskowitz, D. (1974). *Follow-through classroom observation evaluation 1972–73.* Menlo Park, CA: Standard Research Institute.

Stanovich, K. E., Siegel, L. S., & Gottard, A. (1997). Converging evidence for phonological and surface subtypes of reading disability. *Journal of Educational Psychology, 89*(10), 114–127.

Stansbury, M. (2009, July 21). *What educators can learn from brain research.* Retrieved July 27, 2009, from www.eschoolnews.com

Starfield, B. (1997). *Quality of primary care: A services perspective.* Primary Care Center Policy White Paper.

Starnes, B. A. (2006). Montana's Indian education for all: Toward an education worthy of American ideals. *Phi Delta Kappan, 88*(3), 184–189.

Starratt, R. (2003). Opportunity to learn and the accountability agenda. *Phi Delta Kappan, 85*(4), 298–303.

Stecher, B., Hamilton, L., & Gonzalez, G. (2003). *Working smarter to leave no child behind.* Santa Monica, CA: RAND.

Steel, P. (2007). The nature of procrastination: A meta-analytic and theoretical review of quintessential self-regulatory failure. *Psychological Bulletin, 133*(1), 65–94.

Stein, B. S., Littlefield, J., Bransford, J. D., & Persampieri, M. (1984). Elaboration and knowledge acquisition. *Memory and Cognition, 12,* 522–529.

Stein, M. K., Leinhardt, G., & Bickel, W. (1989). Instructional issues for teaching students at risk. In R. E. Slavin, N. L. Karweit, & N. A. Madden (Eds.), *Effective programs for students at risk.* Boston: Allyn & Bacon.

Stein, N. (2000). Listening to—and learning from—girls. *Educational Leadership, 57*(4), 18–20.

Steiner, H. H., & Carr, M. (2003). Cognitive development in gifted children: Toward a more precise understanding of emerging differences in intelligence. *Educational Psychology Review, 15*(3), 215–246.

Stephan, W. G., & Vogt, W. P. (Eds.). (2004). *Education programs for improving intergroup relations.* New York: Teachers College.

Sternberg, R. (2008). Applying psychological theories to educational practice. *American Educational Research Journal, 45*(1), 150–165.

Sternberg, R., Jarvin, L., & Grigorenko, E. (2009). *Teacing for wisdom, intelligence, creativity, and success.* Thousand Oaks, CA: Corwin.

Sternberg, R. J. (2002). Raising the achievement of all students: Teaching for successful intelligence. *Educational Psychology Review, 14*(4), 383–393.

Sternberg, R. J. (2003). Contemporary theories of intelligence. In W. M. Reynolds & G. E. Miller (Eds.), *Handbook of psychology: Vol. 7. Educational psychology* (pp. 23–45). Hoboken, NJ: Wiley.

Sternberg, R. J. (2007). Who are the bright children? The cultural context of being and acting intelligent. *Educational Researcher, 36*(3), 148–155.

Sternberg, R. J., & Bhana, K. (1986). Synthesis of research on the effectiveness of intellectual skills programs: Snake-oil remedies or miracle cures? *Educational Leadership, 44*(2), 60–67.

Stevens, R., Van Meter, P., Garner, J., Warcholak, N., Bochna, C., & Hall, T. (2008). Reading and Integrated Literacy Strategies (RAILS): An integrated approach to early reading. *Journal of Education for Students Placed at Risk, 13*(4), 357–380.

Stevens, R. J., Madden, N. A., Slavin, R. E., & Farnish, A. M. (1987). Cooperative Integrated Reading and Composition: Two field experiments. *Reading Research Quarterly, 22,* 433–454.

Stevens, R. J., & Slavin, R. E. (1995a). The cooperative elementary school: Effects on students' achievement, attitudes, and social relations. *American Educational Research Journal, 32,* 321–351.

Stevens, R. J., & Slavin, R. E. (1995b). The effects of Cooperative Integrated Reading and Composition (CIRC) on academically handicapped and non-handicapped students' achievement, attitudes, and metacognition in reading and writing. *Elementary School Journal, 95*(3), 241–262.

Stiggins, R. (2004). New assessment beliefs for a new school mission. *Phi Delta Kappan, 86*(1), 22–27.

Stiggins, R. (2007). Assessment through the student's eyes. *Educational Leadership, 64*(8), 22–26.

Stiggins, R. J. (2000). *Student-involved classroom assessment* (3rd ed.). Bloomington, IN: Phi Delta Kappan.

Stinson, D. (2006). African American male adolescents, schooling (and mathematics): Deficiency, rejection, and achievement. *Review of Educational Research, 76*(4), 477–506.

Stipek, D. (2002). *Motivation to learn: Integrating theory and practice* (4th ed.). Boston: Allyn & Bacon.

Stipek, D. (2006). No Child Left Behind comes to preschool. *The Elementary School Journal, 106*(5), 455–466.

Stipek, D., de la Sota, A., & Weishaupt, L. (1999). Life lessons: An embedded classroom approach to preventing high-risk behaviors among preadolescents. *The Elementary School Journal, 99*(5), 433–452.

Strand, S., Deary, I. J., & Smith, P. (2006). Sex differences in cognitive abilities test scores: A UK national picture. *British Journal of Educational Psychology, 76,* 463–480.

Streifer, P. (2002). *Using data to make better educational decisions.* Lanham, MD: Scarecrow Education & American Association of School Administrators.

Stringer, E. (2008). *Action research in education* (2nd ed.). Upper Saddle River, NJ: Pearson.

Stringfield, S., Millsap, M. A., Herman, R., Yoder, N., Brigham, N., Nesselrodt, P., Schaffer, E., Karweit, N., Levin, M., & Stevens, R. J. (1997). *Special strategies studies final report.* Washington, DC: U.S. Department of Education.

Strong, R. W., Silver, H. F., & Perini, M. J. (2001). *Teaching what matters most.* Alexandria, VA: ASCD.

Strout, M. (2005). Positive behavioral support on the classroom level: Considerations and strategies. *Beyond Behavior, 14,* 3–8.

Struzziero, P. (2009, April). *Does RTI help first graders at risk for reading problems?* Paper presented at the annual meeting of the American Educational Research Association, San Diego, CA.

Stuebing, K. K., Fletcher, J. M., LeDoux, J. M., Lyon, G. R., Shaywitz, S. E., & Shaywitz, B. A. (2002). Validity of IQ discrepancy classifications of reading disabilities: A meta-analysis. *American Educational Research Journal, 39*(2), 469–518.

Stumpf, H., & Stanley, J. C. (1996). Gender-related differences on the College Board's advanced placement achievement tests 1982–1992. *Journal of Educational Psychology, 88*(2), 353–364.

Summers, J. (2006). Effects of collaborative learning in math on sixth graders' individual goal orientations from a socioconstructivist perspective. *The Elementary School Journal, 106*(3), 273–290.

Summers, J. (2008). Cognitive approaches to motivation in education. In T. L. Good (Ed.), *21st century learning* (Vol. 1, pp. 113–120). Thousand Oaks, CA: Sage.

Supovitz, J. A., & Brennan, R. T. (1997). Mirror, mirror on the wall, which is the fairest test of all? An examination of the equitability of portfolio assessment relative to standardized tests. *Harvard Educational Review, 67*(3), 474–505.

Supovitz, J. A., Poglinco, S. M., & Snyder, B. A. (2001). *Moving mountains: Successes and challenges of the America's Choice comprehensive school reform design.* Philadelphia: University of Pennsylvania, Consortium for Policy Research in Education.

Susman, E. J., Dorn, L. D., & Schiefelbein, V. L. (2003). Puberty, sexuality, and health. In R. M. Lerner, M. A. Easterbrooks, & J. Mistry (Eds.), *Handbook of psychology: Vol. 6. Developmental psychology* (pp. 295–324). Hoboken, NJ: Wiley.

Sutherland, K., Wehby, J., & Copeland, S. (2000). Effect of rates of varying behavior-specific praise on the on-task behavior of students with EBD. *Journal of Emotional and Behavioral Disorders, 8,* 2–8, 26.

Suzuki, L. A., Ponterotto, J. G., & Meller, P. J. (Eds.). (2000). *Handbook of multicultural assessment* (2nd ed.). San Francisco: Jossey-Bass.

Swann, W., Chang-Schneider, C., & McClarty, K. (2007). Do people's self-views matter? *American Psychologist, 62*(2), 84–94.

Swanson, H. (2001). Research on interventions for adolescents with learning disabilities: A meta-analysis of outcomes related to higher-order processing. *The Elementary School Journal, 101*(3), 331–348.

Swanson, H., & Jerman, O. (2006). Math disabilities: A selective meta-analysis of the literature. *Review of Educational Research, 76*(2), 249–274.

Swanson, H. L., & Hoskyn, M. (1998). Experimental intervention research on students with learning disabilities: A meta-analysis of treatment outcomes. *Review of Educational Research, 68*(3), 277–321.

Swanson, H. L., Mink, J., & Bocian, K. (1999). Cognitive processing deficits in poor readers with symptoms of reading disabilities and ADHD: More alike than different? *Journal of Educational Psychology, 91*(2), 321–333.

Swanson, M. C., Mehan, H., & Hubbard, L. (1995). The AVID classroom: Academic and social support for low-achieving students. In J. Oakes & K. H. Quartz (Eds.), *Creating new educational communities.* Chicago: University of Chicago Press.

Swartz, E. (2009). Diversity: Gatekeeping knowledge and maintaining inequalities. *Review of Educational Research, 79*(2), 1044–1083.

Sweeney, D., & Hoffman, L. (2004). Research issues in autism spectrum disorders. In R. Rutherford, M. Quinn, & S. Mathur (Eds.), *Handbook of research on emotional and behavioral disorders* (pp. 302–317). New York: Guilford.

Sweller, J., van Merrienboer, J. J. G., & Paas, F. G. W. C. (1998). Cognitive architecture and instructional design. *Educational Psychology Review, 10*(3), 251–296.

Swisher, K., & Schoorman, D. (2001). Learning styles: Implications for teachers. In C. F. Diaz (Ed.), *Multicultural education in the 21st century.* New York: Longman.

Tangney, J., & Dearing, R. (2002). Gender differences in morality. In R. Bornstein & J. Masling (Eds.), *The psychodynamics of gender and gender role.* Washington, DC: American Psychological Association.

Tate, M. L. (2003). *Worksheets don't grow dendrites: 20 instructional strategies that engage the brain.* Thousand Oaks, CA: Corwin.

Tate, W., IV. (2008). "Geography of opportunity": Poverty, place, and educational outcomes. *Educational Researcher, 37*(7), 397–411.

Taylor, B., Pearson, P., Clark, K., & Walpole, S. (2000). Effective schools and accomplished teachers: Lessons about primary-grade reading instruction in low-income schools. *The Elementary School Journal, 101*(2), 121–166.

Taylor, C. (1994). Assessment for measurement or standards: The peril and promise of large-scale assessment reform. *American Educational Research Journal, 31*(2), 231–262.

Taylor, D., & Lorimer, M. (2003). Helping boys succeed. *Educational Leadership, 60*(4), 68–70.

Teeter, P. A. (2000). *Interventions for ADHD.* New York: Guilford.

Tenenbaum, H., & Ruck, M. (2007). Are teachers' expectations different for racial minority than for European American students? A meta-analysis. *Journal of Educational Psychology, 99*(2), 253–273.

Tennyson, R. D., & Park, O. (1980). The teaching of concepts: A review of instructional design literature. *Review of Educational Research, 50,* 55–70.

Terman, L. M., & Oden, M. H. (1959). The gifted group in mid-life. In *Genetic studies of genius* (Vol. 5). Stanford, CA: Stanford University Press.

Texas Center for Educational Research. (2007). *Evaluation of the Texas technology immersion pilot: Findings from the second year.* Austin, TX: Author.

Theodore, L., Bray, M., Kehle, T., & Jenson, W. (2001). Randomization of group contingencies and reinforcers for reducing classroom disruptive behavior. *Journal of School Psychology, 39,* 267–277.

Thoma, S. J., & Rest, J. R. (1999). The relationship between moral decision making and patterns of consolidation and transition in moral judgment development. *Developmental Psychology, 35*(2), 323–334.

Thomas, D., & Stevenson, H. (2009). Gender risks and education: The particular classroom challenges for urban low-income African American boys. *Review of Research in Education, 33,* 160–180.

Thomas, E. L., & Robinson, H. A. (1972). *Improving reading in every class: A sourcebook for teachers.* Boston: Allyn & Bacon.

Thomas, M. D., & Bainbridge, W. L. (2001). "All children can learn": Facts and fallacies. *Phi Delta Kappan, 82*(9), 660–662.

Thompson, R. A., Easterbrooks, M. A., & Padilla-Walker, L. M. (2003). Social and emotional development in infancy. In R. M. Lerner, M. A. Easterbrooks, & J. Mistry (Eds.), *Handbook of psychology: Vol. 6. Developmental psychology* (pp. 91–112). Hoboken, NJ: Wiley.

Thompson, R. A., & Wyatt, J. M. (1999). Current research on child maltreatment: Implications for educators. *Educational Psychology Review, 11*(3), 173–202.

Thompson, R. F. (2000). Memory: Brain systems. In A. E. Kazdin (Ed.), *Encyclopedia of psychology* (Vol. 5, pp. 175–178). Washington, DC: American Psychological Association.

Thompson, S. (2001). The authentic standards movement and its evil twin. *Phi Delta Kappan, 82*(5), 358–362.

Thompson, W., & Hickey, J. (2008). *Society in focus.* Boston: Pearson.

Thorkildsen, T. A. (1993). Those who can, tutor: High-ability students' conceptions of fair ways to organize learning. *Journal of Educational Psychology, 85*(1), 182–190.

Thorkildsen, T. A., & Nicholls, J. G. (1998). Fifth graders' achievement orientations and beliefs: Individual and classroom differences. *Journal of Educational Psychology, 90*(2), 179–201.

Thornburg, D. (2002). *The new basics: Education and the future of work in the telematic age.* Alexandria, VA: ASCD.

Thorsen, C. (2009). *Tech tactics: Technology for teachers* (3rd ed). Boston: Pearson.

Thousand, J. S., & Villa, R. A. (1994). *Creativity and collaborative learning: A practical guide to empowering students and teachers.* Baltimore: Paul H. Brookes.

Tileston, D., & Darling, S. (2008). *Teaching strategies that prepare students for high-stakes tests.* Thousand Oaks, CA: Corwin.

Tingley, J. (2001). Volunteer programs: When good intentions are not enough. *Educational Leadership, 68*(7), 53–55.

Tishman, S., Perkins, D. N., & Jay, E. (1995). *The thinking classroom.* Boston: Allyn & Bacon.

Tobias, S. (1992). The impact of test anxiety cognition in school learning. In K. A. Hagtvet & T. B. Johnsen (Eds.), *Advances in test anxiety research* (Vol. 7, pp. 18–31). Amsterdam: Swets & Zeitlinger.

Tobin, K. (1986). Effects of teacher wait time on discourse characteristics in mathematics and language arts classes. *American Educational Research Journal, 23,* 191–200.

Tobin, K. (1987). The role of wait time in higher cognitive level learning. *Review of Educational Research, 57,* 69–95.

Tobin, K. G., & Capie, W. (1982). Relationships between classroom process variables and middle-school science achievement. *Journal of Educational Psychology, 74,* 441–454.

Toga, A. W., & Thompson, P. M. (2005). Genetics of brain structure and intelligence. *Annual Review of Neuroscience, 28,* 1–23.

Tollefson, N. (2000). Classroom applications of cognitive theories of motivation. *Educational Psychology Review, 12*(1), 63–84.

Tomlinson, C. (2002). Invitation to learn. *Educational Leadership, 60*(1), 6–11.

Tomlinson, C. (2007/2008). Learning to love assessment. *Educational Leadership, 65*(4), 8–13.

Tomlinson, C. (2008). The goals of differentiation. *Educational Leadership, 66*(3), 26–31.

Tomlinson, C. A. (2004). Differentiating instruction: A synthesis of key research and guidelines. In T. L. Jetton & J. A. Dole (Eds.), *Adolescent literacy, research and practice* (pp. 228–250). New York: The Guilford Press.

Tomlinson, C. A., Kaplan, S. N., & Renzulli, J. S. (2001). *The parallel curriculum: A model for planning curriculum for gifted students and whole classrooms.* Thousand Oaks, CA: Corwin.

Tong, F., Lara-Alecio, R., Irby, B., Mathes, P., & Kwok, O. (2008). Accelerating early academic oral English development in transitional bilingual and structured English immersion programs. *American Educational Research Journal, 45*(4), 1011–1044.

Top, B. L., & Osguthorpe, R. T. (1987). Reverse-role tutoring: The effects of handicapped students tutoring regular class students. *Elementary School Journal, 87,* 413–423.

Topping, K., & Ehly, S. (Eds.). (1998). *Peer-assisted learning.* Mahwah, NJ: Erlbaum.

Topping, K., Samuels, J., & Paul, T. (2007). Does practice make perfect? Independent reading quantity, quality, and student achievement. *Learning and Instruction, 17*(3), 253–264.

Torrance, M., Fidalgo, R., & Garcia, J.-N. (2007). The teachability and effectiveness of cognitive self-regulation in sixth-grade writers. *Learning and Instruction, 17*(3), 265–285.

Towne, L., Wise, L., & Winters, T. (2005). *Advancing scientific research in education.* Washington, DC: National Academies Press.

Trammel, D. L., Schloss, P. J., & Alper, S. (1994). Using self-recording evaluation and graphing to increase completion of homework assignments. *Journal of Learning Disabilities, 27,* 75–81.

Trautwein, U. (2007). The homework-achievement relation reconsidered: Differentiating homework time, homework frequency, and homework effort. *Learning and Instruction, 17*(3), 372–388.

Trawick-Smith, J. (1997). *Early childhood development: A multicultural perspective.* Upper Saddle River, NJ: Merrill/Prentice-Hall.

Trawick-Smith, J. (Ed.). (2010). *Early childhood development: A multicultural perspective* (5th ed.). Upper Saddle River, NJ: Merrill/Prentice-Hall.

Trefil, J., & O'Brien-Trefil, W. (2009). The science students need to know. *Educational Leadership, 67*(1), 28–33.

Trent, W. T. (1997). Outcomes of school desegregation: Findings from longitudinal research. *Journal of Negro Education, 66*(3), 255–257.

Triandis, H. (1995). *Individualism and collectivism.* Boulder, CO: Westview.

Troop, W. R., & Asher, S. R. (1999). Teaching peer relationship competence in schools. In R. J. Stevens (Ed.), *Teaching in American schools.* Upper Saddle River, NJ: Merrill/Prentice-Hall.

Trotter, A. (2009, January 6). Students turn their cellphones on for classroom lessons. *Education Daily.* Retrieved February 1, 2009, from www.csun.edu/~krowlands/Content/Academic_Resources/Technology/cell%20phones%20in%20classroom.pdf

Trumbull, E., & Farr, B. (2000). *Grading and reporting student progress in an age of standards.* Norwood, MA: Christopher-Gordon.

Tschannen-Moran, M., & Woolfolk Hoy, A. (2001). Teacher efficacy: Capturing an elusive construct. *Teaching and Teacher Education, 17,* 783–805.

Tucker, J. A. (2001). Instructional support teams: It's a group thing. In B. Sornson (Ed.), *Preventing early learning failure.* Alexandria, VA: ASCD.

Tulving, E., & Craik, F. I. M. (Eds.). (2000). *The Oxford handbook of memory.* New York: Oxford University Press.

Turiel, E. (2006). The development of morality. In N. Eisenberg (Ed.), *Handbook of Child Psychology, Vol. 3* (6th ed., pp. 789–857). Hoboken, NJ: Wiley.

Turkeltaub, P. E., Gareau, L., Flowers, D. L., Zeffiro, T. A., & Eden, G. F. (2003). Development of neural mechanisms for reading. *Nature Neuroscience, 6,* 767–773.

Turner, L. A., & Johnson, B. (2003). A model of mastery motivation for at-risk preschoolers. *Journal of Educational Psychology, 95*(3), 495–505.

Turner, S., & Alborz, A. (2003). Academic attainments of children with Down's syndrome: A longitudinal study. *British Journal of Educational Psychology, 73*(4), 563–583.

Tyson, K., Darity, J., & Castellino, D. (2005). It's not a "black thing": Understanding the burden of acting white and other dilemmas of high achievement. *American Sociological Review, 70*(4), 582–605.

U.S. Census Bureau. (2001). *Population projections.* Retrieved January 1, 2010, from www.census.gov

U.S. Department of Education. (1994). *Sixteenth annual report to Congress on the implementation of the Individuals with Disabilities Education Act.* Washington, DC: Author.

U.S. Department of Education. (2000). *The 22nd annual report to Congress on the implementation of the Individuals with Disabilities Education Act.* Washington, DC: U.S. Government Printing Office.

U.S. Department of Education. (2002). *No Child Left Behind: A desktop reference.* Washington, DC: Author. Available at www.ed.gov/offices/OESE/reference

U.S. Department of Education. (2003). *Identifying and implementing educational practices supported by rigorous evidence: A user-friendly guide.* Washington, DC: Author.

U.S. Department of Education. (2005). *Annual report to Congress on the implementation of the Individuals with Disabilities Act.* Washington, DC: Author.

U.S. Department of Education. (2006). *Annual report to Congress on the implementation of the Individuals with Disabilities Act.* Washington, DC: Author.

U.S. Department of Education, Office of Special Education and Rehabilitation Services. (1998, September). *IDEA '97 general information.* Retrieved May 2, 2010, from www.ed.gov/offices/OSERS/IDEA/overview.html

University of Wisconsin-Madison. (2009, June 2). Culture, not biology, underpins math gender gap. *Science Daily.* Retrieved June 10, 2009, from www.sciencedaily.com/releases/2009/090601182655.htm

Unsworth, N., & Engle, R. (2007). On the division of short-term and working memory: An examination of simple and complex span and their relation to higher order abilities. *Psychological Bulletin, 133*(6), 1038–1066.

Urdan, T., & Mestas, M. (2006). The goals behind performance goals. *Journal of Educational Psychology, 98*(2), 354–365.

Usher, E., & Pajares, F. (2008). Sources of self-efficacy in school: Critical review of the literature and future directions. *Review of Educational Research, 78*(4), 751–796.

Usher, E., & Pajares, F. (2009). Sources of self-efficacy in mathematics: A validation study. *Contemporary Educational Psychology, 34*(1), 89–101.

Vacca, R. (2006). They can because they think they can. *Educational Leadership, 63*(5), 56–59.

Vadasy, P. F., Sanders, E. A., & Tudor, S. (2007). Effectiveness of paraeducator-supplemented individual instruction: Beyond basic decoding skills. *Journal of Learning Disabilities, 40*(6), 508–525.

Valencia, S. W., Pearson, P. D., Peters, C. W., & Wixson, K. K. (1989). Theory and practice in statewide reading assessment: Closing the gap. *Educational Leadership, 46*(7), 57–63.

Valenza, J. (2005/2006). The virtual library. *Educational Leadership, 63*(4), 54–59.

Vamosi, R. (2005, February 18). *Alarm over pharming attacks: Identity theft made even easier.* Retrieved October 6, 2005, from http://reviews.cnet.com/4520-3513_7-5670780-1.html

van Goozen, S., Fairchild, G., Snoek, H., & Harold, G. (2007). The evidence for a neurobiological model of childhood antisocial behavior. *Psychological Bulletin, 133*(1), 149–182.

van IJzendoorn, M. H., Juffer, F., & Klein Poelhuis, C. W. (2005). Adoption and cognitive development: A meta-analytic comparison of adopted and nonadopted children's IQ and school performance. *Pyschological Bulletin, 131*(2), 301–316.

Van Keer, H. (2004). Fostering reading comprehension in fifth grade by explicit instruction in reading strategies and peer tutoring. *British Journal of Educational Psychology, 74*(1), 37–70.

Van Laar, C. (2001). Understanding the impact of disadvantage on academic achievement. In F. Salili & R. Hoosain (Eds.), *Multicultural education: Issues, policies, and practices.* Greenwich, CT: Information Age Publishing.

Van Meter, P. (2001). Drawing construction as a strategy for learning from text. *Journal of Educational Psychology, 93*(1), 129–140.

Van Patten, J., Chao, C. I., & Reigeluth, C. M. (1986). A review of strategies for sequencing and synthesizing instruction. *Review of Educational Research, 56,* 437–471.

Van Sickle, R. L. (1986, April). *A quantitative review of research on instructional simulation gaming: A twenty-year perspective.* Paper presented at the annual convention of the American Educational Research Association, San Francisco.

Vansteenkiste, M., Lens, W., & Deci, E. (2006). Intrinsic vs. extrinsic goal contents in self-determination theory: Another look at the quality of academic motivation. *Educational Psychologist, 41*(1), 19–31.

Van Tassel-Baska, F. S. (1989). Appropriate curriculum for gifted learners. *Educational Leadership 46*(6), 13–15.

Varma, S., McCandliss, B., & Schwartz, D. (2008). Scientific and pragmatic challenges for bridging education and neuroscience. *Educational Researcher, 37*(3), 140–152.

Vaughn, S., Bos, C. L., & Schumm, J. S. (2007). *Teaching students who are exceptional, diverse, and at risk* (4th ed.). Boston: Pearson.

Vaughn, S., Levy, S., Coleman, M., & Bos, C. S. (2002). Reading instruction for students with LD and EBD: A synthesis of observation studies. *Journal of Special Education, 36*(1), 2–13.

Vavrus, M. (2008). Culturally responsive teaching. In T. L. Good (Ed.), *21st century learning* (Vol. 2, pp. 49–57). Thousand Oaks, CA: Sage.

Veenman, S. (1995). Cognitive and noncognitive effects of multigrade and multi-age classes: A best evidence synthesis. *Review of Educational Research, 65*(4), 319–381.

Veenman, S. (1997). Combination classrooms revisited. *Educational Research and Evaluation, 3*(3), 262–276.

Vekiri, I. (2002). What is the value of graphical displays in learning? *Educational Psychology Review, 14*(3), 261–312.

Vellutino, F. R., Scanlon, D. M., Sipay, E. R., Small, S. G., Chen, R., Pratt, A., & Denckla, M. B. (1996). Cognitive profiles of difficult-to-remediate and readily remediated poor readers: Early intervention as a vehicle for distinguishing between cognitive and experimental deficits as basic causes of specific reading disability. *Journal of Educational Psychology, 88*(4), 601–638.

Vernez, G. (1998). *Projected social context for education of children.* Washington, DC: RAND.

Villa, R., & Thousand, J. (2003). Making inclusive education work. *Educational Leadership, 61*(2), 19–23.

Villegas, A., & Lucas, T. (2007). The culturally responsive teacher. *Educational Leadership, 64*(6), 28–33.

Vispoel, W. P., & Austin, J. R. (1995). Success and failure in junior high school: A critical incident approach to understanding students' attributional beliefs. *American Educational Research Journal, 32,* 277–412.

Vokoun, M., & Bigelow, T. (2008). Dude, what choice do I have? *Educational Leadership, 66*(3), 70–74.

Volkmar, F., & Pauls, D. (2003). Autism. *Lancet, 362,* 1133–1141.

Volman, M., & van Eck, E. (2001). Gender equity and information technology in education: The second decade. *Review of Educational Research, 71*(4), 613–634.

Von Drehle, D. (2007, July 26). The myth about boys. *Time.* Retrieved June 4, 2010, from www.time.com/time/magazine/article/0,9171,1647452,00.html

von Glaserfeld, E. (1996). Footnotes to the "many faces of constructivism." *Educational Researcher, 25*(6), 19.

Vuilleumeir, P. (2005). How brains beware: Neural mechanisms of emotional attention. *Trends in Cognitive Sciences, 9,* 585–594.

Vygotsky, L. S. (1978). *Mind in society.* (M. Cole, V. John-Steiner, S. Scribner, & E. Souberman, Eds.). Cambridge, MA: Harvard University Press.

Wade, S. E. (2001). Research on importance and interest: Implications for curriculum development and future research. *Educational Psychology Review, 13*(3), 243–261.

Wadsworth, B. (2004). *Piaget's theory of cognitive and affective development* (5th ed.). Boston: Pearson.

Wagmeister, J., & Shifrin, B. (2000). Thinking differently, learning differently. *Educational Leadership, 58*(3), 45–48.

Wainer, H. (2000). *Computerized adaptive testing: A primer* (2nd ed.). Mahwah, NJ: Erlbaum.

Waitoller, F., Artiles, A., & Cheney, D. (2010). The miner's canary: A review of overrepresentation research and explanations. *The Journal of Special Education, 44*(1), 29–49.

Walker, H., Colvin, G., & Ramsey, E. (2003). *Antisocial behavior in school: Evidence-based practice.* Pacific Grove, CA: Brooks-Cole.

Walker, H., Ramsey, E., & Gresham, F. (2003a). Heading off disruptive behavior. *American Educator, 27*(4), 6–21.

Walker, H., Ramsey, E., & Gresham, F. (2003b). How disruptive students escalate hostility and disorder—and how teachers can avoid it. *American Educator, 27*(4), 22–27.

Walker, H. M., & Gresham, F. M. (2003). School-related behavior disorders. In W. M. Reynolds & G. E. Miller (Eds.), *Handbook of psychology: Vol. 7. Educational psychology* (pp. 511–530). Hoboken, NJ: Wiley.

Walker, J., & Hoover-Dempsey, K. V. (2008). Parent involvement. In T. L. Good (Ed.), *21st century learning* (Vol. 2, pp. 382–391). Thousand Oaks, CA: Sage.

Walker, J. E., Shea, T. M., & Bauer, A. M. (2004). *Behavior management: A practical approach for educators* (5th ed.). Upper Saddle River, NJ: Merrill.

Walker, J. E., Shea, T. M., & Bauer, A. M. (2007). *Behavior management: A practical approach for educators* (9th ed.). Upper Saddle River, NJ: Pearson.

Walker, J. M. T., & Hoover-Dempsey, K. V. (2001, April). *Age-related patterns in student invitations to parental involvement in homework.* Paper presented at the annual meeting of the American Educational Research Association, Seattle, WA.

Walker, L. J. (2004). Progress and prospects in the psychology of moral development. *Merrill-Palmer Quarterly, 50,* 546–557.

Wallace, R. (2004). A framework for understanding teaching with the internet. *American Educational Research Journal, 41*(2), 447–448.

Wallace-Broscious, A., Serafica, F. C., & Osipow, S. H. (1994). Adolescent career development: Relationships to self-concept and identity status. *Journal of Research on Adolescence, 4*(1), 122–149.

Wallis, C., & Steptoe, S. (2007, June 4). How to fix No Child Left Behind. *Time, 169*(3), 34–41.

Walsh, J. A., & Sattes, B. D. (2005). *Quality questioning: Research-based practice to engage every learner.* Thousand Oaks, CA: Corwin.

Wang, A. Y., & Thomas, M. H. (1995). Effect of keywords on long-term retention: Help or hindrance? *Journal of Educational Psychology, 87,* 468–475.

Warger, C. L., & Pugach, M. C. (1996). Forming partnerships around curriculum. *Educational Leadership, 53*(5), 62–65.

Warikoo, N., & Carter, P. (2009). Cultural explanations for racial and ethnic stratification in academic achievement: A call for a new and improved theory. *Review of Educational Research, 79*(1), 366–394.

Warrick, P. D., & Naglieri, J. A. (1993). Gender differences in planning, attention, simultaneous, and successive (PASS) cognitive processes. *Journal of Educational Psychology, 85*(4), 693–701.

Wartella, E., & Jennings, N. (2000). Children and computers: New technology—old concerns. *Children and Computer Technology, 10*(2), 31–43.

Wasley, P. A. (2002). Small classes, small schools: The time is now. *Educational Leadership, 59*(3), 6–10.

Waterhouse, L. (2006). Multiple intelligences, the Mozart Effect, and emotional intelligence: A critical review. *Educational Psychologist, 4*(4), 207–225.

Watkins, D., & Wentzel, K. (2008). Training boys with ADHD to work collaboratively: Social and learning outcomes. *Contemporary Educational Psychology, 33*(4), 625–646.

Watkins, M., & Canivez, G. (2004). Temporal stability of WISC-III composite strengths and weaknesses. *Psychological Assessment, 16,* 6–16.

Watt, K. M., Powell, C. A., & Mendiola, I. D. (2004). Implications of one comprehensive school reform model for secondary school students underrepresented in higher education. *Journal of Education for Students Placed at Risk, 9*(3), 241–259.

Waxman, H., Padrón, Y., & Arnold, K. (2001). Effective instructional practices for students placed at risk of academic failure. In G. Borman, S. Stringfield, & R. Slavin (Eds.), *Title I: Compensatory education at the crossroads.* Mahwah, NJ: Erlbaum.

Waxman, H. C., Gray, J. P., & Padron, N. (2002). Resiliency among students at risk of academic failure. In S. Stringfield & D. Land (Eds.), *Educating at-risk students* (pp. 29–48). Chicago: National Society for the Study of Education.

Wayne, A. J., & Youngs, P. (2003). Teacher characteristics and student achievement gains: A review. *Review of Educational Research, 73*(1), 89–122.

Weaver-Hightower, M. (2003). The "boy turn" in research on gender education. *Review of Educational Research, 73*(4), 471–498.

Webb, N., & Mastergeorge, A. (2003). Promoting effective helping behavior in peer-directed groups. *International Journal of Educational Research, 39,* 73–97.

Webb, N. M. (1992). Testing a theoretical model of student interaction and learning in small groups. In R. Hertz-Lazarowitz & N. Miller (Eds.), *Interaction in cooperative groups: The theoretical anatomy of group learning* (pp. 102–119). New York: Cambridge University Press.

Webb, N. M. (2008). Learning in small groups. In T. L. Good (Ed.), *21st century learning* (Vol. 1, pp. 203–211). Thousand Oaks, CA: Sage.

Webb, N. M., & Mastergeorge, A. M. (2003). The development of students' learning in peer-directed small groups. *Cognition and Instruction, 21,* 361–428.

Webb, N. M., & Palincsar, A. S. (1996). Group processes in the classroom. In D. C. Berliner & R. C. Calfee (Eds.), *Handbook of educational psychology.* New York: Simon & Schuster Macmillan.

Webb, N. M., Trooper, J. D., & Fall, R. (1995). Constructive activity and learning in collaborative small groups. *Journal of Educational Psychology, 87,* 406–423.

Webber, J., Scheuermann, B., McCall, C., & Coleman, M. (1993). Research on self-monitoring as a behavior management technique in special education classrooms: A descriptive review. *Remedial and Special Education, 14*(2), 38–56.

Wechsler, D. (1955). *Wechsler Adult Intelligence Scale.* New York: Psychological Corporation.

Wehmeyer, M. L. (2001). *Teaching students with mental retardation: Providing access to the general curriculum.* Baltimore: Brookes.

Weigel, M., & Gardner, H. (2009). The best of both literacies. *Educational Leadership, 66*(6), 38–41.

Weinberger, E., & McCombs, B. L. (2001, April). *The impact of learner-centered practices on the academic and non-academic outcomes of upper elementary and middle school students.* Paper presented at the annual convention of the American Educational Research Association, Seattle, WA.

Weiner, B. (1992). *Human motivation: Metaphors, theories, and research.* Newbury Park, CA: Sage.

Weiner, B. (2000). Intrapersonal and interpersonal theories of motivation from an attributional perspective. *Educational Psychology Review, 12*(1), 1–14.

Weinert, F. E., & Helmke, A. (1995). Interclassroom differences in instructional quality and interindividual differences in cognitive development. *Educational Psychologist, 30*(1), 15–20.

Weinstein, C., & Mignano, A. (1993). *Organizing the elementary school classroom: Lessons from research and practice.* New York: McGraw-Hill.

Weinstein, C., & Mignano, A. (2007). *Elementary classroom management: Lessons from research and practice* (4th ed.). New York: McGraw-Hill.

Weinstein, C. E., & Hume, L. M. (1998). *Study strategies for lifelong learning.* Washington, DC: American Psychological Association.

Weinstein, C. S. (2003). *Secondary classroom management: Lessons from research and practice* (2nd ed.). New York: McGraw-Hill.

Weinstein, C. S. (2007). *Middle and secondary classroom management: Lessons from research and practice* (3rd ed.). New York: McGraw-Hill.

Weinstein, C. S., & Mignano, A. (2003). *Elementary classroom management: Lessons from research and practice* (3rd. ed.). New York: McGraw-Hill.

Weinstein, R. S. (1996). High standards in a tracked system of schooling: For which students and with what educational supports? *Educational Researcher, 25*(8), 16–19.

Weinstein, R. S., Madison, S. M., & Kuklinski, M. R. (1995). Raising expectations in schooling: Obstacles and opportunities for change. *American Educational Research Journal, 32,* 121–159.

Wells, A. S. (1995). Reexamining social science research on school desegregation. *Teachers College Record, 96*(4), 681–690.

Wells, A. S., & Crain, R. L. (1997). *Stepping over the color line.* New Haven, CT: Yale University Press.

Wells, A. S., Hirshberg, D., Lipton, M., & Oakes, J. (1995). Bounding the case within its context: A constructivist approach to studying detracking reform. *Educational Researcher, 24*(5), 18–24.

Welner, K. (2006). K–12 race-conscious student assignment policies: Law, social science, and diversity. *Review of Educational Research, 76*(3), 349–382.

Wentzel, K. R. (1993). Does being good make the grade? Social behavior and academic competence in middle school. *Journal of Educational Psychology, 85*(2), 357–364.

Wentzel, K. R. (2000). What is it that I'm trying to achieve? Classroom goals from a content perspective. *Contemporary Educational Psychology, 25*(1), 105–115.

Wentzel, K. R. (2003). School adjustment. In W. M. Reynolds & G. E. Miller (Eds.), *Handbook of psychology: Vol. 7. Educational psychology* (pp. 235–258). Hoboken, NJ: Wiley.

Wentzel, K. R., & Asher, S. R. (1995). The academic lives of neglected, rejected, popular, and controversial children. *Child Development, 66,* 754–763.

Wentzel, K. R., Barry, C. M., & Caldwell, K. A. (2004). Friendships in middle school: Influences on motivation and school adjustment. *Journal of Educational Psychology, 96*(2), 195–203.

Wentzel, K. R., & Erdley, C. A. (1993). Strategies for making friends: Relations to social behavior and peer acceptance in early adolescence. *Developmental Psychology, 29,* 819–826.

Wessler, S. L. (2001). Sticks and stones. *Educational Leadership, 58*(4), 28–33.

Westwater, A., & Wolfe, P. (2000). The brain-compatible curriculum. *Educational Leadership, 58*(3), 49–52.

Wheatley, G. H. (1991). Constructivist perspectives on science and mathematics learning. *Science Education, 75,* 9–21.

White, A. G., & Bailey, J. S. (1990). Reducing disruptive behaviors of elementary physical education students with sit and watch. *Journal of Applied Behavior Analysis, 3,* 353–359.

White, B.Y., & Frederiksen, J. R. (1998). Inquiry, modeling, and metacognition: Making science accessible to all students. *Cognition and Instruction, 16*(1), 3–118.

White, K. J., & Kistner, J. (1992). The influence of teacher feedback on young children's peer preferences and perceptions. *Developmental Psychology, 28,* 933–940.

Whitehurst, G., Crone, D., Zevenbergen, A., Schultz, M., Velting, O., & Fischel, J. (1999). Outcomes of an emergent literacy intervention from Head Start through second grade. *Journal of Educational Psychology, 91*(2), 261–272.

Whitman, S., Williams, C., & Shah, A. (2004). *Sinai Health System's community health survey: Report 1.* Chicago: Sinai Health System.

Wigfield, A., Byrnes, J., & Eccles, J. (2006). Development during early and middle adolescence. In P. Alexander & P. Winne (Eds.), *Handbook of educational psychology* (2nd ed., pp. 87–114). Mahwah, NJ: Erlbaum.

Wigfield, A., & Eccles, J. (1989). Test anxiety in elementary and secondary students. *Educational Psychologist, 24,* 159–183.

Wigfield, A., & Eccles, J. (2000). Expectancy-value theory of achievement motivation. *Contemporary Educational Psychology, 25*(1), 68–81.

Wigfield, A., Eccles, J. S., & Rodriguez, D. (1998). The development of children's motivation in school contexts. In P. D. Pearson & A. Iran-Nejad (Eds.), *Review of research in education* (pp. 73–118). Washington, DC: American Educational Research Association.

Wigfield, A. L. (1995, April). *Relationship of children's competence beliefs and achievement values to their performance and choice of different activities.* Paper presented at the annual meeting of the American Educational Research Association, San Francisco.

Wiggan, G. (2007). Race, school achievement, and educational inequality: Toward a student-based inquiry perspective. *Review of Educational Research, 77*(3), 310–333.

Wiggins, G. (1993). Assessment: Authenticity, context, and validity. *Phi Delta Kappan, 75*(3), 200–214.

Wiggins, G., & McTighe, J. (2006). Examining the teaching life. *Educational Leadership, 63*(6), 26–30.

Wilcox, R. T. (1993). Rediscovering discovery learning. In K. M. Cauley, F. Linder, & J. H. McMillan (Eds.), *Annual editions: Educational psychology 93/94.* Guilford, CT: Dushkin.

Wilens, T. E. (1998). *Straight talk about psychiatric medications for kids.* New York: Guilford.

Wiliam, D. (2007). Content then process: Teacher learning communities in the service of formative assessment. In D. B. Reeves (Ed.), *Ahead of the curve: The power of assessment to transform teaching and learning.* Bloomington, IN: Solution Tree.

Wiliam, D. (2007/2008, December /January). Informative assessment. *Educational Leadership, 65*(4), 36–42.

Wilkins, J. (2000). *Group activities to include students with special needs.* Thousand Oaks, CA: Corwin.

Willard-Holt, C. (2003). Raising expectations for the gifted. *Educational Leadership, 61*(2), 72–75.

Williams, J. E. (1995, April). *Use of learning and study skills among students differing in self-regulated learning efficacy.* Paper presented at the annual meeting of the American Educational Research Association, San Francisco, CA.

Williams, R. (2009). Black-white biracial students in American schools: A review of the literature. *Review of Educational Research, 79*(2), 776–804.

Willingham, D. (2002). Allocating student study time. *American Educator, 26*(2), 37–39.

Willingham, D. (2003). Students remember what they think about. *American Educator, 27*(2), 37–41.

Willingham, D. T. (2004). Practice makes perfect—but only if you practice beyond the point of perfection. *American Educator, 28*(1), 31–33.

Willingham, D.T. (2006). Brain-based learning: More fiction than fact. *American Educator, 30*(3), 30–37.

Willis, J. (2007). *Research-based strategies to ignite student learning: Insights from a neurologist and classroom teacher.* Reston, VA: ASCD.

Willis, J. A. (2006). Research-based teaching strategies for improving learning success. California Association of Independent Schools (CAIS) Faculty Newsletter.

Willoughby, T., Porter, L., Belsito, L., & Yearsley, T. (1999). Use of elaboration strategies by students in grades, two, four, and six. *The Elementary School Journal, 99*(3), 221–232.

Winebrenner, S. (2000). Gifted students need an education, too. *Educational Leadership, 58*(1), 52–56.

Winett, R. A., & Winkler, R. C. (1972). Current behavior modification in the classroom: Be still, be quiet, be docile. *Journal of Applied Behavior Analysis, 5,* 499–504.

Winne, P. (2006). How software technologies can improve research on learning and bolster school reform. *Educational Psychologist, 41*(1), 5–17.

Wittrock, M. C. (1991). Generative teaching of comprehension. *Elementary School Journal, 92,* 169–184.

Wittrock, M. C., & Alesandrini, K. (1990). Generation of summaries and analogies and analytic and holistic abilities. *American Educational Research Journal, 27,* 489–502.

Wittwer, J., & Renkl, A. (2008). Why instructional explanations often do not work: A framework for understanding the effectiveness of instructional explanations. *Educational Psychologist, 43*(1), 49–64.

Wong, H., & Wong, R. (2004). *The first days of school: How to be an effective teacher.* Mountain View, CA: Harry K. Wong Publications.

Wong, L.Y. S. (1995). Research on teaching: Process-product research findings and the feeling of obviousness. *Journal of Educational Psychology, 87,* 504–511.

Wood, D. J., Bruner, J. S., & Ross, G. (1976). The role of tutoring in problem solving. *Journal of Child Psychology and Psychiatry, 17,* 89–100.

Wragg, E. C., & Brown, C. (2001). *Explaining in the primary school.* London: Routledge.

Wright, J. C., Huston, A. C., Murphy, C., St. Peters, M., Pinon, M., Scantlin, R. M., & Kotler, J. A. (2001). The relations of early television viewing to school readiness and vocabulary of children from low-income families: The early window projects. *Child Development, 72,* 1347–1366.

Wulczyn, F., Smithgall, C., & Chen, L. (2009). Child well-being: The intersection of schools and child welfare. *Review of Research in Education, 33,* 35–62.

Wyra, M., Lawson, M., & Hungi, N. (2007). The mnemonic keyword method: The effects of bidirectional retrieval training and of ability to image on foreign language vocabulary recall. *Learning and Instruction, 17*(3), 360–371.

Xu, J., & Corno, L. (2003). Family help and homework management reported by middle school students. *The Elementary School Journal, 103*(5), 503–517.

Yeung, J., Linver, M., & Brooks-Gunn, J. (2002). How money matters for young children's development: Human capital and family process. *Child Development, 73,* 1861–1879.

Yonezawa, S., Wells, A. S., & Serna, I. (2002). Choosing tracks: "Freedom of choice" in detracking schools. *American Educational Research Journal, 39*(1), 37–67.

York-Barr, J., Sommerness, J., & Hur, J. (2008). Teacher leadership. In T. L. Good (Ed.), *21st century learning* (Vol. 1, pp. 12–20). Thousand Oaks, CA: Sage.

Zellermayer, M., Salomon, G., Globerson, T., & Givon, H. (1991). Enhancing writing-related metacognitions through a computerized writing partner. *American Educational Research Journal, 28,* 373–391.

Zettergren, P. (2003). School adjustment in adolescence for previously rejected, average and popular children. *British Journal of Educational Psychology, 72*(3), 207–221.

Zhao, Y. (2009). Needed: Global villagers. *Educational Leadership, 67*(1), 60–65.

Zhao, Y., & Frank, K. A. (2003). Factors affecting technology uses in schools: An ecological perspective. *American Educational Research Journal, 40*(4), 807–840.

Zigler, E., & Gilman, E. (1998). *The legacy of Jean Piaget.* Mahwah, NJ: Erlbaum.

Zigmond, M. (2003). Where should students with disabilities receive special education services? Is one place better than another? *The Journal of Special Education, 37*(3), 193–199.

Zimmerman, B. (2000). Self-efficacy: An essential motive to learn. *Contemporary Educational Psychology, 25*(1), 82–91.

Zimmerman, B. (2008). Investigating self-regulation and motivation: Historical background, methodological developments, and future prospects. *American Educational Research Journal, 45*(1), 166–183.

Zimmerman, B. J. (1995). Self-regulation involves more than metacognition: A social cognitive perspective. *Educational Psychologist, 30,* 217–221.

Zimmerman, B. J. (1998, April). *Achieving academic excellence: The role of perceived efficacy and self-regulatory skill.* Paper presented at the annual meeting of the American Educational Research Association, San Diego, CA.

Zimmerman, B. J., & Kitsantas, A. (2002). Acquiring writing revision and self-regulatory skill through observation and emulation. *Journal of Educational Psychology, 94*(4), 660–668.

Zimmerman, B. J., & Schunk, D. H. (2001). *Self-regulated learning and academic achievement* (2nd ed.). Mahwah, NJ: Erlbaum.

Zimmerman, B. J., & Schunk, D. H. (Eds.). (2003). *Educational psychology: A century of contributions.* Mahwah, NJ: Erlbaum.

Zimmerman, S., Rodriguez, M., Rewey, K., & Heidemann, S. (2008). The impact of an early literacy initiative on the long term academic success of diverse students. *Journal of Education for Students Placed at Risk, 13*(4), 452–481.

Zittleman, K., & Sadker, D. (2003). The unfinished gender revolution. *Educational Leadership, 60*(4), 59–62.

Ziv, A. (1988). Teaching and learning with humor: Experiment and replication. *Journal of Experimental Education, 57,* 5–18.

Zmuda, A. (2008). Springing into active learning. *Educational Leadership, 66*(3), 38–43.

Zohar, A., & Peled, B. (2008). The effects of explicit teaching of metastrategic knowledge on low- and high-achieving students. *Learning and Instruction, 18*(4), 337–353.

Zwiers, J. (2005). The third language of academic English. *Educational Leadership, 62*(4), 60–63.